小学数学教育的理论与实践

小学数学教学 180 例

郑毓信◎著

华东师范大学出版社
·上海·

图书在版编目（CIP）数据

小学数学教育的理论与实践：小学数学教学 180 例 /
郑毓信著.—上海：华东师范大学出版社，2017
　　ISBN 978 - 7 - 5675 - 6940 - 9

　　Ⅰ.①小⋯　Ⅱ.①郑⋯　Ⅲ.①小学数学课—教学研究
Ⅳ.①G623.502

中国版本图书馆 CIP 数据核字（2017）第 227060 号

小学数学教育的理论与实践
——小学数学教学 180 例
XIAOXUE SHUXUE JIAOYU DE LILUN YU SHIJIAN
—— XIAOXUE SHUXUE JIAOXUE 180 LI

著　　者　郑毓信
责任编辑　李文革
封面设计　卢晓红

出版发行　华东师范大学出版社
社　　址　上海市中山北路 3663 号　邮编 200062
网　　址　www.ecnupress.com.cn
电　　话　021 - 60821666　行政传真 021 - 62572105
客服电话　021 - 62865537　门市（邮购）电话 021 - 62869887
地　　址　上海市中山北路 3663 号华东师范大学校内先锋路口
网　　店　http://hdsdcbs.tmall.com/

印 刷 者　上海中华商务联合印刷有限公司
开　　本　700×1000　16 开
印　　张　39.5
字　　数　613 千字
版　　次　2017 年 9 月第 1 版
印　　次　2021 年 12 月第 3 次
书　　号　ISBN 978 - 7 - 5675 - 6940 - 9/G·10634
定　　价　118.00 元

出版人　王　焰

前言

在理论与教学实践的辩证运动中不断前进

"这是一本具有较强理论色彩的著作,更可说具有一定的哲学意味。"——不知读者看了这样的介绍以后会有怎样的感觉和反应? 特别是,是否会肃然起敬,乃至暗暗下定决心:即使一遍看不懂,也要坚持着将它"啃"下来,真正读懂,并能很好地落实于自己的教学工作?

坦率地说,除去少数刚刚走上教学岗位的年轻教师,笔者认为大多数已有一定工作经验,特别是曾亲身参与过新一轮课程改革的教师,恐怕都不会采取这样一种态度,或者说,即使他们口头上有这样的表态,事实上却会采取"敬而远之"的态度。因为,理论的泛滥正是教育领域中十分常见的一个现象,但却很难说对于实际教学活动有任何的积极作用,有的甚至更可说起到了误导的作用。

以下就转引两段相关的论述——在笔者看来,这确可被看成为这方面的现状提供的真实写照:

"看了某些专家们的论文专著后,不禁会哑然失笑,原来专家的许多理论、观点、话语体系完全是处在大学校园内的自说自话,与基层教师的教学实践毫无关系。……如果基层教师一味仰赖缺少基层教学实践的所谓专家的指引,课程改革就难以有成功的希望。"(方裴卿,"课程改革批评:来自基础教师的另类思考",《新课程研究》,2013年第3期)

"其实,教育的真理就那么点儿,而且,'那么点儿'几乎早被从孔夫子以来的中外教育家们说得差不多了。……所以,当我听谁说自己'率先提出'了什么理论,'创立'了什么'模式',或者是什么'学派'的'领军人物'时,我就想,你也不怕孔夫子在天上笑话你! 再过若干年,也许还要不了'若干年',你的这些

'文字游戏'就会烟消云散，连回声都不会留下一些。

"关于理论，和许多人一样，我也特别特别欣赏恩格斯的话：'一个民族想要站在科学的最高峰，就一刻也不能没有理论思维。'同样地，教育的真正发达也不能没有深刻的理论指导。……现在的情况是，理论过度、思想膨胀、观念泛滥、模式横行，同时常识缺位、情感凋零、智慧苍白、意趣荒芜、诗意匮乏。当人们追逐'深刻的思想'时，朴素的教育常识遗忘了，真诚的教育情感冻结了，丰富的教育智慧丢失了，优雅的教育意趣沉默了，美丽的教育诗意死亡了。"（李镇西，"'深刻'不是教育的唯一尺度"，《新课程研究》，2013 年第 2 期）

当然，上面的论述并非是要完全否定理论对于实际教学工作的指导或促进作用，而是清楚地表明了这样一点：理论研究者必须自律，特别是，应切实立足于实际的教学活动，并应以促进教学作为主要的工作目标。

更为具体地说，相对于纯粹的理论研究，乃至如何建构起一个宏大的理论体系而言，我们应当更加重视自身研究工作的现实意义，也即应当切实增强研究工作的针对性，特别是，应针对现实中存在的问题或普遍性需求去开展研究，从而真正发挥理论研究对于实际教学工作的促进作用。

也正因此，我们显然就不应热衷于"创造"种种貌似高深，但又空洞无物的理论，包括各种令人难解的概念或名词，乃至简单地去转引某些连自己都没有真正搞懂的外来词语，而是应当将相关的理论尽可能地讲清楚，也即真正做到将复杂的问题简单化，而不是将简单的问题复杂化，从而帮助人们更好地理解各种原先难以理解的问题或现象，并能对实际教学工作发挥真正的促进作用。

相信依据上述立场读者就容易理解笔者近年来所提出的这样一些主张："立足专业成长，关注基本问题"；认真做好"理论的实践性解读"与"教学实践的理论性反思"。这也正是笔者在撰写这一著作时所采取的基本立场。

具体地说，本书主要集中于这样两个问题：

第一，我们应当如何去认识数学教育的基本任务？笔者的想法是：我们不仅应对这方面的已有工作作出认真总结和反思，而且也应依据教育的整体发展对此作出新的思考，包括具体地指明我们究竟如何才能很好地落实所说的基本任务。

以下就是笔者在这方面的基本观点：我们应当通过数学教学促进学生思

维的发展,特别是,使学生能学会更清晰、更深入、更全面、更合理地进行思考,并能由"理性思维"逐步走向"理性精神"。

第二,作为一名数学教师,我们应如何去实现自己的专业发展,从而很好地落实上述的基本任务?

具体地说,这不仅直接涉及教学方法的应用和教师教学能力的提升,而且也关系到教师工作的这样一个定位:"反思性实践者"和"作为研究者的教师"。这也就是指,作为一名数学教师,我们决不应唯一地强调理论的学习与落实,而是应当更加重视如何能从教学实践的角度对此作出自己的分析和思考,从而很好地认识理论对于实际教学工作的指导意义或促进作用。另外,我们也应高度重视如何从理论高度对自己的教学作出深入的反思与认真的研究,从而很好地揭示各个具体经验的普遍性意义,包括更有效地促进自身的专业成长。

这也是本书第一部分和第二部分的具体内容。

努力做到"用案例说话"是本书的一大特点。具体地说,书中共收入了近200个小学数学教学的实际例子。当然,这不是课例的简单堆砌,而是希望用具体的案例说出普遍性的道理,这也可以被看成理论研究与教学实践积极互动的具体体现。

相信读者依据上面的论述也可很好地理解笔者为什么会选择《小学数学教育的理论与实践》这样一个书名,特别是,不会因此而产生这样的误解,即认为本书将分为理论与实践这样两个部分,后者更可被看成前者的直接应用。恰恰相反,笔者所希望的是借助这样一个书名更清楚地表明这样一个认识:只有通过理论与教学实践的辩证运动我们才能不断取得新的进步。

当然,这也是理论与实践辩证关系的又一重要内涵,即只有通过教学实践我们才能对相关理论的正确性作出必要的检验,并由此而促进后者的进一步发展或必要的改进。也正因此,笔者十分希望读者能依据自己的教学实践对本书所提到的各个观点或理论主张作出分析与思考,包括必要的批评。当然,这事实上也可被看成我们如何能够很好地实现自身专业成长的一个十分重要的途径,以使教学与研究工作相互促进与共同提升!

让我们共同努力,力争走得更远、更好!

目　录

前言　在理论与教学实践的辩证运动中不断前进/ 1

第一部分　小学数学与学生思维的发展

第1章　思维教学：小学数学教育现代发展的重要方向/ 3

1.1　前进中的问题/ 3

1.2　"数学地思维"的实践性解读/ 9

1.3　可接受性：小学数学思维教学应当特别重视的一个问题/ 34

1.4　数学教师专业素养的一个重要方面：数学思维的学习与研究/ 49

附录一　概念的必要澄清：数学思想、数学思想方法与数学思维/ 61

第2章　"数的认识"与数学思维/ 64

2.1　自然数的认识与数学思维/ 64

2.2　"数"的扩展与数学思维/ 82

2.3　小学算术教学改革的一个重要方向：代数思维的渗透/ 112

附录二　自然数的严格定义/ 129

第3章　小学几何内容的教学与数学思维/ 132

3.1　从"数的认识"到几何内容的学习：比较与思考/ 132

3.2　小学几何题材背后的数学思想与数学思想方法/ 151

附录三　从《几何原本》到《几何基础》/ 202

第 4 章　"数学思维专门教学"之审思/ 205

4.1　"问题解决"与数学思维 / 205

4.2　解题策略的教学 / 231

4.3　"问题解决"的现代研究 / 267

第 5 章　为学生思维发展而教/ 282

5.1　"核心素养"视角下的数学教育 / 282

5.2　用"深度教学"落实核心素养 / 303

附录四　皮亚杰论"自反抽象" / 340

第二部分　聚焦教师专业成长

第 6 章　数学教育的两个基本道理/ 345

6.1　"立足专业成长,关注基本问题" / 345

6.2　教师心中一定要有学生 / 360

6.3　数学课当然应有"数学味" / 381

第 7 章　数学教学方法的改革与研究/ 397

7.1　"情境设置"面面观 / 397

7.2　"合作学习"与"动手实践" / 409

7.3　"学生主动探究"与"先学后教" / 429

7.4　教学方法改革的总体分析 / 451

第 8 章　数学教师的三项"基本功"及其发展/ 462

8.1　"善于举例"与数学教学 / 463

8.2　"善于提问"与数学教学 / 473

8.3 善于比较与优化 / 498

8.4 认识的必要发展 / 508

附录五 "基本功"与数学教师的专业成长 / 519

第9章 "课例研究"：教师专业成长的重要途径 / 525

9.1 "作为研究者的教师" / 525

9.2 课例研究的必要发展 / 539

9.3 "用案例说话"：数学教学应当重视的两个问题 / 569

附件一 作者自述：我与数学教育 / 602

附件二 郑毓信历年演讲题目（2002～2017）/ 612

附件三 本书案例索引 / 613

后记 / 621

第一部分

小学数学与学生思维的发展

这一部分有两项内容。第一,对于这方面已有的工作,特别是实际教学活动的总结与分析,不仅指明了存在的问题(第1章),还包括一些奠基性的工作,特别是,哪些是与小学数学具体知识内容密切相关的重要数学思想与数学思想方法(第2章、第3章),我们应如何去改进数学思维的专门教学(第4章)。第二,以"走向核心素养"这一总体性教育思想为背景,对我们应当如何认识数学教育的基本任务,包括什么可以被看成"数学核心素养"进行了具体分析,明确提出了"为学生思维发展而教"这样一个思想,并对教学中如何落实这一思想进行了具体论述(第5章)。

第 1 章

思维教学：小学数学教育现代发展的重要方向

就广大小学数学教师而言，"数学思维的教学"显然已不再是一个陌生的题目：这些年中我们不仅可以看到就这一主题发表的大量文章与著作，而且人们在这方面的普遍性认识也可说有了根本性的改变：相对于当年普遍存在的困惑与忧虑，甚至是不自觉的抵制，广大教师现已采取了更积极的态度，不仅在这方面进行了积极的教学实践，相关认识也已有了很大提高。

首先，人们现已普遍认识到了思维教学对于数学教育的特殊重要性，特别是，这直接关系到了数学教育目标的现代发展，即由传统的"单一目标"向"三维目标"的重要转变：数学教育不仅应当高度重视学生对于数学知识与数学技能（以下统称为"数学知识"）的很好掌握，而且也应帮助学生（初步地）学会"数学地思维"，并使学生能逐步养成相应的情感、态度与价值观。

但在作出上述肯定的同时，我们又应清楚地看到这方面工作就整体而言仍有不少的问题或不足之处。以下首先对小学思维教学的现状作出分析；其次，本章的其余各节则将分别集中于这样几个论题：（1）"数学地思维"的具体涵义；（2）可接受性：小学数学思维教学应当特别重视的一个问题；（3）我们如何才能提高自身在这一方面的专业素养？

1.1　前进中的问题

1. 数学思维教学与具体知识内容教学的很好结合

小学关于数学思维的教学在当前应当说主要集中于这方面的专门教学，包括所谓的"问题解决"，也即如何通过求解较复杂的问题帮助学生学会"数学地思维"(如所谓的"数学广角"就可被看成属于这一范围），以及关于"解题策略"(如"画图"、"列表"、"替换"等)的专门教学等。

数学思维的专门教学当然有一定意义，但从总体上看，这又是这方面存在的一个严重问题，即所说的专门教学与具体数学知识内容的教学有较大的距离。这也就是指，除去上述的专门教学，大多数教师在平时都很少会想到应将数学思维的教学与具体知识内容的教学很好地结合起来，所以在日常的数学教学活动中我们就很少能够看到数学思维的身影。

后一现象的出现不应归咎于教师对于帮助学生学会"数学地思维"仍有一定保留，因为，缺乏必要的训练与经验显然也是造成上述现象的一个重要原因。另外，更加重要的是，很多教师也尚未能够真正感受到数学思维对于具体数学知识的教学与学习的重要作用，从而，除非存在特别的理由，在大多数情况下他们都认为没有必要在具体数学知识之外再加上"数学思维的学习"这样一个内容。

由以下论述即可初步地认识到上述想法的错误性：

"数学思想是数学的核心。每一门数学学科都有其特有的数学思想，赖以进行研究（或学习）导向，以便掌握其精神实质。"(张奠宙、朱成杰，《现代数学思想讲话》，江苏教育出版社，1991)

"通过以思维方法的分析带动具体数学知识内容的教学，我们可以把数学课真正'教活'、'教懂'、'教深'，也即能够通过自己的教学向学生展现'活生生的'数学研究工作，而不是死的数学知识，并能帮助学生真正理解相关的内容，而不是囫囵吞枣，死记硬背，并使学生不仅能够掌握具体的数学知识，也能领会内在的思想方法。"(郑毓信，《数学方法论》，广西教育出版社，1990，"前言")

由此可见，能否清楚地揭示隐藏在具体知识背后的数学思想和数学思想方法，并以此指导相关知识内容的教学，也即将数学思维的教学与具体知识内容的教学很好地结合起来，不仅直接关系到学生对于相关数学知识的理解深度，而且也应被看成帮助学生学会"数学地思维"最重要的一个途径。这也就是指，数学知识应被看成数学思维的主要载体，与此相对照，"为讲方法而讲方法并非讲方法的好方法"，因为，只有以数学思维的分析带动具体知识内容的教学，我们才能使学生真正感受到数学思维的力量，而不至于将此看成纯粹的纸上谈兵、空中楼阁,更能通过具体数学知识的学习逐步学会"数学地思维"。

再者,由于所谓的"情感、态度与价值观"主要体现了文化的视角,而这正是"文化"最为重要的一个特征:人们行为方式与价值观念的养成并非一种完全自觉的行为,而是主要表现为潜移默化的影响,也即主要是通过人们的日常生活与工作(就学生而言,就是学习活动)不知不觉地养成的。而且所谓的"理性思维"和"理性精神"又可被看成"数学文化"的核心,特别是,人们正是通过"数学地思维"逐步发展起了所说的"理性精神",包括我们究竟应当如何去理解"理性"这一概念的具体内涵,因此,数学思维的学习直接关系到我们如何能够很好地去落实数学教育的"三维目标",特别是,只有通过数学思维向具体数学知识内容教学的渗透,数学教学才能真正起到潜移默化的教化作用。

综上可见,这就是数学思维教学深入发展的一个重要方向,即除去这方面的专门教学以外,我们应更加重视如何能将数学思维的教学与具体知识内容的教学很好地结合起来。这也就是指,我们不仅应当深入研究隐藏于各个具体数学知识背后的数学思想与数学思想方法,而且也应进一步去思考如何能够以此指导和带动相关知识内容的教学。

容易想到,上述的分析对数学教师的专业成长提出了更高要求,而这事实上也可被看成中国数学教师的一个传统优势。例如,这就是中国旅美学者马立平博士通过比较研究得出的一个主要结论:中国的小学数学教师与国外同行特别是美国同行相比,应当说较好地做到了"数学知识的深刻理解",即对于隐藏于各种具体数学知识背后的数学思想与数学思想方法的很好理解:"关于深刻理解,我的意思是指理解基础数学领域的深度、宽(广)度和完整度";"我将'深刻地理解一个专题'定义为:将这个专题与该学科的更多的概念上很强大的思想联系起来……"(马立平,《小学数学的掌握和教学》,华东师范大学出版社,2011,第115~116页)

由此可见,数学思维教学的深入发展事实上也直接关系到"中国数学教学传统"的继承与发展。例如,作为具体的检测,建议读者可以首先大致地去思考一下:小学数学主要涉及哪些数学思想和数学思想方法,也即"概念上很强大的思想"?

对于后一问题我们还可作出如下的细化：正如人们普遍了解的，按照《义务教育数学课程标准(2011年版)》，无论是小学阶段，还是整个义务教育阶段的数学教学，都可归结为以下四个部分：(1)数与代数；(2)图形与几何；(3)统计与概率；(4)综合与实践。这一做法有一定道理。但在笔者看来，如果从知识内容这一角度去分析，小学数学主要地应被看成集中于这样两项内容：(1)数(自然数、小数与分数)的认识，包括大小比较与运算等；(2)几何题材的学习，包括各种基本图形的认识，各种与度量直接相关的问题等。由此可见，我们应当围绕这样两个部分更具体地去思考：究竟什么是小学数学最重要的一些数学思想和数学思想方法？

笔者以为，尽管在后一方面已经有了一些初步的工作，但就总体而言，仍有很长的路要走。

这显然是这方面特别重要的一个问题：数学课程标准中所提到的各种"核心概念"，或所谓的"基本数学思想"是否就可被看成为上述问题提供了直接的解答？例如，按照《义务教育数学课程标准(实验)》，"核心概念"就是指这样6个概念：数感、符号感、空间观念、统计观念、应用意识和推理能力；另外，按照《义务教育数学课程标准(2011年版)》，不仅内容上有所调整，数量也由6个增加到了10个：数感、符号意识、空间观念、几何直观、数据分析观念、运算能力、推理能力、模型思想、应用意识和创新意识。再者，这也是当前十分常见的一个认识，即认为我们应当特别重视所谓的"基本数学思想"，即"数学抽象的思想"、"数学推理的思想"和"数学模型的思想"。

尽管上述工作对于我们清楚地认识数学思想与数学思想方法确有一定帮助，但在笔者看来，无论是所谓的"核心概念"还是"数学基本思想"，都不能被看成为上述问题提供了很好的解答。因为，即使我们暂时不去讨论相关的论述是否合理、完备(对此我们将在1.2节中作出具体分析)，它们也仍然明显地表现出了与具体知识内容相脱离的弊病。值得指出的是，后者事实上也正是马立平博士对于世界各国数学课程标准的一个共同批评(详见马立平，"美国小学数学内容结构之批评"，《数学教育学报》，2012年第4期)：由于普遍地采取了"条目并列式"这样一个做法(从而也就与传统的"学科核心式"构成了直接对立)，因此不利于人们很好地掌握各个学段的主要内容。

总之,这正是我们在当前面临的一个重要任务,即应深入地研究什么是与小学算术与几何内容直接相关的较重要的数学思想与数学思想方法。

这也正是本书第 2 章和第 3 章的主要内容。

2. 数学思维专门教学的必要改进

数学思维的专门教学应当说也有很大的改进余地。

具体地说,这显然应当被看成切实做好这一方面工作的一个必要前提,即教师本身在这一方面具有一定的理论素养,特别是,对于这方面的研究工作与整体性发展趋势都有较好的了解。但是,由于种种原因,这方面的现实情况应当说并非尽如人意,我们甚至还可经常看到种种"误导"的现象,从而就应引起我们的高度重视。

由于这方面的已有工作主要集中于"问题解决"与"解题策略"的教学,以下就分别围绕这样两个主题作出简要的分析论述。

第一,就"问题解决"而言,我们应首先弄清:什么是数学教育中所说的"问题解决"的具体涵义?"问题解决"对于数学教育而言有怎样的特殊意义或重要性? 其次,为了做好这方面的教学工作,我们显然又应很好地了解什么是影响人们解决问题能力的主要因素,这对于我们改进教学又有哪些直接的启示?

在此我们还应特别提及这样一个事实:由于"问题解决(problem solving)"正是国际数学教育界特别是美国数学教育界在 20 世纪 80 年代的主要口号,人们更已通过大量的教学实践与理论研究积累起了不少的经验和教训,对此我们自然应注意了解和学习,更应通过深入的分析与思考很好地吸收其中的有益成分与重要启示,这样就不仅能够切实避免简单地去重复别人的错误,而且也可以国外的相关工作为基础积极地开展新的研究,从而将自己的工作做得更好。

第二,相对于各个具体的"解题策略"而言,我们显然应更深入地去思考:什么是"解题策略"的主要作用? 什么是帮助学生很好掌握各个"解题策略"最为有效的措施或途径?

与"问题解决"的现代研究相类似,在上述方面应当说也有很多重要的研究成果与教学经验可供我们借鉴和学习。例如,这正是学术界在这方面的一项共识：著名数学家、数学教育家波利亚(G. Polya)关于"数学启发法"的研究可被看成为"问题解决"的现代研究奠定了必要的基础。另外，就国内而言，我们则应特别提及我国著名数学家徐利治先生在这方面的重要贡献：正是通过他的带领与大力推动，中国学者不仅围绕"数学方法论"开展了相对独立的理论研究，而且也在中学层面开展了"数学方法论指导数学教学"的积极实践——显然，这对于小学的数学思维教学也具有重要的借鉴意义。

总之，希望读者能认真地去思考一下：对于上面所提到的各项理论性研究成果与整体性发展趋势自己究竟有多少了解？当然，这是笔者的一个具体希望，即广大教师在这一方面能很好地去落实这样一个"职业传统"："教师有一种职业习惯，即在着手做一件事之前，总有一个自我教育与自我说服的过程"，因为，如果我们"对这些本应该事先弄清楚的东西……始终无法形成清晰统一的认识"，就必然会对这方面的具体工作造成严重的后果，包括挥之不去的"忙"与"茫"。（王小东，"校本课程开发中的'忙'与'茫'"，《人民教育》，2015年第 23 期）

本书的第 4 章将分别围绕"问题解决"与"解题策略"对相关的理论研究成果与整体性发展趋势作出具体介绍，希望能有助于读者提高自身在这方面的理论素养。

3. 视野的不断拓宽

理论素养的提高当然不应局限于"问题解决"与"解题策略"等具体论题，而是应当具有更为广泛的涵义——就当前而言，我们并应特别强调努力拓宽自身视野的重要性，这样就可从更多方面获得有益的启示和重要的指导。

具体地说，作为一名教育工作者，我们当然应当高度关注教育的整体发展，并应当以整体性的教育思想自觉地去指导自己的工作，从而很好地落实教育的整体性目标。也正因此，我们在当前应特别关注"走向核心素养"这一新的发展趋势，因为，"今天，这个概念体系正在成为新一轮课程改革深化的方向"。（《人民教育》，2015 年第 7 期，"社评"）

当然，作为数学教师，在密切关注教育整体性发展的同时，我们又应始终坚持自己的独立思考，包括从数学教育的专业角度对此作出深入的分析和思考。以下是一个更为普遍的建议，即面对任一新的理论思想或主张，我们都应认真地去思考这样三个问题：（1）这一理论或主张的实质是什么？（2）这一理论或主张对于我们改进教学有哪些新的启示和意义？（3）这一理论或主张有什么局限性或不足之处？

从数学教育的角度对"走向核心素养"作出具体分析就是第5章的具体内容，即希望能清楚地揭示这一新的教育思想对于我们改进数学教学特别是数学思维教学究竟有哪些重要的启示或指导意义，特别是，我们究竟又应如何去把握与落实数学教育的基本目标。

笔者在此愿再次强调这样一个思想，即在具体阅读这一部分的各个章节时，我们应特别重视很好地去处理理论学习与教学实践之间的关系，这也就是指，我们不仅应当通过认真学习，包括自身的独立思考很好地去弄清各个相关的理论思想，而且也应高度重视"理论的实践性解读"，即如相关的理论对于我们改进教学究竟有怎样的启示意义？我们在教学实践中应如何去落实，包括如何通过对实践活动的认真总结与深入研究去促进理论的进一步发展？

另外，这事实上也正是我们在以下何以特别突出这样几个论题的主要原因：（1）"数学地思维"的实践性解读；（2）可接受性：小学数学思维教学应当特别重视的一个问题；（3）数学教师专业素养的一个重要方面：数学思维的学习与研究。

1.2　"数学地思维"的实践性解读

1. 从"数学活动"到"数学地思维"

要做好数学思维教学，应当首先解决这样一个问题：什么是"数学地思维"？由于数学思维看不见、摸不着，我们就只能通过实际数学活动对此作出间接的研究，从而，这也就直接涉及可见行为（特别是，具体的工作方式）与不可见的思维方式之间的关系：人们的工作方式可被看成其"思维方式"的具体体现；反之，不同工作方式的长期实践也必然会对人们思维方式的形成与演变产生潜移默化而又十分重要的影响。

依据上述分析我们可以更深入地认识数学教学的意义：通过实际参与各种数学学习活动，我们可以帮助学生逐步学会"数学地思维"，包括逐步养成各种相关的情感、态度与价值观。例如,这方面最重要的一个事实就在于:正是通过长期的数学学习,大多数学生逐步养成了这样一个思维习惯或价值取向,即与简单的经验积累相比较,应当更加重视抽象思维与理性思维,后者并可被看成集中体现了"数学教育的文化价值"。

现在的问题是:我们是否可以,乃至应当通过对数学活动的综合分析清楚地界定"数学地思维"的具体内涵?

在此还可特别提及这样一个事实:尽管所使用的词语并不完全相同,但是,近年来围绕数学课程标准的修订所开展的不少研究工作,特别是对于"基本数学思想"与"核心概念"的研究,在很大程度上都可以被看成上述方向上的一些具体努力。

例如,关于"基本数学思想"主要包括数学抽象的思想、数学推理的思想与数学模型的思想这样一个论述,就是与关于"数学活动"的如图 1-1 所示的概括直接相对应的。

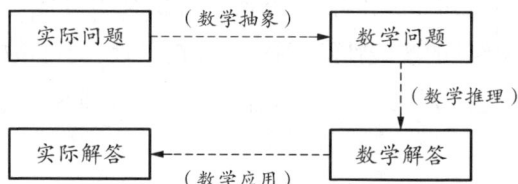

图 1-1

另外,按照相关论述,这可以被看成新修订的《普通高中数学课程标准》的核心:"我们要让学生学会用数学的眼光观察世界,发展数学抽象和直观想象的素养;让学生学会用数学的思维分析世界,发展逻辑推理和数学运算的素养;让学生学会用数学的语言表达世界,发展数学建模和数据分析的素养。"(顾沛,"数学核心素养在小学教学中如何落实",《小学教学》,2017 年第 1 期)不难看出,其中所提到的"数学的眼光"、"数学的思维"与"数学的语言"事实上也可被看成关于"数学活动"的一个具体分析。当然,其主要作用则在于由此而引出的如下 6 个"核心概念"(或"素养"):数学抽象、直观想象、逻辑推理、数学运算、数学建模、数据分析。

那么,我们究竟应如何去看待这些工作呢? 特别是,这是否可被看成很好地揭示了"数学地思维"的具体内涵？

　　笔者的看法是：尽管上述工作有一定意义，但我们对此不应给予过高的评价，而是应当更清楚地认识深入开展这方面研究工作的重要性。

　　例如，任何一位稍有一点阅读经历的人都知道，这正是苏联著名数学家亚历山大洛夫关于数学特点的一个著名概括，而这显然与上述的三个"基本数学思想"直接相对应："第一是它的抽象性，第二是精确性，或者更好地说是逻辑的严格性以及它的结论的确定性，最后是它的应用的极端广泛。"（"数学概观"，《数学——它的内容、方法和意义》[第一卷]，科学出版社，1958，第一章第1页）

　　另外，尽管相关作者所使用的词语并非完全相同，但这显然也十分清楚地表明认真做好以下工作的重要性：由于相关论述涉及多个不同的概念，包括"数学地思维"、"数学（基本）思想"、"数学思想方法"、"核心概念"等，因此，为了避免理解上的困难，乃至因此而导致人们的误解，我们应对这些概念的具体涵义，特别是各个相关概念之间的联系与区别作出清楚的说明。（详可见本章末的[附录一]）

　　再例如，除去明显地不同于先前关于"核心概念"的论述这样一点以外（应当提及，这正是马立平对于世界各国数学课程标准的又一批评意见，即"标准"的"不稳定、不连贯、不统一"，从而就必然会对实际教学产生一定的消极影响），笔者以为，我们在此还应认真地去思考这样一个问题：我们是否应当将"数学的眼光"、"数学的思维"与"数学的语言"绝对地分割开来？

　　具体地说，这显然是这方面的一个明显事实，即人们对于世界（事物与现象）的观察必须借助一定的概念框架，也即一定的语言。例如，主要就是在这样的意义上，人们提出，人总是透过一定的有色眼镜看待世界的：①"人们总想以最适当的方式来画出一幅简化的和易领悟的世界图像。于是他就试图用他的这种世界体系来代替经验的世界，并来征服它。这就是画家、诗人、思辨哲学家和自然科学家所做的，他们都按照自己的方式去做。……理论物理学家的世界图像在所有这些可能的图像中占有什么地位呢？它在描述各种关系时

———————————

① 这事实上可以被看成建构主义认识论的核心所在。

要求尽可能达到最高标准的严格精确性,这样的标准只有用数学语言才能做到。"(《爱因斯坦文集》(第一卷),商务印书馆,1976,第101页)从而,我们在此就可更明确地提出这样一个问题:"我们究竟是用眼睛在看,还是用头脑在看?"显然,这也就十分清楚地表明了在"数学的眼光"与"数学的思维"(以及"数学的语言")之间所存在的重要联系。

另外,在"语言"与"思维"之间显然也存在十分重要的联系,正如人们经常提及的:"语言是思维的外化";"思维是内在的语言"(这方面的进一步论述还可参见维果茨基,《思维与语言》,浙江教育出版社,1997)。由此可见,我们也不应将"数学的思维"与"数学的语言"绝对地分割开来。

总之,我们不应将"数学的眼光"、"数学的思维"与"数学的语言"绝对地割裂开来,而应清楚地认识数学活动的综合性。

为了更清楚地说明问题,在此还可提及关于"数学思想"的这样一个解读,即认为我们可以通过层次分析更清楚地揭示"数学思想"的具体内涵:

"由上述数学的'基本思想'演变、派生、发展出来的数学思想还有很多。例如由'数学抽象的思想'派生出来的有:分类的思想、集合的思想、'变中有不变'的思想、符号表示的思想、对应的思想、有限与无限的思想,等等。

"由'数学推理的思想'派生出来的有:归纳的思想、演绎的思想、公理化思想、数形结合的思想、转换化归的思想、联想类比的思想、普遍联系的思想、逐步逼近的思想、代换的思想、特殊与一般的思想,等等。

"由'数学建模的思想'派生出来的可以有:简化的思想、量化的思想、函数的思想、方程的思想、优化的思想、随机的思想、统计的思想,等等。

"在用数学思想解决具体问题时,对某一类问题反复推敲,会逐渐形成某一类程序化的操作,就构成了'数学方法'。数学方法也是具有层次的。"(顾沛,"数学基础教育中的'双基'如何发展为'四基'",《数学教育学报》,2012年第1期)

由于笔者在先前已从理论角度对上面的论述进行了具体分析(详见"莫让理论研究拖了实际工作的后腿",郑毓信,《新数学教育哲学》,华东师范大学出版社,2015),在此仅限于指明这样一点:无论是"数学思想"或是"数学地思维"的具体分析,重要的都不在于如何能够无一遗漏地去列举出各个相关成分,乃至对此作出严格的层次区分(也即何者应当被看成"数学基本思想",何者应被看成一般性的数学思想,乃至更低层次的"数学方法"),而是应当更加关注我们如何能够针对具体的知识内容由隐及显地去揭示其中所蕴含的数学思想和数学思想方法,或是相应思维活动最为重要的一些特征。更进一步说,这是实践工作者应坚持的一个基本立场:"数学思维的学习,不应求全,而应求用。"这也就是指,我们不仅应当通过自己的深入思考很好地去把握与具体知识内容直接相关的各种数学思想和数学思想方法,而且也应更深入地去思考如何能以所说的认识带动与促进相关知识内容的教学。与此相对照,以下则是我们应当明确反对的一个立场,即在论及数学思维的教学时,只是满足于事后的"戴帽穿靴",也即如何能够通过"对号入座"表明自己在教学中用到了哪些数学思想或数学思想方法,或是体现了怎样的"数学思维",而这事实上却只是纯粹的"装点门面"。

显然,依据上述的分析,我们可以更好地理解笔者在此为什么要采取"理论的实践性解读"这样一个立场,特别是,如果说以下的论述可被看成为"什么是数学地思维"提供了一个笼统的回答,即这主要就是指用数学的视角与方法去认识世界、分析和解决问题,那么,从教学的角度看,重点就不在于我们如何能够通过纯理论的分析为此提供一个完整的清单,而是如何能够密切联系小学数学的教学实践清楚地揭示"数学地思维"的主要特征和积极作用,从而很好地发挥理论对于实际数学教学活动的促进作用。

以下是这方面的一些具体努力,希望读者在阅读时也能密切联系自己的教学去进行理解和思考,包括我们如何才能以相关理论去指导自己的教学,如何能够为此提供一些新的实例——应当强调的是,后者不仅可以被看成自身是否已经很好地掌握了相关理论的一个重要标志,我们也可以此为基础对"数学地思维"作出新的思考与概括,从而切实发挥教学实践对于理论研究的促进作用。

2. 实践性解读之一: 数学的特殊视角

以下是关于"数学视角"与其他视角不同之处的一个简要说明: 大自然的各种景色往往会激起文学家与诗人的诗情画意;商人眼中看到的是各种商机;数学家们所看到的则是各种各样的几何形体与数量。这正如伽利略所说:"宇宙这本书向人们的好奇心敞开着,但是谁如果不先掌握好写这本书所使用的语言和文字,他就不用想读懂它。这个语言就是数学,这些文字就是三角形、圆和其他几

何图形。"(《数学家谈数学本质》,北京大学出版社,1989,第280页)

由"分类问题"我们可以更清楚地认识在"数学视角"与其他各种视角,特别是日常视角之间所存在的重要区别:

具体地说,分类可以被看成人类认识活动最基本的形式之一,特别是,这更构成了抽象思维,也即我们如何能够通过由特殊到一般的过渡抽象出各种概念(如"人"、"树"等)的直接基础。正因为此,分类在人们的日常生活与工作,以及各种研究活动之中都具有十分广泛的应用。但由以下的实例可以看出,在数学的分类与其他各种分类之间存在十分重要的区别。

[例1] 平面图形的分类

这是新一轮数学课程改革以来小学数学新增加的一项内容。在课改初期,我们可经常看到关于这一内容的如下教学设计:教师首先拿出事先准备好的一些模块(图1-2),它们是用不同材料分别制成的,如木制的、硬纸片的、塑料的等;并呈现出了各种不同的形状,如三角形、四边形、圆形等;还被涂成了各种不同的颜色,如红色、黄色、绿色等。教师要求学生对这些模块进行分类。在一般情况下,学生往往会给出多种不同的分类方法,教师对于学生所提出的这些分类方法,包括按形状、颜色,或质材进行分类等,往往也会持肯定的态度,甚至还会鼓励学生积极地去提出更多与已提出的方法都不相同的新的分类方法。

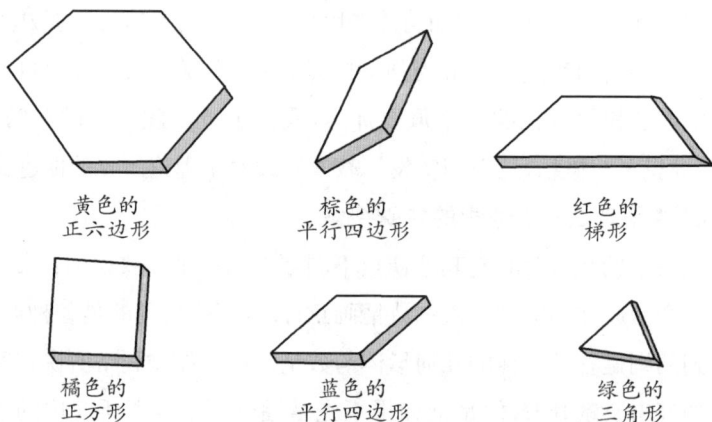

黄色的
正六边形

棕色的
平行四边形

红色的
梯形

橘色的
正方形

蓝色的
平行四边形

绿色的
三角形

图1-2

　　显然，如果从所谓的"通识教育"或是"整合课程"的角度去分析，上述的做法应当说没有任何问题，包括我们应当明确肯定学生所提出的各种分类方法都有一定的合理性。因为，正如前面已提及的，分类作为一种基本的活动形式，在日常生活或科学的认识活动中都具有十分广泛的应用，而且，在现实中我们也确实应当依据不同的情境或需要采用多种不同的分类方法。但是，数学课毕竟不应被简单地等同于通识课，从而，我们在此应当更深入地去思考这样一个问题：究竟什么是数学教学中应当提倡的分类方法？

　　具体地说，正如人们普遍了解的，数学的抽象不仅具有特殊的形式（这是一种建构的活动），也达到了更高的高度，还有特殊的抽象内容：在数学中我们所关注的仅仅是对象的量性特征（包括数量关系和空间形式），而完全不考虑它们的质的内容。显然，按照这样的分析，就上述问题而言，只有将所有三角形的模块归成一类，所有四边形的模块归成另一类……才可被认为是与数学直接相关的，而其他的一些分类方法，如按照模块的颜色或质料等进行分类，都不是数学教学特别关注的。

　　当然，这事实上也应被看成学生认识水平发展的一个具体体现，即能对事物和现象的质的方面与量性特征作出清楚区分，并能将两者分割开来加以考察。由此可见，上述内容的教学也是学生认识不断深化的一个过程，包括如何能够应用已学到的各种数学概念（更一般地说，就是数学的语言）对事物和现象的量性特征作出更精细的刻画。

　　但是，上述的要求是否超出了一年级小学生的接受水平？这一疑惑应当说有一定道理，因为，帮助学生学会用"数学的视角"看待世界、分析和解决问题确实需要较长时间，而且这事实上也应被看成相关课程科学性的一个重要表现，即我们如何能够针对学生的认知发展水平恰当地去确定教学内容与教学目标。但是，作为问题的另一方面，我们也应清楚地看到：学会用数学的视角和方法去看待世界、分析和解决问题并非高不可攀，因为，即使最初等的教学内容也已包含了相关的内容。例如，这显然可被看成以下实例给予我们的一个直接启示。

[例2] 数学中的分类与自然数的认识

可以具体地设想这样一个情境:作为小学数学学习的实际开端,特别是为了帮助学生很好地掌握各个基本的自然数,教师向学生展现了这样一些图片,它们分别是摆在一起的2个苹果、3个苹果、2个橘子、3个橘子、2个梨、3个梨等,其目的是希望通过适当的分类帮助学生更好地认识2、3等具体的自然数(显然,这是一个抽象的过程)。但如果这时有学生提出:"我觉得应当将所有关于苹果的图片放在一起,所有关于橘子的图片放在一起……"这时任课教师应如何去做? 特别是,我们是应对后一意见(乃至其他一些"出乎意料"的分类方法)采取肯定的态度,还是应当积极地去加以引导,即帮助学生学会聚焦于事物的数量方面,而完全不去考虑其他的方面?

显然,依据上述的分析,我们也可很好地理解关于"什么是数学"的这样一个解读:数学可以被定义为"量的科学"。当然,我们又应注意分析这一定义的丰富内涵。例如,这应被看成"数学的视角"十分重要的一个特征,即不同于纯粹的"定性研究",数学家们更加倾向于"由定量到定性"这样一种研究方法或途径。例如,从后一角度我们显然可以更好地回答以下问题:就线段与角的认识而言,我们为什么应当特别突出线段的长度与角的大小;就几何形体的认识而言,我们为什么又应特别突出面积、周长、体积与表面积等与度量直接相关的各个概念。

为了更清楚地说明问题,以下再举出关于"分类问题"的又一实例。

[例3] "100以内加减法的练习"与分类

这是课改初期所展示的关于"100以内加减法"的一堂练习课。颇有特色的是,任课教师将"分类"活动有意识地穿插到这一内容的教学之中。这位教师对自己为什么会采取这一做法作了如下说明:"这6道计算题的正确解答将作为一个实施按不同标准进行分类的重要载体。……教学中教师有意识地引导学生从不同的角度来分析问题——进行合理的分类,让学生通过相互交流,从中感受到分类结果在不同标准下的多样性,感受到不同标准的分类有着不同的意义和作用,从而使学生的思维得到发散,使学生的不同思想方法得到充分有效的交流。"

以下是相关的课堂实录：

师：刚才我们全体小朋友认认真真地做好了这 6 道 100 以内的加减计算题，并且做得很对。现在我们再来仔细观察这 6 道题（指 $34+42=76,37+17=54,69-15=54,59+17=76,91-15=76,83-29=54$），如果我们把它们分成两类，你有什么好办法？为什么可以这样分？

生：我把 $34+42=76,59+17=76,91-15=76$ 分为一组；把 $37+17=54,69-15=54,83-29=54$ 分为另一组。

师：你为什么这样分？

生：因为第一组结果都是 76，第二组结果都是 54，所以要这样分。

师：想得很好，你是按照什么来分类的？

生：按照得数相同来分的。

师：说得很对。还有其他办法吗？

生：按加法和减法来分。$34+42=76,37+17=54,59+17=76$ 都是加法，剩下的都是减法。

师：你们说，可以吗？

生：可以。

生：我把 $34+42=76,69-15=54$ 分为一组，其他算式分为另一组。

师：你为什么要这样分？

生：$34+42=76,69-15=54$ 是不进位加法和不退位减法，其他都是进位加法和退位减法。

师：你真会观察，也很会动脑筋。这种分类方法是要靠小朋友的计算本领和思考能力才能想到的，如果我们对进位加法和退位减法不熟练，是很难想出的。

生：我把 $37+17=54,59+17=76$ 分成一组，把 $34+42=76,69-15=54,91-15=76,83-29=54$ 分成另一组。

师：你为什么要这样分呢？

生：因为 $37+17=54,59+17=76$ 里都有加数 17，其他的没有。

师：也是一种分类方法。

生：老师，我有另外一种分类方法。我把 34＋42＝76 分成一组，剩下的为另一组。

师：这就奇怪了。为什么呢？

生：因为 34＋42＝76，它里面的加数都是双数，其他的都是单数……

师：我们的小朋友真是太厉害了！老师没有想到过也可以这样……

容易看出，相对于先前所提到的诸多"非数学的"考虑而言，这里的小朋友应当说已在"学会数学地看待世界、分析问题"这一方面取得了可喜的进步。另外，正如任课教师在"反思"中所指出的，如果我们仅就分类活动进行分析，由于上述活动主要集中于分类方法的"多元化"，从而对于培养学生的"发散思维"也有一定的作用。但是，现在的问题是：我们在教学中是否也应对所提及的各种分类方法作出必要的优化？因为，归根结底地说，数学中绝不是为了分类而进行分类，而是具有明确的目的性，从而我们在此显然就不应刻意地去追求"与众不同"。（也正因此，笔者以为，以下的提法就过于简单了："分类是非常重要的……标准可以让学生自己定。"）

显然，就我们目前的论题而言，这也十分清楚地表明了这样一点：我们绝不应单纯地从"唯一关注事物的数量方面"去理解"数学的视角"，恰恰相反，后者应当说具有十分丰富的内涵，这可以被看成是一定的思维方式与价值取向的具体体现。

相信读者由以下的分析论述可更好地体会到这样一点。

3. 实践性解读之二：模式的建构与研究

这是数学家工作方式十分重要的一个特点：数学并非对真实事物和现象的直接研究，而是以抽象思维的产物，即一般性的模式作为自己的研究对象。由于后者所反映的已不是某一特定事物或现象的量性特征，而是一类事物或现象在量的方面的共同特性，因此，相对于纯经验的研究而言，数学研究就具有更加普遍的意义。

我们并可由此引出关于"什么是数学"这一问题的又一可能解答：数学是模式的科学，这也就是指，数学家们正是通过模式的建构与研究进行工作的。

应当强调的是，上述分析对于小学数学而言也是同样成立的。例如，谁曾见到过一？我们只能见到某一个人、某一棵树、某一间房,而绝不会见到作为数学研究对象的真正的"一"(注意,在此不应把"一"的概念与其符号相混淆)。类似地,我们也只能见到圆形的太阳、圆形的车轮,而绝不会见到作为几何研究对象的真正的"圆"(在此也必须对"圆"的概念与相应的图形,如纸上所画的圆明确地加以区分)。由此可见,即使就最简单的数学对象而言,它们也都是抽象思维的产物,即是一种普遍性的模式。进而,考虑到数学中有许多对象并不具有明显的直观背景,这显然更为清楚地表明了数学抽象的建构性质:"数学家是'通过构造'而工作的,他们'构造'越来越复杂的对象。"(彭加莱,《科学的价值》,光明日报出版社,1988,第18页)

　　例如,这显然可被看成前苏联著名数学家亚历山大洛夫以下论述的主旨所在,这事实上并已将分析的对象由单纯的数学概念扩展到了数学的结论与法则:"我们运用抽象的数字,却并不打算每次都把它们同具体的对象联系起来。我们在学校中学的是抽象的乘法表,而不是男孩的数目乘上苹果的数目,或者苹果的数目乘上苹果的价钱";"同样地,在几何中研究的,例如,是直线,而不是拉紧了的绳子"。(《数学——它的内容、方法和意义》(第一卷),科学出版社,1951,第1页)

　　依据上述的分析,相信读者也可很好地理解以下两个实例,特别是,数学教学为什么不应停留于纯粹的"问题解决",即满足于各个具体问题的求解?

[例4]　这能否被看成一堂真正的数学课

　　这是笔者1992年访美期间聆听的一堂数学课,内容是"问题解决"的一次实践,教学对象是小学三年级的学生。以下是这一堂课需要解决的问题:

　　某女士外出旅行时带了2件不同颜色的上衣和3条不同颜色的裙子,问共有多少种不同的搭配方法?

　　教师鼓励学生们用"实验"的方法去解决问题:学生拿出了笔和纸,开始在纸上"实际地"去画出各种可能的组合。实验表明,在大多数情况下,学生都可凭借自己的努力,单独或合作地得出正确解答。进而,教师又要求学生对自己结论的正确性作出说明——当然,这并非严格的论证,而主要是一种朴素的说明。

作为"问题解决"的一次教学实践,这一堂课应当说有不少可取之处,特别是很好地体现了"学数学就是做数学"这样一个思想,更使学生实际地体会到了"实验"在数学发现中的重要作用。然而,在对这一教学活动进行回顾时,笔者却又想到了这样一个问题:学生通过这一活动到底学到了什么? 或者说,我们能否认为学生已经掌握了相关的数学知识?

相信大多数读者都会同意笔者的这样一个观点:作为较好的检验方法,可以要求学生进一步去求解类似的问题,即:

某男士有2套不同的西装和3条不同颜色的领带,问共有多少种不同的搭配方法?

有2个军官和3个士兵,现由1个军官和1个士兵组成巡逻队,问共有多少种不同的组成方式?

再例如:

某女士外出旅行时带了3件不同颜色的上衣和4条不同颜色的裙子,问共有多少种不同的搭配方法?

有4个军官和5个士兵,现由1个军官和1个士兵组成巡逻队,问共有多少种不同的组成方式?

显然,在此我们仍应允许学生继续进行"实验"。但是,如果某个学生始终停留于"实验和归纳"的水平,我们就不能认为这个学生已经掌握了相应的数学知识。因为,正如前面指出的,数学是模式的科学,而非真实事物或现象的直接研究。

与此相对照,这可被看成以下教学实例的一个明显优点,即较好地实现了由特殊到一般、由具体到抽象的必要过渡。

[例5] "握手问题"的教学

(引自林文生、邬瑞香,《数学教育的艺术与实务》,心理出版社[台湾],1999)

老师:各位同学把桌子和椅子推开,空出中间的地方来,我们来玩握手游戏,每一组先找4个同学。

（全班学生一起动作，很快就把桌椅推向两旁，然后很有默契地 4 个人形成一组，人数不够的，就找旁听者来充数）

老师：每 2 个人只能握手一次，不能重复。然后看看 4 个人握手能够握几次，把它记录下来。

（每个学生都参与这个工作）

老师：现在每一组换成 5 个人握手，看看能握几次？

（学生很快地换成 5 个人一组的形态，进行握手的活动）

老师：现在每一组 6 个人。

（学生马上转变成 6 个人一组的形态）

活动结束，老师让学生回到各组，把刚才的记录画成表格，然后老师自己也在黑板上画出如下的表格，让学生发现其中的规律。

人数(n)	3	4	5	6	7
握手数					

经过师生的一番问答，最终完成了如下的表格。

人数(n)	3	4	5	6	7
握手数	3	6	10	15	21

进而，经过小组讨论学生用试误的方法发现 $\dfrac{(n-1)n}{2}$ 这一规律可以满足这 5 种情况。他们的解释是：自己没有办法和自己握手，所以要减 1，再乘以总人数会重复算 2 次，所以要除以 2。后来有位学生发现这一规律和几何图形中有几个顶点可连成几条线的现象是一样的。她画了图 1-3 来表示。

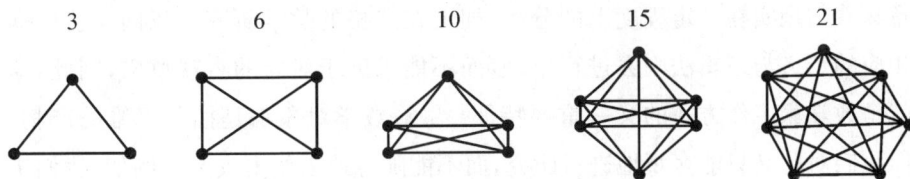

| 3 | 6 | 10 | 15 | 21 |

图 1-3

书中指出："这样，本来是一个集体游戏，最终就成了一个数学问题。"

不难看出，这里所说的由"课堂游戏"向"数学问题"的转变事实上就是模式化的过程，也即我们如何能够超越具体的事物或现象，并揭示出一类具有相同数学结构的事物和现象的共同本质。

最后，由波利亚的以下论述可以看出"模式的建构与研究"不仅适用于"问题"，而且对于解题方法或解题策略也是同样适用的："对于一个特例所以要进行这样周密的描述，其目的就是为了从中提出一般的方法或模式，这种模式，在以后类似的情况下，对于读者求解问题，可以起指引作用。"(《数学的发现》[第一卷]，内蒙古人民出版社，1980，第3页)

4. 实践性解读之三：数学研究的相对独立性

在此我们仍可首先回到前面所提及的关于数学家工作方式的这样一个概括，即认为可以归结为如图1-4所示的模式：

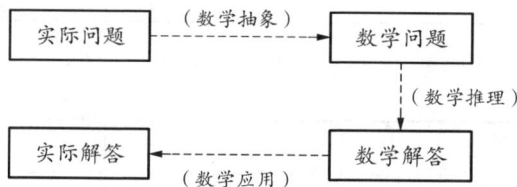

图1-4

笔者的看法是：尽管上述的概括有一定道理，但如果就实际数学活动进行分析，这又不能不说是过于简单化了，因为，数学家的研究工作并不是完全围绕实际问题展开的，恰恰相反，尽管现实需要的确是推动数学发展的一个重要动力，但数学活动也有很大的相对独立性。

事实上，正如前面已提及的，数学抽象是一个重新建构的过程，从而也就意味着与现实在一定程度上的分离，加上在严格的数学研究中我们只能依据相应的定义与逻辑法则去进行推理，而不能求助于对象的直观意义，因此，这就是数学家工作方式的又一重要特征：尽管数学对象都是抽象思维的产物，但我们对此又只能客观地进行研究，而不能随意地去作出改变。例如，我们决不能随意地去断言"2+3=7"或"圆的半径可以不相等"，而必须清楚地认识各个数学对象都有其确定的性质。

　　更进一步地说,我们在数学中所面对的又可说是一个相对独立的数学世界,这也就是指,各个数学对象的性质主要就体现于它们的相互关系,它们并共同构成了一个具有明确结构的整体性世界。

　　显然,上述分析十分清楚地表明了数学研究的丰富性。例如,自然数的研究不仅涉及无穷多个不同的对象:$1,2,3…$在它们之间也存在多种不同的关系,即如二元的"大小关系"(6 比 3 大,3 比 6 小)与"倍数关系"(12 是 6 的 2 倍,3 是 6 的一半),三元的"运算关系"(加减乘除)等。另外,我们显然还应将研究对象由单纯的"数"扩展到数的运算与相关的结论,也即应当进一步去研究各种运算与各个结论之间的关系,如加法与减法之间的互逆关系,乘法可以被看成简化了的加法,等等。

　　应当强调的是:在具体从事已有对象研究的同时,数学家还积极地从事了新的创造。例如,自然数的认识事实上就有一个不断扩展的过程,即由 1、2、3 等具体的自然数扩展到了任意大的自然数 n,乃至完全超出有限的范围而过渡到了所谓的"超穷数"(详见第 2 章)。当然,由自然数向小数与分数的过渡也是十分重要的扩展。

　　进而,如果说上述的发展主要可被形容为"横向的发展",那么,数学中也存在"纵向的发展",即抽象程度的不断提高。例如,尽管 $1+2=2+1$ 与 $a+b=b+a$ 都可被看成一种模式,即都有一定的普遍意义,但与前者相比,后者显然达到了更高的抽象层次。这正如英国著名数学家、哲学家怀特海所指出的:"在代数中,思想上限于特定数的限制取消了。我们写'$x+y=y+x$',在这里,x 和 y 是任何两个数。这样,对模式的强调(不同于模式所涉及的特殊实体)增强了。因此,代数在其创始时,就涉及模式研究中的巨大进展。"("数学与善",载林夏水主编,《数学哲学译文集》,知识出版社,1986,第349 页)

　　应当强调的是,在不少学者看来,这并是数学活动最重要的一个特征,即对于已有对象在更高层面的不断重构。例如,瑞士著名哲学家、儿童发展心理学家皮亚杰就曾指出:"全部数学都可以按照结构的建构来考虑,而这种建构始终是完全开放的……这种结构或者正在形成'更强'的结构,或者

在由'更强的'结构来予以结构化。"(《发生认识论原理》,商务印书馆,1981,第79页)

显然,就我们目前的论题而言,这更为清楚地表明了数学研究工作的相对独立性,这也就是指,尽管我们应当明确肯定现实需要对于数学发展的促进作用,但是,作为问题的另一方面,我们又应清楚地看到:数学家们在很大程度上是按照一定的"传统"从事自己的研究工作的,后者主要就是指数学的思维方式。

例如,从总体上说,以下一些方面,特别是各个对立面之间的辩证关系可以被看成"数学传统"最重要的一些方面,或者说,在数学的历史发展中发挥了特别重要的作用:形式化与非形式化、抽象化与具体化、一般化与特殊化、多样化与一体化、证明与反驳、连续性与间断性、独立性与开放性等。(对此感兴趣的读者可参见另著《新数学教育哲学》,同前,第1.3节)

当然,相对于完整的分析而言,我们应更加注重理论的实践性解读。以下是与小学数学密切相关的一些数学思维方式。

第一,一般化与特殊化。

以上关于数学抽象的论述显然已经清楚地表明了一般化对于数学研究的特殊重要性。除此以外,这也可被看成一般化思想在数学中的具体体现:在所面对的问题已经获得了解决以后,我们仍应进一步去思考对于所得到的结果能否作进一步的推广? 例如,在求得"三角形的内角和为180°"以后,我们应进一步去思考四边形、五边形,乃至 n 边形的内角和,也即应当将所获得的结果推广到一般的多边形。另外,这显然也是数学教学中何以会经常出现"找规律"此类活动的主要原因,即如运算法则的研究,等等。

另外,我们也应清楚地看到特殊化在数学研究中的重要作用。例如,就问题解决而言,特殊化方法就有这样几个十分重要的作用:(1)通过特殊化我们可以更好地弄清题意;(2)通过特例的考察我们可对结论与可能的解题方法作出猜测,有时更可通过由一般向特殊的化归解决原来的问题;(3)我们还可借助新的特例对已获得的结论作出必要的检验。

在第2章和第3章中我们将对此作出进一步的分析,包括给出这方面的诸多实例。

第二,联系的观点。

正如著名数学家希尔伯特的以下论述所清楚表明的,数学的发展常常表现为在原先被认为是互不相干的一些概念或理论之间发现了重要的联系,这并常常导致了新的统一性理论的建立:"今日的数学科学是何等丰富多彩,何等范围广阔! 我们面临着这样的问题:数学会不会遭到其他有些学科那样的厄运,被分割成许多孤立的分支,它们的代表人物很难相互理解,它们的关系变得更松懈了? 我不相信有这样的情况,也不希望有这样的情况。我认为,数学科学是一个不可分割的有机整体,它的生命力正是在于各个部分之间的联系。尽管数学知识千差万别,我们仍然清楚地认识到:在作为整体的数学中,使用着相同的逻辑工具,存在着概念的亲缘关系。同时,在它的不同部分之间,也有大量相似之处。我们还注意到,数学理论越是向前发展,它的结构就变得越加调和一致,并且,这门科学一向相互隔离的分支也会显露出原先意想不到的关系。因此,随着数学的发展,它的有机的特性不会丧失,只会更清楚地呈现出来。"("数学问题",载中国科学院自然科学史研究所数学组与中国科学院数学研究所数学史组主编,《数学史译文集》,上海科学技术出版社,1981,第 82 页)

例如,小学数学中所涉及的各种对象,如自然数、小数和分数,以及三角形、四边形等平面图形,显然都应当被看成是互相联系的。另外,所谓的"数形结合"则十分清楚地表明了在算术(代数)与几何这两门传统上被认为相互独立的学科分支之间所存在的重要联系。

另外,这也是人们在所面对的问题已经获得解决的情况下应进一步思考的又一问题,即在各个看上去相互独立的事实背后是否存在重要的内在联系? 特别是,我们能否将各个单独的事实统一纳入某个单一的数学理论?

由中国旅美学者马立平博士的以下论点我们可以更清楚地认识到"联系的观点"对于数学教学的特殊重要性,特别是,我们为什么应将此(这即是所谓的"广度")看成"数学知识的深刻理解"(1.1 节)的一个基本涵义:"具有数学基础知识深刻理解的教师,总是倾向于在数学概念和方法间建立联系,从单独的知识点的简单、肤浅的联系,到不同运算和子领域的复杂和潜在的联系。反映在教学上,这种意图能防止学生学得的知识支离破碎。学生学到的不再是孤立的专

题,而是知识的有机整体。"(《小学数学的掌握和教学》,同前,第116页)

我们在以下还将多次回到这一主题。

第三,优化的思想。

这事实上也正是促进数学发展十分重要的一个动力,即如我们能否对已有的表述方式(包括符号等)与解题方法等作出适当的改进? 等等。另外,同样重要的是,这并可被看成数学学习的本质所在:学生的数学学习主要是一个不断优化的过程。

例如,减法与乘法的引入显然可被看成"优化"的典型例子,这也就是指,在已经学习了加法的情况下我们又为什么要专门引入减法和乘法等多种不同的运算?

从上述角度读者可以很好地理解笔者在此为什么要专门引用以下的实例。

[例6]　我们到底要不要教除法

这是美国《纽约时报》2000年4月12日刊登的一个课例,它常常被用作"开放式教学"的一个范例,因为,这似乎十分清楚地表明了这样一点:即使是典型的"传统问题",也可被用以培养学生的创新精神和能力,或者说,即可在一定程度上实现由"常规题"向"开放题"的转化。

具体地说,这正是相关教师给自己任教的四年级学生所提的一个问题:每箱橘汁都装有24罐,要使250个学生人手一罐,共需要多少箱?

从传统的观点看,这显然是一个除法的问题。但是,教师在此并没有直接写出相应的算式"250÷24=?",而是写下了这样一个表达式:"250 ? 24",其目的是让学生自由地去进行探究。

事实上,在这一课例中,有些学生就是用加法——对24进行连加直至达到(或超过)250——求得了解答;另一些学生则采用了减法,也即从250连续减去24直至最终减完;还有学生试图利用乘法去求得解答,即尝试着去发现24与何者相乘能得到250。

还有一个小女孩提出了如下的解决方法:100包括4个25,由于250个学生是两个100再加上半个100,因此,如果每箱橘汁都装有25罐的话,相应的结果就是4箱加4箱再加2箱(总共10箱)。但现在每箱只有24罐,也即每箱少了 1 罐,因此就必须在第 11 箱中补取 10 罐。

另有一个小组采取了"实验"的方法:他们在纸上画了一个长方形,并用垂直的平行线将它分成 24 个部分,这时画一条水平线就将生成 24 个小的正方形,而又只需通过连续作出这样的水平线直至得到 250 个小正方形就可获得相应的解答。

显然,较大的开放性正是这一课例的一个亮点,从而十分有利于学生积极主动地去进行探究。但是,我们在此显然又不应回避这样一个问题:如果我们的学生到了四年级仍然没有清楚地认识到这是一个典型的除法问题,并始终满足于另外一些更朴素但却不是那么有效的方法,这样的数学教学能否被看成是十分成功的?

第四,"问题解决"与"问题提出"。

上面的分析显然已经清楚地表明了单纯强调"问题解决"的局限性,这也就是指,问题的解决(这既是指肯定性解答的获得,即如求得了所要求取的未知量,也包括否定性的解答,即如证明了原来的问题是不可能得到解决的)不应被看成数学活动的终点,恰恰相反,我们应当以此为基础积极地去开展新的研究,特别是,应以原先的问题与相应的结论为基础去引出新的研究问题,从而推进数学的深入发展。

应当提及的是,这事实上也可被看成"问题解决"这一 20 世纪 80 年代曾风靡全球的数学教育改革运动给予我们的一个重要教训:与单纯强调"问题解决"相比,我们应当更明确地提出这样一个主张:"求取解答,并继续前进。"(对此可参见 4.3 节)

再者,这事实上也应被看成数学思维教学最重要的一个环节,即教师如何能够提出适当的问题将学生的思维不断引向深入,包括由单纯的"问题解决"走向"数学地思维"。

以下就是这样的一个例子,其中也直接涉及一些十分重要的数学思想。

[例 7]　练习的教学:"长方形和正方形的周长"
这是陈为强老师新近在《小学教学》(2017 年第 1 期)上发表的一篇文章,

题目是"在练习中培养学生的核心素养——'长方形和正方形的周长'教学片断与思考",其中对如何通过指导三年级学生求解练习题以培养他们的核心素养进行了分析论述。在笔者看来,后一论题或许过于宏大了,或者说,如果仅从字面上进行分析,相应的教学活动应当说与"培养学生的核心素养"这一目标仍有较大距离。但笔者仍愿借助这一实例来说明我们应当如何通过"问题引领"将学生的思维不断引向深入,包括由此而学到一些十分重要的数学思想。

以下是这位教师在课堂上要求学生求解的问题:

一个正方形被分成了三个同样大小的长方形(图1-5),每个长方形的周长都是32厘米,这个正方形的周长是多少?

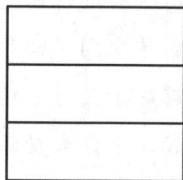

图 1 - 5

以下则是课堂上出现的具体情况:

学生看到题目后都皱起了眉头,纷纷拿着笔在纸上画着,教室里安静极了。几分钟之后,有部分学生紧皱的眉头舒展开来,交流拉开了序幕。

生1:要求正方形周长,最好能知道正方形的边长,而正方形的边长就是每个长方形的长。题目中告诉了长方形的周长以及长与宽之间的倍数关系,因此我们可以先求出长方形的宽,再求出长,最后求出正方形的周长。……

作为三年级的学生,生1的思路如此清晰,语言表达如此流利,说理如此到位,同学们情不自禁地为他鼓起掌来。部分同学与这位同学的解法一样,教室中安静下来,学生把目光投向教师,试图从教师这儿寻求别的解法。

师:除了这种方法,还有别的方法吗?同学们可以借助学具(学生在学习长方形、正方形周长时都准备了一定数量、长短不同的小棒),或者在纸上画图,可能会另有发现。

生2:通过画图,我觉得可以这样理解,原题为一个正方形被分成了三个相同的长方形,我们可以反过来思考,用三个相同的长方形合成一个正方形,合并过程中减少了中间的4条边,只留下外围的4条边,即正方形的边,因此正方形的周长就是三个长方形周长和的一半。用算式表示为32×3÷2=48厘米。

……

　　笔者在此并不试图对上述课例作出全面分析,而只是希望以此为背景具体地指明我们应当如何通过适当的提问将学生的思维引向深入,即如在学生给出了某一解法以后,教师应当如何作出评价? 在学生思维出现"卡壳"时应如何作出适当的引导? 什么又可被看成促进学生思维进一步发展或深化的必要环节? 等等。

　　具体地说,正如文中所指出的,生1在课堂上的表现确实十分出色。但就促进学生的思维发展而言,教师应如何对此作出适当的评价和进一步的引导?

　　不难想到,如果我们在此仅仅着眼于上述问题的具体求解,就不可能充分发挥这一活动对于学生思维发展的积极作用,后者既包括生1和另外一些已经掌握了同一解法的学生,更是指其他各个事先并未想到这一方法,乃至在听过了生1的介绍以后仍然"似懂非懂"的学生。当然,这事实上也正是笔者何以提出上述问题的主要原因,即尽管全体学生都对生1的表现作了直接肯定,教师仍应对此作出进一步的分析和引导,包括清楚地指明相应的数学思想和数学思想方法。

　　首先,这就是我们在当时应当特别强调一个数学思想:联系的观点。事实上,在学生具体从事解题活动前我们就应在这一方面作出必要的引导。当然,这也是另一可能的选择,即在生1给出了自己的解答之后再围绕这一思想对相关的解题活动作出进一步的分析。

　　以下是这方面的一个具体建议,即教师在此可以明确提出这样一个"解题策略":面对任一较复杂的问题,我们都应首先列举出其中的各个相关成分(包括已知成分与未知成分),然后再具体研究它们的相互关系。

　　就目前的问题而言,这就是指图1-6。

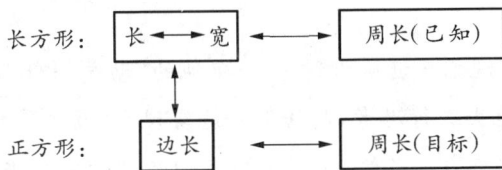

长方形:　长 ←→ 宽　←→　周长(已知)

正方形:　边长　←→　周长(目标)

图 1-6

显然,这方面的具体思考不仅有助于学生更好地理解所面对的问题,也可由此而引发相关的解题思路,包括很好地理解生1所提供的解题方法。

从思维的角度看,教师在此即可首先提及以下两个更为具体的"解题策略":

(1)突出关键。这就是指,我们应当帮助学生逐步养成这样一个思维习惯,即围绕问题去进行思考,更应注意分析其中的关键环节。例如,就当前的问题而言,这就是特别重要的一个环节,即我们如何能够找出长方形的长与宽之间的关系?

(2)序的思想。这可被看成"整体性观念"的具体表现,就目前的问题而言,这也就是指,我们应当按照一定的顺序一步一步地去解决问题:第一,首先找出长方形的长与宽之间的关系;第二,依据所说的关系由已知的长方形的周长求出它的长和宽;第三,依据"正方形的边长等于长方形的长",由正方形的边长求得它的周长。

其次,针对课堂上所出现的以下情况:在生1说出了自己的解法并获得全体同学肯定以后,"教室中安静下来,学生把目光投向教师……"笔者以为,除去"学生试图从教师这儿寻求别的解法"这一解读以外,这事实上也可被看成十分清楚地表明了"超出具体问题的求解,并从思维角度作出进一步的分析和引导"的重要性。

进而,针对相关教师在当时所采取的以下措施,即"提醒学生借助画图或动手操作等策略辅助思考,开启学生思维的'闸门'",乃至"让学生在问题解决过程中实现方法的多元性",笔者以为,我们应更深入地去思考:我们在此为什么应当特别提倡解题方法的多元化? 另外,就目前的问题(与教学对象)而言,我们又是否真有必要让学生实际动手去进行操作,即如用小棒进行图形的拆分、平移、旋转、组合等?

笔者的看法:

(1)正如人们现已普遍认识到的,与单纯的"动手"相比,我们应当更加重视促进学生积极地去进行思考,包括很好地实现由"动手"向"动脑"的必要转变(对此可参见5.2节)。当然,这不是指我们在教学中应当完全排斥学生通过实际动手去发现各种可能的解题方法,而主要是指教师应当切实加强这一方面的引导工作,从而使得"动手"真正促进学生的思维。

也正是从后一角度去分析,笔者以为,与单纯强调"动手"相比较,我们在教学中应更加强调"数形结合"这样一个数学思想,因为,无论就所谓的"画图"或是"动手操作"而言,其主要作用都是有助于我们更好地去理解与把握各个对象之间的数量关系。

事实上,上面所提到的"关系图"(图 1-6)就是一种直观图形,即为我们很好地理解与把握各个对象之间的关系,包括相应的解题步骤提供了直观图像。当然,与图 1-5 相比,这并应说具有更大的启示力,从而也就十分清楚地表明了数学抽象的力量,因为,这一图形的生成本身就是抽象思维的结果,或者说,直接反映了主体思维的不断深化。

相信读者依据这一实例可以更好地理解华罗庚先生的这样一个论述:"数缺形时少直觉,形少数时难入微;数形结合百般好,割裂分家万事休。"

(2)与简单提倡"解题方法的多元化"相比较,我们应更加重视学生思维的深化,也即应当通过适当的问题将学生的思维引向深入,而不只是简单地满足于"越多越好"。

例如,就当时的教学情境而言,我们可借助上述的"关系图"有意识地去突出这样一个问题:从图形上看(图 1-7),我们正是通过"迂回",也即通过"绕道"长方形与正方形的边长最终由长方形的周长求得了正方形的周长。但是,我们是否也可由长方形的周长直接求得正方形的周长,即开拓出一条更为直接的解题途径(显然,这即可被看成"优化的思想"的一个具体体现)?

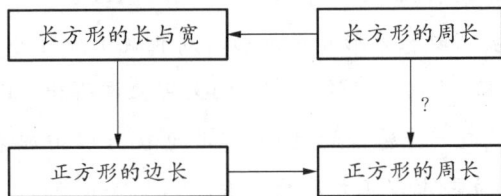

图 1-7

就当时的现实情境而言,上述问题的提出显然也更为清楚地表明了在原来的问题已经获得解决的情况下我们为什么要作出进一步的研究,包括用画图与动手操作等方法去进行新的探究,什么并可被看成这方面工作的努力方向：我们所希望的是通过画图与拆分、拼合等找出在长方形的周长与正方形的周长之间存在的内在联系。

第三，在学生已经得出了"正方形的周长等于长方形周长的1.5倍"这一结论以后，我们还可将学生（至少是部分学生）的思维进一步引向深入。

具体地说，一旦建立起了上述的认识，就原先问题的求解而言，我们显然只有在最后一步才会用到"长方形的周长是32厘米"这样一个条件，这也就是指，后者对于整个的解题过程事实上并不具有十分重要的作用。例如，如果将上述条件换成"长方形的周长是20或72厘米"，全部的解题过程显然都不会有任何重要的变化。

那么，究竟什么是这一思考的真正意义呢？这就是指这样一种思维方式：我们应当努力发现"变化中的不变因素"，也即事物的本质或规律。

不难想到，上述的研究事实上就是一个"一般化"的过程，或者说，即是如何能够揭示各个相关研究的共同本质。另外，从同一角度去分析，我们显然也可更清楚地看出积极鼓励学生通过拆分与拼合等手段去发现解题思路的这样一个优点：借此我们可将学生的注意力转移到长方形和正方形周长之间的关系上，而不再唯一地局限于如何能够通过具体计算去求得它们的数值，这也直接保证了相关结果具有更大的普遍性：按照所说的分割方式，正方形的周长一定是长方形周长的1.5倍。

进而，依据上述分析，我们并就可以应用如下的"特殊化"方法更简单地去解决原来的问题：不失一般性，在此可假设长方形的宽是1（个单位）——显然，在这样的条件下，我们就可立即求得长方形的长（也即正方形的边长）是3（个单位）；这时再要求取长方形和正方形的周长就十分容易了，它们分别是8和12（个单位）；最后，依据上述的计算我们又可立即得出"正方形的周长是长方形周长的1.5倍"这一普遍性的结论，据此也就可以由原来的条件（长方形的周长是32厘米）立即求得正方形的周长。

但是，上述的解题方法不得已用到了"比"的概念，从而超出了三年级学生的学习范围。但在笔者看来，依据这一实例我们可以更好地理解笔者的这样一个论点（详见9.3节）：比、除法与分数在很大程度上可被看成是完全对等的，那么，在已经引进了除法和分数的情况下，我们又为什么要专门引入"比"

这样一个概念呢？答案是：这体现了不同的研究视角，我们在此所关注的主要是两个量（就目前的问题而言，就是指正方形与长方形的周长）之间的关系，而不十分在意它们的具体数值。

由此可见，这正是上述研究的又一意义，即为学生将来的学习提供必要的准备。

最后，我们显然还可通过"一般化"对原来的问题作出进一步的推广，即如"一个正方形被分成四个（或五个、六个，乃至 n 个）同样大小的长方形，每个长方形的周长都是 32 厘米，这个正方形的周长是多少？"等等。

以下的实例同样涉及如何由已有的问题去引出新的问题，这也具体体现了数学中"优化的思想"的又一重要涵义。

[例8] 谁的面积大

这一教学活动主要涉及这样一个问题："用 100 分米长的铁丝围成一个长方形的菜地，如何围面积最大？"

就相关的教学活动而言，这显然是十分常见的一个做法，即人们往往会集中于上述问题的具体求解，特别是，如何能够通过学生"主动探究"去发现这样一个结论，即"在各种等周长的长方形中，正方形的面积最大"，尽管在此我们并不可能对此作出严格的证明。

上述的做法当然有一定意义，但从数学思维教学的角度去分析，这显然应成为这一教学活动的又一重点，即我们如何能够以此为例帮助学生更好地去理解数学家是如何提出自己的研究问题的。

具体地说，按照后一立场，我们在此不应从一开始就将学生的注意力引向如何去求解上述的问题，而是应当通过更为细致的设计去突出相应的思维过程。首先，用固定长度的铁丝去围长方形显然有多种不同的做法；其次，这正是数学思维的一个重要特点，即在面对多种不同的可能时数学家们往往会倾向于从多个角度对此作出比较，从而清楚地揭示在它们之间有哪些共同点和不同点？进而，我们又如何能从变化的角度更深入地去认识它们之间的联系与区别，包括在何种情况下相关的量值会达到"极值"——就当前的问题而言，这也就是指,在各种具有相等周长的长方形中何者具有最大的面积?

最后,在结束本节的论述时,笔者愿再次强调这样一点:上述的分析不应被看成已经穷尽了"数学地思维"的全部内涵。进而,更重要的是,与单纯强调理论学习相比较,我们应更加重视如何能够联系教学实践作出自己的分析与总结,包括给出关于数学思维与数学思维教学更多、更有说服力的实例。

在以下各章我们并将联系具体教学内容对所已提及的各种数学思想和数学思想方法作出进一步的分析论述。

1.3　可接受性:小学数学思维教学应当特别重视的一个问题

上一节的论述显然表明:"数学地思维"并非高不可攀,恰恰相反,我们应努力帮助学生初步地学会数学地思维。当然,就这方面的具体工作而言,我们又应高度重视教学活动的可接受性,也即应当使得相应的教学活动对于学生而言真正成为可以接受的。

近年来我们在后一方面并可说已经积累起了一定经验,尽管相关的认识仍有进一步深化的必要。以下首先对此作出简要的论述,然后再以国外的相关研究为背景作出进一步的分析,包括给出这方面的若干实例,希望读者也能从后一方面作出自己的思考。

1. 已有的经验与认识的必要深化

在此首先应肯定这样一个事实:我们的学生不可能仅通过日常生活与简单的经验积累就能学会数学地思维,恰恰相反,这主要依靠系统的学校学习,特别是教师的直接引导。当然,由于小学生的认知能力有较大局限性,因此,我们应当十分重视如何能够针对学生的具体情况去进行教学,不然的话,相关的教学就不可能取得真正的成效。

例如,以下即可被看成这方面的一个具体认识:就小学数学思维教学而言,可以大致地区分出这样几个阶段,即由"深藏不露"逐步过渡到"画龙点睛",再由"点到为止"逐步过渡到"清楚表述",直至最终由"教师直接示范"逐步过渡到"促进学生的自我总结与自觉应用"。简言之,我们应依据学生的具体情况很好地掌握适当的"度"。

另外,我们显然也可从同一角度去理解以下的论述,尽管其所论及的内容已经超出了单纯的数学思维教学的范围:"不同学段的小学生应有不同的重点:低年级的认知活动以启动儿童的认知机制为主。鼓励儿童发表自己的想法,并倾听别人的意见而得以与同侪互动学习。中年级的教学活动以发展数学课室中的社会性互动为主。使儿童能以澄清的方式和做法是否合理之检查来进行讨论和辩证。高年级之教学活动则进一步要求学生在解题活动中提升效率,进行比较科学性的解题思考,让学生回归文化传承的解题方式,以及熟练一些技巧和知识,后者也应成为讨论的重点。"(黄敏晃)①

以下是这方面更为具体的一些经验:

第一,基于小学生的认知特点,我们在教学中应十分重视直观的认识与必要的动手操作。

例如,这显然正是小学数学教学何以应当特别重视教具的开发与使用的主要原因。当然,这也是这方面工作所应特别注意的一个问题,即相关的操作应当真正有益于学生的数学学习,包括思维的发展。

例如,相对于不同颜色的小棒而言,"计数块"的使用对于学生学习自然数应说是更为合适的,因为,通过以最小的立方块代表"一",用十个这样的小方块构成的"条"代表"十",由十个"条"组成的"层"代表"百"等,这显然十分有益于学生很好地掌握"十进制"这样一个概念。

第二,我们并应努力做到"浅入深出",特别是,应通过适当的"问题链"将学生的思维逐步引向深入,包括由知识的层面逐步深入到思维的层面。

除去前面的[例7],在此还可提及[例9]。

[例9]　"小数除法"的教学

(引自吴正宪、张秋爽,"理解儿童,理解数学",《小学数学教师》,2016年第12期)

───────────

① 这一材料是由台湾的吕玉英老师为笔者提供的,特此表示诚挚的谢意。

上课伊始，以"裸情境"开启了小数除法的起初学习。

甲乙丙丁是某大学同一宿舍的学生，今年毕业前，四人聚餐，商量好以AA制的方式付款，他们共消费 97 元，每人应交多少元？

学生记录信息，开始计算：$97 \div 4 = 24$（元）……1（元）。

师：每人要付多少钱？

生（齐）：24 元余 1 元。（齐答后有疑惑："24 元余 1 元"是多少钱啊）

生 1：就是比 24 元多一些，比 25 元少一些。

生 2：这个数好像不准确啊。

生 3：每人到底应付多少钱呀？

师：问得好，每人应付多少钱呢？这是本节课我们要研究的新问题。你们有办法解决吗？

学生独立思考，呈现出不同的解决方法。

第一位学生用算式表达：1 元 = 100 分，$100 \div 4 = 25$（分）。结果是 25 分。

第二位学生用了不同的算式表达：1 元 = 10 角，$10 \div 4 = 2$（角）……2（角）。2 角 = 20 分，$20 \div 4 = 5$（分）。结果是 2 角 5 分。

……

得出"每人付 24 元 2 角 5 分"的结论后孩子们没有就此止步，而是继续提出新问题："这样换来换去太麻烦了，能不能有更简单的方法呢？能不能把这个过程写在一个算式里呢？"于是有了这样的记录：

$$
\begin{array}{r}
2\,4.2\,5 \\
4\,)\,\overline{9\,7} \\
\underline{8} \\
1\,7 \\
\underline{1\,6} \\
\end{array}
$$

　　　　1 元 = 10 角

　　　　　8 角

　　　　2 角 = 20 分

　　　　　　20 分

　　　　　　　0

问题来了,商到底是 24 元 2 角 5 分,还是 2425 元? 在争论和质疑中,自然是"小数点"的出现澄清了事实。孩子们在"2425 元"中间添写一个"小数点",并讲述"24.25 元"中"小数点"的意义……

一波未平,一波又起:"除法竖式里的单位能不能去掉?"一位学生进行了勇敢的尝试,写出了这样的竖式:

```
       2 4.2 5
  4 ) 9 7
       8
       1 7
       1 6
          1.0
           8
          .20
          20
           0
```

问题又来了,去掉单位后,"1"变成了"10",有了 10 倍的误差。如何解决这个误差呢? 又是"小数点"! 此时,一位男孩走上来,在"10"的中间点上"小数点",这样"1"后面添上多少个"0"也不会影响它的大小,而变化的是把 1 个"1"细化为了 10 个"0.1"。小数点的自然出现,又一次凸显了其定位的重要作用。

课堂练习,又一次进入了问题的讨论中。

计算并讲故事:$51 \div 2 = $?

学生借助真实的情境兴致勃勃地讲开来:

用 51 元买 2 本同样的书,每本多少钱?

51 个苹果平均分给 2 个班,每个班多少个?

……

又一个新问题出现:具体情境没有了,你能讲讲 $51 \div 2$ 的道理吗?

于是,孩子们从"元、角、分"和"米、分米、厘米"的情境中跳出来,开始了对"$51 \div 2$"的再讨论,小数除法的算理自然流淌:51 个"1"除以 2,得到 25 个"1",

余下 1 个"1"不够除,将余下的 1 个"1"变成 10 个"0.1",继续除以 2,得到 5 个"0.1"。

下课的铃声响起,孩子们还在不停地追问:如果还有余数怎么办? 会不会分到 0.00……01 还有余数呢?

……

对于上面所提到的各个经验我们当然应当予以充分的肯定。但是,作为认识的必要深化,我们又应清楚地认识到这样一点:尽管小学生在入学以前尚未接受过正规的数学教学,但他们并不应被看成一张纯粹的白纸或全空的容器,因为,他们已通过日常生活积累起了一定的相关知识和经验,包括初步形成了一定的思维习惯,而这种直接源自日常生活的相关知识和思维方式与学校中所学到的数学知识和数学思维方式有很大不同。因此,这也就是我们切实保证数学思维教学可接受性的又一重要环节,即应当很好地处理所说的"日常知识和思维方式"与"学校数学知识和思维方式"之间的关系。特别是,我们既应清楚地看到这两者之间所存在的重要区别,包括明确提出这样一个任务,即我们应帮助学生很好地实现由"日常知识和思维方式"向"学校数学知识和数学思维方式"的过渡,同时也应充分发挥前者在后者学习过程中的积极作用,也即应当使之真正成为学校数学学习的有益基础,而不是新的学习活动的障碍或阻力。

例如,在笔者看来,我们显然应从后一角度更好地认识"情境设置"在数学教学中的作用,这就是指,我们应清楚地认识"情境设置",特别是密切联系学生生活实际对于数学教学的积极意义,因为,这十分有益于调动学生的已有经验和知识为新的学习活动提供必要的基础。但是,数学教学又必须"去情境化",也即我们必须超越各个具体情境上升到普遍性的数学知识,包括由日常思维逐步过渡到数学思维。

为了清楚地说明问题,以下再借助巴西学者的相关研究对此作出进一步的分析论述。

2. 一项相关的研究:"日常数学"与"学校数学"

这是巴西学者 20 世纪 90 年代所从事的一项系列研究,并在国际数学教

育界产生了十分重要的影响,主要包括这样一些认识:

第一,现实中存在两种不同的数学:"日常数学"与"学校数学"。

具体地说,这主要涉及这样一个发现:来自贫困家庭的儿童在数学上具有两种截然不同的表现:在课后从事街头的叫卖工作时他们表现出了熟练的计算能力;然而,同样是这些学生,他们在学校中的数学学习却往往只是失败的记录。

巴西学者并作了如下的进一步实验:以两种不同的方式给 5 个学生同样的数学问题,第一次采取的是现场买卖的形式;在一个星期以后,再用文字题的形式要求他们解答同样的问题。结果发现:在后一种情况下,不仅学生解答的正确率大大降低,而且在两种场合下他们所使用的方法也很不相同。在前一种情况,学生采用的是口算;在后一场合,学生们则采取了笔算的方法。从而,在研究者看来,在此事实上存在两种不同的数学,即所谓的"日常数学"与"学校数学"。

第二,文化冲突往往会构成学校数学教学的一个严重障碍。

显然,从教育的角度看,上述的事实直接涉及这样一个问题:我们如何才能保证学校数学教学的成功? 以下就是一些相关的分析。

首先,按照巴西学者德·安布鲁西渥的观点,"两种数学"的对立必然会对学校的数学教学产生严重的消极影响:"在上学以前和学校以外,世界上几乎所有儿童都发展起了一定的应用数和量的能力,以及一定的推理能力,然而,所有这些'自发的'数学能力在进入学校以后都被'所学到的数学能力'完全取代了。"他写道:尽管儿童们所面临的是同样的事物和需要,他们却被要求使用一种全新的方法,从而,这就在这些儿童的心中造成了一种心理障碍,后者直接阻碍了他们对于学校数学的学习。更有甚者,这种早期的数学学习很容易使学生丧失自信心,从而也就会对他们的一生产生严重的消极影响。(详可见 U. D'Ambrosio, *Socio-cultural Bases for Mathematics Education*, UNICAMP,1985,第 45 页)

另外,在著名数学教育家毕晓普看来,我们应当从文化的视角更深入地去认识这样一个现象:"所有正规的数学教育都有一个文化交流的过程,在这一过程中每一儿童(与教师)都经历了一定程度的文化冲突。"(A. Bishop,

"Cultural Conflict in Mathematics Education：Developing a Research Agenda"，*For the Learning of Mathematics*，14[2]，第 16 页)

第三，无法回避的矛盾。

面对上述的"文化冲突"，即"日常数学"和"学校数学"的对立，我们究竟应当如何去进行解决？特别是，这是否可被看成这方面的一个可能选择，即完全放弃"学校数学"，而让学生完全通过日常生活去学会数学？

巴西学者的相关研究为上述问题提供了明确的解答：由于"日常数学"具有明显的局限性，因此，对于后一种选择我们应持明确否定的态度。

具体地说，研究表明，这正是"日常数学"的一个重要特点，即情境相关性：尽管这有利于人们清楚地认识"数学研究"的意义，但同时却不具有任何真正的知识所必须具有的可迁移性；再者，由于人们的实际活动必然会受到诸多因素的影响，从而也就在很大程度上限制了相关的数学发展。

例如，如果始终采取口算的方式，人们的计算能力就会有很大的局限性，特别是，在面对较大的数量时，单靠"自发的数学能力"往往很难解决问题。再例如，以下的研究显然也可被看成从另一角度更清楚地表明了日常数学的局限性：在求解文字题时，大部分未进过学校的成年人都能很好地解决直接的问题，但如果问题的求解需要用到逆运算，解答的正确率就大大降低了，特别是，如果所涉及的数量较大，就更是这样的情况。与此相对照，通过学校的学习，上述的情况就有了很大的改进。(详可见 T. Carraher，"Adult mathematical skills，The effect of schooling"，Paper presented at the annual meeting of the American Educational Research Association，1988)

以下是关于"日常数学知识"是否有可迁移性的一个具体实验(详见 T. Carraher，"From drawing to building，Working with mathematical scales"，*International Journal of Behavioral Development*，1986，No.9)：这是一项以巴西建筑工人(施工员)为对象所作的研究，研究者发现，那些没有受过正规学校教育的施工员，在面对较熟悉的比例时，一般都能正确和迅速地求得图纸上某个尺寸所代表的实际数据。但是，如果他们面对的是不很熟悉的比例，就表现出了很大的局限性。这时他们往往会采取"错误尝试"的方法，即希望能通过归结为熟悉的情况来解决所面临的新情况，但由于未能上升到一般的算法,因此,正如以下对话所表明的,这种努力常常以失败而告终(所给出的问题为 9 公分:3 米=1.5:x,其中所用到的比例 1:33.3 是施工员们不熟悉的,他们经常用到的只是 1:50、1:100 和 1:20):

施工员:"9 公分、3 米,这个尺寸是……不,这将是 4.5 米,……我做不出来。"

调查者:"为什么,前几个问题(其中采用的都是施工员熟悉的比例)你不是都解决了吗!"

施工员:"因为,这不是 1:50 的情况,1:1(指 1:100)也不行,1:20 也不行,有 1:50、1:20 和 1:1 三种尺寸,最简单的是 1:1,这时你不用作任何计算,只需看一下多少公分就可知道是多少米,而如果是 1:50 或 1:20 你就必须进行计算,但现在是 9 公分代表 3 米,我从来没有遇到过这样的情况,我只遇到过另外的三种情况。"

由此可见,面对"民俗数学"与"学校数学"的冲突,我们不应采取完全放弃"学校数学"的做法,而应更好地去处理这两者之间的关系。

第四,由"日常数学"到"学校数学"。

这正是人们在这方面的一个基本观点,即认为我们应当将"日常数学"用作学校数学学习的出发点和必要背景。在一些学者看来,我们并应明确提出这样一条基本原则:"数学教学,除非建立在学生的固有文化和生活兴趣之上,就不可能有效。"(O. Raum 语)

当然,从理论的角度看,在此仍然存在这样一个问题:在"日常数学"与"学校数学"之间是否也有一定的相容性?已有的研究在这方面也已提供了一些初步的结论。例如,研究表明,如果透过内容上的不同,并主要着眼于内在的数学成分(包括数量属性、推理方式等),那么,在"日常数学"与"学校数学"之间确实存在一定的共同点。例如,就上面所提到的巴西贫困家庭儿童的实例而言,尽管这些儿童在街头做买卖时和在学校学数学时所采用的分别是口算和笔算的方法,但是,即使在进行口算时,他们仍然使用了与"学校数学"中相同的策略,如在从事加减运算时,他们往往采取"分解"(decomposition)的策略(例如,利用分解的方法求解 200－35 的过程大致是这样的:(1) 200 等于 100＋100;(2) 100－30 是 70;(3) 70－5 是 65;(4) 把置于一边的 100 加上去,从而得出最终的解答 165);另外,在从事乘除运算时,他们又往往采取"反复分组"(repeated groupings)的办法(例如,利用反复分组的方法求解 120÷3 的过程大致是这样的:(1)每人获得 30,这时有剩余,3 乘 30 是 90,剩下的是 30;(2)每人加 5,这是 15,这时还剩下……15……;(3)再加 5,这是 15;(4)每人得到 10 和 30,是 40)。显然,上述的解题策略正是运算法则的正确运用。

正因为在"日常数学"与"学校数学"之间存在一定的共同点,这就为我们把"日常数学"作为学校数学学习的出发点和必要背景提供了重要依据。以下是这方面的一个具体建议:"在面临各个特定的数学概念的教学任务时,数学教师应当仔细研究他的学生在日常生活中是否已经用到了这一概念……并应努力弄清在日常概念与算法背后的不变因素。"(T. Nunes,"Ethnomathematics and Everyday Cognition",载 D. Grouws 主编,*Handbook of Research on Mathematics Teaching and Learning*,Macmillan,1992,第 571 页)这也就是指,"为了将民俗数学纳入到课程之中,必须首先确定其中的知识结构"。(D'ambrosio:"Ethnomathematics and its Place in the History and Pedagogy of Mathematics",*For the Learning of Mathematics*,5[1],第 47 页)

进而,由于由"日常数学"到"学校数学"的过渡在很大程度上可被看成由特殊上升到了一般,因此,比较就可被看成实现所说"转变"的一个有效手段。这也就是指,"对若干具有相同不变因素的情境的理解,将会导致关于相应概念(即不变因素)的抽象和一般化。"(T. Nunes,"Ethnomathematics and Everyday Cognition",同前,第 571 页)

另外,研究表明,要求学生对自己的数学工作作出表述也是促成由"日常数学"向"学校数学"转变的一个有效方法,因为,对自己的数学工作作出表述,往往会导致主体注意力的转移,即由唯一关注最终的结果转移到一般的方法。另外,从更深入的层次看,这也必然会促进主体的自觉反思,而又正如人们普遍了解的,反思正是人们实现优化包括改进思维最为基本的一个途径。(对此可参见 5.2 节)

最后,还应提及的是,从发展的角度看,数学的应用,即如何把学校中学到的数学知识应用于社会实际生活,也可被看成"日常数学"与"学校数学"的一种融合,从而我们也就应当在这方面作出切实的努力。①

另外,尽管上述的研究主要以"日常数学"与"学校数学"作为直接的对象,但我们显然也可以此为背景对数学思维教学的一些相关问题作出具体的分析思考,特别是,我们应当如何去认识"日常思维"与"数学思维"这两者之间的关系? 我们又应如何去把握"数学思维教学"的主要目标? 对此我们将在第5章中作出具体的分析论述。

再者,我们显然还可从同一立场对数学教育中的其他一些问题作出具体分析。例如,以下关于如何帮助学生真正实现"理解学习"的论述就可被看成这样的一个实例,后者即是指,我们既应对学生的"非正规解释"(idiosyncratic interpretation)持更加理解的态度,而不是简单地予以否定,同时也应注意维护数学的正式意义——由此可见,教师不仅应当善于倾听,而且也应有针对性地去进行引导,即帮助学生由原先的"非正规解释"逐步过渡到正规的理解。(详可见郑毓信,《课改背景下的数学教育研究》,上海教育出版社,2012,第4.4节)

3. 理论与实际教学工作的同步增长

巴西与中国的国情有所不同,特别是,我们的学生应当说更早进入了系统的学校学习,但即便如此,上述研究对于我们显然仍有重要的启示意义:我们既应清楚地认识"日常知识和思维方式"与"学校数学知识和思维方式"之间的重要区别,并努力帮助学生实现由前者向后者的重要转变,但同时又不应将两者绝对地对立起来,而应更加重视两者的相互促进,特别是,应很好发挥学生已有的知识和经验包括思维方式对于学校数学学习的积极作用,并努力减少其可能的消极影响。

从理论的角度看,这并直接关系到了数学学习的本质:数学学习主要是指学生已有知识和经验的重建,而不仅仅是指如何利用他们已有的知识和经验去理解新学习的内容。用著名儿童心理学家皮亚杰的话来说,这也就是指,数学学习主要地并非是一种"同化",即如何能将新的学习内容纳入(整合)到

---

① 这也是巴西学者明确倡导的一个观点:由于"文化的多元性"正是社会未来发展的一个重要趋势,因此,我们应将源自不同文化的素材都纳入到课程之中,从而帮助学生学会尊重各种不同的文化,包括切实增强来自不同文化的学生的自信心。

主体已有的认知结构之中,而是一个"顺应"的过程,也即主体应对已有的认知结构进行重组以适应新的学习活动。

当然,就一线教师而言,我们又应更加重视理论对于实际教学活动的指导或促进作用,并应根据具体情况很好地去确定自己的工作重点。希望读者能从后一角度很好地去理解以下各个教学实例。

[例 10]　关于"角的认识"教学的两种不同观点

(徐青松,"直接导入,充分想象,自然提升——《认识角》的课后反思",《教学月刊》,2006 年第 5 期)

相信读者依据以上关于"日常视角"与"数学视角"的区分就可对以下问题作出自己的解答:

第一,对于角的直观认识应该如何把握?

观点 1:要大大加强触觉(摸)的认识,充分感受到边是平的、滑的;顶点处是尖尖的、刺刺的等。

观点 2:开门见山地谈谈、摸摸角,简洁、明了。

第二,抽象角与生活角的差别是否需要让学生想象、体验?

观点 1:作为二年级的学生,以形象思维为主,让他们想象角,超出了学生的认知水平。

观点 2:作为二年级的学生,抽象思维正在迅猛发展,以想象来体验角的两边无限长,可以接受。

另外,这显然也可被看成教学中如何帮助学生消除因"三角形稳定性"的学习而产生的各种困惑的关键,即我们应当清楚地指明这一数学的认识与相应日常认识之间的区别。

[例 11]　"三角形稳定性"的教学

(仲海峰,"追问学校数学与生活数学的分野",《人民教育》,2006 年第4 期)

这是教学中发生的真实事件,有学生提出了这样的疑问:

"老师,我发现有的三角形没有稳定性!"因为,这个学生手中的木架三角形有一条边是由两条小木棒钉成的,从而就很不牢固。

还有学生提出:"这个车架虽然是四边形,但它是铁的,也有稳定性。"

还应提及的是,尽管相关文章以"三角形的稳定性"的教学作为直接的主题,但相关的分析没有局限于此,而是以此为背景引出"生活数学"与"学校数学"之间的关系这样一个普遍性的论题。以下就是文章作者在这方面的基本看法:

"'生活数学'与'学校数学'之间存在着本质的区别。……数学应该与生活经验建立起联系……生活化的最终目的还是要实现'形式化'思维的提升。"

显然,这与本书所倡导的立场是完全一致的。

为了便于读者的学习和阅读,在此特别提及荷兰著名数学家、数学教育家弗赖登特尔的这样一个论述:对学生而言,与其说学数学,不如说学习数学化。(《作为教育任务的数学》,上海教育出版社,1995,第 124 页)笔者以为,这里所谓的"数学化"主要也就是指"用数学的视角与方式去看待世界、发现与解决问题"。另外,这又正是采用"数学化"这一提法的一个主要优点:这不仅直接涉及世界的"数学化",也包括我们自身的"数学化",这也就是指,数学学习的过程事实上也就是我们对于自身的不断重塑,特别是,由"日常思维"逐步转向了"数学思维"。[①]

进而,由以下的实例我们即可很好地理解香港教育学院冯俊业先生关于"数学化"的这样一个解读:对学生而言,数学化就是"从无到有、由粗糙到精致"。

[例 12]　"认识面积"的教学

这是笔者 2010 年聆听的一堂数学课。

首先,正如课改以来普遍提倡的,教师在此采取了由"物体"引出"图形"这

[①]　显然,从上述角度我们可很好地去理解后现代主义的这样一个论述:世界是我们的建构,但在建构世界的同时,世界也正在建构我们。

样一个做法,即要求学生具体地去指明一些物体(纸巾盒、篮球等)的各个表面。由于"物体都有表面"显然可以被看成一个常识,因此,这一活动对于大多数学生而言没有任何困难。

　　教师接着又安排了这样一个环节,即要求学生实际地去"摸一摸"上面所提到的各个物体的表面,教师并提问道:"你感觉出了什么?""这些表面有什么不同?"学生给出的解答可以说五花八门,如"它们的形状不一样";"有的表面很粗糙,有的很光滑";"表面有大有小";……教师以此为基础引出了这样一个结论:"物体表面的大小叫做它们的面积。"

　　其后,教师又通过一些实例对"什么是面积"作了进一步的分析,特别是强调了这样几点:只有封闭图形才有面积;即使是"中空"的图形(如玻璃瓶的瓶口)也有面积;我们必须清楚地区分图形的面积与周长。

　　这时教学转入了以下环节,即要求学生分组对教师事先准备好的一些平面图形的面积大小作出比较。学生表现出了很大的创造性。教师则通过适当引导和概括总结出了这样一些方法,如观察、重叠、测量等。

　　笔者在此并不企图对这一课例作出全面点评,而是希望以此为背景进一步去指明我们应当如何以"数学化"的思想去指导这一内容的教学,包括通过自己的教学帮助学生更好地理解与掌握这一思想。

　　具体地说,由于大多数学生早已通过日常生活初步接触到了"面积"这样一个概念,因此,就"认识面积"这一内容的教学而言,我们就应特别关注如何能够帮助学生较好地实现对于"面积"这一概念由粗糙的日常理解转向精致的数学概念。

　　例如,从后一角度去分析,我们显然可以更好地理解上面所提到的这样一些教学设计的真正意义,即为了帮助学生很好地理解"面积"这一概念,我们在教学中应当像该教师一样特别强调以上几点。

　　其次,正如前述关于"分类"问题的教学([例1]),在"认识面积"的教学中,尽管我们仍可让学生通过具体触摸去发展相关的认识,但教师显然又应有意识地强调这样一点:我们在数学中所关注的只是图形的大小和形状,而不考虑对象的其他性质,如质地、重量等。当然,这事实上又是我们应当深入思考的一个问题:"认识面积"的教学是否真有必要让学生实际地去"摸一摸"各个物体的表面?

再者,从"数学化"的角度去分析,笔者以为,我们在教学中不仅应当让学生实际地经历相关概念的生成过程,而且也应帮助他们具体地去感受数学家是如何处理问题、解决问题的。后者即是指,我们在此应由单纯的大小比较(怎么比),逐步过渡到精确的度量(到底有多大,怎么量),乃至最终发展起相应的计算方法(怎么算)。特殊地,由于"大小"这一词语显然已包含了"比较"这样一个涵义,因此,这一过程事实上可以被看成从另一角度更清楚地表明了数学化的这样一个涵义:"由粗糙到精确。"

当然,如果仅仅局限于"认识面积"这一堂课的教学,我们不可能完整地展示出上述的发展过程。但在笔者看来,这恰又十分清楚地表明了跳出具体内容的限制,并从更广泛的角度进行分析思考的重要性。因为,就只有这样,我们才能准确地把握相关知识内容中所蕴含的(重要)数学思想,并在教学中真正做到"心中有数",包括如何能够依据具体的教学情境与学生的认知发展水平适当地予以"显化"。

在此还应指明这样一点:面的"大小"作为封闭的平面图形的一个基本属性,是一种客观存在,即不会因为人们的意志或认识活动有所改变。但是,如何能以数量对此作出精确的表述则是"度量"的结果,而人们在现实中肯定会使用多种不同的度量单位(或者说,不同的参照物),因此,由此所得出的"面积"就有一定的相对性(这方面的一个教学实例可见第 3 章的[例 3])。

最后,依据上述的分析相信读者就不难理解笔者关于以下课例的相关评论。

[例 13] "生活中的比"的教学

这是 2015 年在杭州举行的"第 6 届中国小学数学教育峰会"展示的一堂课。从现场的调查情况看,这一内容的教学应当说十分必要,因为,尽管学校还没有正式教过"比的认识",但全班除 3 个人以外都已通过其他渠道学习了"比"这样一个概念。但其中的大多数人却不知道这一内容在现实中究竟有什么用,或者说,"数学中的比"与日常生活究竟有什么联系?

当时的教学活动是这样的:在对"比"的概念作了简单回顾以后,任课教师首先向学生提出了这样一个问题：你在生活中有没有遇到过"比"，有哪些？学生给出了各种各样的回答，如药水中药物与水的比、洗涤剂的浓度、足球比赛中的比，等等。由于这些实例显然可以被归属于两个不同的类别（我们并可将"药水中药物与水的比"与"足球比赛中的比"看成两者的典型代表），这时教师又将学生的注意力引向了这样一个问题：这两种"比"有什么不一样？

就课堂的实际情况看，学生在此又一次地给出了多种不同的解答，如"前者是不可变（固定）的，并可适当地予以简化；后者则是可变的，不可简化的"，等等。教师则通过全班交流与必要的引导最终引出了这样一个结论：前者就是"数学中的比"，它所反映的是两个量之间的固定（倍数）关系。

笔者在此也不试图对上述教学活动作出全面评价，而是集中于这样一个问题：从"数学化"的角度去分析，我们应当如何看待上述的教学活动？或者说，后者对于我们改进教学究竟有哪些启示或教益？

具体地说，笔者以为，这或许可以被看成这一教学活动的最低标准，即我们应当帮助所有学生都能很好地区分所说的两种不同类型，特别是，不应将"足球比赛中的比"与其他各种类似现象错误地归属于"数学中的比"。另外，我们当然也应帮助学生清楚地认识"数学中的比"与现实生活的联系，包括逐步学会将相关的数学知识应用于日常生活。

进而，为了帮助学生逐步学会数学地看待世界、分析与解决问题，笔者以为，我们在教学中并应帮助学生更清楚地认识"生活中的比"与"数学中的比"之间的关系，特别是两者的不同，如日常语言的含糊性、歧义性，数学语言的精确性、一义性，等等。更为一般地说，这也就是指，我们不仅应当帮助学生清楚地认识"数学中的比"与日常生活的联系，也应使学生初步地感受到这样一个事实：数学概念既源于生活，又高于生活。显然，相对于简单地去指明"'足球比赛中的比'并非'数学中的比'"这样一个结论，这也就意味着由结论向过程、向思维方法的重要过渡。

还应指出的是，这里所说的"数学思维"直接关系到思维的深度。具体地说，正如前面已提及的，数学中之所以要引入"比"这样一个概念，主要体现了这样一个研究视角：我们在此所关注的主要是两个量之间的关系，而非各个量的大小。显然，从上述角度去分析，我们就可更深入地认识上面所提到的

"两种比"之间的联系与区别：与"足球比赛中的比"相类似，"药物与水的比"同样也涉及量的变化，但后者所关注的主要是变化中的不变因素，这也就是指，尽管"药物"与"水"的多少都可能发生变化，但它们的关系却保持不变，从而就与前者有很大的不同。

最后，由以下的分析相信读者即可更好地理解上面所提及的在"生活视角"与"数学视角"之间所存在的重要区别：尽管这可以被看成"比"这一词语最为基本的一个涵义，即直接涉及两个对象之间的比较，但日常生活中人们所关注的主要是两者的优劣、强弱等，如足球比赛中两个球队的输赢，等等；与此相对照，数学的视角则完全集中于两者的量性关系，特别是，变化中的不变因素，以及我们如何从更广泛的角度去理解相应数学概念的现实意义。例如，从运动的角度去分析，比的研究直接关系到运动的匀速性；从形的角度去分析，比的确定性则意味着图形的相似性；等等。另外，还应提及的是，由日常生活向数学的过渡往往也意味着语言的重要变化，即由较为含糊的日常语言过渡到精确的数学语言。例如，人们往往会采用以下一些词语来形容足球比赛的结果：小胜、大胜、险胜、狂胜，尽管十分形象但又有很大的含糊性。与此相对照，"比"的引入则为人们对于两者关系的精确描述提供了必要的概念工具。

最后，这显然也可被看成上述实例给予我们的一个重要启示：只有教师本身具有较高的专业素养，特别是善于从"数学化"的角度进行分析思考，在教学中才有可能较好地做到"居高临下"，即帮助学生真正学会数学地思维。

在下一节中我们还将通过更多实例对此作出进一步的分析论述。

1.4　数学教师专业素养的一个重要方面：数学思维的学习与研究

先前的讨论显然表明：这是一线教师努力提高自身专业素养十分重要的一个方面，即加强对数学思维的学习与研究。

希望以下一些实例可以帮助读者更好地理解努力实现这一目标的重要

性,乃至我们究竟如何才能很好地实现这样一个目标。

[例 14]　"24 时记时法"的教学

(深圳市南头小学高雅)

"24 时记时法"是北师大版三年级的一项内容(人教版用的是"计时法"这样一个词语)。就这一内容的教学而言,相信大多数教师都会有这样的共识:

(1) 记时法(计时法)是地道的生活常识,是小学生每天都会用到的知识。

(2) 记时法所用的"计数法"很不寻常,有 60 进制(1 时＝60 分……)、7 进制(一星期＝7 天)、12 进制(从 1 数到 12 后,又返回 1 开始数)、24 进制(从 1 数到 24 后,又从 1 开始数)。这些"计数法"的共性是循环计数。从对应的观点看,"多"对应于"一",存在不确定性,可能发生歧义,这是缺陷。但这又是"周期记时法"循环计数的特点:老是那几个数,循环往复,从而便于记忆、容易应用,只是与"10 进制计数法"的习惯不符,讲道理不容易,这就构成了学生学习的困难,是难点。

以下是相关教师关于如何从事这一内容教学的一些具体想法:

首先提出问题:一天有多少个小时? 请学生结合自己的生活说一说。在学生回答问题时,教师可以引导学生观察钟面,这期间时针正好走一圈,经过了 12 时。结合生活经验学生能够体验到白天大约 12 时,夜间大约 12 时。进而,如果从夜里 0 时算起,时针走一圈,经过 12 时;再走一圈,又经过 12 时,一共经过 24 时。

这一环节共有 4 个步骤:答一答(一天有几个小时)——说一说(你在什么时间做什么事情)——看一看(钟面转两圈)——体会(白天 12 时,黑夜 12 时)。

第二,利用电视屏幕上的"节目预告"这一情境,用提问方式让学生去关注信息:你能告诉你的同伴电视屏幕上出现的这些节目是在什么时间吗? 通过交流,使学生明确 18:30 表示晚上 6 时 30 分,19:00 表示晚上 7 时,19:33 表示晚上 7 时 33 分,19:38 表示晚上 7 时 38 分,19:55 表示晚上 7 时 55 分,等等。知道表示时刻有两种不同的方法,初步认识 24 时记时法。

第三,通过大量实例让学生深切地感受到两种记时法的区别,特别是,交通、邮电、广播电视等部门在工作中需要很强的时间概念,为了计时方便、简明、不易出错都采用 24 时记时法,24 时记时法便于计算经过的时间;而 12 时记时法,早上几点、晚上几点很具体,生活中特别在交流对话的过程中应用很广泛。

第四,引导学生探索研究 24 时计时法与 12 时计时法所表示的时刻的关系,掌握转化的方法。需要注意的是,我们不应把方法当成现成的结论让学生去记忆,而应让学生在大量的转换运用中逐渐领悟方法的内涵。可以以小组活动的形式进行教学,每个小组准备一个可以操作的钟面。让学生通过操作体会转化的方法。

第五,根据教材给定的时刻,让学生把时针和分针画在钟面相应的位置上。既让学生在画一画、说一说的过程中进行了 12 时记时法与 24 时记时法之间的转换练习,又让学生感受到遵守作息制度、珍惜时间的重要性。

笔者并不试图对上述教学设计作出任何评论,而只是希望具体地探讨一下这一内容的背后是否也有一定的数学思想? 或者说,这一内容的教学要求教师具有哪些专业素养?

在此我们应特别强调这样一点:在论及知识背后的数学思想时,我们一定要跳出具体内容从更大范围去进行分析思考,因为,如果所说的思想不具有普遍意义,相应的研究就完全没有必要,更不能被看成所谓的“基本思想”或“重要思想”。

就目前的论题而言,这也就是指,只有联系更一般的“度量问题”(特别是,线段的度量)去进行分析思考,我们才能更好地理解“时间的记录和计算”的特殊性,包括在此究竟应当使用“记时法”还是“计时法”这样一个词语?

具体地说,这正是“时间的记录和计算”与一般“度量问题”的一个重要区别:由于时间是流动的,无法让它停滞在你面前,因此,我们在此首先就遇到了“记时”的问题:这究竟是何年何月何日? 显然,这也是现实生活中何以出现“以绳记数”等记数方法的一个重要原因。其次,更重要的是,这显然可以被看成“数学化思想”的具体体现,即精确的定量——就“度量问题”而言,这就是指,面前的线段到底有多长? 角有多大? 就时间的问题而言,就是精确的“计时”。

进而,尽管“循环计数”常常被看成记时法的重要特征,但是,我们在此还是应当更深入地去思考这样一个问题：计时一定要"循环计数"吗？例如，2016 年 9 月 18 日下午 6 时 30 分作为一个"时间量"难道不就是独一无二的吗？

由此可见，这里事实上涉及这样一个思想：由于不同的目的，人们有时需要的并非精确的记时，而是相对的"记时"，即如这是一天中的哪个时段？这是发生在一年中的哪个季节？等等。

显然，只有从后一角度去分析（这也就是所谓的"周期记时法"），原先是单向的（或者说，向未来无限延伸并一去不复返的）时间才演变成了所谓的"循环数"，这也就是指，这里所说的"循环"事实上是数学抽象的结果，也即是一种简化。这也就如陈省身先生所说："数学简单，数学使一切科学变得简单。"

由数学中的"同余数理论"（详可见另著《数学方法论入门》，浙江教育出版社，1985、2005，第四章）我们可以更好地理解以上所说的"数学抽象"的具体含义，包括这为什么可以被看成具有一定的普遍性，即体现了一种重要的数学思想。

在除数（在同余数理论中，称为"模数"）确定了的情况下（不失一般性，可假设模数为 3），同余的关系显然满足对称性、传递性和反身性，从而我们就可以此为依据并通过"等置抽象"去引进新的数学概念，即

$[0] = \{x \mid x$ 是自然数且其被 3 除所得的余数为 $0\}$，

$[1] = \{x \mid x$ 是自然数且其被 3 除所得的余数为 $1\}$，

$[2] = \{x \mid x$ 是自然数且其被 3 除所得的余数为 $2\}$。

对于所说的"同余数"我们还可引进相应的运算。例如，它们的加法及乘法可分别定义如下：

加法	$[0]$	$[1]$	$[2]$
$[0]$	$[0]$	$[1]$	$[2]$
$[1]$	$[1]$	$[2]$	$[0]$
$[2]$	$[2]$	$[0]$	$[1]$

乘法	$[0]$	$[1]$	$[2]$
$[0]$	$[0]$	$[0]$	$[0]$
$[1]$	$[0]$	$[1]$	$[2]$
$[2]$	$[0]$	$[2]$	$[1]$

这样，我们就得到了一种新的代数系统，而且这是一个只有三个元素的有限的代数系统。

再者,以"度量问题"为背景,我们可以清楚地看出"转换问题"的普遍性,后者即是指,由于存在不同的需要,无论就记时问题或是一般的度量问题而言,人们都必然地会用到多种不同的方法与度量单位,如常用的十进制记数法与计算机中的二进制记数法;度量中的公制与市制;等等。进而,所说的"多"又必然会导致如何在不同的表征之间进行转换这样一个问题,因为,归根结底地说,它们所表征的是同一个对象。

还应强调的是,表征方法的多样性(用更通俗的语言来说,就是"多"对应于"一")事实上可被看成一种十分普遍的数学现象,后者并构成了"变换"这一十分重要的数学思想的直接基础,因此,我们在教学中应对此予以足够的重视。进而,由以下的事实我们可以清楚地看出让学生尽早接触到这一思想的好处:这正是学生学习分数的主要困难之一,即同一分数有着多个不同的表征,然而,这恰又构成了"通分"的直接基础,由此可见,如果学生不能很好地掌握"多"与"一"之间的这种辩证关系,就不可能实际地从事分数的运算。

当然,就这方面的实际教学而言,我们应很好地把握适当的"度",即如我们在此究竟应当"深藏不露"还是"画龙点睛",在何时应由"点到为止"逐步过渡到"清楚表述",等等。总之,这正是数学教师必须具有的一种专业素养,即清楚地认识到隐藏在具体数学知识内容背后的数学思想,从而在教学中真正做到居高临下,至少避免出现学科性的错误。

最后,依据上面的分析我们显然可以看出:用以下两个问题去引导"24 时记计法"的教学应当说较为恰当:(1)"为什么有了 12 时计时法,还要用 24 时计时法,这两种计时法各有什么好处?"(2)我们应如何去实现这两种计时法之间的相互转换?(相关的案例可见黄爱华等,《"大问题"教学的形与神》,江苏教育出版社,2013,第 14~16 页)

上述的实例显然已表明:数学思想的清楚界定与合理定位正是当前的一项紧迫任务。以下再以"除法的教学"为例对此作出进一步的说明。应当提及的是,这是笔者选用这一课例的又一重要原因:借此我们可以清楚地认识到数学教学涉及多个不同的方面,包括教学方法的选择、学生的现实情况等,正因为此,我们必须从更广泛的角度去理解数学教师的专业素养。

[例 15] "分数的除法"与数学思维

（深圳荔园小学魏彬）

这是笔者 2007 年在深圳聆听的一堂课。作为一次观摩教学,任课教师所采取的以下引入方式引起了笔者的很大兴趣,因为,这与当时普遍流行的做法构成了鲜明对照。后者即是指,如果你承担了观摩教学的任务,就必须很好地体现课改的基本理念,特别是,相关教师往往会花费很多的时间与精力去思考这样一个问题,即自己应当创设一个怎样的现实情境去引入相关的学习内容,从而很好地体现数学与现实生活的联系。

以下是这一堂课的具体做法:

作为"分数除法"的引入,相关教师并没有刻意地去创设一个现实情境,而是由学生所学过的"分数乘法"直接引出了"分数除以整数"这样一个主题,并将学生的注意力立即引向了这样一个问题:"我们应当如何去计算 $\frac{4}{5} \div 2$?"

正是针对这样一个教学设计,笔者在当时写下了这样一段评论:

"但是,情境设置,特别是如何能够联系学生的生活实际引入相关的教学内容,难道不正是新一轮数学课程改革大力倡导的一种教学方法吗? 这一提法也许有一定道理。但在笔者看来,这恰又是过去几年的相关实践给予我们的一个重要启示或教训:在教学方法的改革问题上我们必须防止形式主义,即如'为合作而合作'、'为探究而探究'等。从而,我们在此应当更深入地去思考这样一些问题:究竟什么是好的'情境设置'?'情境设置'是否可简单地被等同于'生活情境'? 进而,就'分数除法'这一内容的教学而言,直接点明主题是否可以被看成更有效的一种引入方法?"

其次,任课教师在上述内容的教学中主要采取了学生自主探究这样一种教学方式,即让学生相对独立地去探究应当如何计算 $\frac{4}{5} \div 2$。也正因此,从教学的角度看,我们可提出这样一些问题:

第一,由于学生在课堂上提出了多种不同的计算方法,如 $\frac{4}{5} \div 2 =$

$\dfrac{4 \div 2}{5} = \dfrac{2}{5}$，$\dfrac{4}{5} \div 2 = \dfrac{4}{5} \div \dfrac{2}{1} = \dfrac{4 \div 2}{5 \div 1} = \dfrac{2}{5}$，$\dfrac{4}{5} \div 2 = (4 \div 5) \div 2 = (4 \div 2) \div 5 = 2 \div 5 = \dfrac{2}{5}$，……因此，我们在此就应特别关注"算法的多元化"与"必要的优化"这两者之间的关系。例如，为了实现后一目标我们是否一定要采取"合作学习"这样一种教学方法，即首先组织学生对自己的计算方法作出介绍，然后再通过相互比较决定方法的"好坏"，甚至在全班组织不同观点的辩论等；是否也可由教师直接给出指导，即如通过恰当的例子清楚地指明某些计算方法的局限性，从而帮助学生清楚地认识改进已有算法的必要性。例如，针对上述的第一种计算方法，这就是一个很好的"反例"：$\dfrac{1}{5} \div 3 = ?$

事实上，后者正是相关教师在当时所采取的具体做法。与此相类似，在总结出了相应的算法以后，这位教师在放手让学生从事相关练习前还首先通过两个实例对学生可能出现的错误进行了事先的"提醒"，即如 $\dfrac{3}{8} \div 2 = \dfrac{3}{4}$ 这样错误地"约分"，以及 $\dfrac{8}{9} \div 4 = \dfrac{9}{8} \times 4$ 这样错误地"颠倒"。也正因此，我们又可提出这样的问题：这种事先的"提醒"有怎样的优点和局限性？

第二，由于学生"两极分化"的加剧正是当前的普遍事实，而且对"差生"而言要求他们相对独立地发现相应的算法有较大困难，因此，我们在此又应认真地去思考：在上述内容的教学过程中，我们如何能给"差生"更多的关注和必要的帮助？

最后，这显然也是"分数除法"此类教学活动应当特别重视的一个问题，即教学中我们应当如何去处理"算法的掌握与应用"与"理解学习"这两者之间的关系，特别是，应切实防止这样一种情况的出现，即无论就教师或学生而言都满足于算法的机械记忆和简单模仿，却完全忽视了算法的理解。

应当强调的是，尽管笔者在此提出了不少的问题，但我们不应盲目地去追求某种单一的、绝对的解答。毋宁说，这正是教学工作创造性质的具体表现，即我们应当依据特定的教学内容、对象、环境深入地去进行研究，并由此而给出自己的解答。

　　例如，就"教师是否应当为学生的自主探究作出适当的'铺垫'"以及"对于学生可能出现的错误是否应当作出事先的'提醒'"这样两个问题而言，显然不仅与具体的教学内容密切相关，而且也取决于教师对于学生的具体情况，包括相应思维过程的很好了解，即如"可能的错误"究竟源于纯粹的粗枝大叶，还是思维发展过程的必要一环？总之，上述的分析十分清楚地表明了深入开展教学研究的重要性，包括我们应努力纠正在教学方法的改革中所出现的形式主义倾向。

　　在此笔者愿特别强调这样一点：如果说教学方法的改革具有很大的现实意义（对此我们将在第7章中作出专门分析），那么，这就可被看成教学研究深入发展的一个重要内涵，即我们应当由唯一集中于教学方法的研究转而更加重视相关知识内容背后的数学思想和数学思想方法的深入分析，并应努力做到用数学思想和思想方法的分析带动具体知识内容的教学。

　　更具体地说，就目前的论题而言，我们显然只有弄清了"分数除法"的学习究竟涉及哪些数学思想和数学思想方法，才能对这一内容的教学是否应当采用（或者说，应当在多大程度上采用）"学生自主探究"这一教学方式作出具体判断，包括很好地认清教师在此究竟应当发挥什么样的作用。当然，后者不仅是指对于"差生"的必要帮助，而且也指对于各类学生在思想方法上的必要指导。

　　建议读者可以首先对此作出自己的思考，即与"分数除法"直接相关的究竟有哪些数学思想和数学思想方法？然后再与以下的分析作出对照比较，因为，这可被看成一线教师实际学习数学思维的最佳过程。

　　依据笔者的看法，"分数除法"主要涉及以下一些数学思想或数学思想方法（对此我们将在第2章中作出进一步的分析论述）。

　　（1）逆向思维

　　容易想到，由"分数乘法"直接引出"分数除法"可被看成逆向思维的具体应用，特别是，由于学生先前在学习自然数与小数的加减乘除时已多次接触到了这样一种思维形式，因此，"分数除法"的教学可被看成为我们进一步强化这一思想方法提供了很好的契机。（正如巴西学者的相关研究已表明的[1.3节]，是否善于从相反的方向去进行思考可被看成学校教育的一个直接结果）

在突出强调"逆向思维"的同时,我们还应清楚地认识到这样一点:数学思维的渗透不应被看成是与"情境设置"等教学方法的应用直接相抵触的。具体地说,即使我们在此采取了由"分数乘法"直接引出"分数除法"这一做法,教学中也应要求学生举出分数除法的一些实例,因为,这可帮助他们更好地理解分数除法的意义。

（2）"算法化"与"寓理于算"的思想

所谓"算法化的思想",是指数学研究的这样一种传统:面对同一类问题,数学家们往往会致力于发现这样一种确定的程序或方法,用之即可有效地解决所面对的问题,而无须一再地从头开始去进行研究。由于分数除法的"颠倒相乘"显然可被看成算法的一个典型例子,因此,我们在相应的教学活动中就应很好地去渗透"算法化的思想",包括让学生深切地体会到"算法"的重要性,乃至逐步学会这样一个思维方法或价值取向。

当然,这也是相关教学应当特别重视的一个问题,即我们不仅应当教会学生如何去算,也应帮助他们很好地理解相应的算理,即清楚地知道为什么可以这样去算。

由于上述问题显然具有更普遍的意义,对此我们将在第 2 章中作出进一步的分析论述。

（3）类比与化归的思想

由于"颠倒相乘"事实上是将分数的除法转化成了分数的乘法,因此,这可以被看成应用"化归思想"解决问题的一个典型例子,后者即是指,面对新的、较为复杂和困难的问题,我们常常可以通过将此转化成已得到解决的或是较为简单、容易的问题去求得解决。当然,这里的关键在于如何能够实现所说的"化归",这应当被看成一种真正的创造性工作。

例如,从后一角度去分析,我们显然可以清楚地看出"类比"的思想对于数学研究（包括学习）的特殊重要性。具体地说,只需通过对于"自然数的除法"与"小数除法"的简单回顾,我们就可获得如何解决"分数除法"的直接启示,因为,这两者事实上都可以被看成化归思想的具体运用,其不同之处仅仅在于:在前一种情况我们是将"除法化归成了乘法",在后一种情况我们则是将小数的除法（以及其他各种运算）转化成了自然数的相关运算。更一般地说,这正是我们在面对数系的不断扩展时所应采取的一个基本策略,即应善于利用类比与化归去发现问题和解决问题。

当然,就上述内容的具体教学而言,我们应认真地去思考:我们在教学中是否应当明确地去提及上述各个数学思想或数学思想方法? 这也正是笔者在此所强调的"切实加强数学思维教学的学习与研究"的又一重要涵义。

与上述的实例相对照,在此还可特别提及这样一个问题:正如前面已提到的,由于学生在先前已经多次接触到了"除法"这样一种运算,包括自然数的除法和小数的除法,因此,就"分数除法"的教学而言,这可能是更为恰当的一个做法,即与刻意地创设一个现实情境相比较,我们完全可以由学生刚刚学过的"分数乘法"直接引出"分数的除法"这样一个主题,并将学生的注意力很快引向具体的计算方法。现在的问题是:我们是否也可按照同样的思路去处理"除法的初步认识"这样一个教学内容?

上述问题的解答应当说十分明显:由于这正是学生初次接触到除法这样一种运算,更由于二年级学生认知发展水平的限制,因此,我们在此必须作出不同的教学设计。具体地说,我们应首先帮助学生清楚地认识除法的意义,而这主要又应奠基于他们已有的生活经验,即应当以"平均分配"等实际活动为基础去进行抽象,而不应期望通过所谓的"逆向思维"就可由"自然数的乘法"直接引出"自然数的除法"。另外,笔者以为,这一内容的教学恐怕也不应直接提及"算法化"与"化归"等数学思想或数学思想方法,因为,这对于二年级的学生而言显然要求过高。

但是,上述的分析是否就意味着"除法的初步认识"与数学思维的教学完全无关? 相信读者由以下的教学设计即可在这方面获得直接的启示,后者就是指,我们仍应在这一方面作出积极的努力,同时又应当注意掌握适当的"度"。

[例 16] "除法的初步认识"的教学

(深圳市南头小学高雅)

以下是相关教师关于如何进行这一内容教学的基本想法:

第一,教师提供生活素材,如分苹果、小朋友做游戏分组等,让学生结合先前已有的平均分的经验对这些活动进行口头描述。

第二,在学生表达的基础上,抽象出除法算式,通过不同的平均分活动都能用一个算式来记录,让学生感受数学的高度概括性,同时通过分析比较发现这些活动的共同点,体会除法的意义。

第三,介绍除法算式各部分的名称。

第四,通过实例让学生体会乘除法之间的联系。以下就是这方面的一个具体设计:

两人一组,在黑板上写出把 15 个磁铁进行平均分的一个除法算式。

如:

· · · · ·　　　· · · · ·　　　· · · · ·

教师引导:这时正好进来一个隔壁班的同学,他一眼就看到了你摆的这个图。于是他就在心里一嘀咕,这黑板上一共摆了几个磁铁呢? 你猜他会怎么算?

……

教师的进一步引导:为什么之前两人分磁铁时我们写的算式是 $15 \div 3 = 5$,这个同学写的算式则是 $5 \times 3 = 15$ 呢?

这里面有什么奥秘? 你能发现它们的联系和区别吗?

……

当然,教师在此也可直接引导学生对乘除法与加减法之间的关系作一类比,从而更好地理解在乘除法之间存在的互逆关系;或者,在学生面对上述问题("这里面有什么奥秘? 你能发现他们的联系和区别吗?")表现出较大困难时,通过与加减法的类比给学生一定启示,从而突破所说的困难,并达到更大的认识深度。

总之,我们应当密切联系自己的教学工作,特别是特定的教学内容与教学对象深入地去开展数学思维教学的学习与研究。

这也正是第 2 章和第 3 章的直接主题。

更为一般地说,这正是笔者在这方面的一个基本主张,即我们应当努力做好"教数学、想数学、学数学",特别是,相对于"实、活、新"这一关于教学工作的传统要求,①我们在当前应更加强调一个"深"字,即应当努力做到关于"数学知识的深刻理解"。

以下再转引学生关于数学学习的一些自我总结以结束这一章的论述(引自余颖,《走向对话》,教育科学出版社,2015)——在笔者看来,这清楚地表明:数学教学对于促进学生的思维发展确实大有可为。

"我爱数学……教师布置的一道思考题,常常会让我思考很长时间。久而久之,我们都有了认真思考的好习惯,也让我牢牢记住了'静下心来思考,静下心来做好每一件事'这句话。

"从三年级开始,我就特别喜欢思考那些十分有趣味的思维题,当我解出一道难题或提出一个跟别人不一样的思考方法时,感觉真是棒极了!

"数学课上,总有一些全新的问题挑战我们的思维极限。

"在数学课上我很轻松,从开头到结尾都能专心地思考,每天都期待着上课,而不会盼望下课,不会感觉到时间过得太慢。在我眼里,数学就是一个很有意思、很能激发思维碰撞的学科。当我钻研出一道难题或者发现了数学中的一个奥秘时,我会感受到无穷的快乐。

"小学 6 年的数学课,每一次上课都有新的思考的思维的火花迸发。……通过 6 年的数学学习,我发现数学是那么有趣。尤其是当自己苦思冥想得出一种解题方法后,那种成功的感觉真是难以言表。原来思考也是一种乐趣。

"数学课上,我们掌握的不仅是课本上的知识,更是如何思考解决无数个'为什么'的能力,是一种思维模式——探索数学奥秘的思维模式。……感谢余老师在我心里种下的数学树,让我从此爱上了这门学科,喜欢自己思考、求解数学问题,渴求真正成为数学学习的主人。

"从这一件事中,我明白了许多真理往往掌握在少数人的手中,坚持自己所认定的观点,即使错了,也要错得明明白白。"

---

① 周玉仁,"探寻适合中国小学数学教育的'0.618'",载唐彩斌编著,《怎样教好数学》,教育科学出版社,2013。

当然,这是做好数学思维教学的一个必要前提,即我们的教师本身应很好地体现数学思维的作用,从而真正起到以身作则、言传身教的作用。总之,我们不仅应当切实加强这一方面的学习,而且也应高度重视如何能以数学思维的分析带动具体数学知识内容的教学,即将数学课真正"讲活"、"讲懂"、"讲深",从而让学生更深切地感受到数学思维的力量,包括逐步地学会数学地思维。

与此相对照,如果教师本身不善于思考,甚至也不愿意进行思考,那么,无论其在课堂上,特别是在从事数学思维的专门教学时如何去推崇数学思维,这些显然都只是纸上谈兵、空中楼阁,而不可能对学生有任何真正的影响。

总之,在这一方面应当说还有很长的路要走,让我们共同努力!

附录一　概念的必要澄清: 数学思想、数学思想方法与数学思维

上面已经提到,除去"数学地思维"这样一个词语以外,人们在现实中还经常用到"数学思想"和"数学思想方法"等词语,以下就对笔者关于这些词语的理解与用法作出简要的说明。

事实上,这正是这方面工作应当注意纠正的一个弊病,即就各个基本概念而言,我们不仅对于它们的具体涵义缺乏清楚说明,而且对它们的使用也有很大的随意性,甚至更可说一定程度上的"滥用"。当然,上述现象的存在主要表明了理论研究的滞后,而如果未能及时地加以纠正,必然地会对实际工作造成一定的消极影响,特别是,在一线教师中造成一定的思维混乱。希望以下的分析能为这方面的进一步工作提供一定基础。

第一,所谓"数学思想"(mathematical thought),就其基本意义而言,主要是在与"数学知识(包括数学知识和数学技能)"相对立的意义上得到了使用。两者的联系与区别在于: 学科相关性,即与具体数学知识的密切联系可以被看成"数学思想"最重要的一个特征;另外,后者与"数学知识"相比可以说反映了更深层次的理解,即可被看成相关知识的核心。正因为此,"数学思想"与"数学知识"相比不仅具有较大的"潜在性",也具有更普遍的意义。

第二,尽管主体已形成的数学思想对其工作与生活具有十分重要的影

响,但这主要地是以潜移默化的方式发挥作用的,即其本人对此未必具有清醒的自我意识,后者并可被看成我们具体区分"数学思想"与"数学思想方法"(mathematical thinking method)的主要依据:人们在使用后一词语时往往具有更明确的方法论意识,即希望能将相关结果广泛应用于其他场合与对象,从而在一定程度上体现了由不自觉状态向自觉状态的重要转变。

也正是在这样的意义上,我们就可谈及"数学思想"与"数学思想方法"的如下区别:如果说"观念性"和"抽象性"正是"数学思想"的主要特征,那么,"数学思想方法"就可说具有更强的"操作性"与"具体性"。

第三,上述关于"数学思想"与"数学思想方法"的区分应当说只有相对的意义,因为,人们有时也会将一些具有较大普遍意义的数学思想方法称为"数学思想",如化归的思想、公理化的思想,等等,尽管后者在很大程度上不同于"作为具体数学知识核心的数学思想"。

也正因此,我们在现实中就应注意区分两种不同意义的"数学思想"。为避免误解,可以将这里所说的"数学思想"称为"策略性的数学思想",从而与作为"具体数学知识核心的数学思想"作出明确的区分。

当然,在这两种"数学思想"之间也存在一定的共同点,特别是,它们都是经由多次反复与提炼才得以"凝聚"的思维结晶,即可被看成具体思维活动的最终结果。显然,后一结论对于一般意义上的"数学思想方法"也是成立的。

第四,如果说"既成性"与"稳定性"可以被看成"数学思想"与"数学思想方法"的共同特点,那么,所谓的"数学地思维"(mathematical thinking,也可简称为"数学思维")则将关注点转移到了思维活动的具体过程,从而更为明显地表现出了"过程性"与"动态(变化)性",后者与上述的"既成性"与"稳定性"构成了直接的对照。

更一般地说,这里所说的"数学地思维"和"数学思想"(包括"数学思想方法")大致地是与一般所谓的"过程"和"结果"直接相对应的。另外,由于所说的"过程性"和"动态性"也可被看成人们在使用"数学思考"这一词语时所采取的基本立场,因此,在笔者看来,我们就没有必要对"数学地思维"与"数学思考"作出进一步的区分。

还应强调的是,正因为"数学地思维"更加关注具体的思维过程,这与"数学思想"和"数学思想方法"相比就有更丰富的内涵。例如,思维的品质显然可被看成数学思维研究的一个重要内涵,这更是这方面的一个基本事实:数学的学习(和研究)对于提高人们的思维品质,特别是思维的清晰性、深入性、全面性、合理性、综合性、灵活性、创新性等,具有特别重要的作用。

综上所述,对于"数学(地)思维"、"数学思想"与"数学思想方法"之间的关系我们可作出如下的概括(图1-8)。

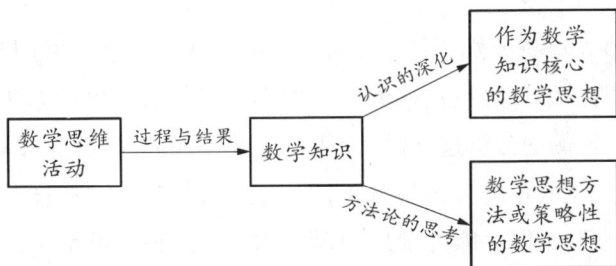

图1-8

第五,从更广泛的角度去分析,在此还可提出这样一个问题,即我们应当如何去看待"数学思想和数学思想方法"与"数学思维能力"之间的关系? 笔者的看法是:相对于数学思想和数学思想方法的学习而言,我们应当更加重视学生数学思维能力的提升。但在作出这一断言的同时,我们又应清楚地看到两者间的重要联系,而不应把它们绝对地对立起来,因为,数学思维能力无非就是指我们如何能够依据具体的情况与要求灵活、综合、合理地去应用各种数学思想和数学思想方法。

当然,为了很好地实现"提升学生数学思维能力"这样一个目标,除去数学思想与数学思想方法的学习和研究以外,我们还应从更多的方面去开展研究,即如数学思维的基本形式与分类、特性与品质等。

进而,笔者以为,这正是"走向核心素养"这一整体性教育思想给予我们的一个重要启示,即相对于各个具体的数学思想和思想方法而言,我们应当更加注重学生思维品质的提升,后者并为我们如何做好数学思维教学指明了新的努力方向。(详见第5章)

第 2 章

"数的认识"与数学思维

本章与第 3 章将分别围绕小学数学学习的主要内容,即数与几何图形的认识,具体指明小学数学最重要的一些数学思想与数学思想方法。与前一章中主要集中于案例的分析这一做法不同,这两章的论述将采取整体的视角,因为,只有从较广泛的角度去进行分析,即十分重视视角的"广度",我们才能达到更大的"深度",也即才能准确地揭示出相关知识背后的数学思想与数学思想方法,特别是,有哪些更可被看成对于小学数学学习具有特别的重要性。

也正因此,希望读者在阅读时不仅能够密切联系自己的教学实践进行分析思考,而且也能将此看成理论学习的很好契机,特别是,能通过"教数学、想数学、学数学"不断在专业成长的道路上取得新的进步。

2.1 自然数的认识与数学思维

本节将首先针对小学低年级自然数学习过程中存在的问题作出简要分析,希望以此清楚地表明深入研究相关内容所蕴含的数学思想与数学思想方法的重要性。其余各节则将具体指明与自然数认识密切相关的若干数学思想和数学思想方法,希望有助于这方面教学工作的改进,特别是,能从思维角度为学生的进一步学习与发展打下良好基础。

1. 低年级教学应从思维角度为学生的进一步学习作好必要准备

自然数的认识,包括大小比较与运算,是小学低年级数学学习的主要内容,在现实中大多数小学生应当说也都能够较好地掌握相应的基础知识与基本技能,那么,就这方面的教学工作而言,有什么问题或不足之处需要我们特别重视并切实予以解决呢?

为了方便读者的思考,可以围绕这样一个问题来进行分析:众所周知,在大多数情况下我们的学生正是从三年级开始出现较明显的两极分化。这一现象的出现当然与学习内容的不断深化密切相关,但是,这是否也应被看成造成这一现象的又一重要原因,即我们在一、二年级并未能够为学生的进一步学习作好必要的准备,特别是,未能帮助他们很好地了解与适应一些十分重要的数学思想与数学思想方法,而这恰恰是进一步学习的一个必要基础。

更具体地说,这事实上可被看成 1.3 节中所作分析的一个直接结论,即小学一、二年级的数学教学应当帮助学生较好地实现由"日常数学"向"学校数学"的重要转变,也即初步地学会用数学的视角与方法去看待事物与现象、分析与解决问题。

例如,除去前面已提及的巴西学者的相关研究以外,我们还可提及这样一个事实:就自然数的加减而言,幼儿园的小孩在这方面应当说已经有了不少的知识,在很多情况下也能很好地解决各种相关的"现实问题"。但在进入小学以后,在学生中反而出现了各种不可理解的错误,学生们甚至更对自己的解答是否具有真正的意义开始表现得漠不关心。(详可见美国学者富森[K. Fuson]的综述性文章,"正整数加减法的研究"[Research on Whole Number Addition and Subtraction],载 D. Grouws 主编,*Handbook of Research on Mathematics Teaching and Learning*,Macmillan,1992;这方面的又一实例还可参见第 7 章的[例 1])

在此笔者愿再次强调先前所提及的这样一个结论:仅仅通过密切联系学生的实际生活并不足以解决上述的问题。例如,这事实上可以被看成台湾学者林碧珍教授在接受采访时所给出的以下实例给予我们的一个主要启示,即尽管各种"现实情境"或"现实原型"对于学生掌握相应的数学概念与法则等具有十分重要的作用,但其往往也具有明显的局限性和特定的适用范围:

"小学生在学习数学时,是需要有实际情境的。在这里(指加法交换律的学习,如 2+7=7+2——注),我们需要的是一个'合并型'的情境,如'这个教室里有 2 个男生与 7 个女生',它与'这个教室里有 2 个男生,又来了 7 个女生'这个情境是不同的。后面这个情境是'添加型'的情境。添加型的情境不容易让学生理解加法交换律,因为在教室里原来有 2 个男生,又来了 7 个女生,跟原来有 7 个女生,后来又来 2 个男生,是不同的。……"(章勤琼等,"基于意义理解与学生经验的小学阶段'数的教学'——台湾新竹教育大学教授林碧珍访谈录",《小学教学》,2016 年第 11 期)

值得指出的是,这事实上也正是富森在上述文章中明确提到的一点:加法的"合并型"与"添加型"情境存在重要的区别,这两者分别体现了数的"静态关系"与"动态变化"。但这恰是纯粹的数量分析最重要的一个优点:在相应的数学表达式中上述差异被完全忽视了,这也就是指,无论就二元的静态关系或是一元的动态变化而言,它们所对应的都是同一个数学表达式,如 $7+2=9$ 等,这直接保证了相应的数学知识与结论具有更大的适用范围或普遍意义。

在此我们还应特别指明这样一点:这事实上也可被看成小学数的学习的又一重要特征,即随着学习的深入相关内容应当说更明显地表现出"多元化"的特征,如乘法意义的多种不同理解、分数的多种不同意义,等等。前者事实上正是林碧珍教授在同一次访谈中所提到的另一实例:乘法"有面积的意义,还有组群,重复的组群,……再如搭配问题,这些都可以用乘法,但其意义是不一样的"。由此可见,如果低年级时我们未能帮助学生很好地了解与适应数学的视角与方法,特别是初步地学会对于"日常情境与意义"的必要超越,就必然地会对他们后来的数学学习造成严重的困难。

以下再联系这方面的两个常见说法对此作出进一步的分析。

具体地说,这显然可被看成人们关于数学教学的两点共识:其一,数学学习对于学生而言应是有意义的;其二,我们应帮助学生很好地掌握各种数学概念或结论的"数学本质"。但是,究竟什么是这里所说的"意义学习"的具体涵义? 我们为什么要特别强调所谓的"数学本质"? 何者可被看成这里所说的"数学本质"的具体涵义?

显然,依据先前的分析我们可直接引出这样一个结论:数学学习中所说的"意义"并非只是指生活意义或现实意义,恰恰相反,我们应当帮助学生逐步学会从数学的视角去理解各种数学活动的意义,包括数学概念的生成、分析与组织,数学问题的提出与解决,各种算法的总结与应用,等等。当然,后一论述不是指我们在教学中完全不用去顾及各种数学知识的实用价值,毋宁说,我们在此所追求的并非生活经验与日常技能的简单积累,而是更高层次的一种应用,也即应当真正奠基于"由实践到理论、由理论到实践"的辩证运动,从而不仅可以获得更深入和系统的认识,相应的应用也会更加有效。

再者,这显然可被看成一般所谓的"数学本质"的核心涵义,即我们应当学会用数学家的视角与方法去看待各种事实和现象。例如,只有从这一角度去分析,我们才能更好地理解以下的事实:就"数的认识"而言,我们为什么应当特别重视各个数量之间关系的分析,为什么应当高度重视各种算法的学习与应用,等等。

以下从同一角度具体地去指明自然数的教学所应特别重视的这样两个数学思想:客体化与结构化的思想;优化的思想。因为,这不仅可以被看成很好掌握相关知识与技能的关键,而且也直接关系到我们如何才能通过自然数的学习帮助学生较好地理解与学习数学的视角与方法,从而为学生进一步的学习打下必要的基础。另外,由于"比较与'一一对应'的思想"对于自然数的认识也有特别的重要性,我们将首先对此作出简要的分析论述。

2. 比较与"一一对应"的思想

就一年级小学生而言,通过实物比较抽象出 1、2、3 等自然数的概念应当说没有任何困难。但从思维的角度看,这不仅可以被看成学生学习"数学化"的实际开端,而且也直接涉及"一一对应"与"等置抽象"这样两个十分重要的数学思想。

具体地说,正如 1.2 节中已提到的,数学中的"分类问题"特别是自然数的认识,为我们帮助学生具体学习"数学的视角"提供了重要契机。这也就是指,面对"图片的分类",我们决不应采取模棱两可的态度,而应清楚地指明这样一点:这正是数学思维的具体体现,即在从事相关的研究时我们应当唯一聚焦于事物的数量方面,而完全不考虑它们的其他特征或属性。

以下再转向比较与"一一对应"的思想。

事实上,在一些学者看来,"比较"应被看成一切认识特别是学习活动最为基本的一个形式。例如,按照瑞典著名教育家马飞龙(J. Marton)的"变异理论":学习就是鉴别,有比较才能鉴别。另外,这显然也可被看成"分类活动"(包括数学分类与其他分类)的直接基础,即我们如何能够通过比较发现对象的共同点与不同点。当然,正如前面已提及的,我们在此应特别强调"比较"的这样一个涵义:在数学中我们仅仅是从量性角度(包括数量关系与空间形式)去从事事物与现象的比较。另外,这显然是"一一对应"的基本功能:只有通过这方面的具体考察,我们才能对不同对象(严格地说,应是"离散性对象")在数量上的多少作出具体判断,包括两者在数量上是否相等(这也就是所谓的"等数性")。

在此还应特别强调这样一点:关于两个对象(如果采用严格的数学语言,就是"两个集合")之间能否建立"一一对应"的判断并不依赖于相关对象的准确计数,因为,即使我们不知道它们究竟"有多大"(例如,会场上准确的座位数与人数),也仍然可以通过两者间能否建立起"一一对应"(一人坐一个座位)具体地判断它们是否具有相同的数量,乃至何者较大,何者较小。

上述的认识对于数学的现代发展也具有十分重要的意义:这正是将"数"的概念推广应用于无限性对象最重要的一步,即我们仍可依据"一一对应"对它们在数量上是否相等作出具体的规定,尽管由此我们可推出不少与直观直接相抵触的结论,即如尽管偶数的集合只是自然数集合的一个部分,但两者在数量上却应被看成是相等的(更准确地说,具有相同的基数),因为,在它们之间可以建立如下的一一对应(图 2-1)。同样地,尽管两条线段可能有不同的长度,但如果就它们所包含的点的多少进行比较,它们也应被看成数量上相等的,因为,在它们之间也可建立起如下的"一一对应"(图 2-2)。

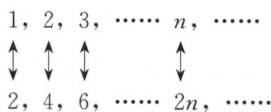

图 2-1

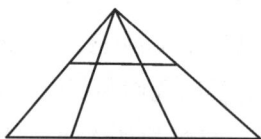

图 2-2

其次,除去上述的基本意义以外,我们还应看到这方面认识的以下发展:如果说原始意义上的比较与"一一对应"主要是指实物间的对照比较,那么,这可以被看成学生数学能力不断提高的一个重要表现,即他们逐步学会了在实物与抽象物("数"),以及抽象物与抽象物之间作出比较和"一一对应"。例如,只有达到了前一水平,即能够在实物与自然数之间建立一一对应,学生才能被看成真正具备了"计数"的能力。另外,"倍数关系"的引入显然可被看成后者的一个实例,因为,我们在此事实上就是将两个数中较小的一个看成了新的"比较单位",也即是将原始意义上的"多"看成了新的"一"——正因为此,这就可被看成"一一对应"思想在更高层次上的应用。

这正是小学数学学习中十分常见的一个现象:"学生在进行计算意义归类时,对于合并关系建立的加减乘除的理解非常到位,出错很少;而对基于对应关系的加减乘除意义的理解非常差,出错率高。"因此,我们在教学中就应很好地突出"比较与'一一对应'的思想",这也就是指,我们在教学中应注意引导学生"用'一对一'的思路研究大小、多少和倍数之间的本质联系"。(郑大明,"○与□玩数学",载方运加主编,《品课·小学数学卷001》,教育科学出版社,2013,第147、160页)

例如,我们"应该将'比较'贯穿于整个教学中,在'倍'的教学展开中,……先复习多与少的关系,再教学倍的关系。让学生在几个几的基础上初步认识倍的意义,首先明确怎样定标准——'以什么为1份',接着,让学生学会用摆一摆、圈一圈的方法找出倍数关系。整个教学过程,教师始终关注个体对概念的理解过程。适时放慢,引导学生不断思考'怎么比'、'比的结果怎样',让学生尽可能主动思维以展开'深加工'的过程。"(张玮、杨健辉,"'倍的认识'教学实录与评析",《小学数学教育》,2015年第11期)

最后,建议读者也可从同一角度去思考以下的问题,即就"植树问题"与"抽屉原理"的教学而言,我们究竟应当特别重视各个相关实例的计算,并通过简单归纳去引出所谓的"规律",还是应当更加突出"一一对应"的思想,也即应当将后者看成解决此类问题的关键(对此我们将在第4章中作出具体分析)。相信读者由此可以更好地认识"比较与'一一对应'思想"的重要性,包括切实提高自己在这一方面的敏感性,乃至将此直接看成"数感"的一个重要涵义。

3. "客体化"与"结构化"的思想

1.2节中已经提到:人们对于自然数的认识有一个很长的发展过程,对此我们并可区分出多个不同的发展水平或阶段。

具体地说,即使最原始的人类(从个体发展的角度看,这就相当于幼儿阶段),在这方面也已表现出了一定的能力:他们不仅已经注意到了事物或现象的数量属性,而且也能对它们的"多少"作出大致的判断。当然,这种似乎是先天的能力有很大的局限性。例如,在很多原始部落,人们对于数量超过"3"的对象都只能笼统地形容为"多",而无法作出精确的刻画。其后,经过了长期的实践与发展,人们才逐步学会了依据"一一对应"的关系对事物或现象的数量作出较精确的表述。但是,这时的认识仍有明显的局限性,因为,这时的"表述"必须借助于一定的实物,如小石子或绳结等,这也就是指,人们在当时尚未能够真正建立起抽象的数的概念。例如,这就是认识停留于这一水平最为明显的一个标志:尽管已经发展起了不少相关的词语,如"2只羊"、"3只羊"等,但后者又往往是与一些特定的对象(例如,"羊")不可分割地联系在一起的,而非"2"、"3"这样的专门数字。最后,正如前面所提及的,只有在以下的水平人们才能有效地进行"计数"与"度量",包括各种计算活动:此时人们已经通过抽象形成了1、2、3等概念,包括发展起了相应的记数(数字)系统,以及关于数与数之间大小与运算关系的诸多认识。

　　总之,相对于"一一对应"(或"等数性")的直接应用而言,自然数概念的形成应当说更为直接地关系到了人们的抽象能力,包括这样一个十分重要的数学思想:"客体化"与"结构化"的思想。以下就对此作出具体的分析和说明。

　　事实上,除去数学以外,抽象对于人类的各种认识活动都具有特别重要的作用。因为,就其基本意义而言,抽象是指由特殊上升到了一般,从而不仅意味着对于事物和现象本质更深入的认识,我们也可以此为基础更有效地去从事新的认识活动,即由一般重新转向特殊,或者说,以已获得的一般性认识为指导去从事新的认识活动。

　　显然,从上述角度我们可以更好地理解"数的认识"的普遍意义:"数学的力量源于它的普遍性。人们可以用同样的数去对各种不同的集合进行计数,也可以用同样的数去对各种不同的量进行度量。……尽管运算(等)所涉及的方面十分丰富,但又始终是同一个运算——这即是借助于算法所表明的事实。"(H. Freudenthal, *Didactical Phenomenology of Mathematical Structures*, Reidel,1983,第116~117页)

　　当然,与这种一般性的分析相比较,我们又应更加注意数学抽象的特殊性,后者不仅是指数学抽象的特殊内容,即我们在此所关注的仅仅是事物和现象的量性特征,也是指数学抽象的这样一个属性,即尽管任一数学对象都是抽象思维的产物,但其一旦获得了确定的意义,我们就必须将此看成相对独立的存在——对此我们只能作客观的研究,而不能随心所欲地加以改变。

也正因此,数学抽象应被看成一种重新建构的活动,这也就是指,在数学中我们必须以抽象思维的产物作为直接的研究对象,并将此与其可能的现实原型或真实意义明确地加以区分。

这正是这里所说的"客体化"思想的主要涵义。[①]

显然,依据上面的分析,在严格的数学研究中我们必须对任一数学对象(包括 1、2、3 等最简单的自然数),以及相应的数学方法(如"等置抽象")给出明确定义(详可见本章末的[附录二])。而且,作为进一步的研究,我们必须依据相关的定义与逻辑法则去进行推理,而不应将结论直接建立在它们的现实原型或真实意义之上。当然,上述的要求并不应成为小学数学教学的直接要求,但是,我们在此仍然应当清楚地看到这样两个基本事实:

第一,如果仅仅依靠所谓的"经验抽象",而不是数学的建构,那么,即使就自然数的认识而言,我们也不可能走得太远,因为,日常经验显然具有很大的局限性。例如,对于足够大的自然数我们显然已无法具体地指明其可能的现实意义,从而也就不可能单纯依靠以实物为基础的"一一对应"完成相应的抽象。与此相对照,只有借助于内在的思维活动,特别是认识到了以"1"作为出发点可以无限制地去重复"加一"(或者说"后继")这样一个运作,我们才能真正形成"任意大的自然数"这样一个概念。

进而,从更深入的角度去分析,我们又应清楚地看到"自由想象"在此所发挥的重要作用,特别是,只有依靠后者,我们才能进一步实现由有限向无限的重要过渡,后者显然也就意味着对于直观经验的进一步超越。

应当强调的是,上述的分析事实上直接关系到了关于自然数认识水平的细分,即以下三个不同的认识阶段:

"人们开始对离散性的实物进行计数,逐渐懂得用各种记号去记数,于是

[①] 依据上述的分析我们也可更好地理解这样一个事实,即人们何以经常提出这样一个问题:数学究竟是一种发现还是一种发明的活动?详可见郑毓信,《新数学教育哲学》,华东师范大学出版社,2015,第 2.2 节。

发现数量间的等量关系是一一对应关系,这样便形成了脱离实物名称的单个自然数 1、2、3、4、5 等概念。这是人类对自然数本质认识上所完成的第一步抽象。

"后来人们发现了系统性的记数法,也就进一步想到'任意自然数'的概念,从认识 1、2、3、4、5 等,发现自然数屡次迭加可产生任意自然数 n,这里的 n 已经从特殊的具体的自然数抽象为一般形态的自然数。这是从特殊到一般的抽象,可以说是人类对自然数本质认识上所完成的第二步抽象。

"经过第一、第二两步抽象过程,人们已经承认自然数按自小而大的顺序可以表记成

$$1,2,3,4,5,\cdots,n,n+1,\cdots$$

这表明自然数的序列是可以任意延伸的,延伸进程可以超越任意有限数的界限。因此自然数序列是一个无限地不断延伸的永不完结的进程。这就是说,自然数序列的无限性是一种潜无限。[①]

"最后一步是形成'自然数集合的概念'。这是一个最困难的抽象过程,因为其中涉及潜无限与实无限两个彼此矛盾的概念,所以需要特别仔细地分析。

"所谓实无限的观点就是承认自然数序列可以是一个'从延伸到完成的过程'。这就是说,自然数序列可以自我完成以至包括一切自然数,从而全体自然数可以成为一个'真无限集合'。"(徐利治、郑毓信,《数学抽象方法与抽象度分析法》,江苏教育出版社,1990,第 107～108 页)

当然,上述的认识发展,特别是最后一个阶段,已经远远超出了小学生的认知水平。但在笔者看来,我们在此仍然应当认真地去思考这样一个问题:我们在自然数的教学中是否也应适当地引导学生去进行相关的思考,即如什么是"自然数"?是否存在最大的自然数?"加一"的进程是否可以一直延续下去?等等。再者,我们在教学中是否又应引领学生很好地去体会数学的无限性,乃至促使他们自由地展开想象的翅膀?例如,在笔者看来,以下的诗句就为我们创造了这样的一个意境:

---

① 由此可见,"$1,2,3,4,5,\cdots,n,n+1,\cdots$"中对于"$\cdots$"的两次应用,事实上具有不同的性质。

"我将时间堆上时间,世界堆上世界,

将庞大的万千数字,堆积成山,

假如我从可怕的峰巅,

晕眩地再向你看,

一切数的乘方,不管乘千万遍,

还是够不着你一星半点。"

第二,这是数学抽象建构性质更重要的一个结论:我们不应将各个数学对象看成互不相关的独立存在,恰恰相反,它们的性质完全取决于它们的相互联系。这也就是指,数学抽象事实上是一种整体性的建构:我们由此获得了一个既十分丰富又井然有序(或者说,具有明确数学结构)的"数学世界"。

这正是这里所说的"结构化思想"的主要涵义。

就自然数的认识而言,这显然更清楚地表明了超越"日常数学"的重要性。这也就是指,除去与现实世界的直接联系以外,我们在教学中应更加重视如何帮助学生很好地认识在各个自然数之间所存在的重要联系,特别是"大小关系"与"运算关系",从而使学生建立起关于自然数的整体性认识。

例如,从上述角度去分析,我们可以更好地理解"数轴"对于学生深入认识自然数的重要作用,因为,这十分有益于学生建立这样一个认识,即我们应将各个自然数看成不依赖于思维的独立存在,在它们之间并存有十分重要的内在联系。当然,这也十分益于人们很好地认识数的无限性。

另外,作为一个具体的教学建议,我们在教学中或许还可有意识地去引用这样一个比喻:正如诸多的童话王国,我们在数学中所面临的也是一个相对独立的"数学王国":它的成员就是 1、2、3 等自然数,在这些成员之间同样也存在十分重要的联系,特别是大小关系和运算关系,……

(应当指出,尽管在实际的认识过程中自然数的大小关系与运算关系不可分割地联系在一起,但从理论的角度看,这两者又具有一定的相对独立性,即分别代表了一种重要的数学结构:"序结构"与"代数结构"。例如,以下就是这两者的一个重要区别:大小关系是一个二元的关系,运算关系则是一种三元的关系)

更进一步说,笔者以为,我们应当从上述角度更深入地去认识"数感"这样一个"核心概念"：尽管我们在此所使用的是"数感"（the number sense）这样一个词语，但这不应被理解成纯粹的"数的感知"（或者说，关于数与数量、数量关系、运算结果估计等方面的简单感悟）。恰恰相反，正如对于"外在形式的感知"的必要超越，我们在此应更加重视如何帮助学生更深入地认识数的整体性结构，因为，如果我们的学生始终未能在头脑中建立起所说的整体性形象，那么，他对于数的认识就仍然停留于"日常数学"的水平，从而自然也就不可能深入地"理解现实生活中数的意义，理解或表述具体情境中的数量关系"。（中华人民共和国教育部，《义务教育数学课程标准（2011 年版）》，北京师范大学出版社，2012，第 5 页）

以下再从更一般的角度指明上述分析的教学涵义。

首先，这可被看成上述立场的一个直接结论：就任一数学概念的教学而言，我们都不应唯一地强调"概念的生成"，即如何去实现相应的抽象，也应高度重视"概念的分析与组织"。

例如，在笔者看来，从上述角度我们就可更好地理解以下论述对于我们改进教学的积极意义：

"在小学低年级的教学中需要特别强调对等式的理解。……在小学一年级时经常会让学生口算，比如 3＋4，这里值得注意的是我们要强调 3＋4'等于'7，而不要说'得到'7。因为这里的等号有两个层面的意义：一是计算结果，就是我们经常说的'得到'；二是表示'相等关系'。我们在学生刚接触等号时就要帮助他们建立起对等号的这种相等关系的理解。因此，有时候让一年级的学生接触 7＝3＋4 这样的算式是有必要的，因为在这样的算式中，你就没法将等号说成'得到'。当然，这里也要尝试让学生理解 7 同样也等于 4＋3，因为 3＋4＝4＋3，第一个加数增加的时候，第二个加数减少，这两个加法算式还是保持相等的。在这之后，可以让学生尝试看两边都不止一个数的等式，如 17＋29＝16＋30。……此外，还可以给学生利用相等关系判断正误的式子，比如，199＋59＝200＋58，148＋68＝148＋70－2，149＋68＝150＋70－3。"（章勤琼等，"小学阶段'早期代数思维数'的内涵及教学——墨尔本大学教授麦克斯·斯蒂芬斯访谈录"，《小学教学》，2016 年第 11 期）

（应当指出，后一实例也直接涉及另一十分重要的数学思想，即我们应当注意研究"变化中的不变因素"。在笔者看来,我们并可从后一角度更好地理解斯蒂芬斯教授在同一次访谈中所提到的以下实例:"为了帮助学生更深入地理解这种相等关系,下面的例子可能值得考虑。学校里来了 10 个新学生,但是我们现在不知道男生和女生各有多少人,你能说出有多少个男生,多少个女生吗? 可以先让学生列出所有的可能性,如 9 个男生 1 个女生,6 个男生 4 个女生……然后进一步引导学生发现,在所有这些组合中,如果男生减少 1 个,女生必然要增加 1 个,男生减少几个,则女生必须增加几个,以保证总人数是10 个,这其实就是保持加法中的相等关系所需要做的'补偿',也就是中国课程里说的和不变性质。在减法中也有相等关系,不过与加法不同。比如在让学生思考类似'小明今年 8 岁,哥哥现在比小明大 9 岁,15 年后哥哥比小明大几岁'这样的问题时,除了要求学生理清其中的数量关系得到正确的答案,更重要的是要帮助学生形成这样的意识,减法算式的结构与加法算式不同,当被减数与减数同时增加(或减少)相同的数时,差是不变的。"当然,就我们目前的论题而言,上述的分析可被看成从另一角度指明了我们在教学中应当如何去突出"数与数之间的关系")

进而,依据上述分析相信读者也能很好地理解笔者何以会对以下实例作出如下的评论。

[例1]　数量关系分析的"标准解答"

这是一年级学生的一个作业题,要求学生依据以下图形写出相应的计算式:

(1)　○○○○○　○○○○　　　(2)　?　○○○○
　　　　　　└─┘　　　　　　　　　└──────┘
　　　　　　　?　　　　　　　　　　　　　9

以下就是笔者所说的"标准解答":

(1) $5+4=9$,($\checkmark$);$4+5=9$,($\checkmark$);$5-4=1$,($\times$)。

(2) $9-4=5$,($\checkmark$);$5+4=9$,($\times$)。

为了帮助读者理解,在此还应提及相应的"教学情境",因为,不然的话,相信大多数人,特别是很多家长都会觉得上述的"标准解答"不可理解:就图形

(1)而言,当时所教的只是加法,还没有正式引入减法;图形(2)则是在教了减法以后布置的练习题。

但是,如果从较抽象的角度去分析,这两个图形所反映的难道不是同一个数量关系吗?! 那么,我们究竟应如何去从事这一内容的教学呢? 特别是,我们在此究竟应当致力于引导学生严格按照指定的算法(加法或减法)去把握数量间的关系,还是应当集中于数量关系本身的认识,包括在计算方法以及计算次序等方面保持一定的开放性?

进而,从更深入的角度去分析,我们在此或许还应对学生清楚地指明这样一点:无论就加法或是减法而言,它们所涉及的都是三个数之间的关系,这更是这方面最基本的一个事实,即只要知道了其中任意的两个数我们就可通过数量关系的分析求得第三个数。

以下再联系思维的具体形式对教学中我们应当如何帮助学生建立起关于自然数的整体性认识作出进一步的分析论述。

由于我们在此所强调的是从各个不同的方面(与方向)去认识自然数之间的关系,因此,我们就可将相应的思维形式形容为"网络式思维",也即可以用"网络"形象地去比喻相应的数学结构。

具体地说,如果我们将各个自然数都看成一个一个的点,将数与数之间的联系看成联结点的线段,那么,所有这些点与线显然组成了一个丰富的网络。

进而,以上关于"相等关系"的分析显然可被看成从一个方面指明了我们应当如何去帮助学生建立起所说的整体性认识,即如在减法与除法的教学中,我们不应唯一地强调如何通过具体计算去求得相应的结果(差或商),如 $6-2=?,18\div3=?$ ……而应更加注重引导学生从不同方面对相应的数量关系作出进一步的分析,即如与 $6-2=4$ 密切相关的就有 $2+4=6$ 和 $6-4=2$;与 $18\div3=6$ 密切相关的则有 $3\times6=18$ 与 $18\div6=3$;……

当然,除去三元的运算关系以外,我们还应注意分析数与数之间的二元关系,例如,除去大小关系以外,以下显然也是一种二元关系:7 是 14 的一半,14 是 7 的 2 倍,等等。当然,随着学习的深入,我们又应不断地发展自身在这一方面的认识,即如将考察的对象由 2 个自然数或 3 个自然数发展到更多的个

数,即如 $3+2=9-4$,……①

在此我们还应特别提及"网络比喻"的这样一个涵义:如果说上面的论述主要涉及自然数整体性结构中的不同方面(更形象地说,我们应将自然数网络中的各个结点看成多个线段的交汇处),那么,我们也应注意分析各个线段所可能具有的"不同方向",这也就是指,网络中的各个线段不应被看成具有唯一的方向,而是同时代表了两个相反的方向,即如在指明"7 大于 5"的同时,我们也应想到"5 小于 7";我们不仅应当看到"7 是 14 的一半",也应看到"14 是 7的 2 倍";等等。

显然,从思维的角度去分析,这也就是指,我们应当善于从相反方向去进行分析思考(可称为"逆向思维")。正如前面已提及的,这正是学校教学的一个重要作用,即有益于学生很好地学会这样一种思维形式。

我们还应清楚地认识"数学网络"的丰富性与发展性。

首先,除去各个自然数以外,我们显然还应注意分析自然数的各种运算之间的关系,即应将后者同样看成直接的研究对象。例如,在加法与减法、乘法与除法之间所存在的互逆关系就是这方面的典型例子。当然,对于这几种运算我们还可作出层次的区分,如乘法就可被看成"压缩的加法"(如果采用专业的术语,这也就是指,乘法可被看成加法的"凝聚"),等等。

进而,我们还可将分析的对象扩展到相关的数学结论。另外,就对象之间的相互关系而言,我们又不应局限于纯粹的数量关系,也可以包括其他一些成分,即如现实原型、符号表征、心理图像、实际操作,等等。总之,如果继续采用"网络"这样一个比喻,那么,"数学网络"就应被看成包含多个不同的层面,对于其中的"结点"我们也应作更加广义的理解——总之,我们应当清楚地认识"数学网络"的多维性质与丰富性。

应当强调的是,上述的分析事实上也已清楚地表明了这样一点:对于整体性数学结构(包括"客体化"思想)的强调,不应被理解成完全排斥了其可能的现实意义。恰恰相反,我们应明确肯定数学对象(包括概念、运算与结论等)心理表征的多元性。当然,由于这些不同的方面或成分对于人们建立相关的

---

① 容易想到,这事实上正是人们何以认为"24 点"这一扑克游戏有益于学生数学学习的主要原因。

认识都具有很大的重要性，因此，与单纯强调其中的某些方面或成分相比较，我们应更加重视它们的必要互补与适当整合。

应当指出的是，所说的心理表征的多元性质，以及各个方面的必要互补与适当整合正是"多元表征理论"的核心观点，而这又正是学习心理学研究现代发展的一个重要特点，即"多元表征理论"逐渐取代"单一表征理论"占据了主导的地位。

例如，正如人们已普遍认识到的，以下的实物与相关的操作十分有益于小学生对于自然数概念的很好掌握：小棒或小石头的聚集与分割。进而，这又正是以下论述所给予我们的直接启示，即教学中我们应注意到更多的方面："实物操作只是数学概念发展的一个方面，其他的表述方式——如图像、书面语言、符号语言、现实情境等——同样也发挥了十分重要的作用"（R. Lesh & M. Laudan & E. Hamilton，"Conceptual Models in Applied Mathematical Problem Solving"，载 R. Lesh & M. Laudan 主编，*Acquisition of Mathematical Concepts and Process*，Academic Press，1983）；"语言学活动、手势和身体活动、隐喻、生活经验、图像等"都应被看成数学中意义建构十分重要的来源（基兰，"关于代数的教和学的研究"，载古铁雷斯、伯拉主编，《数学教育心理学研究手册：过去、现在与未来》，广西师范大学出版社，2009，第 24 页）。

当然，如前一章中所已提及的，在作出上述肯定的同时，我们并应清楚地认识到这样一点：学校数学教学的一个基本任务是努力促成学生由数学概念的"非数学理解"向"数学理解"的重要过渡或必要转变。

由图 2-3 我们可以更清楚地认识在数学概念心理表征不同方面之间所存在的重要联系。

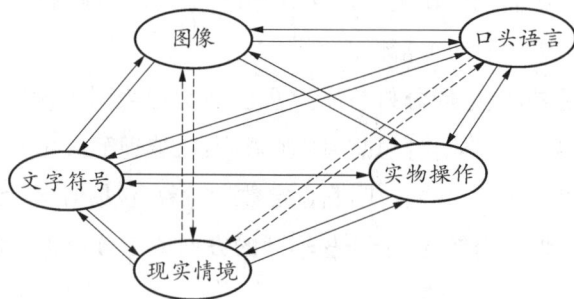

图 2-3

我们在此还应特别强调"数学网络"的丰富性对于"理解学习"的特殊重要性：数学中的"理解"并非一种全有或全无的现象，而是主要取决于主体头脑中所建立的"联系"的数目和强度。这也就是指，"如果潜在的相关的各个概念的心理表征中只有一部分建立起了联系，或所说的联系十分脆弱，这时的理解就是很有限的；……随着网络的增长或联系由于强化的经验或网络的精致化得到了加强，这时理解就增强了。"(J. Hiebert, & P. Carpenter, "Learning and Teaching with Understanding", 载 D. Grouws 主编, *Handbook of Research on Mathematical Teaching and Learning*, 同前, 第 67 页)

进而，从教学的角度看，我们显然又应特别重视"数学网络"的发展性。例如，即使就数的运算而言，也有一些十分重要的发展，即除去加减乘除等运算以外，我们还可以此为基础去引出乘方与开方等更高层次的运算。另外，就我们目前的论题而言，这显然是一种更重要的发展，即"数"的概念的不断扩展——就小学数学教学而言，也即小数与分数的引入。

当然，就后一方面的具体工作而言，这也是一个特别重要的方面，即与自然数的认识相类似，我们也应帮助学生将这些小数和分数与其现实背景或真实意义很好地区分开来，即应当将它们看成相对独立的存在，看成纯粹的"数"，其性质则完全取决于它们的相互关系——显然，这更清楚地表明了通过低年级的教学帮助学生很好地适应"客体化"与"结构化"思想的重要性。

4. "优化"的思想

1.2 节中已经提及，"优化"的思想直接关系到数学学习的本质：数学学习主要是一个不断优化的过程，这并不可能单纯依靠简单的经验积累得以完成，而主要是一个文化继承的过程，更离不开教师的必要指导。

在此要强调的是，即使在最初等的层面我们也可清楚地看出数学学习的上述特点，因为，学生对于自然数加法的学习就有一个不断优化的过程，对此我们更可具体地区分出若干个不同的水平。

[例2]　自然数加法的不同水平

(详见 K. Fuson, "Research on Whole Number Addition and Subtraction", 载 D. Grouws 主编, *Handbook of Research on Mathematics Teaching and Learning*,

同前,1992)

　　首先,就"单位数的加法(或者说,20 以内数的加法)"而言,我们就可区分出这样三个不同的发展水平：(1) 从头数起；(2)"简化的计数程序"：从第一个加数"继续往后数"；(3) 已知事实的应用。如 $9+7=(9+1)+6=10+6=16$。

　　其次,如果说通过计数完成计算正是上面几个算法的共同特征,那么,竖式的引入就意味着计算方法的重要进步,特别是,只有依靠后者,我们才能彻底解决"多位数加法"的问题。应当强调的是,计算方法的这一变化并直接关系到学生观念的重要变化,对此我们可分别概括为"单一性概念结构"和"多单位概念结构"。因为,这正是学生很好掌握竖式计算的一个必要条件,即清楚地认识到除去"个"以外我们在计算中还可用到多个不同的单位,也即十、百、千等。

　　再者,就所说的"多单位概念结构"而言,我们又可进一步区分出以下两个不同的发展水平："组合式多重单位"与"序列式多重单位"。具体地说,在前一种情况,各个单位,如十、百、千等,都被看成是由最基本的单位("个")依次组合而成的,也正因此,与任一多位数,包括多位数的加减运算相对应的就是一种"组合式"的心理图像。在后一种情况下,所说的十、百、千等则已构成了相对独立的认识单位(chunk),也正因此,在实际从事多位数的计算时,这时学生采取的就是一种"跳跃式"的计数方法,如"10,20,30,…"而不再是"10,11,12,…20,21,…"显然,与前者相比较,后一种认识应当说更为先进,并意味着对于"实物操作"这一水平的重要超越。

　　另外,减法与乘法的引入显然也可被看成"优化"的典型例子,这就是指,除去"加法"以外,我们之所以要专门引入"减法"与"乘法"等不同的运算,是因为这事实上就是一个不断优化的过程。

　　也正因此,这是数学教学必须彻底纠正的一个做法,即无论打上了怎样的"旗号",我们在教学中都不应采取完全放任的态度,也即完全放弃了帮助学生实现必要的优化这样一个基本责任。进而,我们显然也可从同一角度对教学中应当如何去处理"多元化"与"优化"的关系作出进一步的分析,这就是指,尽管我们在教学中应当积极鼓励学生用自己的方法去解决问题,包括明确提倡解题方法的"多元化",但是,我们显然不应为了"多元化"而"多元化",而是应当将学生的注意力由单纯的"越多越好"和"与众不同"引向比较与优化。

除去第1章中的[例5](我们到底要不要教"除法"),以下也可被看成这方面的又一实例。

[例3]　你最喜欢哪种方法

师:请小朋友看黑板,现在有这么多种方法来算 12÷3,你最喜欢哪种方法?

生:我喜欢减法,因为它最特殊。

师:不觉得它很麻烦吗?

生:不麻烦!

师:谁再来说说,你最喜欢哪种方法?

生:我最喜欢加法。

师:为什么?

生:因为我喜欢做加法,不喜欢做乘法。

……

当然,除去已提及的计算方法以外,对于数学中所说的"优化"我们应作更为广义的理解:这不仅包括"显性层面"的各种变化,如方法的改进、结论的推广、更好的表述方法的引入等,也包括"隐性层面"的变化,如观念的更新、新的思维品质的养成,等等。显然,这也就更清楚地表明了"优化"思想对于数学学习的特殊性,特别是,从小学低年级开始我们就应高度重视这一思想的渗透,更应切实增强学生在这一方面的自觉性。例如,这就是我们在当前应特别重视的一个问题,即对于所说的"优化"我们不应简单地理解成"算得更快",而主要是指如何能够想得更清晰、更全面、更合理、更深入。(对此我们将在第5章联系"数学核心素养"作出具体论述)

另外,由于数学学习中的"优化"在大多数情况下都不可能依靠单纯的反复实践自然而然地得以实现,因此,从教学的角度看,这在很大程度上可被看成一种规范化的行为。当然,正如前面所提及的,这是这方面的一个更高要求,即教学中我们应当很好地去处理规范化与开放性之间的关系,也即既应坚持必要的规范,同时也应注意防止过度的规范化。

2.2　"数"的扩展与数学思维

相对于自然数而言,小数特别是分数的学习应当说明显地表现出了"承上启下"的性质,正因为此,我们目前的讨论至少应包括这样两项内容:第一,如何以与自然数有关的各项认识,特别是相应的数学思想与数学思想方法作为认识小数与分数的直接基础。这一工作显然还具有超出具体内容的普遍意义,因为,这正是人类认识的普遍规律,即我们应当充分利用主体已有的知识和经验,包括相应的思想方法等去从事新的认识活动,从而通过由未知到已知、由难到易、由复杂到简单的转化更有效地解决问题。第二,由于学习内容的变化与发展,除去已掌握的各种数学思想与数学思想方法以外,另外一些思想和思想方法必然会得到凸显:我们不仅应当以此指导相关内容的教学,而且对于这些数学思想和思想方法的很好认识与掌握也应成为相关教学的一项重要目标。

以下按照上述思路展开本节的论述:我们将首先指明"客体化"与"结构化"的思想,以及"优化的思想"对于小数与分数教学的指导意义;其次,我们还将具体地指明与小数和分数的学习密切相关的另外一些数学思想和数学思想方法。

1. 扩展、整合与必要的优化

这是人们在这方面的一项共识:小数与分数的引入意味着"数"的概念(更严格地说,应是"数系")的重要扩展,对于这样一点的清楚认识并可被看成学生是否较好地掌握了相关内容的一个重要标志。当然,这又应被看成上述认识的一个直接前提,即我们应将所有这些数,包括自然数、小数与分数,都看成相对独立的存在,并应学会从纯数量的角度去考察它们之间的联系,即应当将它们看成同一数系的共同组成成分。

显然,后一认识已清楚地表明了"客体化"与"结构化"思想对于小数与分数学习的特殊重要性。例如,从这一角度去分析,相信读者可以更好地理解以下教学实例的这样一个基本立场,即我们应当帮助学生"从自然数的角度去认识分数",特别是,应当将学生的注意力由单纯的"分"引向"数(shǔ)"。

[例4]　从自然数的角度认识分数

(朱震绯,《小学数学教师》,2016 年第 3 期)

[课前思考]

(1) 分数的学习难在哪里? 第一,分数定义的多样化;第二,分数是一个"数";第三,分数的学习脱离了自然数的经验。

(2) 出路在哪儿? 学生学习新知的时候,如果这个新知与原来的经验是吻合的,那么学生就容易接受;如果这个新知需要另起炉灶,那么学生的学习就相对慢一些。因此,我们要寻找到学生学习分数的生长点。学生在自然数的学习中积累的数学活动经验,就是分数学习的衔接点与生长点。利用好这些活动经验可以为分数教学带来新的生机。

[教学实录]

1. 理解自然数是"1"的累积。

师:数学家华罗庚爷爷说过一句话"数(shù)来自数(shǔ)",你读得懂吗?

生:读得懂。1、2、3、4。

……

2. 从量出发,经历 $\frac{1}{2}$ 的建模。

……

3. 抽取分数单位。

第一,教师出示课件,学生独立完成练习,全班交流反馈。

(1) 把一个月饼平均分成 4 份,每一份是(　　　)个;

(2) 把一个月饼平均分成 3 份,每一份是(　　　)个;

(3) 把一张长方形的红纸平均分成 5 份,每一份是(　　　)张。

师：$\frac{1}{4}$ 还可以表示什么？你能借助手中的学具表示出来吗？

（学生借助手中的圆形、长方形、正方形纸片等表示 $\frac{1}{4}$）

师生交流得出：$\frac{1}{4}$ 就是把 1 平均分成 4 份后，表示其中 1 份的数。

第二，这张长方形的纸除了可以表示 $\frac{1}{5}$，还可以表示几分之一？

（学生画草图表示。在交流的过程中教师出示"分数墙"）

4. 在"数数"中将分数纳入结构。

（1）"几分之一"的教学。

师：课前，我们说"数来自数"，通过今天的学习，你又想说什么？

生：有的数不是来自数，是来自分。

师：今天的数，能否给它取个名字？

生：分数。

（2）"几分之几"的教学。

第一，课件逐行出示，师生交流。

① 1 份是 1 个 $\frac{1}{4}$ → $\frac{1}{4}$；

② 2 份是 2 个 $\frac{1}{4}$ → $\frac{2}{4}$；

③ 3 份是 3 个 $\frac{1}{4}$ → $\frac{3}{4}$；

④ 4 份是 4 个 $\frac{1}{4}$ → $\frac{4}{4}$。

第二，教师出示课件，学生交流。

如图 2-4，把 1 分米长的一条彩带平均分成 10 份，你能在图中找到 $\frac{3}{10}$ 吗？

把 1 分米长的一条彩带平均分成 10 份，每一份是 $\left(\frac{1}{10}\right)$ 分米。

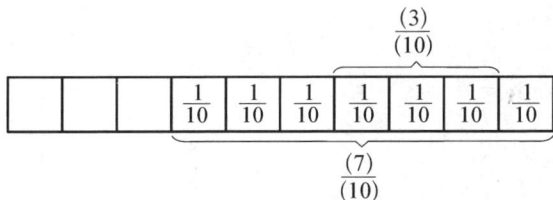

图 2 - 4

学生找到两种,即连在一起的$\frac{3}{10}$,不连在一起的$\frac{3}{10}$。

师:请你比较$\frac{3}{10}$与$\frac{7}{10}$的大小,并说一说你的理由。

师:你还能找到哪些分数?

师生一起数:$\frac{1}{10}$分米,$\frac{2}{10}$分米,$\frac{3}{10}$分米,……$\frac{10}{10}$分米。得出$\frac{10}{10}$就是1分米。

第三,出示分数墙。

师:在上面的分数墙中,你能数出哪些分数?(略)

第四,练习(略)。

第五,总结。

师:上一节课,大家一致认识到"分数来自分",对于这句话,现在你有什么想说的?

生1:其实分数也是来自数的。如$\frac{1}{3}$、$\frac{2}{3}$、$\frac{3}{3}$。

生2:分数是先分再数的。先平均分,$\frac{1}{3}$、$\frac{1}{3}$、$\frac{1}{3}$,然后就可以数了。

师:如果$\frac{3}{3}$再接着往下数呢?

生1(略微迟疑):$\frac{4}{3}$。

师:$\frac{4}{3}$是什么意思?

生1：4个$\frac{1}{3}$。

生2：1个再多一点。

生3：一个再多$\frac{1}{3}$。

应当强调的是，研究对象的扩展也有益于我们更深入地认识"客体化"与"结构化"的思想。

首先，这正是具体研究数与数之间关系，特别是大小关系的基本准则：我们必须使用相同的计数单位，尽管这未必是指单位"1"。

事实上，正如以上教学实例所表明的，这可被看成自然数与小数和分数的一个重要共同点，并为我们如何能以自然数的知识为基础去认识小数与分数提供了一个很好的立足点，后者即是指，除去"1"以外，我们还应根据需要与情境引入各种新的计数单位。更具体地说，如果说自然数的认识（包括"记数"）主要涉及各个更大的计数单位（十、百、千等）的引入，那么，小数的认识则体现了相反方向上的发展：我们在现实中显然应依据需要（特别是，度量的需要）自由地去引入各个更小的计数单位（0.1、0.01、0.001等）。再者，我们也可从同一角度去引出关于分数意义的这样一个解释：$\frac{n}{m}$就是指n个$\frac{1}{m}$的聚集——不难想到，后者能有效地降低学生在学习分数的大小比较和运算时可能出现的各种困难，即如"在分母不同的情况下为什么必须首先进行通分"等。（对此可参见顾非石等，"数据·课例·建议"，《数学教育学报》，2015年第6期，73～79页）

另外，未能清楚地建立这样一个认识显然正是现实中学生何以经常出现以下错误的主要原因："$\frac{1}{2}$未必比$\frac{1}{3}$大，因为，前者很可能是指某一较小整体的$\frac{1}{2}$，而$\frac{1}{3}$则涉及另一很大的整体。"应当指出的是，如果我们未能帮助学生很好地认识使用相同计数单位正是我们具体判断数的大小的一个必要前提，那么，即使是自然数的认识也可能出现同样的问题，即如"2未必比3小，因为,这里所说的'2'可能指'二个十',相应的'3'则是指'三个一'"。

其次,这可被看成"结构化"思想的一个直接结论,即面对"数"的扩展,我们决不应将所涉及的各种数,包括原来的自然数以及后来学习的小数与分数等,看成互不相干的,而应将它们纳入到同一个数系之中,后者正是将所有这些数都看成"一个真正的'数'"的主要涵义。

应当强调的是,这意味着在同一数系中我们必须将"1"看成所有各种数的共同计数单位。

显然,从上述角度去分析,我们就可更好地理解"数轴"对于数的认识的重要作用,特别是,只有统一地以"1"作为基本的计数单位,我们才能将所有这些数都看成同一数系中的平等成员,包括具体研究它们的大小与运算。

最后,应当指出的是,我们事实上还可从同一角度去思考数系的进一步扩展可能导致的各种问题,即如我们究竟应当如何去从事"负数"的教学,尽管后者严格地说已经超出了当前的讨论范围。

[例5] "认识负数"的教学

(张齐华,"'认识负数'教学实录",《小学教学》,2016年第5期)

这是张齐华老师面对这一教学内容时主要思考的一个问题:"对于学生来说,负数无疑是一种抽象的存在。尽管他们在现实生活中时有接触,并且基于具体的情境,他们或许对负数的含义也有了朴素与朦胧的认知,然而,'不可思议'、'不存在'、'虚假',仍然是学生乃至数学发展史上人们对于负数的真实感受。因而,如何让这些'不可思议'的数变得'触手可及',如何让这些'虚假'的数变得真实可信,继而成为学生可以把握、可以理解的数?"

以下就是张齐华老师提供的具体解答:"让学生动手去'画'负数。"因为,"画图,无疑是一种比抽象语言描述更贴近他们的表达方式"。而且,"从数形结合的角度来看,形的直观恰恰可以丰富数的抽象,形是对数的一种重要补充和完善"。("'画'出来的负数",《小学教学》,2016年第5期)

具体地说,张齐华老师的这一课例主要地可被看成集中于这样一个任务,即通过画图将电梯的"—2层"、气温的"—5度"、海拔高度的"—155米"的含义表示出来。当然,这应当成为相关教学活动的重点,即我们不应满足于学生能够画出负数,而应更深入地去思考:"'画'出负数后怎么办?"这也就是指,"基于学生的'画'",我们还应注意"引导学生在观察、分析中深度领悟负数的含义"。

以下就是张齐华老师所采取的一些具体做法:"比如,在认识完学生的'—2层'后,老师适时介入'没有地面的楼层'(这是指这样的一张"画":其中没有把地面明确地标注出来——注),引导学生在困惑中领悟到:'没有地面就难以判断具体的楼层';'地面变化了,楼层也就相应变化了';'问号处空间是负几层取决于地面在哪里'。从而让学生对负数与0之间的关系有了深入的思考。同样地,在分享完学生的'—5度'后,教师呈现的'空白温度计',同样让学生的思考一次又一次向深处挺进:'没有0度就没法确定其他的温度';'有了0度,但不知道每格代表多少摄氏度,同样没法确定其他的温度';'有了0度和每格代表的温度,我们就可以确定或估计出其他的温度'"。

由此可见,这正是学生"画"负数的主要意义所在:通过这一活动,特别是以直观性图画为背景的分析引导,我们就可帮助学生很好地认识到这样一点:负数的主要含义就在于它与其他各个数(包括其他负数,以及自然数等)的关系,也正因此,就像自然数、小数和分数,我们也应将负数看成一个真正的数,一个实实在在的数,它和其他各种数一起构成了一个十分丰富而又井然有序的"数"的世界。

从上述角度我们显然也可更好地理解这一实例中"(3)沟通:我理解的负数"的设计:

师:黑板上现有3个负数(—2、—5、—155)。如果让你写3个比它们都要小的负数,再写3个比它们都要大的负数,行吗?

$\left(\text{学生们尝试写出了}-200、-500、-1\,000\text{以及}-1、-0.5、-\dfrac{1}{10}\right)$

师:看来,负数的家庭里除了负整数,还可以有负小数、负分数。在这些负数中,你认为谁最大,谁最小,你发现了什么?

生:我觉得$-\dfrac{1}{10}$最大,$-1\,000$最小。

……

师:观察这些负数,比较一下,你有没有发现,负数有什么共同的地方?

生：它们都有负号。

生：它们都比 0 小。

师：比 0 小的数，都是负数。负数中的负号可以省略吗？为什么？

……

师：说得真好！负号不能省略，但正号可以省略。不过，有时为了和负数形成对比，我们会保留正数前面的正号。负数也研究过了，正数也研究过了，还剩下谁没有研究了？

生：0。

师：有什么问题想和大家沟通一下吗？

生：0 到底是负数还是正数？

师：谁来解释一下？

……

（教师相机出示数轴，引导学生体会 0 的右边是正数，0 的左边是负数，0 是正数和负数的分界点）

师：由于负数的出现，数的大家庭又增添了一个庞大的团队，而我们的数轴也从原来的射线变成了一条直线。当然，这还远不是终点，随着学习的不断深入，数的家族还会增添更多新成员，让我们共同期待吧！

由此可见，这正是这一教学活动的一个重要目标，即我们不应停留于学生所画的各种"图形"，而应更加重视如何能够帮助学生建立"数轴"这样一个直观形象，因为，后者更清楚地表明了"数"的整体性结构。

由上面的分析我们显然也可看出"数"的扩展的这样一个特点：新的结构与原来的结构有很大的一致性，但也有不少重要的变化。

例如，无论就小数或是分数的认识而言，主要地仍都集中于大小关系和运算关系，后者就是指加减乘除这样几种运算。由此可见，我们确实应当以自然数的相关认识为基础去从事新的学习活动，包括自觉地应用"类比与化归"等思想方法。这正是下一小节的直接主题。

当然，这又并非是指小数与分数的引进，除去单纯的"量"的增加以外，并没有对"数"的研究造成任何重要的变化。这事实上并可被看成数学的历史发展给予我们的一个重要教训。具体地说,由于无论是小数或是分数的运算都满足自然数的各个运算法则,即加法与乘法的交换律和结合律,以及反映两者联系的分配律,因此,人们曾一度认为这方面的工作应当始终坚持这样一条基本原则("型的永恒性原则"):无论"数"的概念有了怎样的扩展,甚至包括更高层次的代数系统,都必须满足自然数运算的各个法则。但这恰是数学现代发展的一个实际起点,即人们终于认识到了上述的准则事实上束缚了数学的发展。更具体地说,由英国数学家哈密尔顿创立的"四元数"可被看成这方面最关键的一步,因为,作为一种"不可交换的代数",四元数不再服从乘法的交换律,从而为人们自由地创造各种可能的"非标准代数"提供了直接的样板:"四元数代数是一个独立宣言,它把代数从自然数法则的束缚下永远地解放出来。"(瑞德语)①

　　总之,这是"数"的教学应当特别重视的一个问题,即随着"数"的领域的不断扩展,我们应当注意分析由此而造成的各种变化,包括观念的必要更新。

　　以下再围绕"优化的思想"对此作出进一步的论述:与上面关于"客体化"与"结构化"思想的分析相类似,这同样清楚地表明了数学思想和思想方法对于具体知识教学的指导作用,另外,这也有益于我们更深入地去认识"优化的思想"。

　　第一,"数"的领域的不断扩展是一个优化的过程。例如,即使单从应用的角度去分析,小数与分数的引入显然也意味着人们在这一方面能力的不断提升——从历史的角度看,这正是导致相关发展的主要原因。

　　第二,这可被看成由于数的不断扩展,特别是分数的引入所造成的一个重要变化,即"多"与"一"的矛盾的凸显。例如,不仅同一分数可能具有多种不同的表征,如 $\frac{1}{3} = \frac{2}{6} = \frac{3}{9} = \cdots$ 分数的意义也有多种不同的解释,如除法的解释、整体与部分的解释、比的解释等。

　　应当指出的是,所说的变化可被看成为人们更有效地解决各种问题提供了更大的可能性,从而也就是一个真正的进步,我们并可将此看成培养学生思

---

①　详可见克莱因,《古今数学思想》(第三册),上海科学技术出版社,1980,第32章。

维灵活性与综合性的良好契机。但是,这一变化显然也对相关内容的教学提出了更高的要求,因为,正如前面已提及的(〔例4〕),所说的"多样化"正是分数学习的主要难点之一。

由于"分数的认识"正是小学生数学学习的一个主要难点,对此我们将在以下作出专门的分析。

第三,相对于各个孤立的认识而言,新的、更高层次上的统一性的建立显然是一种重要的优化。由以下的实例可以看出,除去已提及的自然数、小数与分数的"统一"以外,我们对此还应作更为广义的理解。

〔例6〕　"倍数关系"与"几分之几"的统一

这里所说的"统一"是指这样一种认识:尽管以下两个表述从字面上看很不相同,即"数 a 是另一个数 b 的几倍"或"数 a 是数 b 的几分之几",但从数量关系的角度去分析,两者所对应的是同一个数量关系: $a \div b = c$ 。也正因此,无论我们所面对的是哪种类型的问题,即究竟是" a 是 b 的 7 倍",还是" a 是 b 的七分之一",为了由 b (和 c)去求得 a ,我们就可统一地采取如下的逆运算: $a = b \cdot c$ 。另外,如果需要的是由数 a (和 c)去求取数 b ,我们也不用仔细地去区分问题中所涉及的究竟是"倍数关系"还是"几分之几"的关系,而可统一地使用 $a \div b = c$ 的另一个逆运算: $b = a \div c$ 。

由于 $a \div b = c$ 也可表示为两者的比: $\dfrac{a}{b}$,因此,我们也可将上述的统一性进一步推广应用于与"比"直接相关的各种计算问题。

应当强调的是,我们还可从同一角度很好地去理解关于数学发展的以下论述:与一般自然科学不同,数学的发展通常不是指新的理论对于先前理论的彻底否定和完全取代,恰恰相反,先前的理论常常在新的形式下得到了保存。这也就是指,数学的发展"不是用破坏和取消原有理论的方式进行的,而是用深化和推广原有理论的方式,用以前的发展作准备而提出新的概括理论的方式进行的。"(亚历山大洛夫等,《数学——它的内容、方法和意义》(第一卷),科学出版社,1984,第 33 页)

　　第四,前面已经提到,观念的必要更新同样应被看成数学中"优化"的一个重要内涵,其重要性在于:观念的滞后在很多情况下都可能成为新的认识(学习)活动的严重障碍。以下就是这样的一个实例。

[例 7] "运算的不守恒性"

(B. Greer,"Multiplication and Division as Models of Situation",载 D. Grouws 主编,*Handbook of Research on Mathematics Teaching and Learning*,同前,1992)

　　这是有理数的教学中经常可以看到的一种错误:尽管两个问题有着完全相同的数学结构,学生却采用了不同的运算去进行求解——也正因此,研究者常常将此类错误称为"运算的不守恒性"(nonconservation of operation)。

　　例如,在一次实验中学生被要求回答应当用什么样的方法求解以下两个问题:

　　(1) 某种奶酪的售价为每公斤 28 元,问:5 公斤这样的奶酪售价是多少?

　　(2) 某种奶酪的售价为每公斤 27.50 元,问:0.923 公斤这样的奶酪售价是多少?

　　尽管实验者作了明显提示,但是,被提问的学生仍然经常作出这样的回答:应当用乘法求解第一个问题,第二个问题则应采用除法。

　　调查表明,这正是导致上述错误的主要原因:首先,学生头脑中存在关于乘除法的某些基本原型。例如,研究表明,大多数以色列学生关于乘法的原型是"倍数问题";美国学生关于除法的基本原型则主要是"分配问题"。显然,基本原型的存在反映了先前的学习活动包括生活经验的影响,特别是,其一旦形成就会对主体进一步的学习活动产生十分重要的影响。其次,由于大多数学生正是通过先前的学习逐渐形成了与乘除运算直接相关的一些观念,特别是,由于学生在开始学习乘除法时所接触到的都是比较简单的情况,即主要局限于自然数的乘除,所以很容易形成这样的观念:"乘法总是使数变大,除法总是使数变小。从而,在求解应用题时我们应以较大的数作被除数,以较小的数作除数。"

　　显然,从后一角度去分析,上述错误的发生就不足为奇了,因为,这在很大程度上反映了这样的现实:学生依据直觉立即意识到第二个问题的答案应当小于问题中所给出的 27.50 元，因为，后者是每公斤奶酪的售价，所提到的 0.923公斤则不足 1 公斤。进而，按照他们已建立的观念，乘法总是使数变大，只有除法才能使数变小，因此，他们最终就选择了除法。

　　总之，这正是数学教学的一项重要任务，即随着学习的深入我们应当帮助学生纠正各种已得到暴露的错误思想或不恰当的观念。当然，这又是这方面工作应努力追求的一个更高目标，即我们应使所说的"优化"真正成为学生的自觉行为（对此我们将在第 8 章中作出进一步的分析论述）。

2. 类比联想与化归的思想

　　上面已经提到，这是人类认识活动的一个普遍规律，即我们应以已有的认识，包括知识、经验与思想方法等作为新的认识活动的直接基础。显然，这十分清楚地表明了类比联想与化归这样两种思想方法对于数的学习特别是小数与分数的学习的特殊重要性。

　　例如，正如第 1 章（[例 15]）中已提及的，由于学生在先前已经多次接触到了除法这样一种运算，因此，就"分数除法"的引入而言，就未必要刻意地去创设一个现实情境，而可以由学生已学过的"分数乘法"直接引出"分数除以整数"这样一个主题。因为，学生通过自然数与小数的学习早已形成了这样的认识：乘法与除法存在互逆的关系——也正因此，分数除法的引入就可被看成分数乘法的必然延伸。

　　当然，除去"除法的引入"等具体内容以外，类比还有更高层次的应用。例如，由于自然数的除法主要是通过转化为乘法（即利用乘法口诀）得到解决的，因此，从类比的角度去分析，我们可以作出这样一个猜测：分数的除法或许也可通过转化为分数的乘法得到有效的解决。

　　当然，这是成功应用类比联想的关键：求同存异。所谓"求同"，就是指我们应当通过比较去发现不同对象之间的共同点，并因此而引发一定的联想（这就是所谓的"触类旁通"），包括由已知结论引出关于未知对象新的猜测，以及由已有知识获得关于如何求解所面临的新问题的有益启示，等等。另外，所谓的"存异"则是指新的猜测的产生并非简单的重复和模仿，而是一种创造性的工作，即如由已知事实去引出新的猜测时，我们应特别注意两者的差异，也即必须依据对象的不同作出适当的"调整"。

就类比的具体应用而言,我们还应特别强调这样一点:由类比联想得出的结论在得到严格证明之前都只是一种猜想,即我们必须对其真理性作出必要的检验。

这正是以下教学实例的一个亮点。

[例8] "加法交换律"的教学

(张齐华,《人民教育》,2006年第11期)

这是这一堂课的主要内容,即引导学生通过实例的考察发现"加法的交换律"。另外,在学生成功地解决了这一问题(指"加法交换律"的发现与检验)以后,教师又进行了如下的拓展:

师:从个别特例中形成猜想,并举例验证,是一种获取结论的方法。但有时,从已有的结论中通过适当变换、联想,同样可以形成新的猜想,进而形成新的结论。比如(教师指读刚才的结论,加法的"加"字予以重音),"在加法中,交换两个加数的位置和不变",那么,在……

生:(似有所悟)减法中……

……

当然,减法是不具有交换律的。但这显然可被看成这一"反例"的一个重要作用,即清楚地表明了这样一点:我们不仅应当通过类比联想去提出新的猜想,还应对此作出必要的检验。

其次,如果说类比联想主要地是一种提出猜想的方法,那么,这就是化归法的主要作用,即我们可以通过由未知到已知、由难到易、由繁到简的转化去解决问题,包括对已获得的猜想给出证明,等等。

就目前的论题而言,我们并应特别强调这样几点:

第一,即使就自然数的运算而言,我们也可看到化归思想的重要应用。例如,自然数的加法在很大程度上可被归结为"20以内的加法"。另外,利用"乘法口诀进行自然数的除法"显然可被看成利用化归解决问题的又一实例。

第二,这是以自然数的相关知识为基础去认识小数与分数的一个明显优点：在很多情况下我们都可通过向自然数的化归解决小数和分数的相关问题。

例如，小数的乘法或除法显然都可以通过转化为自然数的运算得到解决。另外，"分子与分母分别相乘"这一关于分数乘法的运算法则无非就是将分数的乘法转化成了自然数的乘法。

第三，我们并应防止各种简单化的理解，即如认为小数与分数的各种问题都一定要转化为自然数的相关问题来获得解决。例如，就分数的除法而言，我们就可利用"颠倒相乘"这一法则将其转化成分数的乘法。

综上可见，在小数与分数的教学中我们应很好发挥化归思想的作用，后者并很好地体现了数学思维的这样一个特征：在解决问题时，数学家往往不是对问题进行直接的攻击，而是对此进行变形，使之转化，直到最终把它化归成某个(或某些)已经解决的问题。(罗莎·彼得语)

再者，从更高的层次去分析，类比联想与化归的思想又可被看成具体体现了这样一个思想：我们应当用联系的观点去看待事物和现象。当然，这是化归思想给予我们的又一启示：我们应当用变化的观点看待问题，即应当善于通过适当的变化去解决问题。

3. 分数教学中的"多"与"一"

正如人们已普遍认识到的，分数的认识是小学生数学学习的一个主要难点，而分数意义的多样性则正是造成这一现象的主要原因。与此相对照，尽管同一分数具有多种不同的表征，但由于学生很容易接受这样一个事实，即所说的多种不同表征，如 $\frac{1}{3}$，$\frac{2}{6}$，$\frac{3}{9}$，…都是相等的，这并为我们实际地从事分数的大小比较与运算提供了必要的手段或途径，也正因此，学生就不会因此而感到任何的困惑或困难。

现在的问题是：就分数意义的多种解释，即平均分的解释、整体与部分的解释、比的解释等(对此可参见张奠宙等，《小学数学研究》，高等教育出版社，2009，第四章)，我们究竟应当特别强调其中的哪一种？或者说，何者可以被看成很好地体现了分数的"数学本质"？

事实上，正如 2.1 节中所提及的，这正是"多元表征理论"给予我们的一个直接启示：就数学概念的理解而言，往往涉及多个不同的方面或成分，它们对于人们建立相关的认识都具有一定的重要性。由此可见，对于上面所提到的关于分数意义的多种不同解释，我们都应当给予足够的重视。当然，后者并非是指这些解释具有同样的重要性，恰恰相反，就分数的认识而言（特别是，按照现行大多数教材的安排方式），我们可大致地区分出这样几个不同的认识水平或层次：（1）主要着眼于"平均分"这样一种具体活动；（2）突出强调整体与部分之间的关系；（3）将分数看成相对独立的数学对象，即一个纯粹的数，其意义完全取决于它与其他各个数（包括自然数与分数）之间的关系。再者，如果这可被看成三年级分数教学的主要目标，即帮助学生由上述的第一层次上升到第二层次，那么，由第二层次向第三层次的过渡则可以被看成五、六年级分数教学的主要任务。

在此我们还应特别强调这样一点：只有上升到了上述的第三个层次，我们才能牢固地树立起这样一些认识，并切实避免由于局限于分数的其他解释而造成各种可能的错误：（1）为了判断数的大小，我们必须使用相同的计数单位，而这未必是指单位"1"；（2）在同一数系中，我们必须将"1"看成所有各种数的共同计数单位，这也就是指，只有在这样的前提下，我们才能真正谈及一个数的大小，而不是比较意义上的数的大小。

显然，从上述立场去分析，这就是三年级的分数教学（如果采用通行的说法，这就是指"分数的初步认识"的教学）所应特别注意的一个问题：我们在此必须采取更为宏观的视角，即应当超出"部分与整体之间的关系"这样一个认识，并帮助学生初步认识到"分数也是一种数"，从而就能从后一角度，特别是通过与"小数"与"倍数"的类比更好地认识分数。（当然，这也是"分数的初步认识"的教学应解决的又一问题，即由主要着眼于"平均分"这一具体活动逐步过渡到"整体与部分之间的关系"这样一种解释，包括由相应的生活常识过渡到真正的数学知识。对此可参见第8章的[例2]）

例如，类似于小数的引入，我们显然也可从同一角度更好地去理解引入分数的必然性：由于实际生活的需要，在很多情况下我们都必须引入一些更小的度量单位，如 $\frac{1}{2}$、$\frac{1}{3}$ 等。进而，正如0.3就是3个0.1，我们也可将 $\frac{n}{m}$ 看成 n

个 $\dfrac{1}{m}$ 的聚集。(显然,按照这样的认识,就相关内容的安排而言,这就不是一个很好的做法,即这节课先认识几分之一,下节课再认识几分之几。恰恰相反,"学生对几分之一和几分之几的感知应该是紧密相连的"。除去[例4]以外,这方面的教学实例还可参见毕宏辉,"'分数的初步认识'教学实录与反思",载夏青峰等主编,《小学数学名师名课(珍珠篇)》,教育科学出版社,2011)

　　另外,正如[例6]已表明的,我们也可通过与"倍数"的比较帮助学生更好地理解分数的意义:这两者可被看成从不同角度表明了同一个数量关系。例如,我们既可将"18看成是6的3倍",也可将18与6之间的关系表述为"6是18的 $\dfrac{1}{3}$"。正因为此,我们事实上就可将如何表明"整体与部分之间的关系"看成分数的一种应用,或者说,与"倍数"概念的相类似,分数的引入在此所发挥的也是同样的作用,即更有效地表明了两个数之间的关系,它们的区别仅仅在于:我们究竟是选择两个数之中较小的那一个数,还是较大的那一个数作为计数的单位。当然,这又是这两种做法的一个重要共同点:它们所反映的都是比较(相对)意义上的大小。而这正是将各种数(分数或自然数)看成一个真正的"数"的一个必要前提,即我们应当将所有这些数(包括分数、小数与自然数)都统一纳入到同一个数系之中去进行比较考察。

　　总之,作为"分数的初步认识",我们不应过分地去强调"整体与部分之间的关系"这样一种解释,而应帮助学生很好地建立起"分数是一个数"这样一个认识,从而不仅可以为在这方面的进一步学习作好必要的准备,也可切实避免由于认识上的片面性而造成各种可能的错误。

　　例如,按照上述的分析,在相关的教学活动中我们就不应唯一去地强调这样的问题:"都是 $\dfrac{1}{2}$,怎么会不同?"而应进一步去指明:分数的大小比较与运算必须使用同样的基本单位,特别是,尽管我们应当明确肯定引入多个不同"计数单位"的必要性和优越性,但同时也应帮助学生清楚地认识到这样一点:作为整体性的认识,我们应将各个分数(以及自然数等)纳入到同一个数系之中去进行考察,这也就是指,这时所说的"1"必须是纯粹的"1",而不应考虑其可能的现实意义或特定涵义,或者说,在具体考察分数的大小与运算时,我们必须将相对意义上的"1"还原成纯粹意义上的"1"。

应当指出的是,从上述角度我们显然也可更好地理解这样一个事实,即除去"单位'1'"以外,教材中为什么要专门引入"分数单位"这样一个概念:

"把单位'1'平均分成若干份,表示其中一份的数叫分数单位。例如,$\frac{2}{3}$ 的分数单位是 $\frac{1}{3}$。"(人教版五年级上册,第 46 页)

当然,这又是这方面教学活动应当特别重视的一点,即"相同的计数单位"正是我们具体判断数的大小,并进行相关运算的一个必要前提。进而,尽管我们可以而且应当根据不同的需要与情境引进不同的计数单位,但又只有将纯粹的"1"用作基本的"计数单位",这时所反映的才是它们的真正的"大小",而这事实上也就意味着将相关的数看成了整体性数系中的普遍一员,即一个真正的数,一个相对独立的数学对象。

例如,在笔者看来,这显然就是以下一类练习的主要意义所在(人教版五年级上册,第 48 页):

"用直线上的点表示下面各分数:

(1) $\frac{1}{2}$、$\frac{1}{4}$、$\frac{3}{4}$;

(2) $\frac{1}{3}$、$\frac{2}{3}$、$\frac{5}{6}$。"

更为一般地说,又如张奠宙先生等人所指出的:"在过渡到分数的'商'定义时,在数直线上对分数作几何解释是非常重要的。"(《小学数学研究》,同前,第 78 页)

为了更清楚地说明问题,以下再对分数的学习与小数的学习作一简单比较。众所周知,小数与分数的学习相比要简单得多,因为,我们在此主要地可被看成引进了若干新的计数单位，从而就可更精准地去解决相关的问题，包括实际度量与计算问题。而且，由此所获得的新数（小数）相对于自然数而言也没有表现出任何重要的质的区别，而只是体现了不同的发展方向，即由各种更大的计数单位（十、百、千等）的引入转向了更小的计数单位（0.1、0.01、0.001等）。由此可见，如果分数的教学也只是局限于自然数的分割或除法，而完全不去（或者说，暂时不去）顾及"整体与局部之间的关系"这样一种理解，那么，分数学习的难度很可能就会大大地降低。

综上可见，这可被看成分数教学的关键与真正难点，即我们如何能够很好去处理分数的多种不同解释（或者说，不同认识水平）与"数"的统一性认识之间的关系，希望广大一线教师即能通过自己的教学实践在这方面作出积极的探索。

4."算法化"的思想与"寓理于算"

所谓"算法"，笼统地说，即是指一个确定的程序，用之我们可以有效地解决一类相关的问题。例如，前面所提到的分数乘法与除法的法则（"分子与分母分别相乘"与"颠倒相乘"）就可被看成"算法"的典型例子。由于把一类问题的求解归结为现成算法的"机械应用"显然可以极大地节省人们的时间与精力，从而也就可能更好地去从事新的创造性劳动，因此，"算法化"的思想获得了数学家们的普遍重视，这就是指，我们在数学中应努力创造各种能普遍地用于求解一类问题的有效算法。

例如，弗赖登塔尔就曾明确指出："最引人注目的新事物，也就是引起现代化过程发生的事物都是思辨的产物，……然而，任何熔岩终将凝固，任何思辨的新生事物都在其自身中包含着算法的萌芽，这是数学的特点。……算法化意味着巩固，意味着由一个平台向更高点的跳跃。"（《作为教育任务的数学》，上海教育出版社，1995，第 44 页）[①]

但是，由于算法的应用就其直接形式而言是对于固定程序的"机械应用"，

[①]　有学者从这一角度对"中国古代数学传统"进行了分析总结，即认为后者的主要特征之一是对于算法的突出强调，也即我们主要地就可将中国古代数学看成所谓的"问题—算法体系"，后者并与西方数学以欧几里得的《几何原本》为代表的"公理—演绎体系"构成了直接的对照。相关学者并突出地强调了中国古代数学传统对于数学未来发展的重要意义：随着计算机的出现，这种以"构造性与机械化为其特色的算法体系……势将重新登上历史舞台。"（吴文俊，"'九章算术'及其刘徽注研究序言"，《"九章算术"及其刘徽注研究》，陕西人民教育出版社，1990）

因此,如果缺乏自觉性的话,就很可能导致"机械学习",特别是,如果相关的教学只是满足于直接给出各种算法,并要求学生牢固记忆与模仿性地加以应用,就更加容易出现这样的情况。

应当指出的是,按照我国旅美学者马立平博士的研究,后者正是美国小学数学教学的常见现象,与此相对照,中国的小学数学教师则在概念的理解与算法的掌握这样两个方面都有更好的表现。

以下是马立平博士在从事相关研究时所采用的两个问题与相关的调查结果。

[例9] 关于小学数学教学的一项中美比较研究

(马立平,《小学数学的掌握与教学》,华东师范大学出版社,2011)

其一(这是马立平采用的四个调查问题中的第一个):退位减法。请看这几个题目:

$$53 \qquad\qquad 91$$
$$-25 \qquad\qquad -79$$

如果你是二年级的老师,你会怎样教学生做这样的题目? 你觉得学生学习退位减法之前,需要具备怎样的知识和技能?

马立平博士指出:"利用重组做减法是非常初等的,所以很难想象教师们对于这个课题所拥有的知识不够充足。然而,本章中的访谈揭示了某些教师就是处于这种情况。77%的美国教师和14%的中国教师对于这个课题只拥有过程性的知识。他们的理解仅仅局限于运算法则的表面。"(第25页)

这里所说的"过程性教学"事实上也就是我们所说的"机械式教学",因为,这正是这种教学方式的主要特征:教师在此"所关注的仅仅是运算法则的具体步骤,而没有显示出对其基本原理的任何关注"。

即如:

"我会告诉学生,当你在计算像53—25这样的问题时,你首先把数字排列起来,从个位开始减起。因为要从3中减去5是不够的,你应该从十位上借一个 10 来并把它变成 10 个 1。把这 10 个 1 加到 3 上去就得到 13。从 13 中减去 5 得到 8。把 8 写在个位上。然后转到十位上。由于十位列上的 5 已经借去了一个 10 给个位，所以只剩下 4 个 10。从 40 减去 20 得到 20。把它放在十位上。"（第 7 页）

其二（这是马立平采用的四个调查问题中的第三个）：要求教师计算 $1\frac{3}{4} \div \frac{1}{2}$，以及解释运算的意义。

马立平指出："美国教师分数除法的知识显然比前两个专题上的知识要弱得多。尽管 43％美国教师正确地计算出了完整的答案，但是没有一人能理解计算的合理性。只有一位有经验的老师正确描述了分数除法的意义。"

"中国教师在本章任务上的表现，和在前面的任务上的表现相比没有显著的差别，他们所有的计算都是正确的，而且一些老师还进一步讨论了算法的合理性……他们使用不同的主题以及不同的分数除法模型来描述……"（第 82 页）

由此可见，对于算法的很好掌握与正确理解是"中国数学教育传统"十分重要的一个方面（对于上述调查我们还将在第 9 章中作出进一步的介绍）。但是，我们究竟应如何去看待这一传统呢？或者说，数学教学中为什么一定不能采取所说的"过程性（机械式）教学"呢？在笔者看来，这正是我们应当深入思考的问题。

事实上，这正是马立平博士在自己的研究中所提到的一个调查结论：尽管这在中国不能被看成主流，但仍有一部分教师采取了与大多数美国教师十分相似的教学方式，这显然更清楚地表明了深入思考上述问题的重要性。

以下是笔者在新近观察到的一个课例。

[例10]　"多位数除以一位数"与"机械教学"

这是"两、三位数除以一位数"教学中的一个环节，主要涉及"首位或中位有余数"的情况。以下是相关教材（苏教版三年级上册第 58 页）中给出的一个实例：

$$
\begin{array}{r}
\square\square\square \\
2\overline{)7\,3\,8} \\
\underline{6} \\
\square\square \\
\underline{\square\square} \\
\square\square \\
\underline{\square\square} \\
\square
\end{array}
$$

一位教师在自己的课堂上采取了如下的教学方法：她首先在黑板上演示了正确的算法，包括一边做一边对相关的计算步骤作出具体说明："7 除 2 等于 3，2 乘 3 等于 6，7 减 6 等于 1；将 3 移下来得到 13，13 除 2 等于 6，2 乘 6 等于 12，13 减 12 等于 1；将 8 移下来得到 18，18 除 2 等于 9，所以，最终的答数是 369。"然后，教师要求全班跟着她大声地重复上述的解题步骤，再过渡到由个别学生在全班再次重复，包括由学生自动报名，以及由教师直接指定等，教师并有针对性地加以评价，包括表扬与细节的逐一纠正，等等，直至全班至少是大多数学生最终都能加以复述，从而从形式上看似乎都已较好地掌握了相应的算法。

你在现实中是否也曾见到这样的教学方法，或者也曾直接采用过这样的教学方法？当然，这里的关键并不在于这种方法究竟应当被归属于"美国式"还是"中国式"，而是这种方法究竟有什么问题或不足之处。希望每一个读者都能首先对此作出认真的思考或深入反思。

笔者的看法：这样的教学方法实在不可取！对此可以首先联系数学教育的基本目标来进行分析：

正如人们普遍了解的，随着新一轮数学课程改革的深入，人们已经逐步形成了这样的共识，即数学教学决不应停留于"动手"，而是应当引导学生由单纯"动手"转向积极地"动脑"，因为，这直接关系到了数学教育的基本目标，即我们应当通过自己的教学促进学生更积极地去进行思维，并能通过数学学习逐步学会思维。

显然，从同一角度去分析，对于上述实例我们就可提出这样的质疑：尽管其中所涉及的主要是"动嘴"而不是"动手",但是,我们显然也不应因此而忽视如何能够促使学生积极地去进行思考。

更具体地说,由于所谓的"问题引领"可被看成教师如何能够引导学生积极地进行思维的关键,因此,"问题"的缺失显然可被看成上述教学活动十分明显的一个弊病。例如,面对"首位或中位有余数"这一新的情况,我们就应首先引导学生具体地去分析什么是这一情况所造成的困难?进而,我们又如何能够应用已有的知识和经验去解决所面对的问题?等等。

更一般地说,笔者以为,上述的实例十分清楚地表明了明确提倡"三维目标"的重要性,因为,如果单纯从知识层面,特别是依据书面考试的成绩去进行分析,我们恐怕就很难发现上述的教学方法究竟会造成什么样的严重后果。但这恰是我们应当特别强调的一点,即如果我们完全忽视了促进学生思维的发展这样一个基本目标,这样的数学教学就应被看成是完全失败的!(对此我们并将在第5章中作出进一步的分析论述)

其次,上述关于"问题引领"的分析显然已清楚地表明:强调促进学生积极地进行思维必然要求教师在教学中更多地采取学生主动探究和合作互动这样一些教学方式,从而,这不能不说是上述教学活动的又一不足之处,即未能给学生的主动探究与合作互动留下任何的空间。更有甚至,由于学生在此始终只是忙于记忆与复述,从而也就完全没有可能展示自己真实的思维活动,因此,相关的教学活动就不可能具有很好的针对性。

当然,除去单纯从教学方法的角度进行分析以外,我们在此还应考虑到这样一个更为基本的问题,即教学中应当如何去落实学生在学习活动中的主体地位(用更通俗的话来说,即让学生真正成为"学习的主人")。因为,如果我们的学生始终处于完全被动的地位,那么,即使就数学知识的掌握而言,也必然地会造成十分严重的后果,包括学生中严重的两极分化。后者即是指,除非学生具有较高的天赋,或是有较好的辅导环境,一般学生应当说都很难沿着"机械学习"的道路走得很远,或者说,他们迟早都会成为数学学习的失败者,而这又必然地会对他们的整个人生产生严重的消极影响。例如,正是从后一角度去分析,美国著名数学教育家戴维斯提出,我们的数学教育已接近于毁灭年轻的一代!

　　由以下的分析我们可以更好地理解"学生为什么很难沿着'机械学习'的道路走得很远"：如前所述，死记硬背与简单模仿正是"机械学习"的主要特征，但是，死记的东西显然容易忘记，再需要时往往也不能够通过主体自身的努力得到"重构"。另外，简单模仿显然也不足以保证所习得的"知识"具有可迁移性，从而事实上只能被看成简单的技能，而非真正的知识。

　　在此我们还应看到这样一种更为严重的后果：一旦我们习惯了机械的学习方法，往往就会在不知不觉之中形成各种错误的观念，即如"学习数学的方法就是记忆和模仿，你不用去理解，也不可能真正搞懂"；"没有学过的东西就不可能懂，学生的职责就是'接受'，老师的职责则是'给予'"；……显然，这必然会对其未来的学习产生严重的消极影响。

　　由以下的实例可以看出，上述的分析实非言过其实，夸大其词：尽管已经学过了如何求解"首位（百位）有余数"的问题，但在面对如何求解"中位（十位）有余数"的问题时，一个学生仍然不知道如何去做，更振振有词地说："这个老师还没有教，当然不会做！"

　　再者，由上面的介绍我们显然也可立即联想到上述教学活动的这样一个憋病：由于语言活动，即逐一地重复所应实施的各个具体步骤，必然会占据很多的教学时间，因此，教师在课堂上就没有时间去处理更多重要的问题，特别是，如何能够帮助学生做到真正的理解，如何帮助学生能以所接触过的例题为背景，包括通过不同例子的比较与相关方法的应用很好地去掌握相关的基本技能，乃至放手让学生自由地去进行探究，从而发现各种可能的计算方法，并通过积极互动而达到更大的思维深度。

　　最后，上述的分析显然也为我们应当如何去从事相关内容的教学提供了直接的启示。具体地说，除去已提到的"问题引领"，以及积极采取"学生主动探究"与"合作互动"等教学方法以外，我们还应特别强调这样一点，即教师应当特别重视用"联系的观点"去指导这一内容的教学。具体地说，这首先就是指除法与乘法的联系，因为，这不仅直接关系到了相关算法的本质，也有助于学生相对独立地去发现相关的算法，即我们如何能够用"乘法口诀"去解决除法的问题。其次，这也十分有益于学生对于相关算法的很好掌握，即如在乘除法的竖式计算之间究竟有什么不同：如"从末位开始"与"从首位开始"，"进位"与"退位"等。当然,在这两者之间也有很多的共同点,例如,无论就乘法或是除法而言,不同数位上的数的算法都与个位数的算法完全一样(这可被看成前面所提到的"多单位概念结构"的具体反映),再者,无论所涉及的是"进位"还是"退位","位值制"都可以被看成构成了它们的共同基础。最后,由于所谓的"举三反一"和"举一反三"可以被看成相关的教学能否帮助学生真正做到理解学习的关键,因此,这显然更清楚地表明了用"联系的观点"指导这一内容的教学的重要性。这也就是指,我们既应通过众多实例的比较帮助学生很好地实现相关的抽象,即计算方法的"模式化",也应通过适当的变化帮助学生逐步学会如何能将所说的模式或方法应用于新的不同的场合或对象。

综上可见,由于"算法"在数的计算中占据了特别重要的地位,因此,这就应是这方面的教学工作特别重视的一个问题,即我们如何能将计算法则与算理的学习很好地结合起来,真正做到"寓理于算"。用更通俗的语言来说,这也就是指,我们不仅应当教会学生如何去算,也应帮助他们很好地弄清为什么可以这样去算,乃至能够对此作出清楚的表述。

当然,就这方面的具体工作而言,我们又应高度重视学生的接受能力。这也正是以下实例的主要关注。

[例11]　关于小学"算理教学"的若干想法

(戚旭燕,"遵循思维特点,实施算理教学",《教学月刊》,2013年第5期)

文中指出:"感悟算理和掌握算法是计算教学的两大任务。算理是算法赖以成立的数学原理,是算法的理论基础;算法是解决问题的操作程序,是算理的提炼和概括。两者相辅相成。"

以下是这方面的一些具体建议:

第一,在实践操作中理解算理。"由于小学生的思维在很大程度上仍然靠感性经验的支持,因此在计算算理教学中,教师应有针对性地运用直观材料,重视动手操作,在遵循学生思维特点的基础上,使其充分理解算理,从而形成算法,掌握计算的技能。"

第二,在数形结合中理解算理。"从儿童思维特点来看,小学生的思维是以具体形象思维为主。因此,在小学数学计算教学中,应充分遵循学生的心理发展规律,借助具体形象(包括借助多媒体动态演示),数形结合,促进对算理的深入理解。"

第三,在语言表述中理解算理。"数学语言对小学生思维能力的培养和良好思维品质的形成起着重要作用,因此,在学生充分理解了算理之后,应及时引导学生用自己的语言说一说计算的过程和方法,并适时抽象概括,形成算法。"

在此还应特别强调这样一点:相对于单纯的理解而言,如何能够利用自己的语言清楚地去说明算理是一个更高的要求,从而就应引起我们的特别关注。以下是这方面的一个具体调查。

[例 12]　关于学生运算能力的一项调查

(潘可可、唐彩斌,"发展学生运算能力应当'法理并重'",《小学教学》,2016 年第 5 期)

这是相关作者 2014 年做的一项调查,即从四年级的 2 500 多名学生中随机抽取了 300 名,进行"除数是两位数的除法"计算能力的测试。A 卷主要考查学生对计算方法的掌握情况,有 92÷30、196÷39、288÷32、134÷26、945÷45 等 14 道不同类型的算式题;B 卷则主要考查学生对算理的理解情况,题如:怎么计算 945÷32? 写下你的思考过程。

"测试结果是:A 卷的正确率高达 99%,而 B 卷的正确率只有 20%。'会算法不会说算理,或者说不好算理'的现象比比皆是。"

当然,上面的调查不应被理解成"帮助学生学会说理"高不可攀。毋宁说,正如以下实例所清楚表明的,教师本身在这方面是否具有足够的自觉性正是实现上述目标的关键。

[例 13]　"小数乘整数"的教学

(引自罗鸣亮,《构建讲道理的数学课堂》,华东师范大学出版社,2016)

1. 经验唤醒，提出问题。

师：同学们，瞧：0.8×3 等于几？

生：2.4。

师：奇怪了，没教过你们怎么都知道，你们是怎么想的？

生：三八二十四，就是 2.4。

师：2.4，为什么把小数点点在这里呢？这有道理吗？

2. 联系旧知，初感算理。

师：0.8×3＝2.4，你能用自己方法来讲讲道理吗？

生：0.8×3 是表示 3 个 0.8 相加，0.8＋0.8＋0.8＝2.4。

师：对，根据乘法的意义，把新知转化为旧知，这是一种很好的解题策略。还有别的方法吗？

生：0.8 元＝8 角，8×3＝24（角），24 角＝2.4 元。

师：利用人民币单位间的进率把 0.8 元看作 8 角，把新知转化成旧的知识来解答，用整数乘法算出结果。生活中除了购物的经验帮助我们讲清这个道理，还有吗？

生：0.8 米＝8 分米，8×3＝24（分米），24 分米＝2.4 米。

师：是的，1 米＝10 分米，借助长度单位的进率也能把道理说清楚。

3. 数形结合，理解算理。

师：除了运用生活经验来帮助我们讲道理，还有吗？

（出示小数加减法直观图的课件）

师：谁来说说之前咱们是用什么来帮助我们学习小数的加减法的？那 0.8×3 是不是也能用直观图来讲清道理呢？

生：能。

师：0.8×3 怎么用画图来讲道理呢？同桌互相说一说。

（同桌交流，反馈）

生1：把一个图形平均分成 10 份，0.8 就有这样的 8 份，0.8×3 就有这样的 3 个，就有 24 份。

生2：0.8 有 8 个 0.1，有这样的 3 份，就有 24 个 0.1，24 个 0.1 就是 2.4。

……

师：听明白了吗？你们也都是这么想的吗？让我们一起看看（播放课件），是这样的吗？好的，孩子们，这个道理咱们也可以用竖式把它表示出来。

师：0.8 表示 8 个 0.1，8 个 0.1 乘 3 就是 24 个 0.1，24 个 0.1 就是 2.4。（边讲述边板书）

$$
\begin{array}{r}
0.8 \rightarrow 8 \text{ 个 } 0.1 \\
\times \quad 3 \\
\hline
2.4 \rightarrow 24 \text{ 个 } 0.1
\end{array}
$$

师：现在你明白 2.4 的这个小数点为什么要点在这儿的道理了吗？

生：因为它是 24 个 0.1。

师：大家都看明白了其中的道理，那么孩子们，咱们还能不能举出像这样小数乘整数的例子？在自己的练习本上写一写，与同桌说一说。

······

4. 沟通算理，明晰算法。

师：说得真好，孩子们，叶老师也来举个例子，2.16×4，这个算式与之前的算式有什么不同？

生：这个算式的小数是两位小数，前面的都是一位小数。

师：观察得很到位，那你们会算吗？试着在练习本上用竖式算一算。

学生独立完成，请一名学生板演。

师：来和大家说说你是怎么算的？

生：我是先算 6 乘 4 等于 24，写 4 进 2，然后算 1 乘 4 等于 4，4 加 2 等于 6，再算 2 乘 4 等于 8，最后再点上小数点。

师：孩子们，听起来怎么这么熟悉？

生：和整数乘法一样。

师：是的，大家都是把 2.16 当成 216 来算，先算 216×4，那结果怎么是 8.32 呢？

生：因为这里是 216 个 0.01，结果就是 832 个 0.01，也就是 8.32。（师配合板书）

$$2.16 \rightarrow 216 \text{ 个 } 0.01$$
$$\times \quad 4$$
$$8.32 \rightarrow 832 \text{ 个 } 0.01$$

师：我们已经完成了两道题,现在让我们一起回头看,对比这两道算式在计算过程中有什么相同的地方?

生：都是先把小数看成整数来算。

师：是的,举个例子,第一道算式是把它看成8乘3,第二道算式是把它看成216乘4,都是将小数乘整数转化成整数乘整数。

师：为什么0.8×3的积是一位小数,而2.16×4的积却是两位小数?

生：因为0.8是一位小数,2.16是两位小数。

生：因为2.4是表示24个0.1,而8.32是表示832个0.01。

师：太棒了,那根据这样的想法,你能给下面算式的积点上小数点吗?

$$2.8 \times 43 = 1204 \qquad 0.103 \times 18 = 1854$$

(学生独立完成,反馈)

生1：2.8×43的积是120.4,2.8表示28个0.1,积就是1204个0.1。

生2：2.8是一位小数,积是一位小数。

生3：0.103×18的积是1.854,0.103是三位小数,积就是三位小数,是1.854。

师：通过刚才的计算和比较,你认为咱们今天所学的小数乘整数应该怎样算?同桌互相说一说。

生：小数乘整数是先把小数看作整数来算,再点上小数点。

生：小数乘整数跟整数乘法一样,看乘数中有几位小数,积也是几位小数。

5. 练习拓展,运用提升。(略)

6. 对比延伸,联通本质。

师：孩子们,80×3等于多少? 是怎么算的?

生：8个十乘3等于24个十。

师：80×3与0.8×3计算的道理是不是一样的呢?

以下是关于如何做好这方面教学工作的一些具体建议。

[例14] 帮助学生学会"说理"的若干建议

（潘可可、唐彩斌，"发展学生运算能力应当'法理并重'"，同前）

第一，创设一个安全的环境让学生自由表达。特别是，教师"千万不要在一个学生说不清楚的时候，就把他'按'下去，我们要慢慢地启发每一个表达有困难的学生，当众指导一个人，其实受益的是一批人"。

第二，发生错误时恰是驱动学生说理的最好时机。这也就是指，我们应当"抓住学生犯错的时机，及时让学生去辨析、去说理，充分展现学生的思维过程，帮助学生清理障碍，形成正确的算理"。

第三，改变评价方式，增加考核学生理解算理内容的权重。

当然，正如前面已提及的，要帮助学生"明理"，并能"清楚地说明道理"，教师本身就应是一个明理，并能在教学中清楚地说明道理的人，从而才能很好地发挥言传身教的作用。更一般地说，这也就是指，只有教师本人努力学习数学地思维，并能以此带动具体数学知识内容的教学，才能帮助学生逐步学会数学地思维。

5. 应用题与数学思维的教学

以上我们已经谈到了与"数的认识"密切相关的若干数学思想和数学思想方法：比较与一一对应的思想、客体化与结构化的思想、优化的思想、类比与化归的思想、算法化的思想与"寓理于算"，等等。当然，这不能被看成已经穷尽了这方面的全部内容。例如，由于"数"的学习显然包括有大量的解题活动，因此，我们就应十分重视与"问题解决"直接相关的各种数学思想与数学思想方法，特别是，应当切实加强"解题策略"的教学与学习。另外，我们显然也应清楚地认识"数形结合"对于数的认识的重要作用。

以下再联系"算术应用题"的取舍问题对此作出进一步的分析论述，包括具体指明另一十分重要的数学思想，即"序的思想"。

具体地说，自新一轮课程改革实施以来传统的算术应用题已被"问题解决"完全取代了。但在笔者看来，这恰是我们在当前应当思考的一个问题：尽管传统的算术应用题教学确实存在不小的问题,但其是否也有一定的可取之处? 或者说,彻底放弃算术应用题的教学是否也可能造成一定的消极后果?

笔者在此愿特别强调这样一点:算术应用题事实上具有重要的思维教学功能,也正因此,我们对此就不应采取完全否定的态度。

以下对算术应用题的思维教学功能作出简要分析。

首先,正如人们普遍了解的,算术应用题的教学往往与"问题的适当分类"密切相关,而所谓的"模式识别"正是人们解决问题最为基本的一个策略。

当然,正如前面所指出的,即使就最简单的自然数的认识而言,也已直接涉及这样一个思维方式。但我们在此又应清楚地看到这样一点:与具体数学知识的学习相比较,思维的学习应当说具有更大的难度,因为,思维方式一旦形成就不容易改变,并会以各种不同的方式反复地得以表现。具体地说,这就正是"日常思维方式"的一个具体表现,即初学者往往会按照问题的事实性内容对数学问题进行分类,包括由此决定应当采取什么样的解题方法。与此不同,数学家们则会超越问题的表面特征,而按照它们的"深层(数学)结构"来进行分类。

进而,这事实上也就是传统的算术应用题教学的一个明显弊病:由于不少教师所关注的只是如何能在各种传统的考试中取得较好成绩,从而往往满足于按照问题的事实性内容去进行分类,并要求学生牢牢记住相应的解题方法并"顺利地"去对付考试,却完全没有认识到我们应通过算术应用题的教学帮助学生学会这样一种思维方式,即如何能够超越问题和现象的事实性内容,并从纯数学的角度去进行分析思考。

其次,如果说上面的分析主要涉及认识的深度,那么,这就是算术应用题特别是"多步应用题"教学的一个重要功能,即有益于学生"整体性思维"的发展,特别是,能清楚地认识到"序的思想"的重要性。

事实上,任一稍有经验的教师都知道:一部分学生之所以感到"多步应用题"比较困难,主要是因为他们尚未学会用"联系的观点"去看待问题中所涉及的各个数量,包括各个数量关系之间的联系。进而,也有很多学生未能学会这样一种思维方式,即由各个细节过渡到问题的整体性把握,包括由此建立起关于如何解决问题的明确的"序",也即清楚地知道应当按照怎样的顺序逐一地去解决所面临的问题。

由法国著名科学家、数学家彭加莱的以下论述我们可以更好地理解"序的把握"对于数学的特殊重要性,尽管他所直接论及的只是"数学证明",而非一般意义上的"问题解决":"一个数学证明并不是若干三段论的简单并列,而是众多三段论在确定的序之中的安置。这种使元素得以安置其中的序要比元素本身重要得多。一旦我感觉到,也可以说,直觉到这个序,以致我一眼之下就领悟了整个推理,我就再也不必害怕会忘掉任何一个元素,因为每个元素都将在序中各得其所,而这是不需要我付出任何记忆上的努力的。"(《科学的价值》,光明日报出版社,1988,第 376 页)

最后,正如人们所熟知的,由于"画图"在求解算术应用题时具有十分重要的作用,从而也就十分有益于学生更好地领会"数形结合"这样一个数学思想。[①]

综上可见,算术应用题的教学具有十分重要的思维教学功能。也正因此,如果我们对此缺乏清楚的认识,未能采取恰当的措施予以补救,那么,用"问题解决"去完全取代算术应用题就很可能造成严重的后果。

当然,正如先前的论述已指明的,对于传统的应用题教学我们也不应持完全肯定的态度,而是应当认真研究这方面存在的问题与改进的方法。正如曹培英先生所指出的:"清楚了问题究竟出在哪里,对症下药,仍然叫应用题也没什么不好;反之,不清楚问题症结,仅仅改一改名称,还是难免穿新鞋走老路。"("做有思想的行动者:在规矩方圆中求索——全国著名特级教师曹培英访谈录",载唐彩斌,《怎样教好数学——小学数学名家访谈录》,教育科学出版社,2013,第 30 页)

容易想到,这事实上正是我们在数学课程改革中所应坚持的一个基本立场,即不应将"新旧"简单地等同于"好坏"。(对此可参见第 7 章的相关论述)

2.3 小学算术教学改革的一个重要方向:代数思维的渗透

代数思维的渗透应当被看成小学算术教学改革的一个重要方向。

---

① 除此以外,算术应用题显然也可被看成"数学建模的思想"的具体应用。

具体地说，这正是国际数学教育界在当前的一个普遍趋势，即由主要强调小学阶段尽早引入某些专门的代数课程（可称为"代数提前"［algebra early］）转向了对于"早期代数"（early algebra）的大力提倡，而后者的核心观念就在于：小学算术教学应当很好地渗透"代数思维"，乃至以此作为小学算术教学的一个基本指导思想。

1."代数思维"的具体涵义

以下首先对"代数思维"的具体涵义作出简要的说明。

按照国际数学教育界的普遍共识，这主要包括这样两个涵义：（1）借助于符号的一般化；（2）符号的形式操作。由于这两者都直接涉及文字符号的应用，因此，在一些学者看来，我们也可将"符号化"（symbolization）看成"代数思维"的一个主要特征。

显然，依据这一分析，所说的"代数思维"就不应被看成是与"算术思维"完全不相干，乃至是相互对立的。毋宁说，在它们之间也存在十分重要的联系。例如，算术中显然也有大量的"一般化"，即如关于运算法则的思考、模式的发现与扩展、对于一般性解题方法的探求等。另外，正如前面已提及的，这也是"算术思维"的一项重要内涵，即"客体化"与"结构化"的思想，从而就包含了对象的形式操作。正因为此，就代数思维在小学算术教学中的渗透而言，所需要的就是更大的自觉性。以下就从这一角度对如何做好这一方面工作提出若干具体建议。

第一，算术教学应当更加突出一般化的思想。

这就是指，我们在算术的教学中应当注意帮助学生超越具体计算，并从更一般的角度去进行分析和思考。

然而，在很多学者看来，这又正是小学算术教学的一个常见弊病：由于"操作性观念"占据了支配的地位，即人们往往集中于如何能够通过一定的操作（计算等）去求得相关的结果，因此，在很多情况下就完全忽视了我们应超出具体计算，并从更一般的角度去进行分析思考，即如如何能对已获得的结果作出推广，如何能在已有的抽象之上作出新的抽象，等等。

就这方面的具体工作而言，我们应特别重视"变异与比较"的作用，这也就是指，在获得了任一具体的结果之后，我们都应引导学生通过变化与比较积极地去进行新的思考：什么是可能的变化？在怎样的变化下原先的结论仍然为真？所使用的方法是否可以被应用于一些新的场合？等等。

另外，从上述角度我们也可更好地理解前面已提到的澳大利亚斯蒂芬斯教授的这样一个论点，即我们应将"相等关系"看成"早期代数思维"十分重要的一项内涵。这也就是指，与单纯注重具体的计算相比较，我们应当更加"强调对等式的理解。……我们在学生刚接触等号时就要帮助他们建立起对等号的这种相等关系的理解"。进而，我们在教学中还应帮助学生很好地理解"注意研究变化中的不变因素"这样一个数学思想。

以下是相关的论述。

"事实上，刚才所提到的例子（可参见 2.1 节——注）就可以很好地进一步发展到一般化。比如男生、女生的这个问题，学生已经知道男生每减少几个，女生就要增加几个，才能保持总人数是 10 不变，那么可以把这种关系表示出来。我们从 9 个男生 1 个女生这种情况出发，$9+1=10$，$(9-\square)+(1+\square)=10$，这已经离一般化的表达方式 $a+b=(a-c)+(b+c)$ 非常接近了，虽然学生未必能以这样正式的方式表达，但其中所包含的代数关系是可以理解的。

"减法中也是如此，刚才的年龄问题可以进一步讨论在任意年以前或以后的情况，也可以从 15 拓展到一般化的模式。若用△和□分别代替哥哥和小明的年龄，就是 $\triangle-\square=(\triangle\pm 15)-(\square\pm 15)=(\triangle\pm\bigcirc)-(\square\pm\bigcirc)=9$，这一表达式虽然没有包含字母，但其中已很好体现了代数的结构与关系。"（章勤琼等，"小学阶段'早期代数思维数'的内涵及教学——墨尔本大学教授麦克斯·斯蒂芬斯访谈录"，同前）

第二，应更深刻地认识文字符号在数学中的应用。

文字符号在数学中最重要的一个作用，就是为"一般化"提供了必要的工具，而不只是充当了未知数的替代物。从这一角度去分析，相信读者就可很好地理解关于教学中如何引入文字符号的这样一个建议：教师应当更加突出相关结论的"表述问题"，即从一般化的角度看如何才能避免表述上的简单重复？

另外，由于"一般化"意味着达到了更高的抽象层次，而又正是相关的文字符号为所说的抽象提供了必要的物质承载，因此，在这样的意义上，我们也就可以说：数学中对于文字符号的应用并意味着研究对象的极大扩展。

再者，我们还应帮助学生逐步学会这样一种研究方式，即从纯形式的角度（也即按照一定的规则）对符号表达式进行操作。容易想到，这事实上也正是前面所提到的"算法化思想"的核心——就我们目前的论题而言，这也就是指，我们应当帮助学生逐步学会将文字符号与它们的表征物恰当地分割开来。

当然，在明确肯定形式演算重要性的同时，我们又应清楚地看到：无论就代数本身的学习或是代数思维在小学算术教学中的渗透而言，我们都应切实做到意义学习。就"符号化"而言，这也就是指，数学中对于符号的应用应是有意义的：既有明确的目的性，也十分有效。（A. Schoenfeld 语）当然，这里所说的"意义"既可能来自数学外部的应用，也可能源自数学内部。例如，从后一角度去分析，我们显然就可更好地理解关于"算术的一般化"的这样一个论述："意义的含义伴随着'见到'隐藏在符号背后的抽象观点的能力而产生。"（基兰，"关于代数的教和学研究"，载古铁雷斯、伯拉主编，《数学教育心理学研究手册：过去、现在与未来》，广西师范大学出版社，2009，第24页）

最后，从语言的角度进行分析，文字符号的应用显然也意味着语言的重要改进，包括语言的扩展，以及我们如何能够更精确、更简洁地进行表述和交流。进而，正如以下论述所清楚表明的，数学中的语言活动往往与思维的创造密切相关："数学谈论与数学对象常常相互滋生（mathematical discourse and mathematical objects create each other）。"（Mason 语）更一般地说，学习一种语言又可被看成进入了一种新的文化，而这显然是"数学文化"最重要的一些特征：我们应当清楚地认识超越直接经验的重要性，乐于与抽象的事物打交道，并应不断提高思维的精确性与简洁性，……

综上可见，这是对于"代数思维"十分恰当的一个概括："代数是人类智力最伟大的成果之一：应用符号去把握抽象与一般化，并为广泛领域中的情境，包括纯粹的与应用的，提供分析的工具。"（A. Schoenfeld，"Early Algebra ad Mathematical Sense Making"，载 J. Kuput & D. Carraher & M. Blanton 主编，*Algebra in the Early Grades*，Taylor & Francis Group，LLC，2008，479～

510,第 506 页）①

2. 高观念指导下的小学数学教学

应当强调，尽管我们在以上突出强调了符号的引入和应用，但这不应被看成小学算术教学渗透"代数思维"的一个必要条件，毋宁说，我们在此应更加重视相关的数学思想与数学思想方法。

在此可以再次提及斯蒂芬斯教授的以下论述："现在我作个小结。代数思维的本质并不是代数符号的使用，而是对代数结构与关系的理解。对这种结构与关系的培养应该从小学一年级数与计算的教学开始。"（章勤琼等，"小学阶段'早期代数思维数'的内涵及教学——墨尔本大学教授麦克斯·斯蒂芬斯访谈录"，同前）

以下是另一相关的论述："低年级的代数思维涉及在活动中培养思维方式，……而且在根本不使用任何字母—符号的代数的情况下，学生可以参与到这些活动中，比如，分析数量之间的关系、注意结构、研究变化、归纳化、问题解决、模式化、判断、证明和预测。"（基兰，"关于代数的教和学研究"，同前，第 19 页）当然，正如先前的论述已指明的，就"代数思维"在小学数学中的渗透而言，我们又应特别重视这样几项数学活动：一般化（猜想的提出与检验）、对结构的感知（更高层次的抽象）、符号（包括文字符号与具体数字）的有意义操作等等。

进而，从同一角度去分析，我们也可很好地理解这样一个主张：与唯一强调"代数思维在小学算术教学中的渗透"相比较，我们应当更明确地提倡"高观点指导下小学数学教学"。后者不仅是指我们应将小学算术与几何的教学同时考虑在内，而且也是指我们应当超出"代数思维"，并从更广泛的角度去思考数学思想与数学思想方法在小学数学教学中的渗透。②

例如，在笔者看来，这就正是以下论述给予我们的主要启示："算术不（应）

---

① 应当指出，"客体化"与"结构化"的思想事实上也可被看成"代数思维"十分重要的一项内涵。又由于后者的研究已由具体的数扩展到了字母表达式，即达到了更高的抽象层次，因此，它们在代数中具有更为典型的表现。显然，这也就更为清楚地表明了在"数"的教学中突出这一思想的重要性。

② 在笔者看来，这正是斯蒂芬斯教授何以提出"早期代数思维"这样一个概念，并认为应对其内涵作出具体分析的主要原因，这也就是指，我们不应将"代数思维"与"早期代数思维"简单地等同起来。（详可见章勤琼等，"小学阶段'早期代数思维数'的内涵及教学——墨尔本大学教授麦克斯·斯蒂芬斯访谈录"，同前）

仅仅关注计算能力,它还应该通过数学知识活动,为学生提供机会,以便于他们奠定一个坚实的数学倾向的基础。……通过简单的例子,理解数学陈述与它们所模拟的情境(或者没有模拟)之间的关系,……学习猜想、论证(或多或少是非正规的)和证明(如在数字理论领域)的艺术,甚至从理想的角度来看,意识到作为'数字'意义的激进的概念结构化的本质正在得到逐步的扩展。"(维斯切费尔等,"关于数字思维的研究",载古铁雷斯、伯拉主编,《数学教育心理学研究手册:过去、现在与未来》,同前,第 72 页)当然,正如上面已提及的,对于这里所说的"数学活动"我们并应作广义的理解:这不仅包括概括、抽象、符号化、操作、算法的应用,还包括下定义、综合、视觉化、表征、证明和公理化等等。进而,我们在教学中又应特别重视如何能够使得这些活动对于学生而言真正成为有意义的。

在此我们还可特别提及"初等数学思维"与"高层次数学思维"的区分与联系。具体地说,按照"高层次数学思维"主要倡导者之一道尔(D. Tall)的观点,"高层次数学思维"与"初等数学思维"的主要区别在于:这已经表现出了由"描述"向"定义"、由"确信"向"证明"的重要转变。

当然,由于学生认知水平的限制,小学数学教学不应过分强调数学概念的严格定义与数学结论的严格证明。但在笔者看来,后者又不应被理解成相关的教学根本无须清楚地去指明各个数学概念的准确涵义,并可将所有的结论都看成探究与归纳的直接结果,乃至认为在数学中可以任意地去提出各种猜想,而根本无须思考这些猜想是否真有道理。毋宁说,这事实上正是"高观点指导下的小学数学教学"的又一基本涵义:我们在教学中应很好地去渗透所说的"高层次数学思维"。

总之,这应当成为小学数学教学改革的一个重要方向,即教学中应当很好地渗透各种重要的数学思想和数学思想方法,包括所提到的"代数思维"与"高层次数学思维",从而真正做到"高观点指导下的小学数学教学"。

3. 代数思维与"方程"的教学

与"数的认识"不同,"方程"的学习已经直接进入了代数的范围,从而自然应当更自觉地发挥"代数思维"的指导作用。以下就围绕"认识方程"的教学对此作出具体分析。

　　这是大多数小学教师在从事这一内容的教学时普遍采取的一个做法,即紧扣"方程"的定义,包括通过一定的实例(正例和反例)帮助学生较好地掌握相关定义的这样两个要素:(1)含有求知数;(2)是一个等式。

　　但是,正如吴正宪老师在相关报告中所指出的,我们在此应更深入地去思考这样两个问题:学生能顺利辨认方程就是认识方程了吗? 能流利地说出方程的定义就是理解方程了吗? 另外,这显然也是现实中的常见现象,即有很多学生始终不愿意接受利用方程求解问题这样一种方法,因此,我们也就应当认真地去思考如何才能帮助学生更好地认识方程方法相对于算术方法的优越性,包括小学数学究竟为什么要引入"方程"这样一个内容。

　　更具体地说,在"认识方程"的教学中我们如何才能帮助学生很好地认识方程的作用? 容易想到,由于这一内容的教学是学生首次正式接触"方程"这一概念,因此,此时期望学生清楚地认识方程方法相对于算术方法的优越性(这正是引入"方程"的重要原因)就是一个过高的要求,也正因此,就"认识方程"的教学而言,我们就应更加突出"方程"所体现的研究视角。

　　事实是,如果说小学数学在先前的全部教学,特别是解题活动主要都集中于如何能够通过具体的计算求得相应的未知数(如前所述,这正是"操作性观念"的主要特征),那么,这就是"方程"的引入所体现的一个新的不同视角:我们在此已将分析的着眼点转向了各个数量(包括已知数和未知数)之间的等量(相等)关系(可视为"结构性观念")。

　　由以下关于"="的不同解读我们可以更好地理解"过程性观念"与"结构性观念"的不同。

　　在算术中我们主要是从操作的观点看待"="的:等号的左边表明我们应当实施哪些计算,得出的结果则应写在右边——也正因此,等式的两边就是不对称的,或者说,这时的等式具有明确的方向性。与此不同,"方程"中对于"="的理解则体现了这样一种观念:这主要代表了一种关系,即等量关系,其本身也不具有任何的方向性。

　　前面已提及,上述的观念对立可被看成集中体现了"代数思维"与"算术思维"的区别,也正因此,"方程"的教学就为小学阶段初步渗透"代数思维"提供了很好的契机。

例如,从上述角度去分析,在"认识方程"的教学中我们显然就应有意识地去突出"天平"这样一个比喻,因为,这不仅有助于学生很好地理解"等量关系",也可为后面的教学,即如何求解方程提供必要的准备:在对方程进行变形时我们必须注意不能因此而破坏等式两边的等量关系。

另外,上面的分析显然也为前面所提到的两个问题提供了直接解答,即"能够流利地说出方程的定义"与"能够依据符号表达式的外在形式正确判断这是否为方程"不能被看成理解方程的主要标志。

再者,从同一角度我们也可很好地理解在"认识方程"的教学中有意识地引入一些"非标准变式"的重要性。

具体地说,在给出"方程"的定义以后,教师往往会引入这样一个练习,即要求学生具体地去判断以下一些式子是否为方程:

$$6+x=14, \ x \div 3=20, \ 60-48=12, \ 8+x,$$
$$y-28=35, \ 5y+3>20, \cdots\cdots$$

但是,为了帮助学生更好地理解方程的研究主要集中于"等量关系的分析"这样一个着眼点,我们应有意识地去引入一些"非标准变式",后者不仅是指用不同的字母(如 y、z 等)去代替原先经常使用的字母 x(如将 $4x+7=35$ 变形为 $4y+7=35$ 等),也包括用某些更复杂的符号表达式,乃至一些特殊的符号去进行取代,如将 $4x+7=35$ 变形为 $4(2r+1)+7=35$,以及 $4*+7=35$,等等,包括另外一些更为复杂的情况,如 $6=14-3x$,$6+x=14-7x$,$25+x=y-28$ 等。

最后,应当再次提及的是,这当然是引入"方程"最为重要的一个原因,即利用方程方法求解问题相对于算术方法而言是一个重要的进步。正因为此,尽管我们未必要将这样一点作为"认识方程"这一教学活动的直接主题,但还是应当随着"方程"教学的深入逐步地去点明这样一点,包括通过适当实例使学生真正体会到方程方法的优越性。

具体地说,这显然可以被看成算术方法与方程方法的一个明显共同点:两者都是利用未知数与已知数之间的等量关系求取未知数的。它们的区别主要在于:(1) 通过用字母表示未知量,代数中将解题过程分解成了两个相继的步骤,从而使任务得到了较大简化:第一,列方程——对于等量关系的明确表述;第二,解方程——求得未知数。(2)在算术中"等量关系的分析"主要是通过内在的思维活动"隐蔽地"实现的,在代数中相关的思维活动则在很大程度上被"外化"了,从而就为我们通过算法的创立与应用去解决问题提供了直接基础。

由此可见,尽管"用字母表示未知量"确可被看成利用方程方法求解问题的一个必要前提,但是,方程方法的创立的关键则在于这样一种认识:与具体数字一样,我们也可将文字符号看成直接的数学对象,而无须随时关注它们的表征(指称)意义,这也就是指,我们应当同样地去看待未知数和已知数,包括按照一定算法对此进行运算(变形)。

应当指出的是,在一些学者看来,后者即可被看成"代数思维"的核心:"为了对未知数进行运算,人们需要进行分析性的思维……这种分析性的思维——其中未知数与已知数等同——将代数和算术进行了区分。"(拉弗德语)当然,就这方面的具体工作而言,我们又应特别强调如何能够找出相应的"算法",从而有效地解决任一相关的问题。例如,关于如何求解一元一次方程的以下总结显然就可被看成这样的一个实例,这就是指,任何一个一元一次方程的求解都可被归结为以下五个步骤:(1)去分母;(2)去括号;(3)移项;(4)合并同类项;(5)同除以求知数的系数。

进而,从同一角度我们显然也可更好地理解代数方法相对于算术方法的优越性。这正如我国著名数学家吴文俊先生所指出的:"四则难题制造了许许多多的奇招怪招。但是你跑不远、走不远,更不能腾飞……可是你要一引进代数方法,这些东西就都变成了不必要的、平平淡淡的。你就可以做了,而且每个人都可以做,用不着天才人物想出许多招来才能做,而且他可以腾飞。非但可以跑得很远而且可以腾飞。所以四则难题用代数取而代之,这是完全正确的,对于数学教育这是非常重要的。"("数学教育现代化问题",载严士健主编,《21世纪中国数学教育展望》,北京师范大学出版社,1993,第19~20页)

当然,就我们目前的论题而言,这更为清楚地表明了这样一点,即我们应当将突出"等量(相等)关系"看成"代数思维"十分重要的一项内涵。

以下就是关于"方程的意义"教学的一个实例：由于以内在思维的分析作为教学设计的直接出发点，因此，相应的教学活动不仅对于学生而言有更大的可接受性，而且也清楚地地表明了引入"方程"与相关解题方法的合理性与优越性，从而十分有益于这样一个长期存在的问题的解决，即我们究竟为什么要引入"方程"这样一个概念和相应的解题方法。

[例 15]　"方程的意义"教学实录

（刘燕,《小学教学》,2016 年第 10 期）

1. 在解决问题中创造方程,初步体会方程的属性及价值。

（1）出示问题（图 2-5）：

生（齐）：一年级的题！

师：对！一年级的题,会做吗？

生：用一共的 8 个减去拿来的 2 个,筐里有 6 个。

图 2-5

师：很好,不仅说出了怎么算,还说出了算理！一年级的小华也是这么算的（师板书：8－2＝6）。

师：不过一年级还有个小朋友叫小明,他想啊想啊,怎么也想不出怎样列式才能等于筐里的球数。于是他顺着题目的意思,将题目中所讲的事情用一道算式表达了出来：筐里有多少球不知道,就先空着,又拿来了 2 个,加 2,现在一共有 8 个,等于 8（师板书　＋2＝8）。

师：小明看着自己写的式子想啊想啊,终于想出来了,6＋2＝8,筐里有 6 个球。

师：小明想对了吗？

生：对了！

师：不过小明也遇到了麻烦,那就是没写这个 6 时,算式怪怪的,写了 6 时老师又搞不清哪个数才是他算出来的结果。你能帮小明想想办法吗？

生 1：用括号,写成"（　　）＋2＝8"。

生 2：用问号表示要求的数,写成"？＋2＝8"。

……

[师随机板书：(　)＋2＝8,? ＋2＝8,△＋2＝8,○＋2＝8,x＋2＝8,a＋2＝8]

师：总而言之,我们想到的办法就是用一个符号表示所要求的未知数,这和数学家韦达想的一样,他是第一个在著作中系统地使用符号表示未知量的值进行运算的数学家。不过有另一位数学家笛卡尔,这位数学家说,你用这个符号表示未知数,我用那个符号表示未知数,多乱啊！不如大家统一用几个固定的字母表示吧,"x"就是他选的字母之一。我们也选用"x"表示,好吗?

(师板书,全班齐读：x＋2＝8)

(2) 减法方程。

出示问题：原来盘子里有一些苹果,吃掉了 7 个,还剩 3 个,原来盘子里有多少个苹果?

师：这次小华又做对了,你认为他是怎么做的?

生 1：吃掉的 7 个加上还剩的 3 个,原来盘子里有 10 个苹果,7＋3＝10。(师板书：7＋3＝10)

师：小明想啊想啊,还是想不出列怎样的算式才能等于原来盘子里的苹果数,于是他请字母来帮忙,顺着题目的意思,把这道题的意思列成了一道式子表达出来,你知道他是怎么列的吗?

生 2：x－7＝3,x 表示原来盘子里的苹果数量,吃掉了 7 个,就减 7,还剩 3 个,等于 3。(师板书：x－7＝3)

(3) 乘法方程。

师：小明和小华读到了二年级。

出示问题：爸爸今年 36 岁,小红年龄的 3 倍刚好和爸爸的年龄一样,小红今年多少岁?

师：小华会怎么做?

生：36÷3＝12,爸爸的年龄除以 3 就等于小红的年龄。(师板书：36÷3＝12)

师：小明会怎么做?

生：3x＝36,x 代表小红的年龄,她的 3 倍就乘以 3,刚好和爸爸年龄一

样,爸爸的年龄是 36 岁,等于 36。(师板书:$3x=36$)

（4）加减混合方程。

师:小明和小华读到了三年级。

出示问题:一个数加上 36,减去 51 等于 320,这个数是多少?

师:小华和小明分别会怎么做呢? 你可以选择小华的方法,也可以选择小明的方法,写在练习纸上。只列式,不计算。

（学生独立试做,教师巡视,并请学生板书）

生 1:写在小明方法的板书下面:$x+36-51=320$。

生 2:写在小华方法的板书下面:$320+51+36$。

师:请用小明方法的同学汇报。

生 3:把一个数看作 x,加上 36,就 $+36$,减去 51,就 -51,等于 320 就 $=320$,按照题目的意思写出来就是:$x+36-51=320$。

师:再请用小华方法的同学汇报。

生 4:我发现用小华方法的同学写错了,应该倒过来想,减 51 得 320,倒过来就要用 320 加上 51,原来是加上 36,现在就要再减去 36,结果等于 335,列式是:$320+51-36=335$。

（师将板书更正为:$320+51-36=335$）

师:你认为这道题谁的列式方法比较容易?

（有的学生说小明方法容易,有的学生说小华方法容易）

（5）乘加方程。

师:很快,小明和小华读到了四年级。

出示问题:某风景区儿童票价格的 2 倍多 5 元,刚好是成人票的价格 145 元再加 10 元。儿童票的价格是多少元?

师:你可以用小华的方法,也可以用小明的方法,把喜欢的方法写在练习本上,只列式,不计算。

（学生独立试做,教师巡视,并请学生板书）

生 1:写在小明方法的板书下面:$2x+5=145+10$。

生 2:写在小华方法的板书下面:$145+10-5÷2$。

师:请用小明方法的同学说说你的想法。

生3：把儿童票价格看作 x，儿童票价格的 2 倍多 5 元就用 $2x+5$，刚好是成人票的价格 145 元再加 10 元就等于 $145+10$，列式是：$2x+5=145+10$。

师：再请用小华方法的同学汇报你的想法。

生4：我发现生 2 错了，145 加 10 元比儿童票价的 2 倍还多 5 元，要先用 145 加 10 元减去 5 元的差再除以 2，也就是要加个小括号，正确列式是：$(145+10-5)÷2=75$。

［师将板书更正为：$(145+10-5)÷2=75$］

师：你认为这道题谁的列式方法比较容易？

生（齐）：小明的列式方法容易！

2. 在与算式的对比中认识方程，理解方程概念及意义。

（1）找差异。

师：比较小华和小明的思考方法以及列出来的算式，有什么不同之处？

生1：小华要想怎样列式才能等于所求的未知数，小明只用顺着题目的意思，把题目的意思列成式子就行了。

生2：小华的式子中没有字母，小明的式子中含有字母。

师：这个字母表示什么？

生2：未知数。

生3：小华的未知数要等着被算出来，写在等号后面，小明的未知数用字母表示写在式子里面。

（师板书：画含有未知数的集合圈，如图 2－6）

（2）找相同。

师：比较小华和小明写出来的算式，有什么相同之处？

生1：都用到了题目中的数据。

生2：都有等号。

师：对！他们写出来的算式都有等号，都是等式。

（师板书：画等式的集合圈，如图 2－7）

（3）小结。

师：从一年级到四年级我们见过许多等式，今天我们发现等式中还有一种

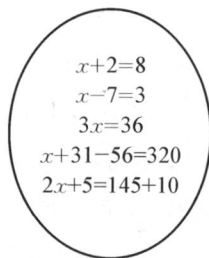

含有未知数

$x+2=8$
$x-7=3$
$3x=36$
$x+31-56=320$
$2x+5=145+10$

图 2－6

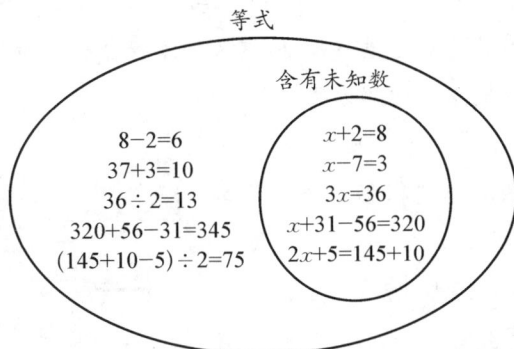

图 2-7

像小明写出来的这样,不仅是等式,而且含有未知数,像这样含有未知数的等式就叫方程,这就是我们这节课所要学习的内容——"方程的意义"(板书课题)。

3. 介绍"方程"的历史。(略)

4. 借助天平强化方程等号两边等价的认识。

(1) 借助图像理解方程。

出示课件:

师:如图 2-8,这是什么?

生:天平。

师:它和我们玩的什么游戏设施很像?

生:跷跷板。

……

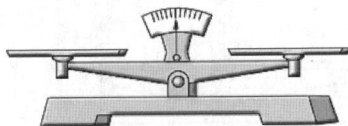

图 2-8

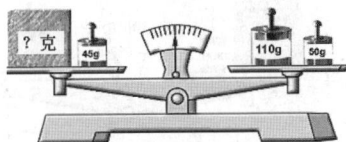

图 2-9

出示课件:

师:如图 2-9,现在这个天平的状态说明什么?

生:两边的重量相等。

师：当天平平衡时两边的重量相等，这与方程等号左右两边相等一致，如果平衡的天平上有物体的重量不知道，这又和方程含有未知数是一致的，所以人们常常喜欢借助天平来理解方程。

（2）根据天平写方程。

师：如图 2-10，你能根据这个天平写方程吗？

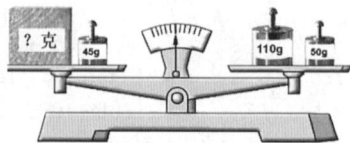

图 2-10

生1：$x+45=110+50$。

师：还可以怎么写？

生2：$110+50=x+45$。

师：未知数既可以写在等号左边，也可以写在等号的右边。

（3）判断方程。

出示课件：

师：如图 2-11，这儿有四个天平，根据哪个天平写出的式子是方程？

（先请学生用手势判断，再请学生代表回答）

......

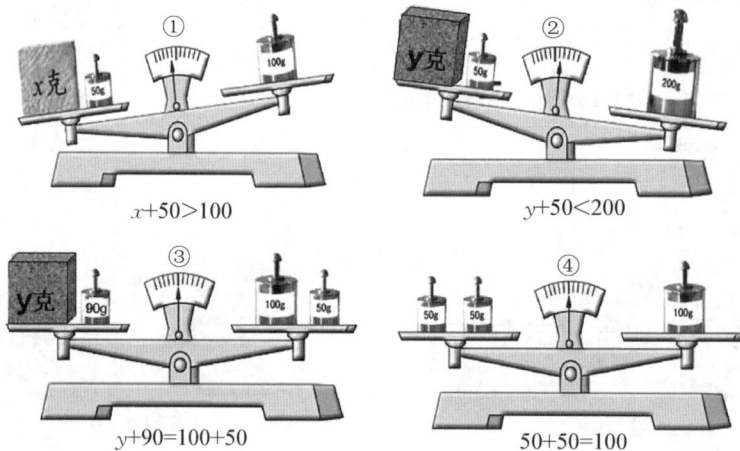

$x+50>100$

$y+50<200$

$y+90=100+50$

$50+50=100$

图 2-11

5. 表征转化，进一步理解方程。

师：我们已经会根据天平写方程、判断方程，那么你会根据方程画天平吗？

师：试一试将 $x+2=8$，$3x=36$，$2x+5=145+10$ 这三个方程画成天平。

（学生尝试画并演板）

生1：<u>　$\boxed{x}\boxed{2}$　　$\boxed{8}$　</u>　生2：<u>　$\boxed{x}\boxed{x}\boxed{x}$　　$\boxed{36}$　</u>　生3：<u>　$\boxed{x}\boxed{x}\boxed{5}$　　$\boxed{145}\boxed{10}$　</u>
　　　　△　　　　　　　　　　　△　　　　　　　　　　　△

师：用手势告诉我你画的天平状态。

（学生手势表示平衡）

师：为什么你们画的天平都是平衡的？

生：因为左右两边相等。

师：将任意一道方程画成天平都是什么状态？

生：平衡的状态，因为左右两边都相等。

6．变换天平，创造方程。

师：如图 2－12，现在有个更复杂的天平，你能根据它写出方程吗？

课件出示：

生1：$800+150+50=400+2x+150+50$。

师：你能从天平里去掉一些东西，创造出新的方程吗？

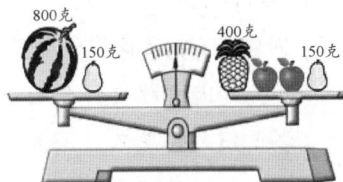

每个苹果多少克？

图 2－12　　　　　　　　　　图 2－13

生2：把两边的草莓去掉，$800+150=400+2x+150$。（如图 2－13）

师：为什么要把两边的草莓都去掉，只去掉一边的行吗？

生3：不行，方程左右两边要相等，只去掉一边的就不相等了！

师：还可以怎样变？

生3：去掉雪梨，因为要两边相等所以两边的雪梨都去掉，$800=400+2x$。（如图 2－14）

师：还能再变吗？

生4：左边去掉半边西瓜，右边去掉两个苹果。

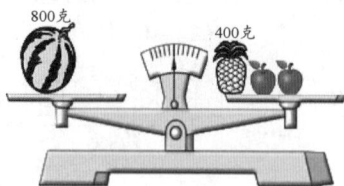

图 2－14   图 2－15

生5：不行,去掉两个苹果就没有未知数了!

生6：左边去掉半边西瓜,右边去掉一个菠萝,$400＝2x$。(如图 2－15)

生7：还能变! 把左边的半个西瓜再去掉一半,右边去掉一个苹果,$200＝x$。(如图 2－16)

(师板书：$200＝x$)

师：现在你知道苹果有多重了吗?

生(齐)：200 克!

师：真神奇啊,变来变去,变出这么多方程,最后居然把结果变出来了!

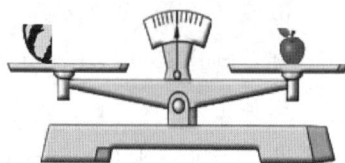

图 2－16

7. 总结回顾。

师：同学们,今天我们学习了"方程的意义",你有什么收获吗?

生1：我知道方程要符合两个条件：含有未知数、是等式。

生2：我知道如果不是等式,即使含有未知数也不能叫方程,要另外研究。

生3：我知道很早人们就使用方程解决问题了,还知道了韦达和笛卡尔,笛卡尔提出用 x、y、z 表示未知数。

生4：我知道以前的方法要想怎么列式才能等于未知数,而用方程不用那么麻烦,只需顺着题目的意思想就可以列出式子了。

生5：我还想到如果往天平两边添同样重量的东西也可以创造出新的方程。

生6：我发现方程的结果不是算出来的,而是变出来的!

师：同学们的收获真多啊! 对今天的学习你还有什么疑惑吗?

(学生表示没有)

师：我有一个问题,我们从一年级到四年级用小华的方法解决问题已经用得很熟练了,为什么又要学习方程?

生:当题目难的时候,用方程列式就很简单。

师:是啊,随着年级的升高题目会越来越复杂,需要探索新方法来解决,方程就是一件新的解决难题的法宝!

师:我还有一个问题,用小华的方法,所要求的数可以直接算出来,用小明的方程方法,怎样才能知道未知数是多少呢?

生1:倒过来算!

生2:两边一起减!

师:想想我们刚才是怎样知道苹果重量的? 正如刚才那位同学所说,方程的未知数是变出来的,求未知数的秘密就藏在天平里,在后面的课程中我们将继续学习!

附录二　自然数的严格定义

1. 现代数学中可以以集合论为基础对"等置抽象"与1、2、3等自然数作出严格的定义:

所谓"等置抽象",是指一类对象("个体")之间的一种二元关系,它同时满足对称性、传递性和反身性这样三个条件。

如果用 $x,y,z,\cdots$ 表示讨论的对象,R 表示所说的关系:

$$Rxy \longleftrightarrow xy \text{ 具有 } R \text{ 关系,}$$

那么,R 满足对称性、传递性和反身性的条件就可分别表述成:

对称性:对所有的 x、y,均有 $Rxy \to Ryx$;

传递性:对所有的 x、y、z,均有:

$$Rxy \text{ 且 } Ryz \to Rxz;$$

反身性:对所有的 x,均有 Rxx。

不难看出,在所说的条件下,关系 R 就将原来的对象分割成了若干个"等价集合":属于同一集合的任何两个个体都具有 R 关系,属于不同集合的个体之间则不具有 R 关系。也正因此,我们可把这些等价集合看成一种新的元素：它们所代表的是集合中所有个体的共同性质。

以下是按照上述方式给出的关于 1、2、3 等自然数的定义：

1 是所有单元组的集合；

2 是所有双元组的集合；

3 是所有三元组的集合；

······

对于上述定义我们可用数理逻辑的符号严格表述如下：

$\overline{\overline{c}} = 1(c \text{ 是单元组}) \longleftrightarrow (\exists x)(x \in c \wedge (\forall y)(y \in c \longleftrightarrow y = x))$，

$\overline{\overline{c}} = 2 \longleftrightarrow (\exists x)(\exists y)((x \neq y \wedge x \in c \wedge y \in c) \wedge (\forall z)(z \in c \longleftrightarrow z = x \vee y = z))$，

······

进而 $1 = \{c \mid \overline{\overline{c}} = 1\}$，$2 = \{c \mid \overline{\overline{c}} = 2\}$，······

2. 由于上述定义用到了集合的概念和相关的法则（"概括公理"等），因此，这就是将集合理论用作了直接的基础。但是，要由集合论的各条公理与相关定义去推出自然数的各个结论，即如最简单的 1+1=2 等，也有很长的路要走。与此相对照，由意大利著名数学家皮亚诺所给出的自然数公理体系则更加直截了当，因为，这一系统就以"1"、"后继"和"自然数"等作为无须定义的"原始概念"，它们的性质则完全取决于如下的五条公理（详可见克莱因，《古今数学思想》（第四册），上海科学技术出版社，1981，第 52～54 页）：

（1）1 是一个自然数。

（2）1 不是任何其他自然数的后继。

（3）每一个自然数 a 都有一个后继。

（4）如果 a 与 b 的后继相等，a 与 b 也相等。

（5）如果一个由自然数组成的集合 S 含有 1，且若当 S 含有任一数 a 时，它一定也含有 a 的后继，则 S 就含有全部自然数。

皮亚诺并以此为基础对加法与乘法作出了明确的定义。

加法的定义是：

$a+1=a'$（在此以"a'"代表"a 的后继"），

$a+b'=(a+b)'$。

以下则是乘法的定义：

$a \cdot 1 = a$，

$a \cdot (b') = (a \cdot b) + a$。

由此可见，这正是皮亚杰这一工作的一个明显优点，即清楚地表明了自然数的整体性，这也就是指，我们不应将各个自然数看成彼此间没有任何联系的独立存在，恰恰相反，它们的性质完全取决于它们的相互联系，特别是"大小关系"与"运算关系"。用更简洁的话来说，这也就是指，所有的自然数构成了一个具有明确数学结构的"数学世界"。

第 3 章

小学几何内容的教学与数学思维

本章将首先通过小学算术与几何内容的比较指明这方面研究工作的基本途径，包括从思维角度看什么是这方面工作的关键；其次将围绕小学几何教学的具体内容指明这方面最重要的一些数学思想与数学思想方法。

3.1 从"数的认识"到几何内容的学习：比较与思考

1. 小学算术与几何的"分"与"合"

为了研究小学几何内容背后的数学思想与数学思想方法，我们显然不应将这与"数的认识"的相关研究完全割裂开来，即采取"一切从头开始"这样一个做法。当然，作为问题的另一方面，我们也应反对任何一种简单化的做法，特别是，决不应将前一方面的各个研究结论简单地移植过来。

事实上，如果就相关的数学思想与数学思想方法进行分析，在算术与几何题材之间确有很多的共同点。也正因此，只要很好地加以组织，相关教学就完全可以做到异曲同工、相互增强。更一般地说，这显然也直接关系到这样一个论题，即算术（代数）与几何的"分"与"合"。例如，正如人们普遍了解的，强调两者的整合是"整合数学"最重要的一个特点。另外，这显然是课改以来各种数学教材普遍采取的一个做法，即希望彻底打破关于算术（代数）与几何的传统区分。

然而，这又可被看成相关研究，特别是教学实践给予我们的主要启示：算术（代数）与几何的整合决非一件易事。例如，就现行的各种教材而言，事实上都只是对这两门学科的相关内容进行了混合编排,但就这些内容的具体组织而言则仍然保持了相对的独立性,因此,只能说是形式上的简单组合,而非真正的整合。

事实上,即使由较为笼统的分析,我们也可清楚地看出在小学算术与几何内容之间所存在的重要区别。例如,读者在此不妨首先思考这样一个问题:这两者在你头脑中所呈现的分别是一种什么样的整体性形象?

以下或许是大多数人对于自然数的主要"印象":

$$1,2,3,4,5,\cdots,n,n+1,\cdots$$

进而,这是这一心理图像十分明显的一个特征,即凸显了自然数之间的"序"的关系(大小关系),这并十分清楚地表明了自然数的"生成性质":正是通过"加一"这一运作的不断重复,自然数的序列得到了无限延伸。

当然,就各个具体的自然数而言,都可以看成"等置抽象"的产物,这并清楚地表明了相关概念的现实意义。另外,除去大小关系以外,人们当然也会注意到各个自然数之间的运算关系,这也就是人们何以将所有各个自然数看成一个整体的主要原因。

进而,就"数"的发展而言,人们头脑中所呈现的则应说主要是一个不断扩展的图像,即如图3-1所示,从而表现出了明显的统一性。

总之,由于小学算术的学习主要地可被归结为"数"的认识,尽管后者有一个不断扩张的过程,即由自然数逐步扩展到了小数和分数,但从整体上说所有这些内容又是十分一致的,

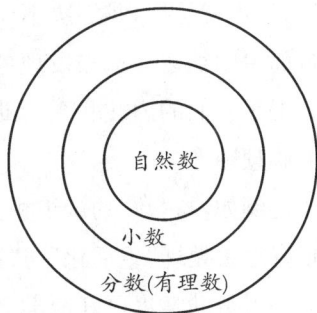

图 3 - 1

特别是,无论哪种数的学习都集中于大小比较与加减乘除等运算,它们并都服从相同的运算法则,因此,人们由此所获得的整体性印象就是十分清晰和高度统一致的。

那么,什么是小学几何学习给予人们的主要印象呢?

具体地说,无论人们头脑中呈现的是怎样一种心理图像,恐怕都不会否认这样一点,即几何对象的丰富性和多样性,特别是,其中不仅涉及多个不同的

维度,而且其中的每一个都具有十分丰富的内容——也正因此,我们似乎很难将所有这些对象都纳入到同一个心理图像之中。

例如,"距离"概念的引进,显然可以被看成具体考察"点"与"点"之间关系的一个必然结果。与此相对照,随着研究对象由"点"扩展到了"线"(例如,直线或圆),我们就不仅应当具体考察"点"与"线"之间的关系,而且也应进一步去研究"线"与"线"的关系,这些不仅包含更丰富的内容,我们还必须有针对性地去引入若干新的概念和研究问题。例如,就"点"与"线"的关系而言,我们应具体地去考察:点是否在线上? 如果点不在线上的话,我们应如何去刻画两者间的距离? 另外,为了对直线与直线之间的关系作出清楚的刻画,我们又必须引入"平行"和"垂直"这样两个概念。显然,如果将研究对象进一步扩展到平面图形,就更加是这样的情况。例如,后者显然正是我们为什么要引入"全等形"和"相似形"等概念的主要原因。

当然,上面的分析不应被理解成在小学算术与几何内容的学习之间不存在任何重要的联系。例如,尽管三角形和四边形的认识十分清楚地表明了对象的丰富性和多样性,但又正如"数"的认识,我们在此仍然应突出"联系的观点"。这也就是指,我们决不应将这些图形看成互不相关的,乃至完全满足于通过简单归纳逐一地去发现各种三角形与四边形的特征性质,而是应当通过深入揭示它们的内在联系帮助学生很好地建立起"网络式结构"这样一种整体性的心理图像。

再例如,与"数"的认识相类似,我们在此显然也应高度重视教学中如何能够很好地去处理"生活化"与"数学化"之间的关系,特别是,我们应通过几何内容的学习帮助学生更好地学会"数学化"。例如,在笔者看来,我们事实上就应从这一角度具体地去思考以下的问题,即我们究竟应当如何去从事"点"、"线"、"面"、"体"之间关系的研究,特别是,应当采取由"体"到"面",再到"线"这样一种与日常生活较为接近的认识途径,还是应当更加强调"点"→"线"→"面"→"体"这样一个认识顺序?

综上可见,针对小学算术(代数)与几何的"分"与"合"这样一个问题,我们不应刻意地去追求某种绝对性的解答,而是应当更加注意研究工作的针对性,包括采取多种不同的研究视角。另外,这也是这方面工作应当始终坚持的一个立场：就具体知识背后的数学思想与数学思想方法的研究而言，我们既应以先前的已有工作作为新的研究的重要背景，同时也应切实加强两者的比较与分析，更有针对性地去进行工作。

以下就从这一立场对这方面特别重要的一些问题作出简要分析。

2. 两种不同的抽象及其背后的一致性

在此首先提及国际数学教育界的一项相关研究，因为，这可被看成从一个角度清楚地表明了在几何思维与算术(代数)思维之间所存在的重要区别。以下是英国著名数学教育家道尔的相关论述(详见 D. Tall, "Cognitive Growth in Elementary and Advanced Mathematical Thinking", Plenary Lecture Conference of PME, Recife, Brazil, 1995 [6]，第1~4页)：

第一，抽象基础不同。如果说运算，特别是具体计算可以被看成"算术(代数)思维"的直接基础，[①]那么，对于物质对象的直接感知(perception)就构成了人们关于几何对象认识的直接基础。也正因此，两者具有不同的性质，特别是，几何抽象在很大程度上可被归属于"经验抽象"，也即是与一般自然科学中的抽象十分一致的。

第二，从上述角度去分析，算术(代数)与几何的研究对象具有不同的性质：由于算术(代数)抽象具有很强的建构性质，因此，其对象是一种"构思性对象"(conceived object)；与此相对照，几何抽象的产物则可被归属于所谓的"感知性对象"(perceived object)，即直接奠基于相关的物质性对象。再者，两者的"心理表征"也有很大不同：算术(代数)思维表现出了与符号(进而，算法)的重要联系，可被归属于"符号型"(symbolic)；与此不同，几何思维的心理表征则应被看成属于"图像型"(iconic)的范围，因为，其中往往包含有相关对象的直观表象。

当然，除去所说的不同点以外，我们也应清楚地看到两者之间的共同点，特别是，正如前面已提及的，如果就内容背后的数学思想和数学思想方法进行

———————————

① 道尔等人曾因此而引入了"凝聚"(encapsulation)这样一个概念，后者即是指，在数学特别是算术和代数中，有不少概念在最初是作为过程得到引进的，但最终则又转化成了一个对象。例如，分数概念的引入就可被看成"凝聚"的一个典型例子：我们在此正是由如何计算两个整数的商过渡到了将相应的结果看成一个真正的数。

分析，这两者就可说具有很大的一致性，特别是，这更应被看成算术教学与几何教学的共同目标，即努力促进学生思维的发展。以下首先联系第 2 章中已提及的一些数学思想作出简要的分析。

第一，就小学几何内容的教学而言，我们也应高度重视"客体化思想"的渗透。这就是指，我们关于几何对象的认识不应停留于"经验的认识"，特别是相关概念的现实原型或直观表象，而应帮助学生清楚地认识到这样一点：几何抽象事实上也是一个重新建构的过程，或者说，我们应将抽象思维的产物作为直接的研究对象。

事实上，即使就低年级的几何学习而言，也已明显地表现出了所说的"客体化"趋势，尽管这主要地还只是一种不自觉的行为。例如，无论是教师还是学生都清楚地知道：我们所研究的并非黑板上所画的那个具体三角形，也不是教师手中所拿的那个木质三角尺，而是一般意义上的三角形，即是以抽象的数学概念作为直接的研究对象。

由此可见，我们在几何教学中应当高度重视"几何概念"与相应"日常概念"的明确区分。例如，数学中所说的"角"就不应简单地被等同于日常生活中所看到的角。另外，在笔者看来，我们或许也可从同一角度更深入地去思考这样一个问题：现实中是否存在真正的"圆"？总之，相对于几何图形的简单比较和辨识而言，我们应帮助学生清楚地认识到这样一点：正如"圆"的概念的明确定义，几何图形的认识事实上都有一个重新定义的过程。

显然，上述关于几何抽象建构性质的分析十分清楚地表明了在几何思维与算术（代数）思维之间存在的共同点。应当指出的是，数学抽象的上述特征在数学的进一步发展中得到了进一步强化：在很多学者看来，数学的发展主要就是指我们如何能以已得到建构的对象为基础去从事新的建构（这正是所谓的"自反抽象"，对此我们将在第 4 章中作出具体论述）。这样，原先在几何抽象与算术抽象之间存在的重要区别就被极大地淡化了。

第二，我们应努力超越简单归纳，并从更一般的角度去培养学生的推理能力。例如，圆的基本性质，即"同一圆的半径都相等"这一结论，显然应被看成依据"圆"的定义进行推理的直接结果，而不只是以人们关于物质对象的直接感知为基础的简单归纳。更一般地说,这应当被看成数学思维十分重要的一个特征,即我们不应满足于由简单归纳去提出各种可能的结论,而应更加重视相关结论的理解与证明,也即应当更深入地去思考相关结论是否真有道理?我们如何能够对此给出有效的论证或证明?等等。当然,严格的数学证明已经超出了小学数学的范围,但是,正如计算教学不仅应当教会学生如何去算,而且也应让他们清楚地知道为什么可以这样去算,小学几何教学同样应当在这方面作出切实的努力。

值得指出的是,这事实上也正是美国数学教育界通过对 20 世纪 90 年代在世界范围内开展的"大众数学"这一改革运动进行反思所得出的一个重要结论:"学校数学无疑需要证明,但关键在于我们应使学生确实感到证明是有意义的和有用的,而这事实上也就是数学家对证明的认识:这是数学思维、探索和理解的基本途径。"具体地说,正是针对上述改革运动中经常可以看到的以下现象,即学生们往往满足于用实验方法求得具体解答,甚至教师也以此作为自己的唯一的教学目标,人们提出:"数学并不停止于实验,而必须把它与理性的解释联系起来:在这些看上去并无联系的事实背后是否隐藏着某种普遍的理论?这些事实能否被纳入某个统一的数学结构?"从而,"在鼓励学生在数学中进行实验的同时,我们又应向他们指出实验方法的局限性:通过实验所得出的发现不应被看成终点,而只是迈向以某种广泛的数学结构为背景的更全面理解的第一步"。与此相对照,"如果在解决问题的过程中总是满足于不加证明的猜测,他们很快就会忘记在猜测与证明之间的区分",而后者甚至可以说比根本不知道如何去解决问题更糟,因为,"证明正是数学的本质所在"。(详可见 H. Wu[伍鸿熙],"Some Observation on the 1997 Battle of the two Standards in the California",An expanded version of a Colloquium Lecture at the California State University at War,Sacramento,Feb. 12,1998)

当然,现实中我们又应十分注意针对学生的认知发展水平去进行教学,这也就是指,与盲目提倡严格的证明相对照,我们应当更加重视如何能够通过自己的教学帮助学生很好地认识"素朴归纳主义"的错误性。特别是,我们决不应满足于由简单归纳去得出可能的结论,而应对其真理性作出进一步的思考,即由"什么可能为真"转向"这为什么是真的",包括如何能用自己的语言对此

作出清楚的说明。（对此我们将在 9.3 节中作出进一步的分析论述）

3. 联系：几何研究的核心思想

上面的分析显然已经十分清楚地表明了"联系的观点"对于几何学习的特殊重要性：尽管很多几何概念都可被看成所谓的"感知性对象"，即"经验抽象"的直接结果，但我们仍应高度重视各个概念（以及各个相关结论）之间的关系的深入分析，帮助学生很好地建立起整体性的结构性认识。

特殊地，这显然可被看成帮助学生学会"说理"，即如何能对相关结论的真理性作出说明十分重要的一个方面：除去借助相关概念的"现实意义"或"直观图形"等常见做法，我们还应十分重视引导学生依据图形间的相互关系去进行分析理解。例如，我们显然就可以三角形的面积计算公式为基础去求得平行四边形与梯形的面积。

再者，与"数"的认识相类似，上述的分析同样清楚地表明了在"客体化思想"与"结构化思想"之间存在的重要联系：所谓"将数学对象看成'数学世界'中的独立存在"，无非就是指其性质完全取决于对象间的相互联系，即我们应当将此看成相关的整体性数学结构的一个有机成分。

例如，在笔者看来，我们事实上应从上述角度更深入地去理解以下教学活动的意义，即这不仅有助于学生正确地辨识各种不同的三角形和四边形，包括如何能够对此给出适当的定义，而且也能让他们逐步适应这样一个思维方式，即将所有这些图形看成一个共同的"数学大家庭"，包括深入地去考察它们之间的相互关系，以及我们如何依据其特征性质对此给出适当的分类。

［例 1］ "三角形和四边形"的教学

（潘小明，"放开手脚，让学生自由地先行——'三角形和四边形'教学实践及思考"，《小学数学教师》，2016，增刊）

这是沪教版二年级下册的一项内容。以下就是相关的教学实录：

1. 出示主题图（图 3-2），学生介绍认识的图形。

师：黑板上有许多图形，这些图形你认识吗？请把你认识的图形介绍给大家。

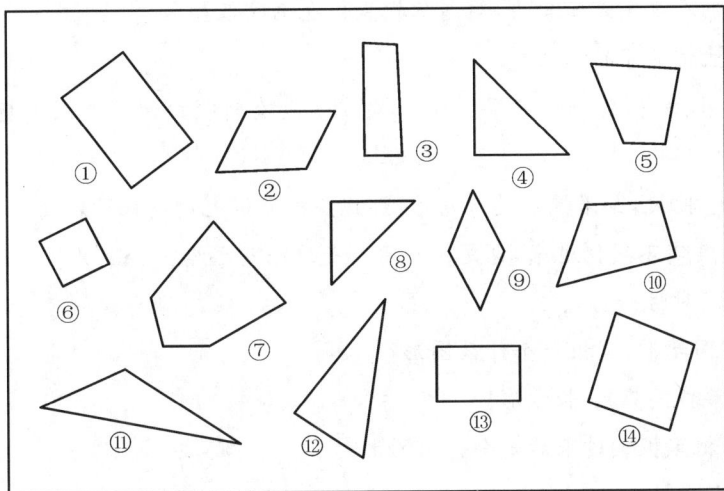

图 3-2

[介绍 1]

生 1：1 号是长方形，2 号图形好像是个菱形。

"不对！不对！"小朋友中出现了不同的声音。

生 1：那你说是什么图形？

生 2：我认为是平行四边形，因为 9 号是菱形。

师：你同意吗？

生 1 表示同意，并继续进行介绍。

生 1：3 号是长方形，4 号是三角形。

生 3：不同意！

师：你认为 4 号不是三角形？

生 3：是！像 8 号那样才是三角形。

师：（对着生 1）你为什么认为 4 号是三角形？

生 1：（将 4 号图形转了位置，如图 3-3）这样调转过来，不就一样是三角形了吗？

师：（对着生 3）你同意他的说法吗？

生 3：同意。

生 4：我不同意。如果你问黑板是什

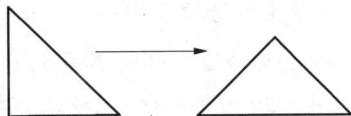

图 3-3

么形状,别人说不是三角形,难道你把黑板也倒过来?

(学生都笑了)

师:小朋友,你们都笑了。可是,你们有没有听明白他举这例子想表达什么意思?

生5:他说,如果黑板是三角形,那就要把黑板也倒过来了。

师:其实不用倒过来,也是三角形。是这个意思吗?

生5:对呀!

师:同学们,黑板是个什么图形?

生(异口同声):长方形!

师:把黑板倒过来后是个什么图形?

生(坚定地):长方形!

教师把4号图形一次次地旋转,学生一次次地回答"也是三角形"。

生1:5号是梯形,你们有什么不明白?

生6:它是倒着的梯形。

教师旋转梯形,让学生进行判断。

师:这个梯形与放的位置有没有关系?

生(众):没有关系。

[介绍二]

生1:(指6号图形)这个是正方形。

生2:老师上课讲过,正方形是特殊的长方形,也可以说是长方形。

师:(对着生2)那你现在怎么介绍?

生2:这是一个特殊的长方形?

师:(指着1号图形)这是特殊的长方形吗?

生:(摇头)不是!

师:(指着6号图形)它是特殊的长方形,你们知道它特殊在哪里吗?

(学生纷纷举手)

师:都知道? 那就不用说了。

生1:(指7号图形)这个应该是五边形。

生3:我觉得它不像五边形,看起来像火箭形。

师：管它火箭形还是五边形，你上来数呀！

（学生跟着教师的手势数该图形的边数，发现确实是五边形）

生1：8号是三角形，9号是菱形，10号图形好像是四边形。

生4：这应该是梯形。

生5：（指着图形的边，用手势比划着）这里也是斜的。

师：小朋友的观点起冲突了。一个说这是一个四边形；一个说它不是四边形，应该是一个梯形；又一个说不是梯形，因为边是斜的。梯形和四边形到底有什么关系？

生1：四边形的边是没有规律的，梯形的边是有规律的。

师：梯形的边有什么规律呢？这件事我们以后再讨论。但我们说它是四边形，这对不对？

生（众）：对！

师：为什么？

生1：（数着图形的边数）一条、两条、三条、四条，所以它是四边形。

教师表扬第二位介绍的学生，请下一位学生继续介绍。

[介绍三]

生1：（指着11号图形）这是三角形。

"错——错——"有几位学生有不同意见。

生2：把11号图形转过来，把最短的一条边放在底下，你看左边的一条边斜了一点。

（生1按照要求将图形转过来，如图3-4）

生1：现在是不是三角形？

生2：不是。

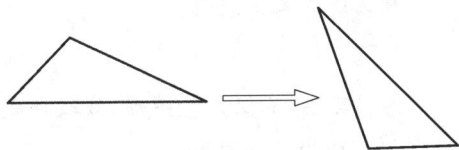

图3-4

师：左边的那条边斜了一点就不是三角形，你们同意这种说法吗？要讲道理。

生3：它应该是直的，而且有一个角是直角，是直角三角形。

师：你的意思是应该有个直角，没有直角就不是三角形？

生3：对！

师：同学们动脑筋积极表达，这很好！但是，你们出现了一个错误，没有根据三角形的特征去进行判断。是不是有个直角才叫三角形？是不是有条边是斜的就不是三角形？三角形到底有怎样的特征？

生4：三角形只要有三个角、三条边。

师：只要有三个角、三条边的就是三角形，同意吗？我根据你们说的画一个图形，看它是不是三角形？

教师随手在黑板上画，如图3-5。并数它的边和角。还没等教师画完，学生都笑了。

师：你们笑什么？这个图形有三个角，有三条边，所以它是三角形呀！我画错了吗？你们画一个给我看。

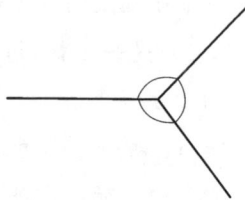

图3-5

学生迅速地在纸上画着三角形。之后，教师随机在投影上展示学生画的三角形，没有哪个三角形与教师在黑板上画的一样。

师：你们对老师画的这个图形，有什么想说的吗？

生5：它没有封口，甚至不是图形。

师：那么，它是什么？

生5：它是三条线段。

师：它有三个角吗？

生5：有。

师：角是不是图形？

生5：是。

师：其实，不仅角是图形，线段也是图形。所以，它是个图形，只不过不是三角形。你们同意吗？

师：我还是个老师呢，小朋友让我画出个三角形，我竟然把这样的图形当成三角形了，所以你们都笑话我。可我是根据你们说的去画的。刚才是谁说的？她说了什么？

生6：三个角、三条边。

师：她虽然这样说了，但心里想的并不是老师画的这个图形，老师可能误解了她的想法，你是不是想把这三条线段围起来？（是）这样的一个封闭图形才是

三角形。(边说边将原图形画成了三角形,如图 3-6)

师:三角形是由三条线段——

生(齐):封口。

师:也就是由三条线段围成的。

师:现在我们再来看 11 号图形,它是不是三角

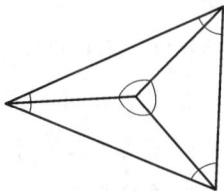

形? 为什么?

图 3-6

学生很快作出正确的判断:11 号图形是三角形,12 号图形也是三角形,因为它们都是由三条线段围成的图形。而 13 号图形是长方形,14 号图形是特殊的长方形。

师:刚才的介绍,小朋友都表现得非常好! 好在哪里呢? 在介绍的过程中,小朋友听得很认真,特别是敢于提出不同意见,而介绍的同学能进行解释、举例说明,有时纠正自己的说法。通过介绍,我们不仅知道这些图形的名称,而且知道它们的主要特征。下面,请小朋友再来介绍一遍,要求介绍得简单些,让人听得清楚些。

(学生前后四人进行交流)

师:下面请小朋友来介绍,是不是像前面那样一个一个图形地介绍?

部分学生认为不用一个一个去介绍,有学生说可以一类一类地介绍。

师:我们把机会让给这位要一类一类地介绍的小朋友。

[介绍四]

生 1:(走到黑板前,将 6 号和 14 号图形放在一起)它们是特殊的长方形。

师:特殊的长方形就是——

生 1:正方形。

生 1:(将 1 号和 3 号图形放在一起)它们是长方形。

这时,下面有许多学生激动地说:"还有 13 号图形。"生 1 把 13 号图形与 1号、3 号图形放在一起。

师:这三个是一般的长方形,下面的两个呢?

生(众):是特殊的长方形。

生 1:(把三角形放在一起)这四个是三角形。

师:(为已分出的类型标上编号)三角形是一类,现在已经有了三类。还

有呢？

生1：还有四边形。

生1拿着10号图形却不知往哪儿放。这时，下面有学生说："2号图形也是的。"可马上又有学生说："2号不是的，它是平行四边形。"生1犹豫着把10号图形单独放在一边。接着把五边形作为另一类。之后拿着5号图形说："这个是四边形。"下面有学生大声地说它是梯形。这时，教师指着5号图形说："刚才有人说这不是四边形，是梯形。"又指着2号图形说："还有人说这不是四边形，是平行四边形。"边说边将这些图形编为第五类、第六类，还和生1一起将菱形编为第七类，将五边形编为第八类。

师：同意将这14个图形分为8个种类的，请举手！

"耶！"小朋友们高兴地举起手来。

师："'耶'什么，你们出问题了，谁能发现问题？"

生2：平行四边形应该和四边形是一类的。

师：为什么说是一类的呢？

生2：都有四条边。

师：由四条线段围成的图形就叫四边形（带领学生一起数平行四边形的边数：1条、2条、3条、4条）所以——

生（齐）：它是四边形。

之后，学生纷纷补充：菱形也是四边形，梯形也是四边形，还有正方形是四边形，长方形是四边形。教师将这些图形放在一起画上了圈，并将三角形、五边形分别用圈圈起来。

师：现在，怎样向别人介绍得既简单又清楚？

生3：这些图形一共有三类：由三条线段围成的是三角形，由四条线段围成的是四边形，还有五条线段围成的是五边形。

师：你们对他的介绍满意吗？

生4：不满意。因为四边形里面也有一些其他图形，比如梯形。

师：你的意思是，虽然这些都是四边形，但它们有各自的特点，而这些特点没有介绍。是吗？（对）

师：小朋友，其实刚才的介绍真的很棒！我们从一个个图形的介绍中发现有些图形是同类的,于是对 14 个图形根据边数进行了分类:三角形、四边形和五边形。有漏掉的吗?

生(众):没有。

师;有小朋友说四边形里面有一些其他图形。这是对四边形里面的这些图形再进行分类,能让别人不仅知道它们都是四边形,而且知道它们各自的特征。

师:对今天的这些图形,大家都认识了吗? 有收获吗?

2. 判断与选择。

教师出示(图 3-7):

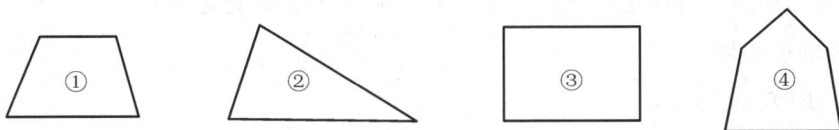

图 3-7

你能写出它们各自的名称吗?

学生独立完成。之后,教师在投影上展示学生作业中出现的三种情况(见下表),让学生进行判断和选择。

第一种:四边形　　三角形　　四边形　　五边形

第二种:梯　形　　三角形　　长方形　　五边形

第三种:四边形　　　　　　四边形

　　　　梯　形　　三角形　　长方形　　五边形

生 1:第三种写法最好,因为不仅写出了是四边形,而且把更具体的名称也写出来了。

师:你能举个例子吗?

生 1:比如,1 号图形是四边形,具体的名称是梯形。

师:同意吗?(同意)我不同意!

学生一下子安静了下来,注视着教师。

师:你们知道我会有什么不同意见?

生 2:这个图形到底是四边形还是梯形呢?

师：他说两个名称都可以呀！

生3：应该说是四边形中的梯形。

师：那有没有五边形中的梯形？（没有）是呀，哪有五边形中的梯形！这"四边形中"不就是多余的吗？不过，倒也启发了我，我要问前面的同学（生1），有没有不是四边形的梯形呢？

（有学生认为没有，也有学生感觉好像有）

师：这不能好像，必须确定！谁能画出不是四条线段围成的梯形？

生：不能。

师：也就是说，梯形必定是由四条线段围成的，它必定是个四边形。所以，写了梯形再写四边形就是多此一举。所以，你们知道老师的意思了吗？我想写哪个名称？

生（众）：梯形。

师：好！对于3号图形，也有2个名称，你准备进行怎样的选择？

生4：写长方形，因为长方形也是有四条边的。

师：也就是说，长方形必定是一个四边形。是呀，长方形能更加具体地反映出这个图形的特征。这样思考，你现在会怎样选择？

（学生都选择了第二种写法）

3. 小结。

师：这节课有意思吗？哪里有意思呢？

……

师：课的开始，你们是一个一个图形来介绍。后来，你们对图形进行了分类，是按照种类进行介绍，而分类介绍时，开始分成了8类，后来自己发现长方形、正方形、平行四边形等都是四边形，把它们归成了一类，这样把14个图形分成3类进行介绍。我们小朋友很会思考问题、表达想法、互相交流。

以下再从理论角度具体指明用"联系的观点"指导几何学习应当特别注意的一些问题：

第一，相信任一曾经学习过"平面几何"的人都会有这样一个印象：几何结论不应被看成互不联系的，恰恰相反，我们应当注意分析各个命题之间的联系,特别是,我们如何能够依据已得到的结论去推出更多新的结论。与此相对照,这显然可被看成上述的[例1]给予我们的直接启示,即我们不仅应当看到在各个命题或结论之间所存在的重要联系,也应注意分析各个概念之间的联系。更一般地说,我们可明确地引出这样一个结论:"每一概念都具有一定的复杂程度,特别是,只有在与其他概念所形成的网络中才能全面地理解它。"(T. Dreyfus,"Advanced Mathematical Thinking",载 P. Nesher & J. Kilpatrick 主编,*Mathematics and Cognition*[ICMI Study Series],Cambridge University Press,1990,第114页)

进而,从逻辑的角度去分析,我们又可发现在这两者之间存在如下的"平行"关系(图3-8):如果说命题间的联系主要是指由已获得证实的结论去推出新的结论(就严格的公理系统而言,这也就是指,我们如何能由少数几个不加证明直接采用的命题[公理]出发,并通过纯粹的逻辑演绎逐步推导出其他各个命题:定理),那么,就概念而言,则是指由已有概念去引出其他一些新的概念(就严格的公理系统而言,这也就是指,我们如何能以少数不加定义而直接采用的概念[原始概念]为基础,并通过明确定义去引出其他的概念:派生概念)。

```
┌──────┐ （演绎） ┌──────┐      ┌──────────┐ （定义） ┌──────────┐
│ 公理 │ ──────→ │ 定理 │      │ 原始概念 │ ──────→ │ 派生概念 │
└──────┘          └──────┘      └──────────┘          └──────────┘
```

图 3-8

总之,几何教学决不应唯一地强调概念的生成,而且也应高度重视概念的分析与组织。

第二,除去概念与命题各自之间的联系,我们也应看到在命题与概念之间存在的重要联系。

例如,正如上面已提及的,小学几何中的不少重要结论(如"圆的半径都相等"、"等腰三角形的两边相等"等)都可以看成相关概念的定义的直接推论。另外,就严格的公理系统而言,所谓的"公理"也可被看成相应原始概念的"隐定义":正是借助相关的公理这些原始概念才得到了清楚的界定。

应当指出的是,后者并可被看成集中地体现了公理化方法的现代发展,即"形式的公理化研究方法"的主要特征:我们在此所从事的已不是某种特定对象的研究,特别是,如何以关于这些对象的一些明显事实(这就是所谓的"公理")为基础去演绎出进一步的结论("定理")。恰恰相反,尽管我们在此所从事的仍然是由相应的"公理"去演绎出各个可能的结论,但由于现在的研究已不再具有特定的对象,因此,相应的公理系统不应被看成传统意义上的"对象—公理—结论"系统,而只能说是一种"假设—演绎"系统。应当强调的是,就公理化方法的上述发展而言,著名数学家希尔伯特作出了特别重要的贡献,而他在这方面的工作就是以几何作为直接的研究对象(详可见本章末的[附录三])。另外,就我们目前的论题而言,这一发展显然进一步"淡化"了由于对象(直观背景)的不同而在算术(代数)抽象与几何抽象之间所造成的重要区别。

第三,对于各个概念与命题之间的联系,包括两者之间的联系,我们不应仅从逻辑的角度去进行分析,而应当采取更广泛的视角,包括认知的视角,以及其他方面的考量。

例如,正如2.1节中已提及的,作为知识的整体性结构,对于各个几何命题与概念之间的联系我们应明确肯定它们的"双向性质",而不应将此看成具有唯一的方向与维度,我们并应努力在它们之间建立更多的联系。

当然,相对于"数"的认识而言,几何学习在这方面也有一定的特殊性。具体地说,这就是人们在这方面的一项共识,即就各种图形相互关系的认识而言,"特殊化"与"一般化"具有特别的重要性。例如,这显然可被看成上述的[例1]给予我们的重要启示(对此我们将在3.2中作出进一步的分析论述)。另外,与"数"的认识相比较,生成的研究,包括运动与变化的观点,对于几何的研究显然具有更大的重要性,这也就是指,我们应从后一角度更深入地去揭示各种图形之间的关系(这正是3.2节的重要内容)。

最后,依据上述的分析我们显然也可更清楚地认识几何研究的丰富性与多样性,包括依据"联系的观点"对所有这些方面作出适当整合的必要性。

4. 学生几何水平的划分与提升

上面的论述显然已直接涉及这样一个问题,即我们在教学中既应充分考虑到学生的实际发展水平和接受能力,同时又应积极地去促进其可能的发展。以下依据国际上的相关研究对此作出更为具体的分析论述。

具体地说,由荷兰著名数学教育家冯·希尔(van Hiele)夫妇提出的关于学生几何思维发展的理论在这方面具有最大的影响，而其主要内容就是关于以下五个不同水平的具体分析（详可见 D. Fuys & D. Geddes & R. Tischler 主编，*English translation of selected writings of Dina van Hiele-Geldof and Pierre M. van Hiele*，Brooklyn College，1959）：

水平 1：直观。学生能按照外观从整体上识别图形，这种识别活动常常依赖于具体的范例，如学生说所给的图形是长方形，因为"它看起来像是门"，这时他们并不关心各种图形的特征性质，也未能清楚地认识各种图形的性质。

水平 2：描述/分析。学生已能确定图形的特征性质，并依据图形的性质来识别图形，但处于这一水平的学生尚不能清楚地指明两类图形之间的关系。

水平 3：抽象/关联。这时学生已能形成抽象的定义，区分概念的必要条件和充分条件，并能通过非形式化推理将图形分类，即如认识到正方形可以被看成"具有某些附加性质的菱形"。但处于这一水平的学生尚不能理解逻辑推理是建立几何真理的方法，也不能组织起一系列命题来证明观察到的命题。

水平 4：形式推理。这时学生已能对公理化系统中的未定义项、定义、公理、定理作出明确区分，并能作出一系列命题以对作为"已知条件"逻辑结论的某个命题进行证明。但这时推理的对象还只是图形性质之间的关系，而非不同演绎系统之间的关系，他们也还不能清楚地认识严密性的要求。

水平 5：严密性/元数学。这时学生即使不参照模型也能以较大的严密性进行推理，这时推理的对象是形式化构造之间的关系，推理的产物则是几何公理系统的建立、详尽阐述和比较。

显然，按照上述的区分，小学生的几何思维主要从属于"水平 2"和"水平 3"，而这又可被看成小学几何教学的一个主要目标，即我们如何能够通过自己的教学促成学生由"水平 2"向"水平 3"的发展，而其中的关键则在于我们应当帮助学生逐步学会用"联系的观点"去看待问题，包括由"直观的认识"逐步上升到概念的明确定义，并能不断提高自己的推理能力。

但是，后一要求是否完全超越了小学生，特别是低年级学生的认知发展水平？这也是冯·希尔夫妇的研究直接涉及的另一问题。

冯·希尔夫妇提出，决定学生几何思维发展水平的主要因素不是年龄或生物成熟程度，而是主要取决于教学的性质，这也就是指，"水平在很大程度上依赖于课程"。正因为此，他们十分关注教学的问题，并认为学生需要在教师引导下通过以下五个阶段才能达到新的发展水平：

阶段1：信息。学生开始熟悉相关的内容。教师对内容作出必要的说明，并使学生接触相关的内容。在这一阶段教师应通过讨论了解学生是如何理解这些词语的，并通过提供信息引导学生从事有目的的行动或获得相关的认知。

阶段2：定向指导。这一阶段的教学目标是让学生主动地进行探索（如折纸、测量等），从而就能接触到所希望形成的关系网络的主要联系。教师则应通过仔细安排活动以引导学生从事适当的探索：这时学生所从事的是实际操作，从而教师就应选取那些目标概念和方法在其中较为明显的材料或任务。

阶段3：解释。在这一阶段中学生开始清楚地认识到所要学习的关系，并能用自己的语言对其作出描述。教师则应通过引导学生用自己的语言对此进行讨论以使学生获得清晰的认识，另外，一旦学生表现出了对于学习对象的清楚认识并用自己的语言对此进行了讨论，教师就应介绍相关的数学术语。

阶段4：自由定位。现在学生遇到了需要综合应用早先阐明的概念和关系来求解的问题。教师的责任则在于选择合适的题材或几何问题，提供允许不同解法的教学，鼓励学生对所解决的问题和自己的解法作出反思和说明，以及按照需要介绍相关的术语、概念或解题方法。

阶段5：整合。学生对已学到的所有知识作出总结，并将其整合到一个易于描述和应用的网络之中，数学的语言和概念被用于对这一网络作出描述。教师则应鼓励学生对所学到的知识进行反思和巩固，并应突出强调作为巩固基础的数学结构，即应当通过将所学到的知识纳入形式数学的结构组织中以作出适当的总结。

冯·希尔夫妇认为，就所学的题材而言，在阶段5完成以后思维就上升到了一个新的更高水平。

以下是这方面的一些后继研究。

首先,这可以被看成进一步研究工作的一个主要结论:与冯·希尔夫妇对于发展过程不连续性的突出强调不同,研究者们现今普遍倾向于"将水平的划分看成动态的,而非静态的,并认为与间断性的描述相比较水平的划分应被看成具有更大的连续性。"(D. Clements & M. Battista,"Geometry and Space Reasoning",载 D. Grouws 主编,*Handbook of Research on Mathematical Teaching and Learning*,Macmillan,1992,第 429 页)一些学者更进一步提出,在应用冯·希尔的理论时我们不应唯一地去确定各个学生究竟处于哪个发展水平,而应具体地去测定他们在每个水平上的能力发展情况——这样,我们最终所获得的就是一个五元的向量:其中的每个分量都分别表示这个学生在相应水平上的能力。

其次,也有一些学者提出,为了更准确地反映学生几何思维的发展,我们应当在上述五个水平之外再增加一个新的水平,即水平 0(前认知),后者的主要特征在于:这一水平上的儿童只会注意到图形形状直观特征的某些部分,而不能正确地识别很多常见的图形。与此相对照,冯·希尔夫妇后来却采取了相反的途径,即认为可以将原来的五个水平归结为三个:(1) 直观的(相当于原来的水平 1);(2) 分析的(相当于原来的水平 2);(3) 理论的(包括原来的水平 3~5)。

总之,尽管存在不同的看法,但这又可被看成相关研究给予我们的主要启示,即我们不应局限于关于学生不同发展水平的绝对区分,而应通过自己的教学积极促进学生几何思维的发展,特别是,就小学的几何学习而言,我们更应突出"联系的观点"。

3.2 小学几何题材背后的数学思想与数学思想方法

以下从整体上指明与小学几何内容密切相关的若干重要数学思想与数学思想方法,包括对与几何学习密切相关的"空间观念"和"几何直观"这样两个

"核心概念"作出简要的分析。

1. 几何研究: 由"体"到"面",或由"面"到"体"

小学几何内容的教学,应当首先解决这样一个问题,即我们应当采取由"体"到"面",再到"线"这一与人们日常认识较为一致的顺序,也即将"面"定义为"体的表面",将"线"定义为"面的边界",还是应当采取如下的"逻辑顺序",即按照由简单到复杂、由低(维)到高(维)的次序依次地引入这些对象:点→线→面→体。

正因为前一种处理方式是与人们的日常认识活动较为一致的,因此,基于"注重数学与现实世界的联系"这一立场,新一轮课程改革开展以来所编写的各种数学教材普遍采取了由体到面,再到线这样一个做法。例如,为了帮助学生"认识面积"(第 1 章[例 12]),教师在教学中往往会首先要求学生具体观察一些物体(如纸巾盒、篮球等),并指明它们的各个表面,而"物体都有表面"显然可以被看成一个常识,因此,上述活动对于大多数学生而言就没有任何困难,教师并由此引出"面积"的概念,事实上就采取了由"体"到"面"这样一个引入顺序。

上述做法有一定的合理性,但又只需稍作思考,就可发现这一方式也有一定的缺点或内在局限性。例如,按照这样的顺序,我们在教学中是否应首先引入"立方体",再引入"正方形"与"单位线段"? 同样地,我们是否应当先讲"体积",再讲"面积",直至最后再讲"长度"? 这些显然都是令人难以接受的。

当然,我们不应因此而完全否定前一种处理方式,但在笔者看来,这恰又清楚地表明在此确实存在两种不同的研究视角:"日常眼光"与"数学视角"。进而,正如荷兰著名数学家、数学教育家弗赖登特尔所指出的:"数学家有这样的倾向,一旦依赖逻辑的联系能取得更快的进展,他就置实际于不顾。"(《作为教育任务的数学》,上海教育出版社,1995,第 45 页)就当前的论题而言,这也就是指,数学家们往往更加倾向于按照"由简单到复杂、由低(维)到高(维)"这一顺序去引入各个几何对象。

但是,采用数学的视角,即按照"由简单到复杂、由低(维)到高(维)"这样一个逻辑顺序去引入各个几何对象究竟有什么优点?

　　简要地说,按照逻辑顺序进行认识,我们可以更有效地去进行学习和研究,特别是,通过类比联想等思想方法的自觉应用,我们就可以已获得的知识与经验作为新的认识活动的直接基础,包括努力通过由未知向已知的化归去解决问题。当然,将事物联系起来加以考察也有益于整体性知识结构的建立。

　　例如,立体图形研究中的很多概念,如"体积"、"表面积"等,显然是与平面图形中的一些概念,如"面积"、"周长"等,直接相对应的。也正因此,我们就可通过与平面图形的类比去从事立体图形的研究。例如,无论是"长方形"或是"长方体"(更为一般地说,就是"柱体"),都可以看成是由相关的图形(线段或长方形)沿垂直方向叠积而成的(这也正是"柱体"的主要特征)。也正因此,由长方形的面积计算公式我们就可立即联想出应当如何去计算长方体(柱体)体积:长方体的体积同样等于"底"乘"高"——当然,这里所说的"底"是指长方体(柱体)底面的面积——由此我们最终就得到了这样一个公式:$V=$ 底面积 $\times$ 高(就长方体而言,就是 $V=$ 长 $\times$ 宽 $\times$ 高)。

　　由上述的实例可以看出:正是较简单对象的研究为我们进一步去研究较复杂的对象提供了必要的概念框架,包括我们究竟应当围绕哪些问题去开展研究。例如,这就是这方面的一个基本事实:小学几何研究主要地都集中于对象的度量性质,这并就是经由研究对象由 1 维向 2 维、3 维的扩展所逐步形成的一个研究传统。进而,正是线段与角的度量,以及线段与线段之间关系的具体考察,为我们进一步从事各种较复杂形体的研究提供了必要的概念工具和问题框架。

　　其次,按照逻辑顺序进行认识也为我们超越直观经验,即更自由地去从事数学创造和研究提供了现实的可能性。

　　例如,以下可被看成这方面的一个具体努力,即我们如何能将点、线、面、体与各个相关的概念(如线段的"端点"、平面图形的"边界"、空间形体的"界面"等)统一纳入到一个单一的逻辑框架之中,包括对各个相关的数学概念作出必要的拓展(即如引入所谓的"0 维空间"和"1 维空间"),以及用统一的数学语言(如"0 维边界"、"1 维边界"、"2 维边界"等)去对相关的日常语言作出适当的"转译",等等。

以下就是以"正方形"和"立方体",以及它们在 0 维空间与 1 维空间的对应物,即"点"和"线段",作为直接对象所作的概括。

维度	对　象	0 维边界 (点)	1 维边界 (线段)	2 维边界 (面)	3 维边界 (体)
0	点				
1	线　段	2	1		
2	正方形	4	4	1	
3	立方体	8	12	6	1

进而,以此为基础我们又可进一步去从事新的创造,即具体地引入"超立方体"这样一个概念——后者即可被看成"正方形"和"立方体"在 4 维空间的直接对应物。

应当强调的是,尽管所说的"超立方体"既看不见,也摸不着,我们甚至都很难清楚地去说明它的现实意义,但我们仍然可以通过类比联想对此作出具体的研究,即如具体地计算它究竟有多少个顶点(0 维边界)、多少条棱(1 维边界)、多少个 2 维边界(面)、多少个 3 维边界(体)。显然,这十分清楚地表明了逻辑的力量,特别是,后者为我们自由地去从事数学创造提供了必要的保证。

[例 2] "超立方体"的研究

首先,这正是"4 维空间"最为重要的一个特征,即具有 4 个不同的维度。其次,尽管我们无法借助"长"、"宽"、"高"等术语对此作出具体表述,但是,借助于类比联想,以及"数"和"形"的直接对照(即"坐标系"的引入),我们仍可建立这样的初步认识:正如 1 维空间、2 维空间、3 维空间中的点可以分别被看成是由 1 个、2 个和 3 个相互独立的坐标直接决定的,4 维空间中的点也可被看成是由 4 个相互独立的坐标(x, y, z, w)所决定的,其中,w 就代表第 4 个坐标。

再者,只需以单位长的线段、单位正方形与单位立方体为背景去进行思考,就可发现"超立方体"有 16 个顶点,因为,如果以"超立方体"的一个顶点作为坐标系的原点,并以它的 4 条棱去决定 4 个坐标轴的位置,我们就可立即求得这 16 个顶点的坐标：$(0,0,0,0),(1,0,0,0),(0,1,0,0),(1,1,0,0),(0,0,$ $1,0),(1,0,1,0),(0,1,1,0),(1,1,1,0),(0,0,0,1),(1,0,0,1),(0,1,0,1),$ $(1,1,0,1),(0,0,1,1),(1,0,1,1),(0,1,1,1),(1,1,1,1)$。

另外，"超立方体"的 3 维边界显然可被看成是与正方形的 1 维边界（边）、立方体的 2 维边界（面）直接相对应的，因此，依据解析几何的相关知识我们又立即可以推出"超立方体"共有 8 个 3 维的边界（立方体），它们的方程分别为：$x=0,x=1;y=0,y=1;z=0,z=1;w=0,w=1$。

最后，从生成的角度去分析，"超立方体"中的各条棱可被看成是由各个顶点联结而成的，由于由 4 维空间中的任一顶点都可在 4 个方向上引出相应的棱，而按照这样的算法其中每条棱都被重复计算了一次，因此，我们就可通过以下计算立即求得"超立方体"的棱的数目：$16\times4\div2=32$。

希望读者能通过自己的努力去求得"超立方体"2 维边界的数目。对此我们可概括如下。

维数	对 象	0 维边界（顶点）	1 维边界（棱）	2 维边界（面）	3 维边界（体）	4 维边界
0	点	1				
1	线段	2	1			
2	正方形	4	4	1		
3	立方体	8	12	6	1	
4	超立方体	16	32	24	8	1

最后，应当强调的是，上述的分析事实上也为我们应当如何去理解所谓的"空间观念"提供了直接启示。

众所周知，"空间观念"是《义务教育数学课程标准（2011 年版）》所提到的一个"核心概念"。现在的问题是：我们究竟应当如何去理解这一概念？不难想到，如果纯粹从字面上进行分析，"空间观念"主要是指人们对于"空间"的认识。例如，正是基于这样的理解，以下一些论述都可以被看成关于"空间观念"的具体解读："空间是物质存在的广延性，……是不依赖于人的意识而存在的客观实在";"空间(和时间)同运动着的物质是不可分割的,……空间和时间又是相互联系的"。当然,这些论述所涉及的是现实空间或物质空间,从而,我们对此就应与数学中所说的"空间"加以明显的区分。例如,正如上面已指明的,这正是后者的一个重要特征,即其中不仅包括一般意义上的3维空间,也包括1维空间和2维空间,我们甚至还可自由地去创造4维空间与其他一些具有更高维度的空间,从而彻底突破日常经验的局限性。

以下就是《义务教育数学课程标准(2011年版)》中关于"空间观念"的具体解释:"空间观念主要是指根据物体特征抽象出几何图形,根据几何图形想象出所描述的实际物体;想象出物体的方位和相互之间的位置关系;描述图形的运动和变化;依据语言的描述画出图形等。"(北京师范大学出版社,2012,第6页)由此可见,这里所论及的"空间概念"主要涉及人们的描述能力与想象能力,特别是,我们应很好地去把握实际物体与几何图形之间的关系。但是,这显然应被看成这方面的一个基本事实,即人们对于事物和现象的描述与想象必须使用一定的概念或语言框架,从而我们在此就应更明确地去强调这样一点:正是数学概念为我们准确描述事物的形状(包括它们的位置关系、运动和变化),以及由实际物体抽象出几何图形,或是根据几何图形想象出所描述的实际物体等,提供了必要的语言工具。

事实是,如果未能清楚地指明我们在此所关注的是"数学的描述能力与想象能力",那么,上面的论述显然也可被用于一般意义上的描述能力与想象能力,即如我们似乎也可将上面的论述直接用作"图画教学",特别是培养学生绘画能力的基本标准。

综上可见,对于数学中"空间"概念的很好掌握应被看成我们真正做好"数学的描述与想象"的一个必要条件。

总之,目前关于"空间观念"这一核心概念的解读应当说存有不少的弊端或必须改进的地方,而又只有通过更深入的分析和研究,相关的论述才可能对实际教学活动发挥真正的指导作用。

2. 度量问题与"数学化的思想"

所谓"度量问题",在此泛指线段的度量、角的度量、平面图形面积与周长的度量与计算、空间物体体积与表面积的度量与计算等。正因为这一问题包含如此多的内容,更直接涉及多个不同的维度,因此就十分清楚地表明了超越具体内容,并从总体上进行综合分析的重要性,包括我们究竟应当按照怎样的顺序去从事相关的认识?

具体地说,这显然可以被看成"度量问题"在整体上的两个重要特点:其一,具有明显的现实意义;其二,这直接关系到一些基本技能。容易想到,这事实上也正是人们在相关内容的教学中何以特别强调"与现实生活的联系"与"学生动手实践"的主要原因。

以下就是这样的一个实例:"华应龙老师的'量角'教学,最夺人眼球的是着力展现角的大小与现实生活的联系。在导入环节创设既有趣又能引发学习需要的情境。……该课最富有创意的是让学生在'纸制量角器'上画'角'。因为量角的关键在于理解'量角就是用量角器上的已知角去重合被量的角',而要运用这一原理,首先必须在量角器上找到已知度数的角。"(曹培英,"返璞归真:'角的度量'教学新探索",《小学数学教师》,2016 年第 5 期)

上述的设计当然有一定道理。但在作出上述肯定的同时,我们显然应更深入地去思考这样一些问题:在充分展示学习内容与现实生活密切联系的同时,我们如何能够帮助学生很好地学习"数学化的思想"? 如何能将数学基本技能的学习与数学思维的学习很好地结合起来,包括以思维方法的分析带动前者的教学,乃至以此作为学生学习"数学化"的重要契机?

例如,正如前面(第 1 章[例 10])已指出的,尽管"尖尖的"确实可以被看成人们经由日常生活所形成的关于"角"的一个普遍性认识,但是,与单纯地让学生实际动手去"摸一摸",从而进一步强化上述的认识相比较,我们显然应更加重视如何能够帮助学生对这种日常认识与相关的数学概念作出清楚的区分,乃至对前者予以适度的"淡化"。再者,我们显然也可从同一角度更好地去理解以下的教学设计,即"认识面积"的教学(第 1 章[例 12])为什么必须清楚地点明这样一些事实:只有封闭图形才有面积,"中空"的图形也有面积,等等。

当然,正如第 1 章中已提及的,由于与"度量"直接相关的各个数学概念,如长度、角度、面积、体积等,都具有明显的现实意义,大多数学生也早已通过日常生活初步接触到了这些概念,因此,这就应被看成相关教学活动最为重要的一个环节,即我们如何能够通过自己的教学帮助学生由相关概念的"粗糙的理解"转向"精致的理解"。

再例如,笔者以为,这也可被看成所谓的"度量意识"十分重要的一项内涵,即除去相关的基本技能,我们应高度重视隐藏于其背后的数学思想和数学思想方法。

例如,从后一角度去分析,这显然应被看成"角的度量"的教学应当特别着力的一点,即类比思想的学习与应用,这也就是指,我们不仅应当通过与"线段度量"的类比帮助学生很好地掌握"角的度量",而且也应帮助学生很好地去理解这样一个认识途径:我们必须由单纯的大小比较(何者大,何者小)逐步过渡到精确的定量(究竟有多大,怎么量),包括清楚地认识后一方面工作的这样两个关键:"一是'度'(公度),即统一度量单位;二是'量'(测量),即用公认的单位去量。"(曹培英,"返璞归真:'角的度量'教学新探索",同前)当然,为了实现后一目标,我们又应采用一定的度量工具,即如有刻度的直尺与量角器,等等。

以下是通过与"线段度量"的类比从事"角的度量"教学的一个实例。

［例3］　类比与"角的度量"的教学

(引自朱晓晨,"'书中学'与'做中学'——'角的度量'教学实录",《小学数学教师》,2016年第5期)

这是任课教师在这方面的一个基本认识:"在学习'角的度量'之前,学生已经掌握了线段的度量方法,学习了角的概念及其表示方法。学习'角的度量'应充分利用这些基础。"

以下是这方面的一些具体做法。

1. 复习引入。

师:我们已经学习了线段,表示线段长度的单位有哪些?

生:厘米、分米、米……

师:使用这些单位的图形都是什么?

生:线段。

师:使用什么工具测量?怎样测量?

生:用刻度尺,把线段的一个端点与0刻度对齐,尺的一边与线段重合,读出线段另一端对着尺上的刻度。

根据学生的回答,教师填表:

图 形	单 位	工 具	测 量 方 法
线段	"小线段"	刻度尺	点对点、边对边(重合);读数

师:我们还学习了角,角是怎么形成的?

生:一点引出两条射线组成角。

······

2. 自学与对话。

(1) 书中学。

师:请阅读教材(沪教版四年级上册)第82页,思考以下的问题:

第一,角的计量单位是什么? 它是怎样规定的?

第二,你认识了哪些角? 它们之间有怎样的关系?

······

师:现在,我们一起来回答这几个问题。

生:角的计量单位是度。

生:用半径将圆周分成360等份,相邻两条半径之间所夹的角是1°。

······

师:读了教材,你还知道了些什么?

生:我还知道小于直角的角叫做锐角,大于直角而小于平角的角叫做钝角。

······

(2) 做中学。

师:通过自学,我们不仅知道了角的单位是怎么得到的,还学到了很多知识。接下来,我们来解决量角的问题。请同学们阅读教材第83页,并思考以下问题:

第一,量角的工具是什么? 它由哪些部分构成?

第二,怎样量角?

3. 小结。

师:我们来完成这张表:

图　形	单　位	工　具	测　量　方　法
线段	"小线段"	刻度尺	点对点、边对边(重合);读数
角	"小角"(圆周的360份之一)	量角器	点对点、边对边(重合);读数

师:同学们发现了量线段与量角有很多相似的地方,谁来说一说直尺的刻度与量角器的刻度有什么区别?

生:直尺的刻度从左到右只有一条,量角器的刻度从左到右、从右到左有两圈。

师:说说这节课你有哪些收获。(略)

进而,尽管以下实例的直接主题是"认识面积",但这同样可被看成为上面的论述提供了又一实例,即我们如何能够超出具体内容,并帮助学生较好地掌握与"度量"直接有关的各个基本数学思想,包括基本的认识途径等。这正如相关点评所指出的:"袁红老师'认识面积'的教学,将'面积'放在计量系统中教学,按照'认识面→有的面大,有的面小→面的大小可以通过多种方法来比较→用某一个标准去度量时,面的大小就可以用数据刻画(描述)出来→这种新的计量产生'面积'的逻辑脉络……是对传统教学的一次突破和超越。"(许卫兵语)

[例4]　"度量意识"指导下的"认识'面积'"的教学

(引自袁红,"把握概念本质,实现整体建构",《小学教学设计》,2016年第4期)

1. 情境引入,初步感知"面"。

师:上周末,老师和儿子用手掌印创作了一幅手印画(出示画作),你能看出这幅画中,哪个手印是老师的,哪个手印是儿子的吗?

根据学生回答,指出:老师的手掌面大,儿子的手掌面小。

……

2. 对比研究,深入体会"面"的大与小。

师:你能找出比老师手掌面还大的面吗? 能找出比老师手掌面还小面吗?

老师引导学生摸一摸(或用动作比划)所说的"面",用"(　)面和(　)面相比,(　)的面大,(　)的面小"来完整描述比较结果。

小结:生活中的面,确实有的大,有的小。

师:能直接说,桌面大吗?

(指定一名学生说理由,帮助学生理解,面的大与小是相对的,有比较才有区别)

师:(出示同宽不同长的黄、红长方形纸,图3-9)老师这里有两张长方形的纸,黄长方形的面有这么大,红长方形的面有这么大。你能看出哪个面大,哪个面小吗?

图 3-9

(指定一名学生说,并适当引导学生发现由于差距太小,不能一眼看出谁大谁小)

(同桌合作,拿出事先准备的两张长方形纸探究比较)

······

小结:当两个面的大小差距特别小的时候可以用重叠的方法来比较它们的大小。

师:(出示蓝色、红色两个图形,图3-10)这两个图形能研究出它们的大小情况吗?

图 3-10

引导学生发现:用眼看,不能一下子区别大小;用重叠的方法,两个图形都有多余的部分。

师：能想个办法吗？老师为你们准备了一些工具，打开信封拿出小正方形纸片和小长方形纸片，你能借助老师为你们准备的这些工具，比较出这两个纸面的大小吗？

（学生同桌合作，操作探究。老师指定一名汇报：蓝色纸摆了 9 个小正方形，红色纸摆了 8 个小正方形，所以蓝色图形大。如图 3－11）

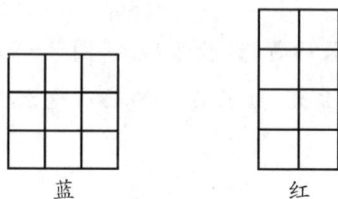

蓝　　　　　　红

图 3－11

小结：数学上，我们把这种用一个标准去度量而得出结果的方法叫测量。

（出示：蓝色图形用小正方形和小长方形来摆的两种不同的摆法——9 个小正方形，18 个小长方形。如图 3－12）

图 3－12

师：同一个图形，怎么测量出来的数据却是不同的呢？

结论：测量的标准不同，同一个图形的大小可以用不同的数据来描述。

3. 抓住实质，引出"面积"。

师：刚才，我们通过测量比较出这两个图形的大小，与观察法和重叠法相比，测量法有哪些优点呢？

引导学生知道：测量不仅能比较出谁大谁小，而且还能用数据将面的大小说清楚。

师：在生活中，我们经常需要像这样把一个面的大小到底是多少说清楚，于是就产生了一种新的量的计量：面积。

4. 巩固练习，加深理解。（略）

当然,随着研究的深入,我们又应注意促进学生认识的不断深化。就"认识面积"的教学而言,这也就是指,除去上面所提及的"逻辑脉络"以外,我们还应让学生完整地经历这样一个过程,即由单纯的大小比较(怎么比),逐步过渡到精确的度量(到底有多大,怎么量),直至最终发展起相应的计算方法(怎么算)。容易想到,这事实上也就意味着对于"数学化思想"更深入的理解:这既是指由简单的"定性比较"转向"精确定量",也是指由单纯的"动手"(实际度量)转向"动脑",即我们如何能够通过"活动的内化"找出面积的计算方法。

由以下实例可获得后一方面更为直接的启示,即就"认识面积"的教学而言,我们应当如何去实现"活动的内化"?

[例5]　长方形的面积计算

任一曾经实际从事这一内容教学的教师都知道:我们的教学不应满足于学生对于相应计算法则的牢固掌握,而还应当高度重视如何能够帮助学生很好地理解这样一个计算公式。

容易想到,这正是这一内容的教学何以经常采取以下做法的主要原因,即在学生通过实际操作(如用单位面积的正方形纸片实际铺满所需测量面积的长方形,或是在所需测量面积的长方形图形上实际画出单位面积的小正方形,等等)求得了若干长方形的面积以后,又突出强调了"用思维去把握对象",即如由"全部铺满"过渡到"铺一部分",乃至"连铺都不用铺了":"现在请同学们闭上眼睛,老师说出一个长方形的长和宽,请你在头脑中想象出这个长方形的面,再说出它的面积!"

但是,我们究竟应如何去理解这里所说的"闭上眼睛想一想"呢,特别是,这是指我们在头脑中简单地去重复原来的动作,还是指我们应将学生的注意力由实际完成所说的动作转移到"这一动作的可以予以一般化的特征"?

事实上,后者正是先前所说的"活动的内化"的主要涵义,相信读者由以下实例(引自王春秀、杨新荣,"听吴正宪讲课——以做启思的实践课堂",《人民教育》,2010 年,第 15~16 期)即可更好地理解我们在此究竟应当如何去进行教学:

　　这是吴正宪老师在这一内容的教学中专门设计的一个教学环节:"请同学们用 16 个平方厘米的小正方形纸片(面积单位)测量长 8 厘米、宽 4 厘米的长方形面积及边长是 10 厘米的正方形面积。"

　　由于要测量的图形面积太大,表示面积单位的 1 平方厘米的纸片又太少,因此,这就激发学生积极地去进行思考:他们发现横着摆不够摆,竖着摆也不够摆的事实。有的学生急得直挠头皮……结果有两个小组,横排摆 8 个,竖排摆 4 个,解决了长方形图形的测量问题;另一个组横着摆 10 个后记上数,再竖着重新摆 10 个……

　　显然,学生在此已将注意力由如何实际完成相关的动作转移到了"这一动作的可以予以一般化的特征"。

　　应当指出,由上述内容我们也可更好地领会按照"由简单到复杂、由低维到高维"的顺序去从事几何图形研究的优越性,因为,所谓的面积计算事实上就是将面积的度量转化成了线段的度量(和相应的计算)。当然,这是研究对象由 1 维过渡到 2 维所造成的一个直接变化,即在后一种情况我们必须从两个方向去从事实际的度量工作,这也就是指,为了求得长方形的面积,我们必须同时考虑到长方形的"长"和"宽"。另外,我们显然也可从同一角度去理解以下的事实,即在求取平面图形(如三角形、梯形等)的面积时,为什么应当特别重视所谓的"底"与"高"。

　　进而,笔者以为,依据上面的论述我们也可很好地理解弗赖登特尔的以下论述:"科学一旦跨出单纯收集材料的阶段,它便将从事于经验的组织。算术与几何所应组织的经验是哪些,这是不难指出的。用数学方法把实际材料组织起来,这在今天就叫做数学化。"(《作为教育任务的数学》,同前,第 45 页)

　　应当强调的是,上面的分析不仅十分清楚地表明了用"联系的观点"指导教学的重要性,而且也直接涉及由"动手"向"动脑"的重要转变。对于后者我们将在第 5 章中作出进一步的分析论述,以下主要针对"度量问题"提出一些具体的建议:

　　在学生实际动手从事度量前,教师应当首先引导他们认真地去思考:如何进行度量才能更准、更快、更省事?在实际度量遇到困难时(例如,度量的对象是曲线形),我们又应引导学生进一步去思考如何才能克服所面临的困难?等等。

由于这里所说的"度量"就是指按照一定的公式去进行计算,因此,在这样的意义上,以下可被看成这方面的又一实例。

[例6] 一道练习题:从圆柱到圆锥

(引自王逸卿,"想清关系,计算也会变简单",《小学数学教师》,2016年第12期)

以下就是所说的练习题:"一个圆锥与一个圆柱的底面积相等,圆锥的体积是圆柱的 $\frac{1}{6}$。如果圆柱的高是9厘米,那么圆锥的高是( )厘米?"

当时出现的情况是:全班38位学生,8位学生填对了答案,正确率只有21.05%。以下是相关教师的分析:

"显然,学生的错误并非因为计算问题时粗心,而是没有解题的思路。题目中仅有一个9厘米是具体的量,无法按照已有的公式计算,这让学生不知所措。"

也正因此,相关教师在课堂上作了如下的"作业分析":"根据'一个圆锥与一个圆柱的底面积相等'这一条件,可以假设它们的底面积为1平方厘米,那么圆柱的体积是9立方厘米。因为圆锥的体积是圆柱的 $\frac{1}{6}$,所以圆锥的体积就是 $\frac{9}{6}$ 立方厘米,进而求出圆锥的高是 $\frac{9}{6} \div \frac{1}{3} \div 1 = \frac{9}{6} \times 3 = \frac{9}{2}$(厘米)。"

然而,尽管教师"有意放慢了节奏,期望学生的思维能够跟上来,可是,还是有不少学生表现出似懂非懂的样子"。

与此相对照,一位学生所给出的以下解答则取得了很好的效果:"如果等底等高,圆锥的体积应该是圆柱的体积的 $\frac{1}{3}$,现在是 $\frac{1}{6}$,而且底面积相等,说明圆锥的高是圆柱高的一半,9厘米的一半就是4.5厘米。"

这位教师因此获得了如下的感悟:"'圆柱和圆锥'单元教学中,表面积和体积的计算量比较大。在农村小学,学生在计算中更是频频出错,往往需要老师分步指导才能帮助其改正。于是,我们总会增加一些练习,期待'熟能生巧'。……但必须警惕的是,过于强化计算练习,容易使学生形成思维定式,甚至形成拿到题目就盲目计算的习惯。……这位学生之所以如此简单就解决了问题,关键在于他读到文字信息的时候,能够自如地在脑海中转化出图形,理清了图形之间的数量关系,在这道题的分析中,学生更胜一筹。"

"有了这样的教训,我……发现有不少题目只要理清关系,计算就变得十分简单,倘若急于计算,缺少梳理关系的过程,则往往是刚列出算式就已经出错。"

这位教师并突出地强调了计算前"想图形"的重要性:"这位学生之所以如此简单就解决了问题,关键在于他读到文字信息的时候,能够自如地在脑海中转化出图形……(有的)学生缺乏空间观念,脑海里有文字和式子而无图形……因此,我更加意识到:培养学生在计算前'想图形'的意识、发展空间想象力十分重要。"

事实上,笔者以为,利用第1章[例7]中所提到的"关系图",我们就可帮助学生很好地发现相关的解题思路(图3-13)。

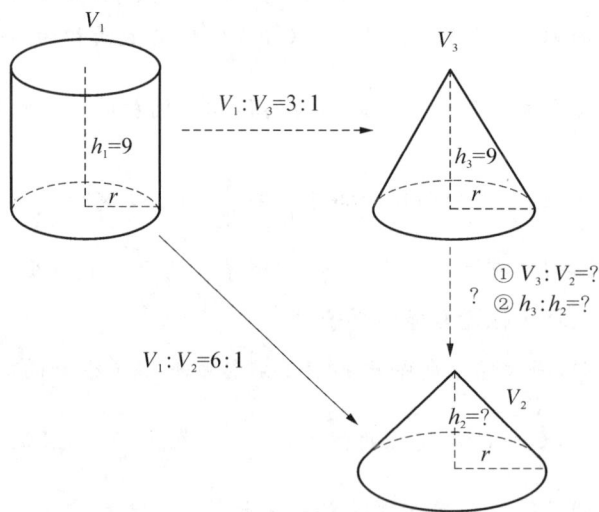

图 3-13

当然,除去将关注点由"如何通过计算去求得未知数"转向"相关成分之间关系的分析"这样一点以外,这也应被看成这一解题活动的又一关键,即我们应当有意识地引入这样一个新的对象:与问题中的圆柱等底等高的圆锥,并由具体考察问题中所提到的圆柱与圆锥之间的关系,转而分别考察这两者与新引进的圆锥之间的关系。

最后,正如前面已指出的,由于上述的"关系图"正是积极思维的结果,因此,这十分清楚地表明了由单纯"动手"转向"动脑"的重要性,包括只有在真正想清楚了的情况下我们才应去从事实际计算。

容易想到的是,如果将所谓的"基本活动经验"与"基本技能"也考虑在内,那么,我们在此显然就应更深入地去思考这样一个问题:就"度量问题"的教学而言,相关的经验或技能是否真有其一定的重要性?

例如,在笔者看来,这即可被看成以下论述给予我们的直接启示:"说实话,在日常生活中,用量角器量角确实称得上'屠龙之技'。"(曹培英,"返璞归真:'角的度量'教学新探索",同前)更一般地说,这也就是指,"度量问题"的教学决不应满足于相关经验或技能的掌握,而应更加重视其背后的数学思想和数学思想方法。

总之,这是"度量问题"的教学应特别重视的三个问题:(1)对于数学概念与日常知识的清楚区分;(2)我们不应唯一重视学生的动手,也应促进学生更积极地去进行思考;(3)我们还应高度重视相关的数学思想和数学思想方法的分析,并以此来指导具体知识内容与基本技能的教学,包括清楚地揭示各个知识内容之间所存在的重要联系。

3. 三角形和四边形的研究与"联系的观点"

就三角形和四边形的研究而言,之所以要强调"联系的观点",主要体现了这样一个观点:我们不仅应当注意研究各种三角形和四边形都有哪些性质,也应清楚地揭示它们的内在联系,并以此来指导相应的教学活动。

例如,读者在此可首先思考这样一个问题:我们在小学阶段究竟接触到了哪些三角形和四边形?由实际尝试可以发现:这一问题看似容易,事实上却不那么简单,特别是,这直接涉及图形的"分类问题",因为,如果不借助适当的分类,我们恐怕很难对自己的解答是否完整作出正确的判断。

事实上,三角形和四边形的认识为学生更好地学习数学中的"分类问题"提供了重要契机。先前的[例1]显然可被看成这方面的一个实例。与此相对照,这正是以下实例的一个明显优点,即不仅从一个角度清楚地表明了数学中究竟为什么要进行"分类",也很好地突现了这方面的这样一条准则,即分类应当力求不重复、不遗漏。

[例7] "三角形的分类"的教学

(罗鸣亮,《构建讲道理的数学课堂》,华东师范大学出版社,2017)

1. 诱发期待,因需而学。

师:我带来一个信封,这信封里装着什么图形呢? 请喊出他们的名字。(拿出一个又一个三角形,分别贴在黑板上)

全班学生齐声喊出:三角形、三角形……

师:我这信封里还有好多好多,但如果"三角形"、"三角形"同样的名字喊下去,烦不烦?

生:烦!

师:怎么办?

生:给它取名字。

师:为什么要取名字?

生:不然一直叫下去,很烦!

生:给它们分类。

师:为什么?

生:三角形很多,根据它们不同的特征给它们分类,再取不同的名字。

师:对,今后我们可不是一个一个地研究,而是要一类一类地研究。这节课,我们就来学习"三角形的分类"。

2. 个性分类,自主建构。

(1) 个性分类,尝试中领悟分类准则。

师:请同桌取出信封里的三角形,爱怎么分类就怎么分,但要思考为什么这样分类?

（指定一名学生上台分类，并说明理由）

生1：其实我是把它们按角来分类的，你们看，这两个都有一个钝角分成一类，这三个都有一个直角分成一类，这两个既没有钝角又没有直角分成一类。

师：有没有不明白的，需要提问的，赶紧向这两位小老师提问！

生2：最后一组里有一个是等边三角形，而另一个不是等边三角形，为什么放在一起？

生1：我是按角来分类，不是按边来分类。

师：对了，分类是要按一个标准来分的。

生3：左边的一类三角形，既有钝角也有锐角，你为什么就按钝角来分呢？

生1：因为这一类三角形里有它独一无二的特征——有钝角，而另外两类没有钝角呀！

师：有没有与他们的分法不一样的？

生4：我是按照边来分类，这几个都是等边三角形分为一类，这几个是等腰三角形分一类，剩下的既不是等边也不是等腰三角形，它们自己分一类。

师：刚才我们出现了两种分法，一种按照角来分，另一种按照边来分，都是可以的，那么，这节课我们先来研究按照角的特征进行分类！

（2）猜测想象，体验分类的科学性和封闭性。

师：信封里接下来的三角形的三个角有可能分别是什么角？

生1：可能是一个直角、两个锐角。

生2：可能是一个钝角、两个锐角。

生3：可能是三个都是锐角。

师：这些三角形黑板上都有了，还有呢？

生：可能是一个直角、一个钝角、一个锐角。

师：好，大家闭起眼睛想象一下，这个三角形是什么样子，黑板上有这样的三角形吗？

生：没有。

师：赶紧画出一个补上去，好吗？

（请猜想的同学上黑板画，其他同学也都在练习本上画）

生：这个三角形是不可能画出来的，因为不成立，一个三角形的三个角里要么有一个钝角,要么有一个直角,不可能钝角和直角在同一个三角形上。

师:你画出来了么?

生:如果能画的话就是这样子了 ,这不像是一个三角形了,所以不可能直角、钝角同时出现在一个三角形上。

生:是另外的图形,再也不是三角形了。

生:一个三角形三个角的度数加在一起是 180°,一个直角是 90°,一个钝角起码有 91°,加在一起是 181°,所以它不再是三角形了。

师:他用三角形的内角和来解释,不存在一个直角、一个钝角、一个锐角的三角形,太棒了!

师:只有黑板上的这三种情况,还有第四种吗?

生:没有。

师:把所有的三角形看作一个整体的话,可以分成几类?

生:三类。

师:除了这三类,还有吗?

生:没有。只能分成三类!

(3)把握特征,合理命名。

师:对比这三类有什么不同点? 分别给它取个名字。

(小老师上台命名并说明理由后,由台下学生发问、质疑)

生 1:一个钝角,两个锐角,锐角比钝角多,为什么不叫锐角三角形呢?

(教师作沉思状后走到学生中间,蹲下身子,用目光示意台上的小老师,我们都在等你的回答呢)

小老师:这个三角形有两个锐角,那个三角形也有两个锐角,按你这样那都叫锐角三角形了? 那不是一样的名字吗? 还要分类干吗?

师:是的,三角形都有三条边、三个角,所以我们要根据它不同于其他类的特征来进行分类。

3. 猜想验证,深化认识。

师:(从信封抽出一个三角形,露出一个直角)这个是什么三角形?

生:直角三角形。

师：确定吗？为什么？

师：继续（从信封抽出一个三角形，露出一个钝角）。

生：钝角三角形。

师：为什么？

师：机会不多呀，可要想好了猜哦！（从信封抽出一个三角形，露出一个锐角）

生1：锐角三角形。

生2：无法确定。

师：刚才前面看到一个直角或钝角就可以确定了，现在为什么无法确定？

生：因为所有的三角形都至少有两个角是锐角。

……

4. 动态连点，拓展延伸。（略）

如果说上面的实例已清楚地表明了究竟有多少种不同的三角形，那么，我们又已接触到了哪些四边形呢？或者说，我们究竟应当按照什么样的标准对四边形进行分类呢？当然，从更为一般的角度去分析，这又直接涉及这样一个问题，即数学中的分类究竟有什么作用？

还应提及的是，我们在第1章中事实上已接触到了这样一个问题，特别是这样一个准则：数学中的分类仅仅考虑事物和现象的量性特征，而完全不去考虑对象的其他属性。但是，由于这里所说的三角形和四边形都是纯粹的数学对象，因此，在此显然有必要对此作出更深入的分析。

具体地说，我们在此应首先强调这样一点：数学中的分类决非随心所欲的行为，即为了分类而分类，而是具有明确的目的性，特别是，这往往关系到这样一种思考，即我们如何才能更有效地去开展相应的认识活动。

以下就围绕三角形和四边形的认识对此作出更为具体的分析。

第一，这是人类认识活动的一个基本规律，即任何深入的认识都必须使用一定的概念，而后者在很大程度上是由先前的认识活动直接决定的。例如，就三角形的分类而言，这显然是我们为什么要从"边"和"角"这样两个角度去从事分类的主要原因，因为，这正是我们先前已掌握的知识，即线段与角的度量，包括它们的大小比较和相等与否等。另外，就四边形的分类而言，先前所从事的关于线段与线段之间关系的分析显然就可被看成为此提供了又一可能的视角。

正如[例2]已表明的,以下就是关于三角形的两种基本分类:

(1) 按照边的相等与否。

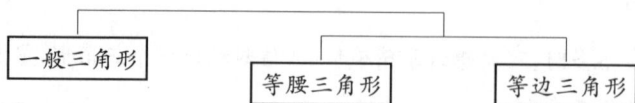

```
┌────────────────────┬────────────────┐
│                    │                │
一般三角形        等腰三角形      等边三角形
```

(2) 按照是否有一个角为90°。

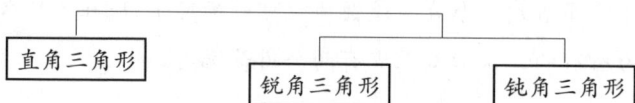

```
┌────────────────────┬────────────────┐
│                    │                │
直角三角形        锐角三角形      钝角三角形
```

当然,我们在此还可通过已有概念的适当"组合"去引出其他一些三角形。例如,通过"直角三角形"与"等腰三角形"的组合我们就可引出"等腰直角三角形"这样一个新的概念。

以下是关于四边形的几种常见分类:

(1) 按照各条边是否都相等。

```
┌──────────────────────────────────┐
│                                  │
一般四边形                        菱　　形
```

(2) 按照各个内角是否都是90°。

```
┌──────────────────────────────────┐
│                                  │
一般四边形                        长　方　形
```

(3) 按照对边是否平行。

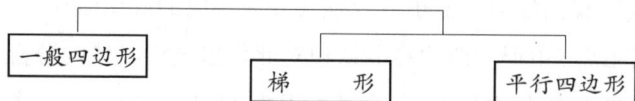

```
┌──────────────────┬────────────────┐
│                  │                │
一般四边形        梯　　形      平行四边形
```

当然,上述的分类不能被看成已经穷尽了所有的可能性。例如,我们显然也可按照"是否有且仅有一组对边相等",以及"是否有一个角且仅有一个角为直角"等标准去引入一些特殊的四边形。再者,我们显然也可通过对已有概念的适当"组合"去引出其他一些四边形,即如由"菱形"与"长方形"的组合引出

"正方形"的概念。另外,"直角梯形"和"等腰梯形"的概念显然也可被看成这方面的另外一些实例。

第二,我们并可依据特殊与一般之间的辩证关系对不同三角形和四边形之间的关系作出进一步的分析。

具体地说,从所说的角度去分析,我们显然就可对各种三角形之间的关系作出如下的进一步分析(图 3-14。其中我们仅仅标出了"特殊化"这样一个方向。如果从相反的方向去分析,就直接涉及"一般化")。

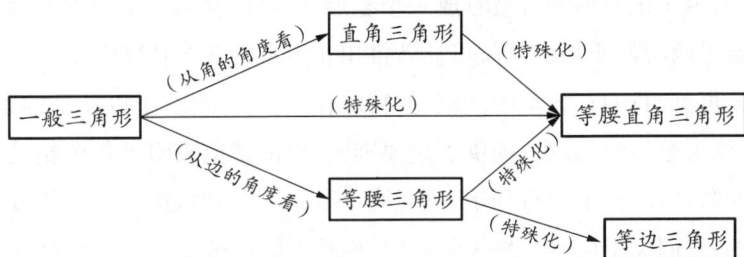

图 3-14

另外,按照同一思路,我们显然也可将各种四边形纳入同一个概念体系(图 3-15)。

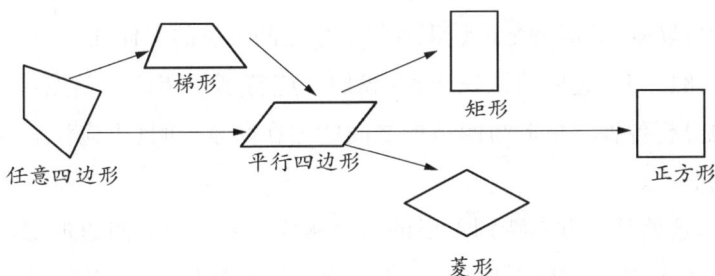

图 3-15

应当强调的是,按照特殊与一般的关系去从事三角形与四边形的研究具有以下的优点:

首先,正如一般的认识活动,我们往往可以特殊事物的认识带动一般事物的认识。

例如,依据等腰三角形的相关性质我们可进一步推导出一般三角形的某些特性。如由"等腰三角形两个底角相等"可以联想出:"三角形中较大的边所对的角也较大,较小的边所对的角也较小。"另外,由于任一三角形都可转化成两个直角三角形,因此,由直角三角形的面积公式我们就可立即推导出一般三角形的面积公式。

其次,数学中也经常会用到由一般向特殊的过渡,后者并具有这样一个优点:这时我们可借助纯粹的逻辑演绎去进行推理。例如,这事实上就是各种数学教材何以普遍地采用这样一种表述方式的主要原因。

例如,由于正方形既可被看成一个菱形,也可被看成一个长方形,因此,我们只需通过两者性质的综合就可立即推出正方形的各个特殊性质。

综上可见,我们在数学中就应对"特殊化"与"一般化"予以特别的重视,因为,这不仅为数学的"分类"提供了重要准则,也清楚地表明了各个相关对象之间的重要联系,从而十分有利于人们的认识活动。当然,正如上面的分析已清楚表明的,我们又不应唯一地去强调"特殊化"或"一般化",而应更加注重两者之间的辩证关系。更为一般地说,数学的无限发展事实上就可被看成是在特殊化与一般化的辩证运动中得到实现的。(详可见另著《新数学教育哲学》,华东师范大学出版社,2015,第 1.3 节)

第三,除"特殊化"与"一般化"以外,我们还应从更广泛的角度去分析各种图形之间的联系,即应清楚地认识数学对象之间关系的多样性。

就三角形与四边形的认识而言,我们并应特别强调这样一点:我们不仅应当注意分析各种三角形与四边形之间的内在联系,而且也应注意分析这两者之间的联系。

例如,这就是这方面特别重要的一个事实:由于任一四边形都可被分解成两个三角形,因此,我们就可以三角形的相关知识为基础去进一步研究与此直接相对应的各种四边形的性质。

[例8] 由三角形到四边形

首先,通过各种特殊三角形与四边形之间相互关系的分析,我们可获得关于这些图形更为完整的一个概念网络(图 3-16),后者并可被看成对于图 3-14 和图 3-15 的适当综合。

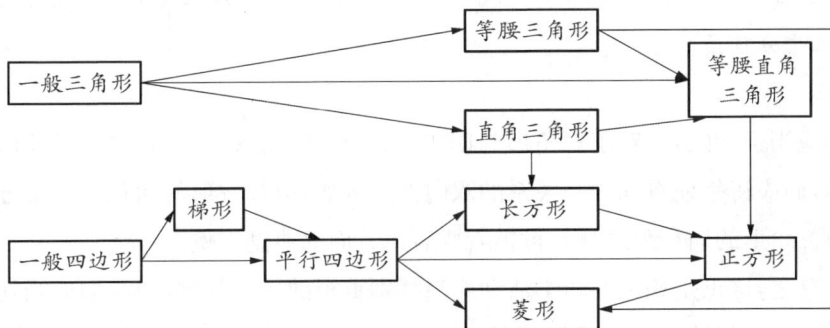

图 3 - 16

其次,依据上述分析我们显然可以由三角形的相关知识去直接推出相应四边形所具有的各种性质。

例如,由于菱形可以被看成是由两个全等的等腰三角形组合而成的(图3-17),因此,我们就可由等腰三角形的性质直接推出菱形的性质,即如依据等腰三角形"底边上的中线垂直于底边且平分顶角",我们可立即推知:"菱形的对角形互相垂直且平分顶角"。另外,由于长方形可以被看成由两个全等的直角三角形组合而成(图3-18),因此,我们可以依据直角三角形的相关性质去推出长方形的性质,即如依据"直角三角形斜边上的中线等于斜边的一半",我们就可立即推知:"长方形的对角线相等。"

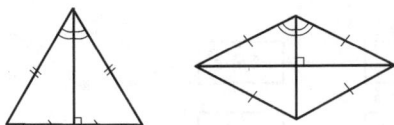

图 3 - 17

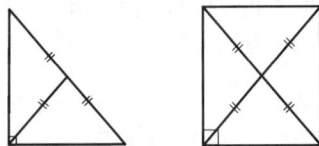

图 3 - 18

最后,由于正方形可以被看成由两个全等的等腰直角三角形组合而成(图3-19),因此,我们就可由后者的性质直接推出正方形的各个特性。当然,正如前面已提及的,由于正方形也可被看成是菱形或长方形,因此,我们就可通过菱形和长方形相关性质的综合推出正方形的特征性质:(1)正方形的四条边都相

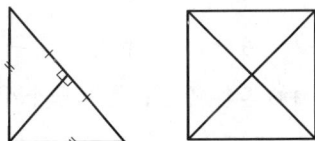

图 3 - 19

等;(2) 正方形的四个角都等于 90°;(3) 正方形的对角线相等,且互相垂直平分,且平分顶角。

应当强调的是,对于三角形与四边形之间的联系我们不应理解成单向的运动,而应清楚地看到这一关系的双向性。例如,由长方形的面积公式推导出直角三角形的面积公式显然可被看成后一方面的典型实例。

总之,这正是相关的教学活动应当特别重视的一个问题,即我们应当切实防止各种可能的片面性,帮助学生从更广泛的角度认识三角形与四边形之间的联系。

特殊地,这也正是笔者在对以下课例作出点评时所采取的主要立场。

[例 9]　平面图形面积公式的整理和应用

这是笔者 2002 年聆听的一堂观摩课,作为复习课(六年级),其主要目标是对学生已学过的各个图形(长方形、正方形、三角形、梯形、平行四边形、圆)的面积公式作出整理,帮助学生更好地掌握这些图形与相应的面积计算公式之间的联系。

从当时的实际情况看,参与这一教学活动的学生都已较好地掌握了相关的知识,因为,各个小组都能正确地回忆出面积公式的推导过程,即大致地体现出如下的逻辑线索(图 3 - 20)。

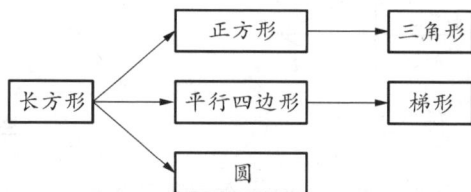

图 3 - 20

另外,任课教师在这一过程中发挥了很好的引导和组织作用,包括提出明确的工作任务:要求每个小组用图形演示的方式表明各个面积公式之间的联系,组织学生进行全班汇报,对自己与其他人的工作作出评价,等等。

正因为此,这一堂课可说是基本成功的。但在笔者看来,我们在此还应更深入地去思考：复习课如何才能真正超出单纯回忆的范围，为学生的创新活动提供更大的空间？

　　具体地说，由上面的介绍可以看出，这一课例中学生的活动主要是一种回忆性的工作，特别是，他们所展示的是教材中关于各个公式的推导过程，也正因此，对他们而言，这些公式（以及相关图形）之间的联系就主要表现为线性的、单向的逻辑关系。但是，这正是所说的逻辑结构与真正的认知结构之间的一个重要区别：后者是双（多）向而非单向的，并主要表现为一种网状结构。由此可见，这应当成为这一教学活动的一个主要目标，即如何能够帮助学生很好地突破由于先前的学习活动所形成的逻辑线索的束缚，建立起将各个相关概念和数学知识都包含在内的整体性知识结构。

　　例如，就所提到的各个面积公式而言，除去以长方形为核心这一"标准做法"以外，我们显然也可以三角形的面积公式为核心将其他各个图形联系起来。进而，通过两种方式的比较与"互补"，我们不仅可以帮助学生建立更为丰富和合理的认知结构，而且也可促进他们积极主动地去进行探索，从而表现出更大的"开放性"。

　　在此我们还应特别强调这样一点：由于教材中往往是按照一定的逻辑线索对概念（和知识）进行组织的，因此，我们在教学中就应注意突破这样一个局限性，即应当帮助学生从更广泛的角度去认识各个概念（和知识）之间的联系。特别是，这更应成为复习课的一个重要目标，即通过复习使学生将一些原先似乎互不相关的概念（和知识）联系起来，从而逐步形成整体性的知识结构。

　　最后，应当指出的是，我们还可从同一角度去理解这样一个事实，即国际数学界现今何以对"概念域"（conceptual fields）这样一个概念表现出了普遍的关注。例如，这就正如 G. Vergnaut 所指出的："数学概念的意义是从多种情境中抽取出来的，而且，每一情境的分析又必须用到好几个概念，而不只是其中的某一个。也正因此，我们就必须从事概念域的学习和教学的研究，后者即是指大量情境的组合，对这些情境进行分析和处理则必须用到多种交织在一起的概念、过程与符号表达式。"（"Epistemology and Psychology of

Mathematics Education", 载 P. Nesher & J. Kilpatrick 主编, *Mathematics and Cognition*, ICMI Study Series, Cambridge University Press, 1990, 第 23 页)

当然,我们不应将"概念域"看成某种固定的结构,恰恰相反,这应当被看成处于不断的发展和演变之中,包括由不完整到完整、由浅入深、由表及里等,以及我们又如何能够依据不同的情境和需要对此作出适当的"分解与重组"(decomposition and re-composition)等。更深入地说,这显然也十分清楚地表明了数学思维的发展性质,特别是,只有经过不断的学习与反思我们才能很好地掌握同一概念的不同侧面,从而获得关于其本质更深刻的认识。另外,从教学的角度看,这显然也更为清楚地表明了这样一个事实:数学学习主要是一个不断优化的过程(第 2.2 节)。

4. 运动、变化与生成

之所以突出这样一个主题,主要是因为不少图形,特别是空间形体可被看成是由较简单的图形经由运动变化生成的,从而从又一角度更清楚地揭示了在各种几何对象之间所存在的重要联系。

例如,我们显然可从这一角度很好地去理解小学几何为什么要引入"平移"和"旋转"这样两个概念。另外,"全等形"的概念则可被看成是与所谓的"刚体运动"密切相关的,即为我们具体地界定各类几何对象之间的"等价关系"提供了必要的准则。

以下是这方面的更多实例。

首先,正如人们普遍认识到的,长方形可以被看成是由一条线段经由垂直方向上的平移所生成的;圆可以被看成是由一条线段绕其端点旋转生成的。

以下是上述"生成关系"的直接推广:如果将一个长方形(或正方形)沿与所在平面相垂直的方向作平移,我们就可获得长方体(包括正方体);我们显然还可按照同一方式对所谓的"柱体"给出相关的定义。再者,如果我们将一个半圆绕其直径进行旋转就得到了球;另外,如果所旋转的并非半圆,而是长方形、直角三角形或直角梯形,将其围绕一条直角边进行旋转所得到的就分别是圆柱、圆锥和圆台。

应当强调的是,上述的分析并非纯粹的思维游戏,而是具有重要的数学意义。例如,正如前面已提及的,依据上述思路,我们就可由长方形的面积公式直接联想出长方体(更一般地说,就是柱体)的体积计算公式。

以下是另外一些相关的实例。

[例 10]　圆的面积的求取

这可以被看成利用"无穷小方法"实现"化曲为直"的一个典型例子:通过对圆的"无穷分割"我们可获得所谓的"无穷小三角形"OAB(图 3-21,其中 AB 就是所谓的"无穷小量")。正因为 AB 是无穷分割的结果,因此,我们既可以将所说的无穷小三角形看成一个直边三角形,也可将其看成一个曲边三角形。由于 OAB 是一个直边三角形,因此它的面积就是 $\frac{1}{2}lr$(其中 l 是 AB 的长,r 是圆的半径)。又由于它是一个曲边三角形,它的无穷累积就是圆。

综上可见,圆的面积就是

$$S = \sum \frac{1}{2}lr = \frac{1}{2}r \sum l = \pi r^2 .$$

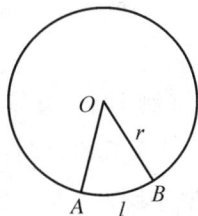

图 3-21

这样,我们就通过无穷小分析求得了圆的面积。

[例 11]　三角形与棱锥的类比

从生成的角度去分析,不难发现三角形与棱锥之间有一定的共同点:如果说三角形可以被看成是将线段外的一点与线段上的各个点用线段连结所生成的,那么,我们也可将棱锥看成是将多边形(所在平面)外的一点与多边形上的各个点用线段连结所生成的(图 3-22)。

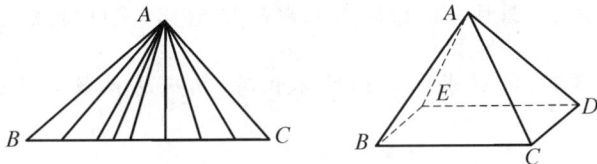

图 3-22

　　进而，按照这一分析，我们就可依据三角形的面积公式去猜想出棱锥的体积公式——当然，这里的关键在于"求同存异"，这也就是指，我们既应清楚地看到两者的共同之处，同时也应高度重视它们的区别，特别是，应当依据对象的具体情况对相关结论作出必要的调整。

　　具体地说，就目前的实例而言，在由三角形的面积公式 $S = \frac{1}{2} \times 底 \times 高$ 去引出棱锥的体积公式时，我们就不仅应当将其中的"底"调整为棱锥的"底面积"，而且也应将相应的系数由 $\frac{1}{2}$ 调整为 $\frac{1}{3}$，后者并可被看成研究对象由 2 维过渡到 3 维的一个必然结论。

　　这样，我们最终所得出的就是这样一个公式：

$$V = \frac{1}{3} \times 底面积 \times 高。$$

[例 12]　由"圆的面积"到"球的体积"

　　上面已经提到，圆可以被看成是由无穷多个"无穷小三角形"垒积而成的，我们并按照这一思路求得了圆的面积。对于后一结果我们显然可表述为：圆的面积等于以圆周为底、半径为高的三角形的面积。

　　由于在圆和球之间存在明显的类比关系，因此，依据上述的结论(以及三角形与棱锥之间的类比关系)我们可以作出这样一个猜想：球的体积很可能等于以球面为底面、球半径为高的棱锥的体积，即有

$$V = \frac{1}{3}(4\pi r^2)r = \frac{4}{3}\pi r^3。$$

　　还应提及的是，通过将圆柱、(半)球与圆锥联系起来加以考察(假设它们底面的半径都是 R，圆柱与圆锥的高也都是 R，图 3-23)，我们也可更好地去理解这样一个事实，即在求取棱锥的体积时，相应的系数为什么是 $\frac{1}{3}$，而不是 $\frac{1}{2}$。

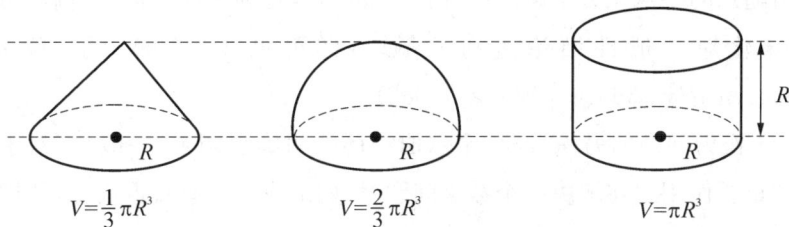

图 3 - 23

其次，如果说上面的论述主要涉及由较简单图形向较复杂形体的过渡，那么，几何研究同样包括相反方向上的运动，特别是，人们往往会将较复杂的对象（包括问题等）转化成较简单的对象来进行研究。更一般地说，这显然十分清楚地表明了"变化的思想"在数学研究中的重要作用。

例如，面积与体积计算中经常用到的"分割与组合"显然可被看成通过变化解决问题的典型例子。另外，如果将考察的对象集中于"问题"，则就直接涉及"化归"的方法，这也就是指，我们应当善于通过问题的适当变化，特别是由未知向已知、由复杂向简单、由难向易的转变去解决问题（第2.2节）。

当然，除去纯粹意义上的"问题解决"以外，"问题的提出"也应被看成数学活动十分重要的一个内涵。由于这两者在很大程度上可被看成体现了相反的方向，因此，这就为我们更深入地理解"变化的思想"提供了直接的启示。

以下再围绕"特殊化"与"一般化"对此作出进一步的分析论述。

（1）著名数学家希尔伯特曾明确指出："可能在大多数场合，我们寻找一个问题的答案而未能成功的原因，是在于这样的事实，即有一些比手头的问题更简单、更容易的问题没有完全解决或完全没有解决。这时，一切有赖于找出这些比较容易的问题并使用尽可能完善的方法和能够推广的概念来解决它们。这种方法是克服数学困难的最重要的杠杆之一。"

显然，从上述角度我们就可更好地理解英国著名数学教育家梅森关于"特殊化"方法的以下论述，即我们如何能够利用这一方法去求解问题：

由随意的特殊化去了解问题;由系统的特殊化为一般化提供基础;由巧妙的特殊化对一般性结论进行检验。（详可见 J. Mason 等，*Thinking Mathematically*，Addison Wesley，1982）

（2）作为问题的另一方面，希尔伯特还曾明确强调了"一般化"对于问题求解的重要作用："在解决一个数学问题时，如果我们没有获得成功，原因常常在于我们没有认识到更一般的观点，即眼下要解决的问题不过是一连串有关问题中的一个环节。"（"数学问题"，载《数学史译文集》，上海科学技术出版社，1981，第 63 页）

由此可见，"一般化"就是我们由已有问题去引出新的问题十分重要的一种方法。当然，正如上面的论述已清楚地表明的，我们并应清楚地看到在"问题提出"与"问题解决"之间所存在的重要联系。

以下就是这样的一个实例。

[例 13]　平面分割空间的问题

这是我们要解决的问题："n 个处于一般位置（这即是指，其中既没有任何两个平面互相平行，也没有任何三个平面共线，或任何四个平面共点）的平面把空间分割成多少个部分？"

显然，这一问题的求解有一定难度。正因为此，我们不妨尝试着用"一般化"方法对此进行求解，即将此看成"一连串有关问题中的一个环节"。

以下是两个较为简单的类似问题：

"n 条处于一般位置（这即是指，其中既没有任何两条直线互相平行，也没有任何三条直线共点）的直线把平面分割成多少个部分？"

"n 个处于一般位置（这即是指，其中没有任何两个点重合）的点把直线分割成多少个部分？"

当然，为了取得切实进展，我们又应采取综合的观点，即应将上述三个问题联系起来加以考察。以下就是通过具体设定 $n=1$、2、3 等并对相关实例进行实际考察所获得的若干具体数据。

从这个表格我们能够发现什么规律性的东西？或者说，什么看上去像是真的？特别是，在相邻的两列数之间似乎存在怎样的关系？

分割元素的数目	分成几个部分		
	点分割直线	直线分割平面	平面分割空间
1	2	2	2
2	3	4	4
3	4	7	8
4	5	11	15
…	…	…	…

具体地说，由仔细观察可以发现表中第三列（直线分割平面的数目）的每一个数恰好都等于同一列中上一行的数加上在其左列中的那个数，即如：

2	2
	4

3	4
	7

4	7
	11

由进一步的检验可以看出，这一规律对于第四列（平面分割空间的数目）中的数也是成立的，即如：

2	2
	4

4	4
	8

7	8
	15

由此我们就获得了这样的猜测：表中自第三列起，每个数都等于同一列中上一行的数加上其左列中的那个数。

当然，我们又应进一步去思考：这是否确为一个规律？或者说，它为什么是真的？

为了解答后一问题，让我们再次转向实例的考察，特别是，在此我们可首先对"直线分割平面"这一较简单的问题（从而，这事实上就可被看成"特殊化"方法的具体应用）作出具体分析。

图 3-24 所显示的就是分割直线的数目分别为 3 和 4 的情况。由于上述猜想所涉及的正是同一列中上下两个数字之间的关系，后者所代表的则分别是分割直线的数目相差 1 时平面的分割情况，因此，容易想到：在对"直线分

割平面"这一问题进行研究时,我们不妨采取这样一种"生成"的观点,即主要集中于当分割直线的数目 n 逐次增加时分割所得出的部分平面的数目 S_n 的变化情况。

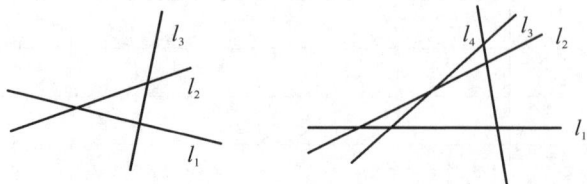

图 3-24

例如,就图 3-24 所示的情况而言,不难看出,当分割直线的数目 n 由 3 增加到 4 时,分割所得的部分平面的数目 S_n 的增加数也是 4,而这事实上就是新增加的第四条直线 l_4 被原有的三条直线分割所得的"部分直线"数,因为,每一个这样的"部分直线"都把原先的一个"部分平面"分割成了两个新的"部分平面"。

显然,依据后一分析不难引出一般性的结论:现设在原有的 $(n-1)$ 条分割直线的基础上又增加了一条新的分割直线 l_n,由于这一直线 l_n 被原有的 $(n-1)$ 条直线分成了 n 个"部分直线"(因为共有 $[n-1]$ 个交点,图 3-25),而每一个这样的"部分直线"又把原先的一个"部分平面"分割成了两个新的部分,因此,总的来说,就增加了 n 个部分。

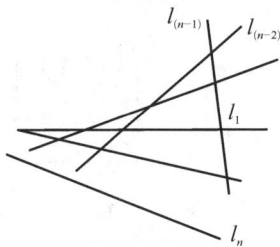

图 3-25

总之,n 条处于一般位置的直线分割平面所得出的数目就相当于 $(n-1)$ 条直线分割平面所得出的数目加上 $(n-1)$ 个点分割直线所得出的数目。由此可见,以上的猜想确有一定的合理性,因为,前两者无非就是表中第三列的上下两个数,后者则就是位于上面的那个数左边的那个数。

进而,依据所说的规律,我们显然就可具体地求得 n 条处于一般位置的直线分割平面所得出的数目,即 $1+1+1+2+\cdots+n=\dfrac{n(n+1)}{2}+1$ 个部分。

在解决了"直线分割平面"的问题以后,我们显然也可采用同样的方法去解决原来的"平面分割空间"的问题,即采用"生成"的观点对此作出具体研究。当然,现在逐次增加的是平面("分割平面"),而不是直线("分割直线"),所得出的也是"部分空间",而非"部分平面"。

具体地说,我们已经知道:在直线分割平面时,每增加一条新的"分割直线",新增加的"部分平面"的数目就等于这一条直线被原先的各条直线分割所得出的"部分直线"的数目,因为,每一个这样的"部分直线"都将原来的一个"部分平面"分割成了两个新的"部分平面"。

显然,按照同样的思路,我们也可想到:就平面分割空间的情况而言,每增加一个新的"分割平面",新增加的"部分空间"的数目就等于这一平面被原先的各个平面分割所得出的"部分平面"的数目,因为,每一个这样的"部分平面"都将原来的一个"部分空间"分割成了两个新的"部分空间"。

由于 n 与 $(n-1)$ 个处于一般位置的平面分割空间所得出的数目是表中第四列的上下两个数,新增加的"部分空间"的数目则是位于上面的那个数左边的那个数,也即平面被 $(n-1)$ 条直线分割所得出的"部分平面"的数目,因此,这十分清楚地表明了这样一点:上述的发现并非偶然,而是一个真正的规律。

进而,依据所说的规律,我们就可通过具体计算求得 n 个处于一般位置的平面分割空间所得出的数目,即有

$$1+1+\left(\frac{2(2-1)}{2}+1\right)+\cdots+\left(\frac{n(n-1)}{2}+1\right)$$

$$=1+\left(\frac{1^2}{2}-\frac{1}{2}+1\right)+\left(\frac{2^2}{2}-\frac{2}{2}+1\right)+\cdots+\left(\frac{n^2}{2}-\frac{n}{2}+1\right)$$

$$=1+\frac{1}{2}(1^2+2^2+\cdots+n^2)-\frac{1}{2}(1+2+\cdots+n)+(1+1+\cdots+1)$$

$$=1+\frac{1}{2}\cdot\frac{n(n+1)(2n+1)}{6}-\frac{1}{2}\cdot\frac{n(n+1)}{2}+n$$

$$=1+\frac{n(n^2+5)}{6}$$

个部分。

以下再从更一般的角度指明"变化的思想"在数学中的重要作用。

（1）上面的分析已涉及数学活动最基本的两种形式，即"问题的提出与解决"和"概念的生成、分析与组织"，这就是指，变化不仅可以广泛地被用于问题的提出与解决，对于概念的生成，包括我们如何能够更深入地认识数学对象之间的联系也具有十分重要的作用。

例如，前一节中所提到的各种三角形和四边形之间的联系（图 3-14 与图 3-15）就可被看成这方面的一个典型例子，特别是，我们可以一般三角形和任意四边形为基础，并通过"特殊化"依次去引出各种特殊的三角形和四边形。以下是由"一般化"去引出新概念的又一实例。①

［例 14］　由"全等形"到"相似形"和"等积形"

众所周知，这是"全等形"的两个基本性质：面积相等和形状相似。如果仅以"形状相似"这一特性作为新的抽象活动的直接基础，我们就立即获得了"相似形"的概念。

当然，这也是另一种可能的选择，即仅仅着眼于"面积相等"这一特性以完成抽象，这就是"等积形"的概念（图 3-26）。

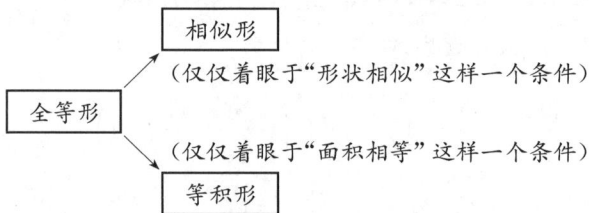

图 3-26

正如人们所熟知的，"相似形"对于几何研究具有十分重要的作用，与此相类似，"等积形"也可被看成具有同样的作用。例如，正是以"等积形"的概念为基础，我国著名数学家张景中先生提出了几何研究的一个新的路径（详可见

---

① 由于这两种抽象活动的主要特征分别在于"从原型中选取某一特征或侧面进行抽象"和"引入新的特征强化原型以完成抽象"，因此，数学中也常常称之为"弱抽象"和"强抽象"。

《平面几何新路》,四川教育出版社,1994)。由以下实例读者即可获得这方面的直接启示。

[例15]　"三角形内角平分线的性质"的证明

所谓"三角形内角平分线的性质",是指三角形中任一角的平分线分对边所得的两条线段与这个角的两边对应成比例。这一定理的证明应当说并不困难(图 3-27)。但从教学的角度看,在此显然存在这样一个问题,即我们如何才能使得这一证明对于学生而言成为十分自然的,因为,不可否认的是,CE 这一辅助线的添加很像是波利亚所说的"从帽子中掏出来的兔子"。

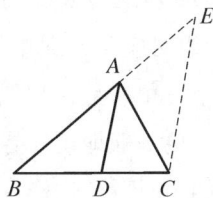

图 3-27

以下是利用"等积形"给出的另一证明,而其主要特征在于:其中完全不用添加任何辅助线。

具体地说,为了证明 $AB:AC=BD:DC$(其中 AD 为角 A 的平分线),我们可以促使学生首先考虑 $BD:DC$ 的几何意义。显然,从面积的角度去分析,$BD:DC$ 等于△ABD 与△ADC 的面积的比("关系一")。进而,我们显然也可用以下的方法求得△ABD 与△ADC 的面积的比,即将 AB 和 AC 分别看成这两个三角形的底,并由点 D 分别引出它们的高 DE 和 DF(图 3-28),由于依据 AD 是角 A 的平分线这一事实我们可以立即推知 $DE=DF$,这样△ABD 与△ADC 的面积的比就等于 $AB:AC$("关系二")。显然,这时我们只需将所得出的两个等量关系直接联系起来就可得出 $BD:DC=AB:AC$ 这样一个结论,这样,原来的定理就得到了证明。

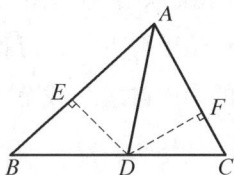

图 3-28

(2) 正如 2.3 节中所提及的,这也是"变化的思想"在数学中的又一重要应用,即我们应当努力寻找"变化中的不变成分或因素"。

例如,我们显然可从这一角度更好地去理解"相似形"在几何研究中的作用,因为,所谓图形的"相似",无非就是指通过适当的放大或缩小它们可以被看成是完全一致的,从而为人们更深入地认识图形之间的关系提供了又一新的视角。

当然,正如第1章中的[例13]已清楚表明的,任一数学概念的形成必然有一个"数学化"的过程,就目前的论题而言,这也就是指,我们应对图形的"相似性"作出更精确的定量描述。具体地说,这就是"相似三角形"最为重要的两个性质:对应边成比例;对应角相等。又由于我们只需依据部分的条件(即如"两组对应角分别相等"和"两组对应边成比例且夹角相等")就可具体地判定两个三角形是否相似,因此,这为我们解决问题提供了又一重要工具。

更一般地说,"寻找变化中的不变成分或因素"显然也可被看成数学中所谓的"找规律"这样一种活动的基本立足点,尽管这时我们所使用的是"规律"、"本质"等词语,而非"变"与"不变"这样一些概念。

再者,这显然又可被看成所谓的"变式理论"①所给予我们的直接启示,因为,无论是所谓的"概念式变式"或"过程式变式",其共同核心都在于我们如何能够通过适当的变化以突出其中的不变因素,从而帮助学生更好地掌握相关概念或解题方法的本质。

例如,以下就是"变式理论"中关于"过程式变式"的具体论述:"构建特定经验系统的变式(即过程能力)来自问题解决的三个维度:(1)改变某一问题:改变初始问题成为一个铺垫,或者通过改变条件、结论和推广来拓展初始问题。(2)同一个问题的不同解决过程作为变式,形成一个问题的多个解决方法,从而联结各种不同的解决方法。(3)同一方法解决多种问题,将某种特定方法用于解决一类相似的问题。"(顾泠沅等,"变式教学:促进有效的数学学习的中国方式",载范良火等主编,《华人如何学习数学》,江苏教育出版社,2005,第257页)

(3)正如第1章中的[例8]所表明的,这正是数学中"变化的思想"的又一重要内涵,即在具有明显变化的情况下,我们应根据需要在各种可能的变化之中找出最佳的选择——这也就是所谓的"极值问题"。

---

① 详可见鲍建生、顾泠沅等,"变式教学研究",《数学教学》,2003年第1~3期;或范良火等主编,《华人如何学习数学》,江苏教育出版社,2005年,第12章。对此我们还将在8.1节中作出进一步的介绍和分析。

以下是这方面的又一实例,这并很好地体现了这样一个思想,即我们应当通过自己的教学帮助学生逐步学会数学地思维。

[例 16]　"体积的问题"的教学

(刘德武,载方运加主编,《品课·小学数学卷 001》,教育科学出版社,2013,第 43～63 页)

任课教师首先对相关知识进行了回顾:"这儿有一个没有盖的长方体纸盒,如果让你求它的体积,怎么计算?"然后,通过将任务转化成"将长方形的纸剪成一个长方体,并计算后者的体积",教师又提出了这样一个问题:就所说的情况,"你能不能大胆地提出一个与它的体积有关的问题?"

进而,通过条件的适当变化,如将"在四个角上分别剪去 4 厘米的正方形"改为"剪去 2 厘米的正方形",进一步去思考"体积会怎样变化? 会变大,还是变小,还是一样?"教师又将学生的注意力引向了这样一个问题:"谁愿意大胆猜猜看,怎样剪所得出的长方形体积最大?"

综上可见,尽管教师在这一教学活动中并没有明确提出所谓的"极值问题",但上述的教学设计仍然很好地体现了这样一个数学思想。

相关教师并在课堂上对全部活动作了如下总结:最初的问题"是书本上一道普普通通的练习题,……结果我们在它的基础上,陆陆续续、一步一步地研究了很多很多、很深很深的问题。学数学就是这样一个自己向自己挑战、不断钻研的过程"。

从而,这十分清楚地表明了学会提出问题的重要性。

在此再次强调这样一点,就上述的问题,或是第 1 章中所提到的"谁的面积大"([例 8])这样一个问题而言,尽管我们在现时不能对相关结论作出严格的证明,但是,我们在教学中仍应高度重视如何能够帮助学生很好地去理解相关的结论,包括尝试着用自己的语言说出自己的理解,也即能够逐步地"学会说理"。

例如,从后一角度去分析,就"谁的面积大"的教学而言,我们可更好地理解以下设计的合理性,即让学生在课堂上实际地去观察将一个正方形经由分割变为长方形时其面积发生的变化,或用更为抽象的形式对原来的问题作出新的表述,如 21×29 与 25×25、22×28 与 25×25、23×27 与 25×25 的大小比较,等等。

另外,这显然也可被看成以下文章所给予我们的一个直接启示。

[例 17] 充分展现儿童对于数学的"创造性解释"

(周卫东,"意义赋予:值得珍视的'儿童化'表达",《小学数学教师》,2016年第 6 期)

"在研究'体积相等的所有立体图形中,哪种图形的表面积最小'时,有学生形象地打比方说,猫冬天为什么经常要蜷缩成一团像球呢,就是为了保证露在空气中的表面积最小,让热量尽可能少地散失掉,所以球的表面积最小。"另外,"在研究'周长相等的情况下,哪种平面图形的面积最大'这一问题时,一学生说应该是圆的面积最大。教师问他为什么,他说,同样一些人手拉手围起来,即周长相等,要使围成的面积尽可能大,每一个人都应尽力向后退,这样就形成了一个圆,而围成其他图形,只需要部分人用力,像正方形,可以看成只有四个角的人在使劲后退,……"

周卫东老师并强调指出:"在我看来,学生的这些想法不仅不应该被否定,而且更值得褒奖并应该在教学中努力提倡。……这些'非正规解释'承载了儿童思维中生动活泼的意念,展现了儿童对数学的'创造性解释',闪耀着个性化的、人文性的光辉。"

(4)这是数学中"变化的思想"的又一重要涵义:面对变化我们应当更深入地去研究在各个变量之间可能存在的重要联系。应当想到,后者事实上正是数学中"函数"研究的基本立足点,并标志着数学的发展已经超越"初等数学"而进入到了"变量数学"——显然,这更为清楚地表明了"变化的思想"对于数学研究的特殊重要性。

由以下的实例可以看出,即使在小学阶段,我们也可以在上述方面作出初步的努力。另外,这事实上也可被看成这一课例的又一优点,即将点、线、面、体等不同对象联系起来加以考察。

[例18]　由正方形边长的变化所想到的

（余颖,《走向对话》,教育科学出版社,2015,第174～178页）

课始,老师与学生们在方格图上玩起了平移的游戏。从一个"点"的平移成"线",到一条"线"（线段）的平移成"面",到一个"面"平移成"体"。打通"点、线、面、体"的大视野,为引发学生的联想,铺就了厚实的"土壤"。

再聚焦于正方形在平面内的平移:"这个正方形只要向右平移一格,平移过程中所覆盖的面就是一个长方形（图3－29）,这个长方形的宽与刚才的正方形边长相比,有变化吗? 长有变化吗? 面积呢?"

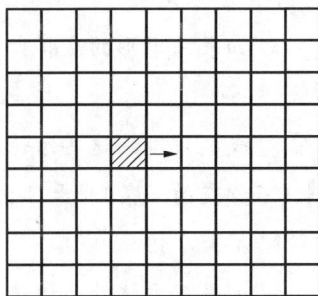

图3－29

随着学生们的轻松作答,老师再将正方形向上平移,让学生们完整陈述:"什么变了? 什么没变?"

接着教师又提出了以下的新问题:"如果正方形两组对边的长度同时扩大2倍,面积也是扩大2倍吗? 如果边长不是同时扩大2倍,而是一条边长扩大2倍,另一条边长扩大3倍,那它的面积会怎样?"从而为学生们后续的独立联想再一次提供了支撑。

"这一想还真有趣,由正方形是这样,我们是不是又想到……"

"三角形会怎样?"

"梯形会怎样?"

"正方体会怎样?"

"长方形、圆形呢?"

……

"仅仅想到这些不同的图形就可以了吗? 我们要讨论这些图形中的什么问题?"一句追问,让学生们的完整阐述应运而生:

"哦! 边长与面积的变化。我想到,长方形的长扩大2倍,面积也会扩大2倍。"

"三角形的底扩大2倍,面积也扩大2倍。我们可以举个例子,把原来三角形的底和高都看成1,1×1÷2＝0.5。底扩大2倍,就是2×1÷2＝1,面积就是原来的 2 倍。"

"梯形的高扩大 4 倍,面积也会扩大 4 倍。"

"圆形的半径扩大 2 倍,面积扩大 4 倍。"

"三角形的底不变,高缩小到原来的 $\frac{1}{3}$,面积也缩小到原来的 $\frac{1}{3}$。也可以举个例子来说明。"

"如果三角形的底扩大 3 倍,高扩大 4 倍,面积就扩大了 12 倍。"

……

"我们讨论的这些结论,在'体'中适用吗?猜一猜,如果正方体的一组棱长(不相交的 4 条)扩大 2 倍,体积会发生什么变化?"

"扩大 2 倍。"

"如果正方体的 2 组棱长(8 条棱)扩大 2 倍,体积又会发生什么变化?"

"扩大 4 倍。"

"如果正方体的 12 条棱长都扩大 2 倍,体积又会怎样?"

"扩大 8 倍。"

正方体的变化,让学生们的联想又有了新的丰富。

"我想到,如果长方体的长扩大 2 倍,它的体积也会扩大 2 倍。"

"如果长和宽都扩大 2 倍,体积就扩大 4 倍;如果长、宽、高都扩大 2 倍,体积就扩大 8 倍;……"

"如果圆柱的底面半径扩大 2 倍,体积就扩大 4 倍。"

"如果圆柱的高扩大 2 倍的话,体积就跟着扩大 2 倍。"

"如果圆柱的高和底面半径都扩大 2 倍,体积就会扩大 8 倍。"

……

"我们还可以想到,如果圆柱的底面周长扩大 2 倍,高不变,那么,体积就扩大 4 倍。因为底面周长扩大 2 倍,底面半径就扩大 2 倍,底面积就扩大 4 倍,所以体积就扩大 4 倍。"

"如果把圆柱换成圆锥,这些结论也是成立的。因为,求圆锥体积只是比求圆柱的体积多乘了一个 $\frac{1}{3}$,反正大家都要乘 $\frac{1}{3}$,所以,引起的变化跟圆柱就一样了。"

……

"我又想到了，在平面图形和立体图形中发生的这些变化，其实就是一个因数扩大或缩小了多少，积跟着扩大或缩小多少。因为，求面积和体积，都是算几个数的乘积。"

综上可见，与"联系的观点"相类似，"变化的思想"也是一种十分重要的数学思想，在这两者之间并存在十分重要的联系，特别是，我们可通过适当的变化更深入地认识各种数学对象（包括问题等）之间所存在的重要联系。

5. "数形结合"与形象思维

以"数形结合"的讨论来结束这一章应当说十分合适，因为，在第2章和第3章中，我们已分别围绕小学算术与几何教学的具体内容对相关的数学思想与数学思想方法进行了分析论述，从而，为了切实避免"两者互不相干"这样一个印象，就有必要进一步强调在它们之间所存在的重要联系，而"数形结合"显然就可起到这样的作用。

应当再次强调的是，后一结论对于所提到的各种数学思想与数学思想方法也是同样适用的，这也就是指，尽管我们在此主要是通过具体教学内容的分析引出了相关的数学思想和思想方法，但其中的大部分具有超出特定内容的普遍意义。这事实上也正是我们何以将它们称为"重要数学思想和数学思想方法"的主要原因，即如客体化与结构化的思想、优化的思想、类比与化归的思想、数学化的思想、一般化与特殊化的思想等。当然，从更高的层面去分析，我们又应特别提及"联系的观点"与"变化的思想"。

以下再对"数形结合"的原则，以及与此密切相关的"几何直观"与"形象思维"这样两个概念作出具体分析。

首先，无论就算术或是几何的研究对象而言，应当说都具有"数"和"形"这样两个方面，这并就是相关认识活动特别重要的一个环节，即两个方面的适当互补与必要整合。

例如，正如前面所提及的，就数的认识而言，"数轴"是特别重要的一个直观形象：这可被看成为各种抽象的"数"提供了必要的物质承载，这也就是指，无论这些数在最初是以什么样的方式得到引进的,它们都应被看成整体性数学结构("数系")的有机组成成分,即一个真正的数,从而也就获得了全新的本体论意义。例如,只有建立了所说的认识,分数和负数对于学生而言才是真正有意义的。另外,这显然也是"算理教学"中十分重要的一个方面,即我们应当"充分遵循学生的心理发展规律,借助具体形象(包括借助多媒体动态演示),数形结合,促进对算理的深入理解"。(第 2.2 节)

另外,就几何对象的认识而言,我们则应高度重视如何能从量的方面对此作出精确的刻画——正如前面已多次提及的,这是"数学化思想"十分重要的一个内涵。

以下再以"维度"为例对此作出进一步的说明,因为,这事实上即可被看成几何形体最重要的一个数量属性——也正因此,如果我们在教学中未能对此予以足够的重视,就可能对学生的认识造成一定的困难。

[例 19]　学生混淆"周长"与"面积"的根源

(引自刘善娜,"聚焦学习起点,凸显'面'的二维特征",《教学月刊》,2016年第 3 期)

通过大规模的调查,相关作者发现,这正是造成学生混淆"周长"与"面积"最重要的一个原因:"有大部分学生认为周长属于表面的'外面'一部分,面积属于表面的'里面',可见学生无法感知到两者之间 1 维、2 维的差异,并由此生成了周长和面积混淆的根源。……如何让学生自发地感悟两维的差异,顺利地由 1 维走到 2 维,就成了这一堂课教学需要解决的根本问题。"

具体地说,我们应当通过自己的教学"让学生认识到周长和面积都是度量的结果,它们之间有联系又有区别,要让学生对面的 2 维性形成深刻的知识,认识到面积是 2 维度量的结果,……引导学生从 1 维走向 2 维"。

当然,这正是这方面更为重要的一个认识,即我们在此事实上涉及 3 种不同的对象:"线"、"面"、"体",我们并应帮助学生很好地认识在这三者之间所存在的重要联系。

以下是相关教师在教学中所采取的一些具体措施。

1."面"不离体,初悟"面"的 2 维性。

(1)摸各类面,感受"规则物体—不规则物体"的"面"的共性;

（2）蒙眼摸面，感受"横向到边—纵向到底"的面的 2 维特征。

2. 贯通 3 维，体会"面"的 2 维性。

（1）体上摸出面，体上摹出面——从 3 维到 2 维；

（2）线围出面积，线没围出面积——从 1 维到 2 维。

3. 度量成积，理解"面"的 2 维性。

（1）借格子图测量，利用大小的"块状测量"感受面的 2 维特征；

（2）借钉子板拉伸，利用矩形的"2 维扩张"理解面的变化要素。

为了更清楚地说明问题，以下再联系苏教版教材中关于"周长"的处理方式对此作出进一步的分析。

具体地说，苏教版的教材在三年级上册以长方形与正方形作为直接对象引出了"周长"这一概念，其中并没有给出"周长"的明确定义，而主要是停留于学生经由日常生活已得到建立的朴素性认识，即如"书签一周边线的长就是它的周长"等。另外，教材很快就将学生的注意力引向了周长的度量与计算，即如"周长是多少"；"计算长方形的周长，怎样算比较简便"等等。

现在的问题是：就上述内容的教学而言，我们是否应当帮助学生更好地去掌握"周长"这一概念，而不是停留于相关的朴素认识？进而，我们究竟又应如何去进行教学才能帮助学生很好地掌握这一概念？

就笔者的了解而言，大多数教师对于第一个问题都持有肯定的态度。而这事实上也正是其他一些版本的教材所采取的做法，如人教版的三年级教材尽管也是将"周长"列为"长方形和正方形"学习的一个部分，但其中仍明确列出了"周长"这样一个标题，包括如下的具体"定义"："封闭图形一周的长度，是它的周长。"当然，为了帮助学生很好地掌握"周长"这样一个概念，我们必须很好地去处理这样两个关系：其一，特殊与一般。即我们必须超出长方形和正方形的范围以引出"周长"的概念。其二，相关的教学不应唯一地强调周长的度量和计算，并应十分重视对于"周长"这一概念的理解。

特殊地，这显然也直接关系到"数"和"形"之间的关系："研究'周长'，就是研究一个图形的'形'和'数'的问题。周长是一个图形一周的长度,一周就是一个形,长度是一个量。"(刘富森,"'认识周长'教学中的热点问题",《小学数学教师,2015 年第 1 期》)(当然,从更深入的角度看,这也可以被看成"数学化",特别是精确的"定量"这一思想的具体体现)

另外,在笔者看来,这事实上也可被看成相关的教学何以普遍地采取了"学生动手实践"这一做法的主要原因,即要求学生实际地去"指一指"、"描一描"、"补一补"和"量一量"。(这方面的一个教学实例可参见张洪青,"'形'与'数'的融合——'认识周长'教学新探索",《小学数学教师》,2015 年第 1 期)

但是,正如前面的实例已清楚表明的,这即可被看成人们在这方面的又一共识:"当学生明确了'封闭图形一周边线的长度就是它的周长'时……学生对周长概念的理解还是浮于表面的,只有当学生认识到'周长和图形的边线有关,和面无关'……时,才抓住了周长概念的本质。"(贺晓梅,"'概念教学'的热点问题",《小学数学教师》,2015 年第 1 期)

就我们目前的论题而言,这也就是指,这事实上应被看成"数形结合"这一思想在这一问题上更为重要的体现,即我们应当帮助学生很好地认识到"周长"应当被看成 2 维(的封闭)图形的一个属性,而这又正是后者与 1 维对象("线")的一个主要不同之处,即其同时具有"长度"与"面积"这样两个属性。

不难想到,上述的分析也更为清楚地表明了用"联系的观点"指导相关内容教学的重要性,而这又不仅是指对于"周长"与"面积"的必要区分,而且也是指从"维度"这一角度对几何对象作出综合分析,乃至将讨论的对象由"线"和"面"进一步扩展到"体"。(对此我们将在 9.3 节中作出进一步的分析)

应当指出的是,除去上述的研究以外,先前关于"超立方体"的研究([例 2])显然也可被看成以数量分析帮助"形"的研究的又一典型例子。

以下再联系人们经常提到的"形象思维"以及《义务教育数学课程标准(2011 年版)》中所论及的另一与几何学习密切相关的核心概念"几何直观"作出进一步的分析论述。

以下是《义务教育数学课程标准(2011 年版)》中关于"几何直观"的具体

说明:"几何直观主要是指利用图形描述和分析问题。借助几何直观可以把复杂的数学问题变得简明、形象,有助于探索解决问题的思路,预测结果。几何直观可以帮助学生直观地理解数学,在整个数学学习过程中都发挥着重要作用。"(中华人民共和国教育部,《义务教育数学课程标准(2011 年版)》,北京师范大学出版社,2012,第 6 页)

更具体地说,通常所谓的"画图"即可被看成我们如何建立关于相应对象的"几何直观"最重要的一个手段。这就正如前苏联的著名数学家柯尔莫戈洛夫所指出的:"只要有可能,数学家总是尽力把他们正在研究的问题从几何上视觉化。"更一般地说,这也就是指,我们应当"借助于见到的(或想象出来的)几何图形的形象关系,对数学的研究对象进行直接感知、整体把握"。(对此可参见孔凡哲、史宁中,"关于几何直观的含义与表现形式——对《义务教育数学课程标准(2011 年版)》的一点认识",《课程·教材·教法》,2012 年第 7 期)

进而,这里所说的"图形"当然主要是指"几何图形",这也就是指,我们应利用点、线等元素作为"画图"的基本成分。但是,作为进一步的分析,我们又应特别强调这样一点:尽管相关论述突出地强调了图形的"可视性"或"直观性",但这又是这方面最重要的一个事实:我们在此与其说用眼睛在看,还不如说是用头脑在看!(1.2 节)

就后一结论的理解而言,我们还应特别强调这样一点:这里所说的"图形"其本身就是思维活动的产物,或者说,只有通过积极的思维活动,我们才能很好地认识相关图形的具体意涵,即如真正实现对于问题解决过程的整体性把握。

容易想到的是,前面已多次提到的"关系图"(第 1 章的[例 7]和本章的[例 6])都可以被看成这里所说的"几何图形"的具体实例。以下则是仿照著名数学家、数学教育家波利亚在《数学的发现》(内蒙古人民出版社,1981,第七章)中所提到的一个例子而构造出的另一实例。

[例 20] "解题过程"的几何图示

面临如何计算图 3-30 中阴影部分的面积这样一个任务,显然可以具体分析如下:

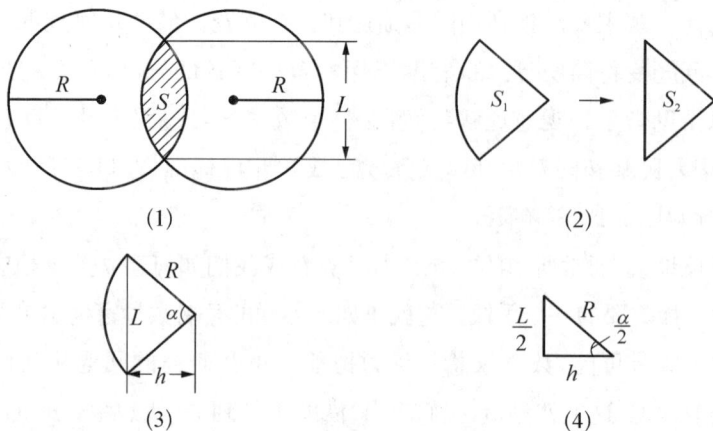

（1） （2）

（3） （4）

图 3 - 30

　　进而，为了用图形表示这一解题过程，则可采用以下的做法：用"点"表示问题中的已知及未知成分，用"线段"表示它们的联系——显然，按照这样的做法，整个解题过程就被表示成了由已知点到未知点，并由多条线段组成的一个几何图形（图 3 - 31）。

（1）$S=?$　　　　　　　　（2）$S=2(S_1-S_2)$

未知点

（3）$a=?$　$h=?$　　　　　（4）$\sin\dfrac{\alpha}{2}=\dfrac{L}{2}\div R$　$h=\sqrt{R^2-\left(\dfrac{L}{2}\right)^2}$

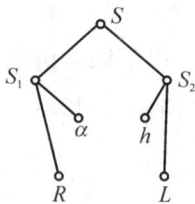 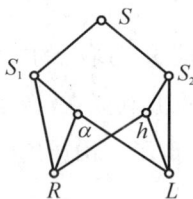

图 3 - 31

　　另外，这显然是这一图形（波利亚所使用的是"几何图示"这一词语）的主要作用：借此我们可对全部解题过程有一个直观和整体上的把握。

为了更清楚地说明问题,以下再联系数学中经常用到的"形象思维"这一概念对此作出进一步的分析。

具体地说,与一般所谓的"形象思维"相类似,这是数学中所说的"形象思维"十分重要的两个特征,即"直观(形象)性"与"整体性"。另外,正如前面已提及的,后者还具有这样一个十分重要的特征,即与人们思维活动密切相关,特别是,数学中所说的"形象思维"决不应被理解成由抽象的数学概念又重新回到相应的现实原型。恰恰相反,尽管这里确实包含有由抽象向具体的"复归"这样一个涵义,但后者并非指某种物质性的存在,而是一种"抽象的具体",即前者在"抽象水平之上的重构"——特殊地,这显然也就是数学中的"形象思维"何以可能具有整体性的主要原因。

也正因此,笔者以为,与一般所谓的"具体性"(concrete)相比较,就数学中的"形象思维"而言,"具像性"(embodied)就是更为合适的一个概念。这也就是指,与一般所谓的"表象"不同,数学中的"形象思维"与主体自觉的思维活动具有更密切的联系,特别是,相关图形往往是抽象思维活动的直接产物。

事实上,由以下的实例可看出,与数学中"形象思维"直接相关的图形未必是外部的可见图形,而也可以是内在的心理图像,当然,这又是它们的共同特征,即其本身就是主体积极思维活动的产物。

[例 21]　"存在无穷多个质数"逻辑证明的心理图像

这是著名数学家阿达玛在其名著《数学领域中的发明心理学》(江苏教育出版社,1989)中提到的一个实例,其中所论及的是这样一条算术定理:"存在无穷多个质数。"阿达玛指出,与这一定理经典证明中的各个步骤相对应(假设所证明的是存在大于 11 的质数),这时在他头脑中出现的是这样一个心理图像:

证明步骤	心理图像
(1) 列举出由 2 到 11 的所有质数,即 2,3,5,7,11。	我所看到的是一个混乱的组合。
(2) 构成乘积 $N=2\times3\times5\times7\times11$。	N 是一个相当大的数,我把它想象成一个远离上述混乱组合的点。

（3）在乘积 N 上加1。　　　　我看到稍稍超出第一点的另一个点。

（4）如果这个数不是质数，就必　　我所看到的是介于上述混乱组合与第

　　 然有一个质因数，而它就是　　一点之间的某个地方。

　　 所要求的数。

对于阿达玛来说，上述的心理图像对于理解相关的证明具有特别的重要性，因为，借助于它，"我就可以一下子看到论证中的所有成分，把它们相互联结起来，并使之成为一个整体——一句话，达到综合的目的"。

阿达玛并进一步指出："每一个数学研究都迫使我建立这样的一个图式，它们总具有，也必须具有模糊性的特点，但又并非是不可靠的。"

显然，这更为清楚地表明了形象思维对于数学研究的特殊重要性。

由上面的实例可以看出，数学家们借助于"形象思维"所获得的并不只是关于研究对象的"直接感知"，而主要是整体性的把握，后者并可被看成对于纯粹逻辑推理的必要补充。

值得指出的是，在笔者看来，这事实上也正是人们在相关的论述中何以往往使用"直觉"而非"直接感知"（或"感官直觉"）这样一个词语的主要原因："这些富有创造性的科学家与众不同的地方，在于他们对所研究的对象有一个活生生的构想和深刻的了解。这种构想和了解结合起来，就是所谓的'直觉'，这里所指的意思与日常语言中惯用的意思没有共通之处，因为它适用的对象，一般说来，在我们感官世界中是看不见的"；"事实上，数学家的'直觉'由于长期的习惯往往比感官直觉得出的概念内容要丰富，这就产生出一种奇怪的现象，即由感官直觉转移到完全抽象的对象上。……许多数学家似乎从其中发现了他们研究工作的精确指南"。（迪多内语）

总之，无论我们所使用的是"几何直观"还是"形象思维"这样一个词语，其共同的关键都在于借助于一定的图形去进行思维，而不在于这里所说的图形究竟是可见的直观图形，还是不可见的心理图像。进而，我们所希望的则是由此发展起一定的"数学直觉"，而不是关于相关对象的"直接感知"。

另外，就我们目前的论题而言，这显然也就更为清楚地表明了"数形结合"

的重要性,特别是,我们即应通过自己的教学努力促进学生形象思维的发展。

以下是这方面的一些具体建议。

第一,高度重视"直观图形"的建构。

当然,这里所说的"直观图形"也包括心理图像,我们甚至还可以说,这正是这方面教学工作的一个更高追求,即我们如何能够通过外部可见图形的使用促使学生更积极地去开展思维活动,乃至由此而建构起相应的心理图像。

由此可见,这方面的工作往往有一个逐步发展或不断深化的过程,特别是,除去由"外"到"内"的转变以外,我们还应对相关图形不断作出新的必要调整、修改与补充,直至彻底的重构。

第二,与单纯强调借助图形进行思维相比较,我们应更加强调"数形结合",后者并可被看成我们如何实现"图形的不断改进"的一个必然途径,包括由此而发展起一定的数学直觉。

从上述角度我们显然可更好地理解华罗庚先生的这样一个论述:"数缺形时少直觉,形少数时难入微。数形结合百般好,割裂分家万事休。"

当然,依据前面所提到的"多元表征理论"(2.1节),对于这里所说"数形结合"我们又应作更为广义的理解,即除去"数"和"形"以外,我们还应注意到更多的方面,即如语言、操作、现实意义等,而且,与唯一强调其中的某些方面相比较,我们应当更加重视所有这些方面的相互渗透与必要整合。(对此可参见9.3节的相关论述)

最后,还应提及的是,上述的主张并直接关系到了认识活动的个体特殊性,即不同的人完全可能具有不同的认识习惯或思维倾向。例如,如果说对于形象思维的突出强调可被看成大多数数学家的一个共同特点,那么,著名数学家、数学教育家波利亚提供了另一不同的样本,因为,这正是后者思维的一个重要特点,即对于"关键词"的突出强调。

总之,就这方面的具体工作而言,我们决不应过分地强调教学的规范性与统一性。当然,这又是我们应当始终坚持的一个目标,即为学生的全面发展提供良好的基础。

以上我们联系小学算术与几何教学的具体内容指明了与此密切相关的若

干重要数学思想和数学思想方法。应当强调的是,这一分析并不能被看成已经穷尽了这方面的全部内容,恰恰相反,希望广大读者能通过积极的教学实践与进一步的学习对此作出自己的分析和总结,并以此指导自己的工作,从而就能不断取得新的进步。

附录三　从《几何原本》到《几何基础》

众所周知,欧几里得的《几何原本》是几何乃至整个数学发展史中的一个里程碑:在这一著作中,欧几里得成功地把公理化方法应用于几何理论,从而将原先是十分凌乱、互不相干的众多几何命题组织成了一个有机的整体。具体地说,欧几里得首先明确了什么是几何的研究对象:点、线、面等;其次,他又引进了关于这些对象的一些明显事实作为不加证明而直接采用的推理基础,这也就是所谓的"公理";最后,他又由这些公理出发,通过纯粹的逻辑演绎推导出了诸多进一步的结论,也即所谓的"定理"。由此可见,在欧几里得那里,几何理论表现为一种"对象—公理—演绎"系统,这也就是指,这种系统具有十分明显的现实意义。这正是"实质的公理系统"的主要特征。

应当指明的是,《几何原本》在严格性方面并不是无隙可击的。例如,在一些定理的证明中,欧几里得就利用了某些以视觉(直观经验)为基础的未加证明的假定。但从总体上说,这一著作又十分成功,以致直至 18 世纪末,对(初等)几何题材的处理基本上仍然是因袭欧几里得的。但是,在 19 世纪初,欧几里得的权威第一次遭到了严重的挑战,后者就是指非欧几何的建立。更为一般地说,这并直接导致了数学观的重要变化(对此可参见另文"非欧几何与数学革命",《南京大学学报》,1991 年第 1 期;英文版已被收入 D. Gillies 主编的 *Revolutions in Mathematics*,Oxford:Clarendon Press,1992),而形式的公理化研究方法的创建在很大程度上就可被看成这种变化的一个直接结果。

具体地说,由于非欧几何的建立意味着几何学的研究已不再局限于现实空间这一特定对象,因此,对于现代的几何研究来说,重要的不再是对象是什么,而是以什么为前提去展开理论。这种关于几何的新观点在希尔伯特的以下论述中得到了最为形象的表述:欧几里得关于点、线、面的界定在数学上其实并不重要,它们之所以成为讨论的中心,完全是因为它们与所选择公理之间的关系。因为,不论所讨论的对象是点、线、面,还是桌子、椅子和啤酒杯,只要公理所表达的事实对于它们说来是成立的,那么所有由这些公理出发演绎出来的定理对它们来说就都是成立的,这也就是说,通常所谓的"欧氏几何"都可以被看成关于这种对象的一种理论。简言之,按照上述的观点,希尔伯特这样写道:"我们必定可以用桌子、椅子和啤酒杯去代替点、线、面。"

希尔伯特并按照这一精神对传统的几何题材进行了新的处理:

"设想有三组不同的对象:第一组对象叫做点(而不是"是点"——注)……"希尔伯特这样来引进几何学的研究对象。其次,希尔伯特指出,这些对象的性质在于它们的相互关系——对此可以"在……之上"、"介于……之间"、"合同于"、"平行于"、"连续"等概念来刻画,这些概念的具体涵义则完全决定于以下的五组公理(详见克莱因,《古今数学思想》,上海科学技术出版社,第四册,1981,第81~83页):

第一组(1~8),联结公理。

第二组(1~4),次序公理。

第三组(1~5),合同公理。

第四组,(欧几里得)平行公理。

第五组(1~2),连续公理。

最后,从上述公理出发,希尔伯特借助于逻辑演绎推出了几何理论。

显然,按照这样的处理,原先的几何理论所包含的特定意义,即对象的直观背景就被完全舍弃了:我们在此所从事的已不再是某种特定对象的研究,而只是由给定的公理(更准确地说,就是"假设",因为现在已不具有特定的对象了)出发去进行演绎。也正因此,现在的几何理论不应被看成原先的"对象—公理—演绎"系统,而是一种"假设—演绎"系统。正因为后者不再具有明显的直观意义,人们将此称为"抽象的公理系统"。更一般地说,所说的"假设—演绎"的研究方法就是"形式的公理化研究方法"的核心。

希尔伯特的上述成果发表于他的《几何基础》。这一著作一经出版（1899 年）就立即吸引了整个数学界的注意，因为，由前面的介绍可以看出，这不仅为数学提供了新的研究方法，同时也为数学的未来发展开拓了新的广阔前景。

第4章

"数学思维专门教学"之审思

这里所说的"数学思维专门教学",主要是指这样两种教学活动:其一,"问题解决"的教学,即我们如何能够通过求解各种非单纯的练习题帮助学生较好地掌握相关的数学思想与数学思想方法,包括切实提高他们解决问题的能力。其二,"解题策略"的教学。本章将首先针对这方面的现实情况作出具体分析;其次,我们将以国际上关于"问题解决"的现代研究,特别是20世纪80年代在世界范围内盛行的"问题解决"这一改革运动为背景,对这方面的一些最新研究成果作出简要介绍,希望能有助于这方面工作的改进。

4.1 "问题解决"与数学思维

正如人们普遍了解的,课改以来的新教材有不少内容可被归属于"问题解决"的范围。以下主要围绕人教版"数学广角"中所提到的一些内容,即植树问题、找次品问题、烙饼问题、打电话问题与抽屉原理等,对这方面的教学活动作出具体分析,即我们应当如何去从事这些内容的教学才能更有效地帮助学生学会数学地思维。

1."植树问题"与找规律

这是"植树问题"的教学经常可以看到的一些现象:

(1)任课教师往往特别重视关于"植树问题"三种不同类型的区分,即所谓的"两端都种"、"只种一端"与"两端都不种"。如在"应用模型,解决问题"这一环节,教师常常会不厌其烦地反复提出这样一个问题:"这属于("植树问题"中的)哪个类型啊?"这并就是相关教案的主要区别所在,即教学中我们究竟是应当同时去引入所说的三种情况,还是应当首先研究其中的一个,然后再过渡到其他两个?

（2）作为上述三个类型的具体研究,设计者往往归结为"规律的发现",并普遍地采取了"学生独立探究（或分组探究）、反馈交流、教师总结"这样一个教学方法。例如,主要就是基于这样的认识,不少教师将最后的"应用模型,解决问题"直接命名为"应用规律"。

（3）就相关的数学思想而言,有不少教师还突出强调了所谓的"化归思想",尽管从相关的教学实践看,"模型的建立与应用"似乎更可被看成这一教学活动的主线,而且,我们似乎也很难看出究竟什么是这里所说的"化归思想"的具体内涵,后者在"植树问题"的求解过程中又是如何得到运用的。

以下针对这样几个共同点作出具体分析:

第一,"归类"与"分类"。

首先,"植树问题"的教学事实上涉及两种不同的数学活动:其一,以"植对问题"为原型抽象出普遍性的数学模式（可称为"分隔问题"）,然后再应用这一模式去解决新的问题,如路灯问题、排队问题、锯树问题、爬楼问题等。其二,对于上面所提到的每一个问题,我们都可区分出三种不同的情况,即所谓的"两端都种"、"只种一端"与"两端都不种"。

现在的问题是:就上述两种活动而言,何者应当被看成这一教学活动的重点? 什么又是这一教学活动的真正难点?

为了对上述问题作出解答,在此可首先提及相关的教学活动中所经常可以看到的这样一种现象:"有些学生虽然会解决这一问题,但这些学生尚不能把植树问题的解决方法与生活中相似的现象进行知识链接,这就导致了能找到规律但不会熟练运用规律⋯⋯"

由此可见,上述的"模式建构（与应用）"与"三种情况的区分"相比应说更加重要,因为,如果我们的学生始终未能清楚地认识路灯问题、排队问题、锯树问题、爬楼问题等都与"植树问题"具有相同的数学结构,即可以归结为同一个数学模式,那么,对他们来说,"这究竟属于'植树问题'中的哪个类型"这样的问题就完全没有意义。

上述的分析显然表明:尽管"植树问题"可以被看成为"分隔问题"提供了

很好的现实原型,但相关的教学必须超出这一特定情境而引出普遍性的数学模式。例如,正是从这一角度去分析,以下的教学设计就应说较为恰当,即教学中应当明确提出"分隔问题"这一概念,包括清楚地总结出相关的计算法则:间隔数＝路的长度÷间隔长度。我们还应通过适当的教学手段帮助学生建构起相应的数学模式,包括通过正反两个方面的练习帮助学生很好地掌握这一模式。(这方面的一些具体教案可参见叶婉红,"'植树问题'教学实录与评析",《小学数学教育》,2008 年第 7 期;或张锡忠,"'植树问题'课堂实录",《小学数学》,2008 年第 2 期)

第二,规律的"机械应用"与思维的灵活性。

这是另一值得深思的问题:即使我们不去考虑不同情境(如"植树问题"与"路灯问题")的对照比较,相关的教学也是否应当特别重视"两端都种"、"只种一端"与"两端都不种"这样三种情况的区分,并要求学生牢牢记住相应的计算法则("加一"、"不加不减"与"减一"),从而在面对新的类似问题时就能不假思索地直接加以应用?

为了回答上述问题,在此可首先去思考:就"植树问题"而言,在现实中是否真的只有"两端都种"、"只种一端"、"两端都不种"这样三种情况? 进而,对于其他各种可能的情况我们是否也应要求学生总结出相关的"规律",并牢牢记住相应的计算法则(如"加二"、"减二"、"乘二"、"除二"……)?

在此还可特别提及现实中出现的以下现象(引自施银燕,"教学中的'病态现象'",《小学教学》,2011 年第 4 期):

"小明踢球,从 3 时踢到 5 时,他踢了几个小时?"我的孩子有得 3 小时的,通过数数就能检验出是错误的,他们却深信不疑:"我们学过植树问题,5－3＋1＝3。"

由此可见,将"三种情况"的区分以及相应的计算法则看成"规律",要求学生牢固记忆并能直接加以运用恐怕并不恰当,甚至还可能因此而将学生教笨了。毋宁说,在此真正重要的是"一一对应"这样一个数学思想(就"植树问题"而言,即指"间隔"与"树"的一一对应),而所谓的"加一"、"减一"等计算方法则无非是针对具体情况所作的变化或调整——也正因此,在此所需要的就不是"规律的应用",而是思维的灵活性,即如何能够依据基本模式并通过适当的变化去适应变化的情况。(更为一般地说,这直接涉及这样一个原则:"基本技能的学习,不应求全,而应求变。")

综上可见,就"植树问题"的教学而言,我们应明确提出这样两个要求:(1) 突出"分隔问题",即应以"植树问题"为背景帮助学生建构起相应的数学模式。(2) 清楚地指明"间隔数"与"种树数"之间的关系,突出"一一对应"的思想,并以此为基础去求解各种变化的情况。这也就是指,对于"两端都种"、"只种一端"与"两端都不种"这三种情况的区分我们不应过分强调,更不应将相应的计算法则看成重要的规律,乃至要求学生牢牢记住并能不假思索地加以应用。(正因为此,我们在教学中事实上也不应突出地去强调"化归思想的渗透")

依据上面的分析相信读者可更好地欣赏以下的课例,特别是,我们如何能依据课堂上的具体情况引导学生很好地去理解"植树问题"的本质,而不是始终纠缠于"三种类型"的区分。

[例 1] "植树问题"的教学

(王毅,"课没上完也精彩——'植树问题'教学一得",《小学数学教师》,2013 年第 9 期)

具体地说,在出现以下对话之前,教师已按照"复杂问题—简单问题—寻找规律—解决问题"这样一个思路,组织学生对"两端都种"的情况进行了研究,并得出了"棵数等于间隔数加 1,间隔数等于总长度除以间隔距离"这样一个结论。教师这时正准备让学生举出生活中的植树问题的一些例子,但一个学生(王帅)的回答完全打乱了他的预设。

王帅:老师,我们这一组学生就是植树问题!我们就是树,桌子就是间隔,不过和刚才研究的不一样,这样的树是一端栽,另一端不栽。

师(心里暗暗高兴,但表面却故作惊奇):嗯?

(学生愣愣地看着王帅,一时还没明白他的意思)

师:好像有同学没明白你的意思,给大家解释一下吧!

王帅:陈伟(小组最后一位学生)就是一端栽的第一棵树,他的课桌就是间隔,我前面的桌子也是间隔,前面没同学了(王帅在第一桌),就是一端栽种。

（有学生听懂了，纷纷发出感叹）

赵佳平：这里的间隔数和棵数是相等的！不需要再加 1 了！

（学生的思考渐入佳境！教师立即意识到了这样一点：这么好的想法，我当然要抓住不放）

师：他的想法谁听明白了？老师糊涂了，怎么一会儿加 1，一会儿又不加了？

（我的"糊涂"激起了学生的思考）

贾纯菲：刚才我们研究的是两边都栽，这里（指着小组）有一端没有树，一棵树就对应着一个间隔。

师：你说得真好！用到了数学上的对应，老师都佩服你！我们解决植树问题的关键是什么？

赵佳平：找到棵数和间隔数，以及它们之间的关系。

师（教师走到王帅［他在第一桌］前）：现在老师也是这一排的学生，这个时候是几个人，几个间隔？

（教师的本意是想把话题"拉"回两端都栽的例子上来。此时，张亦驰的小手举得高高的，我以为他会顺着我的思路回答我的问题，于是，马上让他回答）

张亦驰：老师，我说的不是你这个问题，我还要举个例子，和他的不一样，可以吗？

（原来他自己还有想法！我马上改变策略说：可以呀）

张亦驰：玩丢手帕的游戏的时候，我们手拉手也是植树问题，也有间隔和棵数，间隔数和棵数也是相等的，不用加 1。

（环形的情况也出来了）

师：这回老师真的糊涂了！一端栽的时候不用加 1，这回是一个圈了，也不用加 1，这是怎么回事呀？

张亦驰（学生纷纷举手，他着急了）：找几个同学试一下，你们就明白了。

（张亦驰拉着两个同学到前面，手拉手围成一圈）

张亦驰：看！这里就有三个间隔，我们三个就是三棵树。

师：真是学习的好方法！当我们不明白的时候，用操作的方法就能知道其中的奥秘！

祝昕博：老师，把他们断开就和两端栽树的情况一样了！

师：真有数学眼光！看来，生活中有很多像这样的植树问题的例子，只要我们细心观察，认真思考，一定会有新的发现。

以下是任课教师的事后总结："下课的铃声响了，原来预设的练习任务没有完成，可是我却很欣慰。在'植树问题'中，棵数和间隔数的关系一直是个难点，'加1、减1、一样多'常常把学生搞得头昏脑涨。正因此，在这一内容的教学中，我们有必要把植树问题推广到植树'类'，让学生看到爬楼梯、锯木头、敲钟等也是植树问题。当学生在具体的情境中会主动找'棵数'和'间隔数'时，就不用机械地记忆公式了！在这堂课上，学生的精彩生成改变了教师一种情况一种情况教的预设，恰恰突破了教学的难点。……课没上完也精彩！"

上面的论述显然表明，这正是我们通过"问题解决"的教学帮助学生逐步学会数学地思维的关键，即教师本身应对其中所涉及的数学思想和数学思想方法有很好的理解，并能以此去指导、组织相应的教学活动。

希望读者也能从同一角度去理解以下关于"找次品问题"教学的分析。

2."找次品问题"的教学

这是教材中给出的一个问题：如果243个产品（螺丝钉）中有一个次品（较轻），用天平至少称几次能保证把它找出来？

就这一内容的教学而言，有很多教师都已认识到了这样两个关键：(1)如何帮助学生很好地理解题意，这是顺利解决问题的必要前提。(2)特殊化方法的应用，这也就是指，为了解决原来的问题，我们应当首先研究与此相类似但又较为简单的问题。

以下从数学思维的角度对此作进一步的分析。

第一，弄清题意。

这是著名数学家、数学教育家，"问题解决"现代研究的奠基者波利亚对于"问题解决"全部过程的具体分析，即认为我们可以将此归结为这样四个阶段：(1)"弄清问题"；(2)"拟定计划"；(3)"实现计划"；(4)"回顾"。由此可见，"弄清题意"确应被看成解题活动十分重要的一环。

其次，按照波利亚的观点，一些"定型的"问题和建议可被看成"数学启发法",即"解题策略"的核心。就"弄清问题"而言,这就是指,"未知数是什么?已知数据是什么?条件是什么?满足条件是否可能?要确定未知数,条件是否充分?或者它是否不充分?或者是多余的?或者是矛盾的?"(波利亚,《怎样解题》,科学出版社,1982,第2~3页)

就小学数学教学而言,要让学生全面思考上述各个问题显然要求过高,不如集中于以下两点:(1)弄清条件。包括什么是天平的特点,它与一般的台秤有什么不同?对于所需检验的产品特别是次品我们知道些什么?等等。(2)明确目标。

以下就是这方面的两个具体建议:

首先,教学中不应停留于纯粹的词语分析,而应当通过实例使学生获得实实在在的体验。例如,我们在此或许就可让学生首先研究这样一个问题:"如果5个产品(螺丝钉)中有一个次品(较轻),用天平至少称几次能保证把它找出来?"

其次,对于所说的特例,我们并可首先围绕日常生活中经常会想到的一些问题组织学生进行讨论(应给学生一定的思考和探究的时间),如"如果运气好的话,只要称几次就可以了?""在所想到的几种不同称法之中哪一种方法最好?"等等。

当然,这里的关键在于教学中必须超越日常生活而过渡到数学思维,后者则又不仅是指用数学语言去取代日常语言(如"运气好的话"),以及由不精确的表述逐步过渡到精确的表述,更是指这样一种思维方式的应用:我们在此所关注的已不是现实中究竟会出现什么情况,而是如何能够基于各种可能性的综合分析得出普遍性的结论。应当指出的是,这事实上正是数学现代发展的一个主要特点,即其研究对象已经由具有明显现实意义的量性模式过渡到了可能的模式。

另外,我们在此也直接涉及另一十分重要的策略思想:有比较才能鉴别。这就是指,只有通过各种可能情况的比较我们才能帮助学生真正弄清什么是"至少称几次能保证把它找出来"的真正涵义。

第二,特殊化方法的运用。

通过这几年的学习和实践相信大多数教师都已认识到了这样一点:特殊

化(与一般化)可以被看成是最重要的一种数学思想方法。3.2节中还曾专门引用了英国数学教育家梅森关于在求解问题的过程中如何应用"特殊化方法"的如下三点建议：(1)由随意的特殊化去了解问题；(2)由系统的特殊化为一般化提供基础；(3)由巧妙的特殊化对一般性结论进行检验。

就"找次品问题"而言，"特殊化"是指将原来的问题简化成一个类似的问题。就"如果n个产品(螺丝钉)中有一个次品(较轻)，用天平至少称几次才能保证把它找出来"的普遍性形式而言，这也就是指，我们应当取n等于多少？

进而，上面所提及的"通过取$n=5$以帮助学生弄清题意"显然可被看成上述的第一个步骤，即"由随意的特殊化去了解问题"。当然，在此并非一定要取$n=5$，而也可以取$n=6$，$n=7$，等等。

那么，我们应如何去实现梅森所说的第二个步骤呢？特别是，他所说的"系统的特殊化"在此究竟是指什么？我们应如何去选择n才能为"一般化提供基础"，即成功地找出解决此类问题的普遍思路，并最终解决原来的问题($n=243$)？

最后，从数学思维教学的角度去分析，笔者以为，这是这一教学活动的真正难点：我们不应满足于教师自身能够通过数学思维的恰当运用解决这一问题，而应通过自己的教学帮助学生真正理解相应解题过程的合理性，从而真正起到"身传言教"的作用，即帮助学生初步地学会数学思维。

就"找次品问题"的求解而言，以下就是特别重要的一些数学思想方法(或者说，解题策略)：

策略一："三分"的合理性。用更通俗的语言来说，这就是指，"不称"(指"称重")有时也是一种"称"。

策略二：问题的适当归类。这就是指，有时产品多一个、少一个并不影响最终的答案(指"至少要称几次")。

策略三：应当充分利用已获得的成果由简到繁地去开展研究。

策略四：思维的条理性。由于原来问题的解决包括多个步骤，因此，我们必须帮助学生跳出细节而从整体上去把握全部的解题过程。

以下是笔者依据上述认识给出的教学设计，其重点在于我们如何能够通过具体的解题活动深入揭示内在的数学思想。

[例 2]　"找次品问题"的教学设计

第一，由"随意的特殊化"帮助学生弄清问题："如果 5 个产品(螺丝钉)中有一个次品(较轻)，用天平至少称几次能保证把它找出来?"

第二，为了帮助学生很好地理解上述的"策略一"和"策略三"，我们在教学中可以首先选择 $n=3$("辅助问题一")，然后再选择 $n=9$("辅助问题二")。在这两种情况下我们都可以首先让学生进行探究，但教师在教学中应特别强调这样两点：

(1)"三分"这一做法的合理性。具体地说，方法的合理性当然与目标密切相关，就"找次品问题"而言，也就是指如何能使天平的每一次使用都能发挥最大的效果，从而尽可能地缩小次品的可能范围。

以下是更一般的"解题策略"：在具体的研究过程中我们应当经常地问自己："你要求的是什么?"例如，当你的思路开始混乱时，这时最好认真地思考一下："你要求的是什么?"这也就是所谓的"盯紧目标"。

(2)"应当充分利用已获得的成果。"正如波利亚所指出的："在解题的每一阶段，我们都把关于一个新的分量的知识加到已经得到的知识上去，在每一阶段，我们又都要用已经得到的知识去得出更多的知识。"(《数学的发现》(第一卷)，内蒙古人民出版社，1980，第 213 页)

当然，就这一策略的具体应用而言，我们应经常清点一下现有的可以用来达到目的的东西，即应当经常地问自己："你有些什么?"

第三，为了帮助学生较好地理解"策略二"，在上述的两个"辅助问题"得到解决以后，作为特殊化方法的进一步应用，我们可选择 $n=8$("辅助问题三")，甚至再选择 $n=7$ 或 6("辅助问题四")去进行研究。

由于这里所作的"归类"事实上就是对于"问题"的适当分类，因此，由这一实例我们可以更清楚地看出：数学中的分类具有明确的目的性，而非为分类而分类。(3.2 节)

第四，下一个选择显然应是 $n=27$。如果这一选择对你而言已经十分自然，那么，你就已经理解了究竟什么是梅森所说"系统的特殊化"。

从教学的角度看，在此我们并应要求学生对自己的解题方法作出完整的表述，这十分有益于他们深入地领会"策略四"与"策略三"。

另外，由于前面所提到的"关系图"或"几何图示"（第3章的［例20］）对于人们跳出各个具体细节并把握整体的"序"十分有用，因此，我们在教学中就应注意使用这样一个方法，并努力促成学生由初步接触、逐步了解，直至最终也能在自己的学习活动中成功地去应用这种方法。

当然，就上述策略的学习而言，我们在教学中还可要求学生就 $n=20$ 和 $n=18$ 等情况去求解相应的"辅助问题"，从而进一步增强教学效果。

第五，解决原来的问题。

笔者以为，在解决了与 $n=27$ 相对的"辅助问题"之后，我们可让学生首先表达自己对于下一步应当如何选择 n 的看法，因为，由此我们可具体地了解学生是否已经较好地掌握了上述的策略思想。当然，这时我们又应首先对已完成的工作（$n=3$，$n=9$，$n=27$ 等）作出回顾，因为，及时的回顾与总结正是学习数学思维最重要的一个途径。特殊地，这显然正是波利亚何以将"回顾"看成全部解题过程一个重要组成部分的主要原因。

另外，在实际的教学活动中我们还可作出这样的尝试，即不是"按步就班地"由 $n=27$ 过渡到 $n=81$，而是一下子就跳到 $n=243$。建议读者可通过自己的教学实践对此作出具体研究。

对于上面所论及的各个数学思想方法我们还可作出如下的进一步分析，读者由此可大致地理解究竟什么是"教学实践的理论性反思"的具体涵义。

解 题 方 法	数 学 思 想 方 法
采取三分的方法	优化的思想
适当的归类	必要的简化
由简到繁地去开展研究	递归模式
思维的条理性	序的把握

以下再从更一般的角度提出若干问题与相应的建议。

（1）就"找次品问题"的教学而言，最终是否有必要通过列表总结引出相应的普遍性结论？

当然，我们在此应首先将原来的问题"一般化"，即应当将此变形为："如果 n 个产品(螺丝钉)中有一个次品(较轻),用天平至少称几次能保证把它找出来?"

进而,这显然就是教材中给出相关表格的主要原因,即希望学生以此为基础找出"零件总数"与"需要称量的最少次数"之间关系的模式或相应的普遍性结论(对此可参见丁国忠,"浅谈'找次品问题'中多维目标的落实",《小学数学教师》,2011 年第 1～2 期)。

要辨别的物品数目	保证能找出次品需要称量的最少次数
2～3	1
4～9(即 3^2)	2
10～27(即 3^3)	3
28～81(即 3^4)	4
82～243(即 3^5)	5
……	……

那么,笔者在此为什么要提出上述问题呢?因为,这正是众多"找规律"课程的一个共同弊病,即未能清楚地说明我们究竟为什么要去寻找所说的规律(对此并可参见 9.3 节)。也正因此,笔者以为,与直接要求学生去寻找"规律"相比照,这可能是一个更好的做法,即在学生解决了原来的问题($n=243$)以后,再要求学生去求解另外一些问题,如"450 个产品(螺丝钉)中有一个次品(较轻),用天平至少称几次能保证把它找出来"等等。显然,通过这样的设计我们就可帮助学生更好地感受到寻找相应的普遍性规律的必要性。

当然,也只有从"寻找普遍性结论"这一角度去分析,我们才能真正理解梅森的第三个建议,即通过"巧妙的特殊化对一般性结论进行检验"。

(2) 这是一个十分重要的数学思想,即在解决了原来的问题以后我们应进一步去思考:能否对所获得的结果作出新的发展,我们如何能够从方法论的角度对此作出必要的总结与概括,等等。(对此可参见 4.3 节)

具体地说,就"找次品问题"而言,除去已提及的"寻找普遍性规律"以外,以下也是一些可能的发展。

首先,通过将条件中的"次品较轻"改为"只知道次品的重量不一样",我们可获得具有更大难度的问题,即如"如果 243 个产品(螺丝钉)中有一个次品

（重量不一样），用天平至少称几次能保证把它找出来？"

其次，与上述变化相比较，以下的改动更加复杂："如果243个产品（螺丝钉）中有2个次品（较轻），用天平至少称几次能保证把它找出来？"

最后，这无疑应成为我们在这方面的一个更高追求，即"由教师提出问题"逐步过渡到"由学生自己提出问题"。

（3）我想大多数读者在阅读上述内容时都会想到这样一个问题：按照所说的教学设计，一个课时肯定不够用。由于数学思维的学习不能通过抽象的说教得到实现，而是主要依靠典型案例的剖析以及相应数学思想和思想方法的实际应用，因此，在笔者看来，所说的问题事实上十分清楚地表明了这样一点：就数学思维的教学而言，我们不应平均使用力量，而应在恰当的时机或场合下足功夫。

"找次品问题"正是这样的一个场合。

3."优化问题"与优化思想

这里所说的"优化问题"，是浙江省嘉兴市吴雪军老师在"例谈小学高段数学优化问题教学"（《教学月刊》，2013年第4期）中对一类问题的概称："数学优化问题，是指在解决问题时面对多种可行的策略、方案或答案，教师要引导学生从中寻找一种最佳的策略、方案或答案。"这一文章以小学高段的三个"优化问题"（"烙饼问题"、"打电话问题"与"找次品问题"）为例对这方面教学工作存在的问题进行了分析，包括由此而引出了若干具体的建议。

也正因此，笔者以为，这事实上可被看成"教学实践的理论性反思"的一个实例，即我们如何能够跳出各个具体内容并从更一般的角度去进行分析论述，从而真正做到"小中见大"，也即更好地发挥教学研究对于实际教学工作的促进作用。

以下就从同一角度对"优化问题"的教学作出进一步的分析，包括我们究竟应当如何去理解所谓的"优化问题"与"优化思想"。

第一，"优化问题"的教学，应当说主要涉及这样三个问题：（1）如何做？即什么是所说的"最佳方案"？（2）为什么？这为什么可以被看成"最佳方案"？（3）我们并应如何对此作出进一步的发展，包括探究相应的普遍性规律，以及我们如何能达到更深层次的理解？等等。

进而，从上述角度去分析，我们显然也可更好地理解上述文章中所提出的这样一个批评意见："很多时候，教师和学生往往都只关心'可以怎样优化'，而不去思考'为什么可以这样优化'、'优化的根本原因是什么'。"这当然是与我们一贯提倡的"理解学习"直接相违背的。

但是,我们如何才能帮助学生很好地理解所说的"为什么"呢?以下是吴雪军老师在文章中所提到的具体建议:"要让学生充分参与探究体验的过程,在参与过程中自主领悟'策略不够优化'的原因。"这一建议有一定道理。但从"优化"的角度去分析,笔者以为,我们在此应更加突出"(方案的)多元化"与"比较"这样两个要素,因为,这正是"优化"的必要前提。另外,就这方面的具体工作而言,除去学生对于探究过程的直接参与以外,我们在教学中也应高度重视学生对于相关结论的清楚表述与独立思考。

在此笔者并愿特别强调这样一点:这事实上可被看成数学中"优化思想"的一个重要内涵,即相对于严格的证明而言,我们应当更加重视"证明思想"的理解,特别是,我们如何能用简单明了的语言很好地去揭示其中的关键(3.1节)。就上面已提到的三个问题而言,这也就是指:(1)"烙饼问题":"操作中不应出现让锅子空着的情况。"(2)"打电话问题":"不应让已接到电话的人空着,而应让他们全都参与通知的活动,从而就可在同样的时间内通知到尽可能多的人。"(3)"找次品问题":"天平的每一次使用都应发挥最大的效果,即尽可能地缩小次品的可能范围。"

最后,就"优化问题"的教学而言,我们又不应仅仅关注各个具体的"优化策略"的理解,因为,"如何能对已获得的结果作出进一步的发展"也是"优化思想"的又一重要内涵。而且,在很多情况下,这正是实现"深层理解"的重要途径:后者既是指对于已解决问题的进一步推广,即如由"锅子每次可以烙 2 个饼"推广到"锅子每次可以烙 3 个饼"、"锅子每次可以烙 4 个饼"等,也包括如何总结出相应的普遍规律,即如"第 n 分钟所有接到通知的总人数的计算公式"等。更一般地说,这也就是指,"优化问题"的教学应当很好地去处理各个具体的"优化问题"与"优化思想"这两者之间的关系。

在对上述论题作出进一步的分析之前,笔者愿特别提及这样两点:

第一,文中明确提到了这样一个问题:"试问:'打电话'问题的教学重点和目的是为了找到这样的规律(指"第 n 分钟所有接到通知的总人数 $=2^n$"——注)吗?"的确,我们应当始终关注什么是这一教学活动的主要目的,特别是,我们究竟应当集中于各个具体的"优化问题"的求解,还是应当以此为实例帮助学生逐步地学会"优化的思想"。

当然,由特殊向一般的过渡往往也意味着引入了更多的方面或因素,从而我们在教学中必须针对新的情况作出进一步的分析,特别是,应深入地去思考所说的过渡是否涉及另外一些重要的数学思想或关键。例如,正如前面所提到的,就"找次品问题"而言,尽管在较简单的情况下(如共有 5 件或 9 件产品),所谓的"三分"与"适当的归类"可被看成解决问题的关键,但是,随着产品总数的不断增加,"递归的思想"与"序的思想"就变得越来越重要,从而我们在教学中必须作出适当的变化或调整。

第二,这事实上也是上述文章中所明确提到的一个观点:"'优化'是一种思想、一种意识";"优化问题"的教学不应"忽视学生优化意识的培养和优化能力的发展"。

但是,究竟什么是这里所说的"优化思想"或"优化意识"呢? 笔者以为,这主要是指这样一种普遍性的思维倾向和价值观念:数学家们总是不满足于某些具体结果或结论的获得,而是希望能够获得更深入的理解,后者不仅导致了对于严格的逻辑证明的寻求,也促使数学家积极地去从事进一步的研究,如在这些看上去并无联系的事实背后是否隐藏着某种普遍的理论? 这些事实能否被纳入某个统一的数学结构? 等等。数学家们又总是希望达到更大的简单性和精致性,如是否存在更为简单的证明? 能否对相应的表述方式(包括符号等)作出改进? 等等。

显然,从同一角度去分析,我们就可更清楚地看出在所谓的"优化问题"与"优化思想"之间所存在的重要区别:如果说后者主要体现了一种思维倾向或思维方式,那么,"优化问题"则可说具有不同的性质,因为,如果缺乏足够自觉性的话,人们在此往往会集中于如何去发现所说的最佳方案(也正因此,数学中往往将此类问题称为"极值问题",而非"优化问题"),而忽视了人们在现实中何以会经常提出"寻找最佳方案"这样一个想法,乃至未能清楚地认识到后者应被看成"数学思维"十分重要的一项内涵。

当然,正如先前的分析已指明的,只要处理得当,"优化问题"仍可为学生学习"优化思想"提供良好的契机。但是,我们在此仍应防止这样一种简单化的理解,即将"优化问题"看成"优化思想"教学的唯一途径,因为,后者事实上渗透于数学活动的方方面面,数学的发展更可被看成一个不断优化的过程——也正因此,"优化思想"应渗透于全部的数学教学活动之中。

更一般地说,正如前面已提及的,"优化"可被看成数学学习活动的本质。当然,对于这里所说的"优化"我们应作更为全面的理解:这不仅是指"显性层面"的发展,如方法的改进、结论的推广、更好的表述方法的引入等,而且也包括"隐性层面"的变化,如观念的更新、新的思维品格的养成等。(2.1节)显然,从后一角度去分析,我们就可更清楚地看出将"优化思想"的教学局限于"优化问题"的不足之处。

进而,从同一角度去分析相信读者也可更好地理解这样一个建议,即我们在教学中应当始终突出"多元化"与"比较"这样两个要素,而且应当将"善于比较与优化"看成数学教师的一个基本能力。(8.3节)

当然,这是这方面教学工作的关键与真正难点,即我们如何能够使得所说的"优化"成为学生的自觉行为。就"优化问题"的教学而言,这也就是指,我们应当让学生通过直接参与真正体会到"寻找最佳方案"的必要性,而不是将此看成一个必须服从的外部要求。

由以下实例我们可获得这方面的直接启示。

[例3]　"打电话问题"的教学

(周佩等,"'打电话'教学实录与评析",《小学数学教育》,2016年第6期)

1. 创设情境,提出问题。

师:今天,赵老师遇到了一个难题,他刚接到学校通知,有一个紧急演出,让学校的合唱队去参加,可离演出的时间很近了,合唱队共有15人,怎么才能尽快地通知到这15个队员呢?

师:同学们愿意帮帮他吗?

2. 小组探究,逐步优化。

(1) 小组探究。

师:现在你们来当小小设计师,请看设计要求。

课件出示:

第一,赵老师通知 15 个人,如果用打电话的方式,每分钟通知 1 人,独立思考,设计一个打电话方案。(画图表示)

第二,算一算,你设计的方案共需要几分钟?

学生小组合作设计后汇报交流。

生 1:可以一个一个地通知,这样一共要 15 分钟。

投影出示方案一(图 4-1):

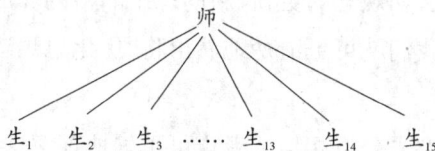

图 4-1

生 2:我们把 15 人分成 3 组,每组 5 人,先将电话打给 3 个组长,再由 3 个组长分别通知 4 个队员。

投影出示方案二(图 4-2):

图 4-2

师:那么,按你们的方案,一共需要多少分钟?

生 2:需要 7 分钟。

师:你是怎么算的?

生 2:只要看看第三个组长通知到最后一个同学需要多少分钟就可以了。老师通知到第三个组长是第 3 分钟,第三个组长通知到他们组里的 4 个队员还需要 4 分钟,那么 3+4=7(分钟),这样最快在 7 分钟内就可以全部通知完。

生 3:我们把 15 人平均分成 5 组,5 个组长分别通知 2 个队员,一共需要7 分钟。

投影出示方案三(图 4-3):

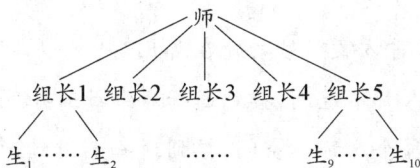

图 4 - 3

比较方案二和方案三,你发现了什么?

生:一个平均分成 3 组,一个平均分成 5 组,用的时间一样多。

师:是不是分的组越多用的时间越少?

生(齐):不是。

师:看来,并不是分的组越多用的时间越少。

师:还有更快的方法吗?

生 4:他们的方案中组长虽然不空闲,但组员和老师都还空闲着呢。我们有最佳方案,每个队员接到电话后都继续和老师通知后面的队员,直到全部通知到为止,这样老师和每个队员都不空闲才是最快的方案,共用 4 分钟。

投影出示方案四(图 4 - 4):

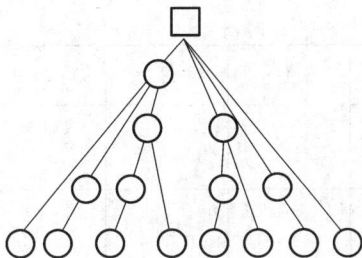

图 4 - 4

师:还有用时更少的方案吗?

生:没有。

(2)分析讨论。

师:比较这四种方案,你觉得哪种方案是最优的?为什么?

生:我觉得第四种方案是最优的,因为这种方案用时最少。

师:请这位同学用磁圆片在黑板上展示这种最优方案,其他同学认真观察。

师：仔细观察，这种方案巧妙之处在哪儿？

生：每分钟每个人都不空闲，接到通知后继续通知下一个队员。

师：只有每分钟每个人都不空闲，接到通知后继续通知下一个队员，才能节省时间，这就是一种优化思想。

师：第1分钟通知到几个队员？第2分钟又可以通知到几个队员？

生（齐）：1个，2个。

师：这时，一共有几个人可以接着打电话？

生（齐）：4个。

师：这4个人分别通知1个，第3分钟可以通知到几个队员？

生（齐）：7个。

师：这样，第4分钟后一共可以通知到几个队员？

生（齐）：15个。

3. 发现规律，应用规律。

（1）这的确是个好办法，这个方案我们用列表的方法可以看得更清楚（课件出示表格）：

第 几 分 钟	1	2	3	4	...
新接到通知的学生人数					
知道通知的总人数（包括老师）					
一共知道通知的学生人数					

师：第1分钟，新接到通过的学生有几人？

生：1人。

师：这时，知道通知的总人数是几人？

生：2人。

师：为什么是2人？

生：因为总人数包括老师。

师：知道通知的学生人数是几人？

生：1人。

师：怎么是1人？

生：学生人数，不算老师。

师：下面请同学独立完成表格。

……

师：你们发现有什么规律吗？

生1：第1分钟通知1个，第2分钟通知2个，第3分钟通知4个，第4分钟通知8个，我发现接到通知的人数是二倍二倍地增加的。

生2：我发现每增加1分钟新接到通知的队员数正好是前面所有接到通知的队员和老师的总数。

生3：后1分钟知道通知的总人数是前一分钟的2倍，也就是前1分钟知道通知的总人数乘2就是后1分钟知道通知的总人数。

课件出示：

前1分钟知道通知的总人数×2＝后1分钟知道通知的总人数。

（2）应用规律。

师：按这样的方式，5分钟最多可以通知多少人？

生1：4分钟已经通知了15个，第5分钟一共有16人在打电话，可以通知16人，15＋16＝31。这样就可以通知31人。

生2：不用这样计算，用前面发现的规律，4分钟通知到的总人数×2－1就可以了。16×2＝32，32－1＝31（人）。

师：用发现的规律计算的确很方便，那么6分钟可以通知多少人呢？

生：32×2－1＝63（人）。

师：如果一个合唱团有100人，最少花多少时间就能通知到每个人？

生：7分钟可以通知到64×2－1＝127（人）。这样通知到100人最少需要花7分钟。

师：同学们，想想课开始时我们玩的游戏，怎样传才能在音乐结束的时候使知道秘密的学生最多呢？你们找到答案了吗？

生：每个人在知道秘密后，继续往后传，直到全都传完。

师：我们重新再玩一次游戏好不好？

教师与学生进行游戏。

师：刚才在游戏的过程中，我发现了一个问题，我刚想给一个同学传，刚好别人也来传，还有的学生站起来后，不知道该传给谁，我们已经找到了最优的方案，不过在具体实施时还要注意什么呢？

生：必须要知道谁通知谁，否则就乱套了。

师：是的，赵老师应事先设计好整个流程，告诉下一个同学应该通知谁，这样才不重复、不遗漏。

4.“抽屉原理”的教学

尽管有了不少尝试，但还是有不少教师觉得“抽屉原理”的教学相当困难，更有不少教师对小学数学教材中为什么要引入这一内容感到迷惑不解。当然，这是人们在这方面的一项共识，即认为这一内容的教学不应简单地被等同于具体知识或技能的教学，而应更加突出其中所蕴含的数学思想。

例如，从后一角度我们显然可更好地理解关于“抽屉原理”教学的以下意见：

第一，“学习抽屉原理的意义在于丢开穷举检验，诉诸逻辑证明”。（张奠宙，“按‘四基’的要求编写数学教材——以‘抽屉原理’为例”，《教学月刊》，2014 年第 10 期）

张奠宙先生并进一步指出，现行教材中对于这一题材的处理不够妥当，因为，后者基本上是“把穷举各种情况作为论证的基础”。与此相对照，“我们不妨将上述教材的呈现方式反过来”，即更加突出这样一个事实：为了得出“把 4 个苹果放到 3 个抽屉里，必定有一个抽屉至少有 2 个苹果”这样一个结论，我们不必一个个地去试放苹果，“因为苹果比抽屉多一个。如果每一个抽屉里都只放 1 个苹果，最多放 3 个。那么一定多出来 1 个苹果。现在还要把它放到某一个抽屉里去，那么那一个抽屉就会有 2 个苹果了”。

张先生提出：“接下来，还可以进行以下的数学活动：活动 1：现在有 102 个苹果，要放到 100 个抽屉里，试问是不是一定在某个抽屉里有 2 个以上的苹果？来得及把所有的情况都摆出来吗？怎样论证你的结论？你知道是哪个抽屉里的苹果数大于 2 吗？能不能肯定该抽屉里恰好有 2 个苹果？"

以下则是张先生提出上述建议的主要原因："活动 1 呈现的情况可以是成千上万的，根本无法摆完全，但是，运用抽象的演绎逻辑可以得出绝对肯定的结论。"

以下是另一相关的论述："抽屉原理原本属于竞赛数学的内容，现在把它放在'数学广角'里，面对全体学生，其教学目标和教学要求肯定有所区别。其真正意图是通过抽屉原理这个载体，让学生经历'数学证明'的过程，学会用数学思维去分析问题和解决问题。"（杨建斌，"走进小学数学中的'抽屉原理'"，《小学教学》，2014 年第 10 期）

第二，"抽屉原理的核心是解决存在性问题，无论是抽屉原理的叙述还是它的证明，都无须找出这个抽屉，只是简单断言"。（杨建斌，同上）

这事实上也是张奠宙先生特别强调的一点："后面两个问题（指"活动 1"——注），是要说明抽屉原理是纯粹的存在性原理，只知其中有一个抽屉里至少有 2 个苹果，却不知道究竟是哪一个抽屉。也只知道某个抽屉里的苹果数至少是 2，却不能肯定究竟是几个。"张先生并因此提出了如下建议，即认为应当将以下两点"现代数学的注释"写入教学参考书中：（1）"存在性定理"与"构造性定理"的区别；（2）努力展示"存在性数学命题的人文意境"。（同前）

上面的论述当然有一定道理，特别是，"抽屉原理"的教学不应停留于"一一列举"，而应更加关注如何能够丢开"穷举检验"，并通过逻辑思维找出其中的普遍性规律。但就整体而言，笔者以为，这是这一内容教学更适当的一个定位：由于在较简单的情况下，相关结论在很大程度上可被看成一个"常识"，因此，我们在教学中就应更加注重由常识向相关数学原理的过渡。

事实上，这可被看成数学基本特性（"模式的科学"）的一个重要表现：即便我们可以具体地去列举出各种的可能性，即如"有两件上衣和三条裙子，一共有多少种不同的搭配方法？"（第 1 章[例 3]）我们也不应满足于学生能够通过实际动手去找出相应的解答。而应更加重视如何能够帮助学生通过更多实例的考察（与比较）很好地实现由具体向抽象的必要过渡，即能够逐步认识到各个相关的实例事实上体现了一种普遍性的模式——在笔者看来，这正是"抽屉原理"教学的真正难点与重点。

也正因此,就"抽屉原理"的教学而言,我们应特别重视这样两点:

第一,相对于实际动手而言,我们应当更加重视如何能够引导学生积极地去进行思考,特别是,我们应当鼓励学生针对各种现实情境清楚地去说明其中的道理,而不是过多地纠缠于其中的细节,即如"究竟哪一个抽屉至少有 2 个苹果"或"这个抽屉里究竟有多少个苹果"等等。

显然,按照这样的思路,我们在教学中就完全不用去提及"存在性定理"与"构造性定理"的区别。当然,后者事实上已完全超出了小学生的认知水平。

第二,我们应通过引入更多的实例,特别是不同实例的比较,帮助学生很好地实现相应的数学抽象,包括逐步学会清楚地辨认出"抽屉原理"的各种适用场合。

容易想到,这事实上也可被看成"植树问题"的教学给予我们的直接启示:如果我们的学生始终未能清楚地认识到诸多相关的问题与"抽屉问题"具有相同的数学结构,即可以归结为同一数学模式,那么,即使我们在课堂上已经总结出了所谓的"规律"(这事实上只是一个"算法"),这对于学生而言也是完全没有意义的。

以下是"抽屉原理"教学的两个实例,希望能有助于读者更好地理解上面的论述,特别是,我们是否有必要"运用一一枚举去探究原理",还是应当更加注重引导学生从逻辑角度去进行分析和思考?另外,相关"算法"的总结与应用是否意味着学生已经很好地掌握了"抽屉原理",还是应当更加注重现实情境与数学抽象之间的辩证运动?

[例 4] "抽屉原理"的两个教学设计

[教案一](引自张慧等,"'鸽巢问题'教学实录与评析",《小学数学教育》,2015 年第 4 期)

1. 创设情境,感知原理。

师:同学们,你们喜欢魔术师刘谦吗?今天老师也来客串一下魔术表演,想不想见识见识?瞧,我给你们带来的是啥东西?(出示一副扑克牌)我把两张王牌取出,剩下的牌中有几种不同的花色?

生:四种,分别是黑桃、红桃、方块、梅花四种花色。

师：那我请一个同学上来帮忙。请你从这副牌中任意抽出5张。自己收好，不要让老师看到。同学们，见证奇迹的时候到了。在你选的5张牌上，至少有2张是同一花色的，猜对了吗？

生：猜对了！的确有2张牌花色是一样的，是2张红桃。

师：我看出你们有些怀疑，到底老师有没有作弊呢？再来一次。……我都猜对了，想知道其中的秘密吗？学完这节课你就知道了。

2. 操作活动，探究原理。

（1）运用"枚举法"探究原理。

师：4根小棒放进这3个杯子里，可以怎么放？可以小组合作动手摆一摆学具，也可以在本子上画一画图，看看有几种不同的方法？（学生思考、操作后，全班交流）

生：第一种放法，把4根小棒都放进同一个杯子，其他两个杯子都空着。

师：这4根小棒一定要放进第一个杯子吗？（教师结合学生的发言板书"4，0，0"）

生：随意放在哪一个杯子都可以。

师：如果4根小棒放在第二个杯子或第三个杯子，该怎样表示？

生：可以表示为"0，4，0"或"0，0，4"。

师：不考虑杯子的顺序，请用一句话概括出这种放法。

生：一个杯子放4根，其他杯子放0根。

师：也就是不管怎样放，总有一个杯子里放进4根小棒。（教师板书）

生：第二种放法是其中一个杯子放3根，另一个杯子放1根，最后一个杯子不放小棒。

师：这种放法可以怎样表示？

生：可以表示为"3，1，0"、"3，0，1"、"0，3，1"、"0，1，3"、"1，3，0"和"1，0，3"。

师：按照顺序说得真完整。能不能也用"不管怎样……总有……"说一句话呢？

生：不管怎样放，总有一个杯子里放3根小棒。（教师板书。学生自主总结第三种、第四种放法的结论。教师板书："不管怎样放，总有一个杯子放2根小棒。"）

师：如果把这四句结论用一句话概括出来，可以怎样说？

生：不管怎样放，总有一个杯子里放 4 根、3 根或 2 根小棒。

生：把 4 根小棒放进 3 个杯子，不管怎样放，总有一个杯子里至少放进 2 根小棒。

（2）运用"假设法"探究原理。

师：刚才，我们通过操作得出结论，能不能从算式找到结论？

生：可以用除法来表示：$4 \div 3 = 1$（根）……1（根）。

师：能解释算式中每个数的意义吗？

生："4"是小棒数，"3"是杯子数，先把小棒总数"平均"分成 3 份，每份是 1 根，剩下 1 根（即余数）就可以随意放进任意一个杯子。因此，必定有一个杯子至少 2 根。

师：这种方法是从最不利的情况考虑的。先平均分，这样就可以使放得最多的那个杯子里的小棒数尽可能少。不管怎样放，总有一个杯子至少放进"1＋1＝2（根）"小棒。

师：上面是 4 根小棒放进 3 个杯子得出这样的结论。如果用不同的小棒数和杯子数又将得出怎样的结论呢？请看探究要求：小组商量，定好小棒数和杯子数（小棒数比杯子数多）；把小棒放入杯子里，并记录能最快得出结论的一种放法；总结得出的结论。（小组合作后汇报交流）

生：6 棒 5 杯，算式 $6 \div 5 = 1$（根）……1（根），结论是总有一个杯子至少放 1＋1＝2 根。

生：11 棒 2 杯，算式 $11 \div 2 = 5$（根）……1（根），结论是总有一个杯子至少放 5＋1＝6 根。

生：11 棒 3 杯，算式 $11 \div 3 = 3$（根）……2（根），结论是总有一个杯子至少放 3＋1＝4 根。

师：如果是 34 根小棒放到 5 个杯子呢？

生：$34 \div 5 = 6$（根）……4（根），结论是总有一个杯子至少放进 6＋1＝7 根。

师：请同学们仔细观察黑板上的算式，想想应该怎样求杯子里至少有几根小棒？

生：至少数＝商＋1。

师：把 m 个物体任意放进 n 个空抽屉里（$m>n$，n 是非 0 自然数），如果 $m \div n = b \cdots\cdots c$，那么一定有一个抽屉中至少放进了多少个？

生：至少放进了（$b+1$）个物体。

师：同学们知道吗？我们今天发现的原理其实早在 200 多年前就被德国数学家狄里克雷发现了，请看有关德国数学家狄里克雷的资料。（课件呈现）

师：抽屉原理又称鸽笼原理，结合刚才的例子说说把什么看作鸽笼，什么看作鸽子。

生：把杯子看作鸽笼，把小棒看作鸽子。

3. 联系生活，应用原理。

师：学习了今天的知识，你们就能解决一些简单的实际问题了。我们六(2)班有 56 人，至少有几人属同一种星座？至少有几人同一个月份出生？

生：$56 \div 12 = 4$（人）$\cdots\cdots 8$（人），至少 5 个人属同一种星座，至少 5 个人同一个月份出生。

师：我们实验小学一共有 2 113 人，至少有几人同一天出生？

生：$2\,113 \div 365 = 5$（人）$\cdots\cdots 288$（人），至少有 6 人同一天出生。

师：课后，请大家调查我们生活中还有哪些能用今天所学的抽屉原理知识来解释的现象，选择其中的一个写一篇数学日记。

[教案二]

1. 就下述各个结论作出思考：是否正确，为什么？有什么共同点？

(1) 3 个苹果放到 2 个盘子中，总有一个盘子至少放了 2 个苹果。

(2) 3 枝铅笔放到 2 个文件盒中，总有一个文件盒至少放了 2 枝铅笔。

(3) 任选 3 个人，一定至少有 2 个人是同一性别的。

教师在教学中应通过适当引导帮助学生对此作出总结，特别是很好地理解这样两个关键：(1) 什么是"至少"的准确涵义？(2) 什么是保证结论正确性的决定性因素？就当前的各个问题而言，这也就是指，"物体数"应比"类别数"多一个。

以下就是关于上述各个情况的一个总结：

"3 个东西分成两类，一定至少有 2 个东西属于同一类。"

2. 就以下各个结论作出进一步的思考：是否正确，为什么？有什么共同点？它们与先前所思考的各个问题又有什么共同点和不同点？

（1）5个苹果放到4个盘子中，总有一个盘子至少放了2个苹果。

（2）5只鸽子飞回4个鸽笼，至少有2只鸽子飞进同一个鸽笼。

（3）任选5个人，一定至少有2个人是同一季节出生的。

教师应引导学生进一步去思考：如何能对上述各个情况作出概述或总结？教学中并应让学生发挥更大的作用，这也就是指，教师应给学生的独立思考留下足够的空间，即如提出如下的进一步问题：

（4）5个东西分成几类，一定至少有2个东西属于同一类？

3. 引入更多的相关现象，并由结论的理解转向"问题解决"，即如：

（1）几个苹果放到12个盘子中，总有一个盘子至少放2个？

（2）任选几个人，一定至少有2个人是同一个月份出生的？

总结："（N+1）个东西分成N类，必定至少有2个东西属于同一类。"

在此还应要求学生用自己的语言对结论的正确性作出说明，特别是，在此是否有必要具体地列举出各种可能的情况？

4. 进一步的思考。

（1）为了保证相关结论成立，是否一定要"多一个"？如果"多两个"会怎么样？

就具体的教学活动而言，如果现实中没有学生提出类似的想法，即如为了保证12个盘子中至少有一个盘子放了2个苹果，未必是13个苹果，也可以是14个、15个苹果，等等，这时教师也可直接提出以下一些结论，并要求学生作出思考：

（2）5个苹果放到3个盘子中，总有一个盘子至少放2个。

（3）6个苹果放到3个盘子中，总有一个盘子至少放2个。

（4）7个苹果放到3个盘子中，总有一个盘子至少放几个？

在上述基础上，教师应再次提出这样一个问题：如何对相关结论作出表述？当然，教师仍应要求学生用自己的语言对结论的正确性作出说明。

5. 巩固发展。

要求学生独立或通过小组合作求解以下问题：

（1）几个苹果放到3个盘子中，如何才能保证总有一个盘子至少放3个？

（2）有102个苹果，要放到100个抽屉里，试问是不是一定在某个抽屉里至少有 2 个苹果? 我们是否需要把所有的情况都摆出来?……

　　教师在总结时应有意识地突出论证的"逻辑性质"。例如,以下的论证就可被看成"排中律"的具体应用:在此我们可以首先考虑将 100 个苹果放到 100 个抽屉里去,这时必定出现以下两种情况中的一个:或者已有某个(些)抽屉放有 2 个苹果(这时结论已得到了证明),或是没有出现这样的情况。由于后一种情况显然是指每个抽屉都放了而且只放了 1 个苹果,因此,这时无论我们如何放置第 101 个苹果,都必定会有一个抽屉中放了 2 个苹果。这样结论就得到了证明。

　　6. 最后,作为"抽屉原理"的应用实例,我们还可引导学生具体地去思考以下的问题:

　　"从 $1,2,3,\cdots 2n$ 这些自然数中,任取 $n+1$ 个数,能否断言其中必定至少有两个数是相继的自然数?"

　　"我们能否对此作出进一步的推广?"

　　另外,笔者以为,教师本身应通过实际求解各种相关的问题从而获得关于"抽屉原理"更深切的认识和体验。以下是这方面的又一实例,即我们如何能够利用"抽屉原理"去证明这样一个结论:"从 $1,2,3,\cdots 2n$ 这些自然数中,任取 $n+1$ 个数,能否断言其中必有两个数互质。"(详可见黄敏晃,"从'鸽笼原理'谈起",《小学教学》,2010 年第 9 期)

　　总之,作为"问题解决"的教学,教师应当更加关注这样一个问题,即其中究竟包含了哪些数学思想或数学思想方法? 什么是相关教学活动的适当定位?

4.2　解题策略的教学

　　本节并非"解题策略"教学的全面分析,而是以相关课例为背景提出了这方面的一些具体思考,包括教学中应当注意的问题与进一步努力的方向等。

1. 从"一一列举"谈起

　　这是笔者 2014 年在聆听了关于"解决问题的策略——一一列举"的一个

课例后与任课教师交流时提出的一个问题：数学中究竟什么时候会用到"一一列举"？这在什么情况下又可被看成一个真正的"解题策略"？即确实有助于问题的求解？笔者的想法是，围绕这样一些问题去进行思考，我们就可获得关于如何进行这一内容教学的有益启示。

就小学数学而言，以下是用到"一一列举"的一些主要场合：

第一，正如"搭配问题"的求解，在不少场合"一一列举"本身就可被看成构成了直接的目标，这并直接关系到了思维的全面性与合理性。

例如，这显然是相关的教学应特别重视的一个问题，即如何进行列举才能更有效、更准确，特别是，能真正做到不重复、不遗漏——当然，从思维的角度看，这直接涉及相关的方法或策略，即如"先分类，再列举"，恰当地应用"列表"、"画图"，等等。①

总之，相关的教学不应让学生"自由地"去进行列举，而是应当更加重视引导学生围绕方法的"优化"积极地去进行思考。

以下就是这样的一个实例，特别是，这清楚地表明：我们为什么应当将"一一列举"与"分类问题"直接联系起来。

[例5] "一一列举"与分类

（引自林萍、林锦城，"有序、有理、有效——'解决问题的策略（列举）'的教学思考"，《小学教学设计》，2016 年第 5 期）

1. 因需引入，感知策略。

师：同学们，林老师在红星小学看到园丁王大叔忙着用木栅栏围花圃。

（出示：王大叔用 22 根 1 米长的栅栏围一块长方形花圃）

师：从以上信息中，你能想到什么？

生：花圃是长方形的。

生：长方形的周长是 22 米。

生：栅栏是一米一米的，那长方形的长和宽都是整米数。

---

① 应当指出，这事实上也可看成"数学思维"的一个具体体现，即在具体地列举出各种可能的情况之前，我们可以首先从事相应的定量分析，也即首先计算出究竟有多少种可能的情况，从而确保相关工作既不会重复，也不会遗漏。

师：如果你是王大叔，你会怎么围？

生：围一个长 10 米、宽 1 米的长方形。

师：他这样围可以吗？为什么可以？

生：10 加 1 等于 11，11 乘 2 正好是 22 米。

师：就这种围法吗？（学生许多人举手）看来不止这种围法，那你们有没有想过这些围法中哪种围的面积最大呢？

……

生：把所有围法都写出来，比一比就知道了。

师：其他同学觉得呢？（许多学生点头）就按这位同学说的办，把你们的思考过程写在纸上，开始吧！

（学生动手尝试，教师巡视，组织汇报）

师：谁愿意将你的想法与大家一起分享？

生 1：当长方形的长 10 米、宽 1 米时，面积是 10 平方米；当长方形的长 8 米、宽 3 米时，面积是 24 平方米……

王大叔用 22 根 1 米长栅栏围一个长方形
22÷2=11（米）

长/米	10	8	9	6	7
宽/米	1	3	2	5	4
面积/平方米	10	24	18	30	28

答：长 6 米、宽 5 米时，面积最大。

师：除了这 5 种，还有第 6 种、第 7 种吗？

生：没有了，再列举就只能是长 5 米、宽 6 米了，但长方形的长应该比宽长，这种不行。

师：对，在二年级时我们就认识过长方形，通常我们都把较长的一条边叫长，较短边叫宽。

师：那怎么围面积最大？

生：长 6、宽 5 的时候面积最大。

师：其他同学对他这样的列举方法有什么话要说吗？

生：我想提个建议，你这样写太乱了，应该要按顺序。

师：还有不同意见的，也请你向大家展示一下你的想法。

长/米	10	9	8	7	6
宽/米	1	2	3	4	5
面积/平方米	10	18	24	28	30

答：长 6 米、宽 5 米时，面积最大。

师：大家发现这两位同学的思考方法的最大不同是什么？

生：第二种方法按顺序。

师：有序？从哪看出？

生：第二种方法写长的时候按 10、9、8、7、6 从大到小排列，宽从小到大排。

师：哦，是这样呀！其他同学发现这两种列举方法不同地方吗？那你们更欣赏哪一种思考方法？为什么？

生（齐）：第二种好。

师：为什么按顺序思考比较好？第一个同学不按顺序，这 5 种也都列举出来了呀？

生：按顺序思考不容易遗漏。

生：不按照顺序，如果答案不仅仅 5 种，很多种的时候，写到后面，就可能不知道哪种写过，哪种没写。

师：刚才同学们把所有围法一种一种写出来，再比一比就知道哪种围法面积最大了。想一想，无法确定有几种围法时，更不知道哪种围法面积最大时，你们为什么要把这些围法一一列举出来呢？

生：列举出来就一目了然了。

生：这样就不会重复，也不会遗漏，比一比就知道谁最大了。

师：对了，像刚才这样把所有的可能一一列举出来，就可以找到问题的答案，这是我们解决问题的策略之一。（板书课题）而且呀，大家还讲到，在一一列举时，有序思考（板书：有序）就会不重复、不遗漏。（板书：不重复、不遗漏）

2. 交流梳理，反思策略。

师：分享令我们彼此进步！静下心来回忆一下，刚才我们帮助王大叔解决问题的过程中,采用列举策略,列举时需要注意些什么?

生:列举时要按顺序。

生:不能重复,也不能遗漏。

……

3. 尝试应用,完善认知。

师:林老师在红星小学还看到学校向同学们推荐了三种杂志,要求学生最少订阅一种,最多订阅三种。

(出示"试一试":订阅《科学迷》、《文学乐园》、《小灵通》三种杂志,最少订阅一种,最多订阅三种,一共有多少种订阅方法?)

师:如果是你,你会怎么订阅?

生:我会订阅《文学乐园》。

师:他喜欢文学,只订阅一种杂志。

生:我会订阅《文学乐园》和《科学迷》。

师:这位同学兴趣广泛,订阅了两种杂志。

师:仅仅只有这些订阅方法吗?要知道一共有几种订阅方法怎么办?

生(齐):都写出来。

师:好!在列举时,大家要静下心来想一想,你做到有序了吗?有没有重复的?有没有遗漏的呢?

(学生动手练习,集体汇报)

师:陈霖同学愿意将他的想法和大家一起分享,让我们一起来听听他的想法!

> 《科学迷》　　　《文学乐园》　　　《小灵通》
> 一种:《科学迷》、《文学乐园》、《小灵通》
> 二种:《科学迷》《文学乐园》、《科学迷》《小灵通》、《文学乐园》《小灵通》
> 三种:《科学迷》《文学乐园》《小灵通》
> 答:一共有 7 种订阅方法。

(学生详细介绍自己的列举方法)

师:这位同学列举方法好吗?好在哪?

生：他列举得很有序，先写完订一种的，再写订阅两种的，最后写订阅三种的。

师：你的评价很到位。是的，他是按一定顺序思考问题，而且他思考问题还尤为细致，你看还把它分成了定一种的、定两种的、定三种的三大类，再一类一类来——列举。

······

4. 实践运用，深化认识。（略）

第二，在数学中也有很多场合，其中人们并非为列举而列举，而是希望通过"一一列举"能更有效地解决相关的问题，即如发现其中的最大值或最小值（"极值问题"）等等。

也正因此，我们在此就应认真地去思考"一一列举"作为解题策略的有效性，或者说，我们在此是否真的有必要无一遗漏地去列举各种可能的情况？

例如，在笔者看来，这事实上可被看成以下实例给予我们的一个重要启示，尽管其中所直接论及的只是"尝试"，而非"一一例举"。

[例6] "鸡兔同笼"的教学

（施银燕，"'鸡兔同笼'问题的另类教学"，人民教育编辑部，《教学大道——写给小学数学教师》，高等教育出版社，2010）

问题：鸡兔同笼，有12个头，30条腿，鸡兔各有几只？

1. 引导尝试。

师：我向大家推荐的方法是——尝试。什么是尝试呢？

生：我认为就是自己想一个数，再到题目里检验一下，看看对不对。

师：是的，"尝"在字典里就是"试"的意思，尝试就是（生插话：试试）······

师：一般说来，尝试一次就成功不太可能。你准备先试什么，再试什么，有一个初步的考虑后，拿出课前发的表格，把尝试的过程写在表里。

（学生独立尝试，教师巡视，3～4分钟后，小组交流。教师深入2～3个小组倾听，偶尔提问）

2. 汇报交流。

师：哪个小组愿意把你们组都认可、欣赏的方法推荐给大家？简单说出推荐理由。

组1：（呈现如下表格）

鸡（只）	兔（只）	腿（条）	鸡（只）	兔（只）	腿（条）
1	11	46	6	6	36
2	10	44	7	5	34
3	9	42	8	4	32
4	8	40	9	3	30
5	7	38			

我们先尝试鸡是1只，兔是11只，这样算，一共有46条腿；接着，我们又试了鸡是2只，兔是10只，腿就有44条，还是不对；我们再试了鸡是3只，兔是9只，腿就有42条……

师：孩子们，我想，你们试的过程，大家从表格里都能看得很清楚，我们现在想知道的是，你们为什么要推荐它？

组1生1：我们推荐这种方法，是因为它很简单，适合我们全体同学。

组1生2：在表格里，大家能很清楚地看到数据是怎么变的：每次鸡增加一只，兔子减少一只，腿的总数就少2，这样就能很快找到正确答案。这就是我们的推荐理由。

（全班同学给予掌声，台上学生欲拿回作品回座位）

师：别着急，同学们还有问题想问你们呢！

生1：后来你们再试的时候，为什么你们只试鸡的只数增加的情况，却不试鸡的只数减少的情况呢？

生2：我还有个问题，既然你们看出1只鸡、11只兔有46条腿，腿数远远大于30，为什么你们还要一点点地增加，不一下子把鸡的只数多增加一些呢？这样不就更简便了？

师：老师发现你的水平很高，已经很巧妙地介绍另外的方法了。一会儿我们再来听你说，好吗？

师：我们一起再来看这张表。他们成功地找到结果了，他们的尝试有什么特点？

生1：他们是按照每次增加一只鸡、减少一只兔这么个办法来试的。

生2：我发现他们的尝试特别有顺序。

师：是的，他们把鸡、兔共12个头的情况有序地列举出来，这么有序地一一列举，有什么好处？

生：这样就不会漏掉哪种情况，而且不会有重复。

师：是啊，地毯式地大搜索会特别保险，保险不会有"漏网之鱼"。

生：有序地列举，还容易发现规律。

师：哦，还有这个好处：能发现规律？同学们发现了什么规律？

生：我发现鸡增加一只，兔子减少一只，腿就减少两条。

师：发现这个规律有什么用？

生1：发现这个规律，我们就不用死算了，就可以根据这个规律去找，每次腿减少两条就行了。

生2：我补充：46条腿比要求的30条腿多了16条，是两个8条，所以鸡要增加8只，兔子要减少8只，鸡就是1+8＝9（只）。

师：真厉害！发现了规律，都不用再试了，可以直接跳到正确的结果。……其他组有不同的推荐方案吗？

组2生1：我们组的方法和他们差不多，也是先想1只鸡、11只兔，有多少条腿，再一个一个地往下试。但我们是先从鸡、兔各有一半开始试的。6只鸡、6只兔共有36条腿，比30只多，我们认为鸡一定比兔子多，这样我们再一个一个地试，最后试到9只鸡、3只兔是30条腿。

组2生2：我们认为这种方法比较简便。

组2生3：我们不像他们组那么麻烦，试了那么多次。

鸡（只）	兔（只）	腿（条）	鸡（只）	兔（只）	腿（条）
6	6	36	8	4	32
7	5	34	9	3	30

师：等一下，你们这个方法确实很简单，我们从表里能看到，只试了4次

就找到结果了。凭什么这么简单？简单的背后原因到底是什么？

（许多学生跃跃欲试）

……

生3：先假设鸡兔各占一半，如果算出的腿的条数比30条多，那就增加鸡减少兔，如果算出来的腿数比30少，那就反过来，这样就能更快地找到答案。

生4：从中间开始试，就可以使尝试的次数减少两倍。

生5：我同意你的观点，但给你纠正个说法：尝试的次数减少了一半，不是两倍。

师：从刚才几个同学的发言中我听到了这两个词：分析、调整。你们的尝试不是没有根据的，而是通过对问题进行分析后再作调整，才使尝试的过程变得简便。……通过思考分析之后作出调整，就能更快地成功。

师：我记得刚才有个同学还有个好方法要介绍，是吗？请——

生：我是从1只鸡、11只兔开始试的，但我是跳着试的，所以也很快找到了结果。

鸡（只）	兔（只）	腿（条）	鸡（只）	兔（只）	腿（条）
1	11	46	9	3	30
5	7	38			

师：（故意地）你一下子从1只鸡跳到了5只鸡，就不怕把正确答案给跳过了？！

生：我是看到腿多了很多，估计鸡要增加不少，所以说我跳着试是有根据的。

师：我喜欢这样有根有据的跳跃！

生：（激动地）我给她补充：就算跳过了，也没关系！再回头试，那样就不用再把鸡的（只数）往大里试了，范围也缩小了很多！

……

师：大家的方法各不相同，但这些不同的方法中，却有着相同的地方！

生：都是对问题、对尝试的结果进行分析，然后再作调整的。

……

3.巩固应用。(略)

4.回顾总结。

师：对尝试这一方法，你现在怎么看？

……

生5：尝试不是傻试，也要动脑子分析，思考得越多，排除的就越多！

师：是啊，尝试的学问真不少！尝试，首先需要像第一个吃螃蟹的人那样，勇敢地去试。尝试过程必然伴随着失败，面对失败，不仅需要像爱迪生试灯丝时的那份坚持，更需要对尝试的结果进行不断分析、调整，才能更快地成功。

另外，依据上述的分析，相信读者也可更好地理解以下的教学设计，特别是，相关教师为什么要对教材所给出的问题作如下的进一步调整。①

[例7]　对于"解决问题的策略——一一列举"引入问题的再调整

(引自张齐华，"突破，是为了给孩子们更大的空间"，《小学教学》，2016年第6期。这一期上还刊载有这一课例的"教学实录")

文中首先提到了修订前的苏教版教材为引入这一内容所设计的以下情境：

"王大叔用18根1米长的栅栏围成一个长方形的羊圈，有多少种不同的围法？"

文章作者对这一设计作了如下评论：

"既然要解决'有多少种不同的围法'，学生自然需要将所有的围法都一一列举出来，但问题是，列举的'策略'倒是有了，但解决问题所需要的'策略'却不是学生内在的一种自觉需要，而更像是教材的一种'人为规定'——你让我寻找有多少种不同的围法，我当然只能把这些围法一一列举出来。如此一来，比'解决问题的策略'更重要的'运用策略的意识'在这一过程中就被无形消解

───────────────

① 这方面的另一实例可参见毛蓉、严育洪，"这道习题，学生为啥不肯一一列举？"，《教学月刊》，2015年第1~2期。

掉了。"

正是基于这样一个认识,张齐华老师认为,相关教材在修订时所作的以下调整就是一个进步(这正是[例5]所提到的问题):

"王大叔用22根1米长的木条围一个长方形花圃,怎么围面积最大?"

以下是相关的评论:

"如果说,由'18根'增加为'22根',数量的适度增加是为了让'围法'更趋向多样,从而更有利于体现策略的价值的话,那么,由'有多少种不同的围法'转变为'怎么围面积最大',问题的最终变更,则更彰显了教材对'策略意识'的关注。'怎么围面积最大'一问,貌似并没有要求我们列举出'一共有多少种不同的围法',但要顺利解决这一问题,列举出各种可能性却是多数学生的必由之路。细微的改变背后,'解决问题的策略'由被动地需要转化为学生解决问题的主动意识与自觉选择。"

但是,就如何能使得"一一列举"这一策略真正成为学生的自觉需要而言,在此仍然存在这样的问题:"一来,有学生很快提出:'在周长不变的情况下,长与宽的大小越接近,面积越大。'学生经验中已有的拓展性内容,消解了原本需要'一一列举'的策略需求。二来,貌似开放的问题,实质空间并不足够大。至少,在解决这一问题时,凡运用'一一列举'策略的学生,几乎都是从'22根木条如何围成一个长方形'这单一的角度切入的,没有其他更多的可能。"

基于这一认识,张齐华老师对上述情境又作了如下的调整:

"王大伯想用22根1米长的木条,围一个面积为20平方米的长方形花圃。如果22根木条全部用完,而且不能折断,你觉得他能完成这一任务吗?"

文中并强调了这样一点:"无疑,在问题限定的框架下,这是一个不可能完成的任务。但是,……要说明其不可能,则需要将所有满足条件的情形'一一列举出来',只有一一排除、否定了,我们才能够说明这一任务是无法完成的。'一一列举'便成为学生完成这一任务的不二选择。"

最后,应当指出的是,只需将[例5]与[例7]联系起来加以考察,我们显然可以立即引出这样一个结论:即使对于同一内容我们也可给出多种不同的教学设计,而这主要地取决于具体的教学目标——也正因此,对此我们就很难作出绝对的"好"与"坏"的评价。但是,应当强调的是,无论我们所采用的是哪一种教学设计,都应始终牢记这样一点:教学中教师所做的一切都应当促进学生更积极地去进行思考,我们并应通过自己的教学帮助学生更好地实现思维的优化。

另外,为了对我们能否将"一一列举"看成一个真正的"解题策略"这一问题给出具体解答,这显然涉及这样一个问题,即我们究竟应当如何去理解数学中所说的"解题策略"(与"问题解决")? 对此我们将在以下联系其他一些解题策略作出进一步的分析论述。

2. "解决问题的策略——列表"的教学

面对"列表"这一解题策略,我们显然可提出两个不同但又密切相关的问题:其一,关于"列表"的方法论思考,即如何进行"列表"才更加有效? 其二,"列表"对于解决问题有什么作用? 进而,由于我们在以上已经多次用到了这一方法,因此,对于上述问题可以立即引出这样两个结论:(1)"表格"的设计应当集中于各个关键因素;(2)"列表"的主要作用是有益于各种情况的综合分析,包括由此而发现相应的规律。

以下是这方面的两个教学实例。

[例8] "解决问题的策略——列表"的教学(1)

(引自聂世蓉,"追寻智慧的足迹——徐斌老师'解决问题的策略'教学片段赏析",《小学教学》,2013 年第 11 期)

[片断一]

师:国庆期间,老师上街路过一家文具店,看到一个柜台前有三个小朋友在买练习本。

(出示示意图,其中显示小明买了 3 本,共用了 18 元,小华准备买 5 本,小军则用了 42 元)

师:现在如果要求小华用去多少钱,大家想选择哪些条件? 能不能把这些条件摘录下来,用画图或列表的方法表示出来,使我们看得更清楚?

生1:(摘录条件)

小明:买 3 本,18 元;

小华：买 5 本,? 元。

生 2：(画图 4 - 5)

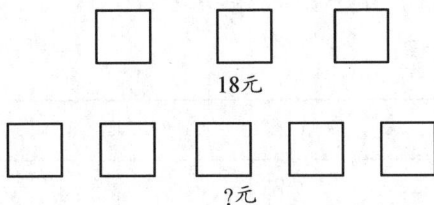

18元

?元

图 4 - 5

生 3：(列表)

小　华	小华准备买 5 本	用去? 元
小　明	小明买了 3 本	用去 18 元

师：你们觉得这张表怎么样?(学生提出改进意见)教师逐步板书：

小　明	3 本	18 元
小　华	5 本	? 元

师(小结)：刚才我们进行了条件的整理。整理时,可以把题目中的已知条件摘录下来,可以画图表示,也可以用列表的方法表示。

师：能根据上面表格整理的数据计算小华用去多少钱吗?

……

师：现在要求"小军买了多少本",你能选择有关的信息进行整理,并列式计算吗?

学生填表,教师巡视、指导。

师：这次列表后,大家在解决这个问题时的感觉如何?

[片断二]

师：这两个表有什么共同的地方?

生：都有小明买本子的信息。

师：为什么都要列出小明买本子的信息呢?

生：根据小明的信息可以求出本子的单价,解决这两个问题都必须知道本子的单价。

师：其实也可以把这两个表合并起来分析。

教师演示合并过程：

小　明	3 本	18 元
小　华	5 本	？元
小　军	？本	42 元

师：如果把表格线去掉,姓名也去掉,数据之间用箭头连起来(这正是教材中给出的列表方法),你们还能看明白吗？能填出问号处的数吗？

3 本　18 元　　　3 本　——→　18 元

5 本　？元　　——→　5 本　——→　？元

？本　42 元　　　　？本　——→　42 元

另外,这显然是这一实例给予我们的又一启示:"列表"的重要作用之一是有助于解题思路的发现,甚至更可"不列算式就直接求得解答"——显然,这种不拘泥于刻板的解题形式,而是更加注重算理的做法,也是教学中应当积极提倡的。

[例9]　"解决问题的策略——列表"的教学(2)

(引自曹培英,"小学数学问题解决的教学研究(四)",《小学数学教育》,2013 年第 10 期)

问题：小胖、小巧、小亚分别玩跳绳、踢毽子、转呼啦圈,一人玩一样。已知：小胖在跳绳;小巧不喜欢踢毽子。问：小巧、小亚在玩什么？

解：如果用√和×分别表示玩和不玩,问题中的已知条件可以列表如下：

	小　胖	小　巧	小　亚
跳　绳	√		
踢毽子	×	×	
转呼啦圈	×		

显然,这时所要求取的解答就十分明显了:由于小胖和小巧都不可能踢毽子,小亚就一定在踢毽子。进而,因为跳绳和踢毽子都有人在玩了,小巧就只能玩剩下的呼啦圈了。

由这一实例我们并可更好地领会"列表法"在解题活动中的作用,特别是,这十分有利于问题中信息的理解和整理,有时候更可直接起到化难为易的作用。

最后,就"列表"的教学而言,笔者以为,我们还应注意这样一些问题,即如教学中只是强调了"列表"的作用,却忽视了这一方法的局限性,或者说,我们应更加重视各种策略的必要互补。另外,这显然也是教学中应当注意纠正的一个现象,即"将'列表'的策略双手奉送给学生,学生缺少列表的主动心理需求,只是按照教师的要求被动地完成表格的填写"。(曹志国,"'解决问题的策略——列表'教学难点诊断与突破",《小学教学设计》,2013 年第 11 期)

3."解决问题的策略——画图"的教学

就小学数学直接涉及的各个解题策略而言,"画图"无疑是师生最熟悉的,也正因此,就相应的教学活动而言,可提出这样两个问题:(1)是否有必要对此进行专门的教学,乃至不分场合片面地去强调"画图"作为一种解题策略的重要性;(2)我们如何能使学生在这一方面的能力不断得到提升,特别是,如果说低年级时"画图"常常被用于题意的了解,那么,随着学生年龄的增长与学习的深入,我们应帮助学生更深入地认识"画图"的作用,即如对于问题整体性结构与解题过程具体脉络的很好把握,等等。另外,正如前面已提及的,我们还应帮助学生很好地认识"图像"的建构性质,也即"画图"与内在思维活动的密切联系。

由于 3.2 节中关于"数形结合"的讨论已在这方面提供了不少实例,以下仅限于给出一个综合性的课例分析。

[例 10]　"解决问题的策略——画图"的教学

这是苏教版小学四年级的一项内容,即希望学生通过实际解题很好地理解与掌握"画图"这样一个解题策略。

这一内容的教学通常安排 2 个课时。为方便起见,以下将首先针对第 2

课时作出分析,这主要涉及这样三个问题(它们都来自教材):

问题一:小明和小芳同时从两地沿一条公路相对走来。小明每分钟走70米,小芳每分钟走65米,经过6分钟两人相遇。两地相距多少米?

问题二:小华和小丽同时从同一地点出发。小华向东走,每分钟走60米;小丽向西走,每分钟走55米。经过3分钟,两人相距多少米?

问题三:小刚和小星同时从学校出发去少年宫。小刚每分钟走64米,小星每分钟走60米。经过6分钟,小刚到了少年宫,这时小星距少年宫还有多少米?

以下是一位教师在从事上述内容教学时所采取的具体做法:她首先安排学生在课前对上述三个问题进行了"小研究",在发给学生的"研究表"中教师还特别强调了这样一点:"你能先画图,再解答下面的问题吗?"另外,在学生实际从事了上述三个问题的求解以后教师又希望他们进一步去思考:"你觉得画图对于解决问题有什么帮助?"

就帮助学生较好地掌握"画图"这一策略而言,上述的教学设计,包括相关教材的编写或许都有一定效果。但在笔者看来,这又是这一设计,包括教材编写最明显的一个弊病,即在很大程度上忽视了教学活动应当具有的启发性,甚至还可说起到了"包办代替"的作用。因为,所谓的"解题策略"在此事实上已经演变成了学生必须遵循的"硬性规范",作为创造性劳动的"问题解决"也已演变成了一种常规性的练习,即用教师(教材)指定的方法去求解教师(教材)给出的问题,包括按照教师(教材)的提示对相应的"解题策略"作出理解。

由以下的思考读者可更好地理解什么是笔者在此的主要关注:如果我们不是"硬性地"要求学生用画图的方法去进行求解,面对上述的"问题一",究竟有多少学生会想到用这样一个策略?尽管笔者并未对此作实际调查,但仍相信有不少学生单凭直接分析就可容易地解决这一问题,从而就根本不需要画图。

进而,后一结论对于上述的"问题二"恐怕也是成立的,这就是指,学生在此之所以采用"画图"这样一个方法,主要是"服从"的结果。当然,我们在此又应特别提及这样一个事实:这已是同一内容的第2课时;而且,作为"小研究"的直接指导,这也是教师的明确要求,即"你能先画图,再解答下面的问题吗?"

　　总之,在笔者看来,上述的教学设计,包括教材编写已在很大程度上偏离了"问题解决"与"解题策略"的本质。具体地说,这正是国际上关于"问题解决"的一项共识:这并非是指解题者无须任何认真努力就可顺利解决的问题,而主要依赖于解题者的创造性劳动,即"要去找出适当的行动,以达到一个可见而不能立即可及的目标"。另外,作为"问题解决"现代研究的奠基者,著名数学家、数学教育家波利亚也曾对于自己所倡导的"解题策略"作过这样一个定位:如果你对于如何解题已有了一定想法,就完全不用理睬任何一个"解题策略",而只需按照自己的想法直接尝试着去做,但如果你想不到任何一种办法,所说的"解题策略"就可能给你一定启示(这事实上正是人们何以将数学中的"解题策略"称为"数学启发法"的主要原因)。由此可见,在上述的情况下,与其说相关的解题活动有益于学生很好地理解与掌握"画图"这样一个策略,不如说这只是在很大程度上束缚了学生的想象力与创造力。

　　为了清楚地说明问题,让我们再转向这一内容的第1课时。以下是南京珠江路小学吴卓老师的教学设计。

　　具体地说,吴老师并没有要求学生事先对教学内容进行预习,或是对相关问题首先进行"小研究"。另外,不同于教材中为了引入这一内容所设计的第一个问题("梅山小学有一块长方形的花圃,长8米,在修建校园时,花圃的长增加了3米,这样花圃的面积就增加了18平方米。原来花圃的面积是多少平方米?"),她采用了另一更复杂的问题:

　　问题1:学校里有一块长方形花坛,如果将它的宽增加3米,就变成了一个正方形,这时花坛的面积增加了24平方米。原来长方形花坛的面积是多少平方米?

　　容易想到,由于面对的问题更复杂,因此,在没有预习的情况下,就有不少同学面露难色,……然而,在笔者看来,这恰就为我们在教学中如何能够帮助学生很好地体会"问题解决"与"解题策略"创设了一个较为理想的情境,特别是,这十分有利于学生很好地理解"画图"作为"解题策略"的这样两个作用:(1)有助于信息的整理,即很好地理解题意。(2)有助于发现解题的思路。

　　也正因此,上述的教学设计就可被看成很好地体现了这样一个思想:教师不应机械地去教教材,而应"用教材去教",即应当依据具体的教学对象与教学环境积极地去进行"再创造"。当然,上面的论述不应被理解成我们在教学中应当完全"离开教材"。事实上,这位教师在教学中所用到的另外两个问题都来自教材:

　　问题2:有一个宽20米的长方形鱼池,鱼池的宽减少了5米,这样鱼池的面积减少了150平方米,现在鱼池的面积是多少平方米?

　　问题3:学校篮球场,长50米,宽40米。扩建时,长增长了10米,宽增加了8米。篮球场的面积增加了多少平方米?

　　在此笔者并愿特别提及听课时所看到的这样一些现象:尽管事先没有要求学生进行预习,但在要求学生具体求解"问题1"之前教师仍然作了一定的"铺垫",即首先展示了两个长方形的图形(其中清楚地标明了它们的长与宽),并要求学生计算它们的面积。但是,正如上面已提及的,在实际求解"问题1"时,仍"有不少同学面露难色……"即未能想到用"画图"这样一个策略。另外,在求解"问题2"时,也仍然有同学没有采用这一策略,或是"尽管用了,却没有用好"。由于帮助学生较好地掌握"画图"这一解题策略正是这一堂课的主要目标,因此,我们在此应当更为深入地去思考:教师如何才能更好地实现所说的目标?

　　当然,上述问题的提出本身就可被看成清楚地表明了教学活动的复杂性,特别是,我们应针对学生的具体情况去进行教学。值得指出的是,在笔者看来,这也正是这一教学活动十分可取的一个方面,即教师始终表现出了对于"学习能力较差的学生"的特别关注。

　　另外,正是从同一角度出发,笔者愿意给出这样两个建议:(1)在学生完成了长方形图形的面积计算以后,教师还可给出问题的文字表述,并让学生通过比较初步地体会"画图"这一策略的优越性。(2)在学生完成了"问题1"的求解以后,教师也可直接提出"应当如何去画图"这样一个问题,因为,在作出了这样的安排以后,以下的思想就自然得到了凸显:"画图"正是我们解决问题十分有用的一个策略。

　　但是,所说的建议难道不正与先前关于我们不应给学生的主动探究设置任何框架的论述直接相抵触吗?确实如此!但在笔者看来,这恰又十分清楚地表明了教学工作的创造性,即教师应当针对具体的教学内容、对象与环境去

进行教学。应当指出的是,我们还可从同一角度去理解关于这一课例的以下分析:

首先,正如前面已提及的,用较复杂的问题去引出"画图"这一解题策略有一定优点。但同时也可能造成新的问题:由于复杂问题的求解往往包含更多的因素或方面,即如这时往往涉及"序的思想",解题的过程和方法也会更加多样化,因此,就可能在一定程度上冲淡对"画图"这一解题策略的理解与掌握。

当然,上述的问题不应被看成完全无法解决。毋宁说,这正是教学工作艺术性的具体表现,即我们如何能够依据当时(特别是学生)的情况很好地去处理所说的矛盾,特别是作出适当的取舍。更一般地说,我们应当跳出每一节课,并从更大范围对自己的教学作出整体的安排。

其次,我们还可以此为实例对"先学后教"这一教学模式,特别是教师在教学中应当如何发挥指导作用(对此可参见7.3节)作一简要分析。

具体地说,上述的第一个课例可被看成从一个角度清楚地表明了"先学后教"这一教学模式的局限性,因为,尽管这一模式的应用主要是为了更好地发挥学生的学习主动性,但如果我们在课前就要求学生花费很多时间去进行"小研究",更对解题方法("解题策略")作了硬性规定,则很可能取得相反的效果,即事实上只是限制了学生的主动性与创造能力。

当然,上面的论述不应被理解成对于所说的内容我们完全不应采用"先学后教"(包括"小研究")这样一种教学模式。例如,在笔者看来,与其要求学生在课前一次去研究三个问题,不如让他们集中于某一相对而言较复杂的问题(如"问题三")。当然,我们在此又应鼓励学生自由地去进行探究,而不要事先作出"必须使用'画图'"这样一个限制,然后再在课堂上通过"回顾"与"不同方法的比较"帮助学生很好地领会"画图"这一策略的优点。

另外,无论是否采用"先学后教"这样一种教学模式,我们显然又都应当更深入地去思考教师究竟如何才能更好地发挥应有的指导作用。例如,与目前普遍采用的"小组讨论"、"全班交流"等方法相比较,笔者以为,我们应更加重视教师如何能够通过自己的讲评使学生的认识进一步得到深化。就对于"画图"这一策略的掌握而言,这也就是指,我们不应期望单纯通过"问题"的变化,即由较简单的问题逐步过渡到较复杂的问题就能自然而然地实现这一目标,恰恰相反,这主要取决于教师本身的认识深度,因为,只有在这样的基础上,我们才可能通过自己的教学使学生的认识真正得到深化。

为了清楚地说明问题,在此还可联系"对于'画图'这一解题策略的很好理解"与"我们应当如何去'画图'"这样两个问题的区别与联系对此作出进一步的分析。具体地说,尽管这两个问题并不相同,但在笔者看来,这又正是教师在这一内容的教学中应发挥的一个重要作用,即随着学习的开展应将学生的注意力由前一问题逐步引向第二个问题,因为,后者事实上可被看成前者的必要深化与细化。当然,"应当如何去'画图'"也离不开"我们究竟为什么要使用'画图'这样一个策略"。但是,只有通过对"什么是适当的'画图'"的具体研究,我们才能更深入地认识"画图"的作用,包括什么时候才真正需要画图。

事实上,只需仔细聆听学生在结束这一内容学习时的具体体会("你喜欢这个策略吗?为什么?"),特别是将此与课前"小研究"中的相关思考("你觉得画图对于解决问题有什么帮助?")作一对照,就可清楚地看出学生经过系统学习其认识是否有了一定的提高。当然,为了实现这一目标,教师在教学中也可直接提出这样的问题:"为了很好发挥'画图'的作用,画图时应当注意些什么?"包括通过实例对此作出直接分析。例如,这显然就是教学中应当特别强调的一个思想:"画图"不用太复杂、精准,只要能够很好地体现题意,特别是问题中的各个主要因素(已知数和未知数,两者之间的等量关系)就可以了。

例如,在笔者看来,我们事实上就可从上述角度对以下一些问题作出具体分析:首先,就上述的"问题一"而言,为了清楚地表明小明和小芳每个人都走了 6 分钟,画图时是否应当要求学生具体地画出 6 个相等的间隔(由于是两人相对而行,事实上就需画 2×6 个小的间隔)?其次,我们在画图时又是否应特别强调"小明比小芳走得快"这样一个事实,并在图中清楚地加以反映?等等。

值得指出的是,教师在教学中还可通过适当的变化帮助学生更好地理解"画图"的作用(包括应当如何去"画图")以及相关问题的本质。例如,在学生实际完成了"问题一"的求解以后,教师就可提出这样一些问题以促进学生的思考:如果"问题一"中的相遇时间是 20 分钟或 100 分钟,我们应如何去求解,特别是,这时是否仍然需要具体地画出 2×20(或 2×100)个相等的小间隔?再者,如果小明和小芳的行进速度分别是每分钟 90 米和 65 米,这时又应如何去解题?特别是,这时我们是否需要对原来的图形作出新的改变或调整? 等等。

另外,在笔者看来,上述的"问题三"并可被看成为教师在教学中明确提及"如何'画图'"这样一个问题提供了良好契机,因为,这时"平行地"画两张图以分别表示小刚和小星的行走情况与将所有的信息都集中于一张图上相比显然更为合适。

最后,与唯一强调"画图"相比较,我们在教学中显然又应更加重视各种解题策略的比较与互补,特别是,与单纯的"画图"相比较,"数形结合"即可被看成更高层次上的一个解题策略。

也正是基于同一考虑,我们在以下将同时对"从条件出发"与"从问题出发"这样两个解题策略作出具体分析。

4."从条件出发"与"从问题出发"

首先提出这样一个问题:以下是否可被看成与"从条件出发"密切相关的又一解题策略?

"问题中给出的条件对于问题的求解一定是'恰好的'",这也就是指,为了解决所面对的问题,你必须用到每一个条件(从而,如果你已经获得了解答,却没有用到全部的条件,你的解答就一定是错误的)。另外,如果真正用到了每一个条件,你就一定可以解决这一问题(从而,如果你遇到了困难,就应仔细检查一下是否真正用到了每一个条件)。

由于真正的数学研究与数学应用不是这样的情况,因此,在笔者看来,这事实上就只能说是一种"考试策略",或者说,即是表明了传统考试方式的一个弊病。与此相对照,以下才可被看成"数学思维"的具体表现:作为解题活动的开端,我们应当认真地去思考:"未知数是什么? 已知数据是什么? 条件是什么? 满足条件是否可能? 要确定未知数,条件是否充分? 或者它是否不充分? 或者是多余的? 或者是矛盾的?"(波利亚,《怎样解题》,科学出版社,1982,第2~3页)另外,在完成了解题活动以后,我们又应进一步去思考:如果对条件作出一定修改,即如适当地减弱或增强,结论会有什么变化?

当然,上述思考对于小学生而言要求过高了,但在笔者看来,这仍然清楚地表明:我们应当将"条件"与"问题"(更恰当地说,应是"目标")联系起来加以考察。与此相对照，离开了"目标"去谈"条件"就是纯粹的无的放矢，也正因此，如果非要在"条件"与"目标"之间作出一定的区分，我们就应更加强调"从目标出发"。

应当指出的是，这事实上也正是波利亚何以提出如下各个"解题策略"的主要原因："盯住目标"、"从后向前推"、"设立次目标"等。例如，"在解题的过程中，应当经常地问自己：你要求的是什么？ 例如，当你深深地陷进了某个也许不相干的枝节问题时，当你的思路开始混乱时，那么最好是问一下自己：你要求的是什么？""从后向前推是一个非常一般和有用的模式。"这也就是指，在制定解题计划时，我们应从目标（即我们要求的东西、未知量、结论）开始从后向前推，向那些"我们能力所及"的东西（我们已有的东西、已知量、假设）推过去。我们的希望是，一旦达到了"我们能力所及"的东西，我们就可以此作为出发点顺着原路返回去，即由已有的东西"由前到后地"向着目标推过去。（详可见《数学与猜想》[第二卷]，内蒙古人民出版社，1980，第八章）

以下再借助一个具体课例对此作出进一步的分析。

［例11］ "解决问题的策略——从条件想起"的教学

1. 复习引入，激活旧知。（略）

2. 自主建构，提炼策略。

（1）理解条件，分析数量关系。

师：看，谁来了？ 这个小猴可懂事了，每天都帮妈妈摘桃，第一天摘了30个，以后每天都比前一天多摘5个。

师：从这里你知道了哪些已知条件？

根据学生回答，课件演示用红色框框住条件，并用贴纸板贴出条件：

第一天摘了30个　　　　以后每天都比前一天多摘5个

师：这里的"30个"指的是什么？

生：第一天摘桃的数量。

师：这里的"5个"又是什么意思？

生：以后每天都比前一天多摘的个数。

师：能解释得更清楚、更具体些吗？

生：第二天比第一天多摘 5 个，第三天比第二天多摘 5 个……

师：看上去很简单的条件，却隐含着这么多关系。这位同学很棒，能有序地说出这些关系，谁能像他这样接着往下说？

生：第四天比第三天多摘 5 个，第五天比第四天多摘 5 个……

师：还能继续说吗？太多了，所以题目就用了一句话来概括，用了哪一句话？

生：以后每天都比前一天多摘 5 个。

……

师：刚才我们通过读题以及互相交流，理解了题中条件的意思，初步理清了题中隐藏的数量关系。以后解决问题都要像这样先理解题意。

（2）充分理解，形成解题思路。

师：依据上面的分析，可以列出以下的表格：

第一天	第二天	第三天	第四天	第五天
30 个				

师：你能利用表格推算出第二天、第三天、第五天小猴摘桃的数量吗？……先想一想，算一算，再在表中填一填，还可以试着列式算出结果。

（3）汇报方法，初步提炼策略。

师：谁来汇报你是怎样算出第二天、第三天、第五天小猴摘桃的数量的。

生：（展示表格）我是从第一天 30 个，五个五个地数，一直数到第五天，得数分别是 35 个、40 个、45 个、50 个。

……

师：求第二天摘了多少个，你是根据哪两个条件思考的？

生：根据"第一天摘了 30 个"和"第二天比第一天多摘 5 个"可以求出第二天摘的个数。

师：接着求什么？

生：第三天摘桃的个数。

师：这又要根据哪两个条件去思考？

生：根据"第二天摘了 35 个"和"第三天比第二天多摘 5 个"。

生：其实都是根据"第一天摘了 30 个"和"以后每天都比前一天多摘 5 个"这两个条件思考的。

师：说得真好！根据"以后每天都比前一天多摘 5 个"这个条件，只要求出前一天摘桃的个数，就可以求出这一天摘桃的个数。所以，解决问题时一定要抓住关键的条件进行思考。

……

（4）回顾。

师：像这样每次根据两个条件求出一个问题，并逐步解决问题的过程，是我们分析和解决问题过程中最常用的策略。这样的策略可以称为"从条件想起"的策略。

3. 实践运用，丰富策略

（1）出示示意图（天平）：表明 4 个苹果重 500 克。

师：根据这个条件，你能提出什么问题？

生：每个苹果重多少克？

……

师：算出了一个苹果的质量，还可以求出什么？

生：还可以求 2 个苹果或 3 个苹果有多重。

出示第二个图形，表明一个橙子比一个苹果重 20 克。

师：联系这两幅图，你能提出一个问题吗？

生：一个橙子有多重？

根据学生回答，完整出示条件和问题（图 4 - 6）。

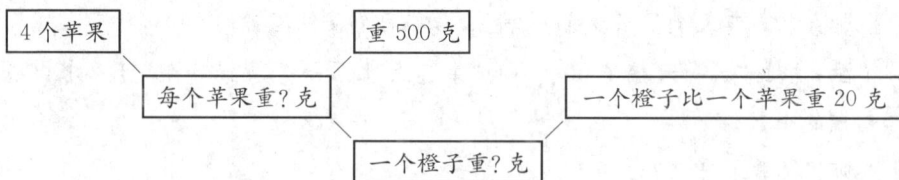

图 4 - 6

师：像刚才这样，从两个条件想一个问题，再根据两个条件又想到一个问题，这个过程有点像什么？

生：像楼梯。

师：是啊，从条件想起，关键是找到两个像有联系的条件，看根据这两个条件可以求出什么问题，像走楼梯一样，一步一步地顺着想，就能找到解决问题的思路。

（2）选条件提问题。

师：下面我们来玩个找条件提问题的游戏，好吗？（好）这里有一些条件，同桌讨论一下，哪些是有联系的条件，再想一想，根据哪两个有联系的条件，可以提出一个问题，可以提出什么问题？

（课件出示：(1) 美术组有男生 24 人；(2) 买了 3 盒铅笔；(3) 女生 16 人；(4) 又跑来 4 人；(5) 每盒 10 支）

学生同桌讨论后，组织汇报。

生 1："美术组有男生 24 人"和"女生 16 人"是有联系的条件，根据这两个条件能提出的问题是"美术组一共有多少人"。

生 2："买了 3 盒铅笔"和"每盒 10 支"是有联系的条件，根据这两个条件能提出的是问题是"一共买了多少支钢笔"。

……

（3）小结。

师：刚才我们根据条件提出了不同的问题，想一想，我们是怎样提出问题的？

生 1：先根据两个条件，求出一个问题，再根据两个条件，又提出一个问题。

生 2：根据两个有联系的条件求出一个问题后，把这个问题的结果变成条件，和另一条件一起再提出一个问题。

师：是的，从条件想起，就是找两个有联系的条件，想到能解决的问题，再看看求出的结果和哪个条件是有联系的，还能解决什么问题。

……

　　笔者所思考的是：弄清题意当然是一个十分重要的解题步骤，但这是否可被理解为"从条件出发"？特别是，如果完全脱离了目标所说的分析是否还有任何真正的意义？例如，如果在此所面临的问题并非"某一天摘桃的数目"，而是"第一天比第二天少摘了几个"这样的问题时，上面的分析是否还有任何的意义?!

　　进而，教学中又为什么要专门设计"根据条件提问题"这样一个环节？这能否被看成一个真正的数学活动？我们能否通过这样的教学提高学生提出问题的能力？

　　具体地说，尽管从形式上看学生确实是在提问题，从而似乎可被看成为学生的自由想象提供了充分的空间，但是，这是否也会使学生产生这样的印象：数学中的"提出问题"完全是无事生非，即只是为了提问题而提问题，而不具有任何真正的意义。再者，由于大多数情况下学生所提的问题都是简单模仿的结果，从而就很难被看成真正的创造性劳动，因为，任何创造性活动都必然具有明确的目的，后者也是"数学思维"十分重要的一个特征。

　　总之，与单纯强调"从条件出发"相比较，我们在教学中应更加重视"将'条件'与'问题（目标）'联系起来加以考察"。在笔者看来，这也正是以下实例给予我们的直接启示。

［例 12］　以"船长有多大"导引解决问题策略的教学

　　（引自范小丽，"疑中生思，以思促学"，《福建教育》，2016 年第 6 期）

　　这是笔者引用这一教学设计的主要原因："在众多解决问题的策略中，'从问题（或条件）出发，寻找条件和问题之间的关联是一种常用且具有普遍意义的策略要领'"；"我们结合苏教版三年级下册《解决问题的策略——从问题想起》的教材内容，以'船长有多大'这一世界性的趣题为导引，进行了一次教学尝试"。

　　1. 开门见山，引入话题。

　　师：今天这节课，我们学习解决问题的策略。我们先从一道非常好玩的数学题开始，这道题呀，世界上好多国家的小朋友都做过，甚至还闹出过笑话。是什么题呢？我们来看看题目：一艘船上装有 30 只羊，20 头牛，问船长有多大？（出示题目）

2. 尝试解答,发现问题。

师:给大家1分钟时间,也来做做这道题吧。

学生尝试练习,有的动手解答,有的无从下手。1分钟后,学生交流算法和想法,最终发现问题:船长的年龄不好算。

3. 分析原因,寻找关键。

师:这道题,要求"船长有多大",给了条件吗? 有条件,也有问题,为什么就不好算呢?

教师引导学生深入讨论、分析,得出:条件"30只羊,20头牛"与问题"船长有多大"之间没有关联。

板书(图4-7):

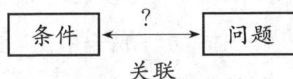

图 4-7

4. 加工改编,解决问题。

师:既然解决一个问题需要有跟这个问题相关联的条件,那你能将原来的题目改编一下,让"船长有多大"这个问题可以解决吗?

改编1:一个水手今年30岁,船长比这个水手大20岁,问船长有多大?

解答:$30+20=50$(岁)。

追问:条件与问题之间有什么样的关联?

出示:水手的年龄+20=船长的年龄。

指出:能将条件与问题的关联表示出来的式子,叫做数量关系。

改编2:一个水手今年30岁,船长的年龄是这个水手的2倍,问船长有多大?

解答:$30×2=60$(岁)。

追问:条件与问题之间有什么样的关联?

出示:水手的年龄×2=船长的年龄。

总结:解决一个问题,重要的是寻找条件和问题的关联。关联找到了,问题就容易解决了。

5. 迁移拓展，推广应用。（略）

6. 综合应用，强化策略。（略）

对于上述教学过程任课教师有如下的体会："这节课在教材中编排的主题是'从问题想起'，与苏教版三年级上册教材中编排的'从条件想起'的解决问题策略学习相呼应。但无论从条件想起，还是从问题想起，都只是解决问题的起点，最终还是要落脚在弄清题意，寻找条件与问题之间的关系，再进行解答。因此，本课抓大放小，始终在'条件与问题之间的关联'这一更具统摄意义的策略要点上用力，简洁而清晰，简约而高效。"

最后再对我们应当如何看待"问题解决"中的"条件"提出几点看法：

第一，与单纯强调"从条件出发"相比较，我们应当更加重视"条件"的再认识，这也就是指，我们不应将解题活动看成一个由"条件"出发逐步达到"目标"的单向过程，因为，任何较复杂的解题活动往往也包含相反方向上的运动，即如何依据"目标"对"条件"作出新的认识。

第二，在实际的解题过程中，"条件"往往处于不断的变化之中。

首先，就主体对于"条件"的认识而言，显然有一个不断深入的过程。事实上，按照现代认知心理学的分析，就主体内在的思维活动而言，解决问题的过程可被看成"问题空间"（这是指任务范围的内部心理表征，包括对目标、现有状态与目标状态之间的差别、可以执行哪些操作等的理解）的不断转换：解题者通过阅读问题和理解建构起了最初的"问题空间"；然后，随着"问题空间"与来自外部和长时记忆的信息的"接触"，它不断发生新的变化，即如变得更丰富和更精致；最后，问题的解决则取决于解题者能否成功地建构出关于所面临问题的一个合适的内在表征。

其次，这是促成"条件"不断变化的又一重要因素：随着解题活动的开展，我们不断获得了各种阶段性或局部性的成果，这并可被看成为最终解决问题提供了新的更多的"条件"。也正因此，这就是一个重要的"解题策略"："在解题的每一阶段，我们都把关于一个新的分量的知识加到已经得到的知识上去，在每一阶段，我们都要用已经得到的知识去得出更多的知识。我们要靠逐省逐省的占领去最后征服一个王国。在每个阶段，我们利用已被征服了的省份

作为行动基地去征服下一个省份。"(波利亚,《数学的发现》(第一卷),同前,第
213 页)(我们显然可从这一角度更好地理解[例 11]中所提到的"走楼梯"这样
一个比喻)

第三,研究表明,这正是"新手"(初学者)与"专家"(数学家)的一个重要区
别:前者往往采取"盲目干"的做法,即在没有很好地弄清某个计算或作图对
于我们求解所面临的问题究竟有什么作用时就忙着去进行计算或作图等,而
这在大多数情况下也的确毫无用处。

对于上述研究我们将在 4.3 节中作出进一步的分析,就我们目前的论题而
言,这显然更清楚地表明了将"条件"与"目标"联系起来加以分析思考的重要性。

5."解决问题的策略——替换"的教学

以下是这方面的一个具体实例。

[例 13]　"解决问题的策略——替换法"的教学

(姜巍巍,"在解决问题中领略数学的简洁美",载黄爱华等,《"大问题"教
学的形与神》,江苏教育出版社,2013,第 79~91 页)

与[例 10]相类似,相关教师在此也采取了学生课前预习的做法,即要求
学生尝试求解以下两个问题("试一试"):

问题 1:小明把 720 毫升果汁倒入 6 个小杯和 1 个大杯,正好都倒满,小
杯的容量是大杯的 $\frac{1}{3}$,小杯和大杯的容量各是多少?

问题 2:小明把 720 毫升果汁倒入 6 个小杯和 1 个大杯,正好都倒满,小
杯的容量比大杯的容量少 20 毫升,小杯和大杯的容量各是多少?

在发给学生的"预习纸"上清楚地写明了这一学习活动的"目的":"会用
'替换'的策略解决实际问题并能根据问题的特点确定合理的解题步骤。"

以下是课堂上的具体活动:

首先,由于这正是"大问题教学"的一次实践,[①]因此,相关教师在课堂上

[①]　这是黄爱华老师倡导的一种教学模式。详见黄爱华等,《"大问题"教学的形与神》,江苏教育出
版社,2013。对此我们将在第 8 章中作出进一步的分析论述。

就明确提出了这样一个问题:"在昨晚的课前预习中,大家都尝试了用替换的策略解决问题,关于替换,你们有什么问题吗?"教师并通过归纳整理将大家的注意力集中到了这样三个问题(这就是与这一教学内容直接相关的"大问题"):(1)为什么要替换?(2)替换的依据是什么?(3)替换有什么好处?

其后,教师又安排学生进行小组交流和全班汇报。以下是其中的部分对话:

师:凭什么1个大杯换3个小杯,我想换4个小杯,行不行?

生:不行,不行,因为题目告诉我们了。

……

师:在这道题目中,如果我要在黑板上写下一个解题关键句,你认为应该写哪句,理由是什么?

生:我认为应该写小杯的容量是大杯的$\frac{1}{3}$,因为正是按照这句话来进行替换的。

师:他的意思是,这句话就是这道题替换的依据,对不对?

……

师:我想问一个问题:这个小组有人把大杯换成小杯,有人是把小杯换成大杯,不换好不好? 同桌讨论一下。

……

师:看来替换的作用,就是可以把两种未知量通过替换变成只有一种未知量。

(板书:两种未知量,替换,一种未知量)

师:通过这道题的交流,你有什么新的收获? 同桌交流一下。

……

最后,教师又通过"问题1"和"问题2"的比较,帮助学生更好地感受"替换的不同应用"。

师:回忆刚才交流分享这两道题的过程,这两题有什么共同点? 有什么不同之处? 同桌讨论一下。

……

师：抓住替换前后数量的变化，能够帮助我们更快地理清解题思路。当然，替换时遇到困难还可借助于画图来帮助自己思考。

……

不难看出，尽管这一实例同样采取了"学生提前预习"这一做法，但由于相关的解题策略（替换法）的应用在此十分自然，因此不能被看成"包办代替"或外部的"硬性规范"。当然，我们在此仍可积极地去尝试在所说的情况下能否不给任何提示就要求学生自由地去进行解题，然后再在课堂中通过交流，特别是通过不同方法的比较帮助学生更好地掌握"替换法"的作用与优点。

进而，也正是基于上面的分析，笔者以为，这应当被看成这一课例的合适定位，即我们如何能够通过自己的教学帮助学生很好地实现由对于"替换"这一解题策略的不自觉状态转向更自觉的状态，特殊地，我们显然也可从这一角度更清楚地认识在课堂上明确提出上述三个"大问题"的主要作用。

最后，作为一项具体建议，笔者以为，在实际从事"问题1"和"问题2"的比较之前，教师可要求学生先行求解"问题1"的另外一些"变式"，即如：

小明把720毫升果汁倒入2个小杯、2个中杯和1个大杯，正好都倒满，小杯的容量是中杯的$\frac{1}{2}$，大杯的容量则是中杯的2倍，小杯、中杯和大杯的容量各是多少？

因为，通过所说的变化我们可帮助学生更好地理解"替换法"的主要作用，即可以有效地实现由"多"（这既是指2，也包括3或其他更大的自然数）向"一"的转变（对此可特称为"归一"）。

容易想到，后者正是初中阶段学习如何求解"二（多）元一次方程组"的关键。当然，这时我们不仅可以用"替换"，而且也可用"加减"去实现所说的"归一"（"消元"），即将"二（多）元一次方程组"转化成一元一次方程去进行求解。

以下是利用转化求解问题的又一实例，由此我们可更好地理解"数形结合"的重要作用。

[例 14] "润'数'于'形',架'转化'之桥"

(陆君,《小学数学教师》,2016 年第 6 期)

1. 以形助数,复杂化简单。

师:先来看两个关于分数加法的计算问题:

$$\frac{1}{2}+\frac{1}{4}, \frac{1}{2}+\frac{1}{4}+\frac{1}{8}。$$

师:结果是多少? $\left(\frac{3}{4}, \frac{7}{8}\right)$ 你是怎么算的?

生 1:可以按顺序依次计算。

生 2:先通分,再计算。

出示教材例 1:计算 $\frac{1}{2}+\frac{1}{4}+\frac{1}{8}+\frac{1}{16}$。

师:请同学们仔细观察一下,这四个加数有什么特点?

生:每个加数的分子都是 1,分母是有规律排列的,依次是 2、2×2、2×2×2、2×2×2×2。

师:以此类推,再在后面 $+\frac{1}{32}+\frac{1}{64}$,这个算式有点复杂,你准备怎么算?在练习纸上试一试。

生 3:先通分,再计算。

生 4:我从简单的例子想起,发现得数的分母和最后一个加数的分母相同,分子比分母小 1,所以结果是 $\frac{63}{64}$。

生 5:我把一个分数转化成两个分数相减的形式,中间这部分在加与减的过程中消去,发现最后只剩下 $(1-\frac{1}{64})$,结果是 $\frac{63}{64}$。

$$\frac{1}{2}+\frac{1}{4}+\frac{1}{8}+\frac{1}{16}+\frac{1}{32}+\frac{1}{64}=\frac{1}{2}+\left(\frac{1}{2}-\frac{1}{4}\right)+\left(\frac{1}{4}-\frac{1}{8}\right)+\left(\frac{1}{8}-\frac{1}{16}\right)+\left(\frac{1}{16}-\frac{1}{32}\right)+\left(\frac{1}{32}-\frac{1}{64}\right)=1-\frac{1}{64}=\frac{63}{64}。$$

师:刚才大家用不同的方法解决了这个分数加法题,有的同学把异分母分数转化为同分母分数;有的同学化多为少,从简单例子想起;还有的同学把数转化为式子。大家都是运用"转化"的策略解决了问题。它们是数与数的转化,如果用图形来表示这些数,会发生什么有趣的事情呢?

师:(指图 4-8)这是一个正方形,我们把它看作单位"1",这是 $\frac{1}{2}$,这是 $\frac{1}{4}$,这是 $\frac{1}{8}$,现在把三个分数合起来(动态演示)。图中哪部分表示三个数的和?

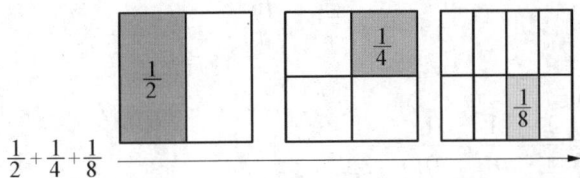

$\frac{1}{2}+\frac{1}{4}+\frac{1}{8}$

图 4-8

生:涂色部分(图 4-9)。

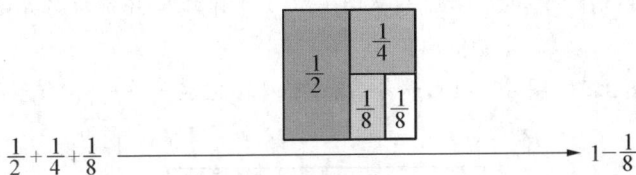

$\frac{1}{2}+\frac{1}{4}+\frac{1}{8}$ ──────────→ $1-\frac{1}{8}$

图 4-9

师:把图和算式联系起来想一想,这个加法算式可以转化成哪个算式?

生:要求涂色部分,可以从空白部分入手,空白部分是大正方形的 $\frac{1}{8}$,涂色部分就是大正方形的 $1-\frac{1}{8}$。

出示算式:$\frac{1}{2}+\frac{1}{4}+\frac{1}{8}+\frac{1}{16}+\frac{1}{32}+\frac{1}{64}$。

师:请你在图式中继续分一分,把算式中的加数填入图中(图 4-10)。

师:这个加法算式可以转化成哪个算式来计算? 和同桌交流一下你的想法。

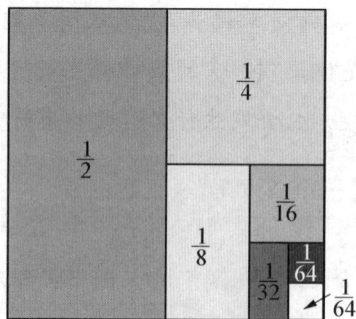

图 4 - 10

……

出示练习：$\dfrac{1}{4}+\dfrac{1}{8}+\dfrac{1}{16}+\dfrac{1}{32}$。

生：$1-\dfrac{1}{32}$。

生：不对，第一个加数不是 $\dfrac{1}{2}$，从图上就可以看出来，不能这么算，少了"$\dfrac{1}{2}$"。

生：从图上看（图 4 - 11），这个算式可以转化成 $\dfrac{1}{2}-\dfrac{1}{32}$。

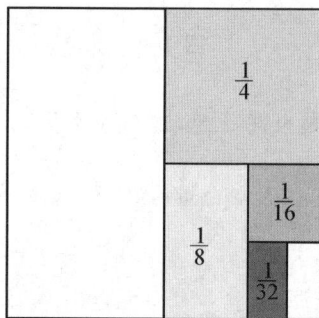

图 4 - 11

……

2. 以形辅数，特殊化一般。

出示教材"练一练"第 2 题：如图 4 - 12 是一个装满了铅笔的铅笔架，你能联系梯形面积公式，计算出铅笔的支数吗？

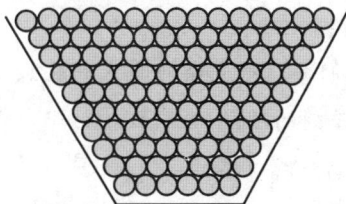

图 4−12

生：6＋7＋8＋9＋10＋11＋12＋13＋14＋15。

师：这个算式有什么特点？

生：是连续的自然数相加。

师：一个一个加起来可有些麻烦。借助图形想一想：这个算式可以转化成哪个算式呢？　生：(6＋5)×10÷2，我学过等差数列求和公式，把数据代入公式就可以了。

生：这是一个梯形笔架，只要用梯形面积公式计算即可。

师：你知道梯形面积公式是怎样推导出来的吗？

生：把两个完全一样的梯形铅笔架拼成一个平行四边形铅笔架……

多媒体出示(图 4−13)。

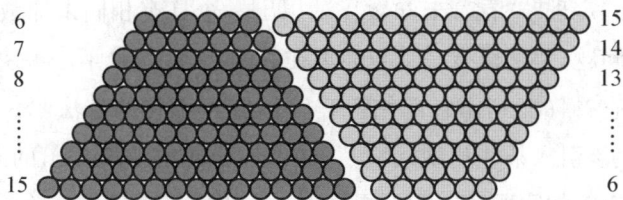

图 4−13

师：现在你能把图和算式结合起来想一想，为什么可以这样来转化吗？和同桌交流一下。学生汇报。

师："6＋15"表示第 1 行有 21 个，第 2 行、第 3 行呢？

生：这里每行都有 21 支笔，有这样的 10 行。刚才借了一个梯形笔架，现在还回去，所以再除以 2。

师：等差数列求和公式、梯形面积公式、(最大数＋最小数)×个数÷2，它们之间有联系吗？

......

小结：借助图形，我们可以把复杂的算式转化成简单的算式，并对以前学习的公式或算法形成更深刻的理解。

3. 润数于形，寻常化神奇。（略）

至此读者不妨认真地思考一下：数学中实现"转化"的手段主要有哪些？我们又应如何看待"转化"在数学问题解决中的重要作用？

例如，前面所提到的"特殊化"和"一般化"等事实上都可以被看成数学中通过转化解决问题的重要手段，由于这也可被看成"化归思想"（2.2节）的具体体现，从而在数学中具有十分广泛的应用，或者说，最典型地体现了数学家解决问题时的思维特征。

再者，如果对这里所说的"解题策略"作广义的理解，即指"由此可获得如何解决问题的有益启示"，那么，我们显然就可将波利亚关于"如何拟定解题计划"的如下建议都考虑在内：

面对有待解决的问题时，你应当考虑："你以前见过它吗？你是否见过相同的问题而形式稍有不同？""你是否知道与此有关的问题？你是否知道一个可能用得上的定理？""看着未知数！试想出一个具有相同未知数或相似未知数的熟悉的问题。""这里有一个与你现在的问题有关，且早已解决的问题。你能不能利用它？你能利用它的结果吗？你能利用它的方法吗？为了能利用它，你是否应该引入某些辅助元素？""如果你不能解决所提出的问题，可先解决一个与此有关的问题。你能不能想出一个更容易着手的有关问题？一个更普遍的问题？一个更特殊的问题？一个类比的问题？你能否解决这个问题的一部分？仅仅保持条件的一部分而舍去其余部分，这样对于未知数能确定到什么程度？它会怎样变化？你能不能从已知数据导出某些有用的东西？你能不能想出适于确定未知数的其他数据？如果需要的话，你能不能改变未知数或数据，或者二者都改变，以使新未知数和新数据彼此更接近？"（《怎样解题》，科学出版社，1982，第2～3页）

当然，相对于"转化"而言，以下又可被看成对于上述各个策略更为恰当的一个概括，即我们应当清楚地认识"联系的观点"与"变化的观点"对于数学解题的重要作用。

最后，作为本节的结束，笔者愿再次强调这样两点：（1）尽管"解题策略"的专门教学具有一定意义，特别是有益于这方面已有认识的总结与反思，但我们应更加重视如何能将这方面的教学与具体知识内容的教学很好地结合起来，因为，只有这样，才能使得学生更深切地感受到各种解题策略的作用。（2）与各种具体的"解题策略"相比较，我们应更加重视如何能从思维高度对此作出进一步的分析，包括我们究竟应当如何去认识所说的"问题解决"与"解题策略"，以及它们在数学研究和数学教育中的具体作用，乃至可能的局限性。由以下关于"问题解决"现代研究的简要介绍相信读者即可在这一方面获得直接的启示。

4.3 "问题解决"的现代研究

1. 波利亚的"数学启发法"研究

就"问题解决"的现代研究而言，应当首先提及国际著名数学家、数学教育家波利亚的贡献：正是其 20 世纪 40～60 年代在这一方面的工作，特别是"数学启发法"的研究，为"问题解决"的现代研究奠定了直接基础。

以下是波利亚在这方面的基本立场：能够"指引人们去解答所有可能的数学问题的……放之四海皆准的发明创造规则……并不存在"。但是，"各种各样的规则还是有的，诸如行为准则、格言、指南等等。这些都还是有用的"。特别是，我们可以通过对于解题活动，特别是已有的成功实践的深入分析总结出一般性的思维方法或模式，后者对于今后的解题活动可起到一定的启发和指导作用。这也就是所谓的"（数学）启发法"。（波利亚，《怎样解题》，科学出版社，1982，第 171 页）

由以下论述我们可以更清楚地认识相关研究的启发性质：

第一，尽管相关的研究应当立足真实的数学研究活动，但这又非纯粹的描述性工作，因为，其主要目的是通过实例的考察引出普遍性的思维方法或模式。也正因此，我们在此所强调的就应是思维活动的"理性重建"，即希望通过方法论的重建使得相应的思维活动真正成为可以理解的、可以学到手的，并能够加以推广应用的。

第二,相应的思维方法或模式并非必须严格遵循的法则或规范。恰恰相反,就其基本意义而言,"启发法"就是指"有助于发现的思维方法",因此,如果解题者对于如何求解所面临的问题具有明确的想法,就完全可以按照自己的想法去行事,而不一定要认真地去思考在此究竟应当使用哪种解题策略去解决问题。

总之,波利亚所倡导的"数学启发法"事实上是在"规范性"与"描述性"之间开拓了第三种可能性,即主要着眼于对于新的研究工作具有启示意义的思维方法或模式。

波利亚并明确地强调了启发法研究的普遍意义。

第一,"解题是智力的特殊成就,而智力乃是人类的天赋,正是绕过障碍,在眼前无捷径的情况下迂回的能力使聪明的动物高出愚笨的动物,使人高出最聪明的动物,并使聪明的人高出愚笨的人"(G. Polya, "On Solving Mathematical Problem in High School",载 *Problem Solving in School Mathematics*, NCTM, 1980 Year book);"解题是人类的本性。我们可以把人类定义为'解题的动物',他的生活充满了不可立即实现的目标。我们大部分的有意识思维都与解题相关,当我们并未沉溺于娱乐或白日做梦时,我们的思想有着明确的目标"(《怎样解题》,同前,第 221~222 页)。

第二,数学启发法的用途"不限于任何题目。我们的问题可以是代数的或几何的,数学的或非数学的,理论的或实际的……"这里提出的方法"对于那些认真对待其问题并有某些常识的人来说是很自然的"。(《怎样解题》,同前,第 2~3 页)显然,这也就更为清楚地表明了数学启发法研究的普遍意义。

以下再对"数学启发法"的主要内容作出简要介绍。

波利亚指出,数学启发法的主要部分是一些"定型的"问题和建议,对此可联系"问题解决"的各个步骤——"弄清问题"、"拟定计划"、"实现计划"和"回顾"——作出概括和论述。这也就是所谓的"怎样解题表"。波利亚指出,这些问题和建议都"经过了仔细的挑选和安排",其目的就是希望能引发有用的智力活动,即产生有助于问题解决的"好念头"。

尽管我们在先前已对其中的不少内容作了介绍,但笔者仍然希望读者能对以下的"怎样解题表"予以特别的关注,从而获得一个完整的印象。

弄 清 问 题

第一,你必须弄
清问题。

未知数是什么?已知数据是什么?条件是什么?满足条件是否可能?要确定未知数,条件是否充分?或者它是否不充分?或者是多余的?或者是矛盾的?

画张图,引入适当的符号。

把条件的各个部分分开。你能否把它们写下来?

拟 定 计 划

第二,找出已知
数与未知数之间的
联系。

你以前见过它吗?你是否见过相同的问题而形式稍有不同?

你是否知道与此有关的问题?你是否知道一个可能用得上的定理?

如果找不出直接
的联系,你可能不得
不考虑辅助问题。

看着未知数!试想出一个具有相同未知数或相似未知数的熟悉的问题。

你应该最终得出
一个求解的计划。

这里有一个与你现在的问题有关,且早已解决的问题,你能不能利用它?你能利用它的结果吗?你能利用它的方法吗?为了能利用它,你是否应该引入某些辅助元素?

你能不能重新叙述这个问题?你能不能用不同的方法重新叙述它?

回到定义去。

如果你不能解决所提出的问题,可先解决一个与此有关的问题。你能不能想出一个更容易着手的有关问题?一个更普遍的问题?一个更特殊的问题?一个类比的问题?你能否解决这个问题的一部分?仅仅保持条件的一部分而舍去其余部分,这样对于未知数能确定到什么程度?它会怎样变化?你能不能从已知数据导出某些有用的东西?你能不能想出适于确定未知数的其他数据？如果需要的话，你能不能改变未知数或数据，或者二者都改变，以使新未知数和新数据彼此更接近？

你是否利用了所有的已知数据？你是否利用了整个条件？你是否考虑了包含在问题中的所有必要的概念？

实 现 计 划

第三，实行你的计划。

实现你的求解计划，检验每一步骤。

你能否清楚地看出这一步骤是正确的？你能否证明这一步骤是正确的？

回 顾

第四，验算所得到的结果。

你能否检验这个论证？你能否用别的方法导出这个结果？你能不能一下子看出它来？

你能不能把这结果或方法用于其他的问题？

应当指出的是，尽管表中所提的各个问题和建议是按照"弄清问题"等四个步骤循序安排的，但它们不应被看成具有同样的重要性。具体地说，"了解问题是为好念头的出现作准备；制订计划是试图引发它；在引发以后，我们实现；回顾此过程和求解的结果，我们是试图更好地利用它"。（《怎样解题》，同前，第159页）这也就是指，在这四者之中，"实现计划"可以说最简单："我们所需要的只是耐心"；"弄清问题"则是成功解决问题的一个必要前提；在实际的解题活动中"回顾"最容易被忽视；"拟定计划"是真正的关键，因为，这直接关系到了能否引发所谓的"好念头"，从而成功解决所面临的问题。简言之，"数学启发法"在很大程度上可被看成是围绕"拟定计划"展开的。

其次，波利亚指出，表中所列举的问题和建议是"按照其发生的可能性大小排列的"。就"拟定计划"而言，这就是指，我们应当首先寻找已知数与未知数之间的直接联系，从而达到解决问题的目的。如果找不出这种联系，就不得不对原来的问题作出一定的变化或修改，即应当考虑相应的辅助问题。

例如，由于"一个好念头的基础是过去的经验和已有的知识……如以前解决的问题,以前证明过的定理。因此,以下列问题开始工作常常是合适的:你是否知道与此有关的问题? 你是否知道一个可能用得上的定理?"

当然,在大多数情况下,会有很多的"问题与建议"与目前要解决的问题直接相关,因此,解题活动的真正难点在于:我们如何能够对所有相关的问题与建议作出适当的选择。

以下是一些具体的建议:"看着未知数! 试想出一个具有相同未知数或相似未知数的熟悉的问题。"波利亚指出:"如果我们成功地回想起一个与当前问题密切相关的早已解决的问题,那是很幸运的。我们应当争取这样的运气。"当然,解题活动的成功不应单纯指望所谓的"运气",而应是一种高度自觉的行为,也正因此,相关的"回忆或搜索"就应始终集中于这样一个问题:"它有什么用?"以下是这方面的又一建议:"这里有一个与你现在的问题有关,且早已解决的问题,你能不能利用它?""你能利用它的结果吗? 你能利用它的方法吗? ……"

显然,上述的建议与问题并已清楚地表明了"辅助问题"的性质和作用。这正如波利亚所指出的:"所谓辅助问题是这样一个问题,我们考虑它并非为了它本身,而是因为我们希望通过它帮助我们去解决另一个问题,即我们原来的问题。"(《怎样解题》,同前,第51页)另外,辅助问题的作用也是多方面的:它既可能提供内容方面的帮助,也可在方法论方面给人一定的启示,如"激起有用的联想"等等。

就"辅助问题"的引入而言,还可区分出两种不同的情况:一是以已解决的问题作为出发点,并希望能由此而获得有用的信息或启示;二是以所需解决的问题作为出发点,并希望通过对此作出改变从而最终达到解决问题的目的。容易看出,上面所提及的问题和建议主要地都是针对第一种情况作出的。与此相对照,以下的问题和建议则更加适用于后一种情况:"如果你不能解决所提出的问题,可先解决一个与此有关的问题。你能不能想出一个更容易着手的有关问题? 一个更普遍的问题? 一个更特殊的问题? 一个类比的问题? 你能否解决这个问题的一部分? 仅仅保持条件的一部分而舍去其余部分,这样对于未知数能确定到什么程度? 它会怎样变化? 你能不能从已知数据导出某些有用的东西? 你能不能想出适于确定未知数的其他数据? 如果需要的话,你能不能改变未知数或数据,或者二者都改变,以使新未知数和新数据彼此更接近?"

更为一般地说,后者并可被看成"数学启发法"的主要内容。这正如波利亚所指出的:"存在着某些变化问题的模式,它们是典型有用的,例如'回到定义去'、'分解与重新组合'、'引入辅助元素'、'普遍化'、'特殊化'以及利用'类比'。"(《怎样解题》,同前,第 213 页)

对于这些内容我们不再赘述,有兴趣的读者可直接阅读波利亚的名著《怎样解题》与《数学的发现》(内蒙古人民出版社,1980),也可参见笔者的另著《数学方法论》(广西教育出版社,1996、2001、2008)。

2. 对于波利亚的超越

波利亚关于"数学启发法"的研究在当时具有十分广泛的影响,但就"问题解决"的整体发展而言,在 20 世纪 60 年代以后却可说陷入了发展的停滞,以至在很长时期内"数学启发法……几乎成了'问题解决'的同义词"。(A. Shoenfeld 语)新的突破出现在 20 世纪 80 年代的中后期,促成这一发展的主要原因是理论研究与教学实践的密切结合。

具体地说,正如人们普遍了解的,继 20 世纪 60 年代的"新数运动"、70 年代的"回到基础","问题解决"在 80 年代成了国际数学教育界的主要口号,即认为我们应将努力提高学生解决问题的能力作为学校数学教育的主要目标,学校的全部数学课程也应采取"问题解决"这样一个组织形式。正是在这样的形势下,波利亚的数学启发法研究重新获得了人们的重视。例如,人们在当时普遍地采用了"对波利亚的重新发现"这样一个说法,"数学启发法"更可以被看成为相关的教学实践提供了直接的基础。但是,尽管作出了很大努力,80 年代初期的教学实践却似乎只能说是一种失败的尝试,因为,现实中经常可以看到这样的现象:尽管学生已经具备了足够的数学知识,似乎也已掌握了相应的解题策略,但却仍然不能有效地解决问题。

当然,面对所说的失败我们应当认真地去寻找原因,从而有针对地开展进一步的研究。就"问题解决"的现代研究而言,这正是新的发展最重要的一个内涵:人们现已清楚地认识到了"问题解决"并非单纯取决于所谓的"解题策略",而是一个包含有多个环节的复杂过程——也正因此,为了提高解题能力,我们就应在更多方面作出切实的努力。

就后一方面的具体工作而言，我们又应特别提及美国著名数学教育家舍费尔德的《数学问题解决》一书，因为，这正是这一著作的主要特点："这一框架……描述了复杂的智力活动的四个不同性质的方面：认识的资源，即解题者所已掌握的事实和算法；启发法，即在困难的情况下借以取得进展的'常识性法则'；调节，它所涉及的是解题者运用已有知识的有效性；信念系统，即解题者对于学科的性质和应当如何去从事工作的看法。"（A. Schoenfeld, *Mathematical Problem Solving*, Academic Press, 1985, 第 XII 页）从而就为我们具体分析复杂的解题行为提供了一个新的理论框架。

由于在前面我们已对"数学启发法"作了专门介绍，以下主要对其他三个方面，特别是后两者作出简要的介绍。

第一，知识的良好组织。这显然是成功的解题活动的一个必要前提，即解题者必须掌握一定的数学知识（包括数学技能）。另外，与单纯的数量积累相比，我们应更加重视知识的良好组织。

事实上，波利亚已明确地强调了"知识的良好组织"的重要性："良好的组织使得所提供的知识易于用上，这甚至可能比知识的广泛更为重要。至少在有些情况下，知识太多可能反而成了累赘，它可能妨碍解题者去看出一条简单的途径，而良好的组织则有利而无弊。"（《数学的发现》[第二卷]，同前，第129页）

第二，元认知（调节）。所谓元认知，在此是指解题者对于自身所从事的解题活动（包括解题策略的选择、整个过程的组织、目前所从事的工作在整个解题过程中作用等）的自我意识、自我分析（包括评估）与自我调整。由于与具体的认知活动（解题活动）相比较，上述考虑显然属于更高的层次，并以后者作为直接的对象，因此，现代的认知心理学研究常常就称之为"元认知"。

"问题解决"现代研究中对于"元认知"的强调主要有这样两个涵义：

(1) 对于自身所从事的解题活动我们应当保持清醒的自我意识。即如：

"我所面临的是怎样的问题？"

"我所选择的是怎样的一条解题途径？"

"我为什么作出这样的选择？"

"我现在已经进行到了哪一阶段？"

"这一步的实施在整个解题过程中占有怎样的地位？"

"我目前所面临的主要困难是什么？"

"解题的前景如何？"

……

（2）更重要的是，我们应清楚地认识到解决问题并非一个按照事先制定的程序一成不变地加以实施的机械过程，而是需要不断对所发生的情况进行评估并随时作出必要调整的动态过程。例如，以下一些问题就直接关系到对于目前所从事的解题活动的自我评估：

"我是否真正弄清了题意？"特别是，"我对所面临的困难与成功的可能性是否有清醒的认识？"

"我是否真正'盯住了目标'？"特别是，"我所采取的解题途径是否足以导致问题的彻底解决或能对此起到很大的促进作用？"

"我所选择的解题途径是否可行？"特别是，"目前所面临的困难是否可以顺利地得到克服？"

"我所选择的解题途径是否是最好的？是否有更好的解题途径？"

"在已完成的工作中是否存在隐蔽的错误？"特别是，"我有没有重犯先前的'老毛病'（如计算中的粗心大意等）？"

应当强调的是，在许多学者看来，对于"元认知"的强调正是自波利亚以来在"问题解决"的理论研究中所取得的最重要进展。这一说法确有一定道理，因为，正如前面所提及的，自波利亚开始直至 20 世纪 80 年代中期，国外关于"问题解决"的研究主要都集中于"数学启发法"，但却忽视了"元认知"这一对于解题活动的成功与否同样具有重要影响的因素，这在很大程度上也正是 20 世纪 80 年代初期关于"问题解决"的教学实践何以没有取得显著成效的一个重要原因。

还应提及的是，这事实上也正是关于学生（不成功的解题者）与数学家（好的解题者）的诸多比较研究的一个重要结论：元认知水平的高低正是决定解题活动成功与否的一个重要因素。

具体地说，不成功的解题者所采取的往往是"盲目干"的做法，即其往往不加思考地采取某一方法或解题途径,或总是在各种可能的"解题途径"之间徘徊,而对自己在干什么,特别是为什么要这样做始终缺乏清楚的认识。另外,在沿某一解题途径走下去时,他们又往往不能对自己目前的处境作出清醒的评估并由此作出必要的调整,只是"一股劲地往前走",直至最终陷入僵局而一无所措(后者既是指遇到了不可克服的困难,也是指获得了某种结果却对于求解原来的问题毫无作用)。

与此相对照,好的解题者则往往在这方面表现出了良好的素质:在具体采用某一方法或解题途径前能对各种可能性进行仔细地考虑;在整个解题过程中也能始终做到"心中有数",即清楚地知道自己在干什么和为什么要这样干;他们并能对目前的处境作出清醒的自我评估,从而就能及时作出必要的调整;特殊地,即使出现了错误,他们也不会简单地抛弃已有的工作,而是力图从中吸取有益的成分;在成功地解决了问题以后,他们也能自觉地对已有工作作出回顾,特别是深入地去思考是否还有更有效的解题途径。(这方面的一些实例可参见 A. Schoenfeld, *Mathematical Problem Solving*,同前;或郑毓信,《问题解决与数学教育》,江苏教育出版社,1994,第 5.1 节)

由此可见,我们在教学中就应经常地去问及以下三个问题,因为,这十分有益于提高学生的元认知能力:

"什么?"(what)("现在在干什么?"或"准备干什么?")

"为什么?"(why)("为什么要这样做?")

"如何?"(how)("这样做了的实际效果如何?")

当然,这是这方面的一个更高目标,即我们应当努力提高学生在这方面的自觉性,也即能够养成在上述方面经常自觉进行自我反思的良好习惯。

第三,观(信)念。这是指解题者的数学观、数学教育(学)观及其对于自我解题能力的认识等。研究表明,尽管这些观念在很多情况下都只是一些不自觉的认识(从而,这主要地应被看成是一种"信念"),但其对于主体的解题活动仍然具有十分重要的影响。

例如,以下就是美国中、小学生中十分普遍的一些观(信)念(详可见 M. Lampert,"When the problem is not the question and the solution is not the answer: Mathematical knowing and teaching", *American Educational*

Research Journal，27[1990]）：

　　只有书呆子才喜欢数学；

　　数学是无意义的，即与日常生活毫无联系；

　　学习数学的方法就是记忆和模仿，你不用去理解，也不可能真正搞懂；

　　教师的职责是"给予"，学生的职责则是"接受"；

　　没有学过的东西就不可能懂，只有天才才能在数学中作出发明创造；

　　教师所给出的每个问题都是可解的，我解不出来是因为不够聪明；

　　每个问题都只有唯一的正确解答；

　　每个问题都只有唯一的正确解题方法；

　　每个问题都只需花 5～10 分钟就可解决，否则就不可能单凭自己的努力获得解决；

　　教师是最后的仲裁者，学生所给出的解答的对错和解题方法的"好坏"都由教师最终裁定；

　　数学证明只是对一些人们早已了解的东西进行检验，从而就是一种"教学游戏"，没有任何真正的价值；

　　观察和实验是靠不住的，从而在数学中就没有任何地位；

　　猜想在数学中也没有任何地位，因为数学是完全严格的。

　　显然，上述的观念必然会对学生的数学学习，包括解题活动产生很大的消极影响。对此由以下的实例可清楚地看出。

　　这是美国第三次全国教育进展评估中的一个试题（这方面的另一著名例子是［例 12］中所提到的"船长有多大"这样一个问题）：

　　"每辆卡车可以载 36 个士兵，现有 1 128 个士兵需用卡车运送到训练营地，问需用多少辆卡车？"

　　测试结果表明，有 70％的学生正确地完成了计算，即得出了用 36 去除 1128，商为 31，余数为 12。然而，就最终的答案而言，却有 29％的学生的答案为"需要 31 余 12"，另有 18％的学生的答案为"31"，只有 23％的学生给出了"32"这一正确的解答。

　　对于上述结果舍费尔德分析道："当学生的答案有余数时，他们显然没有把这一问题看成真实的。他们把它看成是学校中虚构的数学问题——为了练习而杜撰的故事,而学生所需做的只是进行计算并把答数写下来。……学生是从哪里学得这样的荒谬做法的? 正是在他们的数学课堂中,通过机械的练习。"

另外,作为更加系统的研究,舍费尔德并曾对以下观点的形成过程及其后果进行了深入分析:"每个问题都只需花 5~10 分钟就可解决,否则就不可能单凭自己的努力获得解决。"舍费尔德写道:

"在整个学年中,我们所观察的 12 个班级中没有一个学生所做的数学作业可以称得上严格意义上的数学问题。学生所做的都是些练习,而设计这些作业的目的则是为了表明学生对于学科内容的较小组块的掌握情况,并要求这些作业能在较短时间内得以完成。例如,在一个标准的 5 天工作周中,学生分别被要求完成包含 28、45、27 和 30 道题的'家庭作业'。……教师并让学生尽管可能多地在黑板上演示家庭作业的答案。考虑到作业的数量,这就意味着他期望学生能在 45 分钟的时间内完成 20 题或更多的'问题'。事实上,在一次关于轨迹和作图的单元考核(全校 10 个班级的统一数学考核)中,竟包括有 25 个问题——学生平均每 2 分 10 秒就得解决一个问题。教师给学生的建议是:'你们应当熟悉所有的作图题,这样就不必花费很多时间去进行思考了。'

"总的来说,学生在整个 12 年的数学学习过程中解答了成千上万道的'问题'——事实上,对于每道题都期望学生能在几分钟内得到完成。在这种布置后面的假设是:如果你理解了题材,就可以做出这些练习;而如果未能在合理的时间内完成练习,就说明你没有理解,从而就需要帮助。

"无论教师是否打算把这一假设传递给学生,学生都形成了这样的看法。"(A. Schoenfeld,"When good teaching leads to bad results:The disasters of 'well taught' mathematics classes", *Educational Psychologist*,23[1988],第 159~60 页)

再者,在对九到十二年级的 12 个数学班作的一次调查中,舍费尔德还提出了这样一个问题:

"如果你理解了题材,对于家庭作业中的一个标准问题需要多少时间去求解?"

学生回答的平均数是 2.2 分钟!

综上可见,学生主要是通过学校中的数学学习逐渐养成了上述的各种错误观念,后者则对新的数学学习,包括解题活动产生了严重的消极影响。进而,新的数学学习,特别是新的解题活动的失败反过来又进一步强化了原先的错误观念……从而,我们在此看到了某种"恶性循环",而其最终结果则是使学生完全丧失了对数学学习的兴趣和信心,乃至对于整个人生的信心——也正是在这样的意义上,美国著名数学教育家戴维斯(R. Davis)写道:"我们的数学教育已接近于毁灭年轻的一代!"

显然,就我们目前的论题而言,这更清楚地表明了这样一点:"观念"也是影响人们解决问题能力的又一重要因素。

综上可见,相对于波利亚的"数学启发法"而言,"问题解决"的现代研究已经取得了重要进展,即真正实现了对于波利亚的超越。

3. 从"问题解决"到"数学地思维"

尽管"问题解决"的研究在 20 世纪 80 年代取得了重要进步,但相关的理论研究与教学实践应当说仍然存在不少的问题。以下就围绕"问题解决"这一数学教育改革运动对此作出简要分析。

具体地说,这正是人们通过这一改革运动的反思所得出的一个主要结论,即在充分肯定这一运动合理性的同时,我们也应清楚地看到它的局限性。就目前的论题而言,这主要是指:

第一,数学观的现代演变,即由"静态数学观"向"动态数学观"的转变,可以被看成为"问题解决"这一改革运动提供了重要的理论背景,因为,从后一角度看,数学教学显然不应唯一集中于数学活动的最终产物,而应更加关注数学活动本身。但是,所说的"数学活动"是否应被等同于"问题解决",即仅仅是指综合地、创造性地应用各种数学知识和技能去解决那种非单纯练习题式的问题?

尽管现实中有不少指导性文件都表述了后一种观点,[①]但只需对实际数

---

① 例如,美国著名数学教育家伦伯格(T. Romberg,他是美国数学教师全国委员会特设的关于学校数学课程标准的专门委员会的主席)就曾指出,在《行动的议程》、《学校数学课程与评估的标准》等文件中,"问题解决都突出地被看成是数学家的主要活动"。

学活动进行分析,我们就可看出这一结论的局限性。例如,一个明显的问题在于:那些有待于解决的问题是从哪里来的? 或者说,我们究竟应当如何看待"问题解决"与"问题提出"之间的关系?

事实上,这是一个公认的观点,即认为提出问题的能力应当被看成创造性才能的主要表现。例如,爱因斯坦等人就曾明确指出:"提出一个问题比解决一个问题更为重要,因为解决问题也许是一个数学上或实验上的技能而已,而提出新的问题、新的可能性,从新的角度去看旧的问题,却需要创造性的想象力,而且标志着科学的真正进步。"(The Evolution of Physics,Simon and Schuster,1938,第 92 页)

另外,从数学教育的角度看,这显然又应被看成传统的"传授—接受"式教学思想的具体表现,即学生总是被要求去求解由其他人(教师、教材编写者、考试设计者等)所提出的问题——在笔者看来,这事实上也正是"问题解决"这一口号何以常常与"应试教育"表现出一定的相容性,甚至直接为后者所利用的重要原因。

正是基于上述的认识,"问题提出"近年来在数学教育界中获得越来越多的重视就十分自然了。[①] 更为一般地说,我们应清楚地看到在"问题解决"与"问题提出"之间所存在的互相制约、相互依赖的辩证关系。

例如,先前关于"辅助问题"的讨论显然已表明,为了顺利地解决问题,我们常常需要引入一些新的问题,如"一个更容易着手的有关问题,一个更普遍的问题,一个更特殊的问题,一个类比的问题"等等。

由此可见,"问题解决"在一定程度上依赖于"问题提出"。也正因此,作为数学思维的研究,我们就不应唯一局限于"问题解决",而是应当将"提出问题"也包括在内。

第二,如果说上面的讨论主要涉及数学活动的出发点,那么,作为进一步的思考,我们又应思考这样的问题:"问题解决"——在此是指具体解答的获得,包括肯定性解答和否定性解答——是否可以被看成相应的数学活动的结

---

① 对此例如可参见 E. Silver 的综述性文章"On Mathematical Problem Posing",Proceedings of the 17th International Conference of PME,1993,Vol. I,第 66~85 页。

束？或者说,解答的获得是否应被看成数学活动的主要目标?

显然,从较小范围进行分析,特别是仅仅着眼于数学知识的实际应用,对于上述问题我们或许可以作出肯定的答复。但是,如果着眼于更大的范围,特别是考虑到数学的理论研究,对此无疑应作否定的答复,因为,这正是数学思维的一个重要特点,即数学家们总是不满足于某些具体结果或结论的获得,而是希望能够获得更深入的理解。后者不仅直接导致了对于严格的逻辑证明的寻求,也促使数学家积极地去从事进一步的研究,即如在这些看上去并无联系的事实背后是否隐藏着某种普遍的理论? 这些事实能否被纳入某个统一的数学结构? 等等。(4.1节)

进而,正是从上述立场出发,一些数学家对"问题解决"这一改革运动中所出现的一些偏向提出了尖锐批评。例如,为了使数学对大多数学生而言更有吸引力和力所能及,"开放性问题"在现代的数学教育中得到了广泛应用。人们普遍认为,与具有唯一正确解答,甚至唯一正确解题方法的"传统问题"相比较,开放性问题更适于使所有的学生参与到解题活动之中:他们可以依据各自的水平去进行求解(另外,"开放题"的应用对于纠正学生中普遍存在的以下观念显然也十分有益:"每个问题都只有唯一的正确解答,并有唯一的正确解题方法")。但是,在相关的教学实践中我们又可经常看到这样的现象:学生们(甚至包括教师)只是满足于用某种方法(包括观察、实验和猜测)求得了问题的解答,而不再进行进一步的思考和研究,甚至都未能对已获得的结果的正确性(包括完整性)作出必要的检验或证明。从而,"在现实中,开放性问题在某些场合正在成为不求甚解和不加检验的猜测的同义词"。这一现象当然引起了数学家们的极大不安:"尽管这一讨论仅限于开放性问题,但对于新的改革的某些方面的大致了解已经使得数学家对数学教育的前进方向产生了疑虑"(H. Wu);"我所担心的是:通过使数学变得越来越易于接受,最终所得出的将并非是数学,而是什么别的东西。"(A. Cuoco)

当然,我们不能因为实践中出现了某些偏差就对新的改革运动持绝对否定的态度。但在笔者看来,这确实从一个侧面指明了"问题解决"的局限性,后者即是指,与单纯强调"问题解决"相比,我们应当明确提出这样一个主张:"求取解答并继续前进"。(A. Schoenfeld 主编, *Mathematical Thinking and*

Problem Solving,Lawrence Erlbaum Associates,1994,第45页)进而,从更深入的层次看,与"问题解决"相比较,"数学地思维"是更为恰当的一个主张,这也就是指,我们应将帮助学生学会数学地思维看成数学教育的主要目标。值得指出的是,后者正是"问题解决"在当代的主要学术带头人舍费尔德通过总结所得出的一条教训:"现在让我回到'问题解决'这一论题。尽管我在1985年出版的书用了《数学问题解决》这样一个名称,但我现在认识到这一名称的选用不很恰当。我所考虑的是,单纯的问题解决的思想过于狭窄了。我所希望的并非仅仅是教会我的学生解决问题——特别是由别人所提出的问题,而是帮助他们学会数学地思维。"("What is all the fuss about problem solving",ZDM,1991,No.1)

　　显然,上述分析也为我们应当如何更好地去开展数学思维的研究指明了努力的方向:我们不应唯一局限于"解题策略"的研究,而是应当包括更广泛的内容,特别是,应当高度重视"数学的研究精神",即如何由已有工作去引出新的研究问题或开拓出新的研究方向。

　　还应提及的是,正如前面已指出的,强调"数学地思维"并很好地体现了这样一个思想:数学不应被看成单纯的工具,而且也对思维的训练具有十分重要的意义,后者并直接关系到数学的文化价值,特别是人类理性精神的发展。这正如著名数学史学家克莱因所指出的:"在最广泛的意义上说,数学是一种精神,一种理性的精神。正是这种精神,使得人类的思维得以运用到最完善的程度,亦正是这种精神,试图决定性地影响人类的物质、道德和社会生活;试图回答有关人类自身存在提出的问题;努力去理解和控制自然;尽力去探求和确立已经获得知识的最深刻的和最完美的内涵。"(M. Kline,*Mathematics in Western Culture*,George allen and Uuwin Ltd.,1954,"前言")

　　最后,正如前面已提及的,即使我们对"问题解决"作广义的理解,即将"提出问题"也包括在内,这仍然不应被看成数学活动的唯一形式,因为,这也是"数学活动"十分重要的一项内涵:"概念的生成、分析与组织"。总之,我们应从更广泛的角度深入地去研究如何帮助学生学会数学地思维,包括后者可能的局限性。对此我们将在第5章中作出进一步的分析论述。

第 5 章

为学生思维发展而教

  与前几章的论述不同,本章主要以"走向核心素养"这一教育领域中的新发展趋势为背景对数学教育的相关问题进行具体分析,特别是,我们究竟应当如何去认识数学教育的基本任务? 具体地说,笔者以为,我们应当超出数学,并从更一般的角度认识数学教育的作用,特别是,相对于"帮助学生学会数学地思维"而言,我们应更明确地去提倡"通过数学帮助学生学会思维"。对于这一思想的具体论述是 5.1 节的主要内容;5.2 节则集中于这一思想的具体教学涵义。

5.1 "核心素养"视角下的数学教育

1. 应当深入思考的两个问题

  数学教育工作者当然应当关心教育的整体发展,并以整体性的教育理论指导自己的工作,因为,只有这样,我们才能更好地承担起自己所应承担的教育使命。

  就当前而言,我们并应特别重视这样一个新的理论思想,即对于"核心素养"的大力提倡:"今天,这个概念体系(指'核心素养'——注)正在成为新一轮课程改革深化的方向。"(《人民教育》编辑部,"核心素养:重构未来教育图景",《人民教育》,2015 年第 7 期)以下则是教育部 2014 年 3 月所颁发的文件《教育部关于全面深化课程改革,落实立德树人根本任务的意见》中的相关论述:"教育部将组织研究提出各学段学生发展核心素养体系,明确学生应具备的适应终身发展和社会发展需要的必备品格和关键能力,突出强调个人修养、社会关爱、家国情怀,更加注重自主发展、合作参与、创新实践。"

对于上述思想我们当然应当很好地学习与落实。与此同时,笔者愿再次强调这样一个建议(1.1 节):面对任一新的理论或发展趋势,我们都应坚持自己的独立思考,包括从专业角度作出更深入的分析,而不应盲目地去追随潮流,因为,只有这样,我们才能很好地吸取其中的有益成分与重要启示,并切实避免各种片面性的认识与做法上的简单化。

就当前而言,笔者并愿特别提及这样两个问题:

第一,现今对于"核心素养"的提倡与一般意义上的"素质教育"有什么联系和区别? 这与新一轮课程改革中对于"三维目标"的提倡又有什么不同?

第二,数学教育领域应当如何去落实"核心素养"这一整体性的教育思想? 特别是,我们是否也应积极地去提倡"数学核心素养",什么又是后者的具体涵义?

具体地说,正如人们普遍了解的,"全面推进素质教育"是我们的一个长期国策。对此例如由 1997 年国家教委印发的《关于当前积极推进中小学实施素质教育的若干意见》可清楚地看出:"着眼于受教育者长远发展的要求,以面向全体学生,全面提高学生的基本素质为根本宗旨。"其中还明确提到了要建立一整套"素质教育运行体系",包括"以全面提高学生素质为目标的课程体系"。另外,这显然也是 1999 年 6 月颁发的《中共中央国务院关于深化教育改革,全面推进素质教育的决定》的基本立场。从而,面对"走向核心素养"这一新的主张,我们自然就应深入地去思考:现今对于"核心素养"的提倡与先前所说的"素质教育"有什么联系和区别? 另外,考虑到对于"三维目标"的大力提倡正是 2001 年起实施的新一轮课程改革最为重要的特征之一,对于以下问题我们自然应当予以特别的重视,即现今对于"核心素养"的提倡与一般所说的教育的"三维目标"究竟有什么不同?

以下是一些相关的论述:

"核心素养是对素质教育内涵的具体阐述,可以使新时期素质教育目标更加清晰,内涵更加丰富,也更加具有指导性和可操作性。此外,核心素养也是对素质教育过程中存在问题的反思与改进。"(林崇德,"中国学生发展核心素养:深入回答'立什么德、树什么人'",《人民教育》,2016 年第 19 期)"核心素养

是素质教育的深化和细化。"(余文森,"从三维目标走向核心素养是课程深化的标志",同上)

"核心素养是三维目标的进一步提炼与整合,……三维目标是核心素养形成的要素与路径。"(余文森,同上)"基于核心素养的课程改革试图解决当前我国基础教育'三维目标'割裂的问题。"(杨向东,"核心素养与我国基础教育课程改革的关系",同上)

这些论述应当说都有一定道理。但正如《人民教育》编辑部在发表这些文章时所指出的:核心素养"内涵的科学界定更应该重点辨析一系列关系,比如需要清楚核心素养与党的教育方针政策的关系,核心素养与素质教育的关系,核心素养与'双基'的关系,核心素养与三维目标的关系,核心素养与质量标准的关系,核心素养与学科素养的关系,等等"。("核心素养的核心关系",2016年第19期)这也就是指,在这方面应当说还有很多工作要做。

另外,这也正是笔者在这方面的一个具体忧虑:由于教育领域中经常可以看到这样一个现象,即口号的频繁更换。但如果我们只是热衷于文字的操作,却缺乏深入的研究与必要的检验,就必然会对实际工作造成严重的消极影响,特别是,使得一线教育工作者始终忙于应付,甚至感到无所适从。

例如,在笔者看来,以下的论述就多少表现出了这样的倾向:"之所以采用'素养'概念,而没有沿用'素质'的提法,有如下几方面的考虑:(1)'素质'指的是通过个体先天禀赋和后天环境(教育)交互作用在个体身上所体现出来的结果。而'素养'更多的指向后天习得的,通过教育可以培养的,可以更加凸显教育的价值。(2)虽然国内已有大量有关'素质'和'素质教育'的讨论,但一直没有形成公认的系统理论体系、课程模式和实施途径。相比之下,'素养'是与国际科研文献一致的科学建构,存在大量相关研究和成果,可以在借鉴国际理论和研究模式的基础上构建我国'核心素养'的理论体系。(3)从推进策略的角度来讲,选择'核心素养'而不沿用'素质'的用法,更加容易赋予其新的含义,引发公众的关注和思考,免除旧有概念可能蕴含的思维定式。"(杨向东,"核心素养与我国基础教育课程改革的关系",同前)

进而,由以下论述相信读者可更深切地感受到切实改变这样一种现象的重要性,尽管在相关人员看来,这似乎可被看成很好地体现了"教育内涵发展"

的轨迹:"教育实践中存在什么问题,时代发展提出了什么新要求,在改革中就会增加相应的新内容:从 20 世纪 80 年代……的'素质教育',到 2014 年以来大热的'核心素养';从德智体美劳'五育'并举到'两全、一主动',再到'一个灵魂、两个重点',后来又有'德育为先'、'能力为重'、'全面发展'、'因材施教'等。"(黎雪原,"在探索中回归",《小学教学》,2016 年第 9 期)

与上述做法相对照,笔者以为,教育领域中最需要的是这样一种精神:"贵在坚持"。也正因此,笔者十分欣赏这样一段评论,尽管它所直接论及的只是"校园文化的建设":"你的心中有你坚信的价值观,你真诚地相信它、表达它、宣扬它,并持之以恒地创造性地工作,可能就是在倡导一种文化。……文化是源自内心的坚守和持之以恒的耕耘,短时间内是无法被刻意创造出来的。"然而,"现在很多学校都缺乏坚信的东西,表现出来就是没有定力,害怕安静,随波逐流,人云亦云,就像一个不自信的小孩,动辄就要闹出点动静以引起别人的关注,这就是很多学校搞校园文化建设的内在动机"。(王小东,"文化无法被刻意创造",《人民教育》,2016 年第 9 期)

笔者在此愿特别提及这样一个实例,其中所提到的是我们应当如何去落实所谓的"三维目标":

"从来没想到,在北京一所不起眼的小区配套学校里,居然有一群人,对'三维'目标的研究如此执着达 8 年之久(这一文章发表于 2011 年——注);他们从学科知识走到了知识树,从知识树走到了能力,从能力走到了高位目标,并解决了一系列教学困惑和问题。无论课改形势发生什么变化,都没有动摇他们的研究精神。10 年过去了,这所普通学校迅速成长为海淀区第一方阵的佼佼者。

"课改 10 年里,有的学校开始时热情高涨,之后抱怨、观望,不了了之,课堂没有任何改变,教师几无任何收获,反生了改革疲劳感,助长了形式主义的风气。有的学校深入下去做研究,但未能坚持,最终半途而废。

"进校附校(指"北京海淀区教师进修学校附属实验学校"——注)是这里面的胜利者,胜在了'执着'二字。"(余慧娟等,"海淀进校附校:课改的'胜利者'",《人民教育》,2011 年第 6 期)

以下再转向第二个问题:数学教育应当如何去落实"核心素养"这一整体

性的教育思想？

显然，在这方面我们也应注意防止各种极端化的认识与做法上的片面性。在此我们并可特别提及这样两个观点：其一，强调传统学科的改革与整合："基础教育要去学科化"；其二，在数学教育领域中，"核心素养"可被等同于"核心概念"，从而也就不具有很多新的内涵和启示。

以下是前一方面的一些具体论点：

"基础教育要去学科化，强调综合……只从学科的角度出发，不利于学生素养的发展。"（顾明远，"核心素养：课程改革的原动力"，《人民教育》，2015 年第 13 期）

在一些学者看来，我们又不仅应当积极提倡各个传统学科的整合，而且也应以"整体性思维"去完全取代"学科性思维"——显然，按照这样的观念，我们就完全没有必要再去提及所谓的"数学核心素养"。

在这方面还可看到一些具体的实践，即如清华附小的"1＋X 课程"等。对此一些学者也给予了很高的评价：

"清华附小……通过核心素养的'打底'、'1＋X 课程'的整合和直接完整性的教学，照亮了孩子人生发展的道路和未来的远景。"（《人民教育》特约评论员，"小学的价值"，《人民教育》，2015 年第 13 期）

"基于学生发展核心素养的'1＋X 课程'改革对于当下的基础教育课程改革具有价值引领的意义。"（顾明远，"核心素养：课程改革的原动力"，同前）

笔者的看法是：尽管我们应当明确肯定相关研究与教学实践的积极意义，但就相应的基本立场而言，我们则应采取十分慎重的态度。具体地说，尽管上述论题已经超出了数学教育的范围，但我们仍然可以由数学教育和相关的数学研究获得这方面的重要启示。

例如，这正是课改以来各种数学教材的一个共同特点，即希望完全打破关于代数（算术）、几何等学科分支的传统区分，从而明显地表现出了"整合数学"的重要影响。另外，以下则可以被看成数学中追求"统一性"的两个典型例子，即德国著名数学家克莱因（F. Klein）关于几何内在统一性的著名论述："几何学研究的是（各种）变换群之下的不变量"，以及法国布尔巴基学派关于"数学结构"的具体分析。

由上述的实践我们并可引出如下的相关结论：

第一，数学中不同学科分支的整合决非一件易事，后者更不应被等同于相关内容在形式上的简单组合。恰恰相反，在此最重要的是我们能否通过深入的分析和研究揭示出相关对象的共同本质。

例如，由具体考察可看出，现行的各种数学教材中所谓的"代数（算术）与几何的整合"，事实上都只是对这两门学科的相关内容进行了混合编排，但就各个内容的具体呈现而言，则仍然保持了相对的独立性，从而只能说是形式上的简单组合。

第二，与唯一强调数学的"统一性"相比较，我们应当更加重视多元化与统一性的辩证关系，我们并应通过相关的研究不断地发展与深化自身的认识。

具体地说，如果说正是不同理论的比较与相互渗透导致了新的、更高层次上的统一，那么，新的统一性概念或理论的建立同时也为人们创造更多新的概念和理论提供了直接的基础。简言之，数学的无限发展正是在多样化与一体化的辩证运动中得到实现的。

进而，我们在此又应注意防止这样一种现象，即人为地去制造某种"统一"。毋宁说，在追求"统一性"的同时，我们也应高度重视对象的不同特点，并应深入地思考所说的"统一"究竟是否有其一定的合理性和必要性。

以下就依据上述认识对清华附小的"1+X 课程"作出简要分析。

具体地说，这里所说的"1"，即"指优化整合后的国家基础性课程，我们把原来的十几门课程，根据学科属性、学习规律及学习方式整合为五大领域：'品格与社会'、'体育与健康'、'语言与人文'、'数学与科技'、'艺术与审美'"。另外，所谓的"X"则是"指实现个性化发展的特色课程，包括学校个性课程和学生个性课程两个层次"。（窦桂梅等，"'1+X 课程'与学生发展核心素养"，《人民教育》，2015 年第 13 期）

上述设计可能有一定道理，但在笔者看来，在此仍有不少问题需要我们深入地去进行研究。例如，按照所说的模式，我们究竟应当如何去看待"五大领域"与原先各个学科之间的关系，特别是，后者是否还有一定的相对独立性？再者，既然"五大领域"具有不同的性质，我们又为什么要将其统一地纳入"1+X"这样一个模式，或者说，后一做法究竟有哪些优点？

进而,正如前面已提及的,在突出强调"统一性"的同时,我们应注意分析对象之间所存在的重要区别。

例如,由于自然科学与人文学科显然具有不同的性质,因此,将"语言与人文"、"数学与科技"划分为两个不同的领域就有一定道理。但这恰又进一步凸显了深入研究这样一个问题的重要性,即我们究竟应当如何去理解将它们同时归属于"1+X课程"这一模式的合理性和必要性,包括后者在何种意义上可被看成"对于当下的基础教育课程改革具有价值引领的意义"?

再例如,尽管数学与科学常常被认为是较为接近的(这或许也正是"1+X课程"何以提出"数学与科技"这一整合性领域的主要原因),但在这两者之间也存在重要的区别。具体地说,按照现代的研究,数学并不应被归属于一般意义上的"经验科学",而是更加接近于所谓的"思维科学"。例如,主要就是基于这样的认识,瑞士著名哲学家、儿童心理学家皮亚杰提出,我们应将"数学抽象"称为"反省抽象",对此并应与一般所谓的"经验抽象"作出清楚的区分。(详可见本章末的[附录四])

另外,即使从教学的角度去分析,在数学与科学之间也应说存在重要的区别:按照现代的研究,科学学习主要地是一种"观念改变教学",即我们如何能够通过科学学习帮助学生很好地实现由(通过日常生活形成的)"素朴观念"向"科学观念"的重要转变(对此例如可参见 J. Mintzes 等,《促进理解之科学教学》,心理出版社[台湾],2002)。与此相对照,数学教学则更明显地表现出了连续性和积累性,对此例如由初等数学与高等数学之间的关系就可清楚地看出。

综上可见,与唯一强调传统学科的整合相比较,这应当被看成课程改革深入发展更为重要的一个指导思想,即我们应当将"核心素养的培养"这一总体性目标很好地落实于各个学科的教学,从而真正做到各显其长、各尽其职、相互配合、互相促进。

当然,上面的论述并非是指我们不应对传统的学科教育作任何改变。恰恰相反,我们应以整体性教育目标为指导积极地去推动学科教育的改革,特别是,应切实做好由"以知识结构为核心"向"以素养发展为核心"的重要转变。但是,作为问题的另一方面,我们又应切实防止各种简单化的认识与片面性的观点,即如对于"去学科化"的盲目提倡,乃至将各个学科的教学简单地纳入某种单一的模式。

例如,在笔者看来,这就正是以下论述给予我们的主要启示:"课程的整体优化与建设并不一定要取消现在的课程分类和已经有的学科,它的着力点是打破那些已经固定的不同学科之间界线分明的边界,是要穿越那些近乎僵化的学科与知识界限,使课程内容更加丰富多彩。"(谢维和,"深化中小学课程改革的路径选择",《人民教育》,2015 年第 5 期,第 41 页)

以下再对这样一个论点作出简要分析,即我们是否可以将"数学核心素养"等同于"核心概念"。

以下就是这方面的一个具体论点:"《义务教育数学课程标准(2011 年版)》明确提出了 10 个核心素养,⋯⋯曾把这些称之为核心概念,但严格意义上讲,称这些词为'概念'并不合适⋯⋯本文把这 10 个词称之为'数学的核心素养'。"(马云鹏,"小学数学核心素养的内涵与价值",《小学数学教育》,2015 年第 5 期,第 3 页)再例如,按照新修订的高中数学课程标准,我们似乎又可将"数学核心素养"等同于以下 6 个"核心概念":数学抽象、直观想象、逻辑推理、数学运算、数学模型、数据分析。

笔者的看法是:即使我们不去顾及突出强调"核心概念"这一做法本身存在的问题(详可见 1.1 节),将"数学核心素养"等同于"核心概念"应当说也是一个过于简单的做法。毋宁说,我们应当更深入地去思考:"走向核心素养"究竟为我们更好地认识与把握数学教育的基本目标,并由此而改进数学教育教学工作提供了哪些新的启示?

以下就针对这一问题作出具体分析。建议读者在进一步阅读前也可依据自身的体验先行思考这样一个问题:究竟什么是数学对于提升个人素养最重要的贡献?

具体地说,作为一名数学教师,我们当然都曾有过数学学习的长期经历,并且数学教学现在已经成为我们日常工作的主要内容。但是,如果说连我们自身都未能真切地感受到数学作为一门基础学科对于提升个人基本素养(以及社会整体性素养)究竟有哪些特别重要甚至是不可取代的作用,要指望通过我们的教学帮助学生提升整体性的素养岂非就是一句纯粹的空话?!

当然,上述的论述并非是指数学对于个人素养的提升不具有任何重要的作用,而主要是指,为了实现这一目标,关键在于我们必须很好地实现由相应的不自觉状态向自觉状态的重要转变。更进一步地说,这清楚地表明:为了很好地落实"努力提升学生的核心素养"这样一个理论,重要的并不在于我们如何能够正确地去复述"核心素养"的"3个方面、6大要素、18个基本要点"等,而是应当密切联系自己的教学实践深入地去思考数学作为一门基础学科对于提升个人与社会的整体性素养究竟有哪些特别重要的作用,并能将此真正落实于自己的每一天工作,自己的每一堂课!

更一般地说,这显然也正是本书所倡导的"理论的实践性解读"的核心内涵与主要意义。另外,在笔者看来,我们并可从同一角度很好地去理解《人民教育》编辑部的以下主张:"'核心素养'的提出,其背后的理念价值远远高出其具体指标。……核心素养的实践探讨,其意义正在于,如何审视我们每一天、每一节课的价值,让每一次付出都更有方向感和成就感。"("核心素养的实践探讨",《人民教育》,2017年第3~4期)

以下就是这方面的两个实例:尽管它们所直接涉及的都只是"语文核心素养",而非"数学核心素养",相信读者仍可由此而获得这方面的重要启示,包括我们为什么应当明确地倡导这样一个基本立场:面对任一新的理论思考或主张,我们都应始终坚持自己的独立思考,而不应盲目地去追随潮流!进而,"教育贵在坚持!"这也就是指,一旦认准了方向,我们就应持之以恒,坚持地去做。

[例1]　"'语文核心素养'实践性解读"的两个实例

(1)"'培养终身阅读者,培养负责表达者'是我校历经多年锤炼并在2012年最终确立的语文宣言,是我们坚定的学科信念、行动指针。今天,这也是用我们自己的句子表述的语文核心素养。"(江苏省锡山高级中学唐东澎,"培养终身阅读者,培养负责表达者",《人民教育》,2017年第3~4期)

(2)"学科的育人价值是什么,基于学科特质学生需要的核心又是什么?对这两个问题的追问,是核心素养落地的关键。

"2009年,重庆市巴蜀小学提出了'爱读书、善思考、会表达'的语文学科核心价值追求。2015 年,学校开始研究学科核心素养,并对巴蜀小学的育人特质进行了再次修改和校本化解读。"(丁小彦,"是什么决定了教室的尺度",《人民教育》,2017 年第 3~4 期)

2. "数学核心素养"之我见

笔者以为,这是"走向核心素养"给予我们的主要启示:我们应当跳出数学,并从更一般的角度去思考什么是数学对于个人发展和社会进步所能发挥而且也应发挥的重要作用?

不难看出,这事实上即可被看成以下主张在数学教育领域的具体体现:"这次制定课程方案时,学科专家做的第一件事情就是思考:这门学科在孩子身上能够产生哪些变化? 对孩子的素养有哪些贡献?"(张绪培,"核心素养如何转化为学生素质",《光明日报》,2015 年 12 月 8 日)进而,这也正是我们在对"数学核心素养"作出具体界定时所应采取的基本途径。

为了清楚地说明问题,以下仍然通过数学教育与语文教学的对照比较对此作出具体分析。

众所周知,这是学校教育最重要的作用,即让我们的年轻一代健康成长,并能不断取得新的进步,也即能够越来越好,越来越完善,而这显然也正是人类社会能够不断取得新的进步的重要保证。但是,我们究竟应如何去理解这里所说的"越来越好、越来越完善"呢?

从小学教育的角度看,笔者以为,我们可借助台湾著名作家林清玄先生的以下论述来进行思考,尽管他的这一论述所涉及的仅仅是人的自我完善或修养,而非专门的学校教育:"要通过生命不断的转弯,发现多元的样貌,而不要生活在一元的状态下";"今天比昨天慈悲,今天比昨天智慧,今天比昨天快乐,这就是成功。"("幸福,是打开内心的某个开关",《新华日报》,2014 年 9 月 17 日)

具体地说,借助于数学教育与语文教育的对照比较来进行思考显然就可被看成这里所说的"多元化"状态的一个具体体现。进而,就后一论述而言,笔者以为,"今天比昨天慈悲"这样一句话,在很大程度上又可被看成直接关系到了语文教育的主要作用:"什么是生命里重要的事情:一是爱,能爱,能表达爱;二是美,懂美,追求美。三是情,四是义,人要有情有义。五是感动,美好的情感能被激发。"简言之,即应当让学生具有满满的爱心!

与此相对照,以下则是数学教育的主要使命:我们应当通过数学教学让学生一天比一天更加智慧,一天比一天更加聪明。简言之,即应当努力促进学生思维的发展与理性精神的养成,特别是,学会深刻地思维。

当然,上面的论述并非是指别的学科与学生思维的发展完全无关,恰恰相反,任一学科的学习,包括各门人文学科与自然科学,应当说都离不开积极的思维活动,而且也都有益于学生思维的发展。但是,不同的学科对于学生思维的发展具有不同的作用或是具有不同的着力点。

例如,以下是著名语文特级教师崔琪对于自身学科的想法:"语文最实在的就是一个人、一个出的问题。入和出都需要阅读和思考。……我觉得语文学习的第一道坎一定是思考……阅读和思考,能把这两件事做好,作……语文老师就可以了。""教学中,我比较注意阅读中的思考和观察生活时的思考。"

由此可见,语文的教与学同样离不开积极的思维活动。但又正如崔琪老师所指出的,"语文教学是人性的教学",从而就与数学教学有着重要的区别。

为了更清楚地说明问题,在此还可以历史学为例来进行对照比较。以下是一位特别受到学生欢迎的历史老师(李晓风)对于自身工作的分析:"学生们喜欢我的课,我觉得思考是个很重要的原因。""这是我的历史课的一个目标。我想让他知道更多的历史事件,我想让他学会思考,我想让他建立一种价值观与正义感。这是成为一个知识分子必要的条件。独立思考,不屈服权威。咱们老强调创新精神和思维,其实创新精神不是说学点什么技巧就行,如果在人格上、在思想深处没那东西就不行。"(引自余慧娟,《大象之舞》,教育科学出版社,2014,第248、260、264页)

由此可见,历史的教与学也与思维密切相关,但这仍然与数学教学有很大的不同:"历史……就是人的一种素质,对人的理解、对社会的理解",即如何由历史事实"引出历史思维、引出历史观点"。

综上可见,只有跳出数学,并从更广泛的角度进行分析思考,我们才能更好地理解关于数学教育的这样一个定位:我们应当通过数学教学帮助学生学会思维,包括由"理性思维"逐步走向"理性精神"。

笔者在此愿特别强调这样一个事实：尽管目前在国内我们所看到的主要是由"核心素养"到"数学核心素养"的发展，但后者不应被看成一个全新的概念，因为，只要将视野扩展到国际数学教育界，我们就可清楚地看到这样一个事实：尽管所使用的词语未必相同，但人们对于"数学素养"（mathematical literacy 或 numeracy）的关注应当说历时已久，从而就为我们在这一方面的具体研究提供了重要背景，包括不少直接的启示。[①]

以下就对国外的相关研究作出简单的梳理：

（1）如果说"数学素养"在早期曾被等同于某些具体的数学知识和技能，那么，人们现今所采取的就应说是更加广泛的视角，即同时覆盖了知识与技能、思维与方法、情感态度与价值观等多个不同的方面或维度。

（2）尽管存在多种不同的研究立场，但是，对于社会进步与个人发展的高度关注又可被看成所有这些研究的明显共同点："一方面是社会的视角：数学素养主要涉及社会—经济的变化与社会的技术进步，它应当与此相适应并促进社会的整体发展；另一方面，数学素养又与个人的生活密切相关，即应当聚焦于个人。"（G. Fitzsimons 等，"Adult and Mathematics [Adult Numeracy]"，载 A. Bishop 等主编，*International Handbook of Mathematics Education*，Kluwer Academic Publishers，1996，第 757 页）

（3）以下是相关研究的主要分歧：对一部分学者而言，提倡"数学素养"意味着对数学教育提出了更高的要求，特别是，我们不应停留于对于所谓的"大众数学"的简单提倡，而应更明确地倡导"数学上普遍的高标准"。与此相对立，也有一些学者认为"数学素养"为数学教育提供了"最低标准"。例如，后者事实上就正是现实中"数学素养"的研究何以往往与"数学与成人"这一论题密切相关的主要原因，后一方面研究更常常集中于这样一个主题：什么应当被看成现代社会合格公民必须具备的"数学素养"。

以下是笔者在这方面的基本看法：

第一，我们应当明确提倡"数学上普遍的高标准"，并应努力做到"少而

[①] 就当前而言，人们对于"numeracy"和"mathematical literacy"这两个词语基本上是不加区分的，即事实上将它们看成了同义词。我们在以下也将采取这一立场，并将它们统一地译为"数学素养"。

精"，即应切实避免由于内容上的"多而杂"而造成人们理解的困难与执行上的偏差。

例如，在笔者看来，后者就正是现今对于"核心概念"的突出强调的一个明显弊病(1.1节)。与此相对照，我们应当更深入去思考什么可以被看成"数学素养"的核心，即所谓的"数学核心素养"？

第二，"数学核心素养"最基本的涵义在于：我们应当帮助学生通过数学学会思维，并能逐步学会想得更清晰、更深入、更全面、更合理，包括由"理性思维"逐步走向"理性精神"。

这也正是数学教育的主要目标。

就上述论点的理解而言，我们并应特别强调这样几点：

(1)应当清楚地认识"三维目标"之间的辩证关系。

具体地说，正如1.1节中已提及的，知识可以被看成思维的载体，也正因此，"为讲方法而讲方法就不是讲方法的好方法"。反之，只有用思维方法的分析带动具体知识内容的教学，我们才能帮助学生真正学好相关的数学知识，即将数学课真正"教活"、"教懂"、"教深"。

另外，所谓的"情感、态度与价值观"则可说主要体现了文化的视角，而这又正是"文化"的一个主要特征：这主要表现为一种潜移默化的影响，并是通过人们的日常生活与工作(就学生而言，就是学习活动)不知不觉地形成和得到表现的。也正因此，我们就不应离开具体数学知识与数学思维的学习去谈论各种相关的情感、态度与价值观，特别是，我们更应清楚地认识到这样一点：人们主要地正是通过"理性思维"的学习与应用逐步发展起了所谓的"理性精神"，也即由"思维方法"逐步地过渡到了"情感、态度与价值观"。

综上可见，在"知识和技能"、"思维"、"情感、态度与价值观"这三者之中，"思维"应被看成具有特别的重要性，这也就是指，我们应将"帮助学生学会思维"看成数学教育的基本目标，或者说，即应当将"促进学生思维的发展"看成"数学核心素养"最基本的一个涵义。

(2)相对于"帮助学生学会数学地思维"而言，"通过数学学会思维"是更合理的一个主张。

因为，数学思维显然并非思维的唯一可能形式，各种思维形式，如文学思维、艺术思维、哲学思维、科学思维等,也都有其一定的合理性和局限性。从而,无论就社会的进步或是个人的发展而言,我们都不应唯一地强调"学会数学地思维",毋宁说,后者可被看成清楚地表明了狭义的"学科性思维"的局限性。①

当然,上面的论述不是指我们应当完全否定数学思维的研究和学习,毋宁说,这是对数学教育工作者如何做好这一方面的工作提出了更高的要求。对此我们将在以下结合数学思维的局限性作出进一步的分析论述。

(3) 所谓"通过数学学会思维",主要地并非是指如何能够想得更快,如何能够与众不同,而是指想得更清晰、更深入、更全面、更合理。

显然,这并就直接关系到我们在教学实践中究竟应当如何去落实"通过数学帮助学生学会思维"这样一个思想。这正是5.2节的直接主题。

应当强调的是,在笔者看来,这并为我们具体判断一堂数学课的成功与否提供了基本标准:无论教学中采取什么样的教学方法或模式,我们都应更加关注自己的教学是否真正促进了学生更积极地去进行思考,并能逐步学会想得更清晰、更深入、更全面、更合理。

3. 从"数学地思维"到"通过数学学会思维"

以下先对数学思维的局限性作出具体分析,希望有助于读者更好地理解超出数学认识数学教育作用的重要性,包括与"数学地思维"相比较,我们为什么应当更加提倡"通过数学学会思维"这样一个主张。

具体地说,在充分肯定数学思维对于个人发展与社会进步积极意义的同时,我们也应清楚地看到其可能的消极影响,特别是,如果缺乏足够自觉性的话,还可能产生严重的消极后果(对此可称为"数学的恶")。

例如,美国著名数学家西瓦尔茨与著名数学家、哲学家柔塔就曾专门撰文论述了"数学对于科学研究以及哲学现代发展的邪恶影响"(J. Schwartz, "The Pernicious Influence of Mathematics upon Science", *Discrete Thoughts*, Birkhauser,1986;G. Rota, "The Pernicious Influence of Mathematics upon

---

① 这事实上也正是现代社会最为重要的一个特征,即社会的多元化,特别是,只要不影响别人,也没有因此而减少自己所应承担的社会责任,每个人都有权选择自己喜欢的生活方式。但是,这又正是教育所应发挥的一个重要作用,即为人们自由地作出选择提供必要的条件。

Philosophy", *Indiscrete Thoughts*, Birkhauser,1997)。具体地说,按照柔塔的分析,这是数学思维最基本的一些特征:单一性(single-minded)、简单性(simple-minded)和文本性(literal-minded)。但是,尽管必要的简化正是人类认识的必然途径,但只需将所说的"简单性"和"单一性"与事物与现象的复杂性和多元性作一对照,我们显然就可清楚看出数学思维作为认识工具的局限性。另外,这里所说的"文本性"是与"隐喻性"直接相对立的(两者并可被看成集中地反映了在"数学思维"与"文学思维"之间所存在的重要区别),由于后者为人们的自由想象提供了充分的空间,因此,这就从另一角度更清楚地表明了数学思维的局限性。更一般地说,这正如美国学者多尔所指出的:"就激发对话而言,隐喻比逻辑更有效。隐喻是生产性的:帮助我们看到我们所没有看到的。隐喻是开放性的、启发性的、引发对话的。逻辑是界定性的:帮助我们更清晰地看到我们已经看到的。它旨在结束和排除。用塞利的话来说,'是扼杀'。"(《后现代课程观》,教育科学出版社,2000,第239~140页)

另外,在柔塔看来,这正是数学对哲学的消极影响:由于将"精确性"等同于"意义性","事实性"等同于"价值性",这必然会导致哲学的灭亡,因为,哲学的发展不可能受限于"语言"这样一个外衣的束缚。

再者,按照西瓦尔茨的分析,数学对于自然科学的影响更直接地涉及这样一种认识模式,即"由定量到定性"的研究思想。事实上,这正是诸多人文学者特别是"后现代主义者"的一个共同观点,即认为对于"精确的、定量的研究"的极度推崇事实上只是代表了一种偏颇的"技术理性":"它不仅缺乏古典理性追求'理论'那种'为学问而学问'的性格,而且把人生中的信仰、美感和意义全部排除了。"后者并可以被看成"欧洲文化危机"的直接根源。

其次,著名哲学家怀特海最早提出了这样一个观点:从认识论的角度去分析,我们不仅应当看到数学的"善",也应清楚地认识数学的"恶"。这也就是指,"数学的发展既推进了人类的理解力,也产生了新的错误方式"。(《思维方式》,天津教育出版社,1989,第115页)

具体地说,怀特海指出:"一个模式本来既非善,也非恶。但是,每一个模式的存在只有通过对经验的理解才能决定。这样一来,一个模式就在感觉强烈时起作用,唤醒无限去认识有限的活动"。这也就是指,作为"模式的科学",

数学的积极作用在于为人们的认识活动提供了重要的方法或必要的概念工具。然而,如果所说的模式与经验失调,就会产生"恶"。在此我们并可区分出两种不同的"恶":(1)"讨论善和恶可能要求对经验的理解具有一定的深度,而一个单薄的模式可能阻挠预想的实现。于是,有一种微不足道的恶——一幅写生画竟能取代一幅完全的图画。"(2)"引起强烈经验的两个模式可以彼此冲突。于是就有一种由主动的对抗所产生的、强烈的恶。"("数学与善",载林夏水主编,《数学哲学译文集》,知识出版社,1986,第 351 页)

例如,前面所提到的"过分的简单化"就可被看成一种"微不足道的恶":"一幅写生画竟能取代一幅完全的图画。"另外,由"两极化思维"在现实中的盛行,以及由此而造成的严重后果,我们可以很好地理解怀特海何以会将这种"主动的对抗"称为"强烈的恶"。[1]

综上可见,我们既应明确肯定通过数学教学对于促进学生思维发展的积极作用,同时又应防止对于数学思维的片面强调,并应更深入地认识数学的文化价值。

当然,正如前面已提及的,上面的论述并不是指我们应当完全否定数学思维的研究和学习,乃至将"帮助学生学会数学地思维"看成完全错误的主张。恰恰相反,这对数学教育工作者在这一方面的工作提出了更高的要求,特别是,我们在教学中应很好地去处理"数学思维"与"日常思维"之间的关系,并切实做好这样两个方面的工作:(1)立足"数学思维"(数学家的思维方式),并以此作为发展学生思维的必要规范,包括通过与日常思维的比较帮助学生更深入地认识后者的局限性,从而逐步形成一些新的思维方式,等等。(2)我们应跳出数学,并从更一般的角度去认识各种数学思想与数学思想方法的普遍意义,从而对促进学生思维的发展发挥更积极的作用。

以下再围绕 2002 年诺贝尔经济学奖得主康纳曼的名著《快思慢想》(D. Kahneman, *Thinking, Fast and Slow*, Penguin Books, 2011)对此作出进一步的论述。

---

[1] 除去认知的分析以外,我们还可从更广泛的角度认识数学的"善"与"恶"。详可见另著《新数学教育哲学》,华东师范大学出版社,2015,第 4.2 节。

　　具体地说,这正是上述著作的主要内容,即对"日常思维"(康纳曼称为"快思"或"系统一")进行了系统研究,包括其特点、作用与局限性等。康纳曼指出,这是人类思维的一个重要特点,即"快思"占据了主导的地位,从而可以被看成"日常思维"的基本形式。但是,在明确肯定"快思"对于人类认识活动重要作用的同时,我们又应清楚地看到:"快思"在日常生活和工作中也常常会导致一些系统性的错误,后者更存在一定的心理机制:"捷径与偏见"(heuristics and biases)。

　　更具体地说,所谓"捷径",就是指人们在面对不确定的情况时头脑中常常会自动和迅速地出现某个比较简单的想法,尽管用之未必能有效地解决所面对的问题,但主体却往往对此充满自信。"这些发生得非常快,而且全部同时发生,得到一个自我强化的认知、情绪和生理反应形态,这个反应形态是多样的和整合的。"(*Thinking*, *Fast and Slow*,同前,第 51 页)

　　显然,这种迅速和自动的反应在很多情况下必不可少,而且其主要反映了主体已有的经验和知识,从而具有一定的合理性,后者也是康纳曼何以常常将自己所提到的各个"捷径"称为"可用性捷径"的主要原因。但在现实中我们又常常可以看到与之密切相关的各种"偏见",如用案例完全取代类的分析,或是不自觉地为"第一印象"所支配("锚点效应"),等等。

　　另外,所谓的"以偏概全"(Wysiarti)与"促发效应"(编故事,找理由等)可被看成清楚地表明了这样一种常见的心态:人们往往会不自觉地去追求一致性,我们在此更可经常看到一种"自我强化"的现象:"系统一不擅长怀疑,它会压抑不确定性,而且会自动去建构故事,使一切看起来合理,除非这个信息被立刻否定。"(*Thinking*, *Fast and Slow*,同前,第 114 页)

　　再者,这也是这方面十分重要的一个事实:人们的思维并不完全属于认知的范围,而且与情感、动作等密切相关,后者有时更可起到决定性的作用,尽管当事者通常并没有意识到这样一点。"一般人是受到情绪指引而不是理智,我们很容易因不重要的细节而改变心意。"(*Thinking*, *Fast and Slow*,同前,第 140 页)特殊地,这也正是康纳曼何以专门引入了"情感捷径"这样一个概念的直接原因。

　　由于康纳曼清楚地指明了与"系统性错误"直接相关的若干心理机制,

因此，作为进一步的工作，我们自然应当认真地去思考如何才能有效地避免或减小所说的错误？然而，正如康纳曼本人所承认的，这是他的工作较薄弱的一个方面，即只是给出了若干一般性的建议，而未能作出更深入和全面的研究。也正因此，这事实上就可被看成为我们如何能够结合自己的专业在这方面作出新的工作指明了重要的方向：如果数学教学确能在减少"快思"（日常思维）的局限性这一方面发挥积极的作用，这就将是数学教育的一个重大贡献。

例如，依据上述分析，我们在数学教学中显然就应有意识地去突出这样一些思想或方面，从而更好地发挥数学教学对于纠正各种常见性错误的积极作用：

强调全面的分析，即如要求学生提供更多的实例、更多的理由，加强比较，等等；

帮助学生更好地认识与处理特殊与一般之间关系；

帮助学生学会客观的研究，从而切实避免主观情感的影响；

大力提倡怀疑的精神和批判的精神，包括积极的自我批判，等等。

进而，如果说上面的想法过于一般的话，那么，以下的分析就可被看成更为具体地指明了我们应当如何结合自己的专业去开展工作：

（1）与"用案例完全取代类的分析"（这事实上正是所谓的"隐喻式思维"的主要特征）相对照，"文本式思维"可被看成数学思维最重要的特点之一，从而，我们在教学中就应更明确地去强调这两者的区分与必要互补。

（2）由于现实中明显存在如下的"情感配对"："好心情、直觉、创造力、易相信和对系统一的依赖，是聚集在一起的；悲伤、敬觉、怀疑、分析和努力是聚集在一起的。快乐的心情会解开系统二对行为的控制：当人们心情好时，直觉和创造力会增强，但同时也较不警觉。"（*Thinking, Fast and Slow*，同前，第 69 页）因此，从"系统一"和"系统二"（即"快思"和"慢想"）的必要互补这一角度去分析，我们也可清楚地认识唯一强调"愉快学习"的局限性。

当然，为了更好地发挥数学学习对于人们改进思维的重要作用，我们又应更深入地去认识数学思维的特点。

事实上，这正是康纳曼在上述著作中特别强调的一点，即我们应对无意识的思维活动与有意识的方法论研究作出清楚的区分。例如,尽管他在对"日常思维"进行分析时使用了"捷径"(heuristics)这样一个词语,但他同时又明确指出后者不应被等同于数学思维研究中经常提到的"数学启发法":"波利亚的启发法,是需要系统二去完成的策略程序,但是我……所谈到的捷径不是特意选的,它们是心智发散性的结果,是我们对问题的回应不精确控制的结果。"(*Thinking*,*Fast and Slow*,同前,第 98 页)

由此可见,如果接受关于"快思"与"慢想"的二分,那么,"数学思维"应被看成属于"慢想"的范围。

再者,除去"日常思维的改进",学习数学思维的意义还在于这体现了新的发展可能性——当然,为了很好地实现这一目标,我们应当十分重视如何能够跳出数学,并从更一般的角度清楚地去认识各种数学思想与数学思想方法的普遍意义。

以下就是这方面的一些具体分析。应当强调的是,尽管这一工作以康纳曼的工作作为直接背景,但其内容已经超出了这一范围,或者说,即是赋予了"慢思"若干新的涵义。

快　　思	慢　　想
如何做?（工具性理解）	为什么可以这样做?（关系性理解）
问题解决（解题冲动）	策略性思考与调控（元认知）
特殊（model of）	一般（model for）

在 5.2 节中我们还将结合数学思维的"反思性质"与思维品质的提升等主题对上述论题作出进一步的分析,在此仅限于强调这样一点:就上述目标的实现而言,小学数学教学可以说具有更大的优点,因为,这正是小学生的普遍特点,即其思维尚未形成很强的定式,从而具有更大的可塑性。当然,这里的关键仍然在于教师是否具有高度的自觉性,特别是,能够很好地去处理数学思维与一般思维之间的关系——用更简洁的语言来说,这也就是指,我们既应帮助学生很好地了解数学思维,又应帮助学生"通过数学学会思维"。

在此我们还应注意防止这样一种简单化的认识,即将"快思"和"慢想"简单地等同于"错"和"对",乃至完全否定了"快思"的作用,也即认为应当用"慢想"去完全取代"快思"。

事实上,由"快思"在人类认识活动中的主导地位我们可清楚地看出所说的取代是不应提倡的,因为,其对于人们日常的生活与工作不可或缺。另外,由于"快思"的存在及其在认识活动中的首要地位是由人们的生理机制和生活方式直接决定的,因此,所说的取代事实上也不可能实现。

例如,正是从上述角度去分析,笔者以为,尽管以下的主张确有一定道理,即"应当抑制低层次思维的过分膨胀",但这显然是更为合适的一个主张,即我们应当努力增强自身在这方面的自觉性,从而切实避免或减小所说的"系统性错误"。

例如,从后一角度去分析,这就是一个十分重要的工作,即我们如何能以日常思维为背景更深入地去认识数学思维的局限性,从而通过自觉的努力有效地加以纠正或尽可能地减少其可能的消极影响——正如前面已指出的,这事实上也应被看成"通过数学学会思维"十分重要的一个涵义。

最后,还应强调的是,如果说我们在以上主要强调了"数学思维"与"日常思维"之间的区别,甚至是相互对立的关系,那么,从辩证的角度去分析,这显然是一个十分重要的课题,即两者的共同特点与互补性质,包括我们如何能够利用学生在日常生活中已获得的各种能力去发展他们的数学思维。例如,按照英国著名数学家梅森的观点,这是学生普遍具有的一些能力:想象与表达、聚焦与转移、特殊化与一般化、猜想与确认(convincing)、辨识与界定(classifying and characterization)——在梅森看来,这也为我们在小学生中有效地发展代数思维提供了很好的基础,后者并应成为"早期代数"研究(2.3节)的一项重要内容。(详可见 J. Mason, "Making Use of Children's Power to produce Algebraic Thinking",载 J. Kaput 等主编,*Algebra in the Early Grades*,Routledge,2008)

再者,我们显然可在同一意义上去肯定以下研究的意义,即我们如何能够通过人们认识活动(注意:这事实上已经超出了日常生活的范围)的具体分析更深入地认识数学学习的意义,这也就是指,人类究竟是如何认识世界的?什么是人类认识活动的主要形式?等等。进而,数学在这方面能起到什么样的作用?例如,波利亚对于解题策略("数学启发法")普遍意义的强调(4.3节)显然可被看成属于这样一个范围。另外,在一些学者看来,除去"问题解决"以外,以下一些活动或思维方式对于人类认识世界也应说具有特别的重要性:辨识与分类;用联系的观点去看待事物和现象;抽象与一般化,努力找出现象背后的普遍性规律;语言的创造与应用;等等。由于这些活动与思维形式与"数学活动"或数学思维也有很大的一致性,因此,就不仅更清楚地表明了数学学习对于提高人们认识能力的特殊重要性,而且也可被看成为我们应当如何去改进或强化这一方面的工作指明了努力的方向。

总之,只有跳出数学,并从更一般的角度去进行分析思考,我们才能更好地理解关于数学教育目标的这样一个定位,即我们应当通过数学帮助学生学会思维,并使学生逐步学会想得更清晰、更深入、更全面、更合理(简言之,即学会深刻地思想),包括由"理性思维"逐步走向"理性精神"。

另外,笔者以为,上述的分析事实上也为我们应当如何去认识和处理"专业化"与"全面发展"之间的关系提供了直接的启示。具体地说,尽管以下的解读确有一定道理,即对于"核心素养"的提倡意味着与"专业化"相比我们应当更加重视学生"整体性素养"的提高,但是,我们显然不应将这两者绝对地对立起来。毋宁说,这可被看成通过学校教育帮助学生成长的一个必然途径:我们应当由笼统地提倡"核心素养"或"学生整体发展"过渡到各门学科的专业学习。然后,在这一基础上,我们又应帮助他们逐步实现"对于专业化的必要超越",包括不同学科的整合这一更高层面的发展。

值得指出的是,在笔者看来,这也正是历史给予我们的一个重要教训:如果我们完全脱离了专业学习去强调"个人的品质与气质"等一般性素养,这在很大程度上可被看成回到了孔子的教育思想。当然,后一做法必然会造成教育事业的严重倒退:我们不仅未能真正实现"对于专业化的必要超越",而且,如果缺乏足够自觉性的话,我们还可能由(初步的)"专业化"重新回到"无专业"这样一个较原始的状态。

事实上,这正是很多学者的共同体会,即现代社会中我们只有以专业发展为基础才能真正做到"一通百通",也即真正成为一个"通才"。与此相对照,如果一个人始终未能进入任一专业领域,那么,他所追求的"全面发展"就只是一句空话,这也就是指,无论他如何标榜自己的"博学多才",事实上却只是一个浅薄的"万金油"。

5.2　用"深度教学"落实核心素养

"数学核心素养"的分析具有重要的教学涵义,以下按照"由近到远、由小到大"的顺序具体指明我们在当前应当特别重视的一些方面或问题。

1."动手"与"动脑"

基于"促进学生思维的发展"这样一个立场,这显然是我们在当前应当注意纠正的一个现象,即教学中我们往往只是注意了学生的"动手",却忽视了如何能够促使他们积极地去"动脑"。

对于这里所说的"动手"应作广义的理解:这不仅是指具体的实物性操作,即如用三根小棒围成一个三角形,也包括各种相关的活动,如在课堂上实际组织学生进行跳绳比赛等,还包括各种数学运作,如数学计算等。例如,按照这样的理解,以下一些现象都可以被看成上述不恰当倾向的具体表现:如"度量问题"的教学只是重视了实际操作,包括各种方法与工具的应用,却未能首先引导学生认真地去思考:如何量才能更准、更快、更省事? 各种度量方法与工具是如何得到发现的? 等等。另外,在学生实际从事计算前往往也未能引导他们首先去思考为什么要进行这些计算,从而就很容易出现如下的"盲目干"的现象,即尽管相关的计算或推理导致了某些结果,但对于解决所面临的问题却没有任何作用。再者,在学生获得了具体结果以后也未能引导他们进一步去思考:如何对所获得的结果进行检验? 我们是否可以找出某种更快的计算方法? ……再例如,几何教学中一旦引入了某个概念,如"等腰三角形"、"正方形"等,我们往往会急于让学生通过实际度量去发现它们的特征性质,却没有认识到其中的很大一部分正是相关"定义"的直接推论,从而真正重要的是引导学生积极地去思考,即如"什么是等腰三角形"、"什么是正方形"等等。

总之,这正是当前应当注意纠正的一个现象:我们的学生一直在做,一直在算,一直在动手,但就是不想!

以下是这方面的一些实例。

　　[例2]　实际动手摸一次球与"可能性"的认识

　　这是笔者2002年在山东聊城聆听的一堂课,其中,教师首先通过与"必然性"的对照引进了"可能性"这样一个概念。然后,为了帮助学生很好地掌握这一概念,教师又专门安排学生以小组(4～5人)为单位实际从事了以下的活动:每个小组都配置了一个口袋,其中分别装有若干粉色和黄色的球,教师要求学生每次摸出一个球,并对所得出的结果加以记录,然后算出一共摸了多少次,其中有多少次是粉球,多少次是黄球?

　　显然,教师安排上述活动的主要目的就是希望学生通过实际动手能够更好地体会可能性的大与小。也正因此,在小组实践以后,教师又安排了全班性的汇报,教师并以各个小组得出的"数据"为基础引出了这样一个结论:"口袋里的粉球越多,摸到粉球的可能性就越大;如果口袋里的黄球越多,摸到黄球的可能性则就越大。"

　　现在的问题是:我们在此是否真有必要让学生轮流从口袋中实际动手去"摸一次球"? 另外,笔者以为,为了切实促进学生对于"可能性"这一概念的认识,即使教师本人对于上述问题已经有了清楚认识,我们也应使此真正成为学生的自觉行为,即应当帮助学生在实际动手前也能对此有很好的了解,即自己究竟为什么要去摸球。

　　进而,这又是笔者在这方面的主要看法:"亲手摸一次球"对于"可能性"概念的理解未必有很大作用。另外,从当时的教学情况看,这应当说也是一个明显的不足之处:由于大多数学生都不知道为什么要去"摸球",因此,无论是所说的小组活动,还是后来的全班汇报,都未能真正成为学生的共同关注。恰恰相反,大多数学生对于其他小组所得出的数据可以说没有任何兴趣,甚至还可以说,过多"不相干"数据的得出只是冲淡了"可能性"的认识这一主要的教学目标。

　　[例3]　"拍球比赛"与"平均数"的教学

　　这也是课改初期展示的一堂数学课。

　　为了进行"平均数"的教学,任课教师专门设计了这样一个情境:"将学生分成人数相等的两队,通过和学生自由谈话引出:'老师想了解一下咱们班这两队同学的拍球水平,你们说该怎么办?'……在学生说出自己的不同想法以后,教师结合生活实际肯定了'每队选几个代表拍球'的做法,并在教室中实际组织了如下的活动:学生限时地拍球,教师记录两队中每位同学的拍球个数。至此,教师又提出了如下的问题:'现在我们已经知道了两队中每位同学的拍球个数,哪队同学拍球水平高? 你有自己的想法吗?'……在独立思考和全班交流后,教师(又)以游戏者的角色加入其中拍球水平低的一队,从而引出了'在人数不相等的情况下,比什么才能公平'这样一个问题,并'通过辩论'得出了如下结论:'比较平均每人拍球的个数才公平。'"这样,就由上述情境最终引出了"平均数"的概念。

　　笔者的想法是:由于现实中大部分学生早已通过日常生活接触到了"平均数"的概念,因此,课例中教师所设计的"拍球比赛"除去更清楚地表明了引入"平均数"的必要性以外,对于学生实际掌握这一概念(包括相应的算法)就可说没有任何作用。特别是,一旦正式引入了"平均数"这样一个概念,无论是教师或是学生肯定都不会再次想到"拍球"这样一个活动,从而,后者在此充其量只能说起到了一个"敲门砖"的作用——当然,由于对大多数学生而言根本不存在"敲门"的必要,因此,我们就应认真地去思考:在此是否真有必要花费如此多的时间和精力去组织"拍球比赛"这样一个活动?!

［例 4］　用小棒围一下与"三角形边的关系"的教学

　　这是四年级教材的一项内容:"三角形任意两边的和大于第三边。"教材中专门设计了这样一个情境来引出这一内容:"小明上学时究竟是走中间的直路较近,还是分别绕道位于直路两侧的邮局和商店较近?"

　　以下是一次教学活动中出现的真实情况:尽管从一开始被提问的学生立即对上述问题作出了正确解答,大多数学生也能依据"两点间直线最短"这一原理对此作出必要的论证,但是,任课教师仍然坚持要求学生用实物对上述结论进行检验,即实际地用小棒去围一下。

　　与此相对照,如果说上述的教学设计明显地表现出了"为动手而动手"这样一个弊病,那么,这就是另一教学设计(潘小明,"智慧和人格在数学活动中生成——从教学'三角形边的关系'谈起",《小学教学》,2006 年第 10 期)的高明之处：尽管其中同样安排了让学生"用小棒去围三角形"，但由于相关教师事先能够"站在学生的角度"认真地去思考："为什么要我用这四组小棒试围三角形？为什么每次实验都要在表中的圆圈内填上'＜'、'＞'、'＝'？"因此，相关的教学设计可以说完全摆脱了"为动手而动手"这样一个弊病。

具体地说，相关教师在课堂上所采取的是这样一个设计，即通过以下提问引导学生积极地去进行探究："现有两根小棒，一根长……再配上一根多长的小棒，就能围成一个三角形？"

进而，由于在教学中教师并能通过不断提出新的恰当问题积极引导学生去进行新的思考，如"你认为一共有多少种配法？""两种方法，您更喜欢哪一种？为什么？"……这样，相关的活动就完全超出了对于"已知结论（指'两点间直线最短'）进行检验"这样一个目的，而是有效地促进了学生"思维向纵深方向发展"。

综上可见，为了切实纠正"为动手而动手"这样一个现象，在实际组织学生从事操作性活动前教师应认真地去思考：为什么要让学生从事这样一个活动？我们如何能够使之真正成为学生的自觉行为？另外，在实际的教学过程中，我们应注意防止活动的"异化"，即应注意分析学生事实上在做什么。最后，作为必要的总结与反思，我们在课后又应认真地去思考：通过实际从事所说的活动究竟产生了什么效果？简言之，在此应突出这样三个问题：（1）为什么要从事这一活动（why）？（2）学生事实上在做什么（what）？（3）这一活动产生了怎样的效果（how）？

当然，这正是笔者在这方面的基本主张：我们不应笼统地反对"动手"，而是应当更加重视促进学生积极地去进行思考，特别是，教师应通过适当的引导将学生的注意力由单纯的"动手"引向"动脑"。

以下就是这方面的一个很好实例。

[例5] "角的初步认识"教学中的"三次动手"与"三次提问"
（深圳市南头小学高雅）

这是小学二年级的一项教学内容，人教版教材中对于这一内容是这样处理的：

（1）由生活实例引出角的概念（图 5-1）。

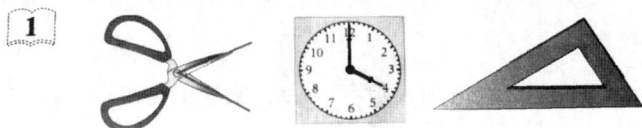

这些物品中都有角。

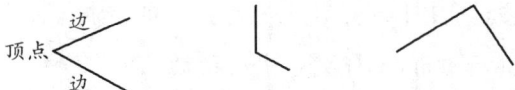

顶点　边　边

上面的图形都是角。一个角有几个顶点？有几条边？

图 5-1

（2）通过各个实例（包括"正例"与"反例"）帮助学生更好地掌握"角"的概念的本质，并切实防止各种可能的误解（图 5-2）。

练　习　八

1. 指一指哪里有角。

2. 下面的图形哪些是角，哪些不是角？

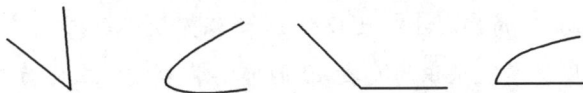

图 5-2

现在的问题是：我们如何能够通过自己的教学促使学生更积极地去进行思考，特别是，由单纯的"动手"转向积极的"动脑"？

以下是相关教师的教学设计：在笔者看来，其中的"三次动手"与"三次提问"很好地体现了上述的思想，即我们应当通过自己的教学，特别是适当的提问促进学生积极地去进行思考。

具体地说，相关教师在教学中同样采取了"由生活的实例引出'角'的概念"这样一个做法,但在学生们具体地列举了所曾见过的各种各样的"角"以后,教师又提出了这样一个新的任务:把你头脑中所想的"角"画出来。

由于教师在此并未刻意地加以引导,因此,课堂上出现以下情况就十分自然了:不仅学生所画的"角"各不相同,画"角"的方法也可说五花八门,各显神通……当然,这是这一设计的主要目的,即通过进一步的讨论,特别是"其中有哪些可以被看成真正的角,也即数学中所说的'角'"这样一个问题(问题1),我们就可引导学生由简单的"动手"转向积极的思考,并能使学生初步建立起"角"这样一个概念,包括具体地认识"角"的这样一些特性:角有一个顶点,两条边。

还应提及的是,由于这里的例子都是由学生自己提供的,因此,与由教材或教师直接给出各种"正例"和"反例"相比较,这些实例对于学生而言就更加亲切、自然。当然,借助于这些例子我们还可更好地了解学生的真实思维。例如,恐怕大多数教师都不会想到这样一点:现实中居然有不少学生将"角"与"三角形"混为一谈。

其次,在上述基础上,教师又要求学生第二次动手去画角:由于这时学生已经初步形成了"角"的概念,因此,此时的结果与前一次相比就有很大进步。正是以此为基础,教师提出了自己的第二个问题:你们所画的"角"有什么不同?从而就将学生的注意力由角的"共同点"("什么样的图形可以被看成数学中的'角'?")转向了"角的大小的比较"这一更深层次的思考。

最后,为了促进学生认识的发展,我们可要求学生第三次动手去画角:"如何能够画出一个与已知角同样大小的角?"当然,这非唯一的选择。例如,相关教师当时所采取的以下做法应当说也是一个很好的设计,即要求学生首先对自己手中的小三角尺与教师的大三角尺上相应角的大小作出猜测,然后再实际动手加以检验——不难想象,当学生最终发现两者的大小相等时会受到怎样的"震撼"!以下则是另一十分巧妙的设计:教学中我们不只是通过旋转圆规或其他相关教具的两条边去生成大小不同的角,也通过"拉长"两边去引发学生的思考:这时角的大小是否有所变化?

当然,无论课堂上采取了怎样的教学设计,我们都必须将学生的注意力引向这样一个问题：角的大小是由什么决定的？或者说，什么是相关的因素？什么因素与角的大小完全无关？我们在教学中并应要求学生用自己的语言去表达自己在这一方面的具体想法。

综上可见，尽管我们在此不能直接引入"角"的严格定义，但是，相关的活动特别是围绕上述三个问题所展开的讨论，仍然十分有助于学生较好地掌握"角"的概念的本质，包括这样一个事实："角的大小与边的长度完全无关，而是取决于'开口'的大小"，从而为将来的进一步学习，包括引入"角"的严格定义打下了良好的基础。

以下是关于如何进一步增强这一教学活动的开放性，特别是引导学生在课后积极地去进行新的探索的一些具体建议：（1）尽管我们不应把"顶点处是尖尖的"看成"角"的必然属性，但教学中我们仍可以此用作进一步研究"角的分类"（也即关于锐角、直角与钝角的区分）的直接基础。这也就是指，作为"角的初步认识"这一教学活动的结束，我们可以提出这样一个问题去促使学生进行进一步的思考：你觉得什么样的角在顶点处是尖尖的？（2）角的大小的度量显然与线段长短的度量具有直接的类比关系，线段的度量是我们已经熟悉的，以此为基础你觉得我们应如何去解决角的度量问题？

在第 7 章中我们还将围绕数学教学方法的改革与研究对"动手"与"动脑"之间的关系作出进一步的分析论述。

2. 努力培养学生"长时间思考"的习惯与能力

前一节中已经提到，这是日常思维的一个重要特点，即"快思"占据主导的地位，也正因此，这可被看成通过数学帮助人们改进思维十分重要的一个方面，即我们应当培养学生"长时间思考"的习惯与能力。值得指出的是，后者正是很多数学家的一个共同体会。例如，我国著名数学家姜伯驹先生在接受采访时就曾明确提到："数学使我学会长时间的思考，而不是匆忙地去作出解答。"（教育频道，2011 年 5 月 2 日）

由此可见，这是我们在当前应当注意纠正的又一现象，即现实中我们是否过分注意了学生"即兴思维"能力的培养，以至完全忽视了"长时间思考"的习惯与能力的培养？

由以下论述我们可更清楚地认识努力改变上述现象的重要性。

日本著名数学家、菲尔茨奖获得者广中平佑指出："从专业角度看，思考问题的态度有两种：一种是花费较短时间的即时思考型；一种是较长时间的长期思考型。所谓的思考能人，大概就是指能够根据思考的对象自由自在地分别使用这两种类型的思考态度的人。但是，现在的……教育环境不是一个充分培养长期思考型的环境。……没有长期思考型训练的人，是不会深刻思考问题的。……无论怎样训练即兴性思考，也不会掌握前面谈过的智慧深度。"（广中平佑，《创造之门》，中国华侨出版社，1991）

但是，我们应当怎样去培养学生"长时间思考"的习惯与能力呢？以下就是特别重要的一些方面，即教学中我们应当很好地去处理"快与慢"、"多与少"、"热闹与安静"，以及"学生独立思考与合作学习、积极交流"之间的关系。

第一，尽管以下的论述来自语文教师，但其显然也适用于数学教学，即我们应当很好地认识"多"与"少"、"热闹"与"安静"之间的辩证关系：

"如果一节课的内容太多，承载的任务太重，学生上课时候很忙碌，思考力就很难得到提升，学习力会越来越弱。若课堂只聚焦几个核心问题，让学生深入思考，看上去学得少、学得慢，但思考的方式、方法丰富了，思考力便能提高，思考力就会越来越强。"（林莺，"'学习共同体'，创造课堂新景观"，《福建教育》，2016年第3期）

"传统教学强调激发学生兴趣、学习激情，培养学生参与学习的积极性与主动性，课堂往往呈现热闹氛围……而我们……倡导安静，是否会因静而冷，冷却了学生的学习兴趣，影响学生的注意力甚至学习成效呢？对此，我们在反思中从心理学角度帮助教师消解困惑，认识到人的思维专注进入心无旁骛的境界，便走向了潜心静思，而安静的氛围就会保证这种静思不受干扰。"（林莘，"在改变与反思中前行"，《福建教育》，2016年第3期）

（在这一点上我们并可清楚地看到教师言传身教的重要性："班级要宁静，教师必须先静下来。秩序紊乱的班级通常都会有一位喋喋不休的教师。教师说话太急促，声调不断提高，带着强烈的情绪与人交流，等等"[林文生，"相互学习的课堂风景"，《福建教育》，2016年第3期]；"一个气场的主导者是这个场内音量的控制者,一个自信的教师轻声细语也能让孩子们安静下来……有理不在声高,改变最应该从课堂开始,每个课堂的参与者都要学会静静地倾听,尤其是课堂的主导者——教师,安静地听是教师最缺乏的训练,只有倾听才能有正常、平等的交流,只有倾听才能让自己的下一句话有的放矢,才能让学生们想听,而只要学生们想听,你就不用背着大功率的扩音器,润物细无声才是教育的高境界"[吴志军,"学校喇叭的功率要多大",《人民教育》,2016年第20期])。①

我们还可由语文学习中的"阅读状态"获得这方面的直接启示,有经验的语文教师都知道,所谓的"入定"是语文阅读的最佳状态:"学生可以持续阅读10分钟以上,不受外在环境的影响,并且经常是这样的状态。"(林文生,"相互学习的课堂风景",同上)那么,我们在数学教学中如何能使学生进入同样的状态呢?

显然,我们在此不应以思维速度的快慢作为评价学生学习情况的主要标准,而是应当更加注重如何能为学生"长时间思考"创设必要的外部环境或氛围。例如,按照这一立场,教师在课堂上提出问题后,就不应一味地鼓励学生尽快作出反应:"看谁先举起手来?""看看谁已经做出来了?"从而在不知不觉中对那些仍在进行思考的学生施加了较大压力。而是应当表现出更大的耐心:"孩子,不要急,慢慢想!"并应注意引导学生更仔细、更深入地去进行思考。

更一般地说,我们应努力帮助学生进入这样一种状态,即完全沉浸于相应的数学学习活动,包括内容的理解、问题的求解等等。另外,这无疑也应被看成为帮助学生学会"长时间思考"的一个必要条件,即教学中的"引领性问题"(任务)不应太多,而应努力做到"少而精",并应有足够的思维含金量。否则,学生就会一直处于忙于应付的状态,而不可能真正静下心来进行长时间的思考,甚至也找不到深入思考的很好切入点。

---

① 从同一角度我们也可更好地理解努力创设整体性校园环境的重要性:"台湾地区的校园文化缺乏'静'的元素,……整个校园充满'闹'的元素。学生静不下来,教师、主任、校长都静不下来。台湾人喜欢'热闹',但如此的热闹过度,就会造成心浮气躁的学习模式。"(林文生,"相互学习的课堂风景",同上)

以下的实例为我们如何"拉长学生思考的时间"提供了直接的启示。

［例6］ 多种形式拉长学生思考的时间

（引自张丹，"问题引领儿童数学学习"，《小学数学教师》，2016年第12期）

这是教学中经常面临的一个现象，即"学生的问题无法在课堂中全部解决"。正是基于这样一个事实，特别是，为了保护学生的积极性，相关教师明确提出：我们应当采取多种措施拉长学生思考的时间。

"比如，有的老师鼓励每位学生建立一个问题本，将自己的困惑、发现和想进一步研究的问题记录下来，可以是课前、课中和课后的，并且，在全班进行一个约定，如果在一个星期内问题本上的问题还没有解决，就可以放在班级建立的问题角中。……问题角上的问题可以全班共享，也可以全年级共享，有的甚至是跨年级共享。如果有学生能够回答这些问题，教师会以各种形式为他们提供交流的时间，如课堂精彩3分钟、全班问题分享会、流动演讲站、可爱作业交流等。

"这一过程不仅极大地激发了学生提问的热情和自信，并且不知不觉地拉长了学生数学思考的时间。无论是学生发现问题，还是尝试去解决一个问题，都是需要过程和时间的，教师要以足够的耐心，真诚地等待孩子们发现。"

以下就是一位教师所记录的"班级问题角"上一个问题的研究过程：

在研究圆锥的体积前，学生提出了这样一个猜测：是不是圆锥的体积就等于等底等高圆柱体体积的 $\frac{1}{2}$ ？课堂中虽然学生通过动手操作，自己得出结论，然而当即将下课，教师问学生还有没有问题时，一位学生说："我虽然看到了圆柱的体积等于和它等底等高的圆锥体积的三倍，但记得第一节课我们把长方形旋转一圈可以得到圆柱，沿对角线一折得到两个大小一样的直角三角形，而这个直角三角形旋转一周可以得到一个与它等底等高的圆锥，那体积为什么就不是 $\frac{1}{2}$ 了呢？"学生"纠结"于为什么平面看到的变成立体图形就不一样了，他们想要追求更进一步的"证明"。教师和学生带着问题意犹未尽地下课了,这个问题被粘贴在了教室的"问题角"上,一天过去了,一周过去了,一个月过去了。"为什么就不是$\frac{1}{2}$了呢"这个问题一直萦绕着我们,但似乎无法解决。

正当我决定放弃的时候,范同学神秘而又开心地跳到我面前说:"老师,我有'证明'了。上学期我们学过了圆和正多边形的关系,如果正多边形的边无限增加下去,就会越来越接近圆。反过来想,圆柱的两个底面是圆形的,圆锥的底面也是圆形的,如果把圆柱和圆锥的底面变成正多边形,圆柱也就变成了棱柱,圆锥就变成了棱锥,于是圆柱与圆锥之间的体积关系也应该就是棱柱与棱锥之间的关系,看我用大白萝卜做的实验(图5-3①):

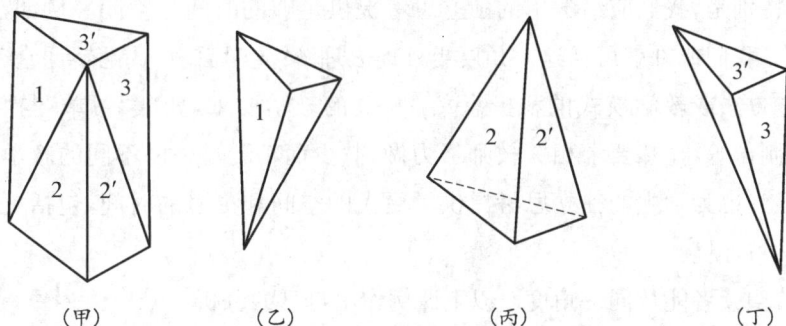

（甲）　　　　（乙）　　　　（丙）　　　　（丁）

图 5 - 3

"先切出一个圆柱体,再沿画好的线把圆柱体切成长方体,把长方体沿着一个面的对角线切开会得到两个三棱柱。三棱柱上有三个长方面,在其中两个长方形的面上画出一条对角线,沿着对角线和对应的棱切开,共切两次,会得到三个等底等高的三棱锥(正如相关编辑所指出的,这三个三棱锥并非等底等高。学生的结论虽然有待商榷,但他们的研究热情、思考和动手能力无疑是值得赞赏的——注)。三棱柱的体积是和它等底等高的三棱锥体积的三倍,那么圆柱的体积也就是和它等底等高的圆锥体积的三倍。"

在范同学研究的基础上,又有学生提出了新的问题:"这只是说明了三棱

---

① 由于原文所配的图形很不清楚,因此,为了帮助读者理解,这次转载时重新画了一个示意图。

柱和三棱锥的关系，五棱柱、六棱柱……呢？本已平静的湖面又掀起了波澜。又过了一天，李同学兴奋地对我说："我们求四边形、五边形、六边形内角和时，记得把四边形分割成了 2 个三角形，五边形分割成了 3 个三角形，六边形……大家和我一起想象，把这些三角形向下拉长就是什么？对，三棱柱。范同学已经证明每个三棱柱的体积是和它等底等高的三棱锥体积的三倍，那么无数个三棱柱就近似成了圆柱，所以圆柱的体积是和它等底等高的圆锥体积的三倍。"

"此时，全班学生的脸上都洋溢着解决问题后的喜悦。"

当然，上述的分析也可被看成从另一角度更清楚地表明了教师引导的重要性，特别是，我们应给学生的独立思考提供足够的时间与空间。例如，在笔者看来，我们或许就可从这一角度更好地去理解"先学后教"、"翻转课堂"等新的教学方法或教学模式的积极意义：相关的教学要求，如"学习单"与"微视频"的制作等，显然要求相关教师努力做到"少而精"。另外，不同的教学组织方式显然也为学生的独立思考提供了更大的空间和更多的时间，包括更加安静的学习环境。

希望读者能从同一角度对以下课例作出自己的分析。

[例 7]　"图形的放大与缩小"的教学

这是苏教版六年级下册的一项内容。教材中对于这一题材的处理方式如图 5-4 所示。

也正因此，在现实中我们可经常看到如下的教学设计，即围绕"放大前后，照片的长有什么关系，宽呢"这一问题"放手"让学生去进行探究，即要求他们"自己去发现图形放大和缩小的本质与规律"。

但是，这显然是相关的教学活动中所经常可以看到的一个现象，即我们的学生只是忙着动手去进行度量、计算，却看不到积极的思维活动！

当然，这是这方面更为基本的一个问题，即我们在此究竟为什么要去研究"放大前后，照片的长有什么关系，宽呢"这样一个问题？这也就是指，这一问题究竟是从哪里来的？

图 5-4

以下是更为具体的分析与相关的教学建议：

第一，在此应当首先看到这样一个事实："放大"与"缩小"并非专门的数学概念，而是在日常生活中也有广泛的应用，也正因此，这就容易在学生头脑中造成一定的思维混乱。但这同时又可被看成为我们在这一内容的教学中很好地去渗透"数学化的思想"提供了良好的契机。（3.2 节）

相关的教学建议：我们在教学中应当清楚地去指明在"日常视角"与"数学视角"之间所存在的重要区别。特别是，如果说日常生活中的"放大"或"缩小"主要是指图形大小的变化，人们在此所关注的主要是各种现实的需要，如美学的思考等，那么，数学中所说的"放大"或"缩小"则是指这样一种变化：尽管图形的大小有所变化，其形状却始终保持不变。

第二，如果学生缺乏独立的思考，而只是按照书上的提示，特别是"放大前后，照片的长有什么关系，宽呢"这样一个问题去进行度量和计算，那么，这里所说的"学生主动探究"就只能说是一种假探究，因为，尽管我们的学生一直在忙，事实上却只是按照别人指定的方向去发现别人所希望他们"发现"的东西！

就我们目前的论题而言，这也就是指，这正是相关教学活动的主要不足，即未能给学生的独立思考提供足够的时间与空间。

相关的教学建议：应当切实增强教师指导工作的启发性。例如，与上述的问题相比较，以下的问题引领可能就更为恰当：

问题1：我们应当如何去判断两个图形的形状是否一致？或者说，什么可以被看成图形相似与否的主要特征？

问题2：就图形的"放大"和"缩小"而言，有哪些因素发生了变化？有哪些因素保持不变？

以下是更为一般的思考：

问题3：什么可以被看成平面图形的主要成分，或者说，我们主要应围绕哪些因素去从事平面图形的研究？

第三，作为必要的引深，我们在课堂上还可提出这样一个问题：

问题4：就"图形的放大与缩小"的实际应用而言，什么是最重要的因素？数学中是如何对此进行表征或刻画的？

显然，这直接涉及"比"的概念，特别是，相对于"放大"与"缩小"等日常语言而言，这一表征方式不仅具有更大的精确性，而且也清楚地体现了数学研究的这样一个特征：这是一种"定量的研究"。

就数学教学的现实情况而言，我们还应清楚地看到教材与考核在这方面的重要影响。

例如，按照台湾学者林福来等先生的分析，这事实上可被看成造成台湾学生"高成就、低信心"的一个重要原因："台湾学生在历年国际评比的数学表现、成就表现始终名列前茅，然而……学生对于数学的功用、喜爱和自信心的表现却始终是倒数前几名，……呈现出'高成就、低信心'的特征，……猜测造成此现象的主要原因来自考试制度下的数学学习特性，学生为获取较高分数，必须使用适当的演算法快速求得答案……学生少有时间与机会发展自己的思想，学习多为被动背诵及反复练习的方式。"（《主动思考——贴近数学的心跳》，开学文化(台湾)，2015，第3～4页）

进而，从同一角度相信读者也可很好地理解笔者的这样一个主张：没有给学生的思考留下足够时间的"考核"要不得。

[例8]　不应提倡的数学考核

这是笔者无意中看到的一份"试卷"："义务教育教科书数学三年级上册期末调查试卷"。满满的 4 页 2 大张纸，共有六道大题 22 道小题，还不包括 16 道口算题与 6 道笔算题（其中有 2 道还要求学生进行验算），有些小题还做了进一步的细分，即由 1、2、3 等过渡到了(1)、(2)、(3)等——这样，总的算来，一份试卷就共有 63 道问题需要学生给出解答，还不包括画图（如"画一个正方形和一个长方形，使它们的周长相等"）、涂色（如"用不同的颜色在下面的大长方形中涂色表示种两种蔬菜的地"）等。考试的时间是一节课，即短短的 40 分钟。

当然，这份试卷中的有些问题，特别是所说的"口算题"与"笔算题"，其主要目的是检查学生的计算能力，即他们是否较好地掌握了这方面的基本技能。但是，由于并非所有的问题都如此简单，以致大多数学生没有任何深入思考就能立即写出答案，因此，我们在此就应认真地去思考这样一个问题：这样的考核是否给学生的思考留下了足够的时间？

例如，以下就是试卷中以"填空题"的方式出现的两个"小问题"（每个空格占 1 分）：

(1) 用 12 个 1 平方厘米的小正方形纸片拼成一个长方形，这个长方形的周长最短是（　）厘米，最长是（　）厘米。

(2) 把一张边长 12 厘米的正方形纸片剪成 4 张同样大的长方形纸片，每张长方形纸周长是（　）厘米。

以下是笔者在实际尝试求解上述问题时的亲身经历：由于第一个问题的解答必须考虑到各种可能的情况，因此笔者首先采取了"画出草图"这样一个方法。尽管由此而总结出"共有 3 种情况"并不很难，但是，要找出"最短和最长的周长"我们显然还必须就这三种情况分别进行计算，然后才能通过比较获得正确的解答，从而显然就需要花费较多的时间。再者，面对第二个问题，笔者头脑中立即出现的是这样一个"心理图像"，即将原来的大正方形分成了 4 个同样大小的正方形，而只是通过进一步的思考才认识到这是错误的，因为，问题中所要求的是"4 个同样大的长方形"，而非"正方形"。有点可笑的是，笔者甚至还迟疑了不小一会才认识到究竟什么是题目中所指的"分法"，当然此时再去从事计算就没有什么困难了,特别是,如果此时我们也能采取"画草图"这样一个方法。

但是,在题量如此大的情况下我们的学生是否有时间去进行所说的思考?或者说,面对数量如此之多的考题他们是否真的能够定下心来进行哪怕是稍微深入一点的思考? 面对所说的疑虑也许有教师会作出这样的解释,我们的学生在平时早已做了不少类似的练习,即如"用 12 个 1 平方厘米的小正方形纸片拼成一个长方形"究竟有几种拼法,其中何者具有最长或最短的周长等等,因此在考试时根本不用作任何深入的思考,而只需通过简单回忆和少量计算就可立即写出正确的答案。这些教师所说的情况也许是真的。但在笔者看来,这恰又进一步凸显了这样一个问题:这样的考试(与教学)究竟体现了怎样的导向? 难道我们所追求的就是记忆与模仿,而不是学生的积极思考与思维发展吗?

愿有关各方在命题时也能想到上述问题,从而切实避免由于不适当的考核而对学生的成长造成不应有的消极影响。[①]

以下再从同一角度对某些教学内容的"适当性"作出具体分析。

[例 9] 数学教学中是否应当教这样的"速算法"

这是某教材三年级下册的一项内容:"有趣的乘法计算"。其中以"找规律"的形式引入了关于"两位数乘两位数"的两个速算方法:(1) 通过找出"一个两位数与 11 相乘"(如 24×11、53×11、62×11 等)的得数的规律而得到其速算方法;(2) 通过找出"两个十位上的数相同、个位上的数相加等于 10 的数相乘"(如 22×28、35×35、56×54 等)的得数的规律而得到其速算方法。其主要目的是帮助学生"算得又快又对"。

---

① 在此笔者愿特别提及这样一点:大题量的考试设计显然有利于参加各类辅导班的学生,因为,后者的解题速度无疑优于未参加此类辅导的学生。但是,所说的差距真的可被看成很好地反映了学生的解题能力吗? 在题量较少的情况下,这两类学生是否也会表现出同样的差距? 笔者的想法是:这或许即可被看成我们如何能够通过自己的工作切实纠正社会上盛行的"补课现象"提供了一个可能的切入点:如果上述的两类学生在考试中没有表现出明显的差距,我们的家长还会在这一问题上表现出如此强烈的"焦虑感"吗?!

笔者在此所关注的则主要是这样两个问题：

第一，我们究竟为什么要让学生学习这样的"速算法"？更一般地说，这也就是指，数学教学是否应当刻意地去追求这样一个目标，即让学生算得更快？特别是，即使学生并未真正理解相关算法背后的道理，只要能让学生牢固地加以记忆，并能按照相关法则正确地加以应用，相关的教学就算获得了成功？

事实上，读者不妨具体地去调查一下：就刚刚学习了这一内容的三年级学生而言，有多少可以说出相关算法背后的道理？进而，就曾经学习过这一内容的高年级学生，乃至大多数成年人而言，又有多少会采用所说的算法（特别是第二种算法）去从事相应的计算？再者，利用所说的算法与直接利用竖式去计算相比究竟又快了多少？

当然，这又是这方面更重要的一个问题，即所说的学习是否会对学生的数学学习产生一定的消极影响？而这事实上也正是笔者为什么要提出以下的第二个问题的主要原因。

第二，将数学中的"找规律"归结为以下两个步骤是否也会对学生的数学学习造成严重的消极影响：（1）"通过仔细观察和比较发现规律"；（2）"发现规律后，要通过计算进行验证"。

对于这一问题我们将在第 7 章中作出进一步的分析，在此仅限于再次引用国外学者的这样一个论述（3.1 节）："如果在解决问题的过程中总是满足于不加证明的猜测，他们很快就会忘记在猜测与证明之间的区分"，而后者甚至可以说比根本不知道如何去解决问题更糟，因为，"证明正是数学的本质所在"。（H. Wu[伍鸿熙]）

第二，上述分析显然也为数学教学中应当如何去处理"学生独立思考"与"合作学习、积极交流"之间的关系提供了直接的启示：我们不仅应当切实防止"表面上热热闹闹，实质上却没有什么收获"这样一种现象，而且也应注意分析其可能的消极影响，即因"合作学习"而影响到了学生的独立思考。

例如，后者事实上就是以下论述的主要关注："数学教学更可以如此组织以使学生参与到了积极的互动之中却没有实现任何有意义的数学学习——无论这是指概念式的学习或是程序性的学习，也会有这样的学生认为在别人看来是很有成效的课堂讨论对其而言只是分散了他对于数学概念与所倾向的方法的注意。"(J. Boaler & J. Greeno, "Identity, Agency and Knowing in Mathematical World", 载 J. Boaler 主编, *Multiple Perspectives on Mathematics Teaching and Learning*, Ablex Pub., 2000, 第 191 页)

另外, 我们显然还可从同一角度去理解我国著名旅美数学家陈省身先生的以下论述: "数学是自己思考的产物。首先要能够思考起来, 用自己的见解和别人的见解交换, 会有很好的效果。但是, 思考数学问题需要很长时间。我不知道中小学数学课堂是否能够提供很多的思考时间。"(转引自张奠宙, 《我亲历的数学教育》, 江苏教育出版社, 2009, 第 158 页)

总之, 数学学习中的合作交流必须建立在学生独立思考的基础之上。与此相对照, "没有经过个体精思而匆忙展开的讨论如无源之水, 表达的见解既不成熟, 也不具备深度, 更谈不上个性和创见"。(吕听听、诸建刚, "探课改之路, 索课改真谛——常州市数学课改工作回顾与思考", 《中学数学教育》, 2003 年第 3 期)

也正因此, 笔者以为, 我们应为"静静地听, 轻轻地说"这一普遍性的要求加上这样一个前提: "认真地想", 即应当更为明确地去倡导: "认真地想, 静静地听, 轻轻地说!"进而, 我们显然又应努力创造这样一种"数学课堂文化": "思维的课堂, 安静的课堂, 开放的课堂!"

当然, 就上述方面的具体工作而言, 我们应针对学生的具体情况很好地掌握适当的"度"(1.3 节)。例如, 就一、二年级的小学生而言, 我们显然应首先鼓励他们积极参与课堂上的各种讨论, 并能清楚、大声地表达自己的想法; 然后, 在这一基础上, 再引导他们逐步养成"认真地想, 静静地听, 轻轻地说"这样一个习惯, 特别是, 能更深入地去进行思考。

再者, 上面的论述显然不应被理解成对于"合作学习"的全盘否定, 恰恰相反, 这更清楚地表明了深入研究以下问题的重要性, 即数学教学中究竟应当如何去处理学生独立思考与"合作学习、积极交流"之间的关系? 对此我们将在第 7 章中围绕数学教学方法的改革与研究作出进一步的分析论述。

最后, 还应强调的是, 尽管我们在以上主要是从"快思"与"慢想"的对立这一角度指明了培养学生"长时间思考"的习惯与能力的重要性, 但是, 对于后者我们又不应单纯地归结为时间的"长短",而是应当更加注重其内涵的分析,这也就是指,我们应当更加注重如何能够引导学生更清晰、更深入、更全面、更合理地去进行思考。

3. 帮助学生学会"反思"

可以先来看一些相关的论述:

"真正的数学头脑是思维的头脑,是内省的头脑,这也是学校应当教学生的东西。"("The real mathematical mind is a thinking mind, an introspecting mind and that is what school should teach.")(H. Ginsaberg,"Toby's Math",载 R. Sternberg 等主编,*The Nature of Mathematical Thinking*,Lawrence Erlbaum Associates,1996,第 189 页)

按照著名数学家、数学教育家弗赖登特尔的观点,数学思维的发展主要是指由较低层次逐步过渡到了更高的层次,但是,"只要儿童没能对自己的活动进行反思,他就达不到高一级的层次"。(《作为教育任务的数学》,上海教育出版社,1995,第 119 页)

当然,这也是弗赖登特尔关于数学学习的一个基本看法:对学生而言,与其说学数学,不如说学习数学化。(3.2 节)正因为此,他的以下论述显然可被看成更清楚地表明了反思对于数学学习的特殊重要性:

"数学化一个重要的方面就是反思自己的活动,从而促使改变看问题的角度。

"数学化和反思是互相紧密联系的。事实上我认为反思存在于数学化的各个方面。"(《数学教育再探——在中国的讲学》,上海教育出版社,1999,第 50、139 页)

那么,究竟什么是数学中所说的"反思"(或"内省"、"反省")的具体涵义呢? 以下就对此作出简要的说明。

首先,正如"吾日三省吾身"这一格言所清楚表明的,这是"反思"包括数学中"反思"最重要的一个特征:这并非由于外部的促进或压力而进行的思考,而是体现了主体的自我意识,即指主体对于自身行为的自觉"检讨"。

具体地说,主体此时已不再集中于原先所从事的活动(包括实际操作与思维活动),而是"停下来"进行一些新的、更高层面的思考,即如自己正在做什么？是如何去做的？为什么要这样做？是不是有什么错误？如何能够做得更好一些？……总之，这正是对于"只管埋头去做，既不问，也不想"这样一种状态的超越。

其次，相对于一般意义上的"反思"而言，数学中的"反思"也有一定的特殊性：我们所希望的是借助这种思维形式更有效地促进学生思维的发展，特别是，使学生逐步学会想得更清晰、更深入、更全面、更合理。

由此可见，数学中的"反思"不应简单地被等同于一般所谓的"自我纠错"，而是具有更广泛的涵义。另外，这又并非仅仅是指"事后反省"，而是应当贯穿、落实于全部的数学活动，即应当成为主体思维活动十分重要的一个组成成分或基本特性。

例如，从上述角度去分析，我们显然就可更清楚地认识由"动手"转向"动脑"的重要性，包括我们究竟应当如何去理解所谓的"数学智慧"：后者不应片面地被理解成"活动经验的简单积累"，因为，学生思维的发展不可能单纯依靠反复的实践，即所谓的"熟能生巧"就能得到实现，而主要是一种反思性的活动。

在笔者看来，这也正是弗赖登特尔以下论述的主要涵义：

"儿童用逻辑方法组织活动的能力有着一个持久但并不连续的发展过程。在最初阶段，他们通过手、眼以及各种感觉器官进行思维，经过一段时间的亲身体验，通过主动的反思，就会客观地描述这些低层次的活动，从而进入一个较高的层次。"

例如，"儿童直观地计算 $8+5$，如果给以适当的具体材料，他甚至还可以分解成 $(8+2)+3$。最初这也许是一种无意识的技巧，而一旦成为有意识之时，儿童就达到了下一层次，并从而建立了加法的书写算法。如果最后他将这个算法系统地进行阐述，那就又进到了更高的层次"。

"我们需要的是从物理现实抽象形成的几何内容，从低层次的活动开始，为较高层次作准备"；"供选择的具体活动可以是折纸、剪纸、粘贴、画图、油漆、测量、铺路以及拼接等。而用具体材料的目的是让学生通过手脑并用，促进思维活动"；"以数学概念来作游戏，用自己的双手有目的地、熟练地操纵这些概念……是极为重要的，……但这是最低层次，是不可缺少，但又是暂时的。……教学必须将学生提高到更高的层次"。(《作为教育任务的数学》,同前,第 129～130、284、278、117～118 页)

再者,我们还可从同一角度去把握这里所说的"反思"与瑞士著名儿童心理学家、哲学家皮亚杰(J. Piaget)所说的"自反抽象"([附录四])之间的区别和联系:尽管后者确可被看成数学中"反思"的一个重要涵义,即我们如何能够通过更高层次的抽象达到更大的认识深度,但这同样也不应被看成这里所说的"反思"的唯一涵义。

以下是一线教师在这方面的一些具体思考。

[例 10] 主体性反思的实施途径和策略

(翟长丽,"主体性反思:小学数学教学应有的价值追求",《教育视野》,2015 年第 12 期,第 18～19 页)

这是相关作者在这方面的基本认识:"当前,在课改理念的影响下,数学课堂发生了很大的变化。数学教学中的学习形式越来越多样化,自主探索、合作交流、实践操作等学习方式逐渐成为数学课堂的主流。可是,这些看似丰富的外在形式所生成的学习成果是否与学生主体内在的反思、感情体味相结合,以实现数学知识的意义建构呢?我们看到在很多形式化的教学背后,主体性反思是非常缺失的:学生不善于寻找自己的认知错误,不善于或不愿意检验自己的思维过程,不善于反思自己的学习策略和情感体验,自主建构成了教师牵制下的被动参与。"

也正因此,作者提出了这样一个任务:"我们必须要把'学会反思'纳入'学会学习'的实质性范畴,让'学会反思'成为新时期'学会学习'的新视点,成为理想课堂的新追求。"

以下是相关作者在这方面的一些具体建议:

1. 创设反思情境,培养反思意识。

首先,教师要创设和谐、民主、宽松的环境氛围,帮助学生看到学习中的问题所在,使反思性学习活动得以和谐开展。其次,教师可以从学生的实际和认知水平出发,通过创设反思性问题情境,引发学生对学习过程中的基础知识、学习方法、解题策略、情感体验等作自觉的回顾反思,使不同个体和群体在思维碰撞中,把学生活跃的思维推向深刻,也让学生体验到适时的反思是深化思维的一副催化剂。

2. 追溯学习过程,提高反思能力。

当某个新知教学告一段落,或探究活动已经完毕,或全课教学即将结束,此时更需静静回望反思,追溯探究过程,梳理新生信息,完善认知结构。这里反思学习,可以是对学习内容的链接、串联,也可以是对学习方式的评估分析,还可以是对解题策略的总结回顾……这种指引回望式的反思学习,不断让自己的思维由表层走向深刻,迈向成熟。

(1) 课始反思,链接经验。

根据学生认知水平、生活经验及教学实际内容,有时要引领学生主动寻求新旧知识的链接点。唤起相关的数学经验,找到学习的"最近发展区"。……可以从这样几个方面引导学生反思:这节课与以前学过的哪些知识和方法有关,这些方法和知识对研究这节课有何帮助,等等。

(2) 过程反思,深化思维。

针对不同的数学活动,适时适当地引导学生进行对比反思、联想反思、因果反思、逆向反思等反思性学习,不仅可以优化算法,而且有效促进了学生反思能力的提高。

(3) 课尾反思,省思得失。

课尾反思总结环节,对一堂课可以起到"画龙点睛"的作用。用短短的几分钟,引领学生对所学的知识、过程及运用的思想方法作一次梳理和反思,不仅可以巩固新知,而且有助于提升数学思想和解题策略,促进情感积极发展。

3. 探寻出错根源,提升思维品质。

我们在改作业和试卷时,对学生出现的一些错误,常常费尽心机去揣摩学生产生错误的根源,绞尽脑汁思量如何改进自己的教学方法,结果收效甚微。后来,我尝试着让学生对作业和考试中的错误进行反思,探寻出错根源,并对症下药,起到了事半功倍的效果。

最后,笔者再次强调了帮助学生学会反思的重要性,特别是,这更应被看成帮助学生"学会学习"十分重要的一个方面:"数学知识不易终生铭记,但数学精神会激励终生;解题技能很难终生掌握,但反思的方法会受用终生。'思之则活,思活则深,思深则透,思透则明,思明则新,思新则进。'"

"反思应当是一项持之以恒、日积月累的系统工程,需要教师遵循'循序渐进'的原则和'一以贯之'的耐心扎实践行,最终让学生进入'学会学习'的至高境界。"

的确,"反思"很难自发地形成,而是主要依靠后天的学习,教师更应在这方面发挥重要的指导作用。当然,正如以下论述所清楚地指明的:"君子之教喻也,道而弗牵,强而弗抑,开而弗达。"(《礼记·学记》)这也就是指,教师应当引导而不要牵引,应当鼓励而不要抑制,应当开放而不做硬性的要求。

以下是这方面的一些具体建议:

第一,"清楚的表述,有效的互动"。

这一建议显然与前一小节中关于"学生独立思考"与"合作学习、积极交流"之间关系的分析有直接的联系,其合理性在于:清楚地说出自己的想法,必然要求主体对自己头脑中的已有想法作出梳理与检查。另外,只有更清晰、更深入、更全面、更合理去进行思考,我们也才可能对其他人所表达的意见作出适当的评论和批评,包括实质性的补充或改进。

从上述角度我们显然也可更好地理解以下一些做法的合理性,即如教学中为什么应给学生更多的表述机会,包括两人间的对话与小组交流,等等。另外,我们为什么不应停留于对"交流"、"倾听"的简单提倡,而应更加注重引导学生对不同观点进行比较与分析,包括自身原有观点的总结与反思?因为,只有这样,我们才能真正实现"有效的互动",即能够通过积极互动取得新的发展。例如,从后一角度去分析,在全班交流的环节,教师就不应唯一关注学生对于所面临问题的具体解答,而应进一步去追问:你现在的看法与先前的想法有什么不同?你是如何得出这一看法的:是由别人的发言得到了启示,还是对几种不同的看法进行了综合?等等。

进而,从上述角度我们显然可更好地理解以下的经验。

[例11] 关于知识表述与交流的要求

(深圳市育才四小,《人民教育》,2012 年 9 期)

这是相关作者在这方面的基本认识:"'数学知识表述'……是个关键环

节,决定了课堂交流的深度。"正因为此,他们对学生的"课前预习"提出了如下要求:"假设每一个知识都让你自己去讲演,你会怎么讲?"

以下则是他们关于"交流"、"倾听"与"互动"的具体要求:"如果能让全班同学在最短时间内理解自己的想法,那么他就是最棒的。如果能够给他人提出补充,提出一针见血的思路,也是成功的。"

第二,努力增强学生在这方面的自觉性。

应当强调的是,数学教师的已有工作有不少都可被看成属于这一范围,关键则在于我们对此是否具有足够的自觉性,特别是,能够通过积极引导努力提高学生在这一方面的自觉性,从而逐步使学生养成"反思"的习惯,提高学生"反思"的能力。

例如,波利亚的"数学启发法"(4.3 节)有很多就可被归属于"反思"的范围,而且,这不只是涉及作为解题活动最后阶段的"回顾",而且也包括"弄清问题"、"拟定计划"、"实现计划"等阶段。对此例如由以下两个"解题策略"就可清楚地看出:

"集中目标":在解题的过程中,应当经常问自己:你要求的是什么? 例如,当你深深地陷进了某个也许不相干的枝节问题时,当你的思路开始混乱时,那么最好是问一下自己:你要求的是什么? 其次,在看清了你所要求的东西以后,你应当清点一下自己现有的可以用来达到目的的东西,所以应当问一下自己:你有些什么?

"如何摆脱困境?"有时你对工作的进程感到十分失望,因为已有的各种想法都失败了,试过的那些路都走进了死胡同。为了摆脱困难,以下的问题和建议是有益的:(1)麻烦可能是由于陷进了枝节问题,或是受了毫不相干的材料的拖累而造成的,这时就应回到问题最原始的构思上去,重新去考察未知量、已知量和条件,或者假设和结论。特别是,你把全部条件都考虑进去了吗? 你把所有的已知量都用上了吗? 你把全部假设都考虑进去了吗?(2)回到定义去。麻烦也有可能是由于你还没有充分理解问题中那些基本词句的意义,这时就应考虑:你对问题直接涉及的所有概念都了解吗? 这个提问可以提醒你返回到某些词句的定义上去,从而得到一个比较满意的复述或找到某些有用的新因素。(3) 对问题进行变形。你能对问题进行表述以使它变得更加熟悉、更易于接近和更有希望解决吗？我们可以把整个问题变形，也可以把结论(未知量)变形，或把假设(已知量或条件)变形，所有这些变形的目的都是为了使已有的东西和未知的东西更加接近。

另外，从更一般的角度去分析，我们又应特别提及在"反思"与"问题解决"的现代研究中对于"元认知"的强调(4.3 节)之间所存在的重要联系。这也就是指，在全部的解题过程中我们都应对于自己所从事的解题活动保持高度的自觉性，包括及时的评估与必要的调整，特别是，我们在教学中应经常地提及这样三个问题，直至学生在这方面也已具有了足够的自觉性：(1)"什么?"("现在在干什么?"或"准备干什么?")(2)"为什么?"("为什么要这样做?")(3)"如何?"("这样做了的实际效果如何?")

以下则是数学概念的教学所应经常提及的一些问题：(1)我们如何能用自己的语言对相关概念的本质作出说明，包括举出典型的例子(正例与反例)。(2) 什么是这一概念的主要作用？(3) 新的概念与其他概念有什么联系与区别，包括共同点与不同点？(对此可参见 8.4 节)

总之，这应当成为这方面工作十分重要的一个目标，即与主要依靠教师的引导相比较，我们应当更加重视提高学生在这一方面的自觉性，也即能够真正养成"反思"的习惯，提高"反思"的能力。

第三，注意做好"纠错教学"。

尽管数学中的"反思"并非只是指"自我纠错"，但后者显然应被看成"帮助学生学会反思"十分重要的一个内涵，我们并可由后一方面的具体经验获得关于"反思"教学的直接启示。

[例 12] "化错教学"的若干经验

(《教育视界》,2016 年第 8 期)

1. "讲述'错'的故事。"(刘海玲)

作者指出："人生其实常常在讲故事，这其中不乏'错'的故事。当我们能够坦然地讲出错的故事时，是不是就意味着我们'容纳'错误了；当我们把错误的故事讲得精彩时，是不是意味着我们会'融化'错误了；当我们讲完故事后释怀甚至骄傲地一笑时,是不是意味着我们能以'化错'为荣了。"

启示:除去"错"的故事以外,我们也应积极鼓励学生讲述自己如何通过进一步的思考获得更清晰、更深入、更全面、更合理的认识的各种"故事"。

2. "用心聆听,先品后化。"(崔蕾)

文中提出:"作为教师的你,能否练就一对'顺风耳',敏于捕捉,用心聆听出学生差错背后隐藏的教育价值,用'品错、融错'的心态来放大学生思维的闪光点,引领学生从错误中求知,在错误中探究,这就是我一直以来在追求的目标!"

启示:我们应将关注的对象由单纯的"差错"扩展到更多的方面,包括表述、评价等等。

3. "慢下来,才能化得开。"(谭青秀)

这是相关作者的一个主要体会:"此时此刻,我真正地感受到了课堂慢下来的精彩。"

启示:这清楚地指明了"帮助学生学会反思"十分重要的一环,因为,数学中的"反思"显然不可能单纯依靠"即兴思考"就能得以实现。(从更为一般的角度去分析,这并直接关系到了教育的本质:"教育是慢的艺术。"(张文质语)对此我们将在下一小节中作出进一步的分析论述)

4. 从"深度学习"到"深度教学"

以下再分别针对学生的数学学习与教师的数学教学对笔者所倡导的观点作出简要概括。

第一,学生的数学学习应当成为一种"深度学习",从而切实提升自己的核心素养。

具体地说,由先前的讨论我们可立即总结出"深度学习"的这样一些涵义:数学学习不应停留于"动手",而是应当更积极地去进行思考;我们不应满足于一知半解,而应当逐步学会想得更清晰、更深入、更全面、更合理;我们不应局限于按照别人的指引去进行学习,而应主要通过自己的反思不断取得新的进步。

当然,这又应被看成"深度学习"的核心,即我们不应停留于单纯知识(包括数学基础知识和数学基本技能)的学习,而应通过数学学习促进自身思维的发展,特别是,应不断提升自身思维的品质,包括由"理性思维"逐步走向"理性精神"。

最后,尽管在此我们突出地强调了"深度"这样一个概念,但同时也应清楚地看到"深度"与"广度"之间的辩证关系。因为,只有从更广泛的角度,即用联系的观点去进行分析思考,我们才能达到更大的认识深度。反之,也只有达到了更大的深度,我们才能更好地发现在不同对象之间所存在的重要联系。

第二,这显然可被看成前几节论述的一个共同结论,即教师的适当指导正是促进学生思维发展最重要的一个因素——就我们目前的论题而言,这也就是指,只有教师真正做到了"深度教学",我们的学生才可能做到"深度学习",即很好地落实"数学核心素养"。

正是基于这样的认识,笔者十分赞同来自一线教师的这样一个论述:"培养学生的数学核心素养,显然靠浅层次的课堂教学是无法顺利完成的,只有教师深度地教,学生深度地学,不断提升课堂教学的品质,丰富课堂教学的思想内涵,真正形成有效的数学活动,才有可能在提升学生的数学核心素养方面逐步获得进展。"(夏海莲、吴登文,"在深度教学中培养学生数学核心素养",《小学教学》,2017 年第 1 期)

当然,强调促进学生思维的发展应被看成"深度教学"的核心。这正如许卫兵老师所指出的:"思维是数学能力之'核',思维也是数学素养之'魂'!无论过去、现在,还是将来,数学课堂都应该基于'思维'教,围绕'思维'学,让学生获得良好的思维启迪,能'自觉地用数学的思维方法去观察、分析社会,解决现实问题',进而提升学习质量、生活质量乃至人生境界。"("以思维为核心的数学素养导向",《小学教学》,2017 年第 1 期)

就这方面的具体工作而言,我们并应特别强调"问题引领"的重要性:这在很大程度上可被看成教师如何能够真正做到"深度教学",即有效地促进学生思维发展最重要的一个方法或具体途径。

具体地说,这里所说的"问题引领"主要是指我们在教学中如何能够通过适当的提问,特别是启发性的问题,将学生的思维引向深入。正因为此,这一方法就不仅应当被用于具体的解题活动,而且也应当体现于全部的数学学习过程之中,特别是这样一些时刻:届时学生已经获得了一定的阶段性成果,即如他们所面临的问题已经获得了解决,或是对新引进的概念已经有了一定了解,或是已经初步掌握了某种具体的计算方法等,而我们所希望的就是通过适当的提问引导他们更深入地去进行思考,从而不断取得新的进步,包括最终在这一方面养成自我提问与自我促进的良好习惯。

以下就是数学教学中应当经常提及的一些问题:

尽管学生已经初步掌握了某种计算方法,我们仍应引导他们进一步去思考相关算法的合理性,即能够真正弄清为什么可以这样去做,包括用自己的语言对此作出清楚的说明。

尽管学生似乎已经较好地掌握了某一概念,包括能对相关实例(正例和反例)作出正确的判断,也能正确地复述相关的定义,我们仍然应当促使他们更深入地去思考这一概念与其他各个相关概念之间的联系,包括什么是这一概念的本质,我们为什么要引入这一概念? 等等。

尽管学生已经通过主动探究发现了相应的规律,我们仍应促使他们更深入地去思考如何能够对此作出必要的检验,是否能够对此作出进一步的推广? 等等。

尽管学生已经顺利地解决了所面对的问题,我们仍应促使他们更深入地去思考其中是否可能存在某些隐藏的错误,是否还可找到更简便的解题方法,由这一解题过程我们可获得哪些一般性的启示? 等等。

正因为"善于提问"对于数学教学具有特别的重要性,因此,在笔者看来,这就应被看成数学教师必须具有的一项基本能力,对此我们将在第 8 章中作出进一步的分析论述。以下仅限于指明这样一点:上述的分析事实上也可被看成十分清楚地表明了教学中恰当应用"问题链"的重要性。这正如吴正宪老师所指出的:我们应当让"思维在'问题链'中'浅入深出'",也即应当通过适当的"问题链"将学生的思维逐步引向深入。("理解儿童,理解数学",《小学数学教师》,2016 年第 12 期)

以下是这样的一个实例(对此可参见第 1 章的[例 7]),这并直接涉及"深度"与"广度"之间的辩证关系。

[例13]　"问题链"与"确定位置"的教学

（引自陈惠芳、袁凤珍，"深度学习：提升小学生数学素养的必由之路"，《小学数学教师》，2017年第2期）

这是苏教版六年级下册的一项内容："确定位置"。相关教师为此专门设计了这样一个情境，即如何发射导弹才能击中敌舰？具体地说，相关教师首先提出了这样一个问题："敌舰在（　　　）方向，发射导弹。"随着课件的演示，学生发现是"西北方向"。课件再次演示，没有成功射中。教师追问："还要知道什么？"学生脱口而出："角度。"再试，还是没有射中。教师追问："要想一下子打中敌舰，需要说清楚哪些要素？"学生经过观察，发现"方向、距离、角度"一个都不能少。

在此基础上，教师又通过变式练习，让学生明白观测点的重要性，了解到只有清楚了"方向、角度、距离"，建立了"面、线、点"之间的联系后，才能真正确定物体的具体位置。

教学还未结束，教师继续启发学生思考：以前学习了哪些确定位置的方法，现在又有了哪些新的想法？到此，小学阶段所学习的表示图形与位置的方法——从一年级上册认识的上下、前后、左右，到二年级学习的东、南、西、北、东北、西北、东南、西南八个方位，四年级学习的"用数对表示位置"，再到六年级"用方向和距离来确定位置"，渐次深入，帮助学生构建起一个较完整的知识网络。

进而，这可被看成以下实例给予我们的主要启示：与单独地提出各个"问题"（任务）相比较，"问题"的系统设计，即将一些相关问题组织成一个由浅入深的"问题链"显然更有益于学生思维的深化——当然，在学生求解这些问题时，教师仍应发挥一定的引导作用。

[例14]　"问题链"与"归一法"的教学

与4.2节的[例13]相类似，我们显然可通过所谓的"归一"去求解以下的问题：

（1）学校共花费650元买了10个篮球和8个排球，已知篮球的价格比排球贵20元,问篮球和排球的价格各是多少?

笔者的建议:在解决了上述问题以后,我们又应要求学生进一步去求解以下的各个问题,从而就可获得更大的收益:

(2)小明买了3个本子和2支钢笔共花了80元,小红买了同样的3个本子和4支钢笔则花了130元,问这种本子与钢笔的单价各是多少?

(3)小军买了3个面包和4瓶饮料共花了56元,小亮买了同样的4个面包和3瓶饮料花了63元,问这种面包与饮料的单价各是多少?

(4)三年级共花费136元买了3盒画笔与5本画册作为比赛的奖品;四年级则花了220元买了5盒同样的画笔与8本同样的画册。问画笔与画册的价格各是多少?

还应强调的是:在求解上述问题的过程中,教师应鼓励学生通过画图很好地去理解题意,特别是对问题中所涉及的各个数量之间的关系作出仔细的考察,包括我们如何能对所说的"示意图"不断作出新的改进,乃至用适当的符号去代表要求取的未知量,等等。进而,我们又如何能够通过这些问题的综合考察,包括同一问题的不同解法发现其中的共同关键。

最后,在上述的基础上我们还可要求学生去进一步思考以下的问题:

(5)已知3斤青菜、4斤西红柿与2斤花菜总计26元,问:为了求得青菜、西红柿与花菜的单价,我们还需要知道几个类似的条件?

另外,还应强调的是,上述问题的求解不仅有助于学生更好地理解"归一"这样一个解题策略,而且可被看成为由"算术解法"转向"方程解法"提供了很好的契机。

最后,应当提及的是,上述的分析显然对数学教师的专业成长提出了更高的要求,特别是,如果说在先前人们往往比较注重教学工作的"实"、"活"、"新"(1.4节),那么,我们在当前应更加强调一个"深"字——当然,考虑到"深度"与"广度"之间的辩证关系,我们就应同时强调"深"与"广"这样两个字。

进而,如果采用马立平博士所提出的"数学知识的深刻理解"这样一个概念(1.1节),我们对此显然又可作出如下的进一步概括:只有真正做到了教学内容的深刻理解,我们才能做好"深度教学",我们的学生也才可能真正做到"深度学习",即能够通过数学学习真正促进思维的发展,特别是,逐步学会想得更清晰、更深入、更全面、更合理。

5. 努力提升学生的思维品质

围绕思维品质的提升去进行分析我们可更清楚地认识数学学习的意义,包括我们为什么应当超出数学,并从更一般的角度去进行思考,这也就是指,相对于各种具体数学知识与技能,以及各种数学思想和数学思想方法的学习而言,我们应更加重视数学对于提高人们思维品质的重要作用。

以下就联系中国的社会现实,特别是一些普遍性的社会弊病,对此作出具体分析。

(1) 这是现代中国社会的一个明显特征,即对于"快"的刻意追求:

"中国人,赶时间。

"最爱'快进',狂点'刷新'。评论,要抢'秒发'。寄信,最好是特快专递。拍照,最好是立等可取。坐车,最好是高速公路、高速铁路、磁悬浮。坐飞机,最好是直航。做事,最好是名利双收。创业,最好是一夜暴富。结婚,最好有现房现车。排队,最好能插队,若不能,就会琢磨:为什么别人排的队总比我的快呢?

"这段话活脱脱地刻画出当下国人的急躁心态。静心思量,在教育行业内部,我们不是也存在着诸多的急躁行为吗?

"学校要办最大的,教学楼要最新的,设备要最现代化的,教育思想要最前沿的,教学实验最好马上出成果……"(白宏太,"回归传统,回到人本身",《人民教育》,2010 年第 23 期)

的确,在教育内部我们也可清楚地看到这种"快的文化"的很大影响。例如,正如很多百姓渴望一夜暴富,不少教师同样热衷于"一课成名"。在日常的教学活动中我们更经常可以看到对于"短期效果"的片面强调,以致在一定程度上造成了对于"有效教学"的误读。与此相对照,以下的论述则应说更清楚地表明了教育的本质:"教育是一项慢的艺术。欲速则不达。……只有放松心情,放慢脚步,放长眼光,才能以诗意的眼光,发现教育生命之美,享受到职业的幸福感。"(白宏太,"回归传统,回到人本身",同前)"太多的指标、任务……

已经控制了我们的心灵,只要稍加思考,就会明白这是多么困难的一件事,真的要迈一小步都很困难。……熟知现实的困难、自身的局限与为师的边界,焦虑的心慢慢停顿下来,进入'慢'的教育情境中,渐渐恢复教育本来的'慢'性。不再急切地去寻找那些立竿见影的教学策略,相信教学中个体的差异,相信已经发现的规律的有效性都有它一定的范围和条件,相信'真正好的教学不能降低到技术层面,真正好的教学来自教师的自身认同与自身完整'。理解了自己,便有勇气和信心去探寻一条可以走的路。"(沈旎,"围浸在人性的光泽中——读张文质《教育是慢的艺术——张文质教育讲演录》",《人民教育》,2008 年第 22 期)

显然,依据上述分析我们即可更好地理解数学教学中明确提倡"长时间思考"的重要性。

(2) 这是现代社会经常可以看到的另外一些弊病,即思维的模糊性、浅薄性、片面性与随意性(任性),从而也就十分清楚地表明了数学教学中积极提倡思维的清晰性、深入性、全面性与合理性的积极意义。

例如,由以下实例我们就可清楚地看出数学对于思维清晰性的重要作用:正是由于数学的影响,著名哲学家维特根斯坦提出了如下的著名论述,并因此对 20 世纪的西方学术思潮产生了十分重大的影响:"凡是能说的就应说清楚,凡是说不清楚的就应当保持沉默。"另外,国际数学教育委员会(ICMI)所组织的一项专题研究的以下结论则就十分清楚地表明了数学对于思维合理性(严密性)的重要影响:"从中小学课程中,儿童们认识到他们所做的大多数事情是凭个人见解来判断的,文章的质量、绘画质量或外语发音的好坏都是如此。甚至明显是以事实为基础的学科,如历史,也只得不予深究地加以接受。只有在数学中可验证其确定性。告诉一个小学生第二次世界大战持续了十年,他会相信;告诉他两个 4 的和为 10,就会引起争论了。孩子们借助于已有的数学能力,能知道什么是对的,什么是错的,同时还能自己验证,即使有时并没有要求他们这样做。"(《国际展望:90 年代的数学教育》,上海教育出版社,1990,第79 页)

当然,人们在这方面的认识又有一个不断发展或逐步提高的过程。例如,正如前面已提及的,这是人们区分"初等数学思维"与"高层次数学思想"的一个重要标准,即其中是否直接用到了明确的定义与严格的证明,而这显然可以被看成对思维的清晰性与严密性提出了更高的要求。应当再次强调的是,尽管小学数学不应严格按照后一标准去进行教学,但我们仍应针对学生的实际发展水平在这方面作出切实的努力,即应当努力提高学生思维的清晰性与严密性。例如,我们显然应当通过自己的教学帮助学生牢固地树立这样一个认识:对于任何事情我们都不应满足于知其然,还应知其所以然。

正是从后一角度去分析,笔者以为,尽管以下心得源自一位语文教师,但同样也可被看成清楚地指明了数学教学十分重要的一个方面:"一般课堂多用'怎样的'、'有什么样的……'等普遍问句,关注的是'事实';而追问式课堂多用'如何……'、'为什么'、'如果不这样还可以怎样'等具有思维深度的句式,关注的是'内在机理'。两者思维含量和深度迥然不同,长此以往,形成的认知结构和思维品质也会大异其趣。"(施久铭、余慧娟,"看青岛二中如何改革人才培养模式",《人民教育》,2011年第7期)

更一般地说,这显然是现代人的又一普遍性弊病,即过于任性。也正因此,数学教师就应更自觉地承担起这样一项社会责任,即通过自己的教学使学生真正成为一个明理的人,一个高度自觉的理性人。

再者,现代人的思想往往过于肤浅、过于片面,从而,我们就应十分重视如何能够通过数学教学努力提升学生思维的深刻性与全面性。更一般地说,这显然可被看成认识活动最基本的一个规律,即"由表及里,由片面到全面,由现象到本质",而这显然也就更清楚地表明了切实纠正各种表面性与片面性认识的重要性。

由以下论述我们即可更清楚地认识上述工作的现实意义:"现代人将肤浅当作时尚,把信息当作知识,把知识当作智慧。许多人日夜在网上泡着,四处收集新闻热点,仿佛天下大事尽在心头。可是你仔细听听,却发现他嘴里没有一句是他的话。……"(辛泊平,《杂文月刊》,2008年第六期上)另外,正如前面所提及的,这正是"日常思维"的一个主要弊病,即"用案例完全取代类的分析",这显然更为清楚地表明了提倡思维"全面性"的重要性。

综上可见,明确提倡思维的清晰性、深刻性、全面性和合理性具有十分重要的现实意义。

　　其次,除去已提及的清晰性、深刻性、全面性与合理性以外,我们还应高度重视学生思维的综合(整体)性与灵活性、思维的自觉性与创造性——这些不仅同样应当被看成通过数学教育提升学生思维品质十分重要的一些方面,甚至还可说代表了更高层次的努力方向。

　　(1) 相对于"全面性"而言,思维的"综合性"应当说代表了更高的要求:我们不仅应当无一遗漏地考虑到各种可能的情况,也应通过这些方面的综合分析与整合获得更深层次的认识。容易想到,后者事实上也正是一般意义上的抽象的本质所在,即我们如何能由各个特例的考察发现它们的共同本质或特征性质。

　　进而,由于这正是现代社会的一个常见现象,即人们往往只是注意了细节的考察,却忽视了对象的整体性把握,因此,我们在教学中就应对后者予以特别的重视,特别是,只有这样,我们才能切实解决现实中所普遍存在的"知识的碎片化"这样一个现象。

　　更一般地说,由于思维的综合(整体)性可被看成以下事实的一个必然结论:世界上的各种事物和现象往往具有多个不同的方面或成分,也正因此,我们不仅应当注意防止各种可能的片面性,即唯一地强调其中的某一(些)侧面,而且也应高度重视它们的相互关系与必要整合。

　　另外,从同一角度去分析,我们显然也可清楚地认识培养学生思维"灵活性"的重要性,这也就是指,我们不仅应当采取多元的视角,高度重视事物或现象不同方面或成分的相互联系与必要互补,而且也应针对不同的情况与需要在这些方面与成分之间作出灵活的转换,从而更有效地去解决问题。

　　值得指出的是,从后一角度我们并可更好地去理解马立平博士关于知识"深刻理解"的这样一个论述,即除去"深度"与"广度"以外,我们还应提出"完整度(贯通度)"这样一个要素:"深度和宽度依赖于完整度——贯穿某一领域的所有部分的能力——把它们编织起来。"(《小学数学的掌握和教学》,同前,第115～116页)这也就是指,即使就数学知识本身的掌握而言,我们也应高度重视"思维的灵活性"。

　　最后,应当提及的是,思维的综合性与灵活性可被看成思维辩证性质的具体体现,即我们应当用"联系的观点"与"变化的观点"去看待事物和现象。

由以下的实例可以看出，即使是小学数学教学，在上述方面也可大有作为。

[例15]　漫谈计算教学中蕴含的教育思想

（石荣学，《小学数学教师》，2016 年第 12 期）

作者指出："计算在小学数学学习中占有举足轻重的地位，贯穿于整个数学学习的过程，那么，计算教学的价值何在？仅仅是为了掌握算法、正确地计算吗？我们还应追求什么？电脑、计算器、手机等是十分便利的计算工具，……当孩子走出学校的大门，还有谁再用笔和纸进行计算呢？"

作者并因此引出了这样一个结论："计算结果正确理应是教学的基本目标，但我们要追求的远不止此，还应有更深远的'教育目标'：在获得计算方法与技能的同时，养成良好的行为习惯、思维品质以及数学的素养。"

1. 三思而后行。

在计算教学中，教师要有意识地加以组织、引导，不管题目看似简单还是貌似复杂，提醒学生不要急躁或胆怯，不要忙于动笔。先认真看一看：看数据的特点，看运算的符号。再仔细想一想：想计算的策略，想运算的顺序。有了这几秒钟的"看一看，想一想"，心中就有数了，方向、方法也就明确了，计算的正确率自然会提高。在学习的过程中养成良好的行为习惯与思维品质，尤为可贵。古人告诫我们"三思而后行"，做任何事情都要"先想再做"，方能运筹帷幄，决胜千里。

2. 懂得"变通"。

世界是瞬息万变的，整个宇宙时刻都处于运动变化之中。可以说，"变"是唯一不变的真理。人作为宇宙中的一分子，理应顺应"大道"，懂得"变通"，学会"变通"。

计算中就蕴含着"变通"的思想，"转化"的思想方法，……"变"就"通了"——沟通了新知与旧知的联系，犹如气脉相通，一脉相承。

3. "公平"与"还原"。

学习即生活。数学中常常蕴含着生活的常识与哲理，通过数学的学习可以让孩子感悟生活中的道理。

比如,学习"小数乘法"时,面对 0.72×3,一位学生是这样做的:

$$0.72\times100=72,$$

$$\begin{array}{r}72\\ \times\ 3\\ \hline 216\end{array}$$

$$216\div100=2.16。$$

这个孩子怎么不按教材上的方式做呢? 多麻烦啊! 我就问他:"你是怎么想的?"孩子娓娓道来:"0.72 乘 100 就变成了整数,乘得的积 216 就要除以100,这样一'还原',就公平了。"

最朴素的,往往是精辟的哲理;最简单的,往往是深刻的思想!

4. 遵守规则。

四则运算的法则就如同社会生活中的规则,都是人们约定俗成的。……数学有规则,游戏有规则,生活有规则……规则是事物健康、文明、和谐发展的保障,规则意识是现代社会每个公民都必备的一种意识。让我们引导孩子们从数学中学会生活,从生活中懂得数学。

(2) 前一节中对于"反思"的强调显然已清楚地表明了数学对于增强学生思维自觉性的重要作用。在此再指明这样一点:数学是唯一严格地证明了自身局限性的一门学科,从而十分有益于我们更好地认识世界和自身。例如,正如我国著名数学家齐民友先生所指出的:"数学把理性思维发挥得淋漓尽致,……数学是向两个方向生长的,一个研究宇宙规律,另一是研究自己。探索宇宙,也研究自己——所达到的理性思维的深度,从逻辑性和理性思维的角度讲,是任何其他学科所不及的。数学提供了一种思维的方法与模式,不仅仅是认识世界的工具,而实际上成为一种思维合理性的重要标准,成为一种理念、一种精神。"(郑隆忻等,"论齐民友的数学观与数学教育观",《数学教育学报》,2014 年第 4 期)

以下再针对思维的"创新性"作出简要分析。

具体地说,相对于关于"创新性"的种种泛泛谈论而言,笔者以为,我们应更深入地去研究什么是实现创新的必要条件或有效途径。在此还应特别强调这样一点：我们决不应将"创新"等同于"与众不同"，恰恰相反，这主要表现为已有工作的不断优化，包括不同意见的适当整合。

显然，从后一角度去分析，我们可以更清楚地看出数学学习在这方面的积极作用，因为，正如前面已指出的，"优化"可被看成数学学习活动的本质。当然，这方面工作的关键又在于我们对此是否具有足够的自觉性，因为，如果缺少了后者，即使是数学教学也经常可以看到对于"创新"的各种误读，即如对于"多元化"的片面强调，而完全没有意识到"多元化"应当被看成"优化"的必要前提。另外，在教育领域中我们显然还可经常看到对于国外最新思潮的盲目追随："本次课改在文本解读和宣传的过程中，人本主义、建构主义、后现代主义等思想一直居于上风，'概念重建'的声音比较响亮，似乎成了'十年课改'的时髦的理论观点。"（张荣伟，"我国基础教育'十年课改'的反思"，《课程、教材与教法》，2010 年第 12 期）

由此可见，我们应将"批判性"看成思维品质的又一重要内涵。当然，我们并应清楚地看到"批判性"与"继承性"之间的辩证关系，特别是，"有了陈，才有新，不能都讲新，没有陈哪来的新！创新是要有基础的。只有了解得透，有较宽的知识面，才会有洞见，才会有底气，才会有创新"。（吴文俊语）

容易想到，从教学的角度看，这也就十分清楚表明了很好处理"规范性"与一定的"宽容度"之间关系的重要性——在笔者看来，这也正是以下论述的核心所在：

"宽容，是课堂生活的起点。

"因为宽容，学生才敢于道出困惑，才敢于质疑，才敢于创造；因为宽容，教师才能知道学生的困惑，才能听到质疑的声音，才能判断教学的下一个方向在哪里。师生真正的思维对话与碰撞才得以展开。

"但仅有宽容是不够的。

"课堂教学的'气场'，还必须能够传递主流价值观。"（余慧娟，"教学改革的方向性思考"，《人民教育》，2011 年第 1 期）

最后，应当强调的是，上面所提到的各个思维品质不应被看成互相孤立的，恰恰相反，我们应当高度重视它们之间的重要联系，后者并应被看成"理性思维"最重要的内涵之一。当然，这又是我们应当努力追求的一个更高目标，即我们不仅应当通过自己的教学帮助学生学会思维,也应促成他们由理性思维逐步走向理性精神,从而真正成为一个高度自觉的理性人。

　　也正是基于这样的认识,笔者愿意用著名数学史学家克莱因的以下论述来结束第一部分的论述,更希望大家都能在这方面作出切实的努力:"在最广泛的意义上说,数学是一种精神,一种理性的精神。正是这种精神,激发、促进、鼓舞和驱使人类的思维得以运用到最完善的程度,亦正是这种精神,试图决定性地影响人类的物质、道德和社会生活;试图回答有关人类自身存在提出的问题;努力去理解和控制自然;尽力去探求和确立已经获得知识的最深刻的和最完美的内涵。"(M. Kline, *Mathematics in Western Culture*, George Allen and Uuwin Ltd., 1954,前言)

附录四　皮亚杰论"自反抽象"

　　"自反抽象",这是瑞士著名儿童心理学家、哲学家皮亚杰(J. Piaget)首先引入的一个概念,目的是为了表明在数学抽象与一般自然科学中的抽象之间所存在的重要区别:如果说后者主要可被看成所谓的"经验抽象",即完全集中于物质对象的性质和关系,我们并可因此而获得物理、化学、生物等自然科学知识,那么,数学抽象就可说具有完全不同的性质,因为,后者主要关系到了主体施加于物质对象之上的动作(action,也可译为"活动"或"行为"),而不是外在对象的性质或关系,我们由此而获得了"逻辑—数学知识"。对于所说的数学抽象我们可特称为"自反抽象"。

　　应当强调的是,尽管以上论述似乎突出强调了人们的操作性活动,但这事实上是对于皮亚杰的一种误读:"皮亚杰强调行为的作用既作为第一阶段或感觉—运动阶段的界定特征,又作为遍及所有阶段的变化的特点。但是许多教育工作者仅仅从'手工'活动的表面水平上解释这些行为。皮亚杰则更多地认为行为是涉及思想再构的活动。"(多尔,《后现代课程观》,同前,第119页)具体地说,按照皮亚杰的观点,"自反抽象"所发挥的主要是"图式化"(schematization,即"模式化")的作用:"动作的图式,按照其定义,是指这一动作的可以予以一般化的特征的结构群,正是这些特征决定了这一动作的可重复性和新的应用。"（F. Beth & J. Piaget, *Mathematical Epistemology and Psychology*, D. Reidel Pub., 1966，第 235 页）

皮亚杰并突出强调了自反抽象的建构性质："自反抽象必然是构造性的。"这也就是指，自反抽象"就是把已发现结构中抽象出来的东西射或反射到一个新的层面上，并对此进行重新建构。"（F. Beth & J. Piaget, *Mathematical Epistemology and Psychology*，同上，第 189、282 页）在皮亚杰看来，我们并可从同一角度去理解"活动的内化"这样一个概念："实际上活动的内化就是概念化，也就是把活动的格局转变为名副其实的概念，……那么，既然活动格局不是思维的对象而是活动的内在结构，而概念则是在表象和语言中使用的，由此可以得出结论说，活动的内化以其在高级水平上的重新构成为先决条件。"（皮亚杰，《发生认识论原理》，商务印书馆，1981，第 28～29 页）

综上可见，如果我们始终停留于实际操作，就不可能发展起任何真正的数学思想。也正因此，人们提出，我们应对"动作"（action）与"运演"（operation）作出清楚的区分，这也就是指，只有借助"运演"这一概念我们才能更好地理解"内化了的动作"的具体涵义。

第二部分

聚焦教师专业成长

这一部分集中于"数学教师的专业成长"这样一个主题,包括两项内容:其一,相对于简单追随潮流或是各种时髦口号而言,应当更加提倡这样一个立场:"立足专业成长,关注基本问题",文中并对数学教育的若干基本问题进行了具体分析,包括"数学教育的两个基本道理"(第6章),"数学教学方法的改革与研究"(第7章),以及"数学教师的三项'基本功'及其发展"(第8章)。其二,这是教师工作的一个合理定位:"作为研究者的教师",课例研究则可被看成教师实现专业成长最重要的一条途径,书中不仅对我们应当如何去做好课例研究提出了若干具体建议,而且也以课例为基础指明了数学教学在当前应当重视的两个问题,后者并可被看成"用案例说话"的两个实例(第9章)。

第 6 章

数学教育的两个基本道理

本章首先以课程改革为背景指明了广大教师应当坚持的一个基本立场："立足专业成长,关注基本问题",包括何者可以被看成数学教育最为基本的一些问题,希望能有助于广大一线教师的专业成长。其次,就数学教育的具体实践而言,我们应当特别强调这样两个基本道理:其一,教师心中一定要有学生;其二,数学课当然应有"数学味"。这事实上也是对于过去十多年课改实践的一个总结和反思。

6.1 "立足专业成长,关注基本问题"

1. 课改背景下的教师专业成长

课程改革的实施显然可以被看成为广大教师的专业成长,特别是深入学习各种新的教育教学理论,包括各种新的教学方法或模式提供了良好的契机。但这恰是过去十几年的课改实践,乃至国际上历次数学教育改革运动所给予我们的一个重要启示或教训,即作为一名教师,我们决不应处于纯粹的"被运动"地位,更应切实防止对于时髦潮流的盲目追随,而是应当始终坚持这样一个基本立场:"立足专业成长,关注基本问题。"

由新一轮数学课程改革实际历程的简单回顾我们可以很好地理解明确提倡上述立场的重要性。

众所周知,新一轮数学课程改革正式起步于 2001 年,尽管在改革初期人们曾对此充满了信心,乃至认为在较短时期内就可取得突破性的进展:"跨入 21 世纪,中国迎来教育大变革的时代,百年难遇。……能够亲历大的变革是我们的一种幸运。'人生能有几回搏?'……愿我们在改革的风浪中搏击,在改革的潮头上冲浪……20 年后,历史将会记得你在大变革中的英勇搏击。"(张奠宙,"在改革的潮头上",《小学青年教师》,2002 年第 5 期,卷首语)但就现实而言,新一轮数学课程的实际进展却非一帆风顺,而是表现出了明显的曲折性:不仅暴露出了众多的问题与矛盾,甚至还可说一度出现了发展的停顿。对于后者例如由以下事实就可清楚地看出:

其一,2009 年 10 月教育部在南京首次召开了"全国基础教育课程改革经验交流会"。教育部时任陈小娅副部长在这一会议上向全国教育工作者发出了这样一个信息:"开弓没有回头箭。"其二,在报道这一会议时,《人民教育》2009 年第 22 期也发表了这样一篇专题文章:"课程改革再出发——对全国基础教育课程改革经验交流会的一点观察"。

显然,如果不是出现了发展的停顿,自然就谈不上"课程改革再出发"与"开弓没有回头箭"。当然,这种现象又非我国所特有,而是国际数学教育界的普遍现象。具体地说,国际数学教育界在过去几十年中已经有过多次较大的改革运动,但就总体而言,却可以清楚地看到如下的"钟摆现象",即似乎每隔 10 年左右就会出现一次反复。例如,20 世纪 60~70 年代在世界范围内曾出现过轰轰烈烈的"新数运动"(New Mathematics),但 70 年代的主要口号"回到基础"(back to basics),事实上就意味对于"新数运动"的直接反动。进而,如果说 20 世纪 90 年代正是世界范围内以"课程标准"为主要标志的新一轮数学课程改革(可称为"课标运动")的高峰时期,那么,就美国、日本等多个国家而言,自 21 世纪起就可说已经进入了"后课改时期"。

我们在此所关注的主要是广大一线教师在课程改革中的实际处境。就国内而言,过去的 10 多年对他们而言甚至可以说是"冰火两重天":课改初期广大教师曾以极大热情投入到了改革之中,对改革前景也可说充满了信心。然而,随着时间的推移,特别是由于课改暴露出了众多的问题与矛盾,不少教师又陷入到了困惑之中,甚至更可说回到了这样一种"常态":牢骚复牢骚,长叹复长叹,甚至变得更加消沉、麻木……

更一般地说,这似乎可被看成一线教师的铁定命运:"期盼、失落、冲突、化解和再上路……";"当然我们可以抱怨,这些问题何以反复的出现,……"(邓

国俊、黄毅英等,《香港近半世纪漫漫"小学数改路"》,香港数学教育学会,2006)

也正因此,笔者以为,作为一线教师,我们应当认真地去思考:难道我们只能永远处于"被运动"的地位而无法真正掌握自己的命运? 人生又有几个10年? 作为一个普通教师我们如何才能很好地体现自己的人生价值,并在教学工作中不断取得新的进步?

作为一名普通教师,当然有很多事情我们是无法做主的(尽管我们可以也应对此发表自己的看法和意见),但是,有些事情我们还是可以而且应当切实做好的。

首先,我们在任何情况下都应立足自身的专业成长。

事实上,教师的专业成长也是数学教育事业,特别是课程改革能否取得成功的关键。因为,所有的教学工作最终都要靠教师去完成,从而,如果一线教师的专业水平普遍不高,整体的教育水平显然也就不可能上去。另外,离开了教师的专业成长,课程改革显然也不可能成功,这就正如人们经常所说的:"课程改革成在教师,败也在教师。"

在此还可特别提及这样一个研究报告:《两岸三地基础教育数学课程改革比较及对课程改革的启示》(丁锐等,香港中文大学香港教育研究所,2009)。这一研究对中国大陆、香港和台湾的数学课程改革进行了具体比较,以下就是一个相关的结论:"整个课程改革都声称教师要进行'范式转移'。……但现实恰恰相反,因为课程文件上愈来愈多条条框框,课程甚至写得过于详细,差不多是要指挥每位教师每日在课堂如何教学,这跟教师的专业发展背道而驰。"报告并进一步指出:"重要的是,……课程改革是否具备改变或强化教师队伍、促进教育专业化的诱因和条件。我们甚至可以把'能否提高教师的专业性(包括专业意识、专业自主和专业教学)'用作评定教育改革成败的判准。"

的确,教师的专业成长不仅直接关系到课程改革的成败,更可被看成为我们具体评价课程改革提供了一条重要标准,后者即是指,与各种具体数据相比较,我们应当更加关注这样一个问题:作为一名普通教师,与课改前相比,我们究竟有了哪些提高?

总之,这正是课程改革实际进程给予我们的一个重要启示:就广大一线教师而言,我们应当始终坚持"立足专业成长"这样一个基本立场,从而在任何情况下都可以处于不败之地。

但是,我们应如何去实现自己的专业成长呢?为了回答这一问题,还可提及这样两个相关的现象:

其一,课程改革主要采取了这样一种运作模式:"理念先行,专家引领。"其二,在此我们并可看到众多口号的频繁更替,即如"建构主义"、"问题解决"、"过程(智慧)教育"等等。

但是,这显然可被看成课改的相关实践给予我们的重要启示,即与片面强调理论的指导性作用相比较,我们应当更加重视理论与教学实践之间的辩证关系,包括通过积极的教学实践对相关理论作出必要的检验,并能通过两者的辩证运动促进理论的深入发展。

例如,这显然是这方面十分明显的一个事实:课改初期,无论我们走进任何一个教育书店,满满地都是课程改革的书,一套一套的,装帧也十分讲究。但如果现在再去看一看,这些书就连一本都没有剩下了! 这些书的生命为什么这么短暂? 这里是不是也有些东西值得我们认真的总结和反思?

另外,这事实上也可被看成国际数学教育界近年来何以出现以下变化的主要原因:"就研究工作而言,仅仅在一些年前还充塞着居高临下这样一种基调,但现在已经发生了根本性的变化,即已转变成了对于教师的平等性立场这样一种自觉的定位。"(A. Sfard,"What can be more practical than good research? —— On the relations between Research and Practice of Mathematics Education", *Educational Studies in Mathematics*,2005[3],第 401 页)

总之,数学教育的深入发展可被看成对于教师本身的专业成长提出了更高的要求,特别是,正如 1.1 节已提及的,面对任一新的理论思想或主张,我们都应认真去思考这样三个问题:(1)这一理论或主张的实质是什么?(2)这一理论或主张对于我们改进教学有哪些新的启示和意义?(3)这一理论或主张有什么局限性或不足之处? 总之,我们应始终坚持自己的独立思考,而不应盲目地去追随时髦。否则,就很可能造成这样的后果:追了一辈子的口号,最终却似乎什么都没有剩下,甚至还说不清自己究竟忙了些什么?!

　　值得指出的是,我们显然也可从上述角度去理解香港同行的以下论述:"当然我们可以抱怨,这些问题何以反复的出现……"但是,"我们也可以反过来看,教育本身就是一种感染和潜移默化,如果明白这一点,也许我们走了半个世纪的温温数改路,一点也没有白费,业界就正要这种历练,一次又一次的反思、深化,在深思中成长……问题就是有否吸取历史教训,避免重蹈覆辙"。(邓国俊、黄毅英等,《香港近半世纪漫漫"小学数改路"》,同前)就我们当前的论题而言,这也就是指,与盲目追随时髦相对照,我们应当更加关注数学教育的各个基本问题。

　　这事实上也可被看成国际数学教育界的整体发展趋势:在 2000 年于日本召开的第 9 届国际数学教育大会上,时任国际数学教育委员会(ICMI)秘书长的尼斯在大会报告中就曾明确指出,过去的 30 年中,数学教育研究的发展主要表现为领域的扩张,即致力于不遗漏掉任何对于数学的教和学可能具有重要影响的因素。但今天我们应当更加注意适当的聚焦,即对于"复杂性的合理归约"(justified reduction of complexity)。(M. Niss, "Key Issues and Trends in Research on Mathematical Education", *Abstracts of Plenary Lectures and Regular Lectures of ICME - 9*, 2000, Japan)

　　总之,我们应当清楚地认识"聚焦基本问题"的重要性,特别是,这更可被看成彻底改变数学教育领域中"钟摆现象"的关键:只有紧紧抓住数学教育的各个基本问题,我们才能在各个方面都有所积累,而不是始终处于"万里长征"的第一步,乃至在低水平上不断重复过去的错误。

　　愿大家都能始终坚持这样一个基本立场:"立足专业成长,关注基本问题。"

2. 数学教育的若干基本问题

　　什么是数学教育最基本的一些问题或论题? 笔者以为,这主要包括这样五个论题或方面:教学方法的改革与研究、数学教学思想、数学教育思想、数学观和数学教师的专业成长。以下就联系现实情况对此作出简要论述。

　　论题一:教学方法的研究与改革。

　　对一线教师而言,这可以说是最直接、最重要的一个论题。由于这正是新一轮数学课程改革十分明显的一个特征,即对于"情境设置"、"合作学习"、"动手实践"与"学生主动探究"等新的教学方法的大力提倡,因此,我们就应对此作出认真的总结与反思,包括从总体上去思考我们究竟应当如何去从事教学方法的改革与研究。

就当前而言,我们并应高度重视教学模式的研究,因为,这正是教育领域的一个新的发展趋势:"现在,教育教学都讲究个'模式'。有模式,是学校改革成熟的标志,更是教师成名的旗帜。许多人对'模式'顶礼膜拜,期盼'把别人的玫瑰移栽到自己花园里'。"(李帆,"姜怀顺:做逆风而行的理想主义者",《人民教育》,2012 年第 12 期)

笔者的看法是:尽管教学方法与教学模式有一定区别,但我们又应始终牢记这样一点:各种教学方法和模式都是为教学服务的,而不应成为束缚我们思想的桎梏。这也就是指,我们不应片面地去强调某些教学方法或模式,更不应以方法或模式的"新旧"去取代它们的"好坏",而是应当明确肯定教学方法与模式的多样性,并应鼓励教师针对具体情况创造性地去应用各种教学方法和模式,这更可被看成教学工作创造性的重要表现。

总之,面对各种新的教学方法或教学模式,我们应当将此看成促进自身专业成长的良好契机,即应当对此作出自己的独立分析和思考,而不应盲目地去追随潮流,乃至使自己处于完全被动的地位,即如只是无奈地充当了某一新的教学方法或模式的推广对象,所需要的似乎只是如何能将相关的方法或模式一丝不苟地用到自己的教学中去。

值得指出的是,这事实上也可被看成广大一线教师经由过去 10 多年的课改实践与相关的总结和反思所取得的一个重要进步,即大多数人对于现今的"模式潮"采取了更为理性的态度。对此例如由以下的论述就可清楚地看出,尽管其中所论及的或许只是某一具体的教学模式:

"希望大家关注'先学后教'实施的前提和条件,该用时则用,不该用时则不用。而不要成为新的、僵化的模式。"(李昌官,"对'先学后教'的理性批判",《人民教育》,2011 年第 24 期)

"模式!模式!是解放生命还是禁锢生命?"(余慧娟、施久铭,"课改改到深处是'细节'",《人民教育》,2012 年第 9 期)

最后,相对于各种具体的教学方法和模式而言,笔者以为,我们又应更加重视自身教学能力的提高,这也就是指,在方法、模式与教学能力这三者之中,教学能力应当被看成是最重要的。

为了清楚地说明问题,在此还可联系"教学观摩"来进行分析,即希望读者认真地去思考这样一个问题:在参加了数十次乃至上百次的教学观摩以后(这一数字我想并无夸张的成分),究竟什么是自己的主要收获? 如果借用这样一句老话,即"外行看热闹,内行看门道",那么,究竟什么是你经由观摩教学所获得的"门道"? 什么又是单纯的"看热闹"?

容易想到,如果观课者始终集中于观摩教学的某些细节,即如某个教具的设计,某个"现实情境"的引用等(尽管这也是一种收获,但却很难说是真正的"门道"),那么,后者是否就是指相应的教学模式和方法呢? 显然,依据前面的分析,这也是一种过于简单的认识,因为,只有具有了较高的教学能力,我们才能依据具体的教学对象、教学内容与教学环境恰当地去应用各种教学方法或教学模式。

当然,无论就教学方法或教学模式的改革和研究而言,还是就数学教师教学能力的提高而言,我们都不应停留于一般性的分析,而是应当更加突出数学教学的特殊性,特别是,我们究竟应当如何去理解数学教学工作的创造性? 什么是数学教师必须具备的基本教学能力?

对此我们将在第 7、8 两章中作出具体论述。

论题二:数学教育思想。

这主要涉及数学教育的基本目标与数学教育的基本性质。

具体地说,前者主要涉及这样一个问题:我们为什么要从事数学教育? 由于这正是第一部分的直接主题,在此仅限于指明这样几点:

(1) 从历史的角度看,数学教育目标应当说经历了重要的变化,即由传统的"精英教育"转向了"大众数学",由单纯意义上的"知识教育"转向了"多维目标"。(详可见另著《新数学教育哲学》,华东师范大学出版社,2015,第5章)

(2) 就当前而言,我们并应特别强调数学教育的"三维目标"以及学生"数学核心素养"的培养。这就是指,我们不仅应当高度重视学生对于具体数学知识与技能的掌握,而且也应帮助他们通过数学学会思维,并能逐步养成相应的情感、态度与价值观,特别是,初步养成一定的理性精神。

正如 1.1 节中已指出的,我们并应清楚地看到在"知识(与技能)"、"思维"与"情感、态度与价值观"之间所存在的辩证关系,特别是,"思维"在这三者之中更应被看成具有特别的重要性,这也就是指,我们应将"努力促进学生思维的发展"看成数学教育的首要目标,并以此来带动学生对于具体数学知识和技能的掌握,以及相应情感、态度与价值观的培养。

(3)上述的分析显然可被看成为我们在教学中应当如何去应用各种教学方法或教学模式提供了一个重要标准:无论教学中采取怎样的教学方法或模式,我们都应更加关注相关的教学是否真正促进了学生积极地去进行思考,或者说,其是否真正有益于我们很好地实现前述的"深度教学"和"深度学习"。

其次,作为对数学教育基本性质的分析,我们应清楚地认识到这样两点:

(1)在数学教育与"教育学"和"数学"之间显然存在十分重要的联系,或者说,我们应当明确地肯定数学教育的"教育属性"和"数学属性"(这也正是一些学者所论及的数学教育的"双专业性"的主要涵义)。

(2)但是,"数学教育"不应被等同于"数学+教育学",恰恰相反,数学教育应当说构成了一个相对独立的专门学科。例如,相对于纯粹的数学研究而言,我们显然应更加重视如何能从教育的层面去进行分析思考,即如我们究竟为什么要让学生去学习数学?等等。另外,相对于一般性的教育教学理论而言,我们则又应当更加重视如何能够切实立足于数学教育教学活动去进行分析思考,因为,只有这样,我们才能更好地认识与落实数学教育对于促进个人发展与社会进步所应承担的重要职责。

容易想到的是,第 5 章中关于"数学核心素养"的分析就可被看成上述立场的一个具体体现,特别是,我们应当注意纠正这样两种片面性的立场,即或者完全沉浸于具体的数学内容或数学思维,但却忽视了教育的整体性目标;或是仅仅注意了从一般教育的角度去认识和分析问题,乃至唯一地去强调所谓的"整体教学",但却完全忽视了数学教育教学活动的特殊性。

最后,还应提及的是,我们目前的讨论可被看成更清楚地表明了数学教育的专业性质。因为,这正是"专业化"的一个主要标志,即相关的学科是否具有自己特殊的研究问题,进而,又正是围绕这些问题人们逐步建构起了一定的理论体系,包括一定的概念体系或语言等。显然,这些年来,数学教育已在上述方向取得了很大的进步。

论题三:数学教学思想。

与"数学教育思想"相对照,数学教学思想应当说更直接地涉及具体的数学教学活动。

例如,这正是新一轮数学课程改革特别强调的一个思想,即教育应"以学生为本"。我们办学校、搞教育当然应以学生为本,即我们所做的一切都应为了促进学生的健康成长。但是,现实中我们又可经常看到这样一种片面性的理解,即将"以学生为本"这一教育思想简单地解读成"以学生为中心进行教学",也即将此看成了一个具体的教学思想,而未能对于这两者作出清楚的区分。

就后一方面的具体认识而言,还有另外一种极端化的认识:"以教师为中心进行教学。"由于后者常常被看成传统教学的主要特征,因此,在不少人看来,这就是课程改革应明确倡导的一个立场,即"以学生为中心进行教学"。

那么,究竟何者是这方面的正确立场呢? 以下的研究在这方面为我们提供了直接的启示:正是为了对前几年的数学课程改革进行总结反思,美国总统成立了一个专门的研究委员会,以下就是这一委员会所提供的"最终报告"(这被认为是迄今为止所有相关文件中"科学性最好的一个报告")中的一段话:"那些自诩为绝对真理的建议,无论认为教学应当完全'以学生为中心',还是认为教学应当完全'由教师主导',都得不到研究的支持。因此不应当遵循。采取何种教学方法应当根据具体情况来决定。"(王晓阳,"美国中小学数学教育的问题及其改革趋势——美国数学咨询委员会报告简介",《数学教育学报》,2009 年第 4 期)

事实上,这正是中国教育界一贯倡导的一个立场,即教学中我们应当同时肯定学生的主体地位与教师的主导作用。这一立场并已得到了国际教育界不少人士的明确肯定。例如,瑞典著名教育学家马飞龙(J. Morton)就曾指出:"我认为它(指中国的教学——注)是全世界最出色的。我钦佩中国的教学艺术";"(中国的)教师试图获得一种平衡,教学也就变得既以学生为中心又以教师为中心"。(余慧娟,"什么是好的教学——就中国教师关心的问题访马飞龙

教授",《人民教育》,2009 年第 8 期)

当然,这是这方面具体工作的真正难点,即实践中我们究竟如何去实现所说的平衡,也即真正做到所说的"双中心"? 应当指出的是,第 5 章的论述事实上即可被看成为此提供了直接的解答:强调促进学生思维的发展,并使学生能逐步学会想得更清晰、更深入、更全面、更合理,显然就是对学生主体地位的直接肯定;另外,以下则是对教师主导作用的明确肯定:我们应当通过"深度教学"与"问题引领"很好地去落实上述的基本目标。

最后,还应强调的是:从更深入的角度去分析,数学教学思想显然直接关系到了数学学习与教学活动的本质。以下就是笔者在这方面的基本看法:无论就数学知识与技能的掌握或是数学思维与理性精神的养成而言,主要都是后天学习的结果,并主要表现为不断的优化,即主要是一个文化继承的过程,更离不开教师的直接指导。

对此我们将在第 8 章中作出进一步的分析论述。

论题四:数学观。

这里所说的"数学观",并非是指我们应当如何去认识各个具体数学知识的本质,而是指人们对于数学的总体性认识,即我们究竟应当如何去回答"什么是数学"这样一个问题。

由以下论述我们可以清楚地看出数学观对于实际教学活动的重要影响(引自 P. Ernest, *The Philosophy of Mathematics Education*, The Falmer Press,1991,第 XIII 页):"无论有着怎样的主观愿望,所有的数学教学法,……都依赖于数学哲学。"(法国著名数学家托姆[R. Thom])"主要的问题不在于什么是最好的教学法,而是数学究竟是什么。……如果我们不正视关于数学性质的问题,关于教学……的争论就不可能得到解决。"(美国著名数学哲学家赫斯[R. Hersh])

在不少学者看来,我们在此还可引出这样一个明确的结论:尽管这并非一种完全自觉的行为,但是,数学观的不同确实在很大程度上决定了数学教师在教学中会采用怎样的教学方法。

例如,按照英国学者欧内斯特的分析,对于教师具有的数学观念我们可以大致地区分出如下三种不同的类型(详见 P. Ernest,"The Impact of Beliefs on the Teaching of Mathematics",paper prepared for ICME VI,Budapest,1988)：（1）动态的、易谬主义的数学观。这即是指把数学看成人类的一种创造性活动，也正因此，数学主要就是一种探索的活动，并必定包含有错误、尝试与改进，即处于不断的发展和变化之中。（2）静态的、绝对主义的数学观。这是指把数学看成无可怀疑的真理的集合，这些真理并得到了很好的组织，即构成了一个高度统一同时又十分严密的逻辑体系。（3）工具主义的数学观。这是指把数学看成适用于各种不同场合的事实性结论、方法和技巧的简单汇集。由于这些事实、方法和技巧是为着不同的目的，彼此独立地发展起来的，因此，数学就不能被看成一个高度统一的整体。

　　欧内斯特进一步指出，如果一个教师持有的是"静态的、绝对主义的数学观"，他就必然地会倾向于把数学知识看成一种可以由教师传递给学生的纯客观的东西，对于任何问题也必定存在唯一正确的解答和唯一合理的解题途径，所说的正确性和合理性并就完全取决于教师的裁决。与此不同，如果一个教师持有的是"动态的、易谬主义的数学观"，那么，他在教学中就会积极提倡学生的参与，包括"问题解决"、合作学习、批判性讨论等；另外，对于学生在学习过程中产生的错误教师也会持较容忍的态度，并会通过师生的共同努力去消除错误，而不是简单地求助于教师（或教材）的权威。再者，如果一个教师所持有的是"工具主义的数学观"，那么，他就会突出强调教师的示范作用，并认为学生的职责就是记忆和模仿，而机械练习则是掌握数学的主要渠道。

　　那么，就当前而言，我们究竟应当明确地去提倡哪一种数学观呢？或者说，究竟哪种数学观可以被看成较为正确，从而我们在教学中就应自觉地去予以体现和落实呢？

　　上述的提问应当说十分合理。但是，这又正是历史给予我们的一个重要启示或教训，即就数学观的问题而言，不存在某种单一的、绝对正确的，从而为人们所一致接受的解答。恰恰相反，各种相关的观念都应被看成从各个不同侧面反映了数学的特性。这正如著名数学哲学家、科学哲学家拉卡托斯（I. Lakatos）所指出的："什么是数学的'性质'？ ……对于这一问题的解答几乎不可能是铁板一块。仔细的历史性和批判性的案例分析可能将会导致一个复杂的、混合性的解答。"（"经验主义在现代数学哲学中的复兴？"，载《数学、科学和认识论——拉卡托斯哲学论文集之二》[Mathematics, Science and Epistemology],Cambridge, University Press,1978,第 40 页)

当然,我们并不应因此而对数学观的问题置之不理,恰恰相反,我们应当明确肯定数学观的多样性,而不应刻意地去追求某种最终的解答。进而,我们又应更加重视对于各种观念的"实践性解读",也即应当注意分析各种数学观对于我们改进教学究竟具有什么样的启示。

令人高兴的是,现实中已有不少教师经由独立思考和积极探索得出了同样的结论,而这事实上就可以被看成专业成长道路上的一个重要进步。例如,为了弄清"数学是什么"这一问题,扬州育才小学的陈士文、周建军两位老师就曾阅读了不少的文章和专著。但是,由于相关的论点和说法并不一致,他们最终发出了这样的感慨:"不想再摘了,摘多了,可能会应了法国数学家韦伊的话:'数学的特别之处,就是它不能为非数学家所理解。'"那么,作为一线教师我们究竟应如何去做呢? 以下就是这两位教师给出的解答:"我们要思考! 我们不是数学家,我们是数学教育工作者,我们是小学数学教育工作者,那么,小学数学是什么? 小学数学教育是什么?""应该明白了,我们不是从数学家的角度为数学定义,而是为小学数学,为小学数学教育,为了小学生享受数学教育。"("关于'数学是什么'的思考",《小学教学研究》,2012 年第 11 期)

进而,由于先前在教育领域中占据主导地位的一直是静态的、形而上学的、机械反映论的数学观,因此,我们在当前就应当积极地去倡导动态的、辩证的、模式论的数学观,或者说,应当认真地去学习和研究后一方面的各种相关观念,即如"数学模式论"、"数学活动论"、"数学文化论"等,特别是,这些新的观念或理论对于我们改进教学究竟有哪些新的重要启示。因为,这显然有利于我们很好地去纠正已有认识的各种片面性,从而将自己的工作做得更好。(详可见另著《新数学教育哲学》,华东师范大学出版社,2015,第一部分)

论题五:数学教师的专业成长。

上面的论述显然已为"什么是一个好的数学教师"提供了具体的标准:优秀教师的特色不应局限于具体的教学方法或模式,而应体现其对于教学内容的深刻理解,反映他对于学习和教学活动本质的深入思考,以及对于理想课堂与教师自身价值的执着追求与深切理解。

但是,我们如何才能达到这样一个境界呢?

首先,我们应明确肯定加强学习,特别是理论学习的重要性。例如,上面所提及的数学观、数学教育观与数学教学观主要都可以被看成属于"数学教育哲学"的范围,又由于现行的培养体制尚未能够在这些方面为未来的教师充分提供很好的教育,因此,我们就应通过积极的自学努力提高自身在这些方面的素养。

其次,正如前面已反复强调的,我们并应很好地认识与处理理论与实践之间的辩证关系。

值得指出的是,这事实上直接涉及这样一个问题,即教师为什么应当被看成一种专业性的工作? 具体地说,由于教学活动的复杂性,特别是,其中涉及多个不同的因素,包括教学对象、教学内容、教学环境等,它们并都具有很大的可变性(在此我们又应特别提及教育理论与教育思想的发展),因此,我们不可能单纯依靠某种简单技能就能很好地去从事教学工作,更不可能将此完全纳入任何一个固定的理论框架。这也就是说,我们不应期望单纯依靠某一理论,特别是由理论到实践的单向运动,就能有效地去从事教学,恰恰相反,我们应明确承认教学工作的专业性质与创造性质。

由以下的分析相信读者可更好地理解教师工作的专业性质,特别是,我们为什么不应片面地去强调理论对于教学实践的指导作用。

其一,这正是教学工作最明显的一个事实:"记住,永远是教师一个人在面对学生。在教育的现场,永远是你一个人在作'向左走、向右走'的决定。"(人民教育编辑部,《教学大道——写给小学数学教师》,高等教育出版社,2010,序言)例如,我们在课堂上应当如何对学生的解答作出反应,包括恰当地去处理课堂上的突发事件? 我们应如何去选取适当的教学方式,包括很好地纠正学生在课堂上所表现出来的各种错误(错误观念)? 等等。总之,由于这些主要都可被看成一种"即时决策",在此往往又有多种可能的选择,因此就十分清楚地表明了教学工作的复杂性和不确定性。一些学者更因此而得出了这样一个结论:"作出决定是最为核心的教学能力。"(C. Brown & H. Barko,"Becoming a Mathematical Teacher",载 D. Grouws 主编,*Handbook of Research on Mathematics Teaching and Learning*,Macmillan,1992,第 215 页)

其二,这也是教育领域中长期存在的一个现象,即在理论研究与教学实践之间始终存在较大的隔阂。例如,这就正是一篇题名为"教育研究对于数学教育的影响"的文章的主要论点:尽管存在众多的理论研究,有些更被说成"革命性"的发展,但是所有这些工作对于实际的课堂教学却都几乎没有什么影响。造成这一现象的主要原因则就在于教育理论研究指导思想的错误性,即认为我们应当以自然科学为范例去进行研究,也即应当使得教育研究也能像物理学那样成为真正的科学。但是,由于两者具有不同的研究对象,更由于教学活动的复杂性和不确定性,因此,所说的目标"不仅不够明确,更不可能实现",并事实上造成了在教育的理论研究与教学实践之间始终存在巨大的隔阂。(D. Wiliam, "The Impact of Educational Research on Mathematics Education",载 A. Bishop 主编,*Second International Handbook of Mathematics Education*, Kluwer,2003,第 479 页)

综上可见,我们不应片面地强调理论对于教学实践的指导作用,而应明确肯定教师工作的专业性质,也即应当高度重视教师工作的创造性质以及教师专业水平的不断提升。

就这方面的具体工作而言,应当再次强调这样两点:

第一,由于教学工作具有很强的专业性质,因此,相对于单方面强调"理论的学习与落实"而言,我们应当更加重视"理论的实践性解读",即应当从实践角度更深入地去思考各种理论的具体涵义及其对于我们改进教学究竟具有怎样的启示意义?

显然,基于上述的立场,我们也就可以很好地理解积极提倡理论的多元化和相互比较的重要性。这正如以色列著名数学教育家斯法德(她是国际数学教育委员会 2007 年弗赖登特尔奖的得主)所指出的:"当一个理论转换成教学上的规定时,唯我独尊就会成为成功的最大敌人。……理论上的唯我独尊和对教学的简单思维,肯定会把哪怕是最好的教育理念搞糟";"当两个隐喻相互竞争并不断映证可能的缺陷时,这样就更有可能为学习者和教师提供更自由的和坚实的效果。"(A. Sfard, "On two metaphors for learning and the dangers of choosing just one",*Educational Researcher*,1998[27])

当然,从更高的层次去分析,我们又应清楚地认识到这样一点:我们应通过积极的教学实践对相关理论作出必要的检验，包括提出具体的改进意见等。

第二，上面的分析不应被理解成完全否定了理论对于实际教学工作的指导意义或促进作用，因为，教师专业水准的提升不能单纯依靠简单的经验积累就能得到很好的实现，恰恰相反，我们应当更加重视理论与教学实践之间的辩证关系，特别是，应当高度重视"教学实践的理论性反思"。

应当指出的是，这事实上也正是教育界在当前的一项共识：作为"实践性工作者"，每个教师都应努力发展自己的"实践性智慧"。已有实践的总结与反思则是我们发展"实践性智慧"的主要途径。

例如，我们显然可从这一角度去理解以下的论述：

"反思是一种途径，通过这个途径，教师能够继续从事教学学习和作为教师的自我学习，……这个过程……是教师学习的中心"；"这个概念挑战了这个假设，即知识与实践相互脱离，并且知识要比实践更加优越。"（黎纳雷斯、克雷纳，"关于作为学习者的数学教师和教师教育者的研究"，载古铁雷斯、伯拉，《数学教育心理学研究手册：过去、现在与未来》，广西师范大学出版社，2009，第500页）

实践性智慧"从本质上来说，就是行动中的认知，它建立在经验、对经验的反思和理论知识基础之上"。（庞特、查布曼，"关于数学教师的知识和实践的研究"，载古铁雷斯、伯拉主编，《数学教育心理学研究手册：过去、现在与未来》，同上，第530页）

总之，我们应很好地提倡关于教师工作的这样一个定位："反思性实践者"。

最后，依据上述分析我们显然也可清楚地看出"案例分析（研究）"对于教师专业成长的特殊重要性，因为，借此我们不仅可以更好地理解各种相关的理论，包括对此作出自己的独立分析和思考，也可由此而发展自己的实践性智慧。

事实上，这正是一些学者对于"实践性智慧"的一个具体解读：这主要是指"借助于案例进行思维"，因为，通过与案例的比较我们就可以获得关于如何从事新的实践活动的直接启示。

例如，这或许也就是广大一线教师何以会对教学观摩表现出如此大的热情的主要原因："他们所需要的正是各种关于如何去行动的生动实例，这是由他们所认同的教师提供的,由这些例子他们不仅可以获得改进自身工作的信心,并可看到究竟什么是更好的教学。"(D. Wiliam, "The Impact of Educational Research on Mathematics Education",载 A. Bishop 主编,*Second International Handbook of Mathematics Education*,同前,第 484 页)

但是,在作出上述肯定的同时,我们又应清楚地认识到这样一点,即对于上面的论述我们不应作简单化的理解,特别是,不应认为对于教师而言最重要的就是如何能够积累起众多的案例,进而,在面临新的类似任务时,我们只需通过简单回忆就可顺利地去解决问题。

与此相对照,这正是笔者所强调的"教学实践的理论性反思"的一个主要涵义,即教学经验的总结与反思不应就事论事,而是应当努力做到"小中见大",也即应当超出各个实例并从更一般的角度去进行分析思考,从而通过引出具有更大普遍性的问题、启示与教训等对实际教学活动发挥更大的促进作用。

进而,从上述角度出发我们显然也可更好地去理解关于"案例分析"的这样一个建议:所说的"案例"应当具有一定的代表性,即在很大程度上可被看成一个"范例"。再者,所说的"小中见大"则可以被看成十分清楚地表明了相关工作的研究性质,特别是,从这一角度我们也可很好地去理解关于教师的又一定位:"作为研究者的教师。"

在第 9 章中我们还将从总体上对这方面存在的问题作出进一步的分析,包括借助"案例分析"具体地指明数学教学在当前应当特别重视的两个问题。

以上是关于数学教育 5 个基本问题的简要分析。笔者希望的是:广大数学教育工作者在自己的工作实践中能始终对此予以特别的关注,更能通过这方面的积极思考与认真总结不断提高自己的专业水准,从而将教育教学工作做得更好!

6.2　教师心中一定要有学生

6.2 节和 6.3 节中所论及的"数学教育的两个基本道理"可以被看成数学教育"双专业性"的具体体现,这也就是指,我们既应明确强调数学教育的专业性质,同时也应高度重视数学教育与"教育学"和"数学"的重要联系,特别是,应很好地防止与纠正各种可能的片面性认识。

具体地说,这正是数学教育最为基本的道理之一:教师心中一定要有学生! 进而,尽管这在很大程度上可被看成一个常识,但由以下实例可以看出:如果缺乏足够的自觉性,我们的教学工作仍然很容易出现种种不应有的错误现象。

1. 不要将孩子教笨了

这是台湾地区一位小学数学教师的亲身经历,我们之所以将此作为本节的第一个案例,是希望广大数学教育工作者,特别是一线教师能经常地想一想:我们究竟是将学生教聪明了,还是教笨了? 从而不断增强自身在这一方面的自觉性。

[例1] 女儿为什么变笨了

(引自林文生、邬瑞香,《数学教育的艺术与实务》,心理出版社[台湾],1999)

记得2年前,我女儿幼稚园大班,我儿子小学三年级,有一天带他们二人去吃每客199元的比萨。付账时,我问儿子和女儿:妈妈一共要付多少元啊? 儿子嘴巴喃喃念着:三九,二十七进二,三九,二十七进二;女儿却低着头数着手指头。一会儿,儿子喊着:"妈妈! 你有没有纸和笔,我需要纸和笔来写'进位',否则会忘。"儿子还未算出,女儿却小声地告诉我:妈妈! 你蹲下来一点,我告诉你,我知道要付多少钱了。

"哦! 真的,要付多少钱?"

"你拿600元给柜台的阿姨,她会找你3元。"

付完钱后,牵着女儿的手走向店外,再问:"小妹! 你怎么给阿姨600元,还会找3元呢?"

"我用数的啊! 199再过去就是200、400、600,三个人共要给600元,但是阿姨一定要再找3元给我们才可以,她多拿了3元嘛!"

以上只是"前奏","更精彩的"还在后面:

"最近带他二人去吃'色拉吧',一人份380元,付账时,我问他们兄妹二人:'算算看,要付多少元?'二人异口同声地回答:'给我纸和笔。''没有纸和笔'，女儿搭腔：'那就算不出来了。'"

这位教师感慨地说："只差 2 年，我女儿就变成不会解题，只会计算了。"

当然，这也是这方面的一个老生常谈：数学教育应当增长学生的智慧，即让学生越变越聪明。但是，究竟什么是这里所说的"智慧"或"聪明"呢？作为一个数学教师，如果连这一问题都没搞清楚，岂不是一件很可怕的事！

例如，正如第 5 章中所提及的，对于这里所说的"聪明"我们是否应简单地理解成"快"：解题的快？理解概念的快？等等。当然，正如这方面的诸多实例已表明的，如果我们在这一方面缺乏足够的自觉性，甚至更因此而忽视了学生长时间思考的习惯与能力的培养，那么，这在很大程度上也可被看成是将学生教笨了！

为了清楚地说明问题，还可再次提及美国数学教育家舍费尔德等人的相关调查（4.3 节），即学生中十分流行的一些观念，以及学生是如何形成这些观念的，即如"每个问题都只需花 5～10 分钟就可解决，否则就不可能单凭自己的努力获得解决"，等等。

当然，这又是这方面更为典型的一些实例，即如"船长的年龄"，"需要多少辆卡车"，"小明踢了几个小时的球"等。相信读者由此即可更清楚地认识到这样一点：尽管这主要都只是一种不自觉的行为，但我们有时确实是将学生教笨了。

以下再从同一角度提出这样一个问题，即我们应当如何去看待与处理教学的规范性与开放性这两者之间的关系？

笔者的意见是：我们既应高度重视教学工作的规范性，但又不应将此变成学生必须严格遵守的硬性规定，更不应因此而束缚学生的思维。以下就以一年级的数学教学为例对此作出具体的说明。

任一稍有经验的教师都知道，对于刚刚离开幼儿园，包括某些从未接受过幼儿园教育的一年级小学生，教师必须帮助他们尽快适应学校的正规学习生活，特别是，应尽快帮助他们养成自觉遵守各种规章制度的良好习惯。也正因此，小学一年级无论哪个学科都应十分重视教学的规范性，即应当在各方面对学生提出明确的要求。但是,相关的教学是否也应具有一定的开放性?我想大多数人对此都会持肯定的态度,因为,我们显然不希望学生从一年级起就变成了驯服的小绵羊。从而,这里的关键在于我们应当很好地去处理教学的规范性与开放性之间的关系。以下通过实例提出若干问题供读者分析和思考。

[例2]　阿拉伯数字与"两步计算题"的书写方式

第一,阿拉伯数字的写法是否应当严格地加以规范,乃至明确地提出"4必须是'开口的'"、"8必须是'封口的'"这样一些要求,并让学生严格地遵守?

第二,我们在教学中是否应当提出这样的要求:"两步计算题"必须清楚地写明相应的过程,包括先算什么?所得出的中间结果又是什么?书写方式也必须符合一定的规范,如学生必须用直尺画出表示"第一次计算"的短线,所得出的中间结果也必须清清楚楚地写在下边。

即如:

$$3+6+6= \qquad \underline{3+6+6}= \qquad \frac{\underline{3+6+6}}{9}= \qquad \frac{\underline{3+6+6}}{9}=15$$

上述问题的结论应当说较为明显,因为,这正是这方面的一个基本事实,即随着学习活动的深入,肯定不会有任何教师始终坚持这样的要求。但是,在此仍然存在这样的问题:我们究竟应当如何去把握相关的"度"?什么是"放松要求"的适当时机?

在此我们并可再次提及第2章的[例1]。

[例3]　数量关系"标准分析"之再思考

这是为一年级小学生设计的一个问题,要求他们依据以下图形写出相应的计算式:

(1) ○○○○○ ○○○○　　　(2) ?　　　○○○○
　　　　　　　?　　　　　　　　　　　　9

以下则是相关教师提供的"标准答案"：

(1) $5+4=9$,(✓)；$4+5=9$,(✓)；$5-4=$,(✗)。

(2) $9-4=5$,(✓)；$5+4=9$,(✗)。

现在的问题是：我们在教学中是应当始终坚持上述的"标准答案"，还是应当更加强调数量关系的认识与分析，包括在计算方法与计算次序等方面保持一定的开放性？

由于缺乏实际教学经验，对于上述问题笔者无从提供明确的解答，但这正是笔者在这方面的基本想法：即使是一年级的数学教学，也应有一定的开放性。就上述的实例而言，笔者并希望广大一线教师能够联系自己的教学实践深入地去思考这样一些问题：

第一，上述的两个问题是否都可被看成所谓的"开放题"？或者说，我们是否应当只是在从事"开放题"的专门教学时才想到教学的开放性，还是应当将一定程度的开放性看成数学教学应当始终坚持的一种品质？当然，这又是这方面更为基本的一个问题，即我们究竟应当如何去理解数学教学的"开放性"？

第二，这正是"算术思维"与"代数思维"的重要区别之一：前者主要集中于计算方法，后者则更加强调数量关系的分析（这两者并可被看成分别体现了所谓的"操作性观念"和"结构性观念"）。进而，由于这可被看成小学数学教学改革的一个重要方向，即我们应当积极提倡"代数思维"在算术教学中的渗透（2.3节），因此，我们在此又可提出这样一个问题：上述的"错误做法"是否也可被看成"代数思维"（或"结构性观念"）的具体体现，从而我们在教学中就应予以适度的容忍乃至一定的肯定？

但是，上述的主张对于一年级而言是否要求过高了？为了帮助读者进行思考，不妨改换一下问题的表述方法：上述的不同做法事实上可以被看成涉及思维的不同方向，特别是，"减法"的引入在很大程度上就可被看成学生具体学习"逆向思维"的实际开端。但就上述的图形(2)而言，写出"$5+4=9$"（而非"$9-4=5$"）难道不是更加接近人们的"日常思维"（"顺向思维"）吗？进而，从发展的角度看，这正是学生在"方程"的学习过程中必须经历的一次重要的思维方式的转变，即由"逆向思维"重新转回"顺向思维"（第2章[例15]），那么，一年级的教学是否就应给所说的"第二次转变"留下足够的回转余地呢？更一般地说，这显然也直接涉及这样一个问题：我们究竟应当如何去认识与把握数学教学的"规范性"？

在完成了上述的思考之后，建议读者还可用以下实例检验一下自己的思想深度，特别是，我们是否应当将其中所列举的各种"非标准做法"都看成必须纠正的。

[例 4] "非标准做法"的正确性

这里所涉及的是几个填空题：

(1) $9+6=9+($ 　 $)+($ 　 $)=10+($ 　 $)=($ 　 $)$。

　　学生的做法：$9+6=\underline{9+(3)+(3)}=10+5=15$。

　　教师的判定：　　　　　　（×）

(2) $7+5=7+($ 　 $)+($ 　 $)=10+($ 　 $)=($ 　 $)$。

　　学生的做法：$7+5=\underline{7+(1)+(4)}=10+2=12$。

　　教师的判定：　　　　　　（×）

(3) 以下是三年级的一道试题，由相关的评判可以看出：即使到了中年级，过强的规范性仍然是我们应当注意纠正的一个现象，或者说，我们在教学中确实不应提出如此之多的"标准解答"：

在（　　）里填合适的数以说明以下竖式算法的道理：

$$
\begin{array}{r}
23 \\
\times\ 42 \\
\hline
46 \\
920 \\
\hline
966
\end{array}
$$

(1) （　　）个 23 是（　　）。

(2) （　　）个 23 是（　　）。

(3) 42 个 23 是 966。

学生的做法：(1) （40）个 23 是（920）。

　　　　　　(2) （2）个 23 是（46）。

　　　　　　(3) 42 个 23 是 966。

教师的判定：错。因为，(1)、(2)两步的次序不应颠倒！

最后,由以下实例相信读者可以更好地理解到这样一点:只要用心去进行思考,我们就可发现教学中确有不少现象应当引起我们的高度重视,从而才能切实防止在不知不觉之中将学生真的教笨了!

众所周知,"找规律"是一种十分重要的数学活动,这更为数学教学中学生的自主探究提供了很好的题材,即十分有益于学生养成"乐于探究、善于探究"这样一种思维习惯。也正因此,在各类数学教材与教辅材料,以及日常的数学教学活动,乃至形形色色的竞赛活动中,我们就都可以经常看到"找规律"的身影。但是,这方面的工作又应说存在不少的问题,如教学模式过于单一,即以"发现规律、检验规律"统一地去处理所有此类内容的教学,教学中我们往往不知不觉地将学生的"自主探究"变成了"假探究",等等。对此我们将在 9.3 节作出专门的分析论述。在此首先指明这样一个现象,即规律的"泛化"。

[例 5] "找规律"教学实践与思考

这是苏教版第 9 册的一项内容。相关的教学活动是这样的:

(1) 研究盆花。

师:我们一起来学习"找规律"。从左边起,盆花是按什么顺序摆放的?照这样摆下去,左起第 15 盆是什么颜色的花? 谁愿意上来讲一讲。

……

(2) 研究彩灯。

师:从左边起,彩灯是按什么顺序摆放的? 照上面那样排下去,从左边起第 17 盏灯是什么颜色?

……

(3) 研究彩旗。

师:我们再来看一看彩旗。

……

(4) 交流问题。

师:这个规律在数学上叫做"周期现象"。

……

（5）创造规律。

师：（出示改动的灯笼图：红、紫、绿、紫、紫、绿、红、红、绿……）从左边起第 17 盏灯笼是什么颜色？

生：灯笼颜色没有规律。

师：从左边起，分别两个两个、三个三个、四个四个圈一圈。灯笼颜色确实没有按一定的规律悬挂。怎样让这道题目有办法解答呢？

生：把灯笼出现的次序改一改，变得有规律。

……

尽管教师在此主要是按照教材进行教学的，但笔者仍然希望广大读者能以这一实例为背景认真地去思考：究竟什么是"规律"？上面所提到的各个实例是否都可以被看成含有一定的规律？我们又是否可以随意地去"创造规律"？更为重要的是，究竟什么是此类教学活动的主要意义？

具体地说，所谓的"客观性"显然应被看成规律最为重要的一个特征，这也就是指，作为事物和现象本质的反映，规律是不以人们意志为转移的。显然，从这一角度去分析，盆花、彩灯与彩旗等的摆法都很难被看成含有真正的规律，因为，这些现象都有很大的随意性或人为的因素。更进一步说，我们显然也不可能随意地去"创造规律"，因为，我们所能做的仅仅是"规律"的发现。

但是，如果这里所说的盆花、彩灯和彩旗等都已按照一定的"顺序"摆放完毕，这不就已转化成了"客观事实"吗？在笔者看来，这事实上涉及"规律"的第二个重要特征：规律必须具有较大的"普遍性"，这并就是"找规律"活动的根本意义，即借助所发现的"规律"我们可更有效地去从事实践活动，包括解释和预测等。但是，无论是盆花还是彩灯或彩旗摆法的研究，显然都不具有这样的意义。

当然，教学中的"找规律"并不应被等同于真正的科学活动。从而，作为数学教育工作者，我们就应更加关注这样一个问题：即便上述的各个实例勉强可以被看成"找规律"，此类活动究竟又具有怎样的教育教学意义？

在具体回答这一问题之前，不妨再来看另外一个实例。

[例6] 这样的"找规律"要不得

以下两个问题引自幼儿园的相关"教材"("博语教育幼小衔接教材",《数学思维训练》):

(1) 填一填:

1, 2, 3, ?, 5, ?, ?, 8, ?, ?;

1, 3, 5, 7, ?, 11, ?, ?, 17;

1, 2, 4, 7, ?, 16;

1, 2, 3, 5, ?, 13。

(2) 填一填:

11, 12, 13, ?, 15, ?, ?, 18, ?, ?;

11, 13, 15, 17, ?;

19, 16, 13, 10, ?, 4;

20, 19, 17, 14, ?, 5。

笔者相信,对于此类问题绝大多数小学数学教师都是较为熟悉的,从而无须任何特别的努力就可立即写出相应的解答。但是,我们不妨以其他人员为对象作些具体调查。另外,更重要的是,即使我们暂时不去论及这些题目是否完全超出了幼儿的认知发展水平(例如,其中的第二组就直接涉及"逆向思维",而这正是国际上相关研究的一个重要结论,即后一方面能力的培养主要依赖于学校中的系统学习),我们也仍然应当认真地去思考一下:究竟什么是此类活动的主要教学意义?

更为具体地说,如果您对上述问题持肯定的态度,那么,笔者相信,只要您实际地去尝试一下求解以下两个问题,你的态度或许就会发生很大变化:

(3) 写出第三个数:

61, 52, ?, 94, 46, 18…

(4) 写出数列

1

1, 1

2, 1

1, 2, 1, 1

1, 1, 1, 2, 2, 1

的下一行。[①]

应当提醒的是,如果你虽已然费苦心但却仍然找不到解答,就实在不用为此感到烦恼,因为,在知道了具体答案以后,相信你也一定会持有这样一种观点:此类题目的"发明"纯粹是为了折腾人,而完全没有任何的教育教学价值。更进一步说,在现实中居然会有人热衷于编制这样的"问题",这恰恰说明:数学教学中的"找规律"实实在在应当降降温了!

以下就是(3)、(4)两题的解答:

(3)的解答(相应的"规律"):从 4 开始,将数平方,然后颠倒个位数和十位数的位置。如四四十六,将 16 颠倒得到 61;五五二十五,将 25 颠倒得到52;……

(4)的解答(相应的"规律"):用自然语言对上一行作出描述,然后写出其中的相关数字。如依据"第一行是一个 1"这样一个事实,我们就可写出第二行:1(个)1,即"1,1";又如第 3 行是一个 2 和一个 1,据此我们就可写出第 4行:1(个)2,1 个 1,即"1,2,1,1";……

总之,我们应当经常地想一想:我们究竟是将学生教聪明了,还是教笨了?

2. 教学的可接受性与有效性

这显然是教学工作应当特别关注的问题,即教学活动对于学生的可接受性,以及我们应当如何去保证教学的有效性,特别是,应当让所有的学生通过我们的教学都能有较大的提高。

以下首先借助笔者 1991~1992 年访美期间听到的一个故事对前一问题作出具体论述。在此笔者并愿特别提及这样一点:这一实例曾广泛地被用于教师培训,更有教师由此而引出了如下的诸多结论(详见罗增儒,《中学数学课例分析》,陕西师范大学出版社,2001,第 8~11 页):(1) 教师传授什么,学生

---

① 这一材料是由华东师范大学李士锜教授提供的,特此表示诚挚的谢意。

就接受什么的传统认识并不可靠。（2）学生在学习过程中的错误认识有其内在的合理性。（3）"数学家"并非天然了解数学教育。（4）关于改进教学的若干具体意见：举例应避免非本质属性的泛化；设计要能引起认知冲突；反馈环节太粗糙；措词更确切一些；等等。

显然，上述的结论有大有小，有的清楚地反映了"建构主义"这一当时在教育领域中十分流行的学习理论的具体影响，也有一些即使在今天仍有很大的针对性。由此可见，就案例分析而言，应当说不存在相应的"标准解答"，恰恰相反，我们应当始终坚持自己的独立思考，才能有较大的收获。希望读者在阅读以下各个案例时也能够坚持这样一个立场。

［例7］　"除非它们都能站起来"

20 世纪 60 年代是"新数运动"（New Mathematics）这一全球性的数学教育改革运动的高峰时期，其核心思想是认为我们应当用现代数学思想对传统数学教育作出改造。由于"集合"的概念在现代数学中占据了特别重要的位置，在当时出现以下现象也就不足为奇了：

一个数学家的女儿由幼儿园放学回到了家中。父亲问她今天学到了什么，女儿回答："我们今天学了'集合'。"

数学家觉得对于这样一个高度抽象的数学概念来说，女儿的年龄实在太小了，因此就关切地问道："你懂吗？"

女儿肯定地回答道："懂！一点也不难。"

"这样抽象的概念会这样容易吗？"听了女儿的回答，作为数学家的父亲仍然放不下心，因此就追问道："你们的老师是怎么教的？"

女儿回答道："老师首先让班上所有的男孩子站起来，并告诉大家这是男孩子的集合。她又让所有的女孩子站起来，并说这是女孩子的集合。然后，又是白人孩子的集合，黑人孩子的集合……最后，老师问全班：'大家是否都懂了？'她得到了肯定的答复。"

显然，这位教师所采用的教学方法没有什么问题，甚至可以说相当不错。因此，父亲就决定用以下的问题作为最后的检验："那么，我们是否可以将世界上所有的匙子或土豆组成一个集合？"

迟疑了一会，女儿回答道："不行！除非它们都能站起来。"

笔者以为，相对于上面所提到的种种解读而言，这又可被看成这一实例给予我们的最大启示：作为一位教师，我们心中一定要有学生，特别是，应当高度重视教学活动对于学生的可接受性。

当然，这一实例严格地说有很大的特殊性。与此相对照，以下所提到的各个问题或建议则可说具有更大的普遍性，包括更为明显的现实意义，特别是，我们的教学如何才能使得所有学生都能得到较大的提高？

第一，我们在教学中决不应成为少数学生的尾巴。

［例8］　教师不应成为少数学生的尾巴

这是一位教师在"新课程教师怎样关注学生"一文中所表达的一个观点：教学工作应当以学生为本，以学生的发展为本。也正因此，教师在教学中就应"关注学生的表现，欣赏学生的想法，重视学生的问题，接纳学生的意见，宽容学生的错误，满足学生的需要"。

上述的立场当然没错。但在笔者看来，我们又应注意防止这样一种倾向，即由于强调"以学生为本"而完全放弃了教学工作所应有的引导作用。

例如，这是这一文章中提到的一个实例：当时教师要求学生从不同角度说出8的各个性质，一个学生回答道："8是16的儿子。"笔者的问题是：针对这样的"异端邪说"，任课教师是否仍应表示出一定的欣赏，还是应当立即予以纠正？

文中还有这样一个例子：教师指出，"在减法中，被减数与减数绝对不可以交换位置，绝对不可以。"然而却有一个学生对此提出了异议："被减数与减数完全相同的时候，可以交换它们的位置。"从而，我们在此面临着同样的问题：尽管教师可以而且应当"为学生敢于向老师挑战而感到欣慰"，但是，面对学生的这一说法，我们是否应当予以及时的纠正或澄清？

在经历了十多年的课改实践以后，相信大多数教师对于上述问题已经有了新的认识，即我们不应因为"尊重学生"和"保护学生的积极性"而放弃教师应有的指导作用。另外，就上述实例而言，任课教师所关注的又应说只是少数较为"调皮"(但思维又较为敏捷的)的学生,特别是如何才能保持这些学生的学习积极性,而不要轻易挫伤他们的自尊心与创新意识。后一立场当然没错。但是,即使我们暂且不去考虑任课教师当时的做法是否真的有助于后一目标的实现,包括这些做法对于这些学生究竟起到了什么样的作用,我们显然也不应忽视这样一个问题,即这些做法对于班上的大多数学生会产生什么样的影响?更进一步说,由于大班教学正是我国数学教学的基本事实,因此,任一教师都应当十分重视如何能够很好地去处理班上的少数学生与大多数学生之间的关系。特别是,不管我们的出发点是什么,教师在课堂上都不应成为少数学生的"尾巴",即为了"迎合"少数学生的"表现欲望"或是什么别的"需要",却忽视了由此而对大多数学生所可能造成的负面影响。我们并应牢牢记住这样一点:无论自觉与否,教师的教学都会对班上的每个学生产生一定的影响。又由于我们的学生在是非问题上还缺乏足够的判断能力,因此,如果教师缺乏足够的自觉性(并能采取十分慎重的态度)的话,那么,即使是很好的出发点也可能造成严重的消极后果,即如对于学生创新意识的保护和提倡最终却蜕变成了鼓励学生"标新立异",教学的开放性最终则变成了完全放开,乃至放任自流!

第二,相对于上述的问题而言,这显然应被看成大多数数学教师在当前所面临的一个更大挑战,即学生"两极分化"的加剧:原先主要在小学三年级才出现的这一现象现今在小学一年级就已凸显出来,其性质与原先相比也有了很大的不同。

借助以下实例我们可以更具体地去思考现今在数学教育领域中所出现的究竟是怎样的"两极分化"? 什么又是造成这一现象的主要原因?

[例9] 越演越烈的"两极分化"

(1)"联线问题"的教学(引自王逸卿,"直面认知差异,找准学习起点——'数学思考'两次教学的一些思考",《小学数学教师》,2010年第3期)。

教师给出了这样一个问题:"在纸上任意点上7个点,并将它们每两点连成一条线。再数一数,看看连成了多少线段?"

教学现实：59人的一个班级，有25位同学已经能够列出"6＋5＋4＋3＋2＋1"，有7位同学列出"6×7＝42,42÷2＝21"。但有15位同学几乎是无从下手，思路完全不对。

（2）"鸡兔同笼"的教学（引自贲友林，"直面现实，着眼发展——'鸡兔同笼'问题的教学与思考"，《小学教学》，2009年第7～8期）。

教学现实：调查表明，在班上44个学生中，除14人不会解答外，其他人都给出了正确解答，其中更有9人采用列方程的方法并获得了正确解答。

（3）"植树问题"的教学（引自王俊，"一道跨越五个年级的'解决问题'"，《小学数学教师》，2009年第6期）。

教学现实："'植树问题'现已成为了一个跨越五个年级（二至六年级）的题目。"

作者并进一步指出："在一个到处讲究'速成'的时代，什么样的难题都有机会提前出现"，特别是，如果这些题目更打上了"生活中的数学问题"这样一个旗号的话。

由此可见，现今学生的"两极分化"已在很大程度上不同于传统意义上的"两极分化"，而"超前教育"则又正是造成这种"两极分化"的主要原因。这也就是指，我们在此所看到的其实并非真正的"优秀学生"与"差生"之间的差距，而是由于各种原因所造成的"提前起跑者"与"正常起跑者"之间的差距。

当然，上述现象的出现并非偶然，因为，这正是信息时代的一个重要特征：现今人们可以通过各种渠道获得所需要的信息与知识。也正因此，在实际进行相关内容的教学前，就有很多学生已经知道了如何去计算平行四边形的面积，也已较好地掌握了分数的除法……当然，我们在此也可看到不少"人为的"干扰或影响，即如"奥数"的盛行在这方面所造成的严重影响。这正如王逸卿老师在上述文章中所指出的："如今课外奥数辅导可以说铺天盖地。这是我们没有办法回避的现实。有的学生是零起点，可以说一片空白；有的学生早已烂熟于胸，比课本知识学得深得多。"当然，正如人们普遍认识到了的，所谓的"不要让孩子输在起跑线上"这一口号在此也发挥了极度恶劣的影响。

正因为上述现象有一定的客观原因和现实基础,因此,作为数学教师,我们就不能期望这一问题在短期内就能得到解决,而是应当更积极、更主动地去迎接这一挑战。

在此我们还可简单地提及东西方教育思想在这方面的一个重要区别,即我们究竟应当以何者作为教育特别是基础教育的基本目标:是承认学生间必然存在的差异,并主要着眼于这一基础之上的个人发展,还是应当努力缩小学生间可能存在的差距?

由于这两种立场明显地互相对立,因此,面对上述问题人们往往会采取这样一种思路,即希望首先弄清两者中何者是正确的(先进的),何者是错误的(落后的)?但在笔者看来,这是一个更为合理的立场,即我们应当努力摆脱"两极对立"这样一种思维模式的束缚,并将关注点由简单的"对"与"错"("先进"与"落后")转移到什么是相关思想所给予我们的主要启示。这也就是指,我们应将这两者都看成深入思考与自觉反思的重要背景,特别是,应当通过对照比较更清楚地认识自身工作所存在的问题,从而就可通过新的教学实践与不断的总结与反思去改进教学。

就目前的论题而言,这就是指,我们在教学中应当努力做到"兼顾两头",即应当使得所有的学生都能有较大的收获。以下就是这样的一个实例。

[例10] 再谈"鸡兔同笼"的教学

(贲友林,"直面现实,着眼发展——'鸡兔同笼'问题的教学与思考",《小学教学》,2009年第7～8期)

由于很多学生在上课前都已学过这一内容,因此,这是任课教师在实际从事这一内容的教学时必须面对的一个问题,即教学中应当如何去处理在学生中存在的巨大差异:"这是我必须直面的现实。学生现在在哪里?学生将走向哪里?学生如何走向那里?面对学生的'已有'、'已知',我们常常困惑:该怎么处理?甚至,有老师有时视学生的'已有'、'已知'为'洪水猛兽'。"

当然,这是教学工作的主要目标,即应当使各种学生都有所收获,特别是,我们既不应让"先进"学生事实上充当了"陪读"的角色,也不应使"后进生"越掉越远。

贲友林老师并进一步提出:"孩子的'已有'、'已知',就是教学资源,应当充分地加以利用。教师引导学生将自己原有的认识外化出来与全班交流,这是更有效的'导'。于是,我组织'兵教兵'。而我,关键处追问……从而让学生的思考走向深入,认识得到提升。"

由于这一堂课的主要目标是帮助学生较好地掌握"假设"这一解题策略(如假设"全部都是鸡",或"全部都是兔子";再根据误差作出调整,……),因此,这里的首要问题就在于:我们应当如何去处理学生的其他做法,特别是一些学生所采用的方程解法?

贲友林老师指出:"我以为,方程解法与算术解法应当并驾齐驱。不过,本节课侧重'假设'。于是,我在学生试做之后,让学生先展示方程解法,并对'如何设未知数'以及'列方程所依据的等量关系'着重让学生理解。继而,交流'假设'思路。在学生对'假设'有了充分的认识之后,我又杀了个'回马枪',学生的思维豁然开朗:方程,其实也是假设。"

以下是相关的教学实录:

师:我们回顾这个问题的解决过程,我们应用的策略是——假设、调整、检验。解决这个问题,有的同学应用了方程策略。我们再来看一看方程。(再次出示相关学生的做法)

师:设鸡有 x 只,其实也就是假设鸡的只数,这时兔子就有$(10-x)$只,根据这样的假设,我们再寻找 x 的值。

生:方程,其实也是假设。

生:不过,列方程时假设的不是一个具体的数,而是一个用 x 表示的未知数。

师:哈哈,我们的认识又提升了。……

笔者并愿特别提及这一课例中的这样两个环节:

第一,教师在教学中有意展示了一位二年级学生的做法(尝试、调整),由于这是一个二年级的学生,又是该班班主任老师的儿子,因此就引起了全班同学的兴趣,并为教师从一般角度对"假设法"作出总结提供了必要基础。

笔者的分析:"从现实出发",即针对实际情况去进行教学,这正是"实践性智慧"最重要的一个特征。

第二，教学中应当如何去处理一些较为"落后"的方法："课中，我呈现了二年级学生的解题思考过程，全班学生兴致盎然。我如果呈现另外一位同学所采用的'——列举'方法，那是否会被班级中的其他同学认为他的方法比较'笨'而遭嘲笑？我没有在课堂上呈现这位学生以及另外一些学生的解答，正是基于此考虑。……我不能因为某一个学生的解法被呈现而受到伤害。"

笔者的分析：由此可见，教师的教学应当高度重视学生的特殊性，包括给予相对"落后"的学生以特殊的关照。

第三，给优秀生必要的关注。

与上面所提及的事实直接相对照，这可被看成数学教育领域在当前的又一"盲点"，即"精英教育"的缺失，而笔者之所以将此称为"盲点"，则是因为在现实中人们不仅未能事先对此加以防范，在问题出现以后也往往视而不见、听之任之。

当然，使用"精英教育"这样一个术语很可能会引起读者的较大疑惑，甚至是反感，因为，按照通常的理解，"精英教育"是与"大众数学"直接相对立的，而后者又正是 20 世纪 90 年代起在世界范围内先后开展的新一轮数学课程改革（"课标运动"）的最为基本的一个立场：数学教育应从原先的"双重目标"——对大多数学生的低标准与少数学生的高标准——转变到真正面向全体学生，而不只是其中的少数人或一部分人。例如，这显然就是我国 2001 年颁布的《全日制义务教育数学课程标准（实验）》何以特别强调义务教育的基础性、普及性和发展性的主要原因，特别是这样一个要求：数学教育应当实现"人人学有价值的数学，人人都能获得必需的数学，不同的人在数学上得到不同的发展"。

在此还可特别提及这样一个论点："《标准》只是每个学生都应达到的最基本的要求，它并不排除学有余力的学生达到比《标准》更高的要求。"（史宁中等，《基础教育数学课程改革的设计、实施与展望》，广西教育出版社，2009，第149 页）但是，这恰又是笔者在此所关注的主要问题：除去一线教师，我们在现实中还能指望谁来关注"学有余力的学生"？谁应当对后一方面工作的滞后甚至是缺失承担责任？

由以下的论述可以看出,上述问题有很大的普遍性。另外,由这一论述相信读者也可更好地理解笔者为什么要使用"'精英教育'的缺失"这样一个词语,包括认真对待这一问题的重要性。

作为对日本数学教育现实情况的直接评论,日本著名数学教育家藤田宏教授指出:"日本需要真正的精英教育:提倡大众教育的前提下,进行精英教育;从旧制高中教育中体会到成功的教育经验,以传统精神为基础,同时吸收西方现代文明;精英教育应该从文化教育直至研究生院教育;数学教师必须接受精英教育,具备精英教育意识。"(引自代钦,"对日本精英教育的怀旧及其借鉴作用——日本数学家藤田宏教授访谈录",《数学教育学报》,2010年第2期)

藤田宏教授并明确指出:

"日本需要真正的精英教育。在不久的将来,我们的社会需要真正的具有高专业能力和道德观念的精英人才,在将来的社会生活中遇到各种状态下他们能够努力领导或处理所面临的问题。

"精英教育的原则和策略:提倡大众教育的前提下,进行精英教育。我们的目的应是将学生个性建立在人道主义基础上,我们的重点应放在培养聪明智慧、善待社会及人类的精英。

"(数学教育中的)精英教育就是培养在数学上学力突出的,将来在某一方面具有杰出的研究能力的学者的教育。数学教育中的精英教育是通过问题解决教学实现的。老师给学生具有一定难度和挑战性的有深度的数学问题。

"一般说来,社会精英都有与众不同的精神气质,所以在教学中树立学生的挑战精神和远大理想、志气也是最根本的。通过日常教育和数学问题解决培养学生的创新意识和创新能力是非常必要的。"

尽管上面的论述以日本数学教育作为直接对象,但藤田宏教授的主要结论对于中国显然也是适用的,这也就是指,这正是我们在当前应当十分重视的一个问题,即在做好"大众数学"的同时,也应对"精英教育"(更准确地说,就是"20%最好的学生在数学上的更好发展")予以足够的重视。这正如藤田宏教授所指出的:"现在是进行义务教育,因此,学习内容简单,这样一来,学习水平显然降低了。……在义务教育中,大家都在议论强调民主和教育公平,但过分强调民主平等对精英教育是不利的";"日本……对于聪明的学生缺乏应有的精英教育"。

不难想到,对于存在问题的清醒认识,包括清楚的表述与深入的思考,正是最终解决问题,并取得新的进步的良好开端。也正是在这样的意义上,笔者以为,日本同行在这方面可以说已经走在了我们的前面。进而,正如美国同行所清楚表明的,我们在此并应明确树立起国际竞争的意识:"为了国际竞争的胜利和保持科学的领先地位,⋯⋯美国必须迅速改进自己的数学教育⋯⋯我们再也不能坐视这样的情况发生了,即我们的儿童并不能通过学校教育从数学上为 21 世纪作好准备。挑战是明显的,机会就在眼前。是行动的时候了。"(NRC, *Everybody Counts — A Report to the Nation on the Future of Mathematics Education*,1989,第 96 页)

最后,还应指出的是,尽管上面的分析在形式上似乎与先前关于"不要成为少数学生的尾巴"这一论述直接相对立,但事实上恰可以被看成更为清楚地表明了"兼顾两头"的重要性。当然,从更一般的角度去分析,这又十分清楚地表明了这样一点:这正是促进我国数学教育事业包括课程改革深入发展十分重要的一个环节,即我们应当善于"发现问题,正视问题,解决问题"。

3."超越数学,大域无疆"

什么样的数学教学可以被看成是成功的? 要回答这样一个问题显然并不容易。也正因此,我们不妨先来看另一与此密切相关的问题:什么样的数学教学是完全失败的? 以下或许就可被看成这样的一个实例。

[例 11] "数学,你是个坏蛋!"

(引自胡典顺,"从数学知识教育到数学文化教育",《中学数学教学参考》,2008 年第 6 期)

这是一个经由初赛、次赛、复赛等层层筛选并最终成功参加"2004 年全国高中数学联赛决赛(湖北赛区)"的考生写在自己试卷上的一段话:

"数学,你是个坏蛋,你害我脑细胞不知死了多少。我美好的青春年华就毁在你的手上,你总是打破别人的梦,你为什么要做个人见人恨、人做人更恨的家伙呢? 如果没有你,我将笑得多灿烂呀! 如果你离开我,我绝不责怪你无情。"

作为一名曾长期担任中学数学教师，并始终怀有强烈数学教育情结的教育工作者，笔者每次读到这样一段话总有一种苦涩的感觉：这难道就是我们全部工作的最终价值？！

当然，感情的重创不应影响理性的思考：就这个学生而言，数学教育的失败究竟体现在哪里？

对于上述问题我们可从多个不同的角度去分析。秉承前两个小节的话题，在此主要突出这样一点：在经历了这么多年的数学教育以后，这个学生究竟学到了什么，又失去了什么？

为了帮助读者进行思考，在此还可提及国外的一个相关实验。

［例 12］　儿童的先天能力

（引自 S. Dehaene, *The Number Sense — How the Mind Creates Mathematics*, Penguin Books, 1997）

这是以 6 个月左右的小孩为对象的一项实验。首先用仪器测定他的视线，然后放录像：一个人看到一个小孩在爬山，就主动把他拉上去。小孩看了脸上露出喜悦的表情；再放另外一段录像：一个人看到一个小孩在爬山，就用脚去踩他。小孩不爱看，将头转了过去。由此可见，喜欢善良，反对邪恶，是人类与生俱来的一种感情。

进而，以下的实验则可说反映了人类的另外一种天性：在 6 个月大的小孩眼前放 1 个玩具，再放 2 个玩具，用布挡住，然后再拉开来，如果出现的是 3 个玩具，小孩没什么特别的反应；同样先放 1 个玩具，再放 2 个玩具，布挡住以后再拉开却变成了 4 个玩具。小孩的眼睛就睁大了，注视的时间也变长了：他觉得很奇怪！由此可见，人类生来就有一定的"数感"（当然，这种"数感"也有很大的局限性），更具有一定的好奇心。

总之，正如苏霍姆林斯基所指出的："在人的心灵深处都有一种根深蒂固的需要，就是希望感到自己是一个发现者、研究者、探索者，而儿童的精神世界里，这种需要特别强烈。"进而，所说的好奇心和探究欲不仅对于儿童的学习，乃至整个生涯都有十分重要的影响，更可被看成数学学习的根本（对此可参见 6.3 节）。

也正因此,兴趣的丧失或许就可被看成上面那个考生经由这些年的数学教育所承受的最大损失,这并很可能对这个学生的全部人生产生严重的消极影响。

由以下的分析我们可更好地理解后一结论:正如 4.3 节中已提及的,由于现实中经常可以看到这样的情形,即一些学生就是因为未能学好数学,从中学甚至小学起就对自己丧失了信心,乃至完全放弃了自己的人生抱负并最终成为社会上的廉价劳动力,因此,美国著名数学教育家戴维斯发出了这样的呼吁:"我们的数学教育已接近于毁灭年轻的一代!"

为了更清楚地说明问题,在此还可转引一位中学数学教师的相关反思(引自冯祖鸣,"中国数学教育的软肋——高中空转",《数学教学》,2007 年第 10 期),因为,尽管他所论及的"高考问题"已经超出了小学数学的范围,这仍然有助于我们更好地认识"我们的数学教育已接近于毁灭年轻的一代"这样一个结论:

"人到 16 岁开始成人。知道自己要有人生目标,优秀生开始思考未来。这是一个人成长、成型的关键时期。中国学生却在这两年天天复习高考,追求初等数学的考试高分。……中国学生天天做高考题。中国高中的'空转',在最容易吸收知识、开始思考人生的年龄段,束缚于考试。更令人心焦的是,许多顶尖的中学,对'空转'不觉得是问题,自我感觉良好。"

另外,在笔者看来,我们也可从同一角度对"奥数"在中国的盛行作出具体分析。以下是香港大学数学系肖文强先生的相关论述("从数学奥林匹克谈起",载《肖文强教授荣休文集》,香港数学教育学会,2005):

"证诸过去四年的香港经验,虽然每年选拔了好几名颇富数学机智的年轻人,为香港争得几面奖牌,但可没见到如何藉助这项活动,在中学师生群中诱发出那股活泼生气,也没见到如何藉助这项活动营造出一种数学文化气息。"

当然,正如先前的[例 11]已清楚表明的,即使就"成功者"而言,竞赛所造成的也不都是积极的后果。进而,就内地而言,这应说是一个更加普遍的现象,即对于大多数参与者而言,奥数就意味着"越做越恨"、"越做失败感越强",学生的灵魂也可能因此而受到很大的扭曲。

最后,依据上述的分析我们显然可以引出这样一个结论:这应当被看成"教师心中一定要有学生"最基本的一个涵义,即我们应当超出数学,并从更一般的角度去认识自身工作的意义,这也就是指,数学教育应当真正有益于学生的全面与持续的发展。

容易想到的是,后者事实上也正是我们在第 5 章中所采取的基本立场:与唯一强调"帮助学生学会数学地思维"相比较,我们应当更加重视"通过数学帮助学生学会思维",包括通过各种思维形式的比较使学生很好地认识到数学思维的优点与局限性,从而采取更为开放与"多元化"的立场,即对于其他各种思维方式应能由简单的"容忍"逐步过渡到真正的欣赏,并能根据情境与需要,乃至本人的个性特征作出恰当的选择和应用。

更进一步说,我们又应清楚地认识到这样一点:数学学习应为学生的自由发展提供更大的可能性,包括为他们观察世界与解决问题提供一个可能的视角:数学的视角和方法。但后者又非唯一的可能选择,我们更应将最终的选择权交给学生,即应让学生真正掌握自己的命运。

总之,作为一名数学教育工作者,我们应当经常地去思考:数学对于学生的成长与社会的整体进步究竟应当作出怎样的贡献? 或者说,什么是我们在这方面的基本使命? 进而,相信读者由以下论述——这是美国耶鲁大学第 23 任校长沙洛维在 2016 届新生开学典礼上所发表的演讲——也可在这方面获得直接的启示:"教育的一个重要内容是,让你成为一个更加审慎的批判性思考者——学习怎样正确地评估证据,考虑得更广更全面,从而得出你自己的结论。尤其值得一提的是,我们要学会怎样以及为何要去了解那些与你持不同意见的人,他们挑战你曾经深信不疑的想法,也会让你们明白,为什么我们需要超乎寻常的训练、勇气和终其一生的坚持,才能构筑起一个全新的基石,去解决我们这个时代最棘手的问题。……事实上,正是你们为我们带来了希望,你们是我们成为教育家的初衷,也是我们今天相聚于此的理由。"("让自己成为更为审慎的批判者",《新华日报》,2016 年 9 月 13 日)

6.3　数学课当然应有"数学味"

1. "去数学化":不应有的倾向

数学课当然应有一定的"数学味",但这却是近年来出现的一个新的迹象,即数学教学的"去数学化"。这一倾向具有多种不同的表现形式,不容易引起人们的警觉,但却会导致十分严重的消极后果。

[例 13] 让数学教师笑不起来的"笑话"

这是《译林·文摘版》刊登的一个笑话:

父:"如果你有一个橘子,我再给你两个,你数数看一共有几个橘子?"

子:"我不知道!在学校里,我们是用苹果数数的。"

不知读者特别是数学教师看了这一笑话有什么感觉?您笑了吗?还是觉得一点都不可笑,因为,根本不会有这样的老师和学校。恰恰相反,数学教师在教学生识数时一定会采取这样的教学方法:1 个橘子＋2 个橘子＝? 个橘子,1 个苹果＋2 个苹果＝? 个苹果,1 棵树＋2 棵树＝? 棵树,……并由此而抽象出 1 ＋ 2＝3。

但是,我们为什么一定要这样去教呢?如果仅仅就用苹果来教有什么不可?笔者以为,在这些司空见惯的做法背后事实上隐藏着一些十分深刻的道理,包括究竟什么是数学课所应有的"数学味"?

事实上,我们可从同一角度去理解第 1 章中所提到的[例 2],即面对以下的说法我们究竟应当如何去处理:"应当将所有苹果的图片放在一起,所有橘子的图片放在一起……"这也就是指,我们究竟应当将此看成纯粹的笑话,还是应当清楚地认识到这样一点:这同样直接关系到了什么是数学课所应有的"数学味"!

再例如,第 1 章的[例 4]显然可被看成这方面的又一实例:由于相关的教学活动始终停留于具体的问题情境,却未能帮助学生实现必要的抽象,即由各个具体问题抽象出相应的数学模式,因此,这就不能被看成一堂真正的数学课。

最后,希望读者也能从同一角度去判断以下关于数学教学的点评是否缺了点什么?

[例 14] 这样的点评是否还缺了点什么

"以其深厚的教学功底、灵活精湛的教学方法、较强的教学组织能力,创设了充满情趣的课堂氛围,使学生们在愉快中得到发展,在发展中获得愉快,显示出他独特的教学风格。"

　　笔者的看法是：既然是点评，当然不可能面面俱到。但我们在此仍应认真地去思考：作为数学课的评论，这里是否还缺了点什么？

　　进而，只需与以下论述作一对照，相信读者就可清楚地了解笔者在此所想表达的究竟是什么：

　　"数学教育，自然是以'数学'内容为核心。数学课堂教学的优劣，自然应该以学生是否能学好'数学'为依据。"（《张奠宙数学教育随想录》，华东师范大学出版社，2013）

　　总之，我们应注意防止这样一种现象，即相关的评论过于一般，从而就不仅可以被用于数学课，也可被用于语文课，乃至别的什么课程。

　　应当强调的是，也正是针对当前所出现的种种不恰当做法，张奠宙先生明确强调了这样一个思想：我们应当切实纠正"去数学化"这样一个倾向。

　　"数学教育，自然是以'数学'内容为核心。……可惜的是，这样的常识，近来似乎不再正确了。君不见，评论一堂课的优劣，只问教师是否创设了现实情境？学生是否自主探究？气氛是否活跃？是否分小组活动？用了多媒体没有？至于数学内容，反倒可有可无起来。

　　"听课时发下来某些'评课表'，居然只有'情境过程'、'认知过程'、'因材施教'、'教学基本功'四个指标。至于数学概念是否清楚，数学论证是否合理，数学思想是否阐明，则处于次要地位，可有可无。如此釜底抽薪，数学课堂危险。

　　"于是乎，教师进修，不再学习数学，更不研究数学，只在多媒体运用、师生对话、学生活动、合作讨论等等上下功夫。这是把马车放在马的前面，弄颠倒了。

　　"仅靠教学理念和课堂模式的变更就能成为名师，就能培养出高水平的学生，乃是神话。

　　"任凭'去数学化'的倾向泛滥，数学教育无异于自杀。"

　　应当再次强调的是，"去数学化"可能以多种不同的形式得到表现。例如，以下的"错位现象"事实上也可被看成这样的实例，因为，所谓的"错位"无非就是指对于相关的"常识性定位"的严重背离。

[例 15]　教学中的"错位现象"

为了促进读者的思考,可以同时给出数学教学与语文教学的若干实例:

其一,"太阳不是圆的!"(周一贯,"小学语文应是儿童语文",《人民教育》,2005 年第 20 期)

"我们正在学习《太阳》一课,就在我进行总结归纳的时候,一只小手高高地举了起来。是铭——一个喜欢发言却又词不达意、经常会制造点麻烦的孩子。我皱了皱眉,有点无奈地请他站起来说。他结结巴巴地讲:'老师,太阳不……不是圆的……'同学们一听,哈哈大笑起来,说:'我们天天都看到太阳,太阳怎么可能不是圆的呢?'可是铭涨红了脸,固执地坚持:'真的,太阳真的不是圆的。我从书上看来的。'……"

其二,"我最喜欢圆了!"

数学课上正在进行"圆的认识"的教学,教师首先在黑板上画了一个大大的圆,然后问学生:"看着这个圆你想到了什么?"

学生表现出了丰富的想象力:一轮红日;十五的月亮;"这是世界上最美的图形:我爱死你了!"……

其三,"还剩下几只小鸟?"

面对"树上有 5 只鸟,猎人开枪打死 2 只,还剩下几只"这样一个问题,一个学生回答道:"一只也没有剩下,因为它们是一家子,猎人打死的是父母亲,这样 3 只小鸟就一个也活不下去了。"①

显然,这正是上述实例给予我们的重要启示:无论就数学课、语文课,还是别的什么课程而言,它们都有自己独特的"品味",而如果我们未能清楚地认识到这样一点,相关的教学就可能出现"错位"现象。

当然,在大多数情况下,所说的"数学味"或"语文味"都不是刻意追求的结果,而是通过课程的方方面面,包括教师的教学设计自然而然地得到体现的。

---

① 这一例子是由黄爱华老师提供的,特此表示谢意。

也正因此,这事实上可被看成一种文化现象,因为,这正是"文化"最重要的一个特征,即主要体现于人们实际生活和工作的方方面面、举手投足之中,而非故意做作的结果。由此可见,为了真正弄清什么是数学课所应有的"数学味",我们应当从文化的视角对此作出更深入的分析。

这也正是下一小节的直接主题。

2. 数学教学的文化审思

以下通过数学教学与语文教学的对照比较具体指明两者的不同"品味"。值得指出的是,所说的"对照比较"正是文化研究最重要的研究方法之一。当然,我们在此所主要关注的又只是"数学教育的文化研究"(对此可参见另著《新数学教育哲学》,同前,第 6.2 节)。

[例 16]　"珍珠鸟"的教学

这是由著名语文教师窦桂梅老师演示的一堂课:"珍珠鸟"。教师在教学中突出强调了课文中的这样一些关键词:小脑袋、小红嘴、小红爪子……并要求学生在朗读时努力体现"娇小玲珑、十分怕人"这样一种意境("读出味道来"),从而成功地创设了这样一个氛围:对于珍珠鸟的关切、爱怜……孩子们甚至不知不觉地放低了声音,整个教室静悄悄的……

教师在教学中并对如何帮助学生很好地掌握语文的基础知识和基本技能作了适当安排,如要求学生用自己的语言(或一句成语)表达自己的感受,或是对一些想象的情境(不同于书上的情境)作出具体描述,……

由此可见,语文教学的一个重要特征在于:这主要是一种"情知教学",即以情感带动具体知识的学习。"让学生对文本生'情',用'情'来理解文本,……用'情'来感染学生。"(朱小亮语)

那么,数学教学是否也可采取"以情感带动知识"的教学方法? 或者说,数学教学是否也可被看成一种"情知教学"?

笔者的看法是:尽管数学教学并非完全不带情感,数学教学也应十分重视课堂氛围的创设,但其所体现的是一种完全不同的情感,更是一种不同的学习方式:数学教学并非以情带知,而是以知赆情!

具体地说,语文教学中所涉及的应当说是人类最基本的一些感情:爱、善、美。"人世间的爱恨和冷暖,领悟到的是自然万物的生命短暂和崇高,欣赏到的是社会历史进程中的神奇和悲欢……也就是说,首先吸引你的是文字中的精神滋养,而不是那些语言表达形式。对大自然的关爱,对弱小的同情,对未来的希冀,对黑暗的恐惧,等等。"更一般地说,这显然也是诸多文学名著的共同主题。但是,数学教学中所涉及的则是一种不同的情感,因为,我们在数学课上所希望学生养成的是一种新的精神:它并非与生俱来,而是一种后天养成的理性精神(例如,后者显然是与原始人类所普遍持有的宗教迷信,或者说对大自然的敬畏心理直接相对立的);一种新的认识方式:客观的研究(从而,这也就与所谓的"天人合一"、"天人感应"构成了直接的对立);一种新的追求:超越现象以认识隐藏于背后的本质(是什么,为什么);一种不同的美感:数学美(罗素形容为"冷而严肃的美");一种深层次的快乐:由智力满足带来的快乐,成功以后的快乐;一种新的情感:超越世俗的平和;一种新的性格:善于独立思考,不怕失败,勇于坚持;……

当然,在严格的意义上,以上所论及的已经超出了"情感"的范围,即同时涉及态度与价值观等多个方面。也正因此,正如前面已提及的,这可被看成体现了一种特殊的文化,即"数学文化",后者更集中地表明了什么是数学课所应具有的"数学味"!

由以下实例我们可以更好地理解在语文教学与数学教学之间所存在的重要区别。

[例 17] "刻骨铭心的国耻"

这也是让笔者印象深刻的一堂语文课。教师在组织引导时声情并茂,很有感染力,从而很快就将学生置于了"南京大屠杀"的情境之中:学生整堂课都沉浸在悲情的氛围之中,有的朗读时声音颤抖哽咽,有的热泪盈眶,有的咬牙切齿,……课堂气氛低沉而又压抑,几乎让人窒息,教师自己也身陷其中,难以自拔:"同学们,此时此刻,我话已经说不出来了。"以致课堂出现了短时间的停滞……学生异常激动地高呼:"我要好好学习,将来制造出更先进的武器,我要替死去的 30 万中国人报仇。"……

与此相对照,数学教学显然更加提倡冷静的理性分析,数学学习并应说更加需要安静的环境(对此可参见 5.2 节)。另外,这显然也是数学与语文教学的又一重要区别:由于感情从属于个人,因此,语文教学就明显地带有个性化的倾向:"你是怎样想的? 你有什么感受?"……与此相对照,由于数学所追求的是普遍性的知识,从而就更加强调客观的研究:"我们一起来看,平行四边形有什么性质?"……这也就是指,尽管不同学生的头脑中对于同一个数学概念(如平行线)完全可能具有不同的心理图像(或者说,不同的心理表征),但是,相应的数学结论却是完全一致的。也正因此,数学知识的形成必定包含这样一个过程:"去情境化、去个人化和去时间化。"(欧内斯特语)

再者,如果说语文教学主要涉及爱、善、美等人类的基本情感,那么,正如前一节中([例 12])已提及的,数学教学应当说同样涉及人的本性,即人类固有的好奇心、上进心。也正因此,如果说朗读可被看成语文教学的一个有效手段,即我们可以通过朗读(带着感情读,读出感情来)创设出好的学习情境,那么,这就是数学教学特别重要的一个环节,即教师应当善于提出问题,提出有挑战性和启发性的问题,从而很好地调动学生的好奇心与探究欲,并使学生积极主动地去进行学习,包括深入地进行思考……(5.2 节。对此我们并将在第 9 章中作出进一步的分析论述)

最后,由以下的讨论相信读者可更好地体会到这样一点:"数学教育的文化研究"直接关系到我们应当如何去实现自身的专业成长。

具体地说,笔者在此所关注的主要是这样一个问题:数学教师如何才能形成自己鲜明的教学特色? 为了清楚地说明问题,在此仍可通过与语文教师的比较来进行分析。

[例 18]　各具特色的语文教师

在一篇题名为"那些影响我的风云人物——一个小学语文教师的 30 年回眸"(武凤霞,《人民教育》,2008 第 21 期)的文章中,作者对过去 30 年中我国最著名的一些小学语文教师的教学特色进行了回顾。

以下就是文中提到的一个实例:王崧舟的"诗意语文"。

"语文是学生灵魂安顿的家园。这个家园不能是粗陋的、坚硬的,它应该是柔软的,有温情的呵护和润泽。所以,语文中含满浓浓的诗意,只有让自己成为一个诗意的人才能成为一名真正的语文教师。王崧舟深深了解这一点,所以,形成了'诗意语文'。

"读他的课,让我们折服的不仅仅是他诗一样的语言,诗一样的文本解读,诗一样的教学结构,更是他对语言文字超乎寻常的敏感。阿基米德说:给我一个稳固的支点,我就能够撬动地球。而王老师的高妙之处就在于无论是哪一类课文,他总能找到这样一个'阿基米德点'。

"诗意语文,正是要依托和借助一切'不朽的文字',在童年时期为学生培植'善根',为他们的人生涂上一抹温暖的底色;诗意语文,就是要使学生学会悲悯,学会怜惜,关爱生命,拥有一颗利他、向善的美好心灵,使人生的孤苦和伤感变成蕴藉温婉、缠绵悱恻的感动。"

另外,《人民教育》还曾发表过"祝禧和他的'文化语文'"这样一篇文章,以下就是其中的一些片断:

"'文化语文'是针对语文教育中缺文化的现象而提出的。它是'文化视野'中的语文,是用'文化'来观照的语文,是对文化特性、文化灵魂、文化精神的理解和强调,是真正把语文当作文化的载体来开发的课程。

"文化语文,就是要让儿童漫步在文学的世界里,用经典的文学作品触摸儿童柔嫩的心灵,触发儿童敏锐的神经,获得灵感和动力,获得适合儿童阅读的题材、形式和美学性格,不断实现儿童的自我超越。"

相关编辑还为这一文章加上了如下的短评:

"'文化语文',是要以文化化人,是要让儿童过上有品位的新生活。

"遗憾的是,更多的人强调的是,教育要向'生活'妥协,以教育生活化的名义把教育与生活等同起来,从而使教育粗俗化、庸鄙化。

"只有艺术,只有文化,能够抵御粗俗的生活世界对人心灵的侵蚀,并让人的精神世界充实起来、高贵起来。

"语文应有的一个使命:用文化、文学的力量让心灵拒绝粗鄙,拥抱高贵,让孩子们过上精神丰富的生活。"

现在的问题是：数学教师是否也应有自己鲜明的个人特色？什么又是数学教师在这方面的现实情况？

笔者的猜想是：如果不作深入分析，对于上述问题人们很可能会作出如下的解答：数学教师当然也应有自己鲜明的教学特色。但是，由具体的比较可以看出，数学教师与语文教师相比在这方面也有很大的不同。

具体地说，如果说"诗意语文"、"文化语文"等清楚地体现了语文教学的特点，那么，在数学领域中我们更多地听到的似乎只是一些"中性"的主张，如"绿色的数学教育"、"(数学)生态课堂"、"生命数学课堂"、"和谐数学"，等等，而未能很好地体现数学教学的特点。当然，我们在此可以"教育的整体性"来为这样一些主张作出辩护，但这显然又多少表现出了"外部包装"这样一个弊病，即未能很好地体现数学教学的"内在品味"。

应当指出的是，从文化的角度去分析，上述现象并可说有其一定的必然性，因为，正如前面已提到的，"去情境化"和"去个性化"正是数学教学十分重要的一个环节，这也就是指，数学应当立足于客观的研究，而不应掺杂任何个人的成分——正因为此，我们在数学教学中自然也就不容易发现教师的个人痕迹。

但是，在过程与结果之间毕竟存在一定的区分，我们更不应将共性与个性绝对地对立起来，因此，即使就数学教学而言我们也仍然应当积极地提倡以下的主张（引自李振村，"风格，离普通教师有多远"，《人民教育》，2010 年第 23 期）：

"教师皆有风格，风格与每一个老师的教育教学生活相伴随。

"风格是每一位普通老师的追求，不是名师、特级教师才有的追求；是老师当下的追求，不是 20 年以后的追求，更不是到老了才追求。从现在，从当下，从你明天的每一节课开始，你都要考虑朝着一个属于自己的方向前行。"

当然，我们不应完全离开数学教学去谈论数学教师的教学风格。在笔者看来，这也正是以下论述给予我们的直接启示，后者即是指，数学教师的不同风格，或是直接对应于数学家的不同风格（即如关于直觉型与逻辑型数学家的区分），或是集中地反映了教师本人对于数学学习特殊性质的具体理解：

"存在着各种各样的教学，有的精雕细刻，面面俱到；有的大刀阔斧，突出重点、难点和观点;有的工于抽象思维;有的富于形象直观;有的平铺直叙;有的波澜起伏;有的是教师的独角戏;有的是师生的二重唱;……"(罗增儒,"教学效能的故事,高效课堂的特征",《中学数学教学参考》,2011年第1期)

再者,笔者以为,关于数学教师专业能力("基本功")的分析在一定程度上可被看成为我们如何形成自己的教学特色指明了可能的方向。具体地说,尽管以下几个方面对于数学教学都可说具有特别的重要性:善于举例、善于提问、善于比较和优化(详见第8章),但是,我们在现实中又应依据自己的个性特征创造性地去对此加以应用,包括具体地确定什么可以成为自己教学工作的特色。因为,正如以下论述所清楚表明的,只有适合自身个性特征的教学方法与手段才能在教师身上真正扎下根来,并得到不断的发展与深化,直至最终形成鲜明的教学风格:

"最重要的是文本真正适合你个人风格的发挥,适合你的才华,适合你的气质。这时你和文本就像两个生命相遇,一见钟情,迅速擦出感情的火花。"(李振村,"风格,离普通教师有多远",同前)

最后,还应强调的是,上面的分析已直接涉及由不自觉状态向自觉状态的重要转变,后者更可被看成教师专业成长最重要的一个环节。以下仍然围绕我们当前的主题对此作出进一步的分析论述。

3. 更高的追求:"文化自觉"

以下所提及的"由外向内的跨越"可被看成教师实现"文化自觉"的一个很好实例。这也就是指,只有不断增强自身在这一方面的自觉性,我们才能真正超越简单的外部"粉饰"或"包装"这样的初级水平,并很好地发掘出相关教学内容"内在的文化意蕴"。

[例19] "圆的认识"与"由外向内的华丽转身"

(张齐华,《审视课堂:张齐华与小学数学文化》,北京师范大学出版社,2010)

早在2002年,张齐华老师就曾以"追寻数学课程的文化意韵"为指导思想设计了"圆的认识"的第一个教案,这一课例并一路过关斩将最终获得了"2003年江苏省小学数学优质课评比"一等奖。后者对于一个年轻教师来说当然是很大的荣誉。但张齐华老师并没有因此而止步不前,而是通过认真的总结与反思,包括在指导教师与诸多同行的直接帮助下,逐步认识到了这一教学设计仍有一些重要的不足之处,特别是,这一教案主要借助"解释自然中的圆"和"欣赏人文中的圆"烘托起了一定的文化氛围。但这显然是这方面工作的一个更高境界,即我们应当努力实现"由外而内"的重要跨越:"数学的文化性应求诸于内,而非诉诸于外。"

由以下的批评意见我们可更好地理解努力实现上述转变的必要性:

这正是张齐华老师刻意创设的一个情境:"石子入水后浑然天成的圆形波纹,阳光下肆意绽放的向日葵,甚至于遥远天际悬挂的那轮明月、朝阳,⋯⋯所有这一切,给予我们的不正是一种微妙的启示吗?至于古老的东方,圆在我们身上遗留下的印痕又何尝不是深刻而广远的呢。有人说,中国人特别重视中秋、除夕佳节;有人说,中国古典文学喜欢以大团圆作结局;有人说,中国人在表达美好祝愿时最喜欢用上的词汇常常有'圆满'、'美满'⋯⋯所有这些,难道和我们今天认识的圆没有任何关系吗?那就让我们从现在起,从今天起,真正走进历史、走进文化、走进民俗、走进圆的美妙世界吧!"然而,这正是相关批评的核心所在:"你的课不就是那些优美的音乐、绚丽的画面和诗情画意的语言?"

上述的批评应当说十分尖锐。但张齐华老师恰又正是由此获得了前进的动力,特别是明白了应当如何去实现新的超越:"重上这节课时。我首先给自己定下的标准便是'三不':第一,绝不出现任何声音,这应该是一堂表面寂静而内心热烈的数学课;第二,绝不出现任何画面,包括生活中哪怕最常见的圆,这应该是一堂素面朝天的简单的数学课;第三,数学语言回归纯正的数学思辨,一切课堂语言只围绕着对数学问题的思考而展开,拒绝无病呻吟的抒情与感怀。"

当然,上述的做法并非纯粹的赌气,由一个极端走向另一极端也未必代表真正的进步。恰恰相反,由以下的评论可以看出,张齐华老师关于"圆的认识"的第 2 个教案与前一教案相比确实取得了重要进步:

"终于看到了你一节赤裸裸的数学课!没有了极尽声色的画面与音乐,没有了抒情渲染的教学语言,留下的只是图形和文字,以及围绕着圆这一平面图形所展开的数学思考。"

作为有益的对照,以下或许就可被看成"外部包装"的一个实例。

[例20] "给母亲买花"和"数学的情感、态度与价值观"

"讲到促进学生的情感、态度和价值观的发展,很多老师认为是很空泛的。有这样一个例子,讲的是去花店买花的问题:我要给妈妈买一束花,该怎么买?从表面上看,这里是教学加减运算的问题,这是一种知识和技能。但这里面还隐含着另一层含义:给妈妈买一束花,送她作生日礼物,通过学生的讨论交流,引发了对母亲的一种敬爱的感情,这就是课程标准所倡导的情感、态度和价值观。"

当然,就如何实现所说的"文化自觉"而言,我们又应明确肯定积极实践与认真总结和反思的重要性,特别是,我们在日常工作中应当经常地去思考这样一个问题:自己的教学是否很好地体现了数学与数学学习活动的特殊性?希望读者也能从这一角度很好地去理解笔者关于以下课例的具体分析。

[例21] 工厂要建造污水处理系统吗

这是《小学教学》2007年第2期刊登的一个课例,其中主要涉及这样一个问题:

"假设你在一家决策咨询公司工作,有一个化工厂向你咨询'是否要建造污水处理系统'这一问题,他们为你提供了以下信息:(1)工厂平均每天的生产成本是……(2)工厂每年要缴排污费……(3)建造一个污水处理系统需要投入……根据这些信息,你能马上给化工厂一个决定,告诉他们是否要建造污水处理系统吗?你还需要哪些相关信息?……"

相应的教学过程主要包括以下一些环节:

第一,"先请每一个学生独立思考后写出所需要的信息,再全班交流,……"

第二,教师为学生提供更多的信息,包括生产成本、现在工厂可用的现金数、工厂人数与平均纯利润率、污水处理系统的使用年限、产品更新速度与贷款利率等,"要求学生阅读上面的相关信息,不计算,初步估计与猜测:工厂建造污水处理系统是利大,还是弊大?"

第三,教师的进一步引导:"(1) 如果认真地思考后作出判断,你认为需要哪些重要的数据? 请每个学生都安静地想一想。确定并开始计算需要的数据。(2)……如果有困难,可以看一看教师提供的这些问题:第一,工厂现在有钱买污水处理系统吗? 第二,工厂一年的纯利润是多少……第六,建造污水处理系统后,实际上每年的投入增加了多少……"

任课教师并对自己的设计意图作了如下介绍:"在这个环节中,学生需要根据要解决的大问题来确定一系列的小问题,而解决这些小问题的相关信息都需要自己去寻找。……这样的过程,有利于培养学生综合的分析与解决问题的能力。"

第四,通过明确正、反方的观点,教师又安排学生分组进行辩论,包括陈述观点与依据以及对对方的观点进行反驳,直至最终进行"回顾与总结",布置课外作业。

尽管笔者对小学数学教学的实际情况不很了解,更不知道教学现场所出现的是怎样的局面,但在阅读这一教案时无论如何都摆脱不了这样一种印象:这一问题对于小学 6 年级学生来说实在太难了!

另外,笔者在此所关注的又主要是教学中所采用的这样一种教学方式:"通过明确正、反方的观点,教师又安排学生分组进行辩论,包括陈述观点与依据以及对对方的观点进行反驳……"

以下是任课教师课后的自我总结与反思:

"在上课的过程中,我感受到绝大多数学生的情感都非常投入。对于辩论这种教学形式,学生比较感兴趣。

"这样的学习过程试图培养学生独立思考、合作与交流的能力,培养学生分析和解决问题的能力,培养学生从多角度、多方面考虑问题的习惯与能力。"

但在笔者看来,我们在此仍应认真地思考这样一个问题:数学课上的辩论与一般的辩论(如大学生辩论赛)是否存在重要的区别? 特别是,尽管两者或许都能起到调动学生的参与积极性等作用,但数学课上的辩论是否又应有一些不同的特性?

具体地说,这正是数学辩论(以及数学思维)与一般辩论(一般思维)的一个重要区别：在数学中我们往往首先寻找理由（包括正、反两个方面的理由），然后再决定自己应当选择的立场，从而主要就是一种理性的选择。也正因此，数学中就很少甚至从不通过辩论解决观点的分歧。与此相对照，在各种辩论赛中人们则往往是首先决定立场，然后再去寻找相关的理由（例如，这正是辩论赛中普遍采用的一种做法："由抽签决定持哪一种观点，再准备辩论。"）。从而，在这种场合辩论所发挥的就主要是修辞学（劝说）的作用，人们更可能以情感或利益等方面的考虑完全取代理性的分析。

综上可见，即使在数学课上组织辩论，我们也应"淡化"辩论的争论性质，并应更加注重辩论背后的理性思考与理性立场。更一般地说，这也就是指，我们在此应防止对于形式的片面追求，即表面上的热热闹闹，实质上却没有什么收获。

由以下论述我们可更好地理解"数学辩论"的上述特性：

"数学家的工作就是整天用数学语言自己与自己辩论。……一般精彩的辩论往往是抓住别人的小辫子，甚至挖一个陷阱等着别人跳，而数学语言辩论的特质是：让我们一起来剪去双方的小辫子。不能给数学家分配成正方或反方，而是随时准备坚持真理，随时准备修正错误。"（吴宗敏，"数学是一门艺术性的语言"，《科学》，2009 年第 9 期）

数学中的"说服有三个阶段：第一，说服你自己；第二，说服你的朋友；第三，说服你的敌人。"（J. Mason & L. Burton & K. Stacey, *Thinking Mathematically*, Addison Wesley Pub., Company, 1985, 第 5 章）

最后，正如以下实例所清楚表明的，"为辩论而辩论"还可能具有一定的副作用。

[**例 22**]　小孩眼中的"辩论"

与儿子一起听电台的辩论节目，双方唇枪舌剑，斗争激烈。我问儿子："如果让你辩论，你愿意作正方还是反方？"儿子说："我们学校也有这样的辩论。正方反方都是抽签的，抽到哪一方就得替哪一方辩论。观点不重要，重要的是会说，把对方驳倒你就赢了。"

我问他："那如果你抽到你反对的观点呢？你自己都说不服自己，怎样去说服别人……"

儿子说："如果非要我选择跟自己观点不同的辩方。那我就不参加。"

"可是你刚才说了，这是一场比赛，目的就是要击败对手，跟观点没关系。你弃权表示你已经输了。"

儿子问我："妈妈，那你是想我做个聪明的人呢，还是做个善良的人？"儿子丢了个问题给我。

"我陷入了思索中，是啊，如果你为之辩论的观点让你反感，不屑，你是颠倒黑白打倒对方证明自己有多聪明呢？还是坚持自己的原则，做个诚实善良的人？你是决定做个识时务的聪明人指鹿为马？还是做个坚持原则真诚善良的人独立在风口浪尖？也许成年人都难以明白的道理，孩子却清晰如明镜：人可以不聪明，但不可以不善良。"

现在社会上的"聪明人"实在太多，敢于坚持原则、真诚善良的人则少之又少，因此，这显然更清楚地表明了切实发挥数学文化价值的重要性。更为一般地说，这也就是指，数学课应当很好体现数学课应有的数学味。

最后，作为必要的澄清，笔者愿再次强调这样一点：在明确强调由数学内部发掘其文化品位的同时，我们也应注意超越数学，并从整体文化的角度进行分析思考，特别是，我们不仅应当充分肯定数学的文化价值，也应清楚地认识并切实避免其可能的消极影响。由于对于这一论题我们已在第一部分中进行了具体论述，在此仅强调这样一点：采取整体性的视角并非是指由数学内部重新回到数学外部，恰恰相反，我们应通过视野的拓宽进一步深化自身对于"数学文化"的认识。

例如，正如 5.1 节中已提及的，只有通过各种思维方法的比较我们才能更深切地认识数学思维既有一定的优点，也有一定的局限性，从而，我们在教学中就不应对此采取绝对肯定的态度，而是应当帮助学生在初步地学会数学地思维的同时，也能清楚地认识思维形式的多元性，并能逐步学会依据不同的情境与任务（以及自己的个性特征）对各种思维作出恰当的选择和应用。由于后者显然以深入了解数学思维（以及其他各种思维形式）作为必要的前提，因此，这就更为清楚地表明了这样一点：只有首先深入到数学内部，我们才能谈到相应的超越，即如何能够超出数学，并从更大的范围更深入去思考与认识问题。

值得指出的是，上面的分析事实上也可被看成为我们更好地去理解"数学教学的开放性"与所谓的"整合性课程"提供了直接启示：与形式上的"开放性"（即如相关的问题具有多种可能的解答）相比较，我们应当更加重视教学思想特别是分析视角的开放性；再者，不同学科的"整合"也不应是硬性的凑合，而应是一种自然的融合。

当然，为了实现上述目标，我们应切实提高自己的整体素养，包括人文素养与一般性的文化素养，而不应唯一局限于数学素养。总之，强调"数学的文化价值"对数学教师的专业成长提出了更高的要求，这更应被看成"大气的数学教师"的一个重要内涵。

第 7 章

数学教学方法的改革与研究

前面的论述已有不少涉及"教学方法的改革与研究"这样一个主题。本章将围绕"情境设置"、"合作学习"、"动手实践"与"学生主动探究"等新的教学方法对此作出更为系统与集中的分析,相关论述还直接涉及"基本活动经验"、"尝试学习"、"先学后教"和"再创造"等具有重要现实意义的课题。笔者并将从总体上指明教学方法改革应当特别重视的一些问题,希望能对实际教学工作发挥更大的促进作用。

7.1 "情境设置"面面观

1."情境设置"与"去情境"

由以下实例可以看出:"情境设置"并非解决教学问题的灵丹妙药,甚至更可说具有明显的局限性,特别是,如果我们未能清楚地认识到数学学习必须"去情境",相关的教学就很可能造成严重的消极后果。

[例1] 这个学生缺的究竟是什么

这是由数学名师俞正强老师提供的一个课例:由于其中的有些内容近乎"搞笑",因此已成为数学教育领域中的一个"经典笑话"。但在发出笑声的同时,希望读者也能认真地看待这样一个事实:如果我们的学生到了四年级尚未初步地学会用数学的眼光去看待世界、分析问题,特别是,未能清楚地认识到数学学习必须"去情境",即在一定程度上超越各个具体情境,并从更一般的角度去进行分析思考,那么,无论我们在此所打的是"生活数学"或是别的什么旗号,这样的数学教学都应说是完全失败的。

这一课例中教师要求学生求解的是这样一个问题:"52 型拖拉机,一天耕地 150 亩,问 12 天耕地多少亩?"

一位学生是这样去解题的:$52 \times 150 \times 12 = \cdots\cdots$(略)

接下来,就出现了这样的师生对话:

"告诉我,你为什么这么列式?"

"老师,我错了。"

"好的,告诉我,你认为正确的该怎么列式?"

"除。"

"怎么除?"

"大的除以小的。"

"为什么是除呢?"

"老师,我又错了。"

"你说,对的该是怎样呢?"

"应该把它们加起来。"

显然,这位学生是在瞎猜。也正因此,为了帮助学生找到正确解答,任课教师就开始进行启发:

"我们换一个题目,比如你每天吃 2 个大饼,5 天吃几个大饼?"

"老师,我早上不吃大饼的。"

"那你吃什么?"

"我经常吃粽子。"

"好,那你每天吃 2 个粽子,5 天吃几个粽子?"

"老师,我一天根本吃不了 2 个粽子。"

"那你能吃几个粽子?"

"吃半个就可以了。"

"好,那你每天吃半个(小数乘法没学)粽子,5 天吃几个粽子?"

"两个半。"

"怎么算出来的?"

"两天一个,5 天两个半。"

······

这个学生缺的究竟是什么？显然，他缺的不是具体的生活经验，而是数学抽象（或者说，"去情境"）的能力，即过分局限于具体情境了。（另外，课例前半部分的师生对话也可被看成为我们深入理解"师生互动"提供了具体实例。详见7.2节）

当然，情境设置对于数学教学也有一定的积极意义，特别是，通过适当的情境设置我们可有效地调动学生已有的经验和知识，从而为新的学习提供必要的基础，还可帮助学生更好地认识数学学习的意义，等等。但是，正如以下实例所清楚表明的，"情境设置"也可能具有负面的影响，因为，由于学生的年龄特征与个体特殊性等因素的影响，我们在现实中显然无法保证由"情境设置"得到调动的学生的经验和知识一定有利于新的学习活动，而不会起到任何的干扰作用，一些绝对化的做法更可能造成适得其反的效果。

［例2］　南瓜饼与"分数的认识"

这是美国课堂上发生的一个真实故事：为了帮助学生较好地掌握分数的意义，任课教师专门设计了这样一个情境："玛丽举行了一个生日派对，现在需要将一个烤好的南瓜饼平均分给3个小孩，问：每个小孩能得到多少？"

出乎预料的是，当时班上的一个黑人男孩大声地提出了这样一个问题："什么是南瓜饼？"

对此教师作了简单回答："南瓜饼就是用南瓜做成的饼，黄黄的，烤熟以后很香，很好吃。"

小男孩没有继续追问，整个教学应当说也十分顺利。但在全部课程结束以后，一个听课者发现这个小男孩似乎还在想些什么，于是就问道：

"你在想什么？"

"我在想：南瓜饼到底好吃不好吃。"

显然，如果这个男孩一直沉浸于这样一个问题，这堂课对他而言就很可能没有任何收获。那么，我们究竟由此可获得哪些一般性的启示和教训呢？！

[例3] 鸡蛋的个数

作为"开放性问题"的一个实例,美国 20 世纪 80 年代的一本数学教材中曾有过这样一个问题:

一个农民在送鸡蛋去市场的路上发生了车祸,尽管她本人没有受伤,但所有的鸡蛋都破损了。由于她事先参加了保险,因此就前往保险公司索赔。后者要求她说出损失的鸡蛋的数目。她说她不知道准确的数字,只记得以下的事实:当她在把鸡蛋装进小盒时,如果成双地装剩下一个;如果 3 个 3 个地装也剩下一个,4 个、5 个、6 个地装也是同样的情况;当她 7 个一装时则正好装完。问:

(1) 她有多少个鸡蛋?

(2) 这一问题是否只有一个答案?

与笔者一样,相信大多数第一次接触到这一实例的读者都会有这样一个感觉:这样的联系实际实在太做作了,从而就不仅不能使学生更好地认识数学学习的意义,还会使学生更加感到数学毫无意义、完全无用。

当然,我们不能因此就断言这方面的所有努力都不成功。例如,同一教材中所包含的以下问题其设计就应说较为合理。

[例4] 用硬纸构造盒子

(1) 用一张硬纸构造一个尽可能大的盒子,即使其具有最大的体积,所说的盒子包括四个长方形的侧面和上下底;

(2) 说出你所认为具有最大体积的盒子,并对这一盒子为什么具有最大的体积作出直观解释;

(3) 再用一张纸构造尽可能大的不具有顶的盒子。

建议读者依据上述实例对数学教学中究竟应当如何去应用"情境设计"作出自己的思考,对此我们将在以下作出进一步的分析论述。

2. 学习活动的情境相关性

课改中出现[例3]这样的设计应当说情有可原,但也清楚地表明:无论就广大一线教师或是专业的理论工作者而言,我们都应切实提高自己的专业水准,从而才不至于盲目地去追随潮流,乃至出现种种不应有的现象。

以下就是"情境设置"可能出现的又一问题。

[例5] "老师,这是真的吗?"

(岳素蕊,《小学教学》,2009年第12期)

这是一次市级观摩教学中出现的真实情况:

为了教学"可能性"的概念,任课教师设计了这样一个情境:"国庆节快到了,咱们班要举行一次联欢会,请大家踊跃报名。现在我在每张小纸条上写好了各种节目的形式,有相声、跳舞、唱歌等,抽到什么种类的节目联欢会上就表演什么种类的节目,试一试你抽到哪种节目形式的可能性最大。"

这种创设学生熟悉的生活情境的方法很容易激发学生的积极性。然而这次,老师期望中的热烈反应却没有出现:学生对老师精心设计的情境异常漠然。僵持了一会儿后,一个学生懒洋洋地问了一句:"老师,这是真的吗? 真的会开联欢会吗?"语气里满是怀疑。老师愣了一下……迟疑了一下说:"当然是真的了。"这个学生马上变得兴高采烈,……其他学生也活跃起来。课顺利地按照老师的设计往下进行着。

然而,文章作者的思绪却被"老师,这是真的吗"这句话深深地扰乱了:"我们都对做课老师迟疑的原因心知肚明,也能深切体会到这位教师说'当然是真的了'这句话时的言不由衷和底气不足。"

的确,这是"情境设置"作为教学方法所面临的重大难题:我们所设计的情境是否一定要是真的? 尽管从表面上看要解答这样一个问题似乎不很困难,但在笔者看来,我们对此又应作出更深入的分析思考。相信以下的实例即可帮助我们更清楚地认识到这样一点。

[例6] 面积公式的应用

作为面积公式的具体应用,一位教师在教学中专门设计了这样一个问题,即要求学生就所给出的一个房间的平面图(其中有标出尺寸的一个窗户、一张床和一个方桌)进行计算以对房间进行装饰,即给窗户等分别加上窗帘、床单和桌布。

当时教学中出现了这样的情况:班上所有学生所得出的都是精确的面积数(甚至精确到了平方厘米)。而且,当任课教师在平面图上进行了实物模拟,并追问学生对所完成的工作有什么看法时,被提问的学生几乎异口同声地回答道:"十分满意";"很漂亮"。而只是经过了教师的多次启发,学生们才最终意识到了需要给窗帘、床罩等加上一定的"裙边"。

针对这一实例,我们可以再次思考这样一个问题:数学教学中所采用的"情境"是否一定要是真的? 进而,就这一实例而言,如果教师在当时更突出地强调相关问题的真实性,即如"这是我新近购买的住房的平面图,希望学生帮助进行计算",是否就可有效地避免所说的"尴尬"?

当然,从更深入的角度去分析,我们又应明确提出这样一个问题:单纯依靠教学中引入更多的现实问题我们是否就可有效地解决数学教学严重脱离实际这样一个长期存在的弊病?

毋庸置疑,如果单从形式上进行分析,无论强调相关情境的真实性或是引入更多的现实问题应当说都有一定的积极意义,但这又直接涉及学习活动的情境相关性,这也就是指,同一问题在不同情境之中完全可能具有不同的意义,也可能具有不同的评价标准,即如什么样的解答可以被看成是令人满意的(合格的),等等。由于学校本身是一个特殊的情境,即这"导致学习情境脉络从社会生活中隔离出来"(美国学者巴拉布、达菲语),因此,我们在此就应清楚地看到这样一个事实:即使学生面对的是一个完全真实的问题,他们往往也会(有意识或无意识地)忽视各种现实的考虑,并单纯地从学校数学学习的角度去认识它的意义和价值。

这正是以下实例给予我们的直接启示。

[例 7] 现实中的餐费结算

(黄家鸣,"Do Real-World Situation Necessarily Constitute 'Authentic' Mathematical Tasks in the Mathematics Classroom?")

就在黄家鸣先生坐下来写他的这篇文章之前,他与 10 位同事在教师餐厅共进午餐。与通常一样,午餐的费用由用餐者共同承担。在结账前有人大致估计了一下,认为每人所需的费用不会超过 40 元港币,但也有人认为这次所点的菜较贵,因此每人可能要付 50 港元。最终送来的账单是 483 元。也像通常一样,大多数人坐在那里等待计算,而某个人则已拿出了两张 20 元的钞票并主动地承担起了这一责任:每个人付 40 元就是 440 元,再付 4 元就足以对付剩余的 43 元,从而 44 元就是所求的解答,最终以支票付账的人则可少付 1 元钱。另外,大家也同意没有零钱的人可以随意地付 45 元或 50 元。这样,一个算术问题就以普遍满意的方式获得了解决。

上述的情境显然十分常见。但是,如果这并非现实情境中发生的真实问题,而是一个所谓的"应用题",即如果我们要求学生在教室中去求解同样的问题,他们通常就会通过仔细计算给出如下的解答:

$$483 \div 11 = 43 \cdots\cdots \frac{10}{11}(元)。$$

而且,尽管在现实生活中无法直接给出 $\frac{10}{11}$ 元,但无论是学生或教师都会对上述解答感到满意,甚至根本不会去考虑这一解答在现实中是否真的可行,因为,后一问题被认为是与学校中的数学解题活动完全无关的(4.3 节中所提到的"卡车问题"显然也可被看成这方面的又一实例)。

总之,即使是同样的问题,在不同的情境之中相应的解题活动其内容和性质也可能有很大的不同,后者不仅是指在不同的情境人们往往会采取不同的解题方法,而且也是指不同的情境事实上也为人们的解题活动提供了重要的条件和限制,包括什么样的解答可以被看成是满意的。例如,实际生活中人们常常会采取"估算"和"逐步逼近"的做法,学校中解答的获得则往往是按照严格算法进行计算的结果。再者,在现实情境中人们主要考虑的往往是解答的有效性,而非解答的精确性,这也就是指,在现实中起决定性作用的主要是实际的考虑;与此相反,在学校中纯数学的考虑则占据了主导的地位,其他的因素则都被看成无关紧要的。

最后,由于上面的分析清楚地表明了学校数学教育的局限性,因此,我们在此可提出这样一个问题:我们是否可通过由"学校数学"向"日常数学"的回归,特别是以传统的"学徒制"为范例来对学校教学进行改造,包括由此而彻底解决数学教学严重脱离现实这样一个弊病?以下就对此作出具体的分析讨论。

3. 教师能否像带学徒那样去教学生

对于经历过我国新一轮数学课程改革具体历程的读者来说,"数学教学的生活化"这一口号显然并不陌生,因为,在很长一段时间内,这可被看成这一改革运动最重要的特征之一;另外,如果将着眼点转移到国外,这应当说也是国际教育界很有影响的一个观点,即认为我们可以传统的"学徒制"为范例对学校教学进行改造。

上述的思想应当说有一定的合理性。但在笔者看来,我们又应防止认识的片面性与绝对化。例如,这显然就是传统的"学徒制"与学校教学的一个重要区别:如果说前者的一个重要特点是学习与工作实践密不可分,即师傅与徒弟都直接参与了相关产品的生产活动,那么,学校教学的基本任务之一就是帮助学生很好地掌握若干普遍的,而非某一特定工作所特需的基础知识和基本技能——也正因此,即使学校教学突出强调了基础知识和基本技能的可应用性,但由于学生主要处于课堂(学校)这一特定情境,而非相关知识或技能的实际应用情境,因此,在学生的学习活动与未来的工作实践之间仍有一定的距离,或者说,对他们而言始终都存在有知识和技能的"可迁移性"这样一个问题。

显然,依据上述分析我们可以立即引出这样一个结论:数学教学不应停留于所谓的"日常数学",而应明确肯定由"日常数学"向"学校数学"(正规数学)过渡的必要性。

更具体地说,我们在此并应清楚地看到这样一点:人们确实可以通过日常生活获得一定的数学知识和技能,但是,这种源于日常生活的数学("日常数学")在很多情况下与学生在学校中所学到的"正规数学"具有很大的不同。

容易想到,这事实上正是1.3节中所提及的巴西学者相关研究的一个主要结论:面对"日常数学"与"学校数学"的冲突,我们不应采取完全放弃"学校数学"的做法,而是应当努力做好由"日常数学"向"学校数学"的必要过渡。

进而,就目前的论题而言,这也就是指,我们既应明确肯定"情境设置"的积极意义,同时也应高度重视如何能够帮助学生很好地实现"去情境化",包括清楚地认识由具体转向抽象、由特殊上升到一般的必要性。当然,作为必要的补充,我们又应高度重视如何能够帮助学生逐步学会将学校中所学到的数学知识和技能应用于实际生活。

4."去情境"的重要手段

由以下两个实例我们可获得数学教学中如何"去情境"的重要启示。

[例8] "找规律"的教学

(黄爱华、胡爱民,"'找规律'课堂教学实录",《小学教学》,2007年第9期)

任课教师采用了以下情境作为学生探究活动的直接出发点:

师:"在中国少年先锋队鼓号队的鼓号曲里面,我们把第一个音唱作'咚',第二个音唱作'哒',第三个音唱作'啦',所以这个乐句就变成|咚 哒啦|咚 哒啦|咚 哒啦|……

"请你想一想:第16个音符是什么?为了能让别人看得一清二白,请你在草稿本上用一种合适的方式表示出来,可以写一写、画一画、算一算。"

在学生进行自主探索的同时,教师不断巡视,了解学生情况。然后有选择地邀请了几个学生到展台前展示自己的方法。

在此我们特别感兴趣的是这样两种方法:

方法一。用图形表示。如用"□"表示"咚","○"表示"哒","△"表示"啦",这时就有:

|□ ○△|□ ○△|□ ○△|□ ○△|□ ○△|□

方法二。用数字表示。如用数字1表示"咚",2表示"哒",3表示"啦",这时就有:

|1 2 3|1 2 3|1 2 3|1 2 3|1 2 3|1

显然,图形和数字的上述应用事实上就是"去情境"的过程,因为,用三角形、正方形、圆等图形,或是用1、2、3等数字去表示"咚"、"哒"、"啦",问题的现实背景就在不知不觉中被去掉了,或者说,被"淡化"掉了。

由此可见,这正是"去情境"的一个重要手段,即通过引入适当的图形或符号实现与具体情境在一定程度上的分离。

[例9] "解决行程问题的策略"的教学

(黄爱华、姜巍巍,"'用画图、列表解决行程问题的策略'教学实录与反思",《小学教学》,2010年第7期)

学生在此所面对的是这样一个问题:"小明和小芳分别住在学校的东西两侧。早上他们同时由家中出发到学校上学,小明每分钟走70米,小芳每分钟走60米,4分钟后在学校门口相遇,他们两家相距多少米?"

由于帮助学生较好地掌握"画图策略"是这堂课的主要目标,因此教师在教学中就用了较多时间和精力组织学生对这样一些问题进行了分析讨论:(1)欣赏展示的线段图(教师在此之前首先要求要求学生独立尝试画图,然后在小组内交流,再请一位学生把自己的图画在展台上展示)。问:这个图好在哪里?(2)提建议:还可以在哪些地方进行完善?

应当提及的是,在这一过程中,教师并十分注意引导学生如何去抓问题和对条件进行整理,其中还专门提到了这样一点:相遇点(学校)在图上应当画在哪里?教师指出:在此有两种不同的画法(图7-1),其中将学校画在两家的正中间是不正确的,而是应当将学校画在中间更加靠近小芳家的一侧,因为小明与小芳行走的速度是不一样的。

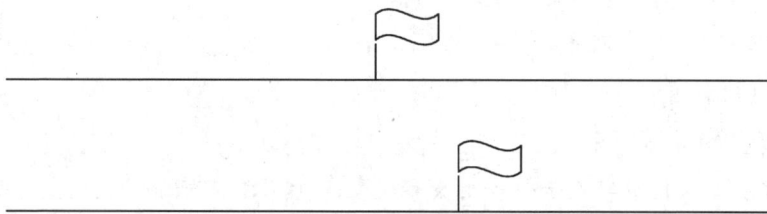

图 7-1

笔者在此无意对上述教学过程作出全面的评论,而只是希望读者深入地去思考这样一个问题:从"去情境"的角度看,我们在上述的教学过程中是否应当有意识地去强调"相遇点应当画在哪里"这样一个问题,包括明确地指出

"不应将学校画在线段中央的位置"？因为，在此还有另外一种可能的选择，即将后者看成具体情境的一个部分，并在解题过程中适当地予以"淡化"。

事实是，在上述的教学过程中，除去"画线段图"以外，也有不少学生采取了列表的方法，任课教师更希望通过两者的比较可以帮助学生"体会解题策略的多样性"，包括初步领会这两种方法各自的优点。从而，我们在此也可更具体地提出这样一个问题："列表"强化了什么？在列表的过程中我们又把什么"淡化"掉了？

小明	70 米	70 米	70 米	70 米
小芳	60 米	60 米	60 米	60 米

显然，在列表的过程中我们已把"学校的位置"作为现实情境的一部分"淡化"掉了，这也正是"列表法"的一个优点。

值得提及的是，第 1 章中［例 5］也可被看成这方面的一个很好实例，特别是，我们如何能通过适当的数学抽象（"模式化"）实现由"课堂游戏"向"数学问题"的重要转变，即如何能够揭示出一类具有相同数学结构的事物和现象的共同本质。

著名的"七桥问题"显然可被看成这方面的又一范例，特别是，由此我们可更好地认识到这样一点：所谓的"去情境"事实上就意味着我们如何能够通过舍弃各种不相干的因素更深入地揭示事物或现象的本质。

［例 10］　"七桥问题"的研究

德国的哥尼斯堡有一条布勒尔河，这条河有两个支流，在城中心汇合成大河，中间是岛区。河上有七座桥如图 7-2 所示。

作为一种游戏，哥尼斯堡的大学生们提出了这样的问题：能否以任何一点为起点，相继地走过 7 座桥，而且每座桥只走一次，然后重新回到起点。大学生们进行了多次实地尝试却始终未能成功，于是就写信给当时的著名数学家欧拉，请他协助解决这一问题。这就是数学史上十分著名的"七桥问题"。

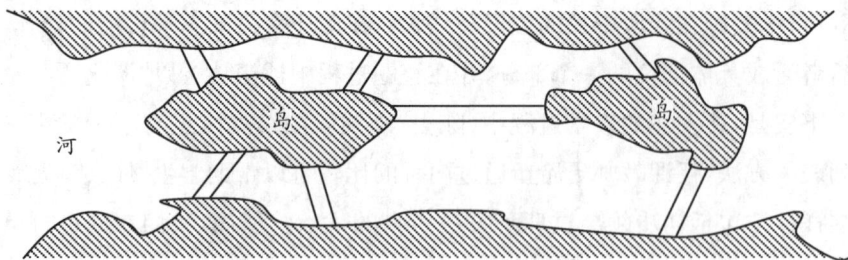

图 7-2

欧拉成功地解决了这一问题,关键就在于适当的抽象。对此可以联系图形的画法作出具体介绍。

首先,就我们目前的论题而言,图 7-2 显然只能说是一个示意图,因为其中并没有将问题的现实情境彻底地"淡化"。与此相对照,以下的分析则为我们如何能够画出更为恰当的图形提供了直接的启示:由于我们在此所面临的问题与实际所走路程的长度完全无关,岛(半岛)与河岸又无非是桥梁的连接点,因此,我们就可把这四个地点设想成四个点,并把七座桥设想成七条线。显然,按照这样的思路,原来的图形就得到了极大的简化,而这事实上也就是一个"去情境"的过程。进而,作为"去情境"的直接结果,原来的问题也获得了更普遍的意义,即我们能否一笔且无重复地画出图 7-3 中所示的图形。

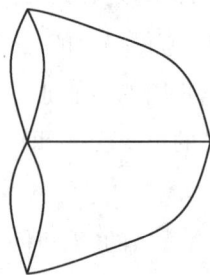

图 7-3

以下则是欧拉提供的解答:首先,按照图形中每一点处交会的曲线的数目的奇偶性,可以把各个交会点分为"奇点"和"偶点"。由于所考虑的是"一笔画"问题,因此,只有起点与终点才可能是"奇点",因为,对任何一个中间点来说,每次我们沿着一条曲线到达这一点,紧接着就必须沿另一条曲线(这样才能满足"无重复"的条件)离开这个点,这样,在这些点处交会的曲线的数目就必定是偶数。其次,由于现在所要求作的是封闭图形(终点与起点必须重合),因此,可以一笔且无重复地画出某一图形的必要条件就是图中各个交会点都是"偶点"(可以证明这一条件也是充分的)。但是,由实际计算可以看出,图 7-3 中的各个交会点都是"奇点",因此这一图形就不可能一笔且无重复地画出。

这样,原先的问题就得到了彻底地解决。

5."情境设置"≠"生活情境"

由于前面的论述集中于"生活数学"与"学校数学"的联系与区别,因此,在结束这一节的讨论时就有必要特别强调这样一点:数学教学中的"情境设置"不应唯一地被理解成"生活情境"。

例如,第1章中的[例15]显然可被看成这样的一个实例,后者即是指,为了引入"分数除法",我们不一定要刻意地去创设一个现实情境,而也可以由学生已学过的"分数乘法"直接引出"分数除以整数"这样一个主题。

更一般地说,我们应清楚地认识到这样一点:相对于纯粹意义上的"情境设置"而言,数学教学应当更加重视"问题"的引领作用,这也就是指,教师在教学中应当善于提出具有挑战性和启发性的问题,从而很好地调动学生的好奇心与探究欲望,并能积极主动地去进行学习——当然,对于这里所说的"问题"我们不应唯一地理解成"现实问题",而也应当包括源自数学内部的问题。进而,无论就哪一种情况而言,我们又都应当十分重视如何能够使之真正成为学生自己的问题(对此我们将在第8章中作出进一步的论述)。

最后,在笔者看来,我们并可从同一角度去理解荷兰著名数学家、数学教育家弗赖登特尔所提出的以下原则:"数学现实原则"。具体地说,弗赖登特尔所说的"数学现实"主要是指这样一个事实:每个人都有自己生活、工作和思考着的特定客观世界,以及反映这个客观世界的各种数学概念、运算方法、规律和有关的数学知识。进而,这又是这一原则的核心:数学教师应当深入了解学生的真实情况,即应以学生实际具有的"数学现实"作为教学的出发点,而其主要任务就是逐步提高学生所具有的"数学现实"的水准,包括其范围的不断扩展。

总之,对于弗赖登特尔所说的"数学现实"我们也不应唯一地理解成"数学与客观世界的联系",而主要是指我们应当高度关注学生的现实情况,包括其数学认知的发展水平和已建立的数学认知结构等。简言之,这正是对于"数学现实原则"的一个错误解读,即将此当成了片面提倡"数学教学生活化"的重要依据。

7.2 "合作学习"与"动手实践"

将"合作学习"与"动手实践"放在同一节讨论,主要为了突出这样一个认识：无论我们在教学中所采取的是“合作学习”这样一种教学方法，还是让学生积极地去“动手实践”，都不应忘记数学教育的主要任务是促进学生积极地去进行思考，并能逐步学会想得更清晰、更深入、更全面、更合理。容易想到，后者事实上正是5.2节的主要论点；与此相对照，我们在此则将联系教学方法对此作出更为具体的分析，包括我们应当如何去看待所谓的“基本活动经验”。

1. “合作学习”并不容易

就“合作学习”在数学教学中的应用而言，应当特别强调这样一点：在各种新的教学方法之中人们往往认为“合作学习”最容易，但事实上却又往往对此缺乏很好地理解，从而在现实中常常也就未能对此作出恰当的应用。例如，在美国进行的一次调查中，90%接受调查的教师都表示自己在教学中已经采用了“合作学习”这样一种教学方法。但在后继的“面对面”调查中，在17个作出肯定回答的教师中却只有1人可以被看成已经真正掌握了这一方法。由此可见，我们应切实深化自身在这一方面的认识。例如，主要也就是在这样的意义上，美国著名数学教育家基尔帕特里克提出：“合作学习”可以被看成美国社会围绕以“课程标准”为主要标志的新一轮数学课程改革（“课标运动”）展开的“数学战争”的焦点之一。（J. Kilpatrick，“Understanding Mathematical literacy: the Contribution of Research”，*Educational Studies of Mathematics*，2001[47]，第110页）

另外，由著名认知心理学家安德森与西蒙在“认知心理学在数学教育中的应用与误用”一文中所给出的以下评论我们即可大致地了解什么是这方面的主要问题，尽管他们的直接论题是大学数学教学，而非中小学数学教学：

“正如国际研究会的报告所指出的，有相当一部分报告认为合作学习与独立学习没有区别，也有大量报告试图掩饰这种方法的困难，把它当成学术上的灵丹妙药。事实上，这种方法用得太泛滥，没有一个预设结构去规范，使其产生效果。……正是由于这种不加鉴别的应用，使得这种教学方法所付出的超过了所得到的。在大学中，我们发现小组计划在教师中越来越普遍，但是所遇到的困难显示出小组学习有时起到相反的效果。有时学生抱怨很少找出时间与其他人聚在一起讨论指派的任务，这使得他们感到沮丧，有的学生剥削这一组织,并常常假设其他的参与者会完成所有的任务。根据报道,有的学生是把任务分配到某一个人,这样,这个小组的任务就是由一个人一次单独完成的,到了下次,小组又指派另外一个人去完成,很明显,这种情形,已经不是合作学习所希望的结果了,但却是在不加思考采用这种学习方式时必然发生的结果。我们的观点不是说合作学习一定不会成功,也不是说合作学习一定就比不上单独学习,而是说,合作学习并不是十分有效的方法,它的效果可能优于单独学习,也可能等同于单独学习,还可能弱于单独学习。"(J. Anderson & L. Reder & H. Simon,"Application and Misapplication of Cognitive Psychology to Mathematics Education",*Texas Educational Review*,2000,Summer)

当然,就这方面的实际工作而言我们也可看到一定的进步。例如,如果说在先前人们往往将"合作学习"理解成学生间的互动,并主要局限于"小组学习"这样一种形式,那么,现今人们已普遍地认识到"合作学习"既是指小组学习,也包括全班性的活动,所说的"互动"也不应局限于学生间的相互促进,还应包括教师与学生的教学相长。

再者,这显然也应被看成这方面十分重要的一个认识:我们在教学中应当很好地去处理"互动与制约"、"分工与分享"、"认知与身份"之间的关系,这在一定意义上并可被看成为我们具体地去判断"什么是好的合作学习"提供了必要的标准。

(1)合作学习并非只是指共同体各个成员之间存在积极的互动,而且也是指对于相应规范的自觉接受。例如,每个学生都应学会尊重别人,欣赏别人。(2)合作学习主要地不是指形式上的共同参与,包括在不同成员之间进行了具体分工,而是指各个成员具有共同的目标或"使命感",并能真正做到信息与内容的共享。例如,就当前而言,我们就应特别关注相对"后进"的学生,即应当保证他们也能真正做到对于共同活动成果的共享。(3)我们不仅应从认知的角度,也应从个体与群体的关系的角度去认识"什么是好的学习共同体",特别是,从后一角度去分析,学习就是指新的成员或相对"后进"的学生由"边缘参与者"逐渐成为了"共同体的核心成员",即是一个"身份(identity)的形成与重新界定的过程"。(对此可参见下一小节的讨论)

当然,就当前而言,我们仍应高度重视对于这样一种现象的彻底纠正,即应当由表面上的热热闹闹转而更加重视实质性的效果。以下就是这样的一些实例。

[例11]　教室中的课桌应当如何排列

教学中我们是否应当特别关注教室中课桌的排列方式,特别是,我们是应当坚持课改初期普遍采用的以小组(4～5人)为单位、一圈一圈的排列方式,还是也可采取较为传统的组织方式,即将学生的课桌面对讲台一排一排地平行排列?

显然,课堂中课桌的排列方式只是课堂教学的"显性成分",而这又正是过去10多年的课改实践给予我们的一个重要启示与教训,即相对于所说的显性成分,我们应当更加关注内在的教学思想与实际的教学效果。就我们目前的论题而言,这也就是指,相对于课桌的具体摆法而言,我们应当更加关注能否看到真正的互动?

[例12]　教学中的问题是否一定要来自学生

前面已经提及,"问题引领"作为数学教学的一种具体方法现已获得了人们的普遍重视。但在现实中我们又可经常看到这样的现象,即一些教师特别在意所说的"问题"是否来自学生,乃至为了这一目标煞费苦心,也即在课堂中极力地加以"引导"。在他们看来,我们似乎就可依据这一标准具体地去判定相关的教学活动是否真正体现了"学生是学习活动的主体"这样一个思想。

但是,教学中是否也可由教师适当地加以引导,乃至由教师直接提出"问题"?笔者的看法是:尽管由学生直接提出似乎更加理想,但"问题"究竟来自何处事实上也只是教学的一个"显性形式",从而我们在此就应更加关注实质的效果——就"问题引领"而言,这也就是指,相关的问题最终是否真正成为了全体师生的共同关注?

事实上,任一稍有教学经验的人都知道,随着教学活动的展开,无论是教师还是学生都不再关心这一问题最初究竟来自某个学生还是教师。另外,即使所说的"问题"最初来自某个学生,教师显然也应通过适当的教学手段,如必要的"强化"、更细致的分析等,使之真正成为全体学生的共同关注。

总之,相对于"问题"究竟来自何处而言,更重要的是师生之间的真正互动。

最后,除去上面已提到的"互动与制约"、"分工与分享"、"认知与身份"这样三个标准以外,我们还应特别提及美国著名数学教育家科比的以下论述,因为,这也可被看成为我们具体判断当前的教学活动,特别是师生间的对话是否是真正的互动提供了重要的标准:互动"不应是线性的和纯因果性的",而应是"反思性、循环性和相互依赖的"。(P. Cobb,"Interaction and Learning in Mathematics Classroom Situation",*Educational Studies of Mathematics*, 1992[23],第 99 页)

借助本章的[例 1]可以很好地理解什么是这里所说的"线性的和纯因果性的"与"反思性、循环性和相互依赖的"等词语的具体涵义。具体地说,我们在此所涉及的主要是[例 1]开始部分师生间的以下对话:

("问题"与背景:52 型拖拉机,一天耕地 150 亩,问 12 天耕地多少亩? 相关的学生给出了这样一个算式:$52 \times 150 \times 12 = \cdots\cdots$)

师:告诉我,你为什么这么列式?

生:老师,我错了。

师:好的,告诉我,你认为正确的该怎么列式?

生:除。

师:怎么除?

生:大的除以小的。

师:为什么是除呢?

生:老师,我又错了。

师:你说,对的该是怎样呢?

生:应该把它们加起来。

……

不难看出,在上述对话中学生始终处于这样一种状态,即完全集中于如何能够根据教师的"提示"(尽管后者采取了较隐蔽的形式,即"为什么"、"很好"

等即时性评语,但任一稍有学校学习经验的学生都清楚地知道这些评语的真正涵义)作出必要的调整,从而获得教师的肯定。也正因此,尽管这一对话在表面上似乎也具有互动的形式,但事实上却只能说是"单向的和纯因果性的",即只是清楚地表明了教师对于学生的影响,而不能被看成真正的互动。

2. 多维视角下的"合作学习"

以下再从更广泛的角度对"合作学习"作出进一步的分析。

首先,由以下的实例可以看出:"合作学习"的关键并不是我们是否将课堂上的"权力"由教师转给了学生,而是这究竟是一种什么样的关系?

[例 13]　"大老师"与"小老师"

这是课改初期经常可以听到的一种声音,即认为由传统课堂教学向"现代课堂教学"的转变,必然要求"课堂学习共同体"权力关系的重组或重新分配,也即我们应当彻底改变教师在课堂上的权力地位,包括用"小组学习"完全取代传统的"教师传授"这样一种教学方法。

然而,正如人们普遍注意到的,就现实而言,尽管采用"小组学习"这一学习形式确可被看成在一定程度上分散了教师的权力,但在实践中所出现的又往往是这样一种局面:在小组内少数几个同学(这通常是小组中学习成绩较好、平时在同学中也有较高"威望"的学生)取代教师占据了支配的地位。由于这些学生与小组中其他学生之间所存在的仍然是"单向的、纯因果性的"关系,而非"反思性、循环性和相互依赖的"关系,因此,真正的变化就仅仅是由原来的"大老师"变成了几个"小老师",却仍然看不到真正的互动。

由此可见,我们在此应超越形式,并从更深入的角度去进行分析思考,包括清楚地认识究竟什么是决定课堂上权力关系的主要因素。(对此可参见郑毓信、张晓贵,"学习共同体与课堂中的权力关系",《全球教育展望》,2006 年第 3 期)

其次,就"合作学习"在数学教学中的应用而言,我们显然又应高度重视数学学习的特殊性,特别是,我们应通过数学教学帮助学生学会思维,并帮助学生逐步学会想得更清晰、更深入、更全面、更合理。

例如,正如 5.2 节中已指出的,从上述的角度去分析,我们在教学中就应很好地去处理快与慢、多与少、热闹与安静,以及学生独立思考与合作学习之间的关系,特别是,为了做好"合作学习",我们应明确地提倡"思维的课堂、安静的课堂、开放的课堂"。

当然,除去思维的发展以外,我们还应从更广泛的角度去认识"合作学习"的意义。例如,这显然就可被看成台湾同行的以下经验所给予我们的直接启示:

"我从孩子们的日记中看到他们分析事理的能力愈来愈强;从课堂中听到他们使用的词汇愈来愈清晰有理;从他们的同学互动中感觉到容忍与爱心的滋生。一切的一切,让我觉得不只是与他们共同讨论数学而已,重要的是培养一个会做理性批判思考、会主动学习、会容忍异己欣赏别人以及有世界观的公民。"(林文生、邬瑞香,《数学教育的艺术与实务》,心理出版社[台湾],1999)

当然,这正是做好这一方面工作的关键,即我们应将普遍性的教育目标落实于具体的数学教学,包括努力实现"班级文化由心理性和社会性向科学(学科)性的发展。"(钟静,"建构导向教学与数学教学有效性之探讨",《2008 两岸四地小学数学教育研讨会资料》,2008,重庆)

由课改以来一线教师在数学教学中经常使用的课堂用语可以很好地理解什么是这里所说的"心理性、社会性和科学性(学科性)"的具体涵义,什么又是我们在这方面的紧迫任务。

[例 14]　数学课堂用语的必要改进

以下是课改初期一线教师最经常使用的一些课堂用语:

"你真聪明!"

"你真棒!"

"说说你的看法。"

"还有什么不同的想法?"

"请大家认真听他讲话。"

"让我们为他鼓掌!"

......

不难看出,这些用语主要都应被看成属于心理性和社会性的范围,因为,它们的主要作用是帮助学生树立足够的自信心,塑造相互尊重的集体氛围,等等。

与此相对照,以下课堂用语则可说具有更强的学科性质:

"你是怎么知道的? 说说你的道理。"

"你是否同意,为什么?"

"你赞同哪种方法? 为什么?"

......

由此可见,这就是我们在当前所面临的一个重要任务,即应针对学生的具体情况努力由唯一注重心理的和社会的考量转而更加重视课堂用语的学科性质。

进而,正如第5章中已提及的,从促进学生思维发展这一角度去分析,对于数学教师的课堂用语我们还应提出一些新的更高要求:

例如,教师在提出问题以后,我们不应一味地鼓励学生尽快地作出反应:"看谁先举起手来?!""看谁最积极?!"而应更加重视引导学生更仔细、更深入地去进行思考,特别是,我们决不应在不知不觉中对那些仍在进行思考的学生施加了较大的压力。

再例如,如果说"还有什么不同的看法或意见"这一课堂用语主要突出了"与众不同"这样一个要求,那么,为了帮助学生更清晰、更深入、更全面、更合理地去进行思考,我们在教学中显然就不应唯一关注具体的解答,而是应当经常去追问:你现在的看法与先前的想法有什么不同? 你是如何得出这一看法的:是由别人的发言得到了启示,还是对几种不同的看法进行了综合? 等等。

更一般地说,这也就是指,我们在教学中决不应满足于对于"交流"、"倾听"的简单提倡,而是应当更加重视引导学生以此为基础更深入地去进行思考,包括不同观点的比较与综合,以及对于自身已有观点的必要总结与反思等。另外,从同一角度去分析,我们显然也可更好地去理解教学中为什么应给学生更多的表达机会,包括两个人的对话与小组交流等,因为,这十分有益于学生对于自身思想的梳理与反思。

　　我们在此还应十分重视教学工作的针对性，即应当针对不同阶段学生的不同特点采取适当的教学措施，包括具体确定相应的教学重点。以下就是这方面的一些具体经验。

　　例如，台湾学者黄敏晃先生指出（详可见"掌握高年级新课程的教学活动精神及适应小学数学新课程"，台湾国民学校教师研究会，1998，12），[①]对于不同学段学生的发展我们应有不同的重点：低年级的认知活动以启动儿童的认知机制为主。鼓励儿童发表自己的想法，并倾听别人的意见而得与同侪互动学习。中年级的教学活动以发展数学课室中的社会性互动为主。使儿童能以澄清的方式和做法是否合理之检查来进行讨论和辩证。高年级之教学活动则进一步要求学生在解题活动中提升效率，进行比较科学性的解题思考，让学生回归文化传承的解题方式，以及熟练一些技巧和知识，后者也应成为讨论的重点。

　　再者，在一些学者看来，我们在此并可对所谓的"社会规约"与"社会数学规约"作出明确的区分（详见 E. Yackel & P. Cobb，"Sociomathematical norms，argumentation，and autonomy in mathematics"，*Journal for Research in Mathematics Education*，27 [1996]，第 458～477 页），从而更清楚地表现出由"社会性考量"向"学科性考量"的必要转变：

社　会　规　约	社会数学规约
学生彼此质疑对方的思考	学生彼此互相提问有关数学的推理、合理性和理解
学生用他们自己的思考来解释	学生使用数学的论证来解释他们的解题
学生合作解题	学生用数学的推理与证明，以便达成共识
学生用各式各样的方法解决问题	学生比较他们的解题策略，寻找数学重要的相似之处和差异
学生视错误为自然学习的一部分	学生把错误当作一个学习的机会，重新考虑数学概念的意义以及检验矛盾之处。犯错支持新的数学学习

　　最后，还应强调的是，这事实上也可被看成上述分析给予我们的一个重要

---

① 　以下材料是由台湾地区的吕玉英老师向笔者提供的，特此表示诚挚的谢意。

启示:"学科文化"(在此指"数学文化")的建设正是促进课程改革深入发展十分重要的一环。这也就是指,尽管所谓的"三维目标"与"自主、合作、探究"确可被看成"新课程"的主要标志,但如果我们始终只是停留于这种一般性的论述,而未能更加重视"学科文化"的建设,特别是,如何能够通过"学科文化"的建设很好地落实整体性的教育目标与相应的教学思想,那么,课程改革所希望发生的各种深层次变化都不可能真正出现,整体性"学校文化"的创建也必然地会很快陷入发展的"瓶颈"。(对此可参见另文"聚焦'课堂文化'与'中观文化'",载郑毓信,《课改背景下的数学教育研究》,上海教育出版社,2012)

以下再转向"动手实践"的讨论。

3. 教学中决不应为动手而动手

正如第5章中已提及的,这是这方面最基本的一个认识,即我们在教学中决不应盲目地去提倡"动手",而是应当结合具体教学内容认真地去思考:在此是否真有必要让学生实际动手去从事相关的活动;进而,我们又应高度重视对于操作层面的必要超越,也即很好地实现由"动手"向"动脑"的必要转变,或者说,即应当通过"动手"促进学生更积极地去进行思考。

当然,这正是这方面具体工作的关键,即我们应当不断增强自身在这一方面的自觉性。以下就通过一些实例对此作出进一步的分析(对此可参见第5章的[例2]~[例5])。

[例15] "用眼睛看或用头脑看?"——由"观察物体"引发的思考

这是2007年4月在广东东莞举行的一次教学观摩中所展示的一堂课,其主要任务是帮助学生学会如何从不同的方向去观察一些简单的物体(包括立方体以及用若干同样大小的立方体所组成的较复杂形体),即具体地去确定从正面、左面、上面等不同方向进行观察究竟会看到什么形状的图形(正方形、长方形等)。

如果不作深入思考的话,人们也许会觉得这是一堂较容易的数学课:我们在课堂上只需引导学生实际去进行观察就可以了。就当时的课堂教学而言,任课教师不仅精心准备了必要的教具,还先后采取了全班派代表以及以小组为单位轮流进行观察等做法。颇有特色的是,这位教师在教学中还采用了用摄像机进行验证这样一种做法——这样，一切似乎都进行得十分顺利。

具体地说，教师在课堂上首先提出了这样一个问题："这是一个立方体，从正面看你看到了什么？"面对这样一个问题，学生进行了实际观察，教师则不断对学生所给出的解答作出评价："好！""非常好！""你看得真仔细！""你再仔细看看！"……这样，所有学生最终就都得出了"我看到了一个正方形"这样一个结论。

但是，笔者要提出的问题是：后一结论的得出真的是实际观察的结果吗？例如，如果有一个学生提出他所看到的是通常所说的立体图（图7-4），你能说他看错了吗？

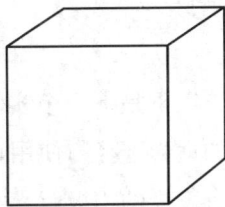

图 7-4

完全可以想象，如果在教学中真的出现了上述情况，任课教师就一定会建议道："你再仔细看看！"甚至还可能作出如下的提示："你再好好想想究竟什么是'从正面看'？"但是，如果一个学生始终坚持说他怎么也看不出老师所说的正方形，而只能看到通常所说的立体图，教师又该如何去处理？还是这个问题：你真的能说他是看错了吗？

至此我想有的读者也许已经有所感悟了：我们在此事实上并不是真正地在看，而是在教会学生应当如何去看。这也就是说，我们在此所从事的事实上是一种规范化的活动：正是通过我们的教学，学生逐步学会了什么叫做"从正面看"，或者说，究竟看到了什么样的形状才是正确的，其他的都是不正确的。

"等一等！"也许有的读者早已忍耐不住了，"难道这不是一个客观事实吗？即立方体在长、宽、高三个方向的投影都是正方形！"是的！但这里的关键恰就在于"投影"这两个字，因为，后者显然是一种理想化的状态（或者说，是严格定义的结果），而如果我们真的用眼睛（或是摄像机）去看则是很难（如果不说不可能的话）看出正方形的。从而，总的来说，我们就应引出这样一个结论：我们在此事实上并非是用眼睛在看，而是用头脑在看！

由此可见，即使是"观察"这种最基本、最直截了当的活动事实上也不简单。当然，笔者提出上述思考的目的并非是想用哲学分析扰乱一线教师的思维。恰恰相反，上面的分析从另一角度更清楚地表明了这样一点：数学学习不应停留于实际的操作性活动（包括动手、动眼等），而又只有通过活动的"内化"我们才可能发展起一定的数学思维。另外,如果说上面的分析有点"高不可攀",那么,在笔者看来,这就是我们在制订"数学课程标准"时所应认真思考的一个问题,即是否应当将投影图这样的内容"下放"到小学数学课程之中,因为,这正是不少类似题材的共同特点:它们看似简单,事实上却一点都不简单!

以下是下一个实例给予我们的主要启示:教学中我们应高度重视教学用具的适当选择与使用,包括什么是所谓的"结构性实物操作",其对于数学教学又有怎样的积极意义?

[例 16] "十进制计数块"与自然数的认识

各种学具在数学教学特别是低年级数学教学中的应用显然可被看成"动手实践"的一个具体形式,特别是,通过这些学具的实际操作可以帮助学生获得必要的经验,从而使学生更好地理解相关的数学概念。

但是,我们应当高度重视学具的适当性,因为,只有后者的显性特征与我们所希望建立的数学关系较为一致时(这正是"结构性实物操作"的主要特征),教具的应用才可能产生较好的效果。

例如,为了帮助学生较好地掌握十进制记数系统,人们常常使用十进制计数块(10-base blocks)或有色的筹码。但是,由于后一种情况下位值与筹码颜色之间的关系是随意指定的(如用黄色表示单位值 1,用红色代表 10,用绿色代表 100 等),筹码本身就不能提供关于它所代表的数值的任何暗示。与此不同,十进制数块的制作则明显地提示出大一点的块是较小块的十倍,从而就更加有利于学生建立对于十进制位值原理的正确认识。

最后,应当强调的是,上面的论述当然不应被理解成我们在教学中根本不应让学生通过实际动手去从事数学的认识,而是指我们应当很好地去处理"动手"与"动脑"之间的关系,即应让"动手"更好地服务于"动脑"。

由以下的实例读者可更好地认识到我们究竟应当如何去促进"活动的内化"。(这方面的另一实例可参见第 3 章的[例 5])

[例 17] 让"动手"更好地服务于"思考"

（引自郑琳，"探寻'操作'与'思维'的有效融合"，《小学数学教育》，2017 年第 1~2 期）

这是相关作者在这方面的基本认识："数学教学，其本质是思维的教学。……那动手操作还需要吗？其功用何在？心理学研究表明：在数学教学中，让学生动手操作，是符合学生思维认识过程的，即从形象思维向抽象思维逐步过渡的过程。"

当然，动手实践的作用并不只限于由形象思维向抽象思维的过渡，而也可以为相关的学习提供必要的经验，包括调动学生已有的生活经验或数学学习经验。这事实上也正是以下两个实例所给予我们的主要启示：

1. 这是一年级下册"元、角、分"单元的一道练习题："一本书 4 元，小伟有 15 元，够买多少本这样的书？"

作者指出：对于只有加减经验的一年级学生来说，这种有余数的除法理解上是有很大难度的。小组探讨时，有几个学生说出了 15－4－4－4＝3 的算式，但这种方法却说服不了小组里的其他人，学生们一脸茫然，还有一个学生说'等于 3 就是买 3 本'。正是针对这样的情况，相关教师采取了如下的教学设计：

师：老师看到很多人都是愁眉苦脸的，需要什么帮助？

生 1：老师，要是有钱，我就会买了。

师：可以，给你一张 10 元的，一张 5 元的。

生 1：我想要 1 元的硬币。（全班笑）

师：笑什么？

生 2：要求太过分。

师：那你想要一张 10 元、一张 5 元的？

生 2：（忸怩）我也想要 15 个硬币。

师：你们呢？

生：（齐）要硬币。

师：看来你们笑，是他说到你们心坎里了。满足你们，给 15 个硬币，用圆片代替，摆出你的想法。

（展示学生作品，其中学生把硬币四个四个地摆在一起）

师：为什么把4个硬币团在一起？

生：团在一起表示可以买一本书？

师：为什么不把3个或5个团在一起？

生：因为每本书4元啊！

师：看出来了吗？能买几本？

生：（齐）3本。

师：现在我要收走硬币了，你还能表示出自己的想法吗？

……

展示学生作品（图7-5）。

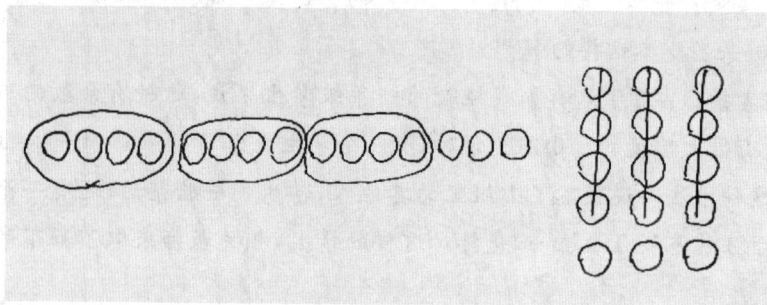

图 7-5

师：看得明白吗？

生：（齐）明白。

师：买的3本书在哪儿？指一指。

师：这两种方法硬币的排列有什么异同？

生：第一个图是一元一元地摆下来，一共15元。第二个图，竖着一列就是5元，3列就是3个5元。但是都能看出买了3本，还多3元。

$$15-\boxed{4}-\boxed{4}-\boxed{4}=3$$

师：这个算式是什么意思？

生：从15里减去一个4就是买了一本，一直减到剩下的钱买不到一本书。

师：为什么要把4都圈起来呢？

生：这是为了提醒大家，有一个圈就买了 1 本书，3 个圈就是 3 本书，而不是得数是 3 才是 3 本书。

显然，由"摆圆片"到画图，再到算式的过渡就是"活动的内化"。

2."两位数减一位数(退位)"。

作者指出："学生有了 20 以内退位减法作基础，正确计算并不算难，因此摆小棒往往成了摆设，走个过场。""但我在教学这部分知识时，却不厌其烦地多次让学生摆小棒。"因为，这样做十分有益于"让学生在'拿'中感悟'不够减'，'拆'中感悟'退 1 作 10'。"

另外，笔者以为，相关教学活动中最精彩的部分仍然在于教师的"追问"，因为，这确实起到了把学生的注意力"从指向问题本身转向思维加工过程"。

(1) 不退位。

师：我们已经学过 34—20 了，你能摆小棒表示它的方法吗？

学生操作：先摆 3 捆和 4 根，再拿走 2 捆，剩下 1 捆和 4 根。

师：看来把 10 根捆成一捆可真简便呀，直接拿走 2 捆，就是 20 根，剩下 14 根。

师：你能继续摆小棒表示 34—2 吗？

学生操作：先摆 3 捆和 4 根，再拿走 2 根，剩下 3 捆和 2 根。

师：这一次为什么从 4 根里拿？

生 1：因为 4 根里就有 2 根小棒，直接拿就行了。

生 2：也可以从一捆里抽 2 根，只是太麻烦了，不需要。

师："不需要。"说得好！看来，减几十就直接拿走几捆，减几个就从散开的小棒里拿走几根。

(2) 退位。

师：14—8 呢？

生 1：可以先把 4 根拿走，再从 1 捆里继续抽走 4 根。

生 2：抽走不行，剩下 6 根别人会以为还是 1 捆，要把 1 捆拆开，拿走 4 根。

生 3：拆开 1 捆，拿走 8 根。

师：他们的方法有什么相同的地方？

生：都要拆开 1 捆小棒，再拿。

师：为什么要拆？

生：4—8 不够减。

师：24—8 呢？想一想，8 根小棒从哪儿拿？再摆一摆。

生1：还是要拆开 1 捆小棒，拿走 8 根，剩 6 根，再和 1 捆合起来，一共是 16 根。

生2：跟刚才的一样，就是多了 1 捆。

师：可不可以把第一捆拆开拿 3 根，再把第二捆拆开拿 5 根？

生1：（笑）不可以！

生2：可以是可以，但是太麻烦了，拿完了还得一根一根数。

师：同意吗？

生：（齐）同意！

师：34—8 呢？

生：跟刚才一样，又多了 1 捆。

师：44—8 呢？

生1：老师，不用摆了，方法都是一样的，只要每次多 1 捆就行了。

生2：刚才的几道算式都要拆开一捆小棒，从 14 根里拿走 8 根，剩下 6 根。

师：那每道题都等于 6 吗？

生：还要和没拆开的小棒合起来，提醒大家，整捆的小棒都比原来少了 1 捆。

师：太棒了！同学们，我们借助神奇的小棒轻松解决了本学期的一个大难题——退位减。

……

相关作者并突出地强调了这样一点："当学生掌握了方法，想抛开小棒时，他们已经通过建构知识逐渐接近数学本质了。"

4. 聚焦"数学活动经验"

上面的分析论述也为我们深入地理解所谓的"数学活动经验"提供了重要背景。

正如人们普遍了解的，这是《义务教育数学课程标准（2011 年版）》与 2002

年颁布的《全日制义务教育数学课程标准(实验)》的一个重要不同,即突出地强调了由"双基"到"四基"的发展,也即认为除去传统的"数学基础知识"和"数学基本技能"以外,我们还应将"数学基本思想"和"数学基本活动经验"同样看成数学教育的基本目标。由于这里所说的"基本活动经验"显然与上面所提到的"动手实践"密切相关,在此就对我们究竟如何去理解"基本活动经验"作出具体分析。

在此还应特别提及这样一点:这正是现实中众多关于"新课标"的解读文章或专门报告的一个明显共同点,即对于相关理论思想的高度评价。如"'四基'是对'双基'与时俱进的发展,是在数学教育目标认识上的一个进步";"《标准》中将基本思想、基本活动经验与基础知识、基本技能并列为'四基',可以说是对课程目标全面认识的重大进展";等等。

但是,笔者以为,相对于唯一强调新的理论思想的学习与落实而言,我们又应更加重视自己的独立思考,因为,只有这样,我们才能使得自己的教学工作真正成为一种高度自觉的行为,从而也就可以切实避免由于盲目性而造成各种可能的弊病。另外,正如6.1节已提及的,我们在此并应明确地提倡理论的多元化,因为,只有这样,才能有效地促进人们的独立思维,包括很好地发挥理论的积极作用。

以下就从理论角度对"基本活动经验"提出6个疑问:

第一,这里所说的"活动"究竟是指具体的操作性活动,还是应当将思维活动也包括在内,甚至更应将后者看成真正的重点?

但是,如果所说的"数学活动"主要地是指思维活动,那么,我们是否还有必要专门地去引入帮助学生获得"基本活动经验"这样一个目标,或是将此直接归属于"帮助学生学会数学地思维"?

第二,对于数学教育中所说的"活动"我们是否应与真正的数学(研究)活动加以明确的区分?

以下的论述可被看成对上述问题提供了具体的解答:"'数学活动'……是数学教学的有机组成部分。教师的课堂讲授、学生的课堂学习,是最主要的'数学活动'。"(顾沛,"数学基础教育中的'双基'如何发展为'四基'",《数学教育学报》,2012年第1期)但是,按照这一解读,所谓的"活动经验"与一般意义上的"学习经验"就没有任何的区别,那么,我们又为什么要专门引入"数学活动经验"这样一个数学教育目标呢?

第三,我们应当特别强调对于相关活动的直接参与,还是应当将"间接参与"也包括在内(如果突出"经验"这样一个字眼,这也就是指,我们在此所指的究竟是"直接经验",还是应当将"间接经验"也包括在内)?

应当指出,当前的主流观点认为应当将"间接参与"也包括在内。但是,按照这样的理解,"过程性目标"的实现无疑就将大打折扣,或者说,这将成为这方面教学工作所面临的一个重大挑战,即我们如何能够帮助学生通过"间接参与"获得以"感受"、"经历"和"体验"等作为主要特征的"活动经验"?

第四,由于(感性)经验具有明显的局限性,因此,从发展的角度看,我们在此又应提出这样一个问题:在强调帮助学生获得"基本活动经验"的同时,我们在教学中是否也应清楚地指明经验的局限性,从而帮助学生很好地认识超越经验的必要性? 当然,如果将思维活动也包括在内,我们就应进一步去思考数学思维活动的经验是否也有一定的局限性?

由于"经验的局限性"事实上已经成为了一个"常识"——"我想,我们是否应更多地思考如何'对经验的改造',将经验改造为科学,而不是成为孩子们创新思维的绊脚石",因此,我们在当前显然又应注意防止这样一种倾向,即由于盲目追随时髦而造成"常识的迷失"。

第五,我们是否应当特别强调"基本活动经验"与"一般活动经验"的区分:这究竟是一种绝对的区分,还是只具有相对的意义? 什么是这两者的具体涵义?

由以下的"平民解读"我们或许就可获得这方面的直接启示:"简单地说,'基本'是相对的,如我们上楼梯,当你上到第二层时,第一层是基本的;你上到第二层,想上第三层时,这第二层便变成基本的了。"(任景业,"研究课标的建议——换个角度看课标"(3),《小学教学》,2012 年第 7～8 期)但这显然从另一角度对突出强调"基本活动经验"提出了直接质疑。

第六,更重要的是,数学教育为什么应当特别重视"帮助学生获得基本活动经验",乃至将此列为数学教育的基本目标之一?

在对上述问题作出具体解答前,我们还应特别提到这样一个观点:"教学不仅要教给学生知识,更要帮助学生形成智慧。知识的主要载体是书本,智慧则形成于经验的过程中,形成于经历的活动中。"也正因此,为了帮助学生形成智慧,我们应更加重视过程,更加重视学生对于活动的直接参与。(史宁中、马云鹏主编,《基础教育数学课程改革的设计、实施与展望》,同前,序言)

但在笔者看来,这直接关系到了这样一个问题:我们在数学教学中所希望学生形成的究竟是一种什么样的智慧,是简单的经验积累("熟能生巧"),还是别的什么智慧?

显然,5.2节中的相关论述已经对此作出了具体解答:"数学智慧"不应被理解成活动经验的简单积累,恰恰相反,我们应当更加重视学生的思维发展。后者并不可能单纯依靠反复的实践就能得以实现,而主要是一种反思性的活动,这也就是指,"只要儿童没能对自己的活动进行反思,他就达不到高一级的层次"。(弗赖登特尔语)

建议读者还可通过"数学思想"与"数学活动经验"的简单比较,对我们究竟是否应当将获得"基本活动经验"列为数学教育的基本目标之一作出自己的思考。这也就是指,数学的"活动经验"是否与"数学思想"一样具有超出数学本身的普遍意义,从而即使对于大多数将来未必会从事任何与数学直接相关工作的学生也仍然可以起到积极的作用?(这显然也是任一诸如"学数学、做数学"这样的主张所应认真思考的一个问题)

最后,就广大一线教师而言,相对于纯粹的理论分析而言,我们显然又应更加重视相关的教学实践。这正是笔者引用以下实例的主要原因。

[例18]　关于获得数学活动经验的三点认识

(贲友林,《江苏教育》,2011年第12期)

以下是文章中提到的"三点认识":

(1)经验在经历中获得。"没有经历数学活动,就谈不上获得数学活动经验。"

(2)经历了≠获得了。"学生经历或参与了数学活动,未必一定获得了数学活动经验。"

（3）经验，并非总是亲历所得。"亲历，是获得数学活动经验的重要方式，但不是唯一的方式。"

上面的论述当然有一定道理，但在笔者看来，我们还应更深入地去思考这样两个问题：（1）我们究竟希望学生通过所说的活动获得什么样的经验？（2）通过实际参与学生究竟又获得了什么样的经验？

在此我们并应再次强调这样一个事实：学生经由（数学）活动所获得的未必是数学的活动经验，甚至还可能与数学完全无关。例如，正如弗洛登特尔所指出的：儿童完全可能"通过操作对概念进行运算，但却不知道自己在做什么"。这也就是指，尽管"旁观者确实可以将它解释为数学，因为他熟悉数学，也了解实验过程中儿童的活动是什么意思，可是儿童并不知道"。（《作为教育任务的数学》，上海教育出版社，1995，第117页）

总之，数学教学不应唯一强调学生对于相关活动的参与，而是应当更加重视这些活动教学涵义的分析，即应当从数学和数学学习的角度深入分析这些活动的意义，并应通过自己的教学使之对于学生也能成为十分清楚和明白的。

最后，由以下实例我们可以更清楚地认识超越具体操作的必要性，包括这样一个事实：后者的不恰当应用甚至可能对学生的数学学习造成一定的困难。

［例19］　学具的使用与加减运算

这是美国著名数学教育家科比所做的一项研究。其中，调查者要求一名一年级的小学生求解一些加减运算题。因为这是一年级的学生，因此，所说的问题就是以"现实问题"的形式给出的，即如"共有13个小球被挡在了两件衣服后面，已知一件衣服后面有9个小球，问另一件衣服后面有几个小球？"等等。

结果发现：由于这个小孩主要是通过摆弄手指进行计算的，因此，如果所涉及的数字不很大（如 $9+?=13$），这个学生就能顺利地解决问题；但如果所涉及的数字较大（如 $14+?=18$），她就表现出了较大的困难。

值得指出的是,在事后的谈话中,这名学生并表达了这样一个意见:"我习惯于用一些东西来帮助自己,如用手指表示较小的数,较大的数则用教室中的教具,如小木块等。"以下则是科比由此引出的结论:这名学生所采用的方法在平时的学习活动中可能不会有任何困难,因为,在教室中她总可以找到所需要的教具,从而也就完全没有认识到采用实物进行模拟的局限性,以及寻找新的、更有效的计算方法的必要性。科比并强调指出:"这当然并非是指我们在教室中应当完全禁止实物操作……但这一实例确实表明,当一个学生过分依赖于实物操作时就会造成不幸的后果。"(P. Cobb,"Concrete Can be Abstract",*Educational Studies of Mathematics*,1986[17],第 45 页)

最后,相信读者依据上面的讨论也可更好地理解这样一个论述:"真正的数学头脑就是思维的头脑,反省的头脑。这也是学校应当教会学生的东西。"(H. Ginsburg 语)

7.3　"学生主动探究"与"先学后教"

课改以来对于"学生主动探究"的突出强调显然有很大的合理性,特别是,这可以使学生真正成为学习活动的主体,并能更好地发挥他们的学习主动性。当然,这也是这方面的一个基本事实,即人们认识的发展不可能事事都靠自己相对独立地去作出发现,而主要是一个文化继承的过程,学校教育更应在这方面发挥特别重要的作用。由此可见,我们在这方面也应注意防止各种简单化和片面性的认识。

在此我们并应高度重视数学学习的特殊性:无论就数学知识与技能的掌握,或是数学思维与理性精神的养成而言,主要都是后天学习的结果,并主要表现为不断的优化,更离不开教师的直接指导。

以下首先对两个相关的研究作出介绍。

1. 两项相关的研究

第一,两个方向的发展。

这是现今人们普遍持有的一个认识,即认为学生的数学发展可以大致地区分出以下两种类型：（1）"水平方向的发展"。这主要指已有知识的扩展，包括已掌握的数学思想方法或基本技能的直接应用等。（2）"垂直方向的发展"。这主要关系到了认识的深化，即如揭示出了更深层次的数学思想，已有观念的必要更新，等等。更一般地说，后者往往意味着用一种新的不同观点去看待熟悉的对象，乃至有意识地"颠覆"先前建立的某些观念和认识。

显然，相对于水平方向的发展而言，垂直方向的发展有更大的难度。例如，主要也就是基于这样一种认识，法国著名数学教育家安提卡指出："数学的学习不是一个连续的过程，它必须重新组织、重新认识，有时甚至要与以前的知识和思考模式真正决裂。"（M. Artique, "What can we learn from educational research at the university level?" 载 D. Holton 等主编，*The Teaching and Learning at University Level: An ICMI Study*, Kluwer, 2004）

当然，上述的分析并非是指垂直方向的发展已经完全超出了"学生主动探究"的可能范围，我们也不应认为在前一种情况下学生的主动探究不会有任何困难。恰恰相反，这更清楚地表明了这样一点：与对于"学生主动探究"的简单倡导相比较，我们应当更深入地研究这一方法的适用范围，包括在不同情况下教师应当如何去发挥必要的指导作用。

具体地说，就水平方向的发展而言，对学生而言最重要的是如何确定思考的方向，并能获得必要的经验。因为，学生在这方面的主要困难就是不知道前进的方向。也正因此，教师这时就应通过以下一些手段很好地发挥自己的指导作用，即应当针对学生的具体情况提出适当的启示性问题以帮助他们弄清前进的方向，并应通过适当的实例帮助学生获得必要的经验。

例如，在笔者看来，这就是以下一些论述的主要意义所在：

"教师的工作是通过向学生问他们应当自己问自己的问题来对学习和问题解决进行指导。这是参与性的，不是指示性的；其基础不是要寻找正确答案，而是针对专业的问题解决者当时会向自己提出的那些问题。

"当要求学习者……解决问题时，必须通过提供相关案例以支撑这些经验……相关案例通过向学习者提供他们不具备的经验的表征，来支持意义的形成。……通过在学习环境中展示相关案例，……向学习者提供了一系列的经验和他们可能已经建构的与这些经验有关的知识,以便与当前的问题进行对比。……相关案例同时也通过向学习者提供所探讨的问题的多种观点和方法,帮助他们表征学习环境中的复杂性。"(乔纳森、兰德主编,《学习环境的理论基础》,华东师范大学出版社,2002,第31、89页)

其次,就垂直方向的发展而言,教师则应对学生在学习过程中可能出现的困难有更充分的思想准备,特别是,由于所说的发展往往涉及学生已有知识和观念的"重构",因此,在此就不可能单纯依靠正面示范或"指点方向式"的启发帮助学生顺利地克服困难。毋宁说,这正是教师在这种情况下所应发挥的最重要的一种作用,即如何能够通过适当的反例或问题在学生头脑中引发一定的观念冲突,从而使学生清楚地认识到实现"知识或观念的重构"的必要性。

显然,上述分析更清楚地表明了数学学习的后天获得性,特别是,这主要是一个不断优化的过程。再者,由于思维的"惰性",因此,这就是这方面教学工作的真正难点,即我们如何能够使得所说的"优化"真正成为学生的自觉行为,而不是由于教师的压力被迫接受的外部规范。(对此我们将在第8章中作出进一步的分析论述)

以下再对所谓的"探索学习"作出简要的分析。

正如人们普遍了解的,这是我国著名数学教师邱学华老师创立的一种数学教学方法。笔者并不企图对此作出直接评论,而只是以澳大利亚学者特纳的一篇文章"东方的尝试学习与西方的引导探索学习"(《人民教育》,2011年第13～14期)为背景以期引发读者的深入思考。

具体地说,按照特纳的观点,这正是"尝试学习"与"引导探索学习"十分重要的一个共同点:"引导探索学习和尝试学习都是允许学生提出各种想法。这两种学习方式都是在教师计划、监督干预下完成的,从而发展学生的认识、态度和技能,以便达到课程所设计的要求。"但是,按照特纳的分析,我们又应清楚地看到"引导探究学习"的局限性,包括可能的解决途径:

"一门课程通过课本或教程所规定的学习目标必须得到实现。西方的引导探索学习往往是学生很快乐,但是最后学习目标没有达到,解决这一问题的方法就是使用逆向设计模式。

　　"以往西方的教师们总是设计许多有趣的活动,而没有看到有最终目标的大蓝图。在逆向设计模式中,教师要从预想得到的结果开始,决定教学活动和教学设计。

　　"带着对结果的了解来开始,意味着带着对目标的清楚理解而开始,这意味着,要知道你要去哪里,以便你能更好理解你现在在哪里,这样你迈出的步伐会一直朝向正确的方向。"

　　显然,上述对于"逆向设计模式"的强调事实上也就是对于教师指导作用的直接肯定。这也就是指,尽管现实中我们经常可以看到对于"学生主动探究"的大力提倡,一些学者更将此说成了西方教育的主流趋势,但这恰又是西方学者在这方面的一个具体论点,即在积极提倡学生主动探究的同时,我们也应明确肯定教师的指导作用。

　　应当指出的是,后者事实上也正是邱学华老师所强调的一个观点:"尝试学习在某种程度上与西方的探索学习不同。尝试学习更注重教师的指导角色和课本的示范角色,节约了混乱中学生盲目探索的大量时间。"

2. 教师指导下的再创造

　　以下再联系荷兰著名数学家、数学教育家弗赖登特尔提出的"再创造原则"对我们究竟应当如何去理解学生在数学学习中的主体地位作出进一步的分析。

　　具体地说,所谓的"再创造"正是弗赖登特尔所提出的关于数学教育的基本原则,而其核心思想在于:数学应当被看成一种活动,而不是现成的科学。进而,从这一立场出发,弗赖登特尔又进一步提出:"学一个活动的最好方法是做";"对学生和数学家应该同样看待,让他们拥有同样的权利,那就是通过再创造来学习数学,而且我们希望这是真正的再创造,而不是因袭和仿效。"(《作为教育任务的数学》,上海教育出版社,1995,第 103、110 页)

　　就现实而言,我们应注意防止对于弗赖登特尔上述原则的简单化理解,即应清楚地认识这样几个要点:

　　第一,"再创造"与原始创造的必要区分。这正如弗赖登特尔本人所指出:"这个'再'……是指人类的历史,也就是重复人类祖先发现人们所掌握的知识时的发展情况。"当然,我们又不应因此而否定学习活动的创造性质:"学习过程必须含有直接创造的侧面,即并非客观意义上的创造而是主观意义上的创造,即从学生的观点看是创造。"但这两者毕竟又存在重要的区别:"用发生的方法来教概念,并不意味着必须完全按照知识的发展顺序,甚至连走过的弯路与死胡同都不加删除地教。而是设想那时如果有教师已经知道了我们现在所知道的东西,应该如何去发现。"(《作为教育任务的数学》,同上,第95、110、94页)

　　总之,对于数学学习中的"再创造"我们不应理解成历史的简单重现,而应是历史的重建或重构。例如,正如1.1节中已提及的,"数学史的方法论重建"就可被看成这方面的一个实例,而后者的主要目标就是通过所说的"重建"使得相应的创造对于一般人而言真正成为"可以理解的"、"可以学到手的"和"能够加以推广应用的"。[①]

　　由以下实例相信读者可更好地理解这里所说的"数学史的方法论重建"的具体涵义。

[例20]　少年高斯是如何进行计算的

　　相信很多人都曾听说过关于少年高斯的这样一个传说:也许是为了忙中偷闲,一位小学教师给自己的学生出了这样一个"难题":$1+2+3+\cdots+99=$? 然而,还未等这位教师在位子上真正坐定,小高斯就已报出了正确的答数:4 950。

　　由于缺乏可靠的资料,对于高斯在当时究竟是如何得出这一解答的已无从考证,但是,我们仍可通过"方法论的重建"使之成为可以理解的、可以学到手的和能够加以推广应用的。具体地说,这一计算过程可被看成"加倍计算"这样一种方法的具体应用,这也就是指,我们可以按照以下的顺序(图7-6)十分自然地去引导出相应的"解题思路"。

---

① 应当指出,"方法论重建"并非历史重建的唯一选择。具体地说,如果说这正是科学哲学家的普遍立场,即特别强调"科学史的方法论(理性)重建",那么,这就是20世纪80年代以来得到迅速发展的"科学知识社会学"(SSK)的一个基本立场,即认为我们应当努力实现"科学史的社会重构"。因为,在后者看来,社会因素正是决定科学发展最重要的一个因素。详可见郑玮、郑毓信,"HPM与数学教学的'再创造'",《数学教育学报》,2013年第3期。

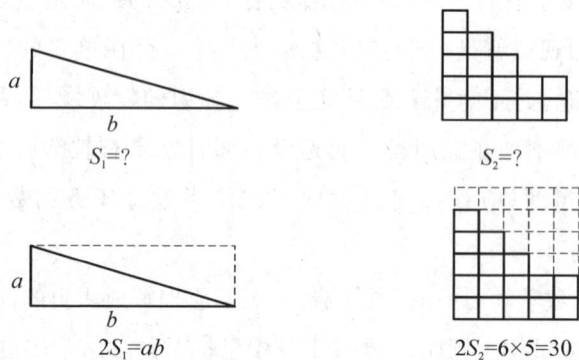

图 7-6

这就是指，为了求解 $S=1+2+3+\cdots+99=?$ 我们也可首先去计算

$$2S=1+2+3+\cdots+99+99+98+97+\cdots\cdots+1$$
$$=100\times99=9\,900。$$

这样，原先的问题就立即获得了解决：

$$S=4\,950。$$

[例 21] "鸡兔同笼"问题的"奇妙解法"

相信大多数读者在初次看到由波利亚给出的以下解法时都会发出由衷的赞叹：这真可谓"奇思妙想"，从而就决非我们这些凡非俗子所能学到的：

为了解决"一个农夫有若干只鸡和兔子，它们共有 50 个头和 140 只脚，问鸡兔各有多少只"这样一个问题，波利亚设想了这样一个奇特的景象：每只鸡都仅用一只脚站在地下，兔子则举起了前腿……这时，问题就不难解决了：因为，在这种情况下，脚的总数显然减少了一半，即只剩下了 70 只脚。另外，由于这时鸡头的数量与鸡脚的数量显然是相等的，而如果有一只兔子，脚的总数就要比头的总数大 1，因此，现在脚的总数（70）与头的总数（50）的差就是兔子的数目，即有 70－50＝20 只兔子。进而，鸡的数目则就是 50－20＝30 只。

但是，正如波利亚本人所指出的，只要掌握了一定的方法，我们就可"化神奇为平凡"，即清楚地揭示上述巧妙解法的本质。

具体地说，我们在此可以首先将日常语言翻译成代数语言：

日常语言	代数语言
农夫有若干只鸡	x
和若干只兔子	y
它们共有 50 个头	$x+y=50$
它们共有 140 只脚	$2x+4y=140$

显然,这时原来的问题就被归结成了如何求解如下的二元一次方法组:

$$\begin{cases} x+y=50, \\ 2x+4y=140。 \end{cases}$$

而只需稍具代数知识,我们就可立即求得:$x=30,y=20$。

进而,如果以 h 去代替题目中的 50,用 f 代替 140,即用 h 和 f 分别表示问题中头的数目和脚的数目,我们就得到了如下的方程组:

$$\begin{cases} x+y=h, & (1) \\ 2x+4y=f。 & (2) \end{cases}$$

对此我们显然可用以下的方法去求解:

$(2)\times\dfrac{1}{2}$ 得

$$x+2y=\frac{f}{2}。 \tag{3}$$

$(3)-(1)$ 得

$$y=\frac{f}{2}-h。$$

显然,如果回到原来的情境去理解,上述的结果就是指:兔子的数目等于脚数的一半减去头数——这也就是先前所提到的巧妙解法。

第二,"再创造"是指"教师指导下的再创造"。

这正如弗赖登特尔本人所指出的:"这个再创造是有指导的再创造,也就是说指导应该激发反思思维。"(《数学教育再探——在中国的讲学》,上海教育出版社,1999,第 137~138 页)显然,这就清楚地表明了教师应当如何去发挥

指导作用,我们更应明确肯定数学思维的反思性质。(5.2 节)

以下则是弗赖登特尔在这方面的一些具体建议:教师不仅应当积极鼓励学生相对独立地去进行探究,也应通过提出适当的问题促使学生更深入地去进行思考;教师应要求学生对自己的想法作出清楚表述,包括对自己的做法作出解释,因为这十分有益于学生的反思。在弗赖登特尔看来,我们并可从后一角度去理解"合作学习"对于促进学生思维发展的积极意义:"讨论的开展,使参与者不得不反思他们自己的语言和行为。"另外,教师在教学中也应十分重视对于学习活动的整体回顾:"成熟的数学家都有一个习惯,就是反复温习很久以前学过的旧概念。……年轻的学习者也应如此。"(《数学教育再探——在中国的讲学》,同上,第 129、162 页)

第三,弗赖登特尔还曾明确强调了这样一个思想:"指导再创造意味着在创造的自由性与指导的约束性之间,以及在学生取得自己的乐趣和满足教师的要求之间达到一种微妙的平衡。"(《数学教育再探——在中国的讲学》,同上,第 67 页)由此可见,我们确实不应将教师的指导与学生的主体地位直接对立起来。

更一般地说,这也就是指,我们应当同时肯定学生在学习活动中的主体地位与教师在教学工作中的主导作用。(6.1 节)

3. 切实防止数学学习中的"假探究"

就"学生主动探究"在数学教学中的应用而言,这是应当注意防止的一种现象,即因缺乏足够的自觉性而在不知不觉之中将学生的主动探究演变成了假探究。

具体地说,这里所说的"假探究"是指教师没有给学生的主动探究留下足够的空间,而只是希望他们按照教师(或者说,教材)指定的方向,并用教师(教材)指定的方法去发现教师所希望他们发现的结论。也正因此,尽管这些活动从表面上看似乎采取了"学生主动探究"这样一种形式,后者事实上却处于完全被动的地位,甚至都不用真正开动脑筋去进行思考。

当然,采用"假探究"这样一个词语多少有点言过其实,而真正的关键则在于我们应给学生的主动探究留下足够的空间。当然,后者又不应被理解成对于"教师必要指导"的直接反对,毋宁说,这即是从另一角度更清楚地表明了这样一点：我们在教学中应当很好地去处理规范性与开放性之间的关系。特别是，我们既不应因为强调学生的主动探究而完全放弃了教学工作所应有的启发性，也不应因过分强调教师的指导作用而使学生处于完全被动的地位。

第5章的[例7]可被看成这方面的一个实例。以下再给出另外一些实例，包括关于同一内容的不同教学设计，希望由这些实例的对照比较读者即可更好地理解我们应当如何去提高教学工作的启发性，同时又能给学生的主动探究留下足够的空间。

[例22] 关于"圆周率"的两个教学设计

（祝中录，"老师，您是怎么想到的？"《小学教学》，2013年第11期）

其一，教师直接要求学生测量几个大小不同的圆的周长和直径，用周长除以直径，把结果填写在设计好的表格里。然后要求学生对结果进行比较，并直接提问道：你有什么发现吗？

显然，这是这一教学设计的一个明显弊病，即没有说明我们究竟为什么要去研究周长与直径这两者之间的关系，从而就使学生处于了完全被动的地位。

其二，也正是从同一角度去分析，我们就可清楚地看出以下教学设计的主要优点：

师：同学们，前面我们已经学过如何画圆。要画出一个圆，一般应具备怎样的条件？这些条件起什么作用？

生：画出一个圆，要知道圆心和圆的半径（直径），圆心决定圆的位置，半径（直径）决定圆的大小。

师："半径（直径）决定圆的大小"，这句话你是怎么理解的？

生：圆的半径（直径）与圆的大小是有联系的，圆的半径（直径）越大，圆就越大；半径（直径）越小，圆就越小。

师：在没有学习圆面积之前，这里所说的圆的大小，我们可以理解为圆的周长大小，也就是说圆的半径（直径）越长，周长就越长；圆的半径（直径）越短，周长就越短，那么它们之间有没有一定的关系呢？

先观察图 7-7：

因为周长的 $\frac{1}{2}$ 大于直径，所以，圆的周长肯定大于直径的 2 倍。

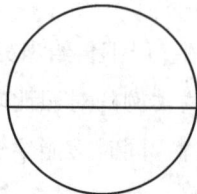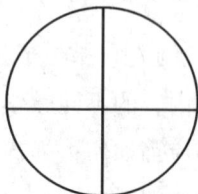

图 7-7　　　　　　　　　图 7-8

再观察图 7-8：

因为周长的 $\frac{1}{4}$ 小于直径，所以，圆的周长肯定小于直径的 4 倍。

生：圆的周长应该在直径的 2 倍与 4 倍之间。不论是什么样的圆应该都是这样。

师：真是这样吗？请同学们拿出课前准备好的圆形卡片，测量它们各自的周长和直径，找出这个大于 2、小于 4 的数。

……

建议读者从同一角度去对以下的教学设计作出自己的分析，特别是，我们在此是否应当直接去点明"使用计数器"这样一个环节，或者说，这是否也可被看成是在不知不觉之中将学生的主动探究变成了"假探究"？

[例 23]　"3 的倍数的特征"的教学

1. 问询疑点，寻找学生认识起点。

师：这里有三张数字卡片（2、5、9），谁能用这三个数字摆成几个三位数，使它是 2 的倍数？

……

师：好！还是用这三个数字，谁能摆几个三位数，使它是 5 的倍数？

……

师：下面增加一点难度。请同学们把练习本打开，还是用这三个数字，谁能写出几个三位数，使它是 3 的倍数。

……

2. 重锤节点，搭建教学脚手架。

师：看来，个位数字是 3、6、9 的数不一定就是 3 的倍数。那 3 的倍数到底与什么有关？今天我们就来研究这个问题：3 的倍数的特征。我们要借助一个学具——计数器。怎么研究呢？请看屏幕。

（课件出示拨珠实验一：同桌合作，用 4 颗算珠拨数）

……

师：是的，用 4 颗算珠拨不出 3 的倍数。……那么是不是不管用多少颗算珠都拨不出 3 的倍数呢？……我们再来做一次实验。

（课件出示拨珠实验二：同桌合作，任选颗数拨数）

生：我发现珠子的颗数等于各个数位上的数字相加。

师：具体说一说。

生：比如说 345，是 3+4+5=12，摆这个数就要用 12 颗算珠。

师：那摆 1025 需要多少颗算珠？

生：1+2+5=8 颗。

师：很好，这是一个重要的发现。老师把它写下来。

（板书：算珠的颗数=各个数位上的数字相加）

生：我发现珠子颗数是 3、6、9 时，拨出来的数都是 3 的倍数。

师：除了 3、6、9，当颗数是哪些数时，拨出来的数也是 3 的倍数？

生：只要珠子的颗数是 3 的倍数，拨出的就一定是 3 的倍数。

师：设想一下，要是根据这个规律去判断，同学们每天岂不是都要背着一个计数器？谁能不借助计数器也能判断一个数是不是 3 的倍数？

生：如果各个数位上的数字和是 3 的倍数，那么这个数就是 3 的倍数。

师：大家都同意这个观点吗？老师也赞同你的猜想。不过！猜想毕竟只是猜想，我们还要验证。

……

那么,我们究竟应当如何去帮助学生发现"3 的倍数的特征"呢? 特别是,我们在此是否也应给学生一定的提示,乃至直接或间接地去提示学生将"各个数位上数字的和"与"这是否为 3 的倍数"联系起来加以思考。相信读者由以下两个实例可以获得这方面的直接启示。

[例 24]　"2、3、5 的倍数的特征"教学纪实

(张良朋,《小学教学》,2014 年第 1 期,第 18～21 页)

这是以小学数学教师作为直接授课对象的一节数学课,其目的是希望通过"换位体验"帮助一线教师"再度体验学生学习的过程以及潜藏其间的种种心理反应",从而获得关于如何改进教学的有益启示。当然,这又正是笔者引用这一实例的主要目的:由这些"学生"在课堂上所进行的自主探究,我们就可获得关于如何引导学生进行自主探究的直接启示。

［教学片断］

师:看来只看一个数的个位判断是不是 3 的倍数行不通,还有别的想法吗? 你这样想的根据是什么?

……(大多数)老师都沉默着。他们大概在想:要是小学生,会怎么想呢? 他们能自己想到看"各个数位上数的和"吗? 很多教师都有这样的体验,在这个环节上没有老师的启发引导,往往会冷场。看得出,老师们暂时还没有想到基于学生学情的自然的思路。

师:有时光看是不能解决问题的,可以写一写、画一画。请大家在练习本上画个简易的计数器,把是 3 的倍数的那些数在计数器上表示出来,看有没有新的发现。

(插入:与前面的实例相类似,笔者以为,直接提及"计数器"不是一个很好的选择,因为,如果不是事先已经知道了相应的规律,有谁会想到在此去画[或者说,直接去使用]计数器呢? 与此相对照,以下的发现则可说十分重要,因为,这正是研究逐步深入的表现,并为最终解决问题提供了直接的基础,或者说,指明了可能的方向)

学生操作 3 分钟后,开始全班交流。

生:3 的倍数与一个数中数字的排列顺序没有关系。13 不行,31 也不行。

12 行,21 也行。120、102、201 都是由 0、1、2 这三个数字构成的,都是 3 的倍数。

生:3 的倍数的特征应该和每个数位上的数都有关系。大家看,150 是 3 的倍数,可个位上的 0 变成 1,151 就不再是 3 的倍数了。

……

(插入:显然,一旦抓住了"3 的倍数的特征与每个数位上的数都有关系",但"与数中数字的排列顺序没有关系"这样两点,即使不用计数器,进一步的探究方向也应说已经十分明显了。当然,要真正弄清其中的道理我们又应更深入地去思考以下的问题)

师:发现了规律不能算完。问题又来了:为什么看是不是 3 的倍数不能只看个位,而要看各个数位上的数的和呢?

……

综上可见,尽管这一实例中的教学对象是教师而非学生,但这仍然给了我们这样一个启示:真正的探究并不简单,往往包含有一定的反复与错误。进而,即使是一些不很成功的探究,或是一些较为"肤浅"的发现,也可能为最后的成功提供重要的基础。总之,相关的教学不应"急于求成",而是应当更加重视如何能够帮助学生在这方面逐步积累起一定的经验,包括逐步认识"朴素归纳主义"的局限性。(对于后者可参见 9.3 节中的相关论述)

当然,这也可被看成上述实例给予我们的一个重要启示:如果教师本人没有实际地去从事相关的探究,更未能积极地去进行思考,而只是"现买现卖",那么,相应的教学恐怕就很难有真正的启发性。

再者,这无疑又应被看成这一教学活动的真正难点,即我们如何能够帮助学生很好地弄懂相关"算法"背后的道理。这正是以下实例的主要优点。

[例 25]　"你知道吗"——"2、3、5 倍数的特征"的教学
(罗鸣亮,《构建讲道理的数学课堂》,华东师范大学出版社,2017)
1. 唤醒旧知,提出问题。
师:今天这节课我们要学习的是?

生："你知道吗?"

师:对呀,你知道吗?

生:不知道。

师:我们已经学习了2、3、5的倍数特征,怎么判断一个数是不是5的倍数?

生:看一个数的个位上是不是0或5。

师:那么3呢?

生:看所有数位上的数字相加是否是3的倍数。

师:学完这个问题以后大家有新的问题产生吗?

生:为什么5的倍数只要看个位就行了,而3的倍数要看全部位数?

师:这个问题提得好吗? 好在哪?

生:他把3和5的倍数的判断方法作了比较。

2. 探究5、2倍数特征的道理。

(1) 讨论,寻找探究方法。

师出示问题:为什么判断一个数是不是5的倍数只要看个位数,而其他数位都不用看?

师:同桌之间先讨论一下,看看怎么解决这个问题?

生:比如说两个5相加,它末尾是0。一样的,双数个数的5相加个位是0,单数个5相加个位是5。自然数能分成两类,一个是单数,一个是双数,所以答案末尾必须是0或5。(生鼓掌)

师:都同意了? 有没有不同意见? 或者补充呢?

生:我和我的同桌还有一种判断方法,就是一个奇数乘以5,它的个位一定是5;一个偶数乘以5,它的个位一定是0。(生又集体鼓掌)

师:你们的习惯真好! 可是,想想看,我们提出的问题是:为什么判断这个数是不是5的倍数只看个位呢? 而其他数位为什么都不用看呢?

生:我认为它或许是因为十位、百位、千位、万位等位数都是由个位进过来的,所以只能看个位。

师:"或许"什么意思?

生:我也不确定啊,我也不知道我这个想法对不对。只是可能性猜测。

师：真好！掌声送给他。敢把想法说出来，虽然不确定，能表达自己的想法，值得我们表扬！谢谢你，孩子！其他同学有补充吗？

生：我有补充，就是那个除了个位，十位，它那个，十位如果去掉个位的话，末尾是0，百位末尾也有0，然后后面呢，十位上面绝对是有0的，然后有0的就是5的倍数，而那个只要看个位是不是5的倍数就可以了。（学生鼓掌）

师：真听懂了吗？听懂他意思的举手，4个人听懂？

生：我想给他再说一遍，他的意思是说，不管多大的一个数，它最后这样除下来余下来的数再加个位上的5或者0，这样的一个数肯定是5的倍数，就是比如说它余下了一个15那就是5的倍数，或者20也是5的倍数，就是看它的余数。

生2：我认为应该是它那个，可以把它分成几部分，然后第一部分，比如说是1995，可以把它分成1000，然后一个900，然后再90和5，1000的话他们可以除以5。

师：听懂的请举手！还有些没有听懂，怎么办？好，你再说一遍！

生：可以把1995分成4部分看，1000为一个部分，900一个部分，90也一个部分，5又一个部分，然后1000是5的倍数，所以说千位不用看了，900也是，90也是，5也是的。

师：在你面前的两个没听懂，怎么办？再说一遍？重要的事情？（生接腔：说三遍）

师：孩子，你既然举例了，咱们就到黑板上写一写，好吧？掌声请他。

生：（上去写1995），就是我把1995分成四部分，然后再用1000除以5，可以算出它是5的倍数，然后再用900除以5，它也是5的倍数，然后90和5也是同样的。

（2）归纳，明晰道理。

师：那为什么你只看个位，其他位不用看呢？

生：因为它那个5的倍数它就只是末位是0结尾的，而这些都是0结尾的。

师：是这样吗？（是）真好！

师：同学们，我们一起来理解他所说的，往这边看，我这里的1是5的倍数吗? 1 怎么会是 5 的倍数呢?

		1

生:因为这个 1 在十位上,10 是 5 的倍数。

师展示课件:这个 1 表示就是 1 个 10,我们 5 个 5 个地分,刚好分完。

师在计数器的十位上拨 3:现在?是不是 5 的倍数?为什么是?

生:因为它表示 3 个 10。

师遮住计数器:我在十位上拨,现在呢?还是不是 5 的倍数?你们没看到,怎么还能肯定?

生:因为每个 10 都是由两个 5 组成的,无论是几个 10 都是被 5 整除的。

师:我现在不在十位拨了,百位,还是 5 的倍数吗?讲道理,为什么?

生:100 里面有 10 个 10,然后 10 是可以被 5 整除的,10 个 10 除以 5 等于 20。

师:对,百位表示的是有几个百,猜猜接下来我会在哪一位上拨?(千位)

师:确定?同意的请举手,对不起,你们都猜错了。我为什么不在千位上拨了?

生:因为千位跟百位、十位都一样,因为 1 000 是由 10 个 100 组成,而 100 是 5 的倍数。

师:真好,那么千位我还用拨吗?我接下来拨哪一位?(个位)

师:现在?怎么啦?

生:不一定。

师:为什么不确定?

生:因为如果你拨了 1 个的话,也不是 5 的倍数,在个位拨 5 才能是 5 的倍数。

师:现在你明白了为什么判断是不是 5 的倍数只看个位,其他数位不用看的道理了吗?

(3)迁移。

师:想想看,谁和 5 的道理是一样的?

生:2,因为它的十位,如果一个 10 的话,它里面就有 5 个 2,100 就是里面有 50 个 2,1 000 就是 500 个 2,然后个位的话看它只有 0、2,不拨的时候,或者拨 2 个、4 个、6 个、8 个,然后才能是 2 的倍数,其他都不是 2 的倍数,3、5 都不是 2 的倍数。

3. 延伸:3 的倍数特征的道理。

(1) 回顾反思,判断一个数的倍数特征有什么规律?

师:5、2 的道理都明白了,但是 3 为什么不能只看个位呢?

……

生:就是因为 10 不能被 3 整除,然后 10 往后的所有倍数不能被 3 整除,十位往后的所有位数都不能被 3 整除。它有余数的话必须和最后的个位加起来是 3 的倍数。

师:你听懂了没有? 他说的和你说的有什么不一样?

生:他是从 10 的方面来考虑的,因为 10 可以组成百、千、万等等。

师:真好! 你解读得很好。他为什么懂得从 10 考虑,你怎么没想到?

生:大概是我没反应过来吧,没结合 2 和 5,所以我以后考虑问题会全面点。

师:掌声送给他!

师:前面这位同学结合 2 和 5 来看,那么孩子们,10 是不是 3 的倍数我们要几个几个地分?

师演示课件:还余一个。

(2) 合作交流,探究 3 的倍数特征的道理。

师:那就产生了我们要解决的第二个问题:为什么判断一个数能不能被 3 整除,要看各位上数的和? 你准备怎么研究?

生:举例子、小组合作。

师:好,取出探究单,先独立思考,再同桌商量,最后小组交换意见。

反馈交流:

生:我先举个例子,比如说 12,我们先把 10 拆分下来,用 10 除以 3 它还余下了 1,这个 1 再与个位上的 2 进行结合就成了 3,这个数 3 又可以被 3 整除,所以这个数是 3 的倍数。

师:听懂的请举手,有什么问题要问他的吗?

生：是所有十位以上的整数都可以被3除余下1吗？

生：我觉得可以的，百位是由10个10组成的，10又可分为～，100除以3余下1，1 000除以3也是余下1。（生2：那300呢？）

生：300可以分成3个100、100除以3余1，这样余下了3个1，3个1相结合也就成了3。

师：这个同学不得了，你举12，他一下子举出了大大的数，没关系，我们先来看看12，1加2的1表示？这个1是哪来的？

生：是10除掉了之后余下来的1，12分成10和2，把10个珠子三个三个分余下1个。

师：哦，为什么要加2？

生：因为可以转到个位上来。

生：因为它不是10了，是1个1。

生：因为个位上有个2，再加10除下来的1，又可以凑起来。

师：22我们是怎么判断的？

生：首先把这个22的20分成两个10，一个10除以3后它就会余下来一个1，然后这个10除以3后也会余下来一个1，1加1等于2，就等于这个2，然后加上个位的2，4不能被3整除，所以22不是3的倍数。

师：42我们怎么判断？（4加2）

生：4个10就有余下4个1，加上个位上的2，是6，6可以除以3，就是3的倍数。

生：我想给他补充一下，4个10它能分成4个9，4个9加4。9是能被3整除的，所以4乘9肯定是能被3整除的。余下来的4加上末尾的2是6，6也是能被3整除的。所以他们表述的是4个1，是40剩下来的4个1。

师：你们有没有听明白？为什么大家都觉得同意了，他还要补充呢？补充的和它有什么不一样呢？我们往下看看，1个10余1，两个10余2，3个10这怎么会余3呢？（每个十余1）那这个3不是还可以分吗？

生：现在先不分，把它留到最后面分。

师：所以你一直要强调？

生：把它分成4个9余4。

师：从大家的互相补充中，我们又有些新的认识，要不要来大一点的？

师：谁来讲道理？142怎么判断？为什么呢？

生：因为100除以3……（讲不下去）

师：掌声鼓励他的勇气！罗老师提醒一下：142的1与底下的1加4加2的1一样吗？有什么不一样？上面的1表示的是？下面的1表示？哪来的？哪里余下的？（99）几个几个分？同理40个我们可以？（3个3个分）余几个？然后呢？掌声祝贺她！

师板书 abc：这个数咱们怎么判断是不是3的倍数？同桌之间先小声地说一说。

生：先算a除以3等于多少，看它余下来多少，再算b除以3等于多少，看它余下来多少，最后看c除以3等于多少，看它余下来多少。

师：这a表示的是？（百位）1百余下来的就是？（1）2百余下来的就是？（2）3百余下来的就是？（3）4百余下来的就是？（4）所以a个百余下来的就是？（a）

生：b个十就是余下来b，再把它们都加起来看看能不能被3整除！

4. 回顾反思。

师：今天的数学课和平时有什么不一样呢？

生：平时的数学课不往里面挖的，这节课我知道了为什么3这样判断。我知道了它里面究竟是什么意思，我也知道了2和5的意思，我觉得我这节课收获挺大的。

生：我觉得平时我们上数学课老师直接教我们方法，这节课我们是寻找为什么要这样做。刨根问底，总结方法。

生：以前数学课没彻底明白为什么这样，今天明白了。

以下是罗鸣亮老师关于上述教学设计的简要说明，这也可被看成对"我们应当如何去帮助学生发现3的倍数的特征"提供了明确解答："学生已经明白判断5、2的倍数特征的道理后，判断3的倍数特征为什么要把各个数位加起来呢？这个对学生来说有难度的探究问题，有了前面的研究支撑，学生已具有研究经验和研究方法。本环节放手让学生小组合作探究、交流，在教师合适的追问中，学生在自主讲理、互相讲理中，明晰为什么3的倍数要看各位上数的和的道理。让学生在反思、抽象、概括中,内化为自身的活动经验,最后借助符号总结归纳,完成论证过程。"

4. 聚焦"先学后教"

随着新一轮课程改革的深入,人们的认识应当说已有了很大提高,也正因此,上面所提到的关于"学生主动探究"的各种观点对于大多数读者而言恐怕就很难说都是全新的论点。但要强调的是,这是教育领域中十分常见的一个现象,即各种错误思想往往会以一些新的形式重新得到表现。以下就针对当前较为盛行的"先学后教"对此作出具体分析。

具体地说,这是数学教育领域中的一个最新发展迹象,即对于"先学后教"的普遍推崇。例如,按照相关分析,国内诸多具有较高知名度的数学教学经验或研究成果,即如邱学华老师的"尝试教学法",上海段力佩和张人利老师的"读读、议议、练练、讲讲、做做",南通李庚南老师的"自学、议论、引导"教学法,山东杜朗口中学的"预习、展示、反馈",福建大田的"先学后教"等,都可以被归属于"先学后教"的范围,因为,这正是这些经验或成果的三个共同特点:"一是增加了学生(自主)学习的环节;二是教学以学生的学习为基础(教与学的顺序发生变化);三是增加了学生议论、讨论的环节。"(余慧娟,"科学·精致·理性——对'尝试教学法'及中国教学改革的思考",《人民教育》,2011 年第 13~14 期)

但是,我们究竟应如何去看待"先学后教"这样一种教学方法或模式呢?笔者的看法是:尽管我们不应将此简单地等同于"学生主动探究",但是,先前的分析仍可被看成为我们深入认识"先学后教"提供了直接的基础。

以下是笔者在这方面的一些具体认识。

第一,在明确肯定"先学后教"的积极意义的同时,我们也应注意防止这样一种倾向,即仅仅注意它的外显形式,却忽视对其内在思想的深入理解与分析。

[例26] "先学后教"中的形式主义倾向

在笔者看来,以下一些做法多少表现出了这样一种倾向,即对于课堂教学"显性成分"的片面强调,乃至在一定程度上造成了形式主义的泛滥:

（1）应当特别重视"先学后教"这样一个顺序，这也就是指，我们在教学中绝对不应违背这样一个时间顺序。

（2）为了确保"以学为主"，我们应对每一堂课中教师的讲课时间作出硬性规定，即如不能超过 10 分钟或 15 分钟等。

（3）为了切实强化"学生议论"这样一个环节，对教室中课桌的排列方式也应作出必要的调整，即由常见的"一行行"变为"之字形"：座位摆在教室中间，教室四周都是黑板，……

具体地说，只需通过简单的回顾与比较，我们就可看出这些要求实非不可或缺，更非绝对不能违背。

首先，就教室中课桌的排列方式而言，课改初期应当说也曾有过类似的观点（［例 11］），即认为只有将传统的"一行行"变成按小组为单位的"一圈圈"才能很好地体现"合作学习"的思想。由于后者仅仅强调了教学的外显形式，因此在实践中就很快得到了纠正。由此可见，如果我们始终只是着眼于教室中课桌的排列方式，却未能更加关注相应的实质性问题，即教学中是否真正实现了学生间与师生间的积极互动，那么，无论相关的主张在形式上是否有所变化，也即是否由先前的"一圈圈"转变到了所说的"之字形"，都只能说是一种较肤浅的认识。

其次，正如当年曾一度流行的这样一些观点："不用多媒体就不能被看成好课"；"教学中没有'合作学习'和'动手实践'就不能被看成很好地体现了课改的基本理念"；……这也可被看成过去 10 多年的课改实践给予我们的一个重要教训：任何一种形式上的硬性规定都严重地违背了教学工作的创造性。更为具体地说，相对于教师在课堂中究竟讲了多少时间而言，我们显然应当更加关注教师讲了什么，后者对于学生的学习活动究竟又产生了怎样的影响？

最后，这无疑应被看成教学工作创造性质的又一直接结论，即我们应当依据具体的教学内容、教学对象与教学环境（以及教师的个性特征）恰当地去应用各种教学方法和教学模式。显然，从这一角度去分析，对于"先学后教"这一时间顺序的片面强调也只是给教学活动加上了一个新的桎梏，而不能被看成真正的进步。事实上，现今得到人们普遍重视的"导学案"就可被看成对于上述片面性认识的明确反对，因为，后者是与"先学后教"的顺序直接相对立的。

总之，与任一严格的时间顺序相对照，我们应当更加重视"学生自主学习"与"教师必要指导"的相互渗透和互相促进。

第二，我们并应注意防止各种简单化的认识，包括各种简单化的口号。例如，在笔者看来，对于以下说法我们就应持十分慎重的态度："学生自己能学会的，教师就坚决不讲。"因为，学习并非绝对的"能"或"不能"，而主要是一个程度的问题，我们更不应单纯依据知识和技能的掌握对此作出具体判断。

由以下论述我们可更好地理解上面的断言，包括我们究竟应当如何去认识"学生自主学习"的局限性。

[例 27]　数学课程改革中值得注意的几个方面

（赵雄辉，《湖南教育》，2013 年第 9 期）

文中指出："数学课程内容包括三个方面。第一方面是数学活动的结果，定理、公式、法则、概念，这些结果很多可以让学生去看书，去练习，……只要他的基础没有缺陷，他的智力没有缺陷，……达成这个目标是没有问题的，……第二方面是得到数学结果的过程。数学概念、公式是怎么来的，许多过程很重要。……对许多学生来说，最好是教师带领他们一起推导。第三个方面是在结果和过程后面的，是推导出结果的过程蕴含的数学思维方法，归纳、推理、类比这些东西教材没明确写出，要学生在老师指导下慢慢地去悟。"

"有些内容，光从学生自学后的检测结果看，好像学生达标了。实际上，还是要老师讲多一点，因为有些东西光靠学生看书，达不到应有的高度……一定要老师把他拽一拽，你不拽他就上不去。"

第三，这是我们面对"先学后教"应当认真思考的一个问题：这对于我们改进教学究竟提供了哪些新的启示，包括我们如何进行工作才能很好地发挥"先学后教"的各种优点，同时也能切实避免各种可能的问题或片面性？

例如，正如 5.2 节中已提及的，从"帮助学生逐步学会更清晰、更深入、更全面、更合理地去进行思考"这一角度去分析，这可被看成"先学后教"十分重要的一个优点，即让学生有更多的时间进行思考。另外，"先学后教"显然也可被看成对教师的专业成长提出了更高要求,特别是,只有基于对于教学内容的"深刻理解",并有一定的教学能力,教师才能很好地发挥必要的引导作用,包括真正用好所谓的"导学单",特别是,能用恰当的问题引发学生更积极地去进行思考。

当然,我们在此又应认真地去思考什么是相关实践应当认真解决的问题,因为,只有围绕存在的问题积极地去开展教学实践,包括认真的总结与反思,这方面的工作才可能不断取得新的进步。

以下就是我们在当前应当特别重视的一些问题。

[例 28]　"先学后教"应当认真解决的一些问题

(1) 现实中应当去如何处理学生的"课前学习(研究)"与"努力减轻学生负担"这两者之间的矛盾?

(2) 要求学生"自学"如何才能防止由"讲灌"变成了"书灌"? 我们应如何去进行"导学"才不至于成为束缚学生思想的桎梏?

(3) 我们是否应对"成功的自学"与"失败的自学"作出明确的区分? 我们又应如何去理解这里所说的"成功",包括如何进行引导才能保证学生的"自学成功"?

(4) 什么是"学生议论、讨论"所应实现的目标? 我们又应如何去实现所说的目标?

(5) 我们如何才能有效地防止或很好地解决由于采取"先学后教"这一教学模式所可能造成的学生间"两极分化"的加剧?

更一般地说,这显然也是我们面对任一新的教学方法或模式所应采取的基本态度。

7.4　教学方法改革的总体分析

以下再从总体上指明教学方法改革应当注意的一些问题,特别是,我们应很好地处理"破"与"立"、继承与创新之间的关系。

1."常识"的回归与超越

相对于课改初期而言,人们在这方面的认识应当说已有了很大提高,特别是,已清楚地认识到了教学方法的改革决非一件易事。另外,相对于纯形式的追求而言,我们应更加重视对于各种教学方法内在思想及其优缺点的深入分析,并应切实防止与纠正各种简单化的认识与做法上的片面性。由于认识的进步主要归功于积极的教学实践以及认真的总结和反思,因此,这也就清楚地表明了认真纠正"由上至下"、"由理论到实践"这样一种运作模式的必要性。

围绕各个新的教学方法人们并已形成了以下一些共识:

第一,由片面强调"数学教育的生活化"转而认识到了数学教学不应停留于学生的日常生活,我们更不能以"生活味"取代数学课应当具有的"数学味"。

第二,由片面强调"学生主动探究"转而认识到了人们认识的发展不可能事事都靠自己相对独立地去进行探究,恰恰相反,学习主要是一个文化继承的过程,更必然地有一个不断优化的过程。

第三,由片面推崇"合作学习"转而认识到了教学活动不应满足于表面上的热热闹闹,而应更加重视实质的效果。

第四,由片面强调"动手实践"转而认识到了不应"为动手而动手",并应注意对于操作层面的必要超越。

当然,在作出上述肯定的同时,我们又应清楚地认识到这样一点:对于上述进步我们不应作过高的评价,因为,只要静下心来认真地想一想,我们就可看出这些认识都只是一些"常识",即人们早已形成的一些普遍性认识。也正因此,这事实上可以被看成过去10多年的课改实践给予我们的一个重要启示或教训,即在任何时候我们都应保持头脑的清醒,而不应因盲目追随时髦而造成"常识"的迷失。

也正是在这样的意义上,笔者以为,源自一位小学数学教师的以下认识比我们很多专家教授要高明得多。

[例29]　"常识的迷失!"

(徐青松,"直接导入,充分想象,自然提升",《教学月刊》,2006年第5期)

"随着课程改革的深入,有必要审视初期的一些做法:强调了对原有的数学课程的批判后,是否还要去继承;强调了动手实践、自主探索、合作交流等学习方式后,是否还要充分发挥认真听讲、课堂练习、课后作业的作用;……或许这些都是常识,但在所谓的'新理念'的光芒下往往连常识都会迷失,迷失在被煽动起的浮躁中。"

就当前而言,笔者并愿特别强调这样一点,即对于教学方法的改革我们应当持十分慎重的态度,包括课改中所普遍采取的"教学观摩＋专家点评"这样一种培训模式。

例如,后者就正是以下实例的一个直接主题,尽管其所直接论及的只是语文教学,而非数学教学。

[例30]　为什么小学语文教学总患"多动症""浮肿症"

(方斐卿,《教学月刊》,2005年第6期)

文中指出:"教学观摩(＋专家点评)"这种培训模式的基本指导思想,就是认为"通过几次培训,听几次报告,观摩几节名师的公开课,就能收到立竿见影的效果",包括帮助广大教师很好地掌握课程改革的基本理念,并能切实实现教学方法的必要变革。但是,即使我们暂时不去讨论所说的培训是否真正实现了上述的目标,这确实造成了教师成长模式的重要转变:传统上所注重的对于教材的深入理解与把握能力被大大地弱化了,人们也不再强调名师应当具有"高尚的人格、丰富的学识",并应长期扎根于教学实践。恰恰相反,有不少年轻教师热衷于"一课成名":他们"热衷于学习模仿新的教学方法和教学形式,不断参加一些教学大赛或教学观摩活动,迅速成名"。另外,这也使得"许多教师习惯于套用一些名师的课堂设计,教师本人缺乏独立理解教材和处理教材的能力"。……

但是,真正的名师是不可能按照这样的途径成长起来的,因为,"这样的公开课、示范课有很大部分已异化为表演课、作秀课、时尚课。……公开课上的教师更多是在表现自我,而不是关注学生;更多是在满足听课教师的需要,而不是关注学生的感受"。另外,教师的成长当然也不能归结为教学方法或教学形式的简单模仿。

除去不应违背"常识"这样一点以外,我们还应清楚地认识超越"常识"的必要性,这更应被看成教学工作"专业性质"的具体体现。

具体地说,就上面所谈到的各种新的教学方法而言,我们应更深入地去思考这样一些问题:

第一,我们应当如何去处理"情境设置"与数学化之间的关系?什么又是数学教学中实现"去情境"的有效手段?

第二,除去积极鼓励学生的主动探究以外,教师应如何发挥应有的指导作用?什么更可被看成数学教师在这一方面的基本能力(基本功)?

第三,什么是好的"合作学习"应当满足的基本要求?从数学教学的角度看我们又应如何去实现这些要求?或者说,数学教学在这方面是否也有其一定的特殊性?

第四,应当如何认识"动手实践"与数学认识发展之间的关系?特别是,什么是"活动的内化"的真正涵义与有效途径?

只有在上述各个方面都取得了切实进展,我们才能真正摆脱这样一种长期存在的弊病,即每次改革几乎都是从头开始,却始终没有任何积累,从而也就看不到任何真正的进步。

当然,正如 6.1 节中已提及的,这是我们如何能在上述方面取得切实进展的基本途径,即应切实立足于积极的教学实践与认真的总结和反思。也正因此,笔者十分希望广大读者能以先前的分析为背景并密切联系自己的教学实践积极地去进行思考,包括通过新的教学实践与总结不断发展自己的认识。

2. 课程改革应当坚持的基本立场

就教学方法的改革而言我们并应坚持这样一个基本立场,即不应唯一地强调某种(些)教学方法,更不应以方法的"新旧"代替"好坏",而应明确肯定教学方法的多样性。因为,适用于一切教学内容、对象与环境的教学方法并不存在,任何一种教学方法也必定有其一定的局限性,从而,我们就应积极鼓励教师针对具体情况创造性地去应用各种教学方法,后者并应被看成教学工作专业性质最为基本的一个涵义。

容易想到,上面的论述对于教学模式的研究也是同样成立的:"的确,没有可以操作的模式,再好的思想、理论都无法实现,但模式不能成为束缚手脚的镣铐。"这也就是指,在积极提倡与认真学习各种新的教学经验与教学模式的同时,我们也应始终牢记这样一个教训:"模式!模式!是解放生命还是禁锢生命?"特别是,应当切实防止与纠正如下情况的发生:"时下,各地课改轰轰烈烈,高效课堂、智慧课堂、卓越课堂、魅力课堂、和美课堂……绚丽追风,模式、范式眼花缭乱。一线教师困惑、苦闷,越发感觉自己不会上课。"(何绪铜,"品味全国大赛,悟辨课改方向",《小学数学教育》,2014年第1期)

由以下实例我们可更好地理解坚持独立思考的重要性。

[例31]　一线教师的"两难处境"

(谢惠良,"把握实质,用心选择",《小学数学教学》,2006年第5期)

"现在教师要上出一堂大家都认为好的课,真难!如果课上不注重情境设置、与生活联系、运用小组合作学习,评课者就会说上课教师'教育观念未转变'、'因循守旧';如果课上注意了这些,评课者又很可能说'课上得有点浮'、'追求形式'。教师往往处于两难的境地。"

进而,如果说这似乎可被看成一线教师的铁定命运,即"期盼、失落、冲突、化解和再上路……"(黄毅英语),那么,只有坚持独立思考,我们才能真正改变这一命运。

[例32]　独立思考的土壤

(刘发建,"思想含量来自独立思考",《人民教育》,2010年第8期)

"其实,……孕育'独立思考'的土壤,就是生活,就是日常教学,就是每天的课堂,就是和孩子们的每一句真实的对话。一个教师不一定要成名成家,但一定要学会独立思考,这是一个知识分子的全部尊严所在。

"从某种角度讲,我的课堂有那么一点闪亮的思想,就是因为我远离了那些'专业比赛',剔除了一些权威思想的干扰和传统思维的束缚,长期扎根于日常实践的田野式生长,保持了最为可贵的独立性。

"我之所以要强调这些有'思想含量'的课是家常课,因为只有家常课,才是我们教师独立思考的最佳土壤。"

最后,我们还应特别强调这样一点:教师是教育变革的"最终力量"。

[例33] 教育变革的最终力量

(潘小明,"'数学生成教学'的思考与实践",《小学青年教师》,2006年第10期)

"新课程改革进行到现在,专家们众说纷纭,我们也莫衷一是。还好,真正每天在教室里和新课程打交道的,站在讲台上能够决定点什么的,和孩子们朝夕相处的,还是我们一线教师,而教育变革的最终力量可能还是我们这些'草根'。"

另外,笔者以为,这也正是教学研究的永恒魅力所在,即始终存在无限的探究可能与成长的空间,而关键则就在于我们是否具有足够的自觉性,特别是,我们应根据现实情况作出适当的选择,并能始终坚持自己的独立思考,包括必要的批评与自我批评!

3. "蓝本"或"镜子"

就我国的教育改革而言,这是一个十分常见的现象,即对于国外教育教学思想的极力推崇,乃至对于我国自己的教育传统采取了完全否定的立场。但是,"一个深刻的改革,一定不会把原来好的经验放弃,肯定是从原有的经验中启程的。好的改革不是另起炉灶,从零开始,这不可能,也很不实事求是"。(朱慕菊语,引自余慧娟,"十年基础教育课程改革的思考",《人民教育》,2011年第18期)

为了清楚地说明问题,还可特别引用课改初期曾得到广泛宣传的以下两个课例。

[例34] 一堂经典教学课

(引自王宏甲,《新教育风暴》,北京出版社,2004)

"北京,……这是一所很好的学校。这是一个很好的班,学生们已坐得整整齐齐。……老师的头上已有不少白发,黑板衬出他侧立的剪影……老师转过身来从容说道:'现在开始上课。'

"老师语言精练没有废话。老师教态从容,板书非常漂亮,极有条理。老师提问,学生回答踊跃,而且答得相当有水平。……

"老师间或又在黑板上写出若干字。黑板上的字渐渐丰满起来,那字大小不一。有些字,老师大笔一挥画上一个圈,或一个框,或一个大三角,看起来错落有致,鳞次栉比,像一个框架图。

"整堂课,老师没有擦一下黑板,也不必学生上去擦黑板。板书上没有多余的字,写上去的就是重点,就是学生该抄到笔记本上去的。老师继续提问,学生解答仍然踊跃,仍然不乏精彩。

"整个教学过程非常流畅。最后老师说:'今天要讲的就讲完了,同学们回去做一做课本上的习题,巩固一下。

"铃声响了。整堂课无懈可击。"

但是,这是相关作者引用这一课例的主要目的:"这是我们行之已久的认为很高水平的课,但就是这样的课,是需要根本上变革的。"

这一作者之所以引出这样一个结论,其重要论据之一就是参与听课的一些欧美教育专家的相关评论。即如:

"只见老师不见学生,这不是一堂真正的课,而像是一堂表演课——学生在看老师表演。

"当老师讲得非常完整、完美、无懈可击时,就把学生的探索过程取代了,而取代了探索的过程,就无异于取消了学习能力的获得。"

以下则是相关作者在这一著作中所引出的主要结论:

"我们的基础教育是过时的、落后的,需要做重大改革。

"全国1 300万教师需要改变教育方式,3亿学生需要改变学习方法,6亿以上的家长需要改变帮助孩子们学习的做法。"

笔者所希望的是,读者能依据这些年的课改实践与总结认真地去思考:现今你如何看待上述的论点?特别是,我们应当如何去看待上述的"经典教学课"?更一般地说,我们又应如何去看待中国的数学教育(学)传统?

以下是这方面的又一实例。

[例35]　新西兰的阳光

（北京教育学院张逸民，引自王宏甲，《新教育风暴》，同上）

"这是五年级的一堂课，老师出了这样一道题：每个篮子里有24块蛋糕，6个篮子里共有多少块蛋糕？新西兰五年级的学生用各种方式踊跃回答，很有成功感。"

相关作者在文中还特别提到了一个来自中国的"差生"的亲身感受：在中国"她一次次受到批评，一次次失败，把她们童年的笑容消灭了，把她们的自信也消灭了……可是，在新西兰，她还是她，一次次受到表扬，不仅仅是老师的表扬，而且再没有同学说她笨，同学们都对她投以佩服的目光。这是她快乐成长的真正的阳光。"

上面的论证也许有一定道理。但是，面对这样的课例，人们不禁要提出这样的疑问："这不是我们二年级教的吗？他们五年级的学生能答出来，也值得高兴？像这样有什么高质量？日后，能把学生送到哪儿去？"

为了帮助读者进行思考，在此还可引用一些相关的论述：

"中国千万不要学习美国的数学教育。中国的数学教育在实践上肯定比美国好。事实胜于雄辩。中国好不容易有一项比美国好的数学教育成绩，为什么自己不珍惜、不总结呢？"（"陈省身谈数学教育：我们要有自信"，《文汇报》，2004年11月29日）

"面对国际课程改革的趋势，我们面对的一种危险是落后于其他国家，进而在越来越激烈的全球经济竞争中落败。但是，另一种危险是我们简单地跟随国际潮流，结果丢掉了我们自己的优点。在我们的文化中，长期存在的弱点需要巨大的勇气来改变。但是我们需要更大的勇气来抵制那些在'发达'国家中正在发生的变化，并且坚持一些传统价值来保持我们的优点。"（梁贯成，"第三届国际数学及科学研究结果对华人地区数学课程改革的启示"，《数学教育学报》，2005年第1期）

"我认为它（指中国的数学教学——注）是全世界最出色的。我钦佩中国的教学艺术"；"在香港，我们的一些同事是外国人，他们不懂广东话，但是却去学校做教师教育者。他们不理解教师讲的话，只是看看课堂，如果他们看到学生以小组的形式学习,他们就会说'这是好的教学'。到另一个班级,如果他们看到的是全班教学,他们就会说'这是差的教学'"。("什么是好的教学——就中国教师关心的问题访马飞龙教授",《人民教育》,2009 年第 8 期)

是的,如果相关专家连中国话都不懂,从而也就完全不知道我们的教师在课堂上究竟在说些什么,我们又如何能够期望他们对中国数学课堂上的真实情况作出适当评价!

最后,由以下研究相信读者可更好地认识在教学方法的改革问题上坚持上述立场的重要性。

[例 36]　关于中国数学教育的特色——与国际上相应概念的对照
(张奠宙,《人民教育》,2010 年第 2 期)

文中指出,这是我国数学教育的六个主要特色:"注重导入环节"、"尝试教学"、"师班互动"、"解题变式演练"、"提炼数学思维方法"和"熟能生巧"。张奠宙先生并强调指出:"经过百年发展,中国数学教育已经逐渐成熟。……这些与西方不尽相同的特色,很值得我们深入思考。数学教育学还是一门朝阳学科,没有像牛顿力学、相对论那样具有世界定论的理论,中国可以发出自己的声音,参与讨论。但我们既不可固步自封、夜郎自大,也不可妄自菲薄、失去自信。要努力建设有中国特色的数学教育。"

文中并对中国数学教育的上述特色与国外的相关概念进行了对照比较:

第一,中国的启发性"导入"与"情境设置"。

"中国数学课堂上,呈现中有许多独特的导入方式,除了现实'情境呈现'之外,还包括'假想模拟'、'悬念设置'、'故事陈述'、'旧课复习'、'提问诱导'、'习题评点'、'铺垫搭桥'、'比较剖析'等手段。"

对照与分析:"最近一段时间以来,我们提倡'情境教学'是正确的,但是,人不能事事都直接经验,大量获得的是间接经验。从学生的日常生活情境出发进行数学教学,只能是启发性'导入'的一种加强和补充,不能取消或代替'导入'教学环节的设置。坚持'导入新课'的教学研究,弄清它和'情境设置'的关系,是我们的一项任务。"

第二,中国的"尝试教学"与"学生主动探究"。

"'尝试'的含义是：提出自己的想法，可以对，也可以不对；可以成功，也可以失败；可以做到底，也可以中途停止。尝试，不一定要'自己'把结果发现出来，但是却要有所设想、敢于提问、勇于试验。"

对照与分析："'尝试教学'的含义较广，它可以延伸为'探究、发现'。'尝试教学'，可以在每一节课上使用；探究、发现数学规律，则只能少量为之。'尝试教学'，应该从理论上进一步探讨。"

第三，中国的"师班互动"与"合作学习"。

"'师班互动'是课堂师生互动的主要类型。……中国的数学教师采用了'设计提问'、'学生口述'、'教师引导'、'全班讨论'、'黑板书写'、'严谨表达'、'互相纠正'等措施，实现了师生之间用数学语言进行交流，和谐对接，最后形成共识的过程。这是一个具有中国特色的创造。"

对照与分析："小班的合作学习，与大班的'师班互动'，各有短长。不过，大班上课是中国国情所决定的，它仍然是主流。"

第四，"提炼数学思维方法"。

"数学教学中关注数学思想方法的提炼，是中国数学教育的重要特征。长期以来，我国的数学教学重视概念的理解、证明的过程、解题的思路，提倡数学知识发生过程的教学，这些都是重视数学思想方法的教学理念。"

对照与分析："到现在为止，西方的数学教育界还没有提出能够直接与'数学思想方法'相对应的数学教育研究领域。至于'过程性'教学目标的提法，则比较笼统。"

综上可见，中国数学教育传统的很好继承确是数学课程改革深入发展十分重要的一环，我们并应明确反对这样一种立场，即以西方为"蓝本"来进行课程改革。这正如中国旅美学者蔡金法教授所指出的："中国也正围绕课程展开一系列的数学教育改革。改革不可避免地会触及中国数学教育的传统，争论是不可避免的，对美国数学教育及其改革的兴趣与日俱增，参考美国数学教育改革的一些成功经验和策略也无可厚非，但其中也有一些值得警觉的倾向。正如有人在哲学上'言必称希腊'一样，我国有的数学教育工作者也'言必称美国'。无论什么事情，只要在美国做了，在中国做就'先进'了、'改革'了。这种

以'美国标准'为标准的迹象是危险的。"（聂必凯等，《美国现代数学教育改革》，人民教育出版社，2010，绪言）

应当强调的是，这事实上也已成为国际数学教育界的一项共识：数学教育的国际比较研究所提供的并非一个普遍适用的"蓝本"，而主要是一面可以用以促进反思的"镜子"，这也就是指，通过国际比较我们可更清楚地认识自己的优点与缺点，从而明确前进的方向。（详可见郑毓信，"数学教育国际比较研究的合理定位与方法论"，载郑毓信，《数学教育：动态与省思》，上海教育出版社，2005）

显然，这也为教学方法的改革与研究提供了直接的指导。

第8章

数学教师的三项"基本功"及其发展

　　"数学教师的'三项基本功'",是笔者 2008 年完成的一项工作(相关成果发表于《人民教育》2008 年第 18～20 期,并收入到了《人民教育》为纪念创刊 60 周年编辑的系列丛书《教学大道——写给小学数学教师》[高等教育出版社,2010]一书之中),这些年来也有不少教师在这方面进行了积极的教学实践,从而为认识的进一步深化提供了重要基础。这即是本章的主要内容。

　　在此应首先指明这样两点:第一,对于所说的"基本功",我们不应理解成单纯的技能或方法,而应看成数学教师专业能力的具体体现,因为,我们所提倡的并非对于某种方法或技能的机械应用,而是如何能够针对具体的教学内容、对象和情境等创造地去应用相关的能力。值得指出的是,我们并可从同一角度去理解这里所说的"基本功"与各个具体教学方法或教学模式之间的关系,这就是指,前者不应被看成是与任何一个教学方法或模式直接相抵触的,恰恰相反,这为我们更好地应用各种教学方法或模式提供了重要的基础,或者说,任一教学方法与模式的应用事实上都离不开所说的基本能力。

　　第二,作为教师队伍中的普通一员,数学教师当然也应具备一般教师所应具有的各种基本素养(必备品格与能力),即如对于学生与教学工作的高度热爱,较强的语言交流能力等。因为数学构成了数学教学的具体内容,数学教师显然也应具备一定的数学素养,即如对于数学美的欣赏,一定的计算能力与解题能力等。但是,除去这些分别源自"教育"与"数学"的要求以外,作为"数学教育"专业性质的具体体现,数学教师显然还应具备一些特殊的素养和能力,

这也正是我们在此的主要关注,特别是这样三项"基本功":(1)善于举例;
(2)善于提问;(3)善于比较与优化。

以下对此作出具体论述,8.4节则集中于这方面的一些新的思考与必要发展,即论及到了另外一些对于数学教师而言同样特别重要的基本能力。

8.1 "善于举例"与数学教学

这是数学教学十分明显的一个特点:如果说"概念的生成、分析与组织"与"问题的提出与解决"可以被看成数学活动最为基本的两种形式,那么,就相关的教学活动而言,"举例"都可说占据了十分重要的地位。例如,在引入任一新的数学概念时,教师(包括相关教材的编写者)都会认真地去思考借助什么样的实例才能帮助学生更好地理解相关的概念,从而较好地实现"意义学习"。同样,在要求学生实际从事解题活动之前,教师(教材)往往也会首先给学生提供一定的实例。

当然,为了将这方面的工作做得更好,我们不应满足于教学经验的简单积累,而是应当从理论角度作出进一步的思考分析,特别是,应深入思考这样两个问题:相关的教学为什么一定要"举例"? 进而,依据所说的思考,我们又应如何去"举例",或者说,究竟什么样的例子才能被看成好的例子?

以下分别围绕"概念的教学"与"问题解决"对此作出具体分析。

1."善于举例"与概念教学

数学概念的教学为什么离不开"举例"? 对此可以首先依据数学与学生的特点作出具体分析。

这是人们公认的一个观点:抽象性是数学最重要的一个特性。例如,正如1.2节中已提及的,谁曾见到过"一",我们只能见到某一个人、某一棵树、某一间房,而决不会见到作为数学研究对象的真正的"一";类似地,我们也只能见到圆形的太阳、圆形的车轮,而决不会见到作为几何研究对象的真正的"圆"。由此可见,即使就最简单的数学对象而言,也都是抽象思维的产物。但这恰又是青少年学生特别是儿童思维的一个重要特点,即具体性与直观形象性,而且,由于经验的局限性,他们往往也不具有作为抽象基础的适当事例。正因为此,为了帮助学生很好地掌握各个数学概念,教师在教学中就应通过适当举例为学生顺利实现相应的数学抽象提供必要的基础,包括在如何实现相关的抽象这一方面给他们必要的指导与帮助。当然,正如人们普遍认识到的,这是概念教学中"举例"的又一重要作用,即有助于学生更好地认识数学学习的意义,特别是数学与人们日常生活与工作之间的联系。

在此还可特别提及数学学习心理学现代研究的这样一个结论:在大多数情况下,数学概念在人们头脑中的心理对应物("心理表征")都不是严格的定义,而是一个由多种成分组成的复合体,而"例子"则更可以被看成在其中占据了十分重要的地位:"它由所有的相关实例、反例、事实和关系组成。"(S. Vinner & R. Hershkowitz,"Concept images and common cognitive paths in the development of some single geometrical concepts",载 R. Karplus 主编, *Proceedings of the 4th PME International Conference*,1980)(特殊地,这正是人们何以作出关于"概念定义"与"概念意象"的明确区分的一个主要原因)当然,就我们目前的论题而言,我们应特别强调这样一点:由于教学中所使用的各个例子其作用不只是为相应概念的学习充当必要的"垫脚石"或"跳板",而也可能长期存在于学生的头脑之中,即对于主体以后的各种相关活动都具有十分重要的影响,因此,我们就应从后一角度更深入地去认识"举例"的恰当性。

值得指出的是,后者事实上也正是"实践性智慧"的一个重要特点,即"借助于案例进行思维"(6.1 节),从而更清楚地表明了"例子"对于新的认识活动的重要作用。

总之,这应被看成概念教学中例子"恰当性"的一个基本涵义,即应当具有一定的典型性或代表意义。应当强调的是,这事实上也正是现代的教学研究中人们何以提出"概念原型"、"范例"与"认知基础"等这样一些概念的主要原因;一些学者更由此而发展起了一定的教学方法。以下所提到的"范例教学法"(paradigm teaching strategy)就是这样的一个实例。

［例1］　"负数的认识"与"范例教学法"

"范例教学法"是美国著名数学教育家戴维斯(R. Davis)所倡导的一种数学教学方法。以下是由他本人所给出的关于这一方法的一个教学实例：为了帮助学生掌握负数的概念，特别是如何去进行包含有负数的运算(如 4－10＝?)，教师采用了一个装有豆子的口袋，并在桌上提前摆了一些豆子。教学中，教师首先在口袋中装入 4 颗豆子，同时作为一种记载，在黑板上记下了"4"这样一个数字；然后，教师从口袋中拿出 10 颗豆子，这时黑板上就出现了"4－10"这样一个计算式。

教师接着提问道：

(1) 现在口袋里的豆子与一开始相比是变多了还是变少了？

学生很快回答道：变少了。

(2) 少了多少？

回答：少了 6 颗。

这时，教师就在黑板上写下了这样的表达式：4－10＝6，并告诉学生这一表达式读作"四减二等于负六"，而所说的"负"就表示这时口袋中的豆子变少了。

显然，在这一实例中，装有豆子的口袋与相关的动作(即在口袋中装入更多的豆子或是取出一些豆子)对学生来说都是十分熟悉的，从而就起到了"认知基础"(戴维斯称为"同化范式")的作用。而这正是"范例教学法"的核心所在，即其中所使用的例子应能真正起到"范例"或"认知基础"的作用。戴维斯并强调指出，一个好的"范例"或"认知基础"应当具有这样的性质，即能"自动地"指明相关概念的基本性质或相关的运算法则，这也就是指，学生借此可顺利地作出相应的发现，而无须依靠对于相关定义或法则的机械记忆。例如，在上述的实例中，学生显然就可借助于所说的"认知基础"顺利地去实行诸如"4－10"、"5－8"这样一些运算。

当然，除去所说的典型性或代表意义以外，这应被看成数学教学特别是概念教学中所使用例子的"恰当性"的又一重要涵义，即对于学生而言有较大的可接受性，也即是与相关学生的认知水平相适应的。

显然,从后一角度去分析,我们也可更好地理解以下做法的合理性,即我们在教学中何以应当特别重视数学与学生实际生活的联系。当然,从发展的眼光看,我们又应清楚地认识到这样一点:"具体"与"抽象"的概念事实上具有很大的相对性。这就正如著名数学家柯朗(R. Courant)所指出的:"一个人必须牢记,'具体'、'抽象'、'个别'和'一般'这些术语在数学中没有稳定的和绝对的含义。它们主要涉及一个思想框架、一个知识状态以及数学本体的特征。例如,已被列为熟悉的事物很容易被看作具体的。'抽象'和'推广'这些词描述的不是静止情况或最终结果,而是从某些具体层次导向更高层次的动态过程。"(J. Kapur 主编,《数学家论数学本质》,北京大学出版社,1989,第 121 页)由此可见,所说的数学实例的"可接受性"就不应被简单地等同于"生活性",我们并应高度重视学生思维的发展性。

例如,从后一角度去分析,我们显然就可立即看出以下论述的不足:"数学,对学生来说,就是利用自己的生活经验对数学现象的一种'解读'。"(转引自衡锋,"'错题'演绎的精彩",《小学数学教学》,2007 年第 10 期)如果采用皮亚杰的术语,这也就是指,数学学习并非只是"同化",而主要是一个"顺应"的过程。进而,这正是数学教学的一个主要目标,即应当帮助学生很好地实现对于实际生活的超越,也即能够逐步学会用数学的眼光与方法去看待世界、分析与解决问题。

从理论的角度看,在此还应特别强调这样一点:正如 1.2 节中所提及的,任一数学概念的生成都是一个重新建构的过程,即是与相关的现实原型在一定程度上的分离——由此可见,任一实例相对于相关的数学概念而言必然具有一定的局限性,也正因此,我们在教学中就应帮助学生很好地实现对于各个实例的必要超越。

总之,就例子在数学概念教学中的应用而言,我们应当始终牢记这样一点:数学教学中并非为了举例而举例,恰恰相反,我们应当更加重视如何能够帮助学生很好地实现由实例向抽象数学概念的过渡。

应当强调的是,从上述角度出发我们也可更好地认识"变式理论"(3.2 节)对于我们改进教学的指导意义,特别是,就数学概念的教学而言,我们为什么一定要同时使用所谓的"正例"与"反例",以及"标准实例"与"非标准实例"?因为,只有这样,我们才能帮助学生很好地实现对于各个实例的必要超越,并正确地把握相应数学概念的本质。

具体地说,为了防止学生将相关实例的某些特性误认为数学概念的本质属性,我们在教学中不应局限于平时经常用到的一些实例(这就是所谓的"标准变式"),也应有意识地引入一些"非标准变式"。

例如,以下就是教学中经常可以看到的一些错误观念,而学生之所以会形成这些错误观念,往往与我们在教学中所使用的只是"标准变式"有直接的关系:

角必定有一条水平射线;

直角必定是指向右边的角;

三角形和四边形的底边都应处于水平位置;

三角形的高必须处于垂直的位置,并必定与三角形的底边相交;

对角线不可能处于垂直或水平的位置。

进而,从同一角度去分析,我们显然就可很好地理解引入以下一些"非标准图形"对于改进教学的积极意义(图8-1)。

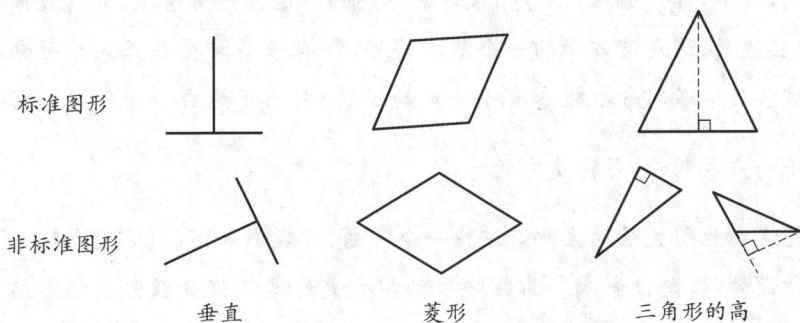

图 8-1

另外,我们在教学中还应有意识地引入一定的"反例"("非概念变式"),因为,通过与"正例"("概念变式")的对照比较,可帮助学生更好地掌握相关的概念,特别是防止或纠正一些可能的错误认识。

以下是"非概念变式"的一些实例(图8-2)。

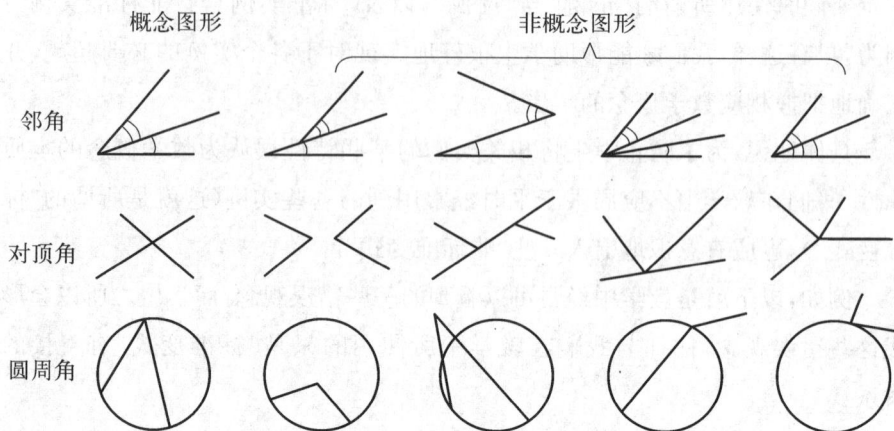

图 8-2

第 2 章中的［例 15］已直接涉及"变式理论"对于实际教学工作的指导意义，以下是这方面的又一实例。

［例 2］　变式理论与"认识分数"

这是张齐华老师 2007 年 4 月在一次小学数学教学观摩会上所展示的一个课例，其中，作为引入，他专门设计了"分蛋糕"这样一个情境，并通过简单讨论（应当提及，这是这方面的一个基本事实，即有很多学生在正式学习分数前已通过各种渠道对分数概念有了一定的了解）引出了这样一个结论："将一个蛋糕平均分成两份，每份是它的 $\frac{1}{2}$。"

笔者在此所关注的主要是这样一个问题，即我们如何能以"变式理论"（特别是所谓的"概念性变式"）为指导帮助学生更好地掌握分数概念的本质？以下就是这方面的一些具体建议：

第一，我们应当"通过直观或具体的变式去引入概念"。就目前的论题而言，这也就是指，作为分割的对象，未必一定是蛋糕，而也可以是纸片或别的什么东西。另外，对于所分割对象的外形也不应有任何特殊的限制：它们既可以是圆形，也可以是方形或任何其他的形状——容易想到，通过所说的变化（包括组织学生实际动手去画一画、分一分）我们就可帮助学生更好地理解其中的关键:这里所涉及的分割必须是"平均的"。

第二,相对于上述各个变化而言,以下的教学设计应当说更清楚地体现了变式理论的核心,即我们如何能够通过适当的变化帮助学生更好地掌握相应概念的本质,也即通过"求变以突出其中的不变因素":在此可以首先对分割的方法作出一定变化,例如,就长方形纸片的分割而言,我们可以横着折,也可以竖着折,还可斜着折……(后者大致地可被看成所谓的"非标准变式")。另外,除去所说的"正例"以外,我们显然也应引入一定的"反例"(这也就是所谓的"非概念变式"),如按照中位线对梯形进行分割,等等——这样,通过两者的对照比较,我们就可帮助学生更好地理解到这样一点:这里的关键并不在于"如何分",而是"平均分",或者说,后者正是分数概念的本质。

第三,作为进一步的抽象,我们显然应由 $\frac{1}{2}$ 逐步扩展到 $\frac{1}{3}$,$\frac{1}{4}$,…乃至 $\frac{2}{3}$,$\frac{3}{4}$,…从而,如果仍然集中于"将一个蛋糕平均分成两份,每份是它的 $\frac{1}{2}$"这样一个论述,我们就可以说,我们既应将"蛋糕"作为变化的对象,也可对"平均分成两份"中的"两份"以及所说的"每份"作出适当的变化。

第四,这事实上也可被看成"非标准变式"的一个实例,即分配对象也可以是"2个蛋糕"、"3个蛋糕"等,而不一定要是"1个蛋糕"——容易看出,这一变化事实上也就意味着我们已经将分析的着眼点由"(平均)分配"这一实际活动转移到了部分与整体之间的关系,后者当然意味着对于分数本质更为深入的认识。

综上可见,我们在此正是依次对"将一个蛋糕平均分成两份,每份是它的 $\frac{1}{2}$"这一论述中的各个成分进行了变化,这事实上也就意味着认识的不断深化。

就如何帮助学生很好地实现由例子向抽象数学概念的过渡而言,除去"通过适当的变化以突出其中的不变因素"这样一点以外,我们还应特别强调"比较"的作用,因为,抽象在很大程度上可被比喻为"举三反一",即我们如何能够通过诸多实例的比较与分析引出相应的模式。在此还可特别提及上海南洋模范中学赵宪初先生的这样一个论述,尽管他所直接论及的只是中学数学教学,而非小学数学教学:"中学数学教学需要'举三反一',甚至有时需要'举十反一','能够举三反一',孺子可教也。"当然,正如张奠宙先生在相关文章中所指出的,我们事实上应"将'举一反三'和'举三反一'结合起来,使两者相辅相成,应是我们的着力所在"。因为,"学习者若能举一而反三、问一而知十,这必定是其熟悉内在道理并能融会贯通的结果。然而'举一反三'是建筑在'举三反一'之上的,只有经过深入的三番考察、十方探究,总结得到一种客观规律(即'举三反一'),才能在应用该规律时做到'举一反三'。"(《张奠宙数学教育随想录》,华东师范大学出版社,2013,第 225 页)从理论的角度看,这也就是指,我们在教学中应很好地去处理具体与抽象、特殊与一般之间的辩证关系。

最后,就这方面的具体工作而言,笔者愿特别强调这样一点:我们在教学中应当尽可能地让学生发挥重要的作用,即如让学生具体地去指明究竟什么是各个不同实例的共同点与不同点,什么是我们在此的主要关注,等等。当然,教师在此也应发挥重要的引导作用,即如对学生的各种想法作出必要的评价,包括肯定与否定、强调与淡化、进一步的发挥与清楚的阐明等等,从而就能在充分尊重学生主体地位的同时,也能很好地发挥教师的主导作用。

更进一步说,这显然是教学中应当特别注意的一点,即我们不应满足于教师的举例,而且也应积极地鼓励学生去举例。因为,正如先前关于"概念意象"的论述已表明的,能否为抽象的数学概念举出适当的实例在很大程度上可被看成学生是否已经很好地掌握这一概念的一个重要标志。

2. "善于举例"与"问题解决"

上面的论述对于数学活动的另一基本形式,即"问题的提出与解决"也是同样适用的。例如,我们显然可从同一角度去理解例子在"问题解决"教学中的作用:"当要求学习者……解决问题时,必须通过提供相关案例以支撑这些经验……相关案例通过向学习者提供他们不具备的经验的表征,来支持意义的形成。……通过在学习环境中展示相关案例,……向学习者提供了一系列的经验和他们可能已经建构的与这些经验有关的知识,以便与当前的问题进行对比。……相关案例同时也通过向学习者提供所探讨的问题的多种观点和方法,帮助他们表征学习环境中的复杂性。"(乔纳森,"重温活动理论:作为设计以学生为中心的学习环境的框架"，载乔纳森、兰德主编，《学习环境的理论基础》，华东师范大学出版社，2002，第 89 页）当然，我们在此也应十分重视问题的"适当性"，而这不仅是指相关的例子必须具有足够的典型性或代表意义，而且也是指我们应当针对学生的具体情况作出适当的选择。例如，对于处于困境之中并感到无从下手的学生，我们或许就可通过适当的举例给他一定的启示；与此相对照，对于学生的错误做法我们则应通过适当的实例以引发其内在的概念冲突，从而帮助学生自觉地去纠正错误。

再者，正如 4.3 节中已提及的，对于相关实例的深入剖析正是"数学启发法"研究最基本的一个途径："对于一个特例所以要进行这样周密的描述，其目的就是为了从中提出一般的方法或模型，这种模型，在以后类似的情况下，对于读者求解问题，可以起到指引的作用。"（波利亚语）由此可见，为了切实提高学生解决问题的能力，我们在教学中不仅应给学生提供具有典型代表意义的例子，而且也应努力帮助学生很好地去实现相应的抽象，即从各个具体的例子上升到普遍性的模式，乃至一般性的思维模式或思想方法（第 5 章中的［例 14］可被看成这方面的一个实例）。

相对于概念教学而言，例子在"问题解决"中的应用并也有其一定的特殊性。

具体地说，如果说概念的教学最终必须落实于抽象数学概念的建构，那么，就例子在"问题解决"中的应用而言，主要的是起到了一个示范的作用。这也就是指，我们所希望的是学生通过例题的学习，包括必要的对照比较获得关于如何解决问题的直接启示，从而顺利地解决所面临的问题。与此相对照，就一般性思维模式或思想方法的学习而言，则应说是一个更为长期的目标，即必然有一个较长的过程。

对于后一结论由所谓的"模式识别"在数学解题活动中的重要作用可清楚地看出。具体地说，正如人们广泛认识到的，所谓的"归类"在学生的解题活动中应当说具有十分重要的地位，因为，如果我们能将所面临的新问题归入某一适当的"问题类别"，往往就可由此而联想出相应的解题方法，从而也就可以通过调动已有的经验和知识顺利地解决所面临的问题。

以下是由欣思利（D. Hinsley）等人所进行的一项相关研究：实验中他们

要求被试在仅仅听到部分内容的情况下就指明问题的类别。结果发现被试常常只是听到了问题的开头部分,如"一条船顺流而下……",就立即意识到了所面临的是一个"水流问题",并预计到必须对顺流而下与逆流而上所花费的时间进行比较,从而求得水速及船在静水中的速度。另外,尽管这是一个不包括"问题"的问题:"洛伦兹和 3 个同事在早上 9 点由贝尔法德出发,他们驾车 360 公里后抵达法兰克福,中间休息了 30 分钟",然而,当这一"问题"被混入其他的试题之中时,大部分学生都没有注意到这里没有提出任何问题,而是依据自己头脑中已有的"问题类别"进行了求解——后者即是指如何依据上述的数据去计算驾车的平均速度。

当然,上述的分析并非是指相关的解题活动并不包括任何由特殊向一般的过渡,因为,所说的"归类"或"模式识别"事实上已超越各个具体例子并建构起一般性的"模式"。但是,这显然正是这里所说的"模式识别"十分明显的一个特征,即这在很大程度上是"借助于案例进行思维"。

也正因此,这在很大程度上就可被看成我们在教学中如何能够更好地去应用案例的关键,即我们不仅应当很好地去选择具有代表性的"例题",也应注意引导学生超越对于"例题"的简单模仿这样一个较低层次而上升到方法论的层面,或者说,能够超越"简单技能"的学习而努力提升自身解决问题的能力。

例如,容易想到的是,这事实上就可被看成所谓的"题海战术"的主要问题所在:这在很大程度上是将"问题解决"这一创造性的活动演变成了解题技能的学习,甚至可以说完全忽视了学生思维的发展。

以上述的分析为背景,相信读者也可更好地理解以下一些建议的积极意义:

"我提倡'一题一课,一课多题'——一节数学课做一道题目,以一道题为例子讲解、变化、延伸、拓展,通过师生互动、探讨、尝试、修正,最后真正学到的是很多题的知识。"(李成良,"聊聊'懒'课——谈谈高效课堂",载人民教育编辑部,《教学大道——写给小学数学教师》,高等教育出版社,2010,第 65 页)

当然,从更一般的角度去分析,这也直接涉及"举三反一"与"举一反三"之间的关系,特别是,我们不仅应当以一道题为基础去进行变化、拓展,而且也应通过所说的变化和延伸深化自身对于原先的题目以及相关方法的理解。

　　以下是另一相关的建议："数学基本技能的教学,不应求全,而应求变。"这也就是指,数学中各种解题方法的教学应当着眼于提高学生的应变能力,即如何能够依据对象与情境的变化对相关的经验和知识作出适当的调整,而不应停留于机械的记忆与简单的模仿。

　　进而,为了进一步提高学生在方法上的自觉性,我们又应积极地去提倡"一题多解",包括不同方法的比较。值得指出的是,这事实上也正是"变式理论"中关于"过程式变式"的论述何以会提到"问题解决的三个维度"的主要原因(详可见 3.2 节),后者并为我们在教学中究竟应当如何去"求变"指明了努力的方向。

　　最后,还应强调的是,尽管由具体的解题活动向一般性思想方法或思维原则的过渡往往有一个较长的过程,但我们在教学中仍然应当在这方面作出切实的努力,后者不仅是指"问题解决"的教学应当努力帮助学生超越各个实例并很好地实现向一般性模式的过渡,而且也是指"用思想方法的分析带动具体知识内容的教学"。正如 1.1 节中已指出的,只有这样,我们才能使学生更好地体会到数学思想方法的力量,或者说,可以通过"身传言教"帮助学生逐步地学会数学地思维。

　　例如,4.1 节中所提到的"植树问题"的教学显然可以被看成这一方面的一个实例,这就是指,我们究竟应当去如何看待"植树问题"在此所发挥的作用:这仅仅是一个实例,还是其本身就具有特别重要的研究价值? 进而,如果认定"植树问题"应被看成一个案例,那么,什么又是相关的模式? 我们在教学中并应如何帮助学生较好地实现由"植树问题"向相关模式的过渡? ……另外,第2章与第3章中的众多论述也可被看成为我们如何做好后一方面工作提供了更多的实例。

8.2　"善于提问"与数学教学

1."问题"对于数学与数学教育的特殊重要性

　　第一,问题可以被看成数学研究的实际出发点,特别是,新的具有重要意义的问题的提出往往意味着数学将取得新的进展,甚至是重大的突破。

　　具体地说,每个数学分支应当说都具有自己的基本问题：相应的理论主要就是围绕这些问题得到建立的；每个时代也都有自己特殊的数学问题。例如,古希腊的数学研究在很大程度上就是围绕所谓的"几何三大难题"展开的。另外,就 20 世纪的数学研究而言,我们应当特别提及著名数学家希尔伯特 1900 年在第 2 届国际数学家大会上提出的"23 个问题"。希尔伯特并强调指出："我们知道,每个时代都有它自己的问题,这些问题后来或者得以解决,或者因为无所裨益而被抛到一边并代之以新的问题。如果我们想对最近的将来数学知识可能的发展有一个概念,那就必须回顾一下当今科学提出的、期望在将来能够解决的问题。"另外,这也是希尔伯特在这方面的一个基本观点："只要一门科学分支能提出大量的问题,它就充满着生命力；而问题的缺乏则预示着独立发展的衰亡或中止。"("数学问题",载《数学史译文集》,上海科学技术出版社,1981,第 60 页)显然,这更清楚地表明了问题对于数学发展的特殊重要性。

　　由此可见,对于问题的很好把握事实上就应被看成数学学习的一个重要内涵。更一般地说,这并涉及对于"数学"的不同理解：我们应当将"数学"看成由"问题"、"语言"、"方法"与"理论体系"等多个成分组成的一个复合体——这也就是所谓的"数学活动论"。(详可见另著《新数学教育哲学》,华东师范大学出版社,2015,第 3 章)

　　第二,问题在数学教学中的应用直接关系到我们如何能够很好地去落实数学教育的基本目标。

　　这首先是指我们如何能够帮助学生(初步地)学会数学地思维,因为,正如波利亚所指出的："可能任何类型的思维守则都在于掌握和恰当地运用一系列合适的提问。"(《数学的发现》(第二卷),内蒙古人民出版社,1980,第 127 页)进而,如果说"数学启发法"可被看成"解题策略"的核心,那么,后者主要就是指"一些定型的问题和建议"。

　　其次,就当前而言,我们又应特别提及这样一个思想,即我们应当通过数学帮助学生学会思维,特别是,帮助学生逐步学会想得更清晰、更深入、更全面、更合理。进而,正如第 5 章中已指出的,"问题引领"又可被看成我们如何能够实现上述目标,即真正做到"深度教学"最重要的一个途径。(对此我们将

在以下作出进一步的分析论述）

在此还可围绕学生提出问题能力的培养作出进一步的分析：首先，这应被看成创造能力最重要的一个内涵："解决问题也许是一个数学上或实验上的技能而已，而提出新的问题、新的理论，从新的角度去看旧的问题，却需要创造性的想象力，而且标志着科学的真正进步。"（英费尔德、爱因斯坦，《物理学的进化》，上海科学技术出版社，1962，第66页）然而，正如以下实例所表明的，这在很大程度上可被看成我国数学教育较薄弱的一个环节，从而更清楚地表明了切实加强这一方面工作的重要性。

[例3] "提出问题"与中美学生的比较①

这是几年前在中国和美国部分地区之间进行的一项比较研究中的一道试题：试就图8-3所示的情境提出3个数学问题，一个较为容易，一个较难，另一个则难度适中。

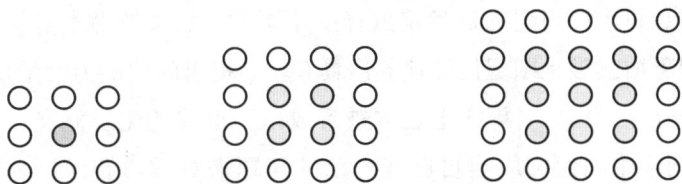

图8-3

测试结果表明：美国学生对于此类问题普遍地感到较为容易，对中国学生来说却是相反的情况（这次测试事实上包括两个部分：第一部分要求学生按照所给出的情境——其中共有3个情境，图8-3是其中之一——分别提出易、中、难三个数学问题，但不需要求解；第二部分则要求学生实际求解试卷中根据特定情境直接给出的两个数学问题。结果美国学生普遍地感到第二部分难于第一部分，对中国学生而言第二部分则似乎没有任何困难，但面对第一部分试题他们却显得完全不知所措）。进而，尽管这是以小学四年级学生为对象所作的一次测试，但设计者后来又对中国的中学生甚至是大学生进行了同样的测试，结果出现了相同的情况。由此可见，中国学生与美国学生相比较为缺

---

① 这一材料是由贵州师范大学吕传汉副校长向笔者提供的，特此表示诚挚的谢意。

乏提出问题的能力。

当然,就这方面的具体工作而言,我们又应特别强调这样一点:正如解决问题能力的提高,学生提出问题能力的提高同样主要依赖于后天的学习,教师更应在这方面发展重要的指导与示范作用。显然,这更清楚地表明了教师"善于提问"的重要性。

例如,从上述角度去分析,我们就可清楚地看出以下一些做法的局限性:课改以来有不少教师往往以"这堂课你们想学什么"作为课堂教学的直接开端,在学生从事了一定的解题活动之后又常常会要求学生自己去编题。另外,各类教材中对于"你还能提出什么(数学)问题"这一用语的使用频度无疑也会给人留下深刻的印象。进而,以下的认识则可说更为极端,即如绝对地去肯定"学生所提出的任何问题都是有用的";或是将教学思想的发展简单地归结为由"教师问、学生答"经由"学生问、教师答"最终演变成为"学生问、教师帮、学生答";等等。与此相对照,我们应当明确地肯定这样一个事实:如果教师本身不善于提出问题,我们恐怕就很难期望他能培养出具有较高提出问题能力的学生。

值得指出的是,后者事实上也可被看成以下论述的主要涵义:"教师的工作是通过向学生问他们应当自己问自己的问题来对学习和问题解决进行指导。这是参与性的,不是指示性的;其基础不是要寻找正确答案,而是针对专业的问题解决者当时会向自己提出的那些问题。"(巴拉布与达菲语)

第三,教师在课堂上能否很好地做到"问题引领"可被看成教学活动真正实现"双中心"的关键,即我们如何能够很好地去落实这样一个教学思想:我们既应明确肯定教师在教学活动中的主导作用,同时也应很好地落实学生的主体地位。(6.2 节)

由以下实例我们可更好地体会到这样一点。

[**例 4**]　一场改变学校命运的课堂教学革命——河南省濮阳市第四中学教学改革纪实

(《人民教育》,2009 年第 6 期)

这是 2005 年走马上任的孙石锁校长在濮阳市第四中学开展的一项教改

实验，以下是他在这方面的基本认识："只强调学生的主体性，课堂太'活'；只强调教师的主导性，又太'死'"；"我们就搞一个'半死不活'的。"

当然，改革的道路决非一帆风顺。对此由他们的实际经历就可清楚地看出。

2007年春季开学伊始，学校搞起了"生生互动——师生互动——反馈检测"的三段式教学改革。之后，孙石锁一堂课一堂课地去听，结果令他啼笑皆非，老师们的三段式五花八门：有的是"满堂灌"，有的是"满堂问"，还有的是学生"满堂跑"。

以下就是他们关于这一段实践活动的总结与反思：

"小组内的学生不知道怎样互动，不是谈天说地，就是乱哄哄地讲，不仅没有调动学生自主学习的积极性，还分散了学生的注意力，降低了学习效率。关键是老师也不知道让学生'动'什么。

"是啊，一上课就'动'，就讨论，没有内容！没有载体！'互动'什么呢？

"这样一分析，大家一致同意，有必要在'生生互动'前加上一个'学生自学'环节。一上课，先让学生自己看几分钟课本。看完了，让他们提问题，老师围绕这些问题展开教学。"

当然，上述想法是否可行仍有待于教学实践的检验，而这事实上也正是这一教学改革的所实际经历的一个过程："可是，这样的课听下来，离教学重点往往还有十万八千里。要照学生的问题走，根本完不成教学任务。"

以下是一位教师的具体体会：

"听课以后，我发现，上阅读课，让学生开放，问题是提出来了，但内容没讲完，因为学生发现的问题太多了，有些东西是以前讲过的，有一些是新的。放得太开，就好比早上让孩子去超市了，到晚上还没回来，究其原因，买的东西太多了。我一看，这样不行，得告诉学生买什么东西，啥时候回来。这要体现老师的教学组织应变能力。

"后来，又强调合作和互动，出现什么情况呢？一个小的问题来回讨论，很耽误时间。本来一个小孩去买牙膏就可以了，结果派了两小孩去了。这也是一种很浪费的步骤。"

为此学校又组织全体教师进行总结，结果产生了以下做法：

"学校想了个办法：让教师写'教学内容问题化教案'。2008年寒假，孙石锁强迫教师做了一件很'不人道'的事,让教师利用寒假写完一个学期的问题化教案。每节课只写一个问题。

"'教学内容问题化教案'是让老师知道自己该教什么,让学生知道自己想学什么。这是三段式教学法的主线。……老师和学生都应以问题为中心进行双向的互动,实现双主体的双互动。"

由此可见,"问题引领"或许就是数学教学实现学生与教师"双中心"最有效的一个手段。

在此还应特别提及这样一点:对于课堂提问的高度重视事实上正是"中国数学教学传统"十分重要的一个方面。当然,"大班教学"正是造成这一现象的一个重要原因:在学生人数众多的情况下,适当的提问可被看成同时实现学生在学习过程中的主体地位与教师在教学过程中主导作用的一个有效手段,特别是,通过提出有一定挑战性,同时又适合学生的认知水平,更具有一定启发意义的问题,教师就不仅可以促使学生积极地去进行思考,同时也可发挥重要的引导作用。

综上可见,我们应将"善于提问"看成数学教师教学能力的又一重要内涵。

2."问题引领"面面观

那么,我们在教学中究竟应当如何去提出问题呢? 或者更恰当地说,如何真正做好"问题引领"呢? 这事实上也正是近年来数学教学研究的一个热点,有不少教师更已通过积极的教学实践总结出了一定的经验和方法。对此例如由以下一些关键词就可清楚看出:问题引领、问题驱动、教学内容问题化、核心问题、大问题教学等等。以下就以此为背景作出进一步的分析论述。

具体地说,数学教学中的"问题设计"可以被看成具有两个不同的"维度":"引领性思考"与"驱动性思考"。尽管这两者并非绝对地互不相干,特别是,如果从广义的角度去分析,所谓的"问题引领"应当说也包含有"问题驱动"这样一个涵义,但是,强调两者的区分即为我们更深入地去进行分析思考提供了一个可能的切入点。

第一,"引领性思考"。

这主要指围绕数学教育目标所进行的思考,即我们如何能以问题的提出促进学生对于数学知识(与技能)的掌握,以及他们对于数学思维的学习,乃至思维的整体性发展,特别是达到更大的思维深度。简言之,为了实现相关的目标,我们究竟应当选择什么样的问题去组织教学,从而切实发挥教师工作应有的引领作用?

对此还可作出如下的细分:

(1)就知识本身进行分析,即围绕什么样的问题去组织教学我们才能帮助学生更好地掌握相关的数学知识(与数学技能)。当然,这里所说的"知识"既可以指一堂课或几堂课的教学内容,也可以一个阶段的全部学习内容作为分析的对象。

例如,上面所提到的"教学内容问题化"显然可被看成属于这样一个范围。当然,这是这方面工作应当特别重视的一点,即所说的问题必须少而精,而不应多而杂。

值得指出的是,这事实上也正是人们何以常常将此类问题称为"核心问题"或"重要问题"的主要原因。即如"核心问题指向所学知识的本质,通过它,学生能理解所学知识的要点;核心问题是整合数学内容的关键和重点,其他问题由它派生出来,并与它有着内在的逻辑联系,通过它,学生能实现知识的整体建构;核心问题是思考的动力,是知识学习的大纲。"(吴文英,"读厚、读薄、读活",《小学数学教师》,2016 年第 7 期)另外,正如以下论述所清楚表明的,这在很大程度也可被看成黄爱华老师所提倡的"大问题"的一个基本涵义:"找准了'大问题',就意味着教者抓住了课堂的'课眼',纲举目必张。"("洗尽铅华,粉饰尽去——以'大问题'为导向的小学数学课堂教学实践与探索",《小学数学教师》,2013 年第 1~2 期)

以下是这方面的一些具体课例。

[例 5]　"异分母分数加减法"教学实例

(武维民,"听吴正宪讲课[2]:让思维历险",《人民教育》,2010 年第 11 期)

在"异分母分数加减法"的教学中,吴正宪老师先让学生通过折纸、画图等方法理解算理,在初步找到异分母分数加减的方法后,又出示了这样 3 道题:

$\dfrac{1}{4}+\dfrac{7}{12}$，$\dfrac{1}{4}+\dfrac{5}{6}$，$\dfrac{1}{4}-\dfrac{1}{7}$，请学生任选一题试做。学生做完并订正后，吴正宪老师又提出了以下几个问题。

问题1：这3道题，同学们都把异分母分数转化为同分母分数，转化时要注意什么？

问题2：转化的目的是什么？

问题3：通过计算，你认为异分母分数加减法的计算方法是什么？

问题4：在计算时要注意什么问题？

相关作者并强调指出：这些问题成了"学生思维的导火索"，起到了"激发儿童在问题串中思考"的作用。

［例6］ "百分数的意义"教学实例

（黄爱华，《小学青年教师》，2006年第4期）

与当时的普遍情况相类似，黄爱华老师在这一内容的教学中也采取了积极鼓励学生提出问题这样一个做法，即在教学开始时要求学生自由地提出各种与百分数直接相关的问题。但与"放任自流"不同，黄爱华老师十分重视教师的引导，即如何能将学生的注意力引导到相应的重要问题之上。以下就是他通过对学生所提出的问题进行梳理归纳出的几个问题：

"百分数有什么好处？"

"什么是百分数的意义？"

"在什么情况下用百分数？"

"百分数与分数比较有什么不同？"

当然，教师能否很好地抓住所说的"核心问题"或"重要问题"，主要取决于其对于相关内容的理解程度。由以下实例相信读者可更好地理解到这样一点。

［例7］ "数字与信息"的教学

这是现今很多观摩教学经常选用的一个内容。笔者在此所思考的是这样一个问题：如果安排你去上这样一节课，你的教学将集中于什么问题？或者说,你将以什么问题来引领这一教学活动?

促使笔者提出上述问题的主要原因是:在现今的观摩教学中,任课教师往往都集中于"身份证的认识"这样一个具体任务,即以帮助学生较好地掌握身份证(与其他一些编码实例)所提供的信息作为主要的教学目标。但在笔者看来,就"数字与信息"这一内容的教学而言,以下是更重要的一些问题:人们为什么要进行编码? 应当如何去进行编码? 我们又如何能由各种编码去提取相关的信息?

例如,由于现在的主题是"数字与信息",因此,我们在教学中就应突出这样一个问题:通过编码(即用数字的排列)来传递信息与其他方法相比有什么优点或不同? 另外,就"如何进行编码"这一问题而言,尽管我们在教学中不可能提及很多抽象的原理,但即使就小学生而言,我们仍可有意识地去强调这样一些基本原则,如"编码不应重复"、"编码不应有遗漏"等等。

当然,为了对上述三个问题作出分析,教学中必须采用一定的实例。但我们在此是否一定要讲"身份证的认识",还是可以采用更简单的一些实例,如邮政编码、宾馆房间的编号等? 当然,相关实例的应用又应努力做到"小中见大",因为,归根结底地说,这正是笔者在这方面的一个基本观点:作为数学课我们不应主要集中于如何掌握身份证所提供的信息等这样一些"日常事务",而是应当更加关注与"数字与信息"这一主题直接相关的数学思想。

最后,应当强调的是,尽管我们可以泛泛地去谈及每一节课的"课眼",但只有从更大的范围进行分析思考,才能找出真正意义上的"核心问题"或"重要问题",从而做到"纲举目张",即以此来统领全部相关内容的教学。

例如,从这一角度去分析,我们就可更好地理解以下一些做法的合理性,尽管它们的直接主题并不只限于"核心问题"的提炼。

[例8]　重建课堂——广东省佛山市第九小学教学变革侧记
(《人民教育》,2011年第20期)

"教学要有'长程的眼光',应该把教学过程的每个环节看作是这节课的一个局部,把每节课看作是整个单元或者教学阶段的一个局部,把每个教学单元或者教学阶段看作是整个小学阶段的一个局部。

"我们给教师发整套教材,让每个教师首先把整套教材的逻辑编排体系和编者的意图弄清楚,比如语文学科要给学生哪些素养,数学学科要培养学生哪些思维方法。然后以章节为单位进行备课,逐步树立教师的整体观念。最后具体到每一节的备课。"

[例9] "为了学生一生的健康发展"——辽宁省调兵山市教育内涵发展纪实

(《人民教育》,2011年第20期)

"调兵山市第一中学数学教师陈莹是大赛的一等奖获得者。她认为成绩的取得,得益于近年来调兵山市在全市开展的'大教研制'。每学期开学前,全市教师要参加'集体备课日'活动,由教研员牵头,带领教师研究教材知识体系;全市组织开展'说课标,说教材'日;学校层面组织单元(章)集体备课制。以前教师'自己备自己的课,自己写自己的教案,对教材的把握,对于编者的意图没有明确的认识',大教研制,避免了教师各自为政的状态。"

特别是,应当"让教科研人员带领学科教师直面教材,把握和吃透教材,整理提炼各章节的'知识树'和'问题链'"。

进一步说,这显然也十分清楚地表明了"钻研教材"的重要性,而又正如马立平博士所指出的,后者可被看成"中国数学数学传统"十分重要的一个方面:

"中国教师花费大量的时间和精力钻研课本,在整个学年的教学中不断地全面研究课本。首先,他们要理解'教什么'。他们要研究课本是如何解释和说明教学大纲的思想的,作者为什么以这样的方式编排,各部分内容间的联系是什么,该课本的内容与前后知识点之间有什么联系,与旧版本相比有什么新亮点,以及为何要作这样的改变等。更为详细地讲,他们要研究课本的每个单元是如何组织的,作者是怎样呈现内容的,以及为何如此呈现。他们要研究每个单元有哪些例题,为什么作者会挑选这些例题,以及为什么例题以这样的次序呈现。他们要审核单元每一节的练习,第一部分练习的目的等等。他们确实对教材作了非常仔细和批判性的研究。"(《小学数学的掌握和教学》,同前,

第 125 页）

（2）由知识向思维的过渡，即我们如何能够通过适当的问题将学生的注意力由具体知识内容引向隐藏于其背面的数学思想和数学思想方法；进而，我们又如何能够通过适当的问题引导学生更全面、更深入、更合理地去进行思考，即更有效地促进学生思维的发展。

显然，如果就日常的教学活动进行分析，这里所说的"思维性问题"与前述的"内容性问题"相比应当说处于更为隐蔽的地位。但我们显然不应因此而对此采取忽视的态度，因为，这直接关系到了教学的深度，即我们如何能够很好地去促进学生思维的发展。（5.2 节）

事实上，正如前面已指出的，这是数学思维的一个重要特点，即其往往具有超出特定内容的普遍意义，从而也就可以被用于更多的场合或对象。也正因此，我们可将这里所说的"思维性问题"称为"基本问题"，这也就是指，我们应当在教学中经常地去重复这些问题，即将此贯穿于全部的教学活动。

例如，在学生从事解题活动，特别是一时陷入了困难而不知所措时，我们可经常地去提及波利亚在"怎样解题表"中所列出的各种问题（4.3 节），因为，这不仅有助于学生顺利地解决所面临的问题，还可通过多次的反复与总结，帮助学生较好地掌握相关的"解题策略"和数学思想。另外，为了切实提高学生的元认知水平，我们在教学中又应经常地去提及这样三个问题："什么"、"为什么"和"如何"，直至最终帮助学生在这方面养成了良好的习惯，即能够经常对自己提出这样几个问题。

再者，就数学概念的学习而言，我们则应经常提及这样几个问题：我们如何能用自己的语言对相关概念的本质作出说明，包括举出典型的例子（正例与反例）？我们为什么要引入这样一个概念，或者说，这一概念有什么作用？新学习的概念与其他概念之间有什么联系与区别？

另外，为了促进学生更深入地去进行思考，我们在教学中则应经常地去提及这样一些问题：你能不能说得更清楚一些、更全面一些、更系统一些？你能不能说出其中的道理？你还能不能想出别的更好的做法？等等。（对此可参见 5.2 节）

当然,正如先前已提及的,由于视角的广度正是认识达到更大深度的一个重要条件,因此,从这一角度去分析,经常引导学生具体地去思考不同知识之间的联系也是我们在教学中应经常采用的又一提问策略。

以下就是这样的一个实例。

[例10]　小数乘法的很好掌握

(引自于萍,"谈儿童数学教育视角下的'运算能力'培养",《教学月刊》,2016 年第 5 期)

为了帮助学生很好掌握小数的乘法,特别是,真正弄清相关算法背后的算理,相关教师专门设计了以下的两次"对比",其中,教师的提问更可说起到了"画龙点睛"的作用。

(1) 小数乘法计算方法中两步的对比。

师:请你计算 0.12×3.4,并说一说你是怎样算的。

生:小数乘法就是先按整数乘法算出积(12×34),再给积添上小数点(从右数出 3 位)。

师:看来,小数乘法在算的时候都会有个整数乘法做"隐形替身",那同一个整数乘法都能给哪些不同的小数乘法做"替身"呢? 它们的运算结果有什么相同,又有什么不同?

生举例:0.12×3.4,0.12×0.34,12×0.34……

师:由此可见,小数乘法的计算方法中第一步"先按整数乘法算出积",其实算出了乘积包含计数单位的个数,而第二步"再给积添上小数点"就是在确定积的计数单位。

(2) 小数乘法与整数乘法的对比。

师:这个整数乘法除了可以做小数乘法的"替身",在整数乘法中,是否还可以发挥"替身"的作用呢?

生:尾数带 0 的乘法吧,因为末尾有 0 的乘法,我们通常就先不看末尾的 0,算完以后再添 0。例如,120×3 400,我们通常都不用"末尾对齐"的方法一层一层地算,这样太麻烦了。可以先将因数末尾的 0"甩出去"不看,算完以后再添上。

出示：

$$
\begin{array}{r}
120 \\
\times\ 3400 \\
\hline
000 \\
000 \\
480 \\
360 \\
\hline
408000
\end{array}
\qquad
\begin{array}{r}
12\ \vdots\ 0 \\
\times\ 34\ \vdots\ 00 \\
\hline
48\ \vdots \\
36\ \ \ \vdots \\
\hline
408\,000
\end{array}
$$

师：同学们都更欣赏第二种算法，很显然它更简洁，但这样算的道理是什么呢？

学生结合实例展开分析发现，当我们将 $120\times3\,400$ 看作"12×34"这个"替身"的时候，"先不看因数末尾的 0"其实就是改变了因数的计数单位，只看 12×34 得到的 408 是乘积计数单位的个数。至于乘积应该是 408 个什么？那还得看因数的计数单位：$10\times100=1\,000$，所以乘积应该是 408 个 $1\,000$，就要在 408 的后面添上三个 0。

作者指出："这样的小数乘法练习，帮助学生在初步掌握算法的基础上不断深化认识。"

最后，应当提及的是，由于上面所提到的两种问题都与学习内容密切相关，对此我们就可统称为数学教学中的"本原性问题"。进而，以下的论述则可被看成十分清楚地指明了相关工作的关键："考量'本原问题'更多的是需要思考'教什么'，需要多关注'如何走向深刻'。"（储冬生，"问题驱动教学，探究生成智慧"，《小学数学教师》，2017 年第 3 期）

第二，"驱动性思考"。

如果说前述的"引领性思考"主要涉及"将学生引向何处"，那么，"驱动性思考"更加关注我们如何能够通过适当的问题让学生真正"动起来"，即能够更加主动地去进行学习。

以下是这方面工作应当特别注意的一些问题：

（1）与直接的"提示"相比较，我们应当更加注意"问题"的启发性，这也就是指,教学中所使用的问题特别是"核心问题"应有较大的开放性和一定的自由度,从而有利于学生更主动地去进行学习。

值得指出的是,这事实上也正是所谓的"大问题"的一个主要涵义:"我们就想找到一种真正是以学为核心的教学,是关注学生的学习,强调给予学生大空间,呈现教育大格局的模式,于是就提出了'大问题'教学。……大问题强调的是问题的'质',有一定的开放性或自由度,能够给学生的独立思考与主动探究留下充分的探究空间。"(引自王维花,"'大问题'教学——一种有生命力的新型课堂",《中小学教材教学》,2016年第1期)当然,除去"学生的独立思考与主动探究"以外,我们也应将同学间的合作与积极互动考虑在内。另外,在笔者看来,上面的论述并十分清楚地表明了这里所说的"教学能力"与一般意义上的教学方法之间所存在的重要联系,特别是,前者可被看成为我们在教学中如何更好地去应用各种教学方法或模式提供了重要的基础。

进而,现实中存在问题的分析显然可以被看成更清楚地表明了明确提倡"大问题教学"的必要性:"即使在倡导以学生为主体的'以学定教'、'先学后教'理念引领下的课堂,问题繁、杂、小、碎的现象仍然没有改变,'教'与'学'不相和谐,甚至严重脱离,……中小学课堂,必须改变目前课堂教学'满堂灌'、'满堂问'的教学模式。"(黄爱华,"洗尽铅华,粉饰尽去——以'大问题'为导向的小学数学课堂教学实践与探索",同前)

以下是这样的一个实例。

[例11] 一堂几何课中的提问

(引自顾泠沅等,《寻找中间地带》,上海教育出版社,2003)

这是初中几何的一次教学观摩,研究者对任课教师在课中的提问情况进行了记录分析。结果表明:这位教师在课中共提了105个问题,数量之多连她自己也不敢相信。但是,其中"记忆性问题居多(占74.3%),推理性问题次之(占21.0%),强调知识覆盖面,但极少有创造性、批判性问题"。另外,"提问后基本上没有停顿(占86.7%),不利学生思考"。

由此可见,尽管一线数学教师在教学中普遍使用了提问这样一种教学方式,但往往是"多而不精",真正有质量的问题(或者说,好的问题)并不多。

另外,笔者以为,这事实上也可被看成教师的教学未能给学生的独立思考与主动探究留下足够空间的又一表现:尽管这并非相关教师的自觉追求,但我们的教学似乎只是要求学生按照某一模式机械地去提出问题。

以下是这样的一个例子。

[例 12] 提问与"从众"

(祝家林,"小学数学课堂中学生答问从众现象之反思",《湖南教育·数学教师》,2007 年第 8 期)

这堂课的开始部分是这样的:

提供信息:故事书每套 12 元,连环画每套 15 元,科学书每套 18 元。

提出问题:买 5 套故事书和 2 套连环画,一共要付多少钱?

问题解答:$12 \times 5 + 15 \times 2 = 60 + 30 = 90$(元)。

然后,教学转向了"问题提出"。

师:谁还能再提一个问题?

生 1:买 3 套故事书和 5 套连环画,一共要付多少钱?

生 2:买 4 套故事书和 3 套连环画,一共要付多少钱?

生 3:买 2 套故事书和 6 套连环画,一共要付多少钱?

由此可见,如果缺乏必要的引导,学生所提的问题常常就是"从众"的结果。

以下是相关作者的具体建议:"如果教师能抓住时机,启发引导,提示学生'科技书我们也要看啊'或'能否求出两种书相差多少钱呢',学生的思路自然就宽了。"

另外,笔者以为,如果缺乏足够自觉性的话,那么,这也正是"解决问题的策略——从条件出发"的教学十分容易出现的一个弊病,尽管这并非教材编写者的直接意图。

(2)我们在教学中并应十分重视如何能够使得所设计的问题成为全体学生的共同关注,即真正成为学生自己的问题。因为,就只有这样,学生的学习积极性才能有效地得到调动,从而不仅能够积极地去进行思考,包括主动地进行尝试或探究,而且也能有足够的动力与耐心去面对和克服过程中可能遇到的困难,还可能表现出一定的承受努力,即使面对失败也能加以坚持,……

也正是从这一角度去分析,笔者就十分赞同这样一个分析:"问题"≠"问题情境"。"问题就好比一个想要过河的人所处的境况,当人站在河的此岸,其目标是河的彼岸,一时想渡而未能过,这就成了'问题'。这里的'河',使得主体和目标之间有了距离和空缺,就是一种'问题'。……(但)只有站在河边的人有了想到河对岸去的愿望时,才真正形成一个问题情境。"进而,这显然也可被看成以下主张的核心所在:"教学追求:从'有意义'走向'有意思'",这就是指,"教学要学会用'有意思'来表达'有意义'",从而更好地调动学生的学习积极性,即真正做到"问题驱动"。(储冬生,"问题驱动教学,探究生成智慧",同前)

当然,对于这里所说的"有意思"我们不应简单地理解成"好玩",而主要是指相关问题应很好地激发学生的好奇心和探究欲望,即对学生而言构成了一定的智力挑战(当然,这又应是他们力所能及的,对此我们将在以下作出进一步的论述)。因为,正如 6.3 节中所提及的,这是数学学习活动的根本:"在人的心灵深处都有一种根深蒂固的需要,这就是希望感到自己是一个发现者、研究者、探索者,而儿童的精神世界里,这种需要特别强烈。"(苏霍姆林斯基语)

进而,就这方面的实际工作而言,这显然涉及我们如何能依据相关的思考对前面所提及的"本原性问题"进行"再加工",即从单纯的"教什么"转而进一步去思考"怎么教"。

在此我们还可针对教材与教师教学活动之间的关系作出进一步的论述。具体地说,"问题引领"在现今的不少数学教材中都已得到了普遍的重视和应用。以下就是一些相关的论述:"《新数学读本》主要是通过知识问题化和问题知识化的设置,促使学生完成对数学知识、数学思维、方法的主动建构"(杭州现代小学数学教育研究中心,"学习方式的转变与知识在教材中的存在方式——《现代小学数学》新读本编写思路",《小学数学教师》,2005 年第 11 期);"选取密切联系学生生活、生动有趣的素材,构成情境串,引发出一系列的问题,形成问题串,将整个单元的内容串联在一些……"(山东省教学研究室,《义务教育课程标准实验教科书(数学)》,青岛出版社,2003,"后记")。那么,如果所面对的是这样的教材,这是否就意味着我们只需"按教材去教"就可以了? 显然,对于后一论述我们应持否定的态度,这也就是指,即使面对这样的教材,我们仍应坚持这样一个立场:"用好教材",而不只是"按教材去教",也即仍然应当坚持针对具体的教学对象与教学环境积极地去进行"再创造"。因为,从总体上看,教材应当说主要立足于学生与环境的共同点,教师的教学则应更加重视学生与环境的特殊性;再者,教材中的"引领性问题"主要是从知识的角度进行分析的,而我们在教学中显然应更加关注如何能够很好地调动学生的学习积极性。

以下是这方面的一个教学实例。

[例13]　"除数是整数的小数除法"与"问题驱动"

（引自储冬生,"问题驱动教学,探究生成智慧",《小学数学教师》,2017年第3期）

从知识的层面进行分析,这一内容的教学显然应当聚焦于相关算法的理解与掌握。但这恰是这一教学实例的一个主要特点:通过将此转化成"我们还能继续往下除吗"这样一个问题,从而更好地调动了学生的学习积极性。

以下就是相关的教学设计:

第一板块:探索算法,理解算理。

首先出示两道题:$52 \div 4$,$12 \div 5$,让学生试算、板演,复习整数除法的笔算,夯实小数除法的重要基础。当第二题学生算得 $12 \div 5 = 2 \cdots\cdots 2$ 时,老师随即提问:还能继续往下除吗? 学生说:因为余数比除数小,不能继续除了。教师适时点拨:这是二年级水平,现在上五年级了,能想出办法继续往下除吗? 学生已经认识了小数,并且学习了小数的加减法和乘法运算,已经具备了探索的基础。于是,有学生尝试添加小数位继续算。

"$12 \div 5 = 2 \cdots\cdots 2$ 还能继续往下除吗?"这就是一个核心问题,引发学生探究。其后的交流则由学生陈述各自算法及其合理性,教师相机点拨。关键点是:2除以5不够商1,就把2看成20个0.1来除以5商4,4表示4个0.1,商4要写在十分位。其实,无论多复杂,与整数除法的算理本质上是一致的,用的都是这个原理。

第二板块：巩固算法，归纳要领。

出示三种水果的总价和数量：香蕉 4 千克共 5.2 元，橙子 5 千克共 12.4 元，橘子 6 千克共 5.7 元。要求学生算出每种水果的单价。

这一任务旨在巩固和提升。交流研讨时，教师只要关注几个要点就行了，即除到被除数的末尾还有余数时，可添 0 继续除；个位不够商 1 时，就商 0 后继续往下除；整数部分不够商 1 要写 0 占位；对齐被除数的小数点，在商中点上小数点。

建议读者还可从同一角度对以下实例作出自己的分析，即我们究竟应当以怎样的问题去引领"线段、直线、射线"这一内容的教学，从而很好地调动学生的学习积极性。

[例 14] "线段、直线、射线"教学实践及思考

（潘小明，《小学教学》，2017 年第 5 期）

相关作者在这方面的基本想法是："通常教学中，教师先呈现'拉紧的线'或'绷紧的弦'并进行提问：它们都可以看作什么？在学生回答'线段'后，教师进一步引导学生观察线段的特征（有两个端点，可测量长度），举出生活中的线段……接着，教师将线段一端延长并告诉学生无限延伸能得到一条射线，让学生寻找其特征（有一个端点，向一端无限延伸），举出车灯射出的光线等类似射线的现象……再将线段的两端延长并告诉学生无限延伸就能得到一条直线，让学生找出直线的特征（没有端点，可以向两端无限延伸）以后，向学生介绍直线的表示方法。最后引导学生比较直线、射线、线段的区别，进行相关的练习。"

"毋庸置疑，经过这样的学习，学生一定能建立起关于线段、直线、射线的表象，理解线段、射线、直线的概念，会正确地表示这些图形，数学知识技能的目标得到较好的落实，但学生的学习还是比较被动的。如何让学生不断地提出问题、建立联系、进行研究个性化的表达以培养学生学习的基本素养，我进行了教学的实践探索。"

以下就是相关的教学实践：

（课始，教师在黑板上画了两条线，如图 8-4）

师：（指着左边的图形）这是一条——

生：曲线。

师：（指着右图的图形）它呢？

生：直线。

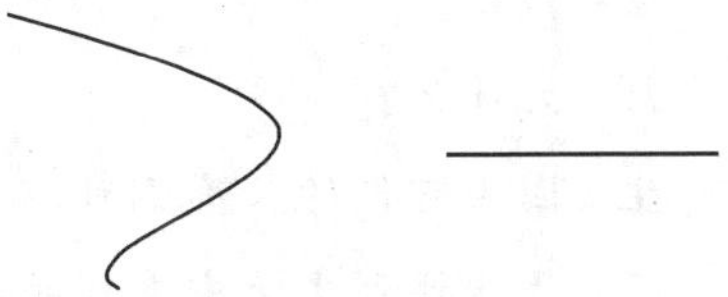

图 8-4

师：生活中，我们经常会说"这是一条

直线"。今天这节课我们要学习数学上的直线。你能画一条数学上的直线吗？

（此时，没有学生举手回答，教室里非常安静）

师：小朋友，这是一张 A4 纸，请在纸上画一条数学上的直线，好吗？

（学生纷纷用尺子在纸上画了起来。之后，进行反馈）

师：我告诉你们，你们所画的都不是数学上的直线。……就是刚才老师在黑板上画的这条，也不是数学上的直线。

（"为什么呀？"有学生终于忍不住提出了自己的疑问。教师没有直接回答，而是拿起三角板认真地测量起黑板上那条线的长度。得：30 厘米）

师：它确实不是数学上的直线，而是数学上讲的——

（这下，有些学生终于有所顿悟）

生 1：（响亮地）我觉得它是一条线段。

师：为什么说它是一条线段？

生 1：（自信地）因为直线是无限延伸的。

师：谁告诉你的？ 刚才你说这是一条线段，那我们先搞清楚"为什么说它是一条线段"，好吗？

生 1：（轻声地）我就是觉得直线应该是无限延伸的。

师：你的意思是它不是无限延伸的，所以是线段。那线段是怎样的呢？

生 1：线段应该是有一定长度的吧。

生 2：因为它是有起点和终点的。

师：因为它有起点和终点的。所以它的长度是——

生：30 厘米。

师：也就是说线段的长度是可以测量的，是吗？

生：是。

师：你们刚才在纸上画的，都是数学上讲的——

生：线段。

师：为什么？

生：因为它们的长度都可以测量。

师：你能找到生活中看到的线段的样子吗？

……

师：线段是有两个端点的，因此可以测量出长度。那数学上讲的直线，可能是怎样的呢？

（部分学生对于数学上的"直线"已经有了自己的想法，并积极地举手想要表达。教师没有让举手的学生回答，而是——）

师：请把你心里想的数学上的直线在纸上画出来。注意，你画出的这条直线，要让别人能看出你心里是怎么想的，行吗？开始。

（学生画完之后，教师先呈现第一个学生所画的"直线"，如图 8-5）

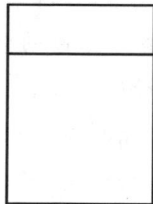

图 8-5

师：你们看得懂她心里是怎么想的吗？

生1：我觉得她是想表达无限延伸的那种线是直线。

师：你是从哪里看出"无限延伸"的？

生1：因为在美术课上，有些东西画不下去就可以画到纸的边缘上，只是画出图的一部分。她把直线画到了边缘，是因为画不下去了。

师：她之所以画到了纸的边缘，是因为这张纸太小了。如果这张纸无限大，就可以无限地画下去，是吗？

（该生和其他学生都表示同意）

师：还有不同的画法吗？

（教师呈现第二个学生画的"直线"，如图 8-6）

师：谁看懂她心理的"直线"了？

生1：她想表达用尺子是量不出曲线的长度的。

师：我们现在要画的是什么？

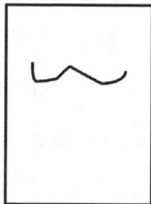

图 8-6

生：（齐）直线。

师：孩子，你自己说，好吗？

生2：我是这样想的：数学上的直线是不能有长度的，曲线是量不出长度的，所以它是数学上的直线。

师：曲线，我们能不能量出它的长度？

生：（齐）能，拉直了量。

（教师呈现第三个学生画的"直线"，如图8-7）

师：谁能读懂他的心？

生1：因为纸太小，从边缘到边缘没有画完，还能继续画。

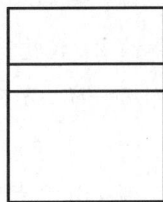

师：孩子，你是这样想的吗？

图8-7

生2：不是。因为我觉得数学上的直线是有宽度的。

师：原来你觉得数学上的直线是有宽度的，所以这里不是表示两条，而是表示它的宽度。

生3：我不同意！因为直线是一条线，它不是一个面。有宽度那就成了面。

师：直线是线而不是面，有宽度了就是面，这里就成长方形了。是这个意思吗？

生：（齐）是！

师：是呀，数学上的线是没有宽度的！

师：我刚才看到，有小朋友是这样画的（图8-8）。你觉得，横着画与竖着画相比，哪种更能表达他想画的是一条直线？

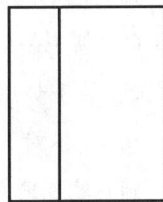

生1：我觉得应该是横着画。

师：为什么呢？

图8-8

生1：因为横过来的比竖着的直线要长些。

师：还有更能表达出是直线的画法吗？

生2：有！斜着画。

师：同意吗？（有些学生响亮地回答："同意！"）

师：有不同的意见吗？

（又有一些同学举手表示"有"）

师：他们会有怎样的不同意见呢？

（学生在四人小组内各抒己见，然后反馈）

生1：因为斜着画是有两个端点的，就可以测量。

师：他是不是认为这是两个端点呢？

生2：我觉得这三种都不能表达是直线。从平常人来看的话，都是从一端画到另一端，而不是放射到外面去。

……

师：刚才有同学说，我们的这种想法一般的人是不知道的，这可怎么办呢？还有不同的方法吗？

生5：先画一条线，再在两端上画上箭头，这样，人家就不会知道它有多长了。

生6：我觉得应该在画的直线上面写"无限延长"。

生7：我觉得直线就是有一个出发点，然后这条直线有无数个消失点。

（"啊?"学生中出现了小声的议论……）

生7：因为它是无限延长的，所以你不管画到哪里，总会有一个消失点。因为这张纸画不下，所以你只要标出一个消失点，它会消失到另外一个不知道的地方去。

师：这个消失点是会乱跑的，是吗？

（"不是……"生7连忙解释。教师则拿出一支激光笔，打开激光笔射出一束光，比着手势追问：这点是不是这样歪歪曲曲乱跑的?）

生7：不对，应该是笔直地射出去的。

师：笔直地射出去，射在哪里了？你们看到了吗？（生：射在对面的墙上）这条就是我们讲的直线，对吗？（几个顺着说"对"的学生马上连声说："不对！不对！"）

师：为什么？

生8：因为这还是线段，它有两个端点。

师：光线的另一端在对面的墙上。你刚才说"消失"，是什么意思？

生 7：这个点还会延伸到墙的后面。

……

师：我们这位小朋友敢于表达，而且非常有想象力：这个点沿着一个方向可以永不停止地消失在茫茫宇宙中。

师：同学们，从激光笔中的这点射出的这条光线，就是我们数学上讲的直线，对吗？

（"射线！"有部分学生响亮地回答）

师：射线是什么意思呀？

生 1：它是从一个点出发，还有一个点可以无限延伸的。

师：那直线是怎样的呢？

生 2：直线是无限延长的。

师：射线不也是无限延长的吗？

生 2：（用手势比画）先向右无限延伸，再向左无限延伸。

生 3：射线是向一个方向无限延伸，而直线是向两个方向无限延伸的。

师：生活中能找到直线的样子吗？

……

师：我们已经知道，射线是由一个端点向一个方向无限延伸的，而直线是由一点向两个相反方向无限地延伸的。那你能画出直线吗？

……

师：既然直线、射线老师是画不出来的，那数学上怎样进行交流呢？告诉你们，数学家有了统一的表示方法，大家都能看懂哪条是数学上的直线、射线或线段。想学吗？请自学课本第 38～39 页。

……

师：这节课，我们学了什么？

生：我们学了直线、射线，还有线段。

师：它们之间什么联系？

生：线段是有两个端点的，射线是把线段的一个端点保留，把另一个端点无限延长，而直线是把射线中原本保留的端点也无限延长。

师：像这样建立起知识之间的联系，很好！其实，它们的共同点是：都是直的线。但直的线不一定就是直线,向两方无限延长的是直线,只有一方无限延长的叫射线,而有两个端点可以测量出长度的叫线段。

笔者的思考:就上述的内容的教学而言,应当突出这样一个核心问题:我们如何能对一般所谓的"直线"(更准确地说,应是"直的线")作出进一步的细分? 当然,在教学中我们可以安排让学生动手去画"直(的)线"这样一个活动,但关键恰又在于我们应当以此为基础引导学生积极地去思考:所画的这些"直(的)线"(事实上就是"线段")有哪些不同,又有哪些共同点? 进而,在总结出了"它们都有两个端点、有一定的长度"这样两个共同点以后,我们又可引导学生进一步去思考:现实中(包括数学中)是否存在不具有上述共同点的"直(的)线"。显然,这时再去引入射线和直线等概念,即对一般意义上的"直线"作出进一步的细分就十分自然了,包括它们各自具有怎样的特征。

(3) 我们还应十分重视"问题"对于学生的可接受性,即其是否与学生的认知能力或认知水平相适应。

例如,从这一角度我们显然可更好地理解李成良老师的这样一个体会:"要注重课堂提问,在平时的教学中,针对哪些学生该提什么样的问题,可以提什么样的问题,他能回答什么问题以及掌握到什么程度,心里都要非常清楚。"("聊聊'懒'课——谈谈高效课堂",人民教育编辑部,《教学大道——写给小学数学教师》,高等教育出版社,2010,第 63 页)

进而,从更高的层面去分析,我们或许还应提出这样一个要求,即应十分重视问题的"自然性"。例如,尽管以下的论述所直接论及的只是所谓的"大问题",但相关的结论显然也具有更普遍的意义:"大问题的一个核心追求是让学生不教而自会学、不提而自会问。要做到这一点,一个很关键的因素就是教师必须让学生感到问题的提出是自然的,而不是神秘的,是有迹可循的,而不是无章可依的。"(黄爱华、刘全祥,"研究大问题,构建大空间——以'圆柱体的表面积'为例谈谈大问题的教学",《小学教学》,2013 年第 3 期)

以下就是这一文章中所提到的一个实例。

[例15]　由实际制作圆柱而自然生成的两个问题

"求圆柱的表面积关键是要算出圆柱的侧面积,而圆柱的侧面积的一个核心知识点是学生必须知晓'圆柱的侧面展开是一个长方形,长方形的长等于圆柱的底面周长,长方形的宽等于圆柱的高'。课一开始,教师让学生交流制作圆柱的步骤,并汇报制作过程中的发现。乍一看,这一活动平淡无奇,但仔细琢磨,很值得回味:学生在选材的过程中,或者说在'还原'圆柱的过程中,自然会发现圆柱侧面是由长方形纸卷曲而成。这样求'圆柱的侧面积'实质可转化成求'展开的长方形的面积'。同时,在制作的过程中,不少学生切实感受到先做圆筒后做底面的'麻烦':圆筒是空心的,稍一受力就会变形,这样,给绕着圆筒'描'圆增添了麻烦,而且沿着'描'出来的曲线剪'圆'也很麻烦!一不小心就把辛辛苦苦'描'出来的圆剪坏了,于是一切又要重来!

"'在做的过程中有什么麻烦的地方?有没有改进的方法?'这两个问题与其说是教师抛出的问题,不如说是学生制作过程中自然生成的问题。"

这时有学生提出:可以先做底面,然后做圆筒。

这样,"利用大家都有的感觉,教师投石击水,顺水推舟。……不仅将研究的重点聚焦到改进的方法上,更关键地,在这样的聚焦中,同学们潜移默化地感受到了原来'圆柱体的表面积'一课要研究的问题就是自己制作过程中遇到的问题,自己一再苦恼的问题"。

"学习即研究,问题即课题,久而久之,大问题追求的'不教而学生自会学,不提而学生自会问'的能力自然萌发、生成。"

应当强调的是,就这方面的具体工作而言,我们还可广泛地应用"问题串"这样一个方法,即通过"浅入深出"将学生的思维逐步引向深入。(吴正宪语,对此可参见5.2节中关于"深度教学"的相关论述)

值得指出的是,后者也是中国数学教学的一个重要特点。例如,相关研究表明:中国的数学教师"在课堂上不仅对同一个问题的解答采取层层递进的方法,从复杂程度来说,也是层层递进的。而在美国的课堂中,即便教材设计的问题是层层递进的,不少教师也常常把这些问题处理成简单地使用同一过程的问题,从而降低了问题的认知难度。"(江春莲等,"数学教育的国际比较研究——ICME - 13 的第一个大会报告及其对我国小学数学教学的启示",《小学教学》,2016 年第 12 期)当然,这又应被看成教学艺术的一个具体表现,即我们在教学中如何能够很好地去处理"层层推进、逐步深入"与"大问题引领"这两者之间的关系。

综上可见,这是数学教师必须具备的又一基本功,即善于针对具体的教学内容、教学对象与教学环境提出"好的问题"。后者即是指,教师所提出的"问题"既能对于学生的学习,包括思维的发展发挥重要的引导作用,也有一定的挑战性,从而能引起学生的广泛兴趣,更是与他们的认知水平相适应的。

最后,正如前面已提及的(5.2 节),与通过教师的适当提问进行引导相比较,我们应更加重视如何能够提升学生在这方面的自觉性,即能够逐步养成"自我提问"的习惯。就我们目前的论题而言,笔者并愿特别强调这样一点,即我们应当将努力提升学生提出问题的能力作为这方面工作的一个更高追求,特别是,相关教学应当努力达到这样一个境界:这时不仅原先设计的问题已经成了学生自己的问题,而且学生们的关注已不再局限于原先的问题,他们所追求的也已超出单纯意义上的"问题解答"。(详可见 M. Lampert,"When the Problem is Not the Question and the Solution is Not The Answer: Mathematical Knowledge and Teaching",载 T. Carpenter 等主编,*Classics in Mathematics Education Research*,NCTM,2004)显然,这时的学生真正成为了学习的主人。另外,这显然也应被看成教学工作"开放性"十分重要的一个内涵。

8.3　善于比较与优化

1. 数学学习就是不断地优化

强调"善于比较与优化"应被看成数学教师的又一项基本功,这主要反映了这样一个认识:数学学习主要是一个文化继承的过程,并必然地表现为不断的优化,包括"横向的扩展"与"垂直方向上的重组与重新认识",教师更应在这一过程中发挥特别重要的作用。

由于我们在以上已经多次谈到了这样一个主题,在此就不再赘述,而只是简单地强调这样几点：

第一，正如第 2 章的［例 2］（"自然数加法的不同水平"）所清楚表明的，即使就低年级的数学学习而言，也已包括了不断的优化。

当然，作为这方面的又一典型例子，我们还可特别提及由算术方法向代数方法的转变。这正如我国著名数学家吴文俊先生所指出的："四则难题制造了许许多多的奇招怪招。但是你跑不远、走不远，更不能腾飞……可是你要一引进代数方法，……你就可以做了，……而且他可以腾飞。"（2.3 节）

也正因此，这就是我们在当前应当注意纠正的一个现象，即由于对于学生的主体地位的片面强调在教学中采取了"放任自流"的态度，乃至将教学的"开放性"变成了"完全放开"。

例如，第 2 章的［例 3］（对此可参见第 1 章的［例 6］）就可被看成这样的一个实例，这就是指，我们决不应因为有些学生偏爱用"连加"或"连减"的方法去解决除法的问题，就认定教师在这一内容中的教学中不应积极地去倡导"用乘法口诀算除法"这样一种更好的方法。当然，我们在此也应清楚地认识到这样一点：数学学习中的"优化"不应是一种硬性规范，而应成为学生的自觉行为。对此我们将在下一小节中作出进一步的论述。

第二，正如第 4 章中已提及的，对于数学学习中的"优化"我们应作全面的理解：这不仅是指"显性层面"的变化，如方法的改进、结论的推广、更好的表述方法的引入等，也包括"隐性层面"的变化，如观念的更新、新的品格的养成等等。

例如，这显然可被看成第 2 章中的［例 7］（"运算的不守恒性"）所给予我们的一个直接启示，即我们应当高度重视学生观念的更新，不然的话，就可能导致一些"规律性的错误"。

当然，我们在此又应清楚地看到这样一点：与其他方面相比较，观念的更新应当说更加困难。值得指出的是，这事实上也可被看成数学的历史发展给予我们的一个直接启示，因为，正如人们普遍了解的，个体的发展往往会重复种族发展的历史（这也就是所谓的"个体发展重复律"）。例如，历史上从"发现"负数到人们普遍地将负数看成真正的"数"，其间就差不多经过了 500 年，而其主要原因就是人们始终觉得比"没有"还有小的数根本不存在。另外，从发现虚数到得到一般承认，中间也经历了 250 年，因为，这也是人们根深蒂固的一个观念："任何一个数的平方都不可能是负数。"

应当提及的是，除去观念的更新，还存在另一些同样容易被忽视的方面。例如，语言的优化，特别是由"非数学语言"向"数学语言"的过渡，就是我们应当特别重视的又一方面。

具体地说，这里所说的"语言的优化"不只是指词语的扩展与功能的强化，即如变得更加精确、更加强大，以及由单纯的交流进一步扩展到了"论证"的功能，而且也是指语言性质的重要变化，即语言的"非个性化"、"客观化"与"标准化"（欧内斯特语）。

当然，在明确肯定由日常语言向数学语言过渡必要性的同时，我们在教学中也应很好地去处理这两者之间的辩证关系，特别是，应当清楚地认识到这样一点：数学教学决不应局限于严格的数学语言，毋宁说，这同样应被看成教学活动十分重要的一个方面，即我们如何能用日常语言对相关内容作出清楚的解释，包括要求学生用自己的语言说出对于数学概念的理解，甚至是感受，如何能为抽象的数学概念给出自己的比喻，等等。当然，作为问题的另一方面，我们在教学中又应始终坚持这样一条基本原则：我们既应对学生的非正规解释持接受与理解的态度，同时又应注意维护数学概念的正式意义。

建议读者还可从同一角度对于其他一些容易被忽视的方面作出自己的分析。

第三，"优化"并可被看成一种十分重要的数学思想，特别是，它在很多情况下为数学工作者积极地去从事新的研究指明了努力的方向（4.1 节）。正因为此，我们就应高度重视这一思想在日常教学活动中的渗透。

例如，我们显然可以从上述角度去理解先前关于教学中所应经常提及的一些问题的概述（5.2 节）。即如在学生解决了所面临的问题以后，教师就应在"优化"这一方向作出进一步的引导，特别是，应通过提出适当的问题引导学生更清晰、更深入、更全面、更合理地去进行思考，包括努力帮助学生在这方面逐步养成"自我提问"的习惯：我们如何能对所得出结论的正确性作出证明？相关的结论与其他已得出的结论有什么联系？我们如何能够对此作出必要的推广和发展，即如通过与其他一些结论的合并建立起具有更大普遍性的理论？

我们能否使用不同的方法去解决问题？所使用的方法和符号是否有改进的余地？我们能否将相关的方法用于其他的问题？等等。

最后，正如 4.3 节已提及的，这事实上也可被看成"问题解决"这一全球性的数学教育改革运动所给予我们的一个重要启示或教训，即我们不应满足于解答的获得，而是应当更加重视如何能够以此为基础去求得新的发展，而这当然包括"不断的优化"这样一个涵义。另外，从同一角度去分析，我们显然也可立即引出这样一个结论：数学教学不应被理解成单纯的"过程教育"，而是应当"过程和结果并重"，包括努力追求"结果"的必要优化！

2. 让"优化"真正成为学生的自觉行为

上面已经提到，这是这方面教学工作应当努力实现的一个目标，即让"优化"真正成为学生的自觉行为，而不是外部强加的硬性规范。

事实上，这即可被看成上述关于"规律性错误"分析的一个直接结论：由于此类错误的出现并非偶然，而是有其一定的认识论根源，从而也可说具有一定的合理性，因此，相关的"优化"（观念的必要更新）就不可能通过简单的示范或纠错得以实现，而是主要取决于学生自身是否已经清楚地认识到了作出观念变化的必要性。这也就是指，如果缺少了学生的自我意识，那么，即使教师在教学中施加了很大压力，恐怕也很难帮助学生彻底纠正所说的错误，最多只能取得暂时的效果。

进而，也正是从上述角度去分析，我们在教学中显然就应允许学生表现出一定的"路径差"和"时间差"。当然，正如上面已提及的，我们不应为了"多元化"而"多元化"，而应积极做好由"多元化"向"优化"的必要过渡。更为一般地说，这也就是指，我们既应大力提倡教学的开放性，但又不应将此理解成"完全放开"，或是因此而否定必要的"优化"；恰恰相反，我们应当利用所说的"开放性"与"多元性"作为"优化"的直接基础，后者并应被看成"开放性"与"多元性"的必然发展。

以下是这方面的一些具体建议：

第一，适当的比较正是实现上述目标的一个主要手段。

应当指出，在一些学者看来，比较并可被看成学习的本质。例如，后者正是瑞典著名教育家马登（F. Marton，中文名马飞龙）所倡导的"现象图式学"的核心所在（详可见 *The International Encyclopedia of Education*，Second edition，Vol.8，Pergamon，1994，第 442～449 页）。以下就是他在这方面的一些具体论点：

（1）学习就是鉴别。"以某种方式学习认识事物或现象就是从对象中区分出一些主要特征并将注意力聚焦于这些特征。"

（2）有比较（差异）才能鉴别。"鉴别意味并仅仅意味着主体依据自己先前的关于多多少少有所差异的对象的认知而从物质的、文化的或感觉的世界中辨认出、察觉到了某个特征。"这也就是指，"鉴别依赖于对差异的认识"。

第二，适当的多元化可以被看成"优化"，特别是比较的必要前提。当然，正如前面已提及的，我们在教学中不应陷入对于"多元化"的盲目提倡，而是应当更加重视如何能将学生的注意力由单纯的"越多越好"引向比较和优化。

以下就是这样的一个实例。

[例 16] 教学中是否应当让尽可能多的学生展示自己的成果

这是"新世纪小学数学教材"五年级下学期的一堂课："分数混合运算（二）"。教材中给出了这样一个问题：小动物们正在举行第 10 届动物车展，第一天成交量是 65 辆，第二天的成交量比第一天增加了 $\frac{1}{5}$，问：第二天的成交量是多少？

由于这堂课的教学重点是"画图策略"，因此，任课教师就采取了如下的教学方式："给学生大约 5 分钟的时间，先独立画图，再小组内交流。最后请每个小队（2 人为一小组，4 人为一小队）将自己认为最有代表性的两幅作品拿到前面交流。"另外，作为必要的"铺垫"，教师在学生独立画图前又首先提了这样两个问题：（1）"第二天的成交量比第一天增加了 $\frac{1}{5}$"是什么意思？（2）你能用自己喜欢的图表示第一天和第二天的成交量吗？

就我们目前的论题而言，笔者愿特别提及这样一点：由于学生在课堂上采取了多种不同的画法，如直接画 65 个小圈代表 65 辆车，或是画 5 个小圈代表 65 辆车，等等，因此，我们在教学中是否也应注意帮助学生实现必要的优化,特别是,作为这方面的一个具体措施,教师在课堂上是否应当让尽可能多的学生上台展示自己的不同画法?

当然,对于后一问题我们可从多个不同的角度去进行分析。但这又正是促使笔者提出上述问题的一个主要原因:就课堂上的现实情况而言,似乎上台展示的学生越多,实际的教学效果反而越不理想,后者不仅是指课堂上很快出现了学生注意力分散的情况,而且也是指大多数学生对于其他人所采取的画图方法根本不关心,更谈不上以此为基础去实现作图方法的必要优化。

由此可见,我们确实应对"教学中是否应当让尽可能多的学生展示自己的成果"作出更深入的思考,包括我们究竟应当如何去把握"多元化"与"优化"之间的辩证关系?

第三,为了使"优化"真正成为学生的自觉行为,我们在教学中还应特别重视总结与反思的工作。因为,正如上述关于马飞龙的引言所已表明的,尽管比较可以被看成鉴别的必要前提,但我们又应特别注意"鉴别"的这样一些涵义:"区分"、"聚焦"、"辨认"、"察觉"。这也就是指,这主要应被看成一种自觉的行为,即在很大程度上取决于主体能否认真地进行总结与反思。值得指出的是,这事实上也可被看成美国著名数学教育家柯布以下论述的主旨所在:单纯的比较并不足以导致计算技能的优化,真正的关键在于主体是否已经清楚地认识到了已有方法的局限性。(详见 P. Cobb, "Concrete can be Abstract", *Educational Studies of Mathematics*, 1986[17], 第 43 页)例如,这显然可被看成上一实例([例 16])所给予我们的直接启示。

从教学的角度看,我们还应特别提及这样两点:

(1)"合作学习"在这方面具有十分积极的作用,因为,即使是"小组交流",对于自己所采取的方法或所主张的结论的清楚表述和必要论证显然已包含了总结和反思这样一些涵义,不同方法与结论的对照比较也必然会对学生的自我总结与反思产生直接的促进作用。

对此可参见第 5 章的[例 10]和[例 11]。

(2)教师在这方面也应发挥直接的指导作用,即应当积极引导学生进行总结与反思。

以下就是这方面的一个实例。

[例17] "小估"与"大估"

(吴正宪,"'估算'课堂教学实录",《小学教学》,2007年第9期)

这是"估算"教学的一个实例。其中,教师首先通过以下的具体情境引导学生对"什么时候应当使用估算,什么时候应当使用精确计算"进行了思考:

"青青和妈妈一起到超市购物,一共买了五种商品,其价格分别为48元、16元、23元、69元、31元。妈妈带了200元钱,不知够不够?"

其次,教师又以"曹冲称象"为背景(六次称石头所得出的重量分别为328、346、307、377、398和352斤),并通过实际估算和交流总结清楚地展示了估算方法的多样性。其中,有两个学生(生1、生2)分别采取了"小估"与"大估"的方法,即分别是"往小里估"(300×6=1 800)和"往大里估"(400×6=2 400)。另外,在对各种估算进行比较时,也有学生(生3)坚持认为精确计算要比估算好。

在此我们并应特别强调以下的总结环节,因为,这清楚地表明教师应当如何去引导学生对自己先前的做法或主张作出反思,从而不仅有效地促进"思维的优化",更有利于学生逐步养成总结与反思的习惯:

师:……我们继续研究,精确值是2 108千克。同学们,看着这个精确计算的结果,再看看同学们估的结果:2 400,2 100,2 080,1 800…此时此刻,你想对刚才自己的估算结果作一点评价或思考吗?

生1:我估的是1 800。但是我觉得我估得太少了,那些数当中有一个是398,我把它估成300了,与实际结果差得就远些了,现在我觉得应该估成400就更好了,我估少了。

师:你很善于思考,其实你估的结果已经可以了,但是你还能在与他人的比较中发现问题,进行调整,老师为你这种精神而感动。……

师:……"大估"你在哪呢?你一定有感而发,说说看。

生:我感觉我估大了。我把307这样的数看成400了,估得有些远了。如果缩小一点,可能就估得准一点。我很佩服'凑调估',人家在估算中还能调整调整,这样估比较接近准确值。

师：其实你已经很不错了，你不仅主动地反思自己结果离得远了点，更让我感动的是你还在反思中发自内心地去欣赏别人，发现同学们好的方法，这样学习进步会更快。

师：好了，同学们，你们作出了很好的自我评价。那么，用精算的那两个同学你们算对了吗？

生3：我觉得这些数相加的确不是很好算，再说求大象的体重，没有必要精算。我那样一个数一个数地算太麻烦了，太慢了。这时用估算还是比我的方法好。

师：你发现这里就问你大象大概重多少不需要精算，估算就得了呗，是吧？（生1点头）感谢你！

当然，正如前面已多次提及的，就这方面的具体工作而言，我们还可总结出一些普遍性的方法或策略，并应在教学中不断地予以强化。例如，所谓的"回头看"就是这样的一个策略，后者即是指，无论在完成了某个具体的解题活动，或是一个阶段的学习任务以后，我们都应引导学生对全部的解题过程或相应的学习内容作出回顾与总结。例如，正如上面已提及的，作为解题活动的总结与反思，我们应引导学生积极地去进行新的思考，即如我们能否用别的方法求解同一问题？这些方法各有什么优点和局限性？等等。另外，作为学习的回顾与总结，我们就应引导学生深入地去思考：在各个学习内容之间存在怎样的联系？什么是教材呈现的逻辑线索？在此是否存在其他的选择？等等。（应当提及，后面这些问题的思考不仅有利于学生跳出细节，并从整体上进行把握，也可促使学生超越教材逻辑线索的束缚建立起更为合理的认知框架。对此可参见第3章的[例9]）

当然，正如5.2节中已指明的，这应当成为数学教学工作在总体上的一个重要目标，即我们不仅应唯一地去强调"事后的总结与反省"，而且也应使之成为主体思维活动十分重要的一个组成成分，也即应当将此贯穿、落实于全部的数学学习活动。另外，还应指出的是，积极的回顾与总结直接关系到学生能否真正成为学习的主人，因为，作为学生，他们往往习惯于较多地关注"教师教了什么"；与此相对照，学生的自我回顾与总结则意味着关注点的重要转移，即由

"教师教了什么"转向"自己在学什么,是怎么学的,学得如何,有哪些收获,有哪些困惑,有哪些疑问,等等"。(对此可参见贲友林,"构建'以学为中心'的数学课堂",《基础教育参考》,2013 年第 9 期)

　　第四,为了使优化真正成为学生的自觉行为,这也是一个特别重要的环节,即我们应当注意引发学生内在的"观念冲突",从而使学生更清楚地认识到作出改进与更新的必要性。

　　进而,由于适当的"举例"与"提问"可以被看成引发学生内在观念冲突最重要的两种教学手段,这显然更为清楚地表明了数学教师很好掌握这样两项基本功的重要性。

　　例如,第 1 章中所提到的[例 15]事实上就可被看成这方面的一个实例。

　　具体地说,作为"分数除以整数"的一个课例,教师在此并没有刻意地去创设相应的现实情境,而是由学生已学过的"分数乘法"直接引出了"分数除以整数"这样一个主题,并将学生的注意力立即引到了这样一个问题:"我们应当如何去计算 $\frac{4}{5} \div 2$?"

　　进而,任课教师在此采用了学生主动探究这样一种教学方式,即让学生相对独立地去探究我们应当如何去计算 $\frac{4}{5} \div 2$?

　　由于学生在课堂上给出了多种不同的计算方法,如:

$$\frac{4}{5} \div 2 = \frac{4 \div 2}{5} = \frac{2}{5},$$

$$\frac{4}{5} \div 2 = \frac{4}{5} \div \frac{2}{1} = \frac{4 \div 2}{5 \div 1} = \frac{2}{5},$$

$$\frac{4}{5} \div 2 = (4 \div 5) \div 2 = (4 \div 2) \div 5 = 2 \div 5 = \frac{2}{5},$$

　　　　……

因此,我们在此就突出地遇到了这样一个问题,即应如何去处理"算法的多样化"与"方法的必要优化"这两者之间的关系?

　　当然,正如上面已提到的,人们在此往往会采用"合作学习"这样一种方法,即首先组织学生对自己的计算方法作出介绍,然后再通过相互比较以决定它们的"好坏",包括就不同的观点组织全班性的讨论,等等。特殊地,这事实上也正是相关教师在这一教学活动中所采取的一个具体做法,即通过适当的实例引发学生头脑中的"观念冲突",从而使学生清楚地认识到改进原有算法的必要性。

例如,就上面提到的第一种做法,即"$\frac{4}{5} \div 2 = \frac{4 \div 2}{5} = \frac{2}{5}$"而言,以下就是一个很好的"反例":

$$\frac{1}{5} \div 3 = ?$$

第五,就这方面的具体工作而言,我们还应特别提及这样两点:

(1) 尽管我们应当明确肯定"优化"对于数学学习的特殊重要性,但又不应因此而挫伤学生的学习积极性。例如,在强调方法的必要优化的同时,我们也应清楚地看到学生所采取的各种方法往往都有其一定的合理性,从而在教学中也就应当适当地予以肯定。

(2) 由于所说的"优化"最终都必须由各个学生相对独立地去完成,因此,我们在此也就应当充分考虑到学生间必然存在的个体差异。例如,从后一角度去分析,特别是考虑到知识或观念的更新往往有较大的难度,我们在教学中显然就应允许学生表现出一定的"路径差"和"时间差"。当然,作为问题的另一方面,我们应始终坚持"优化"这样一个目标,包括充分肯定学生在各方面的进步,而不应将"开放"演变成了"完全放开",将"创新"演变成了"标新立异"。

容易想到的是,上述两个方面的适当平衡,即我们在教学中如何能够很好地去处理"宽容"与"规范"之间的关系,也可被看成教学工作艺术性的一个重要体现。例如,在笔者看来,我们就可从这一角度很好地去理解以下一些主张的积极意义:

"教师不要太聪明";

"道法自然";

"最高明的引导是不着痕迹的引导";

······

另外,在笔者看来,这也为我们在数学教学中应当如何更好地去应用表扬与肯定提供了直接启示,这也就是指,在作出表扬与肯定的同时我们应为学生的进一步发展指明努力的方向。

综上可见,这就是数学教师应具备的又一基本能力:我们在教学中不仅应当努力帮助学生实现必要的优化,也应使之真正成为学生的自觉行为。

8.4 认识的必要发展

以下再从总体上对教师如何提高自身的教学能力作出进一步的分析论述。

首先强调这样两点:

第一,上述的三项"基本功"并非相互独立、互不相干,而是具有十分重要的联系:"优化"在很大程度上可被看成为数学教师在教学中应当如何去"举例"与"提问"指明了努力方向,反之,适当的"举例"与"提问"正是教师帮助学生实现"优化"的两个主要手段。

第二,所说的三项"基本功"不应被看成已经穷尽了数学教学能力的全部内容;恰恰相反,我们应当通过积极的教学实践和认真总结对此作出新的发展,包括内涵的扩展与认识的不断深化。

以下从后一角度作出进一步的分析论述。

1. 善于用"联系的观点"指导教学

正如前面已多次提及的,这是数学教学特别重要的一个环节,即我们应当用"联系的观点"去指导教学,乃至将此看成数学教师的又一项"基本功"。

具体地说,这首先涉及"深度"与"广度"之间的辩证关系(5.2节),特别是,只有采取更广阔的视角,即用"联系的观点"去看待与分析问题,我们才能达到更大的认识深度。当然,也只有从更深入的角度去进行分析,我们才能发现事物与现象之间更多的联系,包括它们的共同本质。其次,这也是我们如何帮助学生实现"理解学习"的关键(2.1节),因为,后者主要取决于主体头脑中所建立的"联系"的数目和强度:"如果潜在地相关的各个概念的心理表征中只有一部分建立起了联系,或所说的联系十分脆弱,这时的理解就是很有限的;……随着网络的增长或联系由于强化的经验或网络的精致化得到了加强,这时理解就增强了。"(J. Hiebert & P. Carpenter 语。详见 2.1 节)

由以下的实例可以看出:即使就小学低年级的数学教学而言,我们也完全可以而且应当用"联系的观点"去指导教学,从而帮助学生更好地掌握相关的内容。

[例 18]　"千米和吨"的教学

这是苏教版三年级下册的一项内容。以下并非关于这一内容的完整教案,而只是表明了这样一个观点:就这一内容的引入而言,我们应当很好地突出这样几点:

第一,精确度量的必要性。具体地说,教师在此可首先引入若干学生较熟悉的事例,如长江的长、姚明的高、大象的重等;然后再提出这样一些问题:长江到底有多长? 姚明到底有多高? 大象到底有多重? 等等。进而,如果说日常生活中人们经常会采取比喻的方法对上述问题作出解答,即如"长江比长城还要长","姚明像树一样高","大象比老虎、狮子都还要重",那么,这就是数学思维的一个重要特点:我们必须由定性的描述过渡到精确的定量——当然,为了实现后一目标,我们必须引入一定的度量单位和度量工具。

第二,与人类的各项活动相类似,在开始时人们往往也是以自己作为基准去从事度量活动的。就长度与重量的度量而言,这也就是指,"米"和"公斤(千克)"可被看成最基本的度量单位。但是,这又是这方面的一个必然发展,即由于对象的不同我们必须引入更多的计量单位。例如,"厘米"与"克"的引入显然就是以较小的对象(这是相对于"人"而言的)作为度量对象的必然要求。进而,更多度量单位的引入又导致这样一个新的问题,即我们如何能在各个不同的单位之间作出必要的换算,因为,这正是不同对象的比较(如果它们采用的是不同的度量单位)的必然要求。

第三,依据上述的分析,"千米(公里)"和"吨"的引入显然就十分自然了:这无非就是将视角由较小的对象转向了较大的对象,如长城的长、大象的重等。

　　总之,这正是上述各项建议的一个主要特征,即将"千米和吨"的认识这一新的学习内容与学生先前已学习过的内容直接联系了起来。其优点在于:这不仅使"千米"和"吨"的引入对于学生而言显得十分自然,也清楚地表明了我们应当围绕哪些问题去从事这一内容的教学和学习(显然,在"引入"以后,我们就可放手让学生去进行自学),再者,这也十分有利于学生建立关于"度量问题"的整体性认识。

　　由以下的实例我们可以更清楚地认识"联系的观点"对于学生建立整体性认识的重要性,特别是,这应当被看成"复习"这一教学活动最重要的一个指导思想。

[例 19]　复习研究

　　这是《小学教学》2017 年第 2 期"新课程新理论复习与评价专号"上刊登的一组文章,尽管所涉及的内容各不相同,但这正是这些文章的一个共同特点,即对于"联系的观点"的突出强调。

　　具体地说,这正是"'数与数的运算'总复习建议"(彭永新)中的第一条:"沟通数的联系,突出数的本质。"

　　以下是相关作者在这方面的基本想法:"整数、小数、分数与百分数的意义和性质等知识的学习贯穿于整个小学阶段。学生在新知学习和学期复习中已建立了很多联系,对概念之间的区别和联系也有了初步的认识。因此,在六年级总复习阶段,应引导学生从更高的层面进行全面的梳理,突现知识的本质属性,形成网络结构,从而达到发展思维、温故而知新的复习目的。"

　　以下是这方面的一些具体建议:(1)紧扣"十进制计数法"整合整数、小数;(2)紧扣"倍数和因数"概念,整合"数的整除"相关概念;(3)紧扣"倍比关系",连接分数、百分数与比。

　　另外,这也正是"'图形与几何'总复习教学建议"(陈晓燕)中的第一条:"整体构建'图形与几何'领域知识网。"

　　以下是相关的论述:"复习的目的之一是帮助学生构建知识网,强调的是

'构建网络、形成系统'。……就'图形与几何'而言,总复习的第一课时需要帮助学生建构如图8-9所示的知识网络。"

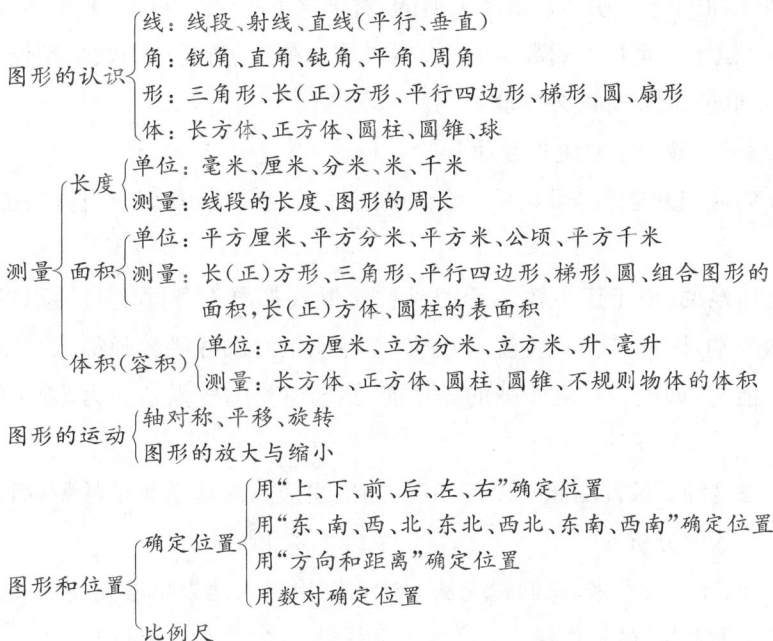

图形的认识
- 线:线段、射线、直线(平行、垂直)
- 角:锐角、直角、钝角、平角、周角
- 形:三角形、长(正)方形、平行四边形、梯形、圆、扇形
- 体:长方体、正方体、圆柱、圆锥、球

测量
- 长度
  - 单位:毫米、厘米、分米、米、千米
  - 测量:线段的长度,图形的周长
- 面积
  - 单位:平方厘米、平方分米、平方米、公顷、平方千米
  - 测量:长(正)方形、三角形、平行四边形、梯形、圆、组合图形的面积,长(正)方体、圆柱的表面积
- 体积(容积)
  - 单位:立方厘米、立方分米、立方米、升、毫升
  - 测量:长方体、正方体、圆柱、圆锥、不规则物体的体积

图形的运动
- 轴对称、平移、旋转
- 图形的放大与缩小

图形和位置
- 确定位置
  - 用"上、下、前、后、左、右"确定位置
  - 用"东、南、西、北、东北、西北、东南、西南"确定位置
  - 用"方向和距离"确定位置
  - 用数对确定位置
- 比例尺

图8-9

最后,依据上述的分析,相信读者也可很好地理解国际数学教育界的这样一个发展趋势,即对于"联系"的普遍重视。例如,美国数学教师全国理事会(NCTM)2000年颁布的《学校数学的原则和标准》,就将"联系"与"数和运算"、"模式、函数和代数"、"几何与空间感"、"度量"、"数据、统计与概率"、"问题解决"、"推理与证明"、"交流"、"表述"等一起列为了学校数学教学的"十项标准"。另外,按照相关学者的分析,这也可以被看成台湾地区自2000年开始推行的"九年一贯课程"的核心所在:"在九年一贯课程数学领域中'联系'(台湾学者使用的词语为'连结'——注)被突显:联系这一主题包括内部联系和外部联系。……两者均包含察觉(recognition)、转化、解题、沟通、评估等能力。具备这些能力,一方面可增进学生在日常生活等方面的数学素养,能广泛地应用数学,提高生活质量,另一方面也能加强数学式的思维,有助于个人在

生涯上求进一步的发展。"（钟静，"论数学课程近十年之变革"，《教育研究月刊》[台湾]，133）

当然，正如上述引言已清楚表明的，对于这里所说的"联系"我们应作广义的理解：这不仅是指不同数学概念、不同数学结论（乃至不同数学理论）之间的联系，也包括数学的"外部联系"。

2. 善于"数学地交流与互动"

我们应当超越数学，从更一般的角度去思考数学教师应当具备的基本能力。

具体地说，由于任一教学活动或教学形式都离不开师生间的积极交流与有效互动，因此，"善于交流与互动"显然应被看成各科教师都应具备的一项基本能力，如应当具有较强的表述能力，与学生的较强亲和力，善于倾听，等等。

除去这种一般性的涵义以外，我们当然也应针对数学教学的特殊性对此作出更深入的分析。

例如，在笔者看来，我们就应从上述角度更深入地去思考究竟什么是"做好与学生的对接"的具体涵义：这事实上就是一个"优化"的过程。

以下是相关的论述：

"首先应研究师生交流沟通问题。……教师跟学生的交流、对话应该是从心底涌出来的，是发自内心的真实对话。教师要允许孩子用自己的语言来阐述他们的想法，要读懂孩子的语言。另一方面，……教师还要帮助学生实现对接。实现对接的过程就是把生活经验、感性认识上升到理性层面。这个对接不可能在同一时间全部完成，教师要学会等待，让学生跟着自己的经验慢慢来。"（吴正宪，"怎样的一节课才是好课"，引自唐彩斌，"立足小学科，做好大教育"，《中国教育报》，2013，4，17）

另外，这显然也可被看成以下研究所给予我们的主要启示，即我们应当从"数学思维"的角度去研究和区分数学课堂交流的不同水平。

[例20] 数学课堂交流的四个水平

（哈浮德—艾克斯等，详可见黄荣金、李业平，《数学课堂教学研究》，上海

教育出版社,2010,第 4 章)

　　这是在美国一所小学进行的为期两年的一项研究,其主要成果就是关于数学课堂交流不同水平的具体区分——这具体地涉及"提问"、"解释数学思维的过程"、"数学思想的来源"和"学习的责任"这样四个维度,这也就是指,对于这四者我们都可区分出 0 到 3 这样四个不同的水平。

　　以下是四个不同水准的主要特征:

　　水平 0:这是指传统的、完全由教师所主导的课堂,学生的主要任务就是作出简要的回答。

　　水平 1:教师开始引发学生的数学思维,这时教师在课堂的数学对话中仍然起到了关键性的作用。

　　水平 2:教师帮助学生进入了新的角色:学生之间的对话不断增多,合作教学与合作学习开始产生,教师开始在教室里四处巡察。

　　水平 3:教师成为一个合格的教育者和学习者,调控课堂的活动,同时又充分参与。

　　以下则是研究者针对"解释数学思维的过程"这一维度对四个水平作出的具体解释,对于其他三个维度我们也可作出类似的分析:

　　水平 0:教师几乎从不激发学生的思维,从不引导学生解释和形成解决问题的策略。教师只是关注问题的答案。学生缺乏思考和策略性解释的机会,只是给予解答。

　　水平 1:教师逐渐探究学生的思维。开始出现一到两个不同的方法,教师可能替代学生自己解释这些方法。学生通常是在教师的探究下谈及自己的数学思维(很少是积极主动的思考)。他们扼要地描述思维过程。

　　水平 2:教师更加深入地探究学生的思维,鼓励学生详细地描述他们的思维过程。教师引导学生采用多种方法解决问题。在教师探究下学生常常描述他们积极主动的数学思维过程,而且他们描述的信息更加丰富,同时也开始维护自己的答案和方法。其他学生在听的过程中也发表自己的见解。

　　水平 3:教师紧跟着学生的思路,鼓励学生作出更有说服力的解释,提出探究性的问题,进一步完善自己的解释。教师激发学生更深入地思考自己的策略。学生更加完整地描述自己的策略。在几乎不需要教师提示的情况下维护和阐明自己的答案。学生认识到在回答问题后,同伴会问他们一些问题,因此他们更加仔细和充满动力。其他学生在听的过程中积极参与。

为了清楚地说明问题,以下再联系"合作学习"对此作出进一步的分析。读者在此或许可首先思考这样一个问题:在以下三种关于"合作学习"的具体解释之中,何者可以被看成较好地体现了数学教学中"合作学习"的本质:(1)分工合作;(2)"脑风暴";(3)"强者"帮"弱者"。

笔者的看法是:这三者应当说都未能很好地体现数学教学中"合作学习"的本质,或者说,未能很好地反映数学学习与教学活动的特殊性。具体地说,由于数学学习活动具有明确的目标,因此不应被看成毫无约束的"自由探究"(这正是"脑风暴"的主要特征)。进而,所说的任务显然也不可能单纯依靠所谓的"分工"或是学生间的简单互助(如"强者"帮"弱者")就能得以完成,而是必须依靠主体的独立思考,以及以此为基础的充分交流,包括必要的论证、审视与批判、改进与综合,等等。

正因为此,教师在这方面就应发挥重要的引导作用,即应当通过自己的教学帮助学生逐步学会"数学地交流与互动"。

以下是这方面的一些具体经验。

[例21] 数学课堂教学交流现状分析与策略探寻

(周孝连,《教育视野》,2015年第12期)

相关作者首先对这方面存在的问题进行了分析:(1)师生交流就是师问生答;(2)小组交流成了自说自话;(3)全班交流"优秀生"独占课堂;(4)反馈评价成了老师的专有权利。

正是针对上述的情况,相关作者提出,为了改变上述现象,我们在教学中应切实做好这样一些工作:(1)有效预习,提高学生的交流起点;(2)用心倾听,不要轻易打断;(3)鼓励质疑,让数学课堂"辩"起来;(4)静心反思,此时无声胜有声。

相关作者还突出地强调了这样一点:"从教师做起。"因为,"教师是课堂教学的主导者,交流要想达到一定的维度与深度,达到自然流淌的境界,离不开教师的引导"。特别是,我们应努力做好这样几点:(1)独具魅力的语言;(2)恰当有效的问题;(3)灵活自如的现身。

[例 22]　数学交流:流淌在课堂教学中的曼妙交响曲

(仲广群,《教育视野》,2016 年第 2 期)

强调"数学交流"与"数学思考"的联系是这篇文章的一个明显亮点:"数学思考和数学交流是相辅相成的。一方面,数学思考为数学交流提供有力的支撑,另一方面,数学交流可以使数学思考更加条理化、结构化、深刻化。"

文章也对课堂教学存在的问题及其原因进行了分析:"现实并不令人乐观。主要表现为学生在课堂教学中的数学交流没深度、广度、温度。……学生的数学交流为什么会出现肤浅化、碎片化的倾向呢? 这与我们陈旧的教学方式有关。教师把原本的'大问题'切割成了若干个小问题,拖着学生亦步亦趋地往前走,学生无法经历一个从发现问题、提出问题到分析问题、解决问题的完整过程,思维不能得到有效的历练,思考问题的深度与广度就大打折扣。小问题呈现、碎步子前行、短时间思考,是造成课堂教学上数学交流不畅的'病根'。"

以下是作者为解决上述问题所开的"药方":

1. 将学生的探索与思考活动前移,为数学交流打下坚实基础。

因为,"学生只有在课前有了自己深入的探究和思考,到了课堂上,才会想表达、能表达,而且是主动地表达、整块地表达、精彩地表达"。

文中还提到了三种不同的表达方式,认为教师应当努力促成学生由前者向后者的过渡:

(1) 作文式。学生把自己的理解,用文字叙述的形式表达出来,作品往往是一整篇作文的样子。

作者的看法:"这样的表达,优点在于通俗易懂、娓娓道来,听起来比较亲切自然。不足在于:篇幅过长,未能突出核心问题,且结构化程度不高。当然,大块篇幅的叙述,也不便于课上与同伴进行交流。"

(2) 条目式。学生用序号的方式列出所有的条目,或是用表格的方式,将知识点组合起来,颇有点儿医生开"药方"的形式。

作者的评价:"这样的表达,优点在于:清晰、明了,所有的知识点一目了然,而且相比较于'作文式'表达也显得更简洁凝练些。不足之处:未能对各条目间的关系进行逻辑化、结构化处理,显得有点零散。"

(3) 思维导图式。学生用结构图、思维导图的形式来进行表达。

作者的评价:"这样的表达,清晰、简洁、凝练,不仅能分清知识间的结构关系,而且能区别知识间的主次关系,是一种数学表达的高级境界。"

作者并强调指出:"当然,我们不应要求所有的学生一下子都能达到这种高级境界。教师可以在每天的课堂上,按从'低级'到'高级'的顺序进行展示,并分析不同表达方式的优劣,让学生从内心渐渐认同结构图、思维导图的优越性。当然,即便是思维导图,每个人建构的方式也会有所不同,教师不要以所谓的'最好的'导图来要求学生,那样做,只能阻滞学生的丰富想法,扼杀学生的创造个性,使教学沦为一种僵化的、趋同的行为。"

2. 研制合宜的组内互动方式,让数学交流真的发生。

"真正意义上的数学交流,离不开几个必要条件的支撑:需要有目标,知道交流什么;需要有动力,知道为什么交流;需要有方法,知道怎么交流。

"为此,要把握住一些基本的技巧:先小组、后全班,让每一个学生都有发言的机会,也使得后续的组际间交流更深入、研讨更激烈;先后进生、后优学生,互帮互学,确保每个学生都能在原有基础上得到合适的发展。"

文中还提到了小组交流的多种形式,以供教师们参考选用:

(1) 中心发言式;(2) 指定发言式;(3) 自由发言式;(4) 切块拼接式;(5) 接力循环式。

以下是这方面工作的关键:"在小组交流中,(应)着力培养学生的参与意识和自主意识,要求学生敢于、乐于发表自己的主张和见解,并在小组交往中,学会倾听,学会协作,学会对小组内不同的意见进行梳理与概括。"

3. 营造良好的全班交流氛围,让数学交流走向全面深入。

在全班交流阶段,我们让学生在自己的意见表达清楚后,要学会发出邀请:"我的看法说完了,大家有什么要补充的吗?""这是我们小组的意见,请大家继续与我们交流。"……接到邀请,同伴则可以这样表达:"我同意你的看法,但我还有补充。""我能向你提个问题吗?""我不同意你的看法,我是这样想的。"……如此,全班交流就可以酣畅淋漓地进行了。

文中也提到了课堂交流的三个境界："表达与交流,补充与提问,质疑与辩论。""我们看重学生在课堂教学中的提问、质疑、辩论,因为这是学生主动学习的重要标志,更是思考、勇于攀登、不怕失败、勇于坚持的品格。学生在这一过程中,学到的是做人的道理。"

总之,"学生先行探究、先行思考,让学生心中有'货',这就有东西可以交流;课堂上,教师智慧地'退下',鼓励学生站到前台,台上台下的学生处于完全平等的地位,加之学生在发言后主动向同伴发出邀请,这就让提问、质疑、辩论变成了一种'帮忙'的行为,学生就很乐意交流;再者,学生巧妙提问、据理力争、奋力反驳——都能得到老师和同伴的欣赏的眼神、热烈的掌声,学生就很享受交流。如此,我们便是将数学交流这一'交响乐'演奏到学生的心坎里去了"。

总之,相对于一般所谓的"善于交流与互动"而言,我们应当更加注重"数学地交流与互动"。这也就是指,作为数学教师必须具备的又一基本能力,我们决不应满足于这方面的一般性要求,即如"教师应当善于倾听(蹲下身来说话)","应当善于观察(谁没有参与)","应当努力做到平等地交流",等等,而是应当将"促使学生更积极地进行思考,并能逐步学会想得更清晰、更全面、更深入、更合理"看成数学地交流与互动的重点,并应努力帮助学生逐步地学会数学地交流与互动。

3. 更深层次的思考

不难想到,上述的分析事实上也为我们如何更好地去把握与应用所提及的各项基本功提供了直接的启示:

第一,正如一切数学教学工作,我们应围绕"帮助学生学会思维"这一基本目标更深入地去认识数学教师的各项"基本功"。

例如,从上述立场出发,对于"举例"我们就不应只是围绕数学知识特别是数学概念的学习去进行思考,而且也应高度重视如何能够通过适当举例帮助学生更好地了解"数学思维",包括究竟什么是思维的清晰性、深刻性、全面性与合理性的具体涵义,我们又应如何去实现"学会思维"这样一个目标。同样地,就教学中的"提问"而言,我们也不应唯一地去关注所谓的"核心问题"或

"重要问题",即如何通过适当提问帮助学生很好地掌握相关知识内容的核心,而且也应高度关注相应的"基本问题",从而帮助学生逐步掌握普遍性的数学思想与数学思想方法,更能逐步学会想得更清晰、更深入、更全面、更合理。

再者,尽管数学中的"优化"具有多种不同的涵义,包括方法的改进与结论的推广、认知结构的拓展与观念的不断更新等,但我们又应将"思维的优化"看成其最重要的一个涵义,特别是,我们应当通过自己的教学努力提升学生的思维品质。

例如,正如上面已提及的,只有超出单纯知识与技能的学习,并从"帮助学生学会思维"这一角度去分析,我们才能更好地认识"数学地交流与互动"的重要性,包括清楚地认识到这样一点:我们应以帮助学生逐步学会更清晰、更全面、更深入、更合理地去进行思考作为这方面工作的重点。

第二,从同一角度去进行分析,相对于各个具体的"基本功"而言,我们显然又应更加重视它们之间的联系与必要的整合,这也就是指,尽管所提到的各项"基本功"具有不同的内涵,但这主要地可被看成体现了不同的分析视角——也正因此,就教师教学能力的提高而言,我们就应特别重视所有这些方面的综合分析。

以下就是所有这些方面的一个综合分析(图 8-10)。

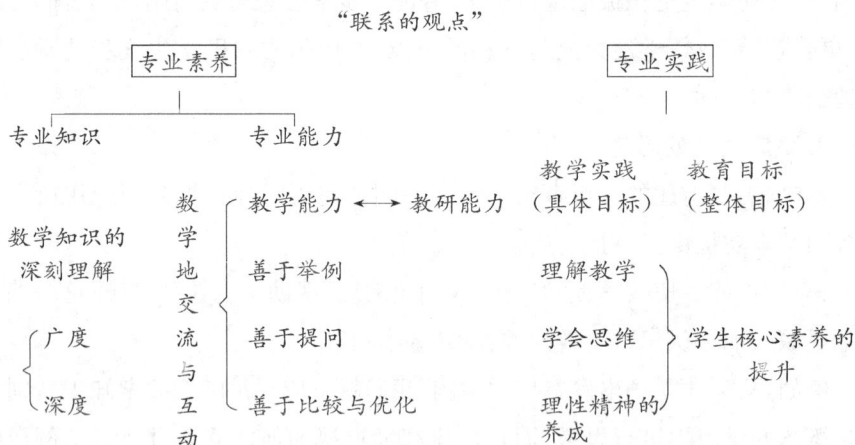

图 8-10

第三,从一线教师的角度看,我们还应特别强调这样一点:尽管我们应当充分肯定这方面理论学习的重要性,但与纯理论的分析相比较,我们又应更加重视如何能在教学中对此很好地加以应用。显然,这即可被看成教学工作实践性质的一个必然结论。

也正因此,就以上所提到的各项"基本功"而言,重要的就不在于如何能够做到"全面掌握"、"无一遗漏",恰恰相反,每个教师都应依据自己的个性特征与工作情况对此加以恰当的选择和应用,包括细细地感悟与品味。进而,"教育贵在坚持",这也就是指,只要我们认准了其中的某一点或几点,并能持之以恒,即能在日常的教学工作坚持地加以应用,包括不断的总结与改进,就一定能够成为具有个人鲜明特色的优秀数学教师。

在此笔者并愿特别转引我国著名文艺理论家钱谷融先生的这样一段话以与读者共勉,尽管其所谈论的只是人生感悟,而不是数学教学:

"慢慢走,慢慢看,看多了,自己也会有一点人生感悟,尤其是与周围那些永远唱高调的人物论调相对照,我慢慢明白了一点道理。世界很大,只要自己用心去做一件事,没有做不成的。很多人生的道理,都是慢慢体会出来的,积少成多,时间久了,会有一个质的变化。"(引自"钱谷融:一生没有说过后悔的话",《报刊文摘》,2017 年 3 月 31 日)

附录五　"基本功"与数学教师的专业成长

数学教师的各项"基本功"对于教师的教学研究和理论学习也有十分重要的作用。以下就围绕"善于举例"、"善于提问"与"善于比较与优化"对此作出简要分析。

1. "善于举例"与数学教师的专业成长

由以下实例可以看出,与数学学习一样,举例特别是如何能够结合自己的教学实践举出适当的实例,也可被看成理论学习的关键。

《人民教育》2008 年第 7 期发表了一篇题为"关于数学教育若干重要问题的探讨"的文章,其主要内容是一位小学数学教师的读书笔记。刊物上发表读书笔记应当说不很常见,由相关编辑的以下评论我们即可了解发表这一文章的主要原因,包括什么可被看成这一做法为一线教师如何从事理论学习所提供的直接启示:

　　"这些笔记(指其所摘录的一些语录——注)的确很精辟,但是我觉得您的解读更精彩,从某种角度讲,能用恰到好处的实例来解读理论的人,比只会给出抽象理论的人更伟大,因为这不但表明消化理论的能力,也代表了思考的透彻与思想的成熟。您使我们看到了浓缩的理论后面丰富的实践风景,同时也引发了新的思维风暴。"

　　事实上,正如数学概念的学习,能否举出恰当的例子也可被看成人们(包括一线教师和各类专家)是否真正理解了相关理论的一个重要标志。例如,尽管"建构主义"在当前对于广大数学教育工作者而言已不再是一个十分陌生的概念,但如果相关专家在被问及"什么是建构主义"时只能回答道:这至少需要2~3小时才能说清楚,却未能通过适当的实例对此作出简要的说明,包括究竟什么是所谓的"建构主义教学法",后者与"非建构主义教学法"又有什么不同等,我们恐怕就应怀疑这位专家自身对于"建构主义"是否已经真的弄懂了!

　　也正因此,在聆听了专家的报告或阅读了一本理论性的著作以后我们就应认真地去思考:自己对于专家或书中所提到的各个观点或理论是否真的弄懂了? 他是借助什么样的例子对此进行说明的? 后者能否被看成相应观点或理论的恰当实例? 当然,这是这方面的一个更高标准,即我们能否结合自己的教学实践举出相关理论或观点的更多实例。

　　其次,除去理论学习以外,我们还可从更广泛的角度去理解"举例"对于教师专业成长的重要性。

　　具体地说,从社会学的角度看,"专业成长"主要是指个体真正成为了相应共同体的一员,而后者的一个主要标志就是对于"共同体成员共有观念与信念"(这也就是所谓的"范式"或"传统")的学习和继承。进而,正如"范式"这一概念在当代的主要倡导者、美国著名科学史学家库恩(T. Kuhn)所指出的,尽管"范式"的学习和继承主要是一个潜移默化的过程,但只有借助于范例我们才能真正掌握相应的范式:"最基本的是,范式是指某些具体的科学成就事例,是指某些实际的问题解答,科学家认真学习这些解答,并仿照它们进行自己的工作。"(《必要的张力》,福建人民出版社,2004,第346页)由此可见,范例的学习应当被看成教师专业成长的一个基本途径。当然,从更广泛的角度去分析,我们在此又应清楚地看到"案例研究"对于教师专业成长的特殊重要性——对此我们将在第9章中作出进一步的分析论述。

最后,正如6.1节中已提及的,这是当代关于教师工作的一个重要定位,即认为与片面强调理论的指导作用相比较,我们应当更加重视教师"实践性智慧"的发展。由于后者主要地可被描述为"借助于案例进行思维",因此,这也就从另一角度更清楚地表明了案例的分析与研究对于教师专业成长的特殊重要性。

2. "善于提问"与数学教师的专业成长

首先,正如人们经常提及的,这是理论学习中普遍存在的一个问题,即人们常常觉得相关的学习并没有给自己带来多少真正的收获。造成这种现象的原因当然有很多,即如理论与实际教学活动的严重脱节等。但从教师本身的角度去分析,我们应当特别强调这样一点,即教师本身是否具有很强的"问题意识",从而能否带着问题有针对地去进行理论学习。因为,只有这样,我们才可能取得明显的学习效果。

进而,正如第一部分中所提及的,这事实上也可被看成新一轮数学课程改革给予我们的一个重要启示或教训,即我们不应盲目地去追随各种时髦的潮流或口号,而是应当更加重视自己的独立思考。更具体地说,面对任一新的时髦口号或主张,我们都应认真地去思考:(1)这一主张的实质是什么?(2)它有什么新的启示和意义?(3)它有什么局限性或不足之处? 由此可见,恰当的提问也可有效地防止或纠正各种简单化的认识与做法的片面性。

例如,"有效的数学教学"无疑是当前较为流行的一个观点或主张,也正因此,为了防止盲目性,我们就应深入地去思考:第一,当前提出这一主张是否有其一定的合理性和必要性? 第二,我们究竟应如何去理解"数学教学的有效性"? 第三,大力提倡"有效的数学教学"是否也可能造成一定的消极后果? 或者说,这一主张是否也有其一定的局限性?

更具体地说,这就是我们在当前应当特别注意的一个问题,即应切实防止由于过分强调教学的有效性而未能给学生的主动学习(包括学生间的积极互动)和积极创造留下足够的空间。总之,在突出强调"有效的数学教学"的同时,我们也应明确提倡"开放的数学教学"。

其次，强烈的"问题意识"也应被看成我们发展"实践性智慧"，包括积极促进教学研究的关键，这也就是指，教学研究应当切实立足于实际的教学活动，真正做到言之有物，特别是，我们应以教学中所存在的问题作为教学研究的直接出发点，而不应热衷于写作无事呻吟的空头文章。

更一般地说，笔者以为，这事实上也可被看成课程改革深入发展的关键，即我们不应满足于已取得的成绩，而应"发现问题，正视问题，解决问题，不断前进"。

这方面的一些具体建议可参见 9.2 节。

3."优化"与数学教师的专业成长

首先，"优化"显然也可被看成教师专业成长，包括自身教学工作不断改进的基本形式，这也就是指，我们应通过积极的实践与认真的总结与反思不断取得新的进步，真正做到"年年岁岁花相似，岁岁年年花不同"。

例如，由于新一轮数学课程改革现正处于深入发展的阶段，因此，这就是教师教学研究在当前的一个很好选题，即我们如何能够通过不同时期，特别是课改前、课改初期与当前关于同一内容不同教学设计的比较，很好地深化自身的认识，包括教学方法的必要优化（这方面的一个典型例子可见第 9 章[例 2]）。

事实上，对于比较研究，特别是数学教育国际比较研究的高度重视也是国际数学教育研究现代发展的一个普遍趋势。但在充分肯定这种研究的积极意义的同时，我们也应清楚地认识到这样一点：比较研究的主要目的并非是在各种方法之间区分出绝对的好坏，并能由此而找出普遍适用的最佳方法，恰恰相反，比较研究所提供的主要是一面"镜子"，而不是一个"蓝本"（7.4 节）。显然，就我们目前的论题而言，这更为清楚地表明了这样一点：比较与反思正是"优化"的关键。

更一般地说，笔者以为，我们并应从同一角度更好地去理解坚持"放眼世界，立足本土"这样一个基本立场的重要性，特别是，我们应清楚地认识到数学课程改革不可能单纯依靠简单的"外部输入"得以实现，其具体过程也不可能是直线式的发展，必然地会有一定的曲折甚至是反复，关键则在于我们能否找出中国数学教育的"内在生长点"，并能通过及时的总结和反思实现不断的

"优化"。

进而,从理论学习的角度看,这显然也就更清楚地表明了"理论思想的多元化与比较"的重要性。因为,"当两个隐喻相互竞争并不断相印证可能的缺陷,这样就更有可能为学习者和教师提供更自由的和坚实的效果";与此相对照,"理论上的惟我独尊和对教学的简单思维,肯定会把哪怕是最好的教育理念搞遭"。(斯法德语。6.1 节)

最后,从同一角度去分析,我们并可清楚地看出这样一种教师培养模式的局限性,即对于"理论指导"、"专家引领"的过分强调。因为,正如学生的观念更新,教师观念的更新也不可能主要依靠外部输入得到实现,毋宁说,我们在此应当更加重视如何能够使之真正成为教师的自觉需要,包括如何能通过理论的多元化与必要的比较促成所说的转变。

当然,正如第 7 章中关于教学方法的分析,对于深层次的教育理念我们也应防止各种简单化的认识,即如认为对此可以作出"正确与错误"、"先进与落后"的绝对区分。恰恰相反,我们应当清楚地看到数学教育的"社会—文化相关性",这也就是指,我们不应过分地强调"由落后观念向先进观念的必要转变",而是应当更加重视历史的视角和辩证的观点。

显然,从同一角度去分析,我们也可更好地理解关于教师专业发展不同阶段的以下区分,特别是,我们何以应当将"自觉的承诺",即能够通过不同理论或观点的比较与批判深入认识它们各自的优点和局限性,看成教师专业成长的最高水平:[①]

(1)"简单的二元论者"。处于这一阶段的教师习惯于(更恰当地说,就是拘泥于)用"非此即彼、非对即错"的思维方式去思考问题,即如往往会对"好的教学方法"与"坏的教学方法"作出绝对的区分。在这一阶段人们并往往会通过求助于外部权威来作出相应的判断。(2)"相对主义"。这是指由绝对的肯定与否定转向了相对主义,即认为所有的理论或主张都是同样地好或同样地坏。(3)"分析性立场"。在这一阶段人们已能认识到"相对主义"立场的错误

---

① 应当指出,以下所提到的四个名称并非原作者所使用的名称(simple dualism, multiplicity, relativism, commitment),而是依据其内涵作了必要的调整。

性,并能依据一定的准则对各种理论或主张的好坏作出独立的判断。(4)"自觉的承诺"。在这一阶段中人们已能通过不同理论或观点的比较与批判更深入地认识它们的优点和局限性。(Perry,W., *Forms of intellectual and ethical development in the college years: A scheme*, Rinehart and Winston, 1970)

　　希望大家都能在上述方向作出切实的努力!

第 9 章

"课例研究"：教师专业成长的重要途径

这是教师工作专业性质的一个重要涵义：每个教师都应是一个研究者，特别是，我们不应将理论研究看成永远无法攀登的高峰，而应联系自己的教学工作积极、主动地去开展研究。

这也正是一线教师为什么应当特别重视"课例研究"的重要原因，包括我们在此所提及的为什么是"课例研究"，而不是纯粹的教学研究，即我们应当以"课"为"例"去进行研究，而非就每一节课具体地去研究如何进行这一内容的教学。当然，这里的关键又在于"研究"这样两个字，这也就是指，我们应通过相关的课例研究引出普遍性的结论和建议，从而更有效地改进自己的教学。

9.1 节将首先对教师工作的"研究者"定位作出具体论述，包括"课例研究"对于教师专业成长的特殊重要性；9.2 节不仅对这方面工作存在的问题作了具体剖析，也从整体上指明了做好"课例研究"的若干关键因素；9.3 节则不仅通过案例分析指明了数学教学在当前所应特别重视的两个问题，其本身也可被看成"用案例说话"的具体实例。

9.1 "作为研究者的教师"

1. 教师也应是一个研究者

由教师工作的专业性质可立即推出这样一个结论：教师也应是一个研究者。因为，所谓工作的"专业性"，无非就是指这并非简单的重复性劳动，而主要应被看成一种创造性的工作。

对于教师工作的创造性质我们并可具体分析如下：由于教学活动的复杂

性,特别是,其中更涉及多个不同的方面,包括教学对象、教学内容、教学环境等,从而就不可能被完全纳入任一固定的模式,我们也不可能单纯依据某一现成的理论就可顺利地解决教学中所面临的种种问题。毋宁说,在绝大多数情况下我们都必须依靠自身创造地去进行工作,特别是,应及时作出各种判断和决定以保证教学工作的顺利完成。

"在教育的现场,永远是你一个人在作'向左走、向右走'的决定。"即如如何对学生的解答作出反应,如何选取适当的教学方式,如何纠正学生在课堂上所表现出来的各种错误,如何去处理课堂上的突发事件,等等。容易想到,由于在此始终存在多种可能的选择,因此,所说的"即时决策"就最为清楚地表明了教学工作的创造性质与专业性质。当然,就每个个体而言,又必然地有一个不断实践、逐步提高的过程,而这显然也就十分清楚地表明了"课例研究"的重要性,因为,后者在很大程度上具有总结与反思的作用,从而可被看成一线教师提高自己教学水准的一条重要途径。

在此还应强调这样一点,积极从事教学研究也可被看成教师工作动力的一个重要源泉:"如果你想使教育工作给教师带来欢乐,使天天上课不至于变成单调乏味的苦差,那就请你把每个教师引上进行研究的幸福之路吧。……在这里,有收获和发现,也有快乐和苦恼。谁能感到自己是在进行研究,谁就会更快地成为教育工作的能手。"(苏霍姆林斯基语)容易想到,这事实上也正是任一专业性工作的共同特点。

当然,相对于纯理论性的研究而言,教师的研究工作也有一定的特殊性,由此我们可更清楚地看出"课例研究"为什么可以被看成教师专业成长的重要途径:

第一,正如 6.1 节中已提及的,由于教学工作的实践性质,这应被看成教师专业成长的一个主要目标,即我们如何能够通过积极的实践与认真的总结与反思(更为一般地说,就是研究)不断提升自己的"实践性智慧",而这又正是后者最为重要的一个特征,即其主要是"行动导向"的:"从本质上来说,就是行动中的认知,它建立在经验、对经验的反思和理论知识基础之上";"这种知识建立在第一手的经验基础之上……在实践中,这种知识作为规则、实践原则和意象起作用"。(庞特、查布曼,"关于数学教师的知识和实践的研究",载古铁

雷斯、伯拉主编,《数学教育心理学研究手册:过去、现在与未来》,广西师范大学出版社,2009,第530、521页)

总之,教师的研究应与自己的教学工作密切相关,这显然十分清楚地表明了"课例研究"的重要性。

第二,以上关于"实践性智慧"的分析不应被理解成我们应当"就事论事地"去开展教学研究,乃至完全否定了理论对于教学实践的指导或促进作用。毋宁说,在强调切实立足于实际教学活动的同时,我们也应高度重视研究工作的普遍意义,即应努力做到"小中见大",也即应当超出各个具体的教学活动,并从更一般的角度去揭示相关研究工作的普遍意义。

更一般地说,这也就是指,我们既应明确反对"理论优(高)于实践"这一传统定位,同时又应注意防止狭隘的经验性立场,即满足于"教学经验"的简单积累,恰恰相反,我们应当更加重视理论分析与教学实践之间的辩证关系。

应当指出的是,后者事实上也正是人们何以将"研究工作与教学实践的密切结合"看成教师专业成长基本途径的主要原因,或者说,这应被看成"作为研究者的教师"这一定位的主要涵义,即我们应当将研究渗透于自己的全部工作。(对此可参见 C. Breen, "Mathematics teachers as researchers: living on the edge?"载 A. Bishop 主编,*Second International Handbook of Mathematics Education*,Kluwer,2002)

2. 教研道路上的无穷探索

上述的分析显然表明教师的研究工作具有无限广阔的前景,或者说,这应被看成教师专业生涯的一个重要内涵,即教研道路上的无穷探索。相信读者由以下实例即可获得这方面的直接启示:

(1) 张齐华与"圆的认识"的教学

"圆的认识"无疑可以被看成小学数学教学的一个经典课例,并曾无数次地被搬上观摩教学的讲台,既包括诸多名师,也有名不见经传的青年教师。

也正因此,这或许就可被看成为我们深入开展教学研究提供了很好的切入点,特别是,以此为实例我们可清楚地看出教学研究确实具有无穷的探索空间。

例如,在此首先可提及张齐华老师关于"圆的认识"的第 2 个教案(第 6 章的[例19])：由于与第 1 个教案相比，这较好地体现了"由外向内的华丽转身"，从而就可说是一次重要的进步。

那么，后一设计是否可被看成真正的经典呢？这当然只能说是一种绝对化的观点。值得指出的是，这事实上也正是张齐华本人面对自己课例所采取的立场：在过去的 10 多年中，他关于"圆的认识"的设计已经有了第 3 版、第 4 版："18 年的教学历程，难以胜数的课堂画面瞬间在头脑中一一闪过。而期间，'圆的认识'一课的几次不同演绎与重建，尤为历历在目——从历史人文视野下的丰沛厚重，到洗练纯粹只剩下线条文字的干净素朴，从'大问题'整合下课堂的开放，到'先学后教'背景下对学生主体学习的彻底回归……由外而内、由物及人、由师转生的一次次否定与超越，恰恰见证着我对数学课堂'另一种可能'的不断探寻与发现。"（张齐华，"核心素养：让课堂绽放新活力"，《小学教学》，2016 年第 1 期）他并为自己规定了这样一个基本立场："永不重复别人，更不重复自己。"

在此我们还可特别提及这方面的一个新近发展：由于参加国家级的教师培训，张齐华老师又一次面临了重上"圆的认识"这样一个任务："圆的学习，还可以如何学习？还可以承载怎样的新目标、新价值？并展现其截然不同的崭新可能？"以下就是张齐华老师对此所提供的解答："对，就上一堂直指数学核心素养的数学课。"（同上）

以下则是他在这方面更为深刻的一个认识："寻找另一种可能，必然建立在对已有可能的准确判断和深刻反省上，否则，一切的寻找只能自然算是盲人摸象，无所指归。"这也就是指，我们决不应以"标新立异"作为自己的追求，而应始终致力于实实在在的进步。

以下就按照这样一个标准对张齐华老师关于"圆的认识"的第 5 次教学设计(第五版)作出简要介绍。

[例1] "圆的认识"的第 5 次教学设计

（张齐华，"'圆的认识'教学实录"，《小学教学》，2016 年第 1 期）

这一课例主要有三个特征：(1) 顶层问题与结构思维；(2) 有效追问与深度学习；(3) 合理想象与空间观念。张齐华老师并对自己的这一课例作了如下的总结："用好的问题引发深邃的数学思考,进而发展学生的空间想象力,这或许正是我在这堂课上所作出的新的探索,也算是呈现了'圆的认识'又一种新的可能吧。"

具体地说,这里所说的"顶层问题"或"核心问题"是指这样一个问题:"刻画一个长方形的大小,最少需要两个数(量);刻画一个正方形的大小,只要一个数(量)。那么,刻画一个圆的大小,最少需要几个数(量)? 这一个或几个数(量)究竟在哪里? 为什么只要这一个或几个数(量)就能够确定一个圆的大小?"张齐华老师并对这一问题在教学中的作用作了如下总结:"在这堂课上,孩子们正是带着对这一'顶层问题'的不断思考与开掘,在生生、师生之间以及与文本的不断对话过程中,完成了对圆心、半径、直径的各自特征及其相互关系的整体把握……整堂课的逻辑线索,正是因为有了这一顶层的问题设计,而得以向着一个全新的方向逐层展开。"

以下是"有效追问"的一些实例,即教学中所实际提到的一些问题:

"究竟什么才是圆的半径,半径真的有无数条吗? 它们的长度都相等吗?"

"既然半径有无数条,凭什么一条线段就能确定圆的大小?"

"除了半径,还有没有别的数据,也可以确定圆的大小?"

"怎样的线段是圆的直径,直径又有哪些特点?"

"您凭什么认为直径也有无数条?"

张齐华老师指出:"在学生已经没有问题的地方,提出一个有价值、有思维含金量、能有效促进学生深度学习的数学问题,是否应该成为我们的重要教学任务?"

最后,在与同学们一起分享了他们在课前的相关作品(展示与讨论)以后,教师又提出了这样一个问题:"在同学们的作品中,我们发现了一些很有意思的作品(同心圆、车辐图等)……你能联想到生活中的哪些画面?"这一教学行为的主要目的则在于:"没有了生活中的画面可供观察,观察力显然已派不上用场,但想象力、空间操作、思维匹配等与空间观念高度相关的思维因子,却一一登场。"

那么,究竟什么可被看成这一课例对于我们改进教学的主要启示? 在此笔者并不企图提供全面的分析,而只是强调这样一点:这或许可被看成这一新的教学设计的主要价值,即为我们如何能够更好地去应用"先学后教"这一教学模式提供了直接启示,特别是,在充分体现学生主体地位的同时,教师应如何去发挥应有的指导作用。

具体地说,我们在教学中应切实抓好这样两个环节:整体设计的开放性(核心问题的引领,放手让学生自由地去进行探究,……)与细节处理的精致化(课堂上的对话与积极互动,教师的应答能力,必要的追问,……)(对此可参见 8.2 节)。

但是,上述的设计是否可被看成为"圆的认识"的研究画上了句号? 在此仍可提及张齐华本人的这样一个认识:"对很多人而言,超越别人容易,超越自己难,而在我,情况似乎略有不同。事实上,在很多情形下,要想判断是否能够或者已经超越别人,很难有一个既定的标准,既无标准,又何谈对别人的超越? 倒是自我超越,似乎显得稍容易一些。毕竟,每一天的学习、思索、实践,必然会使今天的你超越昨天的你,进而又被明天的你再次超越。人总是在这样一次又一次的自我超越中实现进步的。"(张齐华,《审视课堂:张齐华与小学数学文化》,同前,第 105 页)

就我们目前的论题而言,这显然十分清楚地表明了这样一点:教师的教学研究确有无限的发展前景。

(2)"一节数学课历经 14 年的对比与思考"

与张齐华老师的上述实例相类似,由贲友林老师提供的这一实例也有很长的时间跨度,并明显地表现出了研究工作的"问题意识":正是通过相关课例的比较分析,贲友林老师提出了教学方法的改革所应特别重视的一些普遍性问题,并经由进一步的研究引出了相应的普遍性结论或看法。

[例 2] 走向"为学生的设计"

(贲友林,《数学研究与评论——小学教育教学》,2010 年第 4 期)

这一工作的直接起因是贲友林老师在 2008 年聆听的一节数学课:"两位数减两位数退位"(一年级下册)。这一堂课的执教者是一位工作近 5 年的年轻教师。贲友林老师因此联想起了自己在 1995 年关于同一内容的一堂课,希望通过两者的对比"打开自己的思考"。

1. 以下就是 2008 年这一堂课的概况：上课开始，出示 12 道口算题，学生"开火车"报得数。同时，指定一位学生在黑板上板演：用竖式计算 58−26。

评析板演后用图文结合的方式出示信息：懒羊羊说，我有 50 张邮票；美羊羊说，我有 26 张邮票。

师：谁能提一个用减法算的问题？

学生回答，教师板书：懒羊羊比美羊羊多多少张邮票？

生 1：还可以提问题：两羊相差多少张邮票？

生 2：美羊羊比懒羊羊少多少张邮票？

师：很好！这道题怎样列式？

教师指定一名学生口答。学生说出算式 50−26 之后又说得数是 36，有学生插话：错，等于 34。后又有学生插话：错，等于 24。

教师没有理会学生说出的得数，只板书了算式，接着提问：这道题（指 50−26）与前面学过的这道题（指 58−26）有什么不同？

生 1（指着 58−26）：这道题是两位数减两位数；（指着 50−26）这道题是整十数减两位数。

生 2：50 减 26，0 减 6，退位。

教师指出：今天我们学习两位数减两位数退位减法。板书课题后，教师组织学生用摆小棒、拨计数器的方法计算 50−26。

学生展示摆小棒的过程，教师再用课件演示。接着，学生展示在计数器上如何操作。有学生说：还有方法。教师指出：等一等。然后，教师用课件演示在计数器上拨算珠计算 50−26。

在课件演示的过程中，学生口述计算过程：50 个位上的 0 不够减 6，从十位退 1，10 减 6 等于 4；5 变成 4，4 减 2 等于 2。有一位学生插话：用竖式算。

教师重复学生的语言：用竖式算。学生口述竖式计算过程，教师板书，并强调书写时注意数位对齐。

生：还有一种算法。

师：还有一种？等一会儿，先把这种方法弄清楚了！

教师组织学生同桌间互相说一说竖式计算过程。然后提问：如果先从十位减,再从个位减,方便不方便?

生:不方便,我们要重算。

师:刚才有同学说有不同的方法,是怎样算的呢?

生:0减6不够减,向十位借1,10减6等于4,4减2等于2。

师:听了他的发言,你想说什么?

生1:和前面说的不都一样吗?

生2:我是这样算的,58减26等于32,50减26的得数比58减26的得数少8。

师:被减数少了8,得数也少了8。

生:我是先算50减20等于30,再算30减6等于24。

师:这种方法也很好!

接着,教师出示教材中"试一试"算题:用竖式计算43-27。学生试做,教师视频展示一位学生的计算过程。评析时指定一名学生说计算过程,教师提问:十位上1个十,到个位上是几个一?学生面露不解之色,未能回答,教师指出:十位上1个十,到个位上是10个一。教师再提问:用竖式笔算减法应注意什么?学生回答,教师板书:相同数位对齐;从个位减起;个位不够减,从十位退1,在个位上加10再减。

巩固练习,教师将教材"想想做做"中的3组题以"过关"的游戏形式呈现给学生练习。最后,播放"喜羊羊和灰太郎"主题歌。

2. 以下则是贲友林老师1995年的教案(当时用的是义务教育版苏教版小学数学教材):

第一,复习引入。

指定一名学生板演:用竖式计算43-21。

出示一组口算题,其余学生与笔算板演的学生同时进行口算练习。

评讲板演,提问:笔算减法是怎样算的?(出示:个位和个位对齐,十位和十位对齐;从个位减起)

教师指出:今天这节课,我们继续学习两位数减两位数。板书课题。

第二,教学例题。

教师把口算题的最后一题43-7改成43-27,指出:这就是我们要学习的例题。

教师板书 43—27 的竖式，指出：从个位减起，3 减 7 不够减，怎么办？

教师操作演示：从 4 捆带 3 根小棒中，拿走 27 根。演示过程中提问：7 根，怎么拿？取出 1 捆后，还有几个十？

引导学生回顾操作过程，教师板演竖式计算。边板演边讲解：个位上 3 减 7 不够减，从十位上退 1，点一个小圆点表示。把退的 1 个十和个位上 3 合起来是 13，13 减 7 等于 6。十位上小圆点表示退掉 1 个十，十位上只剩下 3。十位上 3 减 2 等于 1。

引导学生把例题 43—27 和复习题 43—21 进行比较：这两道竖式都是怎样写的？都从哪一位减起？计算时有什么不同？3 减 7 不够减，怎么办？

教师指出：这叫退位减。

第三，教学"试一试"。

教师出示算题 50—43，学生试算。评讲交流：个位不够减，你是怎样算的？

第四，总结算法。

教师提问：笔算两位数减两位数，竖式怎样写？从哪一位减起？个位不够减，怎么办？在复习所出示的"两条"的基础上再出示：个位不够减，从十位退 1，在个位上加 10 再减。

第五，巩固练习。（略）

3. 比较与思考。

贲友林老师的文章接着对 1995 年与 2008 年的这两节课进行了比较。在此我们应特别注意他所采取的"比较点"，因为，这很好地体现了这一研究工作的普遍意义：正是以所说的比较为背景贲友林老师提出了在教学方法的改革问题上我们应当深入思考的一些问题。

第一，算题呈现与情境创设。

13 年前的数学课，出示算题的方式大都是开门见山，直截了当。2008 年的数学课，则将计算问题与解决实际问题结合在一起，并用"懒羊羊、美羊羊"进行了包装。

思考："今天是'羊'，明天是什么？懒羊羊、美羊羊的确是一年级学生喜欢的动画形象,但这样的情境创设对计算的学习究竟有什么作用呢?"

"数学教学中的情境创设,关键是要引发学生数学层面的思考。通过对教学内容'问题化'组织,引起认知冲突,'生'数学之情,'入'数学之境。……'两位数减两位数(退位)'这节课中与计算所结合的实际问题,是求相差数的问题,学生在这节课之前已多次接触,只是在这里的数据是两位数,即便改换问题中的角色,学生列算式也几乎不需要思维上的努力,因而很难引发数学思考。

"情境创设,不是简单地更换一下问题中的'角色',让学生喜欢而已。……创设情境,并非机械地按文本要求行事,而应当依据学生数学学习现实,激发学生的数学思考,还要考虑在这一过程中学生是否保持了心理的安全感。"

第二,算法探究与动手操作。

13年前的数学课,学习算法的方法是教师讲,学生听;教师演示,学生看。2008年的数学课,学生先操作演示、讲解,教师再"重复"确认;学生先口述计算过程,教师再板书进行"规范"指导。

思考:"让学生直接看操作演示,或让学生动手操作探究,都是基于一年级学生的思维发展还处于具体直观阶段而采用的设计。那让学生直接看操作演示与让学生动手操作探究有什么不同呢?"

"从教师实施教学的角度看,学生看教师演示,课堂的进程由教师控制在手中,学生邯郸学步跟在教师的后面,这样的课堂,不会出'乱子',比较'平稳'。但教师先于学生操作之前的演示,往往容易把学生原本丰富多彩的探究过程'拉成了一条线',压缩了应有的空间和时间。而放手让学生操作,学生在主动探究的过程中,可以展现真实的思维活动过程,学生的表现具有差别性和多样性,可能在教师的预设之中,也可能在教师的预设之外,这样的教学,给教师带来较大的挑战,又给教师提供了实际了解学生的契机。

"再从教学效果来看,学生直接看操作演示,在学习过程中往往容易处于被动的观者身份。而让学生动手操作,吸引他们主动参与学习过程,视觉与触觉、运动的协调,有助于形成更为突出清晰的表象,不仅发展了形象思维,而且推动了抽象思维的展开。

"不过,从学生的发展水平来看,学生原有的经验、经历、水平决定了课堂中采取的手段。学生是否有能力通过操作探究算法,这也是我们需要考虑的。"

贲友林老师并针对学生的现实情况提出了以下一些想法:

"实际教学时,学生的学习起点,已经高于教材的逻辑起点。即未学两位数减两位数退位减,已有部分学生会算了。……那么,动手操作还需要吗?我的想法是,动手操作依然有其价值与意义。我们可在教学时将探索性操作调整为理解性操作、验证性操作:先让学生交流各自的算法,再组织学生进行直观操作,借助直观理解算理,同时,验证先前学生交流的算法是否正确。学生在交流各自的算法之后,急切想知道算得对不对,这时组织操作,检验算法,是应学生之所需,而非教师所强求。摆小棒、拨算珠的过程,也是对计算的重点与难点加深理解的过程。

"不过,在本课的学习过程中,我认为,摆小棒或拨计数器的操作也不是解决了算法探究的所有问题。……如何让学生理解'从个位算起'这一计算程序的规则呢?看来仅靠摆小棒、拨计数器珠子的操作是解决不了问题的。而这,也不应当由教师简单地告之。"

第三,课前预设与课堂生成。

13 年前的课堂,教师演示、讲解,覆盖了学生的想法,学生亦步亦趋回答教师的提问,很难产生自己的想法,只要跟着教师走就行了。2008 年的数学课,我们清晰地感受到,学生有不同的想法,且多次有表达的愿望。但课堂中,教师几次让学生"等一等","很自我"的处理,让学生难以言说。

思考:"13 年前的数学课,预设排斥与挤占了生成。2008 年的数学课,预设给了生成的空间,却又未能处理好预设与生成两者的关系。我们都知道,课前预设是对教学的整体勾画,要与课堂生成有机统一。我们认识到这些,但在实践操作过程中,却为什么常常出现行动与认识的背离呢?"

"我们不妨从师生互动的角度分析预设与生成。……预设,在相当大的程度上表现为教师是互动的发起者。而生成,则表现出学生是互动的发起者。在课堂中,教师主动发起的师生互动远远多于学生主动发起的师生互动。而学生发起的互动,反映了学生对学习过程中主动参与的意识与能力。学生是否能发起互动,不是依赖于教师施舍,而应当在教师发起互动的过程中还学生发起互动的本来面目与积极性。面对学生发起的互动,教师需要'与学生在一起',要对学生的学习与发展保持敏感性。一是对学生数学学习状态保持敏感性,二是对学生学习过程是否需要教师的帮助、指导与促进保持敏感性,即对学生发起的互动予以积极的反应。教师需要整合教师发起的互动与学生发起的互动,发挥各自优势,形成互补效应。

"课堂生成,是更多地将学生作为教学资源。对预设与生成的处理,反映了教师眼中是否真正看到学生,心中是否实际装有学生。妥善处理好预设与生成,有利于学生在学习过程中更充分地发挥主体作用,同时调动教与学两方面的积极性和创造性,有助于形成更为民主、亲密、互相尊重的课堂教学文化。"

4. 通过上述的比较分析,贲友林老师产生了"再上同一节课"的想法。新的教学是在 2009 年进行的(略)。以此为基础贲友林老师又进行了新的思考,其中不仅再次提到了"算题呈现与情境创设"等三个问题,也包括一些更深层次的教学理念。由此可见,总结与反思确可被看成一线教师增长教学智慧的基本途径。

以下是一些相关的体会:

"关于创设情境。计算与解决实际问题结合在一起,在算题呈现时可以对实际问题作两种方式的加工。一是对问题中的素材进行更换。如 2008 年的数学课中'懒羊羊、美羊羊'的出场,而我在设计执教的 2009 年的数学课中,采用的还是教材中的情境素材。我的想法是,在没有找寻到更好的'替代'时,'返回'教材。二是对问题的结构进行改造。以往大都是呈现结构完整的问题,而在 2009 年的数学课中,改为呈现结构不良问题(即提供条件,让学生补充问题);以往解决相差关系的问题,对问句的不同表述基本是'单个'思考,而在 2009 年的数学课中,则将不同说法的问句'打包'呈现。即在相关信息出示之后,教师放手让学生提出不同的问题,从情境进入数学思考,再引导认识不同说法问题的内在联系,在思维步向深入的过程中学生呈现算式。在这一过程中,学生感悟算式是这一情境的模型,计算是解决实际问题的需要。

"关于动手操作。我的教学意图是让学生在摆小棒操作的过程中,进一步体会计数单位相同直接相加减,认识个位不够减从十位退1的算法。实际教学时,我改学生用实物操作为让学生'在头脑中摆小棒'。不过,没有料到,有学生在说完摆小棒的操作之后又说出在计数器上如何操作。为何不让学生用实物操作而让学生"在头脑中摆小棒"呢? 美国教育学家布鲁纳将儿童的理解能力发展分为三个阶段:第一,动作阶段,儿童操作实物,了解一些数学概念。第二,表象阶段,儿童可以借助实物表象进行独立思考。第三,符号阶段,儿童能认识符号的抽象观念。对照布鲁纳的学说,我的想法是,当学生已有比较丰富的摆小棒、拨计数器的实践操作经验并形成了较为清晰可调度的表象积累之后,我们是否还要让学生再来实物操作? 从课堂中学生的口述来看,他们已经可以跳过动作操作阶段,直接进行表象操作。

"关于课堂生成。我努力让学生把他们的想法呈现出来,并让学生在交流过程中捕捉对方的想法展开进一步的思考、交流。如,展示学生算法时,我没有料到第一位学生呈现的算法出现错误,随即让其他学生交流纠正;学生口述了如何操作小棒之后又说如何在计数器上操作;学生对计算时从十位算起与从个位算起的辨析;……这些,都是我面对课堂生成作出的处理。我追问自己:我引领学生主动发起互动了吗? 如果说上述处理还是被动应对的话,那么,课堂中我提供开放性的学习内容、开放性的教育资源、开放性的教学方式,让学生积极探索、思考、交流,则是主动给学生的生成提供了可能。面对有教学价值的新情况,我再放手让学生展开进一步的思考,又使生成进一步得以丰富。"

最后,贲友林老师又从更深层面对支撑2009年这节数学课的一些基本理念进行了总结回顾,这主要包括:

第一,让学生在各自原有基础上得到尽可能大的发展。

"以往我们对学生发展的要求往往是片面强调一致,追求趋同与整齐划一,漠视学生的差异与个性。在教学过程中也就不难发现'党同伐异'、'填平补齐'、'千人一面'的现象。从2009年这节数学课的教学目标拟定以及教学展开过程中可以看出,我努力使教学促进学生在各自原有的基础上得到尽可能大的发展。学生都在'向前走',但不是'齐步走',而是各自以自己的'节奏'与'速度'在原有的起点上向前走——在一个班级中,一部分学生往往会走得快一些，一部分学生则会走得慢一些。教师所要做的，是保证全体学生达到课程标准所规定的发展目标，同时能够并且应该获得各自最大限度的自由、充分发展。"

第二，尊重学生的"已知"、"已有"。

"我们知道，学生不是一张'白纸'，每次，他们走进数学课堂，也就带来了他们的认识与想法。但我们需要进一步关注的问题是：学生不是一张白纸，为什么在课堂上常常表现为一张白纸？我们常常认识到学生的'已知'、'已有'，然而在行动中，却将学生的'已知'、'已有'撇至一旁，甚至视作'麻烦制造者'。

"尊重学生的'已知'、'已有'，既让我们对学生有了新的理解，又让我们对教学过程有了新的思路。在探索学习两位数减两位数退位减的过程中，我通过前测了解学生的学习起点，让学生在独立思考的基础上探索算法再进行交流，将探索性操作调整为理解性操作、验证性操作，将实物操作改作表象操作，这些，都是基于学生已有发展水平的考虑而作出的教学尝试。尊重学生，不是停留于言语层面、认识层面，而是在实践中直面学生的数学现实，由'强制学生适合教学'转为'创造适合学生的教学'。"

第三，学生是教学过程中的重要资源。

"习惯的认识，学生是教学对象，教师、教材、教学设备，是教学资源。因而对丰富生动的学生资源，常常视而不见。学生的全部既有知识、经验和学习的内在积极性都应当为教师教学所用，应当成为动力之源、能量之库。在两位数减两位数退位减教学前测中，我们发现，学生在'从个位减起'、'借1的处理（从书写形式上表现为退位点的书写）'这两个方面有着不同的想法，而这也就成为课堂中的'话题'，教师应用'兵教兵'教学策略，让学生把各自的想法呈现，继而在交流中各自获得新的理解和认同。以学生为资源，在教学过程中就可能使学生自己解决问题，自己发展自己。

"学生得到怎样的发展？学生在怎样的基础上得到发展？学生如何得到发展？围绕这几个问题的思考，我不断审视自己的教学理念，逐步建构起'尊重学生，欣赏学生，依靠学生，发展学生'的教学理念，努力使自己的教学从'为教师的设计'走向'为学生的设计'。"

由于这些理念显然都已超出"两位数退位减法"的范围并具有更普遍的意义，因此，在笔者看来，这就可以被看成"教学实践的理论性反思"的一个很好实例，特别是，这清楚地表明：我们的教学研究应当集中于数学教育的各个基本问题，以及当前的教学实践所急需解决的各个现实问题。

当然，对于上面所提到的各个具体问题，特别是情境设置、动手实践与学生主动探究等新的教学方法在数学教学中的应用而言，上述的分析不能被看成已经提供了最终的解答（对此可参见第7章的相关论述）。毋宁说，这是从另一角度更清楚地表明了深入开展教学研究的重要性，或者说，这正是教师专业生涯的真实写照，即教研道路上的无穷探索。

9.2　课例研究的必要发展

1. 课例研究应当重在研究

"课例研究"在现实中应当说已经获得了人们普遍重视，对此例如由"教学观摩"的盛行就可清楚地看出，在这方面我们并可看到实质性的进步。

具体地说，新一轮数学课程改革的实施显然可以被看成为教学观摩的盛行提供了直接的背景与动力因素，以下则是课改初期关于这方面工作的一个具体定位：借助教学观摩我们可为广大教师提供教学的范例和学习的样板。当然，正如前面已提及的，这又是这一时期教学观摩的一个重要特点，即主要集中于教学方法的改革，特别是"情境设置"等新的教学方法的学习与推广。值得指出的是，这事实上也正是这一阶段的观摩教学何以普遍采取以下形式的主要原因：在"课例展示"以后，组织者往往会加上"专家点评"这样一个环节，而后者的主要作用就是进一步强化课例的示范作用，乃至起到直接的"引领作用"——也正因此，当时的点评往往集中于课例的亮点与不足之处，特别是，这是否很好地体现了课程改革的基本理念。例如，相信任一曾身临其境的人都会对以下一些评论在当时的使用频率留下深刻的印象："再多一点合作学习就好了"；"教学中应让学生发挥更大的作用"；等等。

随着时间的推移，这方面的情况已有了很大变化，这并反映了人们在这一方面认识的不断深化。就我们目前的论题而言,这也就是指,如果说在课改初期人们曾经期望通过教学观摩很好地了解课改以后自己应当如何去上课(包括深入了解课程改革的各个基本理念),那么,这种需求现已不复存在,这直接导致了关于"教学观摩"的不同定位。

当然,尽管已有了很大的变化,但广大一线教师对于教学观摩的热情可以说始终不减,从而十分清楚地表明了"课例研究"对于教师专业成长的特殊重要性,后者即是指,对于广大一线教师而言,观摩教学具有直接的借鉴作用:既学得到,也用得上。

那么,所说的教学观摩,包括"专家点评"究竟有哪些不足之处,从而必须作出一定的调整呢?这一问题的解答应当说也十分明显:由于突出强调了课例的示范作用,因此,如果缺乏自觉性的话,观课者就很容易陷入其中的各个细节,即如教学中采用了怎样的"情境"或"引入问题",教学中所使用的是什么样的教具,等等——显然,这样的学习尽管有用,但作用又十分有限。另外,这也是观摩教学的一个明显局限性:由于所展示的大多数课例不仅有很长的"磨课"过程,更需用到大量的人力、物力,因此,相对于一般所谓的"家常课"而言就有较大距离,即广大一线教师很难达到同一水准。

从而,我们应当更深入地去思考:就广大一线教师的专业成长而言,教学观摩(更一般地说,就是"课例研究")如何才能更有效地发挥促进作用?

另外,从同一角度去分析,我们可以很好地理解现实中所出现的以下变化的积极意义:相对于纯粹的"示范课"而言,人们在现今应当说更加倾向于"家常课"或"常态课";而且,与单纯强调"名师示范"与"专家引领"相比,人们在现今也更加倾向于"大众参与"这样一个评课方式。后者则体现了关于教学观摩的这样一个新的定位:与唯一强调所谓的"示范作用"不同,人们现今更加希望相关的"课例"能够引发广大教师的深入思考,而不只是简单地去模仿或移植,即能为广大教师的专业成长提供重要的背景或平台。

例如,尽管人们使用的词语并非完全相同,这仍然可以被看成以下一些主张的共同核心:即如认为我们应当积极提倡由"观课与评课"向"品课"发展,也即应当将课例看成研究的对象,从而为"教师的教学研究、业务进修和专业发展提供一个境界高尚的平台"(方运加,《品课·小学数学卷 001》,教育科学出版社,2013)。或是认为与一般的"评课"相比,我们应当更加提倡"观课议课",而两者的主要区别在于:"评课是对课作判断、下结论,议课是针对课堂现象和研究问题进行平等交流与讨论",特别是,评课专家应当改变"写句号"的习惯,并更加倾向于"用问号的方法",包括在询问别人之前先问自己,从而更好地了解授课教师的真实想法与实际需要,并能通过共同探讨与真正的互动促进双方的专业成长。(陈大伟等,"以人为本、有效优先——关于'观课议课'与小学数学教学的对话",《小学数学教师》,2015 年第 12 期)

相对于唯一强调教学观摩的示范作用而言,上述的定位显然更加合理。但在作出这一肯定的同时,我们又应看到,这方面的工作仍有不小的改进余地。

例如,这就是"观摩课"普遍存在的一个弊病,即相关课例的选择往往有很大的随意性,更可说缺乏明确的目的与长期的计划。当然,与此相对应的还有听课者的这样一种态度:"随遇而安","各取所需"——容易想到,这事实上也正是造成以下现象的主要原因:尽管大多数教师在参加此类活动时都抱有强烈的学习愿望,他们在现场的表现也可说十分认真,随着时间的推移人们更可说已在这方面有了大量的经历,但就总体而言,这些活动又很难说已对广大教师的专业成长产生了十分有效和持续的效果。

当然,就当前而言,有不少相关的活动已推出了明确的主题,我们还可看到对于"同课异构"("同上一节课")等组织方法的普遍应用,这些无非都是希望能使听课者有更大的收获,特别是,能促进人们更深入地去进行思考。但也正是从同一角度去分析,笔者以为,这正是此类活动的又一明显不足,即研究性的缺失,特别是,人们往往只是满足于"课例"的展示,包括简单的比较分析,却很少能够看到以此为基础的真正的研究工作。

当然,此类活动中所展示的各个课例应当说都反映了相关人员的积极探索,即是教学研究的直接结果。但笔者在此所关注的主要是这样一个问题:我们如何才能更有效地去促进广大观课教师的思考? 特别是,如何能以相关课例为背景积极地去开展新的研究?

由以下关于科学研究主要特征的分析相信读者可更好地理解究竟什么是笔者在此的主要关注(对此可参见另著,《科学哲学十讲》,译林出版社,2013

年,第一章)。

第一,这是人们在这方面的一项共识:"问题"应当成为研究工作的直接出发点。例如,英国著名科学哲学家波普尔(K. Popper)就曾明确指出:"科学开始于问题,而不是开始于观察。"因为,"正是问题才激励我们去学习、去发展我们的知识,去实验,去观察"。(《猜想与反驳》,上海译文出版社,1986)

显然,从同一角度去分析,我们就可看出现行的"观摩教学"的这样一个弊病,即"问题意识"的缺乏。例如,如果我们只是简单地去提倡"永不重复别人,更不重复自己",而没有清楚地认识到已有教学不足之处的分析应当成为新的教学研究的直接出发点,那么,相关的工作就很可能成为"盲人摸象,无所指归"。(张齐华语。6.1 节)另外,这显然也应成为"同课异构"此类活动的一个主要目标,即我们不应停留于不同教学设计的简单比较,而应通过深入分析很好地去弄清什么是这一内容的教学所应满足的基本要求,或者说,我们主要地应围绕哪些问题去进行教学设计? 容易想到,后者事实上也可被看成为我们如何对关于同一教学内容的不同教学设计作出比较评价提供了必要的准则。

当然,除去观摩教学以外,"研究问题"的缺失事实上也可被看成一般所谓的"课例研究"的一个普遍性弊病。例如,这方面的现有著作往往都满足于将大量的"优秀课例"汇编成册,却没有认识到我们还应以此为基础做好进一步的研究,特别是,应清楚地指明相应的研究问题与努力方向。①

第二,这也是科学研究必须实现的一项要求,即应当超越各个具体现象引出普遍性的结论和理论,也即应当由现象上升到本质,包括我们如何能依据所说的普遍性原理对相关现象作出具体解释,而不只是停留于各个现象的简单描述。

显然,从上述角度去分析,我们也可看出当前的"课例研究"普遍存在的又一弊病,即往往未能很好地做到"小中见大",也即如何能够超越各个具体内容

---

① 还应提及的是,一些相关著作采用了"成名篇"、"经典篇"等这样一些名称,却没有意识到这也可能对一线教师产生消极的影响。因为,"一课成名"显然不应成为一线教师的努力方向。另外,任一课例也都不应被看成真正的"经典",毋宁说,由于课堂教学涉及诸多的方面,我们就应始终坚持针对特定的对象与环境创造性地去进行教学,而不应简单地模仿或移植。当然,时代的进步与认识的深化也必然会对教学工作提出新的更高要求——正因为此,任一内容的教学设计都不可能一劳永逸地得以完成。

的教学设计而给人（包括自身）以更大的启示，即如提出若干值得深入思考的普遍性问题、若干普遍性的结论或建议，等等。

当然，上面的论述并不是指所有的"课例研究"都应以建立系统的理论作为直接的工作目标。但在笔者看来，这又是这方面工作应特别重视的一个问题，即我们应当从理论高度对相关的教学现象作出认真的总结与反思（这也正是"教学实践的理论性反思"的基本涵义）。因为，只有达到了一定的理论高度，相关研究才可能对新的实践活动发挥普遍性的指导作用，包括更有效地促进广大教师的专业成长。

例如，从上述角度去分析，无论我们在此所涉及的究竟是"品课"，还是"观课议课"，相关的评论与思考显然都不应满足于"就事论事"去指明各个课例的优点和缺点，乃至唯一地集中于具体的教学设计，而是应当更加重视如何能以此为背景引出普遍性的结论或建议，从而给广大一线教师更大的启示。

综上可见，这就是这里所论及的"研究性缺失"的两个主要涵义：（1）研究问题的缺失；（2）未能上升到应有的理论高度，即真正做到"小中见大"。

2. 课例研究的关键

以下再对我们如何做好课例研究（更为一般地说，就是"教学研究"，下同）提出 4 点具体建议：其中的前两条与上面的分析直接相对应，即体现了研究活动的普遍特征；其余两条则集中反映了"课例研究"的特殊性。

第一，切实增强"问题意识"。"问题"应当成为课例研究的直接出发点，我们并应切实立足实际教学活动以发现值得研究的问题，而不应停留于纯粹的"无事呻吟"。

更一般地说，这也就是指，"课例研究"应当具有明确的目的性。当然，后者又不是指纯粹的"标新立异"，或是如何能够建构起某种"宏大的理论"，而主要是指我们应始终牢记促进实际的教学工作这样一个基本目标。

第二，我们不仅应当切实立足于实际的教学活动，而且也应超出各个具体内容并从更一般的角度指明相关研究的普遍意义，即真正做到"小中见大"。

更一般地说，这也就是指，我们的教学研究应当努力超越单纯的"经验总结"并上升到一定的理论高度，从而也就可以具有更为普遍的意义，即真正起到"以点带面"的作用。

应当强调的是,在上述两个关键性因素之间并存在一定的辩证关系,特别是,只有研究的问题具有一定的代表性或典型性,相关的研究才可能具有较大的普遍意义。值得指出的是,从这一角度去分析,我们也可看出当前的课例研究所存在的这样一个弊病,即相关的研究问题往往过于细小琐碎,特别是,常常集中于教学活动的简单总结和反思,即如有什么优点与不足,学生在学习中为什么会出现这样或那样的错误,等等,却未能从更一般的角度去提出值得人们深入思考的普遍性问题,包括以此为对象开展进一步的研究,并由此而引出普遍性的结论或建议。

总之,这正是"课例研究"应当特别重视的一个问题,即我们应当超越各个具体内容的教学提炼出普遍性的问题,并应通过深入的研究引出相应的普遍性结论,也即应当努力做到用具体例子去阐明普遍性的道理。

以下就是关于我们如何能够实现上述目标的一些具体建议:

(1) 应当保持对于数学教育领域中重大问题和热点问题的高度关注,努力做到"大处着眼,小处着手"。

例如,正如6.1节中所提及的,这正是新一轮数学课程改革所导致的一项重要变化,即一些新的教学思想或理念的流行,包括"以学生为本"、"关注过程"等。但实践中我们又可经常看到各种简单化的理解,乃至事实上造成了一定的认识误区,这显然就是我们在当前应当特别关注的一些问题。

当然,相对于纯粹的"热点问题"而言,我们又应更加关注数学教育的各个基本问题,因为,只有这样,相关的研究才可能具有持久的价值,我们也才可能通过不断的积累促进数学教育事业的深入发展,而不至于永远处于"万里长征"的第一步,即始终只是在低水平上不断地去重复过去的错误。(6.1节)

(2) 我们并应十分重视自身视野的拓宽与思考的深度,或者说,应当在思维的深度与广度上狠下功夫。

例如,正如先前的[例1]和[例2]已表明的,这正是我们深入开展课例研究(教学研究)的一个很好途径,即以同一内容的不同教学设计,包括不同时期的不同做法为背景去进行分析思考。当然,我们也可通过不同内容教学设计的综合分析引出一些普遍性的问题或结论。

总之,我们应超出单纯"评课"的范围,并从更一般的角度去提出问题和开展研究。

（3）认真做好"理论的实践性解读"，或者说，这事实上也应被看成"课例研究"的又一重要课题，即我们如何能够借助具体课例清楚地去指明什么是相关理论对于我们改进教学的主要启示，包括这方面工作应当特别重视的一些问题，乃至自身对于相关理论的不同看法，等等。显然，这些工作对于相关理论的完善与进一步发展也是十分有益的，从而更好地体现了理论与教学实践之间的辩证关系。

容易想到的是，这事实上也正是"课例"（案例）何以会在教师培训中得到广泛应用的主要原因："个案……以丰富的具体教学情境为理论与实践的结合提供生动的注解。个案涉及事件的情节、前因后果，以及作者本人的感受和思考，把情境细化了；它将一段过程细细展开，娓娓道来，动态的描述给抽象理论以生命和血肉。针对有血有肉的事例，教师以看得到、摸得着的情境为载体开展理性思考，理论就不再是一些抽象的名词、原理。"（李士锜等，《数学教育个案学习》，华东师范大学出版社，2001，第6页）

第三，相对于严格意义上的"创新"而言，我们应当更加重视课例研究的启示意义。

具体地说，这正是科学研究必须满足的又一条件，即结论的明确性，其中并应包含一定的创新成分，而不只是简单地去重复别人的已有工作或结论。另外，我们还应高度重视结论的可靠性，这也就是指，相应的结论不应建立在纯粹的思辨之上，而必须以事实作为直接的基础。

容易想到，后者事实上也正是"实证性研究"，特别是定量分析何以在科学研究中占据主导地位的主要原因。而且，正如人们普遍注意到的，这一倾向也已在教育领域中产生了十分广泛的影响。但在明确肯定这一发展的积极意义的同时，笔者以为，我们也应清楚地看到其可能的消极影响，后者即是指，我们在现实中也可经常看到这样的现象，即教育领域中有不少研究只是注意了工作的实证性质，却在很大程度上忽视了研究所应具有的理论意义和现实意义。例如，尽管研究者作出了很大努力，相关的研究却只是为这方面的已有结果（甚至是常识性的结论）提供了新的论据，而没有能对相应的实践活动提供任何新的有益启示。（对此可参见另文"台湾的数学教育研究"，载郑毓信，《数学

教育的现代发展》,江苏教育出版社,1999)

　　事实上,这正是人们这些年来所建立的又一共识,即认为与"定量研究"一样,"定性研究"同样也应被看成科学研究十分重要的一种方法。进而,所谓的"案例研究"不仅可以被看成"定性研究"十分重要的一种形式,这也正是这种研究十分重要的一个作用,即我们可以通过具体案例的分析深入地去揭示某些在先前往往为人们所忽视的环节或方面,从而给人以新的重要启示。

　　总之,这是关于如何做好"课例研究"的又一建议,即相对于简单地去提倡"创新性"而言,我们应当更加重视课例研究工作的启示性质,这也就是指,就这方面的任一具体工作而言,我们都应认真地去思考:这对于人们特别是实际教学工作的改进究竟有哪些新的启示?

　　例如,在笔者看来,我们事实上就可从上述角度更好地去理解以色列著名数学教育家斯法德的这样一个论述:重要的"并不仅仅在于如何能够获得更多的材料,而主要是适当的视角,并能将此组织到关于数学思维与学习的深入理论之中"。

　　还应提及的是,上述要求并可被看成更清楚地表明了以"问题"作为课例研究出发点的重要性,因为,纯粹的"无事呻吟"不可能具有任何的启示作用。当然,我们在此又应更加重视研究者的独立思考与深入研究,因为,只有这样,我们才能给人以真正的启示。

　　另外,依据上述分析我们显然也可更清楚地认识研究工作的艰巨性与长期性,这就是指,任何真正的研究,包括"课例研究",都不可能轻易地得以完成,而必然有一个多次反复、逐步深入的过程。特别是,我们既应以已有课例为背景深入地去思考各个相关的问题,即如什么是做好相关教学的关键,我们可由此引出哪些普遍性的问题和结论等,同时也应当通过新的教学实践以及进一步的总结与反思积极地去开展进一步的研究,即如先前所得出的结论是否真有道理? 相关的建议在现实中是否真的"可行"? 又有哪些容易被忽视的问题或环节? 等等。

　　总之,我们应切实增强"课例研究"的计划性与系统性,包括逐步拓宽研究的广度,并能通过持续的努力达到更大的理论高度。

　　当然,正如前面已指出的,这是"课例研究"的永恒魅力所在,即始终存在无限的探究可能性与发展的空间。以下就是促进"课例研究"深入发展最重要的一些因素：教学环境与教学对象的变化、教育教学思想的发展与深化等。当然，这里的关键仍然在于我们是否具有足够的自觉性，即是否能够根据具体情况作出适当的选择，并能通过积极的教学实践与认真的总结与研究不断深化自己的认识。

第四，这也是"课例研究"应当始终坚持的一点，即研究的"生动性"和"丰富性"。

更一般地说，这并可被看成一般性教学研究的生命力之所在："教学法有关的研究叙述不宜精简或压缩，它的威力在于它的丰富，而不在于任何简洁的理论框架……这些教育家的智慧表现在高度理论化了的和精巧的创新做法上面，表现在对教育情境的带有感情色彩的详尽描述和对经验的有见识的分析之中。"（A. Bishop，"International Perspectives on Research in Mathematics Education"，D. Grouws 主编，*Handbook of Research on Mathematics Teaching and Learning*，Macmillan，1992，第 697 页）

由此可见，广大一线教师在从事课例研究时就应特别重视这样一点，即不应为了形式上的"完整性"和表面上的"深刻性"忽视内容的"丰富性"和"直接性"，乃至完全丢掉了一线工作"有血有肉、原汁原味"这样一个优点。当然，作为问题的另一方面，我们又应始终牢记这样一点："课例研究"应当很好地体现"用案例说话"这样一个特征，这也就是指，这既不应被等同于"理论"与"课例"的简单组合，也不应在不知不觉之中演变成了单纯的"课例展示"，而应反映普遍性的思考，我们并应努力做到用具体的例子去说出普遍性的道理。

3. 课例研究的若干实例

为了帮助读者更好地理解上面所提到的各个要点，以下同样借助于一些课例以作出进一步的分析说明。

（1）我们仍可以"圆的认识"的教学作为这方面的第一个实例。

具体地说，尽管这一内容的教学已经有了很多课例，但笔者在此所关注的主要是这样一个问题：什么是这一内容的教学最重要的一些方面？或者说，我们主要应围绕哪些问题去从事"圆的认识"这一内容的教学设计？

以下是笔者在这方面的一些具体思考：

其一，"圆的认识"的教学为什么应当特别注重"由外向内的华丽转身"？

在笔者看来，我们可由以下的实例获得这方面的直接启示。

[例3]　追本溯源，感悟概念本质——"圆的认识"教学实录与评析

（张晗芬、麻彩虹，《小学数学教育》，2013年，第1~2期）

文中写道："自然界中的圆、人类生活中的圆、作为数学的圆，随着认识的进一步深入，对圆的认识逐步从'美丽的向日葵'、'池塘的圆晕'、'漂亮的盘子'等物化属性中抽离。作为'圆的认识'这节课，我们需要通过学习让学生感悟圆的美丽来自它的数学本质。因此教学不管是引入环节还是展开阶段都需要直接指向圆本质的东西——这是数学教学的'根'。"

这篇文章还专门提到了"圆的认识"的教学应当如何去处理"学生动手实践"这样一个问题："作为刻画圆本质特征的半径和直径，……以往很多教师教学时多采用动手画一画、折一折或量一量的形式。"与此不同，由于认为在经历了先前的各个教学环节（指追溯"圆的来源"，以及通过三种不同的画圆方法［圆规画圆、体育教师以自己为中心绕圈画圆以及利用绳子在黑板上画圆］的比较以突出圆的本质）以后，"学生对圆的感觉已经十分丰富，于是老师放弃学生动手画一画、折一折或量一量，直接问：'根据前面的学习，你觉得圆的半径和直径会有什么特征呢？'学生自然会用前面总结的圆的特征来帮助思考"。

当然，上面的论述并不是指"圆的认识"的教学完全不应去"追寻数学课程的文化意韵"；另外，我们显然也不应因为张齐华等老师的相关课例（第6章［例19］）就认为这方面的教学只须机械地去模仿这些范例，恰恰相反，我们仍应坚持自己的独立思考，包括教学中究竟应当如何去处理所说的"内"与"外"的关系。

其二，这也是"圆的认识"的教学应当特别重视的一个问题，即我们应当如何去处理"动手"与"动脑"之间的关系？

为此可以再提及关于"圆的认识"的另外两个实例。

[例4] "圆的认识"与动手实践

这是笔者近期聆听的一堂数学课,任课教师首先强调了这样一个认识:"要想认识圆,必先画圆。"

以下是几个主要的教学环节:

第一,要求学生用圆规画圆。

第二,教师在显示屏上展示了体育教师在操场上画圆的场景,并要求学生对画圆的具体步骤作出总结:(1) 定圆心;(2) 确定半径。

在上述基础上,教师又对学生提出了如下要求:在先前所画的图纸上具体画出半径("半径在哪里")和直径("画得对不对")。

第三,教师接着又以派代表的方法组织了男女生进行比赛,即在黑板用绳子去画圆。教师并特意作了这样的安排:她所提供的绳子有一条是正常的绳子,另一条则有一定的伸缩性。不难想到,这正是这位教师作出这一安排的主要目的,即希望借此可以帮助学生更清楚地认识到这样一点:"圆的半径的长度不能变。"

第四,要求学生按照事先准备好的"学习单"去从事活动:"请你看一看、量一量、折一折,想想圆有哪些特征?"

最后,教师又向全班学生提出了这样一个问题:"想一想:生活中有哪些圆? 用到了圆的哪些性质?"

现在的问题是:你如何看待这一课例中教师对于学生"动手"与"动脑"这两者关系的处理? 特别是,这能否被看成很好地体现了这样一个思想:数学教学的主要目标应是促使学生积极地去进行思考?

例如,从上述角度去分析,笔者以为,我们在教学中就应更加突出这样一些问题:

(1) 在学生用圆规画圆以后,我们是否应当通过一定的提问(与讨论)去引发学生的思考? 进而,这时我们又应提出什么样的问题,包括围绕哪些问题去组织讨论?

(2) 我们为什么要让学生"看一看、量一量、折一折,想想圆有哪些特征"? 圆的基本性质(半径相等、直径相等)真的是量(比)出来的吗?

当然，上面的分析也不是指"圆的认识"的教学应当完全排斥学生的动手。恰恰相反，我们应当依据学生的实际情况具体地去决定在此是否真有必要让学生实际动手去画一画。因为，这正是这一教学活动的一个重要目标，即帮助学生较好地掌握"画圆"这一基本技能，后者更可为相应的认识活动提供必要的基础。但是，在全部的教学过程中我们又应始终牢记这样一点：与单纯的"动手"相比，我们应当更加重视由"动手"向"动脑"的转变，包括切实促进学生由单纯的操作经验转向相关知识的深刻理解。

在笔者看来，这事实上也可被看成以下课例的主要优点。

[例 5]　"圆的认识"的教学

（丁杭樱，引自李银岚，"意识支配行为，高度决定深度"，《小学数学教育》，2013 年第 10 期）

[片断一]

师：你会用圆规画圆吗？

生：会。

师：请动手用圆规在练习本左边试着画一个圆，看谁画得又快又圆。

（生独立画）

师：画成功的请举手（大部分举手了）。没画成功的请举手（有三位同学）。可见画圆是有方法的，对吗？

生：是，我知道要先将带针尖的那根插在纸上，将另一根有铅笔的叉开，手拿着上面的那根转一圈就画成了。

师：这位同学基本上掌握了画圆的方法。下面我们一起来看正确的画圆步骤（课件演示）。可是有些同学说，我也是这样画的，为什么画不圆呢？我们一起来看注意事项。

……

[片断二]

师：现在老师展示一位同学画的两个圆，说说你们发现了什么？

生：发现两个圆的大小不一样。

师：为什么会不一样？

生：因为圆规两脚之间的距离不一样。

……

师：为什么圆一会儿在左边，一会儿在右边？

……

［片断三］

师：刚才同学们用圆规画了两次圆，如果没有圆规，你还能根据圆的特征画圆吗？

生：用一支笔压住一头不动，稍微垫高一些，然后将笔转一圈，就可以画出一个圆来了。

师：刚才有同学说这样画得不圆，但他画圆的原理有吗？圆心在哪？半径是谁？

……

师：我看还有同学想说不同的方法。

……

以下则是相关评论者的点评："一个学习活动往往要经过多次的反复，才能有效掌握。……丁老师设计了三次画圆的环节，每个环节都蕴含了不同的设计理念。第一次是独立尝试用圆规画圆，表面是关注画，其实是蕴伏了圆心及圆的大小知识；第二次画圆，是在规范画法后，用正确方法再次体验对比，引出半径决定圆的大小、圆心决定圆的位置等相关知识，学生的感受很强烈；第三次不用圆规画圆，其实是运用知识解决问题，再现圆的知识，对学生的学习有很大的促进作用，学生的方法多样，背后隐藏的是对圆的本质深层次的理解。"

显然，后一点评确实点明了其中的关键，特别是，为了帮助学生很好地实现由"动手"向"动脑"的必要转变，教师应当特别重视"问题"的引领。即如在学生动手画圆以后，教师就应提出："画圆时容易出现什么样的问题？""什么是画好圆的关键？"等等。另外，在笔者看来，我们在此或许也可通过聚焦"所画的图形圆不圆"这一问题引发以下的思考：究竟什么样的图形可以被看成一个真正的圆？因为，这更直接地涉及"圆的认识"这一教学活动的关键与难点。

其三,这可以被看成"圆的认识"教学的真正难点与关键,即我们如何能够帮助学生很好地实现由已有的"日常生活经验"向真正数学知识的重要转变,这并直接关系到我们在教学中应当如何去引导学生积极地进行思考。

例如,在笔者看来,我们就可从上述角度仔细地去体会在"定点、定长"与"一中同长"这两者之间所存在的重要区别:如果说前者主要反映了"如何画圆"的具体经验,那么,后者就已上升到了真正的数学知识:"一中"清楚地表明了圆心相对于平面上其他各个点的特殊之处;"同长"则显然可以被看成对"同一圆中所有半径都相等"这一数学知识的简要表述。

值得提及的是,我们也可从同一立场更深入去思考教学中的另外一些问题。例如,教学中是否有必要花费很多的时间、精力刻意地去创设一个现实情境以引入"圆的认识"这一主题,如"马路上的下水道盖子为什么要做成圆的?""什么形状的盖子较为容易拧开?"等等。事实是,尽管有不少教学设计都使用了"这里究竟有什么秘密"这样一个表述,但就笔者看到的大多数课例而言,却都似乎未能在学生中引起强烈的好奇心与探究欲——也正因此,当教师最终依据圆的性质去揭示所说的"秘密"时,学生也就完全没有表现出任何发现的喜悦或是"恍然大悟"的感觉。

另外,正如张兴华老师近期在与笔者一起聆听"圆的认识"的教学时所指出的,圆的半径和直径的性质事实上也不能被看成"动手画一画、折一折或量一量"的直接结果,而是主要依赖于"活动的内化",即如何能够"让学生借助经验展开数学的想象"清楚地认识"这一动作可以予以一般化的特征"(皮亚杰语,[附录四])。(这方面的一个具体课例可参见本章的[**例12**])

总之,为了很好地实现由"日常生活经验"向"数学知识"的必要转变,我们在教学中应特别重视如何能将学生的注意力由单纯的"动手"转向"动脑",即由"如何能够画好圆"转向"圆的性质的研究",包括如何能用数学语言对其在日常生活中已获得的相关经验作出新的、更准确的概括和表述。

在此或许还应提及这样一点:就圆的认识而言,相关的知识并非具有同样的性质。具体地说,笔者在此所关注的主要是"圆有无数条半径"这样一条性质:由于由有限向无限的过渡意味着认识的重要发展,甚至更可说包含有质的变化(详可见另著《数学教师的三项基本功》[论丛之三],江苏教育出版社,2011,第 4.2 节),因此,我们在此就不应期望通过简单地"想一想"就能帮助学生顺利地接受相关结论,毋宁说,这里事实上包含了认识的重要发展。

另外,从教学的角度看,笔者以为,这是相关教学最困难的一点,即我们如何能够使得所说的由"日常生活经验"向"数学知识"的转变对学生而言成为十分自然的,也即教师只是作了"不着痕迹"的引导。容易想到,这直接关系到了教学活动的生成性质,即教师如何能够很好地利用课堂上所生成的各种教学资源。当然,这一目标的实现主要不是取决于教师的"即时反应"能力,而是教师本身的认识深度,特别是,他是否清楚地认识到了什么是"圆的认识"的关键,其中又涉及怎样的认识发展?

例如,由以下的分析相信读者可更好地理解什么是笔者所说的"自然性"的具体涵义:教学中为什么要引入"圆"的各种不同画法,如实物画圆、绳笔画圆、圆规画圆等? 因为,以此为基础教师可十分自然地引出这样一些问题:"谁来对这三种画法进行评价?""什么是实物画圆的不足之处?""如何才能画出大小不同的圆?""什么是画好圆的关键?""我们应如何对所画圆的好坏作出具体判断?"等等。直至最终将学生的注意力由单纯的操作(画圆)引向更深入的思考:"究竟什么样的图形叫作圆?"

其四,这或许可被看成这方面教学工作的一个更高追求:我们如何能够使得自己的教学具有更大的开放性,特别是,如何能为那些学有余力的学生提供更多的探究机会,从而使他们逐步学会想得更全面、更深刻?

例如,从后一角度去分析,相关的教学或许就不应停留于"圆的半径都相等",即"圆上的点到圆心的距离都相等"这样一个认识,而还应当引导学生进一步去研究平面上的其他各个点,也即"圆内的各个点"与"圆外的各个点"与圆心之间的距离,包括将此与半径作出必要的比较。另外,除去"直径"以外,我们显然也应具体地去考察连结圆上任意两个点所生成的其他线段与直径之间的关系等等。

应当强调的是,上述的研究并意味着认识的不断深化,即由纯粹的"操作性认识"转向"结构性认识"。更一般地说,这也就是指,我们不仅应当帮助学生很好地实现由"日常生活经验"向"数学知识"的重要转变,也应高度重视如何能够帮助学生从更广泛的角度去进行思考。特别是,除去"生成性"的研究以外,我们还应注意分析各个相关概念与知识之间的区别与联系,从而将它们组织成整体性的知识结构。

综上可见,即使就"圆的认识"这样的经典内容而言,相关的教学研究仍然具有很大的探究空间。应当提及的是,除去上面已提及的四个问题以外,我们事实上还可提出另外一些值得深入研究的问题,即如教学中应当如何去处理学生的主动探究与教师的必要指导之间的关系等(由于先前的讨论对此已经有所涉及,在此就不再赘述)。① 进而,更重要的是,结合具体教学活动积极地去开展研究显然又应被看成我们不断提升自身的专业素养,包括改进教学最重要的一条途径,特别是,我们应逐步学会从理论高度去进行分析和思考,真正做好"教学实践的理论性反思"。

最后,笔者以为,上面的论述也可被看成为我们如何做好"同课异构"此类活动提供了直接的启示,这就是指,如果说此类活动给予我们的一个主要启示就是清楚地表明了对于同一教学内容我们可以从多个不同的角度去进行分析探究,那么,相关的教学也就很难被看成有绝对的好坏。但是,我们在此不应停留于"各有千秋"之类相对性评论,而是应当依据一定的标准对此作出更具体的评价,从而对广大教师起到更大的指导和启示作用。

(2)以下再以所谓的"一课研究"作为直接的分析对象,希望有助于读者更好地理解"问题意识"与"小中见大"这样两点对于"课例研究"的特殊重要性,包括我们究竟应当如何去引导教师从事教学研究才能更好地促进他们的专业成长。

具体地说,这里所说的"一课研究"是指国内近期出现的这样一种研究:它完全集中于某一具体内容(如"圆的认识"、"圆的周长"、"圆的面积")的教学,更可说达到"高度专门化"的程度:"你见过对一节课的研究形成一本十几万字的学术专著吗?你见过查阅百年来的课标(大纲)后综述对一节课的教学要求吗?你见过对一节课的内容进行国内外多个版本教材比较吗?……本丛

---

① 建议读者还可以其他的一些课例(如"分数的初步认识"等)作为直接对象总结出我们应当围绕哪些问题去开展相应的教学研究。

书将让你见到上面所有的'样子'。"(《一课研究丛书》,教育科学出版社,2014,"丛书序")

其次,我们见到的是由多部著作组成的一整套丛书,它们并统一采取了这样一个研究框架,即按照如下九个"维度"去开展相关内容的研究:数学知识、课程标准、教材比较、理论指导、学情研究、教学设计、课堂教学、课后评价、校本教研。

不可否认的是,所说的研究需要承担者作出极大的努力,相关的成果对于广大一线教师改进教学也有一定的参考价值。但是,我们是否就可因此而断言"这项研究将我国的课例研究推向了新的高度,不要说在国内,就是在国际上也已经达到了领先水平"呢?笔者的看法,现时要作出这样的断言实在为时过早。毋宁说,就当前而言,我们应当更深入地去思考这样一个问题:所说的"一课研究"是否可被看成为"课例研究"提供了直接的样板?

当然,这是这方面应坚持一个基本原则:教学研究应当有益于广大一线教师的专业成长,包括具体教学工作的改进!

也正是基于这样一个认识,建议读者在此即可借助以下"情境"来进行思考:如果你承担了观摩教学的任务,你会怎样去准备?或者说,你对于承担了观摩教学任务的其他同行会给出什么样的建议?

笔者相信,在大多数情况下人们都会提出如下的建议:认真研读教材,做到对于教学内容的很好理解;参考不同的教学设计,特别是它们各自的优点与不足之处,从而构思出自己的教学设计;通过适当试教与总结反思作出必要的改进。

但是,在现实中你是否也会采取以下一些做法呢?

其一,你是否会具体地去查阅课程标准中的相关论述,特别是由此而确定相关内容的"教育目标"?

笔者的想法是:就每一具体内容的教学而言,我们当然应认真地去思考如何才能很好地落实整体性的教育目标——就当前而言,这主要是指相关的教学究竟如何才能很好地体现与落实"数学教育的三维目标",乃至学生"核心素养"的养成。但是,我们恐怕很少会想到需要进一步去查阅历史上乃至国际上各种不同的"课程标准(大纲)",因为,就一线教师而言,这一做法应当说完全无用。

其二,在准备某一具体内容的教学时你是否会认真地去查阅多个不同的版本甚至是国内外不同版本的教材？

笔者以为，或者会有人翻阅一下当前国内几种主要的教材，但肯定不会面面俱到，更不用说查阅历史上乃至国外的教材了。因为，就广大的一线教师而言，不仅没有这么多的时间和精力，而且查阅了恐怕也完全用不上！

（应当强调的是，上面的分析不能被理解成我们完全不应以国际上的相关研究为背景去开展自己的研究，而是应当更加强调这种工作的针对性。以下的［例7］与［例8］可被看成这方面的两个实例）

其三，针对各个具体的教学内容你是否会专门地去研究相应的"理论指导"？

也许会，但恕笔者直言：这在很多情况下恐怕都只是为了装点门面，即只是一种人为的拔高！

更深入地说，这直接涉及这样一个问题：对于不同的教学内容，我们究竟应当专门地去研究相应的"理论指导"，还是应当更加重视普遍性的教育教学理论，包括不同理论的必要互补？

当然，以上的分析并非是要否定相关的研究，包括统一引入一个十分庞大的研究框架的意义与作用，而主要是为了表明这样一点，即"课例研究应有明确的目的"，特别是，就广大一线教师而言，我们更应以改进教学作为"课例研究"最基本的目的。也正因此，相关的工作就不应求大求全，更不应陷入某种"新八股"。更为具体地说，如果所说的"一课研究"真的成为了广大教师学习的范例，就很可能对一线教师产生严重的消极影响，即在不知不觉之中将他们引入了完全脱离教学实际的歧途，乃至用"东拼西凑"取代了真正的研究。

更进一步说，建议广大读者在此还可具体地去思考这样一个问题：我们究竟应当将何者看成课例研究的直接目标？显然，如果我们的目标并非是撰写出一部洋洋数十万字的大作，乃至创造出经典性的"宏大理论"，那么，我们就应切实立足实际的教学活动，特别是，应特别关注这方面存在的问题，即应当以"问题意识"作为研究工作的直接出发点。

最后，在此还可进一步思考这样一个问题：我们是否应当对于"一堂课"予以如此的重视？

　　以下就是相关人士为此提供的解答："数学教师主要通过一节课一节课的教学体现出自己的专业水平,学生主要通过一节一节数学课的学习成长。可见,对一节节课进行研究的重要性怎么强调都不会过分。"(《一课研究丛书》,同前,"丛书序")但在笔者看来,这恰又是这方面更基本的一个事实:一节课就是一节课,而不能被等同于"一节课一节课";进而,要做到从"一节课"过渡到"一节一节课",我们就必须真正做到"小中见大",即应当突破"一节课"的局限,并以此为背景揭示出普遍性的问题与道理。

　　当然,这也可被看成上述分析的一个直接结论,即课例研究中所选择的课例("一节课")应当具有较大的代表性或典型性,也即能真正起到"案例"的作用。然而,正如前面已指出的,这可被看成这方面工作的一个常见弊病,即在案例的选择上表现出了较大的随意性。

　　(3) 以下再举出"多位数减法"的三个教学实例:由于其中同时涉及国内外的数学教学,从而也就十分清楚地表明了深入思考这样一个问题的重要性:我们究竟应当如何去看待"中国数学教学传统"?

[例6]　"多位数的减法"在英国

　　(引自"为智慧而教——江苏省南京师范大学附属小学提高人才培养水平的探索",《人民教育》,2011 年第 19 期)

　　这是一位中国教师在英国实地观看的一节课,以下是她对于这堂课的简单描述:

　　"课堂中没有任何现代化的多媒体设施,教师也没有长篇大论的讲解,他只是画了一条数轴图,把减数放在一端,被减数放在另一端。

　　"怎么做减法呢?

　　"就是让孩子在数轴上,去找减数和被减数之间相差多少。比如计算 $563-335$,孩子们在数轴数上找到:335 到 340 之间相差 5,340 到 540 之间相差 200,540 到 560 之间相差 20,560 和 563 之间相差 3,最后的答案就是:$5+200+20+3=228$。"

　　以下是这位教师对于上述做法的具体评论:

　　"相差的若干个数相加,不正体现了'减法是加法的逆运算'的思维方法么？英国教师借助于'加法'这个学生已学的知识巧妙地解决了减法的问题。

"他用数轴图，仅仅一课时，学生就能算二位数、三位数甚至多位数的减法。再看看我们的教材，减法分成若干个内容：10以内的减法、20以内的减法、两位数减法、直接减法、退位减法……分得特别细，分散在不同年级、不同层面。

"'差异因何而来？'是因为我们的数学教学，以知识为主线，由浅到深，由易到难；英国的做法，却是以思维方法为主线，形象直观，化繁为简。"

这位教师并由此而引出了这样一个论点："我们常常沉溺在知识的繁荣之中，却偏偏忘记了：知识本身并没有力量，只有当我们用思维方法的杠杆，去撬动知识，解决问题时，才能实现知识的力量，达至智慧的生成。"

尽管上述的评论十分简单，但这显然反映了这位教师的这样一个看法，即我们对于"中国数学教学传统"应持批判的态度，或者说，中国的数学教学可以向西方学到很多东西。

作为对照，在此可以再次提及中国旅美学者马立平博士所从事的中美小学数学教学的比较研究（第2章[例9]），特别是，两国教师对于以下问题的基本看法："如果你是二年级的老师，你会怎样教学生做52－25、91－79这样的题目？你觉得学生在学习退位减法之前，需要具备怎样的知识和技能？"

[例7] 关于"多位数退位减法"的一项调查

（引自马立平，《小学数学的掌握与教学》，华东师范大学出版社，2011）

以下是马立平博士通过调查与分析所得出的结论：

第一，"绝大多数中国教师都关注重组"（第8页），即认为应从"数的重组"这一角度对相应算法（"退位"）的合理性作出说明，从而帮助学生真正实现理解学习。进而，这也是中国数学教师的一个普遍做法，即是将"退位"与加法运算中的"进位"联系起来进行教学。如：

"我会从一个直截了当的减法问题开始，像43－22＝？在他们解决了这个问题后，我会把问题变成43－27＝？这个新问题与第一个问题区别在什么地方？我们在计算第二个问题的时候会发生什么？他们很快会发现7比3

大,我们没有足够的个位数。然后我会说,好,我们没有足够的个位数。但是有时候我们的个位数太多了。你们应该记得上周我们有太多的个位数时,我们利用进位做加法。我们那时做了什么? 他们会说我们把它们以十进位。所以当我们有太多的个位数时我们把它们以十进位,当我们没有足够的个位数时我们能做什么呢? 我们可以把一个 10 退位。如果我们把 40 中的一个 10 退位了,会发生什么呢? 我们就有了足够大的个位数。用这种方式我就会引入'退一成为低位上 10'。"

以下是这方面更深入的一个认识:"重组并不是局限于减法的一个数学手段。它是多种数学计算的基础。……实际上,算术中的四则运算的每一个都应用了某种重组。"(第 9 页)

第二,除去"数的重组",很多中国教师认为这一内容的教学还应突出"进率"这样一个概念。由于它们都可被看成"深层的数学原则或思想"的具体体现,所以也就与学生将来的学习密切相关。

"组成进一的比率是多少? 答案很简单:10。问学生一个 10 里有多少个 1,或者问他们进一的比率是多少? 他们的答案都是一样的:10。但这两个问题对于他们学习的作用却是不一样的。当你提醒学生 1 个十等于 10 个一的时候,你告诉他们的是过程里所用到的事实,这就有点儿把他们限制在这个事实上了。当你要求他们考虑进一的比率时,你就把他们引到了既能够解释事实,同时又解释了过程的理论上。这样的理解比具体的事实作用更大。它可以应用到更多的情形中。一旦他们认识到进位的比率 10,那就是为什么我们把一个 10 分解成 10 个一的原因的时候,他们就会把它应用到其他的情形中,在他们以后学习三位数的减法时,你不用再次提示他们一个百等于 10 个十,他们可以自己想出来。

"这里讨论的进一的比率不仅有助于他们处理多位数的减法,而且有助于处理其他更复杂的问题。把 1 个十分解成 10 个一,或者把 1 个百分解为 10 个十,都是把一个单位分解成下一个低位上的 10 个单位。但是,有时候我们需要把一个单位分解成 100 个、1 000 个或更多个低位上的单位。……如果我们的学生被局限于 1 个十等于 10 个一上,他们在面对这些问题的时候就会感觉到迷惑。但是,如果在学习之初就让他们接触组成高位单位的比率,他们就

有可能演绎出解决这些新问题的方法。或者至少他们就拥有解决这些问题的钥匙。"(第10~11页)

第三,上述分析显然表明:中国的小学数学教师较好地做到了"知识内容的深刻理解",即能将当前的学习题材与更多概念上很强大的思想,以及诸多相似的或概念性较弱的专题联系起来(对此可分别称为理解的"深度"与"广度")。对此我们并可由中国教师在访谈中经常提到的"知识包"的概念清楚地看出:

"利用退法做减法运算,是应用了几个概念而不是单独一个概念。这是知识包,而不是知识的序列。

"在教一个知识点的时候应该把知识看作一个包,而且要知道当前的知识在知识包中的作用。你还要知道你所教的这个知识受到哪些概念或过程的支持。所以你的教学要依赖于强化并详细描述这些概念的学习。当教那些将会支持其他过程的重要概念的时候,你应该特别花力气以确保你的学生能够很好地理解这些概念,并能熟练地执行这些过程。"(第17页)

以下就是与"多位数(退位)减法"直接相关的"知识包"(图9-1)。

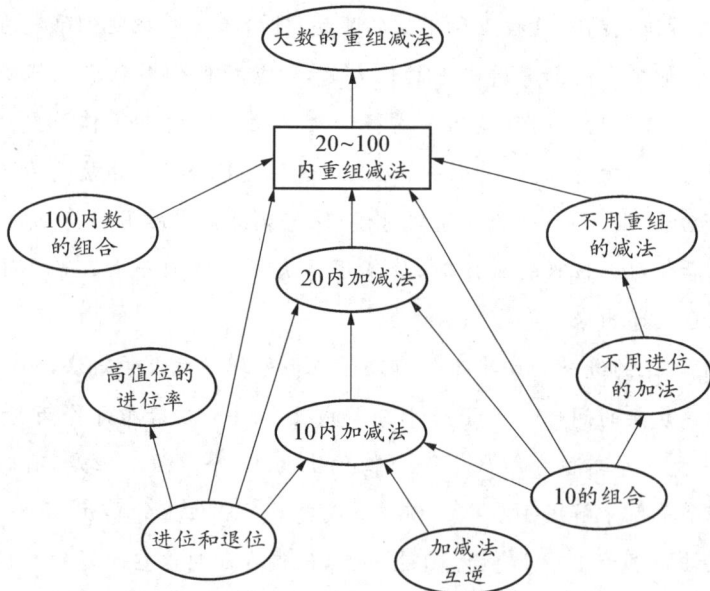

图 9-1

第四，有很多中国教师还认识到了这样一点：标准算法"不是进行减法的唯一途径，还有其他方式也管用"。（第 11 页）特别是，"如果学生试图自己解决这些问题，实际上他们会想到各种重组的方式"。教学的关键则在于："学生表达了他们所有的想法之后引导一场深入的讨论。"

"开始的问题是两位数减一位数，比如 $34-6$。我把问题写在黑板上，然后让学生自己解这个问题。……我把学生报告的所有方式都写在黑板上，并标上数字，第一种，第二种，等等。然后我让学生们比较：你认为哪种方式最简单？你认为哪种方式最合理？"（第 13～14 页）

显然，这很好地体现了多元化与优化的思想。

以下是马立平博士通过上述调查所得出的普遍性结论：尽管中国的小学数学教师所接受的数学教育远远少于美国同行，但却表现出了对于数学的"深刻理解"。后者在美国教师那里则是极为缺乏的。由此可见，这一工作为我们更好地认识"中国数学教学传统"提供了重要的背景与良好的基础。

那么，我们究竟应当如何去看待所说的"中国数学教学传统"呢？显然，对此我们不应持绝对肯定或否定的态度，我们更不应简单地以西方的数学教学为范例对我国的数学教学实行彻底的改造。

具体地说，尽管上述的英国课例确有一定的优点，这不仅是指"突出思维方法"，也包括放手让学生进行探究，但这显然又应被看成这一教学活动的一个基本目标，即我们应当通过适当的引导帮助学生较好地掌握相应的算法，而不是永远停留于"以加代减"这样一个水平。当然，正如前面已指出的，我们并应通过自己的教学使得所说的"优化"真正成为学生的自觉行为。

也正是从上述角度去分析，笔者以为，西方的已有实践就有不少问题，[①]我们更不应完全抛弃"中国数学教学传统"去寻找进一步的发展途径。简言之，我们既应很好地继承"中国数学教学传统"中的优秀成分，同时也应以西方的相关工作为背景更好地去认识其中的不足成分，从而通过新的努力作出必

---

① 这方面的一个最新例证可见唐彩斌，"寻找适合点——英国中小学数学课堂的观察与思考"，《人民教育》，2011 年第 21 期。

要的发展。

　　以下就可被看成这样的一个实例。

［例8］　口算两位数加两位数

　　（引自"重建课堂——广东省佛山市第九小学教学变革侧记"，《人民教育》，2011年第20期）

　　这是广东省佛山市第九小学邓睿老师的一堂公开课。相关内容事实上只是二年级"万以内加减"的一道例题，还有一道题是关于"口算两位数减两位数"的。按照教材的要求，这两道题合起来为1课时。但邓老师认为这一内容宜分为2课时教学："第一课时，主要是'教结构'。以'口算两位数加两位数'为资源，培养学生自主探究'两位数加两位数'的方法、思路和能力，并形成自己的知识结构。第二课时，是'用结构'。通过'口算两位数减两位数'的教学，让学生把第一课时建立的知识结构迁移过来，继续自主探究'两位数减两位数'的多种计算方法。"

　　正是从上述角度去分析，我们就可看出这一课例与前面两个课例之间的联系，特别是，这不仅同样表明了这样一种认识，即我们应当将减法的教学与加法的教学联系起来，而且也很好地体现了这样一种思想：与具体的算法相比较，我们应当更加重视背后的"方法与思路"。①

　　以下是第一节课的具体介绍：

　　"我先用两道口算题62＋9、23＋30作为引子，让学生口头回答自己的计算过程：先算什么，再算什么。根据学生的回答，板书：

$$62＋9＝71$$
$$\wedge$$
$$60\quad 2$$

$$2＋9＝11$$

$$60＋11＝71$$

$$23＋30＝53$$
$$\wedge$$
$$20\quad 3$$

$$20＋30＝50$$

$$50＋3＝53$$

　　"这是复习已学过的两位数加整十数、两位数加一位数，但重点落在拆数

---

① 值得提及的是，这也是这堂课的一个重要特色："45分钟，没有任何多媒体课件，就是粉笔加'口水'，竟然把听课的人镇住了。"

上,化未知为已知,为后面的教学作了很好的铺垫。"

接着,教师抛出第一个问题:"23+31=?"要求学生用自己的方法独立计算,并把计算过程写出来。……没出现什么意外,学生当中最有代表性的3种计算方法,都是他事先预估到了的:

$$(1)\ 23+31=54$$
$$\wedge$$
$$1\quad 30$$
$$23+1=24$$
$$24+30=54$$

$$(2)\ 23+\ 31\ =54$$
$$\wedge\quad \wedge$$
$$20\ 3\ 30\ 1$$
$$3+1=4$$
$$20+30=50$$
$$50+4=54$$

$$(3)\ 23$$
$$\underline{+31}$$
$$54$$

邓睿老师认为,关键是引导学生领悟到这三者背后的数学思维方式。而且,教师不应直接讲解,而是应当让学生自己一步步去发现:

"我们先来比较(1)和(2),你能说说它是怎样算的吗?"

学生明白了这是拆分。

"都是拆分,(1)和(2)有什么相同与不同?"

通过讨论,学生很快明白这里事实上还漏掉了一种,即只拆第一个加数。这样,原先的问题就变成了"这种拆分和前面的(1)和(2)拆法,有什么相同之处? 它们都把两位数拆分成什么?"

"学生很快领悟:在拆数的时候,如果把两位数都拆分成整十数和一位数,那计算就会简便一些。

"然后对比(1)和(3),让学生明白尽管第一条是横式、第二条是竖式,写的方式不同,但它们其实用的都是同一个方法:相同数位上的数相加。

"第一板块就这样结束了。它让学生经历了从'一'到'多',也就是从最初的一种方法,到从分类比较中理解其他多种计算方法;然后通过聚类分析,把多种计算方法又归纳为两大类,即经历了由'多'到'类'。"

接下来,邓老师又另辟蹊径,继续带领学生进行思维的冒险:"口算23+39=?""他的目的,是要在'拆数'的方法上升华出'凑十法'。"

没有任何提示,学生还是独立计算。……他们的计算完全是模仿前面的学习过程:

$$23+\ 39\ =62 \qquad\qquad 23+39=62$$

```
    ∧      ∧              ∧
  20 3   30 9           20 3
  ……                    ……
```

为了打破他们的思维惯性,邓睿老师提出:"请同学们想一想,23除了拆分成20和3,还可不可以有其他拆法?……试一试,看哪种拆法计算起来更简便?"

"孩子们兴奋了。自然地,他们发现把23拆分成22和1计算起来简便多了。

"这是什么方法? 刚才不是说要把加数拆分成整十数与一位数吗? 怎么现在拆成了不是整十数,反而更简便?"邓睿看着一双双困惑的眼睛,慢慢解释道:"这就叫凑十法。怎样进行拆数,是很讲技巧的。怎么拆。拆哪个数,我们要根据两个加数的特点而定。有时拆成整十数和一位数,有时根据另一个加数的特点,可以拆分成一个两位数和一位数,使得这个一位数能和后面的加数凑成整十数,这样就更方便计算。所以,我们在口算的时候,要先观察数字的特点,然后选择合适的方法进行口算。"

一个如此复杂的问题,就这样轻松解决了。

以下是对于这堂课的一个评论:它"严格遵循了'整体综合性教学设计'的典型教学模式",较好地做到了"放"与"收"的恰当整合:前者指教师抛出问题让学生自主探究;后者则是指对学生学习情况的回收、过滤,并有意引导,把学生的思维导向有序的轨道。"正是在'收'与'放'的矛盾冲突中,孩子们的思维发展了,精神愉悦了。"

综上可见,这堂课确实很好地继承了中国数学教学传统中的不少优秀成分,特别是,教师如何去发挥必要的引导作用,如何能够帮助学生实现思维的必要优化(当然,就相关内容的理解而言,仍有进一步深化的必要,即如何能够帮助学生更好地认识与把握相应的深层数学原则,特别是,"数的重组"与"进率"的概念)。另外,以下的做法显然也可被看成对于已有传统的重要发展,即教学中如何能够引导学生积极主动地去进行探究,又如何能够将教学的重点由单纯的知识学习转向数学思维的学习。

应当指出的是,后者事实上也正是[例6]中的那位听课教师由英国课例所获得的主要启示,她并因此而"走出了一条'为智慧而教'的新路"。

综上可见,这就是以上三个课例给予我们的一个重要启示:传统的继承与发展正是当前的一个紧迫任务,包括我们如何能以国外的相关工作为背景对此作出必要的总结与反思。

最后,笔者并愿特别转引马立平博士在《小学数学的掌握与教学》一书中所提到的以下一些观点,因为,这不仅更清楚地表明了很好继承"中国数学教学传统"的重要性,也清楚地指明了课程改革中容易出现的一些片面性观点:

"课堂数学教学传统的变化可能不只是一种简单的弃旧图新的'革命',而是一种从旧传统中脱胎出新特点的过程。换句话说,两种传统不是完全敌对的。

"把传统的数学教学描述为试图将知识传递给被动的学生的比喻,只有在改革的政治背景下,才可能是适用的。

"即使它们看起来如此不同,但这种不同是表面上的。如果认真观察中国学生所做的那种数学,正在进行的那种得到鼓励的思维,以及教师与学生之间互动方式所推进的那种心理和数学过程,那么,这两种课堂实际上要比它们的外表相似得多。

"尽管中国教师的数学教学并不符合改革的一些'华丽辞藻的特征',但它确实是当今改革所倡导的课堂教学传统。事实上,即使那些对数学基础知识有深刻理解的中国教师的课堂从形式上看起来非常'传统',但在许多方面超越了它的形式。

"一方面,中国课堂里的数学教学,即使那些对数学基础有深刻理解的教师所教,看起来也非常'传统',即与改革所倡导的相反。……另一方面,在中国课堂,尤其是那些对数学基础知识有深刻理解的教师的课堂中,我们又可以看到改革所倡导的特点——为概念理解而教,学生具有表达思想的热情和机会,他们在学习过程中积极投入并贡献自己的想法。"(第143~144页)

(4)以下是"课例研究"的又一实例,其独特之处是用"外行"的眼光来看数学教育。尽管这不是一个常见的做法,但在笔者看来,这却又可以起到"正本清源"的作用,因为,"不识庐山真面貌,只缘身在此山中",也正因此,请"外行"听课往往就比"内行"更容易发现问题。当然,从更深入的角度去分析,我们又应努力增强自身在这一方面的自觉性,因为,只有通过认真的总结与反思发现当前教学中所存在的问题,我们才有可能通过"解决问题"不断取得新的进步。

具体地说,这即是这一实例给予我们的主要启示:如果缺乏足够的自觉性,对于各种新的教学方法的大力提倡很容易造成一定的误区,即事实上导致了形式主义的盛行,乃至在不知不觉之中形成了某种新的条条框框,从而就将教学这一创造性的工作蜕变成了按照某种现成的教条去实施的机械性劳动。

[例9] 不妨请"外行"来听听数学课

(易虹辉,《小学教学》,2010 年第 6 期)

这一课例的具体内容是"用 2~6 的乘法口诀求商"。相应的教学过程可以大致地划分为这样几个片断:

[片断一]

教师出示问题:12 个桃子,每只小猴分 3 个,可以分给几只小猴?

师:谁会列式?

生:12÷3=4。

师(板书 12÷3):12÷3 你们会算吗?

生(整齐响亮地):会!

师:那好,请大家用三角形摆一摆。

学生摆,教师巡视,请一名学生在黑板上摆。

[插入] 刘(听课的语文教师):学生明明说出了 12÷3=4,老师为什么视而不见,不板书得数呢?

陪同者:老师只要求学生列式,没让学生说出得数,列式是列式,计算是计算。

刘:全班学生都说会算,老师为什么不让学生说说他们是怎么算的,而非要按老师的要求来摆三角形?

陪同者:可能老师认为……不能这么快说出得数,而操作很重要,所以大家都来摆一摆。

刘:这样太不自然了。

[片断二]

黑板前的孩子摆成的三角形是 4 堆,每堆有 3 个。

师:他摆得对吗? 分成了几堆?

生:对! 分成了 4 堆。

老师在算式后面接着板书得数"4"。

师:刚才我们用摆学具的方法算出了得数。请小朋友开动脑筋想一想,"12÷3"还可以怎样想?

教室里一片沉寂。

[插入]刘:还可以怎样想呢? 我也不知道啊。

陪同者:还可以想乘法口诀呀! 因为三四十二,所以 12÷3=4。

刘(恍然大悟):哦,没想到。

[片断三]

讲解完用乘法口诀求商以后,老师又进一步追问。

师:"12÷3"还可以怎样想?

几个孩子答了一些不着边际的想法。教室里又是一片沉寂。

[插入]刘(疑惑地):还能有什么方法?

陪同者:说不准,看看教材上是怎么写的。

两人开始翻教材,只见教材上写着:第一只分 3 只,12-3=9;第二只分 3 只,9-3=6;第三只分 3 只,6-3=3;第四只分 3 只,正好分完。

生:还可以一只猴子一只猴子地分,分给一只猴子就减一个 3,……

师(喜不自禁):这位小朋友真不错!

生(迟疑地):老师,我还有一种方法:3+3+3+3=12。一只猴子分到 3 只,2 只猴子分到 6 只,……

师:你真聪明! 也奖你一颗五角星!

[插入]刘(皱着眉头):怎么搞得这么复杂啊?

陪同者：这不是复杂，这是算法多样化。现在的计算提倡算法多样化。

刘：可我怎么觉得很牵强，把简单问题复杂化了？

[片段四]

师：请小朋友看黑板，现在有这么多种方法来算 12÷3，你最喜欢哪种方法？

生：我喜欢减法，因为它最特殊。

师：不觉得它很麻烦吗？

生：不麻烦！

师：谁再来说说，你最喜欢哪种方法？

生：我最喜欢加法。

师：为什么？

生：因为我喜欢做加法，不喜欢做乘法。

师（无奈地指着用乘法口诀求商的方法）：有没有喜欢用这种方法的？

有少部分学生响应。

师：其实，用乘法口诀求商是最简便的方法。以后我们做除法时，就用这种方法来做。

[插入] 刘（很困惑地）：老师到底想问什么？学生答了，她又不满意，也不理会。

陪同者：这一环节是算法的优化，多样化以后一般都会优化。前面两个学生说的不是最优的方法，所以没办法理会。

刘：那些方法不是她自己硬"掏"出来的吗？好不容易"掏"出来的东西，这会儿又瞧不上了。他的学生可真不容易当啊！

作者的反思："她的感受很本原，很真实，……恰好击中了数学教学的积弊，惊醒了我们这些'局中人'。"

希望读者看完这一实例以后能认真地去想一想：究竟什么是这里所说的"新八股"？你本人是否也已在不知不觉之中陷入了某种"新八股"，特别是在承担了"观摩教学"的情况下？

另外，这显然可被看成这一课例的两个重要特点：(1)典型性；(2)"直接性"和"丰富性"。从而就不仅具有很强的感染力量,而且还可使人跳出这一实例获得普遍性的启示或教益。

下一节中我们还将给出"课例研究"的更多实例,希望能有助于读者更好地理解我们如何才能真正做好相关的研究,特别是,如何用具体的例子阐明普遍性的道理。

9.3 "用案例说话":数学教学应当重视的两个问题

上一小节的论述事实上可被看成属于"用案例说话"的范围,它们的共同特征是都集中于某一具体内容的教学;与此相对照,以下的研究则可说采取了更为宏观的视角,即主要都可被看成一种综合性的研究,特别是,相关的论题并可说具有超出具体内容的普遍意义,从而就从又一角度更清楚地表明了课例研究对于我们改进教学的特殊重要性。①

1. 数学概念教学的关键

上面已经提及,"问题的提出与解决"和"概念的生成、分析与组织"可以被看成数学活动最基本的两种形式,从而十分清楚地表明了对后一方面教学工作作出总体分析的重要性。

具体地说,这正是数学概念教学应当特别重视的三个问题:(1)概念的定义(是什么);(2)为什么要引入这样一个概念(有什么用);(3)这一概念与其他概念的联系和区别。以下就主要围绕这样三个问题具体地指明数学概念教学所应特别重视的一些方面,包括现实中应当注意纠正的一些不恰当倾向。

第一,人们在教学中往往只是注意了如何引导学生通过自主探究去发现相关对象的性质,却忽视了还应帮助学生很好地认识与把握相关概念的准确涵义,包括以此为依据去进行推理。

---

① 建议读者还可联系自己的教学实践总结出另外一些值得深入研究的重要课题,如"分类问题"的教学等,并以此为主题深入地去开展教学研究。

　　具体地说,尽管小学阶段数学概念的教学不应以严格定义作为直接的出发点,并应高度重视概念的生成过程,但在笔者看来,上述的倾向恰又是我们在当前应当十分重视的一个问题,这并直接关系到了数学概念教学为什么要突出"是什么"这样一个问题。

　　由以下实例读者即可很好地理解笔者的这样一个立场(这方面的另一实例可参见[例4])。

[例 10] "长方形与正方形特性"的教学

　　与当前关于"以学生为中心"的普遍提倡相一致,相关教师在这一内容的教学中也采取了要求学生提前进行预习的做法,以下是"学习单"中要求学生事先完成的工作:(1)做一个长方形。(2)比一比。发现长方形的特征性质是什么?(3)如何对此进行验证?(4)你还有哪些发现?

　　进而,教师在课堂上首先通过全班讨论指明了这样一点:我们主要应从角和边这样两个角度去从事平面图形性质的研究。然后,在教师的指引下,全班同学很快将注意力集中到了"如何对相关猜想进行验证"之上。学生们更表现出了很大的创造力,即设想出了多种不同的检验方法,如折一折,用直尺和量角器量一量,用不同的三角尺拼一拼,等等。直至最终建立起了这样的共识:"对边相等"和"四个角都是直角"是长方形的特征性质。

　　就正方形特性的认识而言,教师所采取的也是基本相同的方法,即集中于相关性质的发现和检验,包括通过实际动手(选4根小棒围成一个长方形或正方形等)帮助学生更好地认识长方形与正方形的特殊性质。

　　笔者相信,如果就学生对于相关知识的掌握情况进行检验,上述教学活动的效果应当是不错的。但笔者在此所关注的主要是这样一个问题:长方形与正方形的特性真的是量出来的吗?

　　由以下的思考读者可更好地理解笔者为什么要提出这样一个问题:在学生尚未清楚地知道究竟什么是"长方形"与"正方形"的情况下,就要求学生通过实际动手去发现两者的基本性质是否有点"本末倒置"?

　　在此还可通过与三角形的简单类比以引发思考。具体地说,类似于三角形的分类,笔者以为,我们在此或许也应将更多的注意力引向四边形的分类,即可以通过各种四边形的比较将学生的注意力逐步转向各种较为特殊的四边形（这也可被看成"从角和边这样两个角度去考察平面图形性质"的直接结果），包括如何对这些特殊的四边形（这不仅是指长方形与正方形，也包括菱形、平行四边形等）作出明确的定义。进而，正如由等腰三角形的定义我们可直接引出"它的两腰相等"这样一个结论（与此相对照，"等腰三角形两个底角相等"则是证明的结果，即有一个发现和检验的过程），在此我们显然也可由长方形和正方形的定义直接引出它的一些特征性质。从而，总的来说，在此所需要的就主要是动脑，而不是外部的操作或动手实践。

当然，对于小学生我们不应过分强调数学概念的严格定义。但正如以下实例所清楚表明的，教学中我们仍应在这一方面作出切实的努力。

[例 11] 正方形的认识

师：什么是正方形？

生：方方正正就是正方形。

师：什么是方方正正？

生：就是四边相等。

教师在黑板上画出菱形，问：这个图形是否是正方形？

生：不是，因为它不正。

教师又在黑板上画一个矩形，问：这是否是正方形？

生：不是！因为这个图形不方。

……

教师将学生回答正确的结论写在黑板上，回答不正确的不写，最后加以补充总结，抽象出了正方形的定义。

以下的实例仍与"圆的认识"直接相关。

[例 12] 由"圆的定义"到"圆的基本性质"

（引自李培芳，"深刻体验，深入思考，深化认知——'圆的认识'教学思考

与实践",《小学数学教师》,2017年第4期)

在此可以首先提及相关作者所作的一项调查,因为,这在很大程度上可被看成为她何以作出如下的教学设计提供了直接背景:"笔者曾对六年级两个班100名学生(已学过圆的周长与面积的计算)作过一次后测,面对'圆最本质的特征是什么'这一问题,只有3人回答'所有的半径都相等',大部分学生则回答'圆是曲线图形''圆没有角'等。可见,学生在学习'圆的认识'时,对圆的特征没有深刻的数学体验。"

以下是相关的教学实践:

1. 唤醒经验,外化认知。

师:同学们,你们对圆陌生吗?(不陌生)……请看大屏幕(出示椭圆),这是一个圆吗?

生:不是,这是椭圆。

师:再看这个图形(图9-2),是圆吗?

生(齐):是。

师:同学们,你们被骗了,这不是圆!(学生一脸惊讶)老师这里有一把尺子,谁能用数据证明"这不是圆"? 一名学生上台分别量出图中 AB 和 CD 的长,并报出数据是22厘米和23厘米。

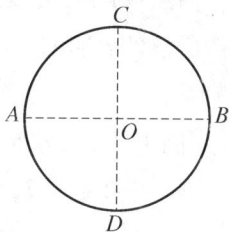

图9-2

师:有什么想说的吗?

生:看上去像圆的图形未必是圆。

生:要测量才能判断。

师:是啊,有些时候不能只凭眼睛观察就作判断哦!

2. 比较想象,重建认知。

师:现在,李老师将一个标准的圆放在一堆图形里,你能将它找出来吗?(课件出示图9-3)

生:第一个图形是圆。

师:那么问题来了,圆和其他图形最大的不同是什么?

生:圆是弯的。

生:圆没有角。

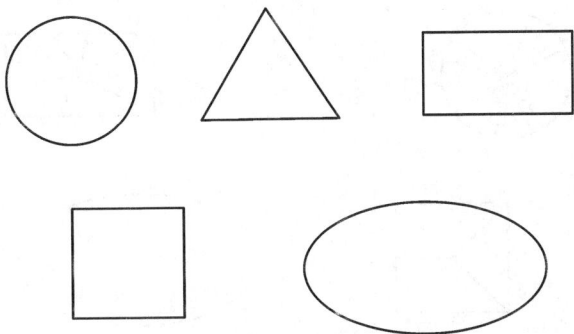

图 9-3

生：圆有无数条对称轴。

师：关于圆的对称性咱们会在下一节课重点讨论。刚才有同学说"圆是弯的"，没有错，圆是曲线图形。不过，当圆对着其他图形说"我是弯的"，想一想，谁该有意见了？（椭圆）椭圆会怎么说？

生：我也是弯的啊！

师：同样的，当圆说"我没有角"时……

生：椭圆会说"我也没有角"。

师：咱们看似找出了圆的特征，不过通过分析比较发现，这些并不是圆最本质的特征。再想想。

长时间的沉默。

师：同学们，这个问题想不出来不奇怪。人类早在4 000多年前就能做出圆形的轮子，但是会做圆形的物品，不一定就懂得圆的特征。一直到2 000多年前才由我国古代思想家墨子总结出圆的特征，这中间经历了2 000年呢！所以，同学们继续想，老师愿意等！

又一段沉默之后……

生（小声地）：是不是圆边上到圆中心的距离是一样的？

师：请你再大声地说一遍！

生：圆边上到圆中心的距离是一样的！

师：这句话来自2 000多年前啊！你愿意上来边比画边说吗？

学生上台比画，课件同步动态演示，如图9-4。

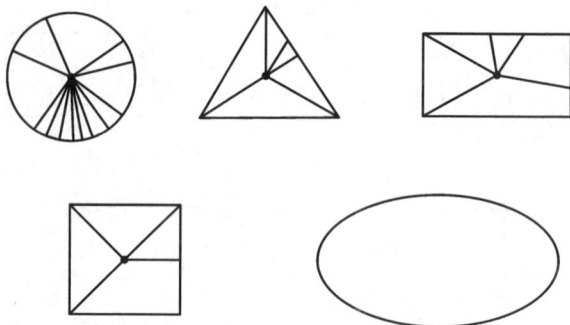

图 9 - 4

师：墨子用一句话概括了圆的这个特征："圆，一中同长也。"（板书）谁来说说对这句话的理解？

生：就是说圆有一个中心，从圆边上到中心点的线段都一样长。

师：没错，这是圆最本质的特点。人们将圆的这个中心点称为"圆心"，用字母 O 表示，这些等长的线段称为"半径"，用字母 r 表示。接下来，请同学们在老师给大家准备的圆上画出一些半径，量一量这些半径是不是都相等。

学生活动后，讨论得出：圆有无数条半径，所有的半径都相等。

3. 尝试推理，丰富认识。

师：圆内还有一条很重要的线段，叫做直径，通常用字母 d 表示。从"圆有无数条半径，所有的半径都相等"出发，可以推出什么结论？

生：圆有无数条直径。

生：所有的直径都相等。

师：（出示图 9 - 5）这几条线段，你认为哪一条最长？

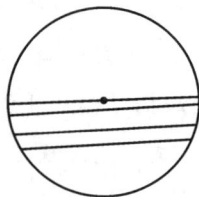

生：最上面的线段最长。

生：直径最长。

图 9 - 5

师：为什么？

生：因为直径在最中间，所以直径最长。

师：为什么在最中间就是最长的？

生：因为往下就越来越短了。

师：凭什么确定往下就越来越短了？

生无语。

师：哈哈，是不是又要说用眼睛看出来的呀？一开始我们就上了眼睛的当了，重要的东西往往是眼睛看不到的，要用脑子想！请看屏幕（出示图9-6），有没有得到什么启发？

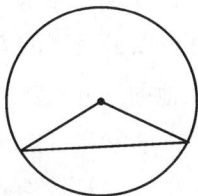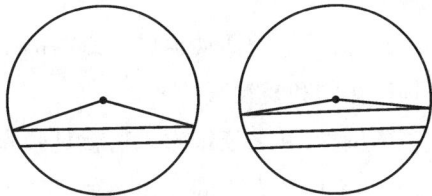

图9-6　　　　　　　　　　　图9-7

生：我知道了，三角形两边之和大于第三边。

师：真好！继续观察。

生：这些线段与圆心相连就组成一个三角形，三角形两边之和大于第三边，这些线段的长度就比两条半径相加的和要短，而直径的长度相当于两条半径的和，所以直径最长。

师：这样，咱们就又得出了一条重要结论，圆内最长的线段是……

生：直径。

4. 应用知识，内化认知。（略）

当然，这可被看成上述课例给予我们的又一重要启示：相关的教学不应完全排斥学生动手，而是应当依据具体情况去作出决定。但重要的是，我们在任何情况下都应当坚持这样一点：与单纯的动手相比，我们应当更加重视由动手向动脑的转变，并切实促进学生由单纯的操作经验转向相关知识的深刻理解。

应当强调的是，这事实上也正是数学思维十分重要的一个特征：与一般科学研究中主要通过"辨识与分类"以及简单归纳去发现相关对象的特征性质这一普遍性做法不同，数学家应当说更加重视研究对象（即数学概念）的明确定义（正如前面已指出的，这事实上也就是一个重新建构的过程），以及我们如何能够通过逻辑推理去推出相关对象的各个性质。对此我们将在下一小节作出进一步的分析论述。

第二,人们在教学中往往只是强调了概念在日常生活中的应用,却忽视了还应从更广泛的角度去进行分析思考,特别是,这正是数学概念十分重要的一个作用,即为我们深入进行认识提供了必要的理论工具。

具体地说,正如1.1节所提及的,这事实上可被看成各种概念体系的共同特点,即为人们的认识活动提供了必要的语言:"人们总想以最适当的方式来画出一幅简化的和易领悟的世界图像。于是他就试图用他的这种世界体系来代替经验的世界,并来征服它。这就是画家、诗人、思辨哲学家和自然科学家所做的,他们都按照自己的方式去做。"(爱因斯坦语)当然,这又是数学概念体系的特殊性所在,即其中达到了"最高标准的严格精确性"。

例如,从上述角度我们显然就可很好地理解这样的事实(第1章[例1]、[例2]),即就平面图形的分类而言,我们为什么必须将所有三角形的模块归成一类、所有四边形的模块归成另一类,而不应按照模块的颜色或质料等去进行分类?同样地,我们为什么应将2个苹果的图片、2个橘子的图片、2个梨子的图片放在一起,3个苹果的图片、3个橘子的图片、3个梨子的图片放在一起,而不应将所有苹果的图片放在一起,所有橘子的图片放在一起? ……因为,这正是"数学眼光"的主要特征:我们在此所关注仅仅是事物和现象的量性特征,而完全不去考虑它们的质的内容。

总之,就数学概念的教学而言,我们并应特别重视分析的视角,即应从这一角度很好地去理解数学概念的作用。

例如,这就是"认识比"的教学应当特别重视的一个问题。

[例13] "认识比"的教学

只需稍作查阅,我们就可在各类教学刊物上找到关于这一内容的不少教学实例,其中的大多数并都可以说有一定的优点。如"比"的教学既应"联系实际,从而让学生的视野更开阔",同时也应对这一概念与学生在实际生活所接触到的"比",特别是相差意义上的"比"作出清楚区分。(王靖等,"'生活中的比'教学实录与评析",《小学数学教育》,2013年第10期)另外,与经常用到的

"照片的像与不像"相比较,以国旗的制作为背景去引进"比"(这一构思源于南京赤壁路小学的陈锋老师)显然更为恰当,因为,"像与不像"毕竟是一个较为含糊的生活概念。再例如,我们在此或许也应认真地去思考"认识比"的教学是否应当清楚地去指明这样一点:"同类量的比表示数量间的倍数关系,不同类量的比的结果产生了一个新量。"(严玉秀,"《认识比》教学",《小学教学设计》,2013 年第 10 期)

但是,笔者在此所关注的主要是这样一个问题:在事先已经学习了"除法"与"分数"的情况下,我们为什么又要专门地去引进"比"这样一个概念?

当然,无论就各类教材的编写,或是大多数教师的教学活动而言,对于上述问题应当说都已给予了足够重视。对此例如由以下表格(或其他类似表格)的普遍应用就可清楚地看出,因为,后一设计的主要目的就是帮助学生很好地弄清上述三个概念的联系和区别:

比	前 项	后 项	比 号	比 值
除 法				
分 数				

但是,上述工作在现实中是否也可能起到相反的作用呢? 后者即是指,学生由此获得了这样一个印象:"比"、"除法"与"分数"是完全对等的,它们的区别仅仅在于词语的不同。显然,这事实上进一步凸显了上述的问题,即在用"除法"和"分数"就可解决问题的情况下,我们又为什么要专门引入"比"这样一个概念?

事实上,这就主要关系到了研究的视角,后者并可被看成集中地体现了"比"与"除法"和"分数"的区别:我们在此所关注的主要是两个量之间的关系,而不是如何能够经由具体的运算(除法)去求得相应的结果(分数)。

更具体地说,如果说这正是"除法"与"分数"的主要区别,即分数的引入主要体现了由(运算)"过程"向"结果"的转变,特别是,在尚未实际完成相关计算(除法)的情况下我们也应学会用一个确定的数(分数)去表示相应的结果,那么,这就是人们何以引入"比"这样一个概念的主要原因:人们在此所关注的主要是两个量之间的关系,而不十分在意如何能够将此归结为一个确定的数。

当然，正如以上关于"不同类量的比"的引言所已表明的，现实中也存在这样的情况，在此我们确实有必要用一个特定的数更简洁地去表明两个量之间的比，如路程与时间的比，成本与利润的比，等等。但在笔者看来，这恰又更清楚地表明了这样一点：正是不同的研究视角（或需要）促使人们分别引入了"比"、"除法"与"分数"这样三个概念，包括其他一些附属性的概念，如"比值"等。

应当指出的是，后者事实上也正是数学发展历史的一个基本事实。另外，从逻辑的角度看，我们则又可以以这三者之中的任何一个作为"原始概念"去引出其余两个概念。例如，除去"两个数相除，又叫做这两个数的比"这一关于"比"的定义以外，我们显然也可利用"比"对"分数"作出明确的定义。

综上可见，就"认识比"的教学而言，以下的建议就确有一定的道理："通过改写来体会和掌握比与分数、除法的关系，无须刻意区别。"（严玉秀，同上）但是，更加重要的是，相对于这三者的具体联系（包括"比"的上述定义）而言，我们在教学中又应更加突出"比"所体现的特殊研究视角，即主要着眼于"两个量之间的关系"，我们并应从后一角度帮助学生很好地理解"比"的作用。

最后，还应指出的是，依据上面的分析，"比"的教学显然也可被看成为"函数观念"在小学数学教学中的渗透提供了良好的契机，因为，正如人们普遍了解的，这是"函数观念"的核心，即我们应当注意分析（变）量之间的关系，进而，所谓的"正比例函数"恰又正是最简单的一种函数。

由以下实例我们或许可以更好地理解上述的论点，即"比"的概念的引入主要体现了这样一个视角：我们在此所关注的主要是量与量之间的关系。

[例14]　"阿凡提的智慧"与"比"的应用

（引自陈士文，《"智慧数学"之数学改造》，江苏教育出版社，2016，第17～19页）

相信大家都听说这样一个民间故事，即阿凡提如何通过"借驴"顺利地解决一位老人所留下的这样一个"分驴"的遗嘱：

"我把 17 头毛驴全都留给我的三个儿子。长子得 $\frac{1}{9}$，次子得 $\frac{1}{3}$，幼子得 $\frac{1}{2}$。不许流血，不许杀驴。你们必须遵从父亲的遗愿。"

我们当然都不得不佩服阿凡提在解决这一难题时所表现出来的高度智慧。但作为一名数学教师，又多少有点尴尬，因为，数学知识在此似乎是如此的无用！

但是，只要能想到用"比"去解决问题，即将分析的着眼点由最终的结果（每人所分得毛驴数）转向相互之间的关系，这一问题就不难解决了：

"故事中三兄弟分别分得 17 头毛驴的 $\frac{1}{9}$、$\frac{1}{3}$、$\frac{1}{2}$，它们的比是 $\frac{1}{9}$：$\frac{1}{3}$：$\frac{1}{2}$＝2：6：9，把 17 头毛驴按 2：6：9 的比分配，得出长子、次子、幼子分别分得 2 头、6 头、9 头。"

为了清楚地说明问题，以下再以"三角形边与边的关系"的教学为例作出进一步的分析。

［例 15］　"三角形任意两边的和大于第三边"的教学

第 5 章中已经提到了这样一个实例（［例 4］），即面对以下的问题：小明上学时究竟是走中间的直路较近，还是分别绕道位于直路两侧的邮局和商店较近？尽管从一开始被提问的学生就对上述问题作出了正确解答，大多数学生都还能够依据"两点间直线最短"对此作出必要的论证，任课教师仍然坚持要求学生用实物（纸条或小棒）对上述结论进行检验，包括重新提出"三角形任意两边的和大于第三边"这样一个猜想。在课后的点评中，还有教师提出："在此重要的并非相关的结论，而是要让学生体会发现的过程。"

当然，与课改初期相比较，人们的认识现已有了很大提高。但是，在学生几乎可以说已经完全掌握了相关知识的情况下,我们究竟又应如何去从事"三角形任意两边的和大于第三边"的教学呢?

笔者的看法是:正如"认识比"的教学,这一内容的教学应更加突出相关的研究视角,这也就是指,教学中我们从一开始就应将学生的注意力引向这样一个问题:我们应从哪些角度去从事三角形的研究?

当然,教师在此并应发挥一定的引导作用,即应帮助学生逐步接受这样一个观点:我们主要应从角和边这样两个角度去从事三角形(更一般地说,就是"平面图形",对此可参见 3.2 节)的研究。显然,在形成了这一共识以后,剩余的工作就十分简单了:我们在此要做的就是如何帮助学生回忆起"两点间直线最短"这样一个已有的知识,并用"三角形"的相关语言对此作出转译或重新表述。

例如,在笔者看来,这就正是以下教学设计的高明之处(范午英,"跳跃的数学联系——有关'平面图形'的两个教学片断",《小学教学》,2013 年第12 期):

"我在黑板上画出两个点 B、C,并问:'同学们,从点 B 到点 C 的最短距离怎么画?'学生画出了一条线段。我顺势画了一条折线,问道:'如果走其他路线,还有更短的吗? 为什么?'

"'两个点之间走直线是最短的,其他的路线多多少少拐弯了。'学生说。

"我在折线的拐点处标出字母 A(图 9 - 8):'这就是三角形 ABC,如果不看 A 点,三角形就可以看成是 B、C 之间的一条线段和一条折线。你有什么发现?'

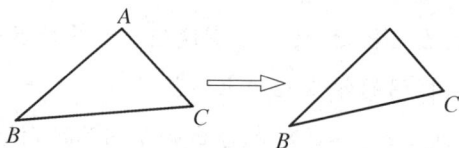

图 9 - 8

"'折线一定比线段长,即便是微微'撑起'也是折线。'

"'BC 一定是最短的,$BA+AC$ 一定比 BC 长。'

"'换一个角度看,任何一个三角形都可以看成是由两点之间的一条线段

和一条折线组成的。'

"不费吹灰之力,就得到了下面的结论:任意三角形的两边之和一定大于第三边。"

以下再从同一角度对"认识方程"的教学作出具体分析。

[例 16]　"认识方程"的教学

正如第 2 章中已提及的,就"认识方程"的教学而言,这是一个特别重要的问题,即我们如何才能帮助学生更好地认识引入方程的必要性?

笔者认为,我们在此同样应当突出"方程"所体现的研究视角:如果说在先前我们主要集中于如何能够通过具体计算去求得相应的未知数("过程性观念"),那么,方程的引入则就意味着我们已将分析的着眼点转向了各个数量(包括已知数和未知数)之间的等量关系("结构性观念")。

但是,在"认识方程"的教学中我们究竟又应如何去突出所说的"结构性观念"呢? 以下就以第 2 章的[例 15]为背景提出这方面的一个具体建议:

具体地说,这正是相关教学设计的一个主要指导思想,即希望通过两种不同解题方法的对照比较(这是通过两个小朋友,也即"小华"和"小明"分别体现出来的)帮助学生很好地理解通过"列方程"求解问题的合理性。

但是,我们又如何才能更好地体现所说的"结构性观念"呢?

以下就是相关教学设计中所提到的 5 个问题,以及小华所给出的解答:

问题 1:筐里原来有一些球,小朋友又拿来了 2 个,现在一共有 8 个,问筐里原来有几个球?

解答 1:8-2=6。

问题 2:原来盘子里有一些苹果,吃掉了 7 个,还剩 3 个,原来盘子里有多少个苹果?

解答 2:7+3=10。

问题 3:爸爸今年 36 岁,小红年龄的 3 倍刚好和爸爸的年龄一样,小红今年多少岁?

解答 3:36÷3=12。

问题 4：一个数加上 36，减去 51 等于 320，这个数是多少？

解答 4：320＋51－36＝335。

问题 5：某风景区儿童票价格的 2 倍多 5 元，刚好是成人票的价格 145 元再加 10 元。儿童票的价格是多少元？

解答 5：(145＋10－5)÷2。

笔者的建议是：在学生分别解决了上述的 5 个问题以后，我们就应引导学生从综合的角度对此作出进一步的分析考察，特别是提出这样一个问题让他们更深入地去进行思考：上面所有这些问题的求解有什么共同点？

当然，笔者所希望的回答是：所有这些问题都有一定的已知量和未知量，在这些已知量与未知量之间并存在一定的等量关系，我们正是依据这种等量关系由已知量求得了相应的未知量。

显然，围绕上述问题我们可以将学生的注意力逐步引向解题过程的这样两个关键：(1) 找出等量关系；(2) 依据所说的等量关系由已知量去求得未知量！这事实上就为我们具体地引入"方程"提供了直接的基础。因为，原先的"算术方法"无非就是将上述的两个步骤合成了一步，而所谓的"列方程"与"解方程"则就是将此重新还原成了相继的两步！

再者，从同一角度去分析，我们显然也可更好地理解"认识方程"的教学为什么应当突出"天平"这样一个比喻，因为，这不仅有助于学生更好地理解等量关系，而且也可为后面的教学，即如何求解方程提供必要的准备：在对方程进行变形时我们必须注意不能因此而破坏了两边的相等关系。

另外，这显然也可被看成从另一角度更清楚地表明了"认识方程"为什么必须引入一定的"非标准变式"，如 $4y＋7＝354, 6＝14－3x, 6＋x＝14－7x, 25＋x＝y－28$……因为，这十分有益于学生更好地实现"研究视角"的转变，也即更好地突出"等量关系"这样一个着眼点。

第三，我们在教学中不仅应当高度重视概念的生成，也应对概念之间的联系与区别予以足够的重视。

更一般地说，这直接关系到了这样一个论点，即我们应当用"联系的观点"去指导数学教学，从而真正实现"理解教学"和"深度教学"(8.4 节)。

例如,从上述的角度去分析,这显然可以被看成[例 10]中所提到的教学活动的又一不足之处,即其中对于长方形与正方形的考察是相互独立的,而未能清楚地指明依据长方形的性质我们即可直接推出正方形的一些性质。

由于在以上我们已经多次提到了用"联系的观点"指导数学教学的重要性,包括这方面的多个实例,在此仅限于再次强调这样一点:数学学习心理学现代研究的一个重要发展,就是"多元表征理论"逐步取代传统的"单一表征理论"占据了主导的地位,这也就是指,如果说在先前人们往往特别重视如何能够很好地掌握数学概念的本质,那么,这就是"多元表征理论"的一个主要涵义,即我们应当更加注重概念心理表征("概念意象")不同方面的相互渗透与必要互补,因为,这些成分对于概念的正确理解都具有十分重要的作用,而且,与唯一强调其中的某些成分相比较,我们应当更加重视这些成分的联结与相互转换。[①] 在此我们还应特别强调这样一点,上述的发展事实上也为我们如何更深入地去认识用联系的观点指导数学概念的教学提供了一个新的视角:我们不仅应当高度重视不同数学概念(以及其他成分,如结论、问题等)之间的联系,也应十分重视同一概念心理表征不同方面之间的联系。

例如,从后一角度去分析,我们显然可更好地去理解以下一些教学建议的积极意义:教师在教学中应当加强案例、图像、隐喻与手势(身体活动)的应用,这也就是指,"语言学活动、手势和身体活动、隐喻、生活经验、图像等"都应被看成数学中意义建构的重要来源。(基兰,"关于代数的教和学的研究",载古铁雷斯、伯拉主编,《数学教育心理学研究手册:过去、现在与未来》,广西师范大学出版社,2009,第 24 页)

当然,除去从教师的角度作出分析以外,我们又应更加重视如何很好地发挥学生在学习过程中的主体作用。例如,我们在教学中可要求学生通过物质对象

---

① 这是这方面十分重要的一个研究结论,即对于数学概念"心理表征"(也可称为"概念意象")与"概念定义"的明确区分。例如,如果说单一性、统一性与稳定性可被看成"概念定义"的明显特征,那么,"概念意象"则显然具有丰富性、个体性与可变性等这样一些截然相反的特征。(对此可参见另著《新数学教育哲学》,华东师范大学出版社,2015,第 7.2 节)

的具体操作去证实相应的符号方法,或是为抽象的数学概念给出一个例子,或是用一个隐喻来说明自己的感受或体验,等等。另外,要求学生对新学习的概念作出表述,甚至作出自己的"定义"也是一个很好的方法,因为,"一个学生处理或形成外部表示的方式将显示出他在头脑中对于这一信息是如何予以表征的"。(J. Hiebert & P. Carpenter,"Learning and Teaching with Understanding",载 D. Grouws 主编,*Handbook of Research on Mathematical Teaching and Learning*,同前,第 66 页)而且,这种由"内"向"外"的过渡也会使学生对于自己的"概念意象"有更大的自觉性,并能通过积极的反思或改进实现必要的优化或新的发展。

我们在此还应高度重视引导学生通过同一概念不同表征之间的比较更好地认识这些表征各自的特征与局限性,即如"实例"的描述性质与"严格定义"的建构性质,"图像"的整体性、直觉性与"符号操作"的顺序性、逻辑性,等等。(对此可参见哈雷尔等,"关于高级数学思维的研究",载古铁雷斯、伯拉主编,《数学教育心理学研究手册:过去、现在与未来》,广西师范大学出版社,2009,第 166～196 页)进而,这显然又应被看成这方面教学更重要的一项目标,即我们应当帮助学生逐步学会如何能够根据需要与情境在心理表征的不同成分之间作出灵活的转换。

总之,正如莱什等人所指出的,学生只有具备了以下各个条件才能被看成真正理解了相关的概念:(1)他必须能将此概念放入不同的表征系统之中;(2)在给定的表征系统内,他必须能很有弹性地处理这个概念;(3)他必须很精确地将此概念从一个表征系统转换到另一个表征系统。(R. Lesh & T. Post & M. Behr,"Representations and translations among representations in mathematics learning and problem solving",载 C.Janvier 主编,*Problems of Representation in the Teaching and Learning of Mathematics*,Lawrence Erlbaum Associates,1987,第 33～40 页)

为了更清楚地说明问题,以下再围绕"面积"的学习对此作出具体的分析。具体地说,如果说我们在 3.2 节中曾围绕"认识周长"的教学明确强调了"联系的观点"的指导作用,那么,这一观点对于"认识面积"的教学应当说也是同样成立的。后者即是指,我们不仅应当将图形的"周长"与"面积"联系起来加以考察,而且也应从"维度"这一角度对相关对象作出综合的分析,从而帮助学生很好地建立起知识的整体性结构。

首先,我们应帮助学生对1维对象("线")与2维对象("面")的异同点作出综合的分析。具体地说,这显然是两者的一个主要不同:从度量的角度去分析,如果说前者主要反映为"线"的长度,那么,后者则就主要表现为"面"的大小。但是,尽管度量的对象有所不同,我们在此所采取的又可说是基本相同的研究途径,即必须同样突出这样两个关键:"一是'度'(公度),即统一度量单位;二是'量'(测量),即用公认的单位去量。"(曹培英语。3.2节)当然,由于对象不同,我们在此必须采用不同的度量单位。但是,作为问题的另一方面,我们又应清楚地看到这两者之间所存在的重要联系:很多情况下我们都可将"面"的大小归结为"线"的长短,从而也就可以将"面积的度量"归结为"面积的计算"。

其次,正如前面已指出的,这也是2维对象与1维对象相比又一重要的不同之处,即其同时具有"长度"与"面积"这样两个属性。显然,这为我们更深入地去开展研究提供了更大的可能性,即我们不仅应当清楚地认识在这两者之间所存在的重要区别,而且也应进一步去研究这两者之间的关系,即如"周长相等的图形其面积未必相等","不同形状的图形,周长可能相等",等等。

当然,作为进一步的发展,我们还可将讨论的对象由"线"和"面"扩展到"体"。笔者的看法是:尽管研究的对象扩展了,相关的综合性分析反而将更加有益于学生较好地去掌握各个概念,包括建立起整体性的知识结构。

依据上述分析相信读者即可更好地欣赏以下的教学实例。

[例17]　"面积和面积单位"教学实录

(吴正宪)

1. 回顾导入。

师:同学们,今天吴老师和大家一起学数学。上课前我请一位男孩在黑板上画了一条线段,你告诉大家,你用什么画的? 画的是什么?

生:我用尺子画的,画的是一条一分米长的线段。

师：他画的是一条1分米长的线段,1分米有多长? 用手比画比画。

(生在座位上用手比画1分米的长度)

师：1分米是什么单位? 有什么作用?

生：长度单位,用来测量。

师：你们还学过什么长度单位?

生：厘米、米、千米。

师：长度和长度单位是我们过去学的知识,今天吴老师要向你们介绍一位新朋友——面积。

师：有没有同学对面积已经有所了解? 什么是面积?

生1：封闭图形一周的大小。

生2：物体的一个面。

生3：就是物体的表面或者封面(闭)的图形大小就是面积。

师：你们怎么知道的?

生：看书知道的。

师：你们还有什么问题想问?

生1：为什么叫面积? 面积到底是什么?

生2：面积有什么用?

生3：面积可不可以用在立体的东西上?

生4：面积长什么样?

生5：面积是谁发明的?

生6：面积和长度单位有什么区别?

师：你们真是爱思考、会提问的孩子。今天,就让我们一起带着问题和期待来研究它。

2. 探索新知。

(1) 面积。

师：刚才有一位男孩问,谁发明的面积?

师：你们知道我们人类很早就开始关注这样一个概念了。早在四千年前,美丽的尼罗河穿过了埃及的土地……那个时候,人们就对土地的大小开始有了思考,那就是土地的面积。

师：还有同学问面积长什么样？

师：刚才我画的边边线线叫什么？

生：周长。

师：那什么叫面积呢？我请两位同学把它们（指黑板上刚画的封闭图形）涂满颜色。（两位学生上台将黑板上的两个封闭图形涂满颜色）

师：刚才吴老师画的是周长，那他们涂满的这块叫什么？谁更大啊？一眼就看出，左边图形的面积比较大，右边图形的面积比较小。

（用大于号将两个图形连接起来）

师：（指左边图形的面）它的大小是它的面积，（指右边图形的面）它的大小也就是它的面积。

师：伸出手指圈一圈它的周长（师带着学生伸手指边圈边说："走……停！"）。

师：再伸出手摸摸它的面（师带着学生伸手掌边摸边说："唰！"）。

师：面还能长在哪？

生1：黑板上、天花板上、瓷板砖那里都有面积。

师：谁的面积大？

生2：天花板面积大。

师：刚才还有同学问，面积可不可以用在立体的东西上？

师：文具盒是立体图形，我们就来看看文具盒上面有面积吗？你们自己先摸一摸。

师：你摸了几个面？

生：6个。

（请生上讲台演示数6个面）

师带领学生再次有顺序有节奏的边摸边数，每数一个相对面便停顿一下。

师：指一指，哪个面大？哪个面小？这文具盒的面有大有小，它的面积在哪？你们知道吗？

师：面积有多大？面积长什么样？我们不知道，但是好像有点感觉了，不着急，我们慢慢来。

师：叔叔正在粉刷墙壁，他要将这面墙涂满，他涂满的这一片的大小应当是这面墙的什么?

生:面积。

师:课件中老师用蓝色笔圈的这一圈是它的什么?

生:周长。

师:你们有感觉了吗? 周长和面积好像……它们一样吗?

生1:周长里面的好像就是面积。

生2:面积就是旁边有周长把它圈起来,不让它出去。

生3:周长是长度,是长的,是外面的框框,面积就是框框里面的。

生4:周长是面积外面的框框,面积就是周长里面那一块。

师:周长是……(做动作,手指圈)

师:面积是……(做动作,手掌摸)

师:说不清,但有感觉,感觉真好! 面积就这样一步一步地走近我们了!

课件出示长方形、正方形、三角形、圆形、角及两个不封闭图形。

师:你能给它们分分类吗?

生:上面(长方形、正方形、三角形、圆形)一类,下面(角及另两个不封闭图形)一类。下面一类是有口的,上面一类是全封牢的。

师:啥叫全封牢的?

生:就是封闭图形,它的角没有缺口。

师:你们用了"封闭图形"这个词,用得挺好。这个词能理解吗? 哪个是封闭的?(生:上面)哪个是不封闭的?(生:下面)

师:你能在这里也找到面积吗?

生:正方形边框里面的、长方形边框里面的、三角形边框里面的、圆形边框里面的。

师:正方形边框里面的大小就是这个正方形的面积,圆形圈圈里面的大小就是这个圆形的面积……刚才有同学问,面积到底是什么东西,原来我们学习了线段、周长,想象一下,让底下这条边一直运动运动到上面,就能把它怎么样?

生:把它的准确面积显示出来。

课件演示:将整个图形涂满。

师：长方形面积有多大？

生：颜色有多大，面积就有多大。

师：闭眼用手势描长方形的周长，再把它的面积涂出来。

（生闭眼用手势表示）

师：我发现你们手势不一样了，周长你用什么手势？面积呢？

（生分别手指画一圈和手掌抹一片）

师：正方形有面积吗？闭上眼睛想，睁开眼睛看。

（课件演示：三角形、圆形同上）

师：（指角）我们再来看看它这里有没有面积？

生：没有，它还有一个边没有写，可以无限延长。

师：当你涂颜色的时候，可以涂啊涂啊涂啊……

生：可以一直涂到很外面很外面。

生：一直都涂不满。

生：因为它是无限的，它不是封闭图形。

师：它没有边边，所以就不好圈它有多大多小，这点你们有体会了吗？

师：那第二、三幅不封闭图形呢？

生：也是没有面积的。

师：到底什么是面积？面积在你头脑中是什么东西？

（生纷纷举手）

师：不着急，我知道你们已经有感觉了。带着你们的感觉，我们继续来体会，好不好？

（2）面积单位。

师：我这里有两张长方形纸，这张纸的面积有多大知道吗？谁大谁小？

生：紫色大。

生：差不多。

生：黄色大。

师：数学要讲道理和方法。

生：可以重叠比较。（演示重叠比较）

师：肉眼不好判断时可以重叠比较，就知道谁大谁小。

师：我还有两张这样的纸。（师出示两张不规则、有折痕的纸）

师演示重叠，一边重上了，另一边又重不到。

（生笑）

师：笑啥？

生：有点麻烦！

师：那你有办法吗？

生：测量，用尺子量量。

（请生试量，生测量周长）

师：你的意思是把周长算出来，得到一个数再比较。

生：如果周长长，面积就比那个短的大。

师：你说的，我们先搁着。借助数比较，除了量还有别的办法吗？

生：有折过的痕迹，数方块就行。

师：（出示纸）这是几个方块？（生：5个）这是几个方块？（生：6个）

师：哪个面积大？

生：6个的面积大。

师：我们一起来做个小游戏，请女孩闭上眼睛，男孩看我这里。

（师出示一张平均分成24个正方形格子的长方形纸）

师：再请男孩闭上眼睛，女孩看我这里。

（师出示一张平均分成6个正方形格子的长方形纸）

师：请全体坐好，交流各自看到几个正方形？谁看到的面积大？

生：男生看到24个，女生看到6个，男生看到的面积大。

师：有不同意见吗？

生：可能24个的格子比较小。

师：你的意思是现在就让你作出判断你遇到了困难，困难是什么？

生1：我们看到的6个格子是大格子，可是不知道男生看到的24个格子的大小。

生2：如果女生看到的6个格子等于我们的24个格子，那她们看到的长方形就和我们的一样大。

师：那你的意思是现在还不能判断。你们想看看结果吗？

(师出示两张长方形纸并将它们重叠)

生：两张长方形纸一模一样,只是格子的大小不一样。

师：你们有什么提议?

生：要想数格子比面积大小,格子的大小要一样。

师：你们给我出的主意真好,格子要一样了才好比较!

师：你们知道这一样的格子有个什么名字吗? 我们用它来说吧(出示一张 1 平方分米的正方形),请同学们也拿出桌面上的这张纸片。

师：目测一下,这条边有多长?

生 1：10 厘米。

生 2：1 分米。

生 3：和刚才画的线一样长。

师演示用 1 平方分米正方形的四条边与黑板上画的 1 分米长的线段比较。

师：这四条边都是 1 分米。

师：你们都想到了要同样大小的格子,这个格子就是吴老师要向你们介绍的面积单位,它就是?

生 1：平方厘米。

生 2：平方分米。

生 3：也可以把它说成是 10 平方厘米。

师：你们都有很多设想,别着急,我告诉你边长是 1 分米的正方形,它的大小叫 1 平方分米。

(师将 1 平方分米正方形贴在黑板上)

师：它有多大?

生：1 平方分米。

师出示"平方分米"。

师："1 平方分米"是什么东西?

师：你们测量长度的时候需要什么单位?

生：长度单位。

师：要测量面积大小也需要什么单位?

生：面积单位。

师：对！也需要面积单位。它就是个面积单位！它有多大？

生：1平方分米。

师：1平方分米有多大？拿起来，摸一摸。

（生摸1平方分米的正方形的面）

师：这1平方分米生活中你在哪见过它？谁的面积大小和它大小差不多？

生1：魔方。

师：魔方的哪个部分？

生1：魔方的一个面。

生2：和手掌差不多（将1平方分米贴在手掌上）。

师：闭上眼，用手比一比，1平方分米大约有多大？

生闭眼，用手指框大约1平方分米的大小。

师：睁开眼，看看比对了吗？

师：这1平方分米有什么用？

生：测量大小。

师：测量什么的大小？测量东西的面的大小。

师：四人一小组，测量一张课桌面的大小。

生分四人小组测量。

师：没测量完的举手，遇到什么困难了？

生1：不够了！

师：（转向测量完的一组）你们也不够，可是却测量完了，介绍一下经验。

生：移过来再数，一行12个，可以摆4行，一共是48个。

师：除了量桌子面，还可以量椅子面……

师：举起它，有多大？

生：1平方分米。

师：看着（师将1平方分米正方形撕分成两个不规则的图形）。

师：这两个图形合起来还是1平方分米吗？

生1：是。

生2：不是。

师：这个1平方分米的正方形再撕成三块，合起来还是1平方分米吗？

生3：是。

师：你能解释解释吗？

生1：本来是1平方分米，虽然撕成了一小点、一小点，但它们拼起来还是1平方分米。撕完后老师也没有拿走，大小还是一样的，你为什么说不一样呢？

生2：因为周长的时候那个边可以凹出来的，长的样子变了。

师：大小变了没？

生2：大小没变。

师：大小没变，还是1平方分米吗？

生2：是的。

师：一时想不通没关系。我明白，你是说它外边这圈圈的周长不一样了，可是面积的大小没变，还是1平方分米。

师：为什么你们要拿它（指正方形）作面积单位测量，咋不拿它（指撕开重拼的不规则图形）作面积单位测量？

生：因为它（正方形）是规范的。

生：它（不规则的）都被撕掉了、不规则了，量起来也很麻烦！

生：用它（正方形）很容易就把桌面铺满，用它（不规则）不容易铺满。

师：所以我们的前人们特别聪明，虽然都是1平方分米，选择方方正正的它（正方形）作单位，为我们的度量带来了很多方便。

师：为什么不用圆作单位？

生：中间有空隙。

师：所以我们选择面积单位的时候选择了它（正方形）。

师：那我量教室、礼堂的面积还用它（1平方分米）？

生：不用。

师：那我量小橡皮的面积呢？还用它（1平方分米）？

生：不用。

师：你们一定有想法！

生：用小的。

师：叫什么？

生：平方厘米。

师：还想到了什么？

生：大的，平方米。

师：这些我们下节课会接着讨论。

3. 小结。

师：课进行到了尾声，咱们上课时有许多问题：面积长什么样？面积有多大？面积有什么用？刚才我们又认识了一个平方分米。你能说说面积在你心目中是什么样吗？用自己的话说说看。

生：我们认识了面积，可以长得各种各样，还可以长在立体图形上。

生：面积可以很大，也可以很小，但都有边界。

生：可以通过测量或比大小知道面积到底有多大。

生：我知道了面积有单位。

生：有了面积单位可以量很多东西。

4. 引申。

师：我这里有一条绳子可以做一个图形的周长，用这条绳子去圈一块地的时候，想一想，这绳子的长短变不变？

生：不变。

师：也就是什么不变？

生：周长。

师：那你圈完后，那个面积可能怎样？

生：（用绳子比画）可能这么大，也可能这么小。

师：那周长变没变？

生：没变。

师：刚才有同学说，量周长，周长长，面积大，真的是这样吗？课后同学们可以尝试围一围、想一想。

2."找规律"教学的若干误区

新一轮数学课程改革实施以来，"找规律"的教学应当说获得了人们的普遍关注：不仅各类教材中都可找到不少以"找规律"直接命名的内容，很多教师也乐于以此作为学生自主探究的直接题材。上述现象的出现当然有其一定的必然性：首先，尽管数学并非客观事物或现象的直接研究，但是，"找规律"无疑应当被看成一种十分重要的数学活动；其次，此类活动也十分有益于提高学生发现问题、解决问题的能力，包括逐步养成乐于探究、善于探究这样一种思维习惯。

但是，无论就这方面的教材编写或是具体的教学活动而言，又应说存在不少的问题，以下就是我们在当前应当注意纠正的三个现象：第一，所谓的"找规律"事实上根本不能被看成"规律"。第二，以"发现规律、检验规律"这一模式统一地去处理相关内容的教学，而未能认识到不同的内容与场合应有不同的教学重点。第三，尽管有些活动确可被看成真正的"找规律"，但我们又往往在不知不觉之中将"学生的自主探究"变成了"假探究"。以下就通过一些实例对此作出具体说明。

第一，正如第 6 章中的［例 5］和［例 6］所清楚表明的，很多所谓的"找规律"事实上并不包含真正的"规律"。进而，如果未能对这方面存在的问题作出认真的反思与必要的纠正，而是听之"泛滥成灾"，则更可能造成严重的后果，或者说，很可能将我们的学生真正教笨了！

例如，与［例 5］相比较，关于同一教学内容的以下处理就应说更加合理，即不是将此简单地归结为"找规律"，而是更加强调"'重复'的奥妙"。进而，尽管我们在教学中仍可在不那么准确的意义上去使用"（找）规律"这样一个词语，包括依据相应的认识去解决现实问题（当然，相对于"找规律"而言，"模式的辨识与应用"应当说是更加合适的一个表述），但我们在教学中显然也应十分重视这样一些问题的研究，如生活中有哪些重复现象？我们为什么要对"重复现象"予以特别的重视？我们又如何能对各种"重复现象"作出适当的表述？特别是，数学在这方面有什么样的作用？等等。因为，只有这样，我们才能帮助学生更好地体会数学与现实生活的联系，包括数学的作用与数学的研究方法等，同时又不至于陷入认识的误区，即在不知不觉之中形成了某些错误的观念。

第二，以下再以"运算律"的教学为例对上面所提到的第二个误区作出具体说明，后者即是指，我们不应以"发现规律、检验规律"这样一个模式统一地去处理相关内容的教学，而是应当针对不同情况作出更加适合的教学设计。

[例18]　"运算律"的教学

这里所说的"运算律"，主要是指加法（和乘法）的交换律与结合律。就笔者曾聆听过的相关课例而言，任课教师的处理往往与一般的"找规律"并无任何的区别，即同样集中于规律的发现和检验，特别是，我们应当如何对相关的猜想作出检验，即如"有了猜想，还需要举很多例子来验证，这样得出的结论才准确"；"举例验证时，例子应尽可能多，而且，应尽可能举一些特殊的例子，这样，得出的结论更可靠"。

上述的教学设计有一定的道理。但在笔者看来，我们在此又应清楚地看到这样一个事实：无论就教材或是实际的教学活动而言，所说的"运算律"应当说早已得到了默认。例如，学生自一年级开始学习自然数的加法起，就已反复地接触到了 $9+1=1+9=10,2+8=8+2=10$ 等事实。另外，这显然也是各种"简便算法"的直接基础，如 $9+7=9+(1+6)=(9+1)+6=10+6=16$，$75+(48+25)=75+(25+48)=(75+25)+48=100+48=148$，等等。再者，教师在教学中往往也会给学生这样的建议：为了保证运算的正确，可以通过交换加数（和乘数）的次序对已得到的结果进行检验。

也正因此，笔者认为，"运算律"的教学其重点就不应定位于"规律的发现和检验"，而是应当更加关注我们如何能够通过自己的教学促成学生由原先对于相关规律的不自觉认识转向更自觉的状态，特别是，我们在教学中应对以下一些环节予以特别的重视：

（1）规律的清楚表述，包括由自然语言向符号语言的必要过渡。例如，我们不仅应当鼓励学生用自己的语言对此作出清楚表述，还可要求学生说出自己的理解和感受等，乃至自己的比喻，等等。例如，尽管以下的说法并不十分准确，即"乘法交换律是加法交换律的高级形式"，但由于这反映了相关学生的真实感受，对此我们也应当予以充分的肯定和积极的鼓励。

（2）规律的必要检验。基于小学生的认知发展水平，严格的证明是不可能的。事实上,即使是以下的认识也不能被看成真正的证明:"我们可以举出无数多个这样的例子(正例),同时又举不出一个反例。"但是,我们在教学中还是应当努力帮助学生对所说的规律作出自己的解释和说明。例如,就"交换律"而言,我们就可联系相关运算的现实意义(就加法而言,就是物体的聚集或合并;就乘法而言,我们则可提及平面图形的面积等)帮助学生很好地去理解相关运算律的合理性。

(3)对于"运算律"作用的清楚认识。正如数学中的分类,数学中(乃至一般自然科学中)对于规律的寻找也具有明确的目的性,而不是为了找规律而找规律。

(4)除去规律的认识和检验,我们还应要求学生积极地去作出新的思考,即如能否对已发现的规律作出新的推广或发展等。容易想到的是,通过这方面的思考我们可以帮助学生很好地认识相关规律的适用范围,从而防止不恰当的推广,即如将加法与乘法的"交换律"和"结合律"错误地推广到了减法和除法。(对此可参见第 2 章的[例 8])

显然,上述分析也为以下问题提供了直接的解答:"既然学生早已对运算律有所接触和应用,这一内容的教学是否完全没有必要?"

建议读者也可从同一角度对以下实例作出自己的分析。

[例 19] "加法运算律"的教学

(中山市香晖园小学刘林源)

1. 唤起学生已有经验。

(1)拆数。

师:同学们,我们在一年级时学过拆数,还记得吗? 比如 3 这个数,可以拆成哪两个数?

(2)加法验算。

师:我们在前面也学过加法验算。我们是怎么验算的,比如 12+28?

(3)简单实际问题。

课件出示:李叔叔上午骑了 40 千米,下午骑了 56 千米,一共骑了多少千米？

……

2.观察算式，找异同。

师：观察这三个等式，左右两边有什么相同点和不同点？

……

3.观察算式，总结规律。

师：通过上面和你们刚才举的例子，你发现了什么？

师：知道这个规律叫什么名字吗？

师：你能用自己喜欢的方式表示出"加法交换律"吗？比如可以用图形、字母等符号表示出来。同桌商量一下，然后在练习纸上写出来。

例如，在笔者看来，这是这一教学设计的一个明显优点，即对于教学重点的适当定位，特别是，相对于规律的发现而言，教学中更加突出了相关经验的回顾与总结；相对于规律的检验而言，也更加强调了规律的表述和说明。

当然，我们在教学中也应十分重视如何能够通过适当的提问引导学生更积极、更深入地去进行思考。例如，针对 $12+28=28+12$（加法验算），$40+56=56+40$（实际问题）等算式，教师可有意识地去提问：你怎么知道两边是相等的啊？进而，针对学生的解答："可以算啊！"我们又可进一步去追问：是不是每次都要算啊？你为什么这么肯定？再者，就加法交换律的表述而言，我们不仅应当鼓励学生采取多种不同的方法，而且也应引导他们进一步去思考：如何进行表述才更加有效？等等。

作为必要的引申，以下再依据科学哲学的现代研究对我们应当如何去认识"归纳思想"在科学（以及数学）中的应用作一简要的分析。

具体地说，这事实上可以被看成所谓的"素朴归纳主义"或"狭隘经验主义"的一个重要特征，即认为我们可以"由重复去发现规律"。与此相对照，这正是科学哲学现代研究的一个主要成果，即不仅清楚地指明了归纳方法的局限性——这主要只是一种发现的方法，但也可能导致错误的结果，而且也突出地强调了在观察与理论之间所存在的辩证关系，特别是，理论往往先于观察，并对后者有重要的指引作用（用更通俗的语言来说，这也就是指，"理论渗透观察")。

例如,这就是英国著名科学哲学家波普尔曾从事的一项实验:"25 年前(指 1928 年——注),我曾经试图让一群在维也纳学物理的学生深切地认识到这一点,为此我在上课时首先指示他们:'拿出铅笔和纸来;仔细观察,写下你们所观察到的东西!'当然,他们都问,我要他们观察什么。显然,'观察!'这个指示是荒唐的。观察总是有选择的。它需要选定的对象、确定的任务、兴趣、观点和问题……"(《猜想与反驳》,上海译文出版社,1986 第 66 页)

进而,与"素朴归纳主义"直接相对立,波普尔并明确提出了这样一个观点,即"猜想与反驳"是科学研究的主要方法:"这种方法就是大胆地提出理论,竭尽我们所能表明它们的错误;如果我们的批判努力失败了,那就试探地加以接受。"但同时我们又仍然应当坚持证伪的努力,特别是,这更应被看成科学活动的十分重要的一个环节:"科学家有意识地、审慎地试图发现错误,以搜寻论据驳倒其理论,包括诉诸他以自己的理论和才智设计的最严格的实验检验。"这也就是指,我们应当积极提倡批判的精神或态度:"批判态度可以说成是有意试图让我们的理论、猜想代替我们自己去经受适者生存的竞争。"当然,科学活动不应被理解成无聊的游戏,即我们似乎可以随意地去提出各种毫无根据的"猜想",而且,一旦出现反例,就毫不犹豫地放弃原来的猜想,同时又可随意地去提出其他的新的猜想,而完全不用顾及在后者与先前的已有工作之间是否应当有任何的联系。恰恰相反,这正是科学活动能否取得成功的关键,即我们应当善于从错误中学习,或者说,对错误"采取批判的建设性的态度":"既然知道我们难免有错误,我们关心的就只是批判和检验理论,希望发现我们在哪里错了;关心的就是从我们的错误中学习,并且有幸的话,得出更好的理论。"(《猜想与反驳》,同前,第 73~74、327 页)

再者,如果说波普尔的上述工作主要集中于一般的科学活动,那么,这就是著名数学哲学家拉卡托斯的一个重要贡献,即从同一角度对归纳在数学中的应用进行了具体分析,并由此而提出了"数学发现的逻辑":我们在数学中也应致力于通过新的实例去对原来的猜想作出检验,特别是通过"反例"的考察不断对此作出改进,直至最终找出正确的结论与证明的思路。从而,这事实上就可被看成在"猜想与证明的有机结合"这一方向跨出了十分重要的一步。

（详可见拉卡托斯，《证明与反驳》，上海译文出版社，1986；或郑毓信，《科学哲学十讲》，译林出版社，2013，第四讲至第六讲）

综上可见，这应当成为"找规律"教学十分重要的一个方面，即防止由于不适当的教学而使学生陷入了"狭隘经验主义"的泥潭，特别是，认为我们可以通过简单的"归纳"去发现规律。

为了清楚地说明问题，以下再以"植树问题"（4.1节）为例作出具体的说明。

[例20] "植树问题"与找规律

这是"植树问题"的教学经常可以看到的一个做法，即为了找出相应的"规律"（为了讨论的方便，在此仅限于"两端都种"这样一种情况，并规定"每隔5米种1棵树"），教师往往会要求学生分别就多个不同的情况去进行研究，如道路全长20米、25米、30米、50米，……包括通过列表以作出归纳。

尽管从素朴的观点看上述做法没有什么错，但笔者希望读者能更深入地去思考这样一个问题：由于所说的各种情况十分类似，我们在此是否真有必要让学生一再地去重复所说的"研究"？

事实上，我们只需围绕"所说的规律为什么是真的"去进行思考，就可清楚地看出在此确实没有必要对所说的各种情况要求学生一再地去重复所谓的"研究"，因为，这里的关键显然不在于道路的实际长度，而是"一一对应"这样一个思想。更一般地说，这也就是指，相对于单纯的计算（"动手"）而言，我们在教学中应更加重视如何能够将学生的注意力引向更深入的思考（"动脑"）。

第三，正如7.3中已指出的，这也是我们在当前应当注意纠正的一个现象，即在不知不觉之中将"学生的自主探究"变成了"假探究"。由于我们在先前已给出了这方面的多个实例（第7章[例22]～[例25]），包括正例与反例，在此就不再赘述，而只是重复这样一点：如果教师本人并没有实际地去从事相关的探究，更未能积极地去进行思考，而只是满足于"现买现卖"，那么，相应的教育教学目标就根本不可能实现，而这不仅是指我们如何能够帮助学生逐步学会通过主动探究去发现规律,而且也是指我们如何能够通过自己的教学帮助学生真正学会思维。

显然,就我们目前的论题而言,这即从另一角度更清楚地表明了"课例研究"对于教师专业成长的特殊重要性。

当然,从更一般的角度去分析,我们又应特别强调这样一点:如果说促进学生思维的发展应被看成数学教育的主要任务,那么,我们就应特别重视教师自身在这一方面素养的提升,即应当切实养成深入思考的习惯和能力。①

愿广大数学教育工作者都能在这一方面作出不懈的努力!

---

① 这事实上可被看成诸多名师的一个共同特征。详可见另文"从'核心素养'到数学教师专业成长",《小学数学教育》,2016 年第 4 期。

附件一

作者自述：我与数学教育

1965年，21岁的我从江苏师范学院数学系毕业，由于家庭背景与其他一些原因，未能如愿成为一名大学教师，而是来到了南京市第二女子中学，成了一名中学数学教师，由此也开始了我与基础数学教育的长期情缘。记得刚刚分到中学时，我的一位大学同学曾不解地提及："看郑毓信原来一直在搞高等数学，现在居然又一头转向了中学数学！"这或许就是我的一个主要特点：比较本分，通常不会怨天尤人，不论做什么事都想认真地做好。

在中学一待就是13年，其间最重要的当然是史无前例的"文化大革命"，学校也早已由原先的女子中学改成了普遍中学（南京市梅园中学）。但即使是在教学秩序受到很大冲击的当时，除非根本上不了课，自己又总想上好每一节课。记得1968年"复课闹革命"，就发生过因自己的数学课在学生中有较强的积极反响而将工宣队员吸引进了教室这样的"故事"。自己还曾上过全区的公开课：这并非当时十分流行的"组合式"，即由工宣队员首先忆苦思甜，再由教师组织学生一起算剥削账，而是用辩证思想指导具体数学知识内容教学的一次实践。有点幸运的是，这一课例得到了当时负责全区教育工作的军宣队长的肯定，尽管学校分管教改的负责人曾专门打电话提醒"此人家庭出身不好，不宜表扬"，但我还是在全区总结大会上听到了对自己的表扬。

在中学期间自己不仅教过完全由"差生"组成的"慢班"，高考恢复后也教过"快班"，还当过数学教研组长，总的讲可以算一个好教师。其间还在《中学理科教学》（在当时这是由《数学通报》等几家刊物合并而成的）发表了自己的第一篇教研文章，主要是谈如何采用联系的观点进行三角形和四边形的教学。尽管只拿到了8元钱的稿费，但在当时的学校已经成为一件新闻，因为那时教学类刊物很少,要发表一篇教研文章并非一件易事。

1978年国家恢复招收研究生,尽管没有很多时间进行准备,在同时报考南京大学哲学系自然辩证法专业的60名考生中自己却很幸运地名列前茅并最终成为4名录取者之一。后来在很多场合自己都曾被问及这样一个问题:"您在当时为什么会由数学转向哲学?"一个主要的原因是:在"文化大革命"期间除去经典著作以外根本不允许看其他的书,而又正是通过阅读恩格斯的《自然辩证法》、《反杜林论》等著作自己产生了对于数学哲学的强烈兴趣。例如,上面所提到的那堂全区公开课与教研文章就都是这种兴趣的直接反应。另外,自己当时已经34岁,觉得搞数学年龄偏大,搞哲学则似乎不存在这样的问题。

1981年,自己结束了硕士研究生的三年学习并留在南京大学哲学系任教,1985年首次出国参加国际学术会议,1986年被评为副教授,1987至1988年赴英国伦敦政治经济学院(LSE)学术访问,1988年底被破格提升为教授。从读研究生到被破格评为教授,10年的生活非常紧张,但也十分充实。尽管现在回忆起来仿佛只是一刹那,但也有很多事情让我终生难忘。

第一,尽管我已经成了一名专业的哲学工作者,甚至还戴上了哲学教授这样一顶"帽子",但始终没有完全脱离数学教育,因为1983年以后,我曾长期为南京大学哲学系的本科生开设高等数学课程。尽管为哲学系的学生开设数学课实非一件易事,但这却使我在南京大学初步站稳了脚跟——我由于学生反映良好获得了南京大学首次评选的"优秀教学奖"一等奖(系里为我申报的只是二等奖),一些同事并因此戏言道:"你不就是靠数学教育起家的吗!"

第二,感谢朱梧槚教授的引荐,使我有可能追随我国著名数学家徐利治先生,并因此而在自己的整个学术生涯中自始至终获得了极大的教益,特别是,就当时而言,正是在数学方法论方面的具体工作使我获得了学术研究的直接切入点,并于1985年出版了我的第一本著作《数学方法论入门》(浙江教育出版社)。令我十分高兴的是,尽管在发行初期曾遇到一定困难,但依靠母校《中学数学月刊》编辑部,特别是唐复苏教授的支持,这一问题很快得到了解决:5 000册书通过邮购在一个月内就销售一空(值得提及的是,在首次出版的20年后,这一著作又于2006年再版发行,一本著作在20年后仍有一定的价值当然是对作者的极大肯定)。1991年广西教育出版社出版的《数学方法论》是我在数学方法论方面的第二本著作,至今发行量已超过4万,有点出乎我的意料。

第三,我的导师夏基松和林德宏两位教授不仅在哲学上给了我直接指导,也在其他方面给了我很大的帮助。人民出版社于1986年出版了依据我的硕士论文改写而成的《西方数学哲学》,其后江苏教育出版社又在1990年出版了我的《数学哲学新论》,后者主要反映了我1987年至1988年访英期间的学术收获。

第四,正是对于数学哲学的极大兴趣,促使我在赴英期间选择了英国伦敦政治经济学院作为主要的访问学校,因为,那里曾是国际著名数学哲学家拉卡托斯(I. Lakatos)工作过的地方,自己还有幸获得了拉卡托斯研究基金。我以关于拉卡托斯的一篇论文(发表于 *The British Journal for Philosophy of Science*,1990,九月号)结束了这次访问,这从一个侧面反映了我通过这次访问所获得的巨大收获。在英期间我还曾应邀到牛津大学作了专题讲演(University Lecture on Philosophy of Mathematics),自己也因此受到很大鼓舞:能登上牛津的讲台,今后世界上就没有什么讲台能吓倒我了!

由于先期的经历使自己结下了深深的数学教育情缘,也由于认为数学哲学应对实际的数学活动发挥积极的促进作用,从1989年起自己又重新转向了数学教育。由于现在已有了一个新的不同身份——哲学教授,能否为数学教育界认同就成了一个新的问题。感谢钟善基、曹才翰等前辈为我敞开了大门:我被邀请参加在上海师范大学召开的全国高等师范院校数学教育研究会1990年年会并作大会报告,从而就有机会与各位数学教育界的同行进行了初步接触。其后,又正是通过参与1990年在北京召开的"五国数学教育会议",自己结识了国际著名的数学教育家戴维斯(Robert Davis),这对于我后来在数学教育方面的进一步工作具有十分重要的影响。

1991年,感谢南京大学又一次为我提供了外访的机会(1991~1992年),这次由美国联合基金会资助,访问的对象则是美国罗格斯大学(新泽西州立大学)数学教育研究所——这是美国最著名的数学教育研究所之一,接待者就是戴维斯教授。因在北京与我有过接触,他发现我是少数几个能同时很好理解中国与西方数学教育的人士之一，并因此对我的访问表现出了很大热忱。他邀请我住在他的家中，并为我提供了良好的工作条件。戴维斯教授并在送我的一本著作上写下了这样的题词："感谢您来此访问，希望我们能在一起合作工作很多很多年！"事实上，戴维斯曾希望我留在美国攻读数学教育博士学位，但由于一些客观原因未能实现。另外，由于戴维斯在我返回中国后不久猝然去世，自己就失去了与这样一位大师和可亲长者长期合作的可能性。

对美国的学术访问应当说为我在数学教育领域中的进一步工作打下了良好基础，特别地，正是通过这一访问自己有机会更好地了解这一领域中的最新发展，这事实上也正是我在20世纪90年代所从事的一项主要工作，即对国际上数学教育的一些最新发展作出综合介绍与分析，主要包括《问题解决与数学教育》（江苏教育出版社，1994）、《认知科学、建构主义与数学教育》（与香港大学梁贯成先生合作，上海教育出版社，1999）、《数学教育的现代发展》（江苏教育出版社，1999）等。应当指出，自己在当时曾对1989年前后在美国开展的新一轮数学课程改革进行了专门介绍（相关论文在《数学教育学报》组织的调查中被读者列为"最受欢迎的文章"），从而也就清楚地表明了自己对于数学教育改革的积极性。当然，作为问题的另一方面，我也清楚地认识到了这样一点：我们不应盲目地追随国际上的潮流，而应坚持自己的独立分析与必要批判。例如，这事实上就正是自己为什么会在2001年于成都召开的一次大会上公开声称我不是建构主义者的主要原因，尽管正是自己在国内最早对建构主义进行了系统介绍。

与上述工作相比较，1995年由四川教育出版社出版的《数学教育哲学》更可被看成一种原创性的研究，其主要目的就是从哲学角度为数学教育奠定必要的理论基础。这一著作得到普遍的肯定与好评，不仅在1998年举行的"（第四届）全国优秀教育类图书评选"中获得一等奖，台湾的九章出版社也于1998年出版了该书的中文繁体字版。

就这一期间的工作而言，还应提及这样几件事：

第一，由于梁贯成先生的支持，自己得以先后三次对香港大学进行学术访问，其间也曾应黄毅英先生的邀请到香港中文大学作学术讲演和短暂访问。这些访问不仅使我有机会更好地了解数学教育领域的最新进展，而且也能暂时摆脱日常教学的压力静下心来好好作一点总结与反思。较可惜的是，由于语言的限制，自己未能利用这一机会对香港的数学教育多作一点可能的贡献。与此相对照，自己1997年对台湾为期两个月的访问似乎就没有任何特殊的困难（这是由台湾"中央研究院"数学研究所李国伟教授安排的，这一访问的直接结果之一就是我们合作完成的《数学哲学中的革命》这样一本专著［台湾九章出版社，1999]），特别是，自己更利用这一机会作了十几场讲演，有在高等院校的，也有在基层学校的，甚至还有以中学生为直接对象的。在此特别感谢台湾九章出版社的孙文先先生在这一期间为我提供的种种便利与帮助。

第二，由于英国学术院的资助，自己在1997年，即初次访问的十年以后又有机会再次对英国进行了为期半年的学术访问，在此次访问期间还曾先后应邀赴英国伦敦大学国王学院、意大利罗马大学、米兰大学、德国柏林自由大学、荷兰德尔夫脱大学等作学术访问和专题讲演。有点自豪的是：邀请方既有哲学系，也有数学系（所），甚至还包括计算机系，这种跨学科的现象应当说较为少见。

第三，自1992年开始，自己基本上每年都要参加由华东师范大学张奠宙先生主持的"数学教育高级研讨会"，从而保持了与数学教育工作者的直接接触。总的来说，自己作为一个哲学工作者在数学教育领域中得到的"待遇"，可以说既有欢迎，也有排斥（如带着"笑脸"的拒绝："老郑，你是搞哲学的，这次数学教育会议就不惊动你了。"）；既有肯定，也有否定（如"数学哲学对于我国的数学教育基本上没有什么影响"）。但从反思的角度看，这些应当说都十分正常，因此，对此始终"一笑了之，走自己的路"。

第四，这期间还与王宪昌、蔡仲、肖柏荣、熊萍等教授先后合作完成了《数学文化学》（四川教育出版社，2000）、《数学思维与数学方法论》（四川教育出版社，2001）等两部著作。它们与先期出版的《数学教育哲学》一起合成了《数学·哲学·文化·教育系列》，集中地展示了我在这一领域中的主要工作。

自1999年正式启动的我国新一轮数学课程改革，促使我将数学教育领域内的工作由主要集中于理论研究转而更加关注实际的数学教学活动，以下就是自己在这方面的自觉定位，即希望从学术角度对课程改革的深入发展作出应有的贡献，包括深入的理论分析以及必要的批判。另外，如果说"放眼世界，立足本土;注重理念,聚焦改革"正是自己在这方面工作的基本立场,那么,坚持独立思考,坚持讲实话、真话就是这一时期中各项工作的共同特点。尽管前些年自己曾在网上看到这样一条批评意见,即"郑毓信对于课程改革是假拥护、真反对",但我相信任何有过深入思考的人都会赞同这样一个意见:为了促进课程改革的深入发展,仅仅看到成绩是不够的,更重要的应是"发现问题、正视问题、解决问题、不断前进"。

在这期间自己不仅在《教育研究》、《课程·教材·教法》、《全球教育展望》等教育类核心刊物发表了多篇论文,还在《中学数学教学参考》、《小学青年教师》(现《小学教学》)等专门性数学教学类杂志上发表了大量文章,一些主要论文并以论文集的形式由上海教育出版社先后出版:《数学教育:从理论到实践》(2001)、《数学教育:动态与省思》(2005)、《课改背景下的数学教育研究》(2012)。自己还曾多次应邀为多种类型的教师培训作专题讲演,十分感谢诸多教研员同志与基层教师对自己的信任以及为组织这些活动所作的努力。

应当提及的是,如果说先前自己所关注的主要是中学数学,那么,在这一时期就对小学数学给予了更多的关注。这同样也是自己的一种自觉选择,因为在我看来,这是一种不应有的"两极分化":中学的数学教育常常被认为附属于数学,小学的数学教育则更明显地表现出受到一般教育学与心理学的影响。这两种倾向就其表现形式而言似乎互相对立,事实上它们都是与数学教育的专业化直接相悖的。也正因此,就当前而言,所有具有数学背景的数学教育工作者都应当给予小学数学更多的关注。当然,为了成为真正的"内行",自己也作了很大努力:听一线教师的课,不仅听数学课,甚至还包括语文课;看一线教师的文章,不仅看名教师的,也看普通教师的……由于时间和精力的限制,我因此放弃了一项教育部重大科研项目(资助金额20万),甚至引起了哲学圈内一些同行的误会。但是,我却不仅因关注小学数学更切实地感受到了自己工作的意义,而且也在各个方面得到了很大的启示和教益。

具体地说,正是由广大一线教师包括各级教研员的积极反应,笔者获得了最大的支持和鼓励,并受其激励以小学数学教师作为直接对象撰写了多部著作,集结成《郑毓信数学教育论丛》,这可被看成笔者数学教育情结的延深与继续。

丛书的第一册《开放的小学数学教学》和第二册《数学思维与小学数学》是在 2008 年同时出版的。尽管相应的宣传与发行工作不能说做得很好，笔者仍然由以下现象得到了很大的鼓舞：它们从一开始就受到一线教师的普遍欢迎，有时 1 000 多人的培训一次就能卖掉近 500 套；更有一个省一下子就订了 15 000 本，这还是在笔者完全不知道的情况下进行的。这促使笔者在 2011 年和 2014 年又先后撰写了丛书的第三册《数学教师的三项基本功》和第四册《小学数学概念与数学思维的教学》。

就 2008 年以来自己在数学教育领域内的工作而言，还应特别提及这样几件事：

第一，与先前相比，自己更多地涉足教师的培训工作之中，大到所谓的"国培"或省一级的教师培训，小至区县级数学教师的全员培训或是由某个中小学单独组织的教研活动；既有 4 000 多人的超大规模，也有小范围内以骨干教师为对象的系列讲座……由于这些活动常常集中于一年中某几个时段，有时就确实感到有些"力不从心"，但从内心深处讲这又是自己十分愿意承担的一项工作。

随着工作的深入，笔者也与一线教师和各级教研员有了更多接触，甚至还可说有了一定的互动，这也促使笔者将更多的精力与时间转向了普通学校与家常课。这不仅是对笔者工作的最大肯定，即在不经意中常常会看到一些素不相识的教师在他们的教研文章中转引我的一些论点和看法，而且达成了笔者在这方面的一个迫切愿望，即有更多的学校和教师向理论研究者敞开大门，并能通过两者的密切合作促进数学教育事业的深入发展。

就一线教师的专业成长而言，笔者以为，我们还应清楚地认识到这样一点：与各种教学方法或教学模式的学习和应用相比较，我们应当更加重视自身教学能力的提高。后者事实上也正是笔者明确提出"数学教师的三项基本功"的主要原因。

第二，如果说笔者在课改初期的研究主要集中于"数学教学方法的研究与改革"，那么，随着时间的推移，不仅研究问题有了较大扩展，研究立场也有了重要的变化。具体地说，由于新一轮课程改革已经进行了 10 多个年头，现更可说处于深入发展的关键时刻，因此，笔者以为，这也就是我们在当前的一项重要任务,即应当从各个方面对过去 10 多年的课改实践作出认真总结与反思,特别是,我们不仅应当认真研究存在的问题或不足之处,也应更深入地去思考进一步的努力方向,包括如何能够发扬已取得的成绩,真正"做实做细做深"。

这事实上也正是以下的一系列文章的共同主题:"展望'后课标时代'"(2009),"'高潮'之后的必要反思"(2010),"国际理论视野下的中国数学教育"(2010),"数学课程改革如何深入?"(2010),"数学教师的专业成长"(2010),"数学教育的误区与盲点"(2011),等等。

当然,这又是这一时期中的一个重要发展,即《义务教育数学课程标准(2011 年版)》的颁发。由于这正是笔者在这方面的一贯看法,即不同声音的存在有益于人们更深入地去进行思考,并可有效地防止形式主义的泛滥,因此,这也就直接引发了以下的研究:"《义务教育数学课程标准(2011 年版)》之审思"(2012),"数学课改深入发展不应被忽视的几个环节"(2013),"《数学课程标准(2011)》的'另类解读'"(2013),"更好承担起理论研究者的历史责任"(2013),"数学教育改革 15 诫"(2014),等等。

第三,笔者在这些年中还明确提出了这样两个论点:

(1)"立足专业成长,关注基本问题。"这不仅是笔者经由对过去 10 多年课改实践的总结与反思所得出的一个主要结论,也集中地反映了笔者的这样一个认识:我们应当走出课程改革并从更广泛的角度去进行思考和研究,因为,课程改革毕竟不是改进教育的唯一途径,而且,这也正是我国历次教育改革运动的一个通病,即"积累"太少,从而就经常出现每次都是"从头做起"这样一种不应有的现象。

(2)积极提倡"理论的实践性解读"与"教学实践的理论性反思"。应当指出,这一主张不仅与传统的对于理论指导性作用的唯一强调直接相对立,而且也反映了笔者对于"反思性实践者"这一现今在教育领域中得到普遍提倡的关于教师工作新定位的进一步思考,特别是,我们究竟应当如何去认识与处理理论与教学实践活动之间的辩证关系。

例如,这就可被看成上述立场的一个必然结论,即我们不应关起门来搞研究,而是应当更加关注数学教育的现实情况。后者事实上也可被看成笔者这些年工作的一个主要特点,对此由以下文章就可清楚地看出:"教学模式研究需要再深入"(2012),"动态与省思:聚焦数学教育"(2012),"数学教育:问题与思考"(2013),"关于'以学为中心'的若干思考"(2014),"数学教育的 20 个问题"(2014),"概念教学应当注意的一些问题"(2014),"由'先学后教'到'翻转课堂'"(2014),"找规律教学应当降降温了"(2014),等等。

最后,还应提及的是,在积极从事数学教育研究的同时,自己也一直坚持了数学哲学和科学哲学的研究,两者之间更可说存在一定的互动。2012 年出版的《科学哲学十讲》(译林出版社)就是笔者在后一方面长期耕耘的一个主要结果。令人十分高兴的是,此著作的出版居然还得到了数学教育领域内不少同行的认同——事实上,这也是笔者的一个潜在想法:对于哲学思维的高度重视或许就可被看成中国数学教育真正走向成熟的一个重要标志,我们更应在任何时候都坚持自己的独立思考与一定的批判精神。

不知不觉自己已年过 70,身体也出了一定的毛病,但笔者一直秉持这样的态度:坚持学习,努力工作,发愤忘食,乐而忘忧。

以下就是基于 1992~2015 年《数学教育学报》所发表论文的一项统计研究(彭上观,"《数学教育学报》论文高频作者的特征研究",《数学教育学报》,2017 年第 2 期)所提到的两个事实,从一个侧面为此提供的间接佐证:

这一期间在《数学教育学报》"发表 10 篇以上文章的作者共 21 人,有 6 人更发表了 15 篇以上",其中郑毓信以 31 篇名列榜首。

"发表文章时间跨度最长的有 4 名作者……其中,跨度时间长、连续性又好的要数郑毓信先生,郑先生除 2008、2012 年外,其他年份均在《学报》发表文章,其中,2003 年和 2004 年每年发表 3 篇,这在《学报》史上是独一无二的。"

笔者还一直保持了对于数学教育现实情况的高度关注——由于这正是教育领域自 2014 年以来的一个新的发展趋势,即对于"核心素养"的突出强调,因此,这自然也就成了笔者在这一时期发表的诸多文章的共同主题,如"学科视角下的核心素养与整合课程"(系列)(2016),"从'核心素养'到数学教师专业成长"(2016),"'数学核心素养'之我见"(2016),"数学教育视角下的'核心素养'"(2016)，"数学应让学生学会思维——数学核心素养的理论性思考与实践性解读"(2017)，"为学生思维发展而教——'数学核心素养'大家谈"(2017)，等等。

上述工作为笔者更深入地思考数学教育的各个基本问题提供了重要基础，并直接导致了这样两部著作的产生：

第一，《新数学教育哲学》（华东师范大学出版社，2015）。这一著作主要以过去这些年的课改实践与相关的理论研究为背景，并希望在数学教育哲学的理论建设上取得新的突破或重要进展。具体地，如果说笔者仍然希望"数学教育哲学"的建设能为数学教育的深入发展打下一个坚实的基础，那么，这一著作就体现了笔者在这方面的一些新的不同认识：这里所说的"基础"并非是指某种具体的理论或观念，而是应当有助于广大数学教育工作者真正学会独立思考，包括不断提高自己的理论素养，并能逐步养成反思的习惯与一定的批判精神，从而将自己的工作做得更好，乃至逐步成为"具有一定哲学素养的数学教育工作者"！

第二，《小学数学教育的理论与实践》（华东师范大学出版社，2017）。这也是笔者这些年来一直想做的一项工作，即从总体上对小学数学教育最重要的一些问题作出系统分析，并能较好地去处理理论研究与教学实践之间的辩证关系，从而就能对于实际教学活动发挥切实的促进作用。当然，这一目标是否得到了实现仍有待于广大数学教育工作者，特别是一线小学数学教师的检验！

以下则是笔者新近为自己设立的一个目标：忘记年龄，丢却病痛；放下名利，回归本心！

希望广大读者在未来的岁月中也能继续给予笔者一贯的支持！

初稿完成于 2007 年

增补于 2011、2014、2017 年

附件二

郑毓信历年演讲题目(2002～2017)

2001　数学教育的国际进展

2002　建构主义及其教学涵义

2003　数学教育哲学概论

　　　审思数学课程改革

2004　数学教学方法改革之实践与理论思考

2005　小学数学教育热点问题透视

2006　从课程改革到数学教学研究

2007　漫谈数学文化

2008　有效的教学,开放的教学

2009　走进数学思维

2010　课改背景下的教师专业成长(立足专业成长,关注基本问题)

2011　数学教学研究:问题与案例

2012　数学教师的三项"基本功"

2013　《数学课程标准(2011)》的"另类"解读

　　　课程改革的回顾与展望

2014　数学概念与数学思维的教学

2015　数学教师专业成长的 6 个关键词

2016　"核心素养"视角下的数学教育

2017　为学生思维发展而教

附件三

本书案例索引

第1章　思维教学：小学数学教育现代发展的重要方向

［例1］　平面图形的分类 / 14

［例2］　数学中的分类与自然数的认识 / 16

［例3］　"100 以内加减法的练习"与分类 / 16

［例4］　这能否被看成一堂真正的数学课 / 19

［例5］　"握手问题"的教学 / 20

［例6］　我们到底要不要教除法 / 26

［例7］　练习的教学："长方形和正方形的周长" / 27

［例8］　谁的面积大 / 33

［例9］　"小数除法"的教学 / 35

［例10］　关于"角的认识"教学的两种不同观点 / 44

［例11］　"三角形稳定性"的教学 / 44

［例12］　"认识面积"的教学 / 45

［例13］　"生活中的比"的教学 / 47

［例14］　"24 时记时法"的教学 / 50

［例15］　"分数的除法"与数学思维 / 54

［例16］　"除法的初步认识"的教学 / 58

第2章　"数的认识"与数学思维

［例1］　数量关系分析的"标准解答" / 75

［例2］　自然数加法的不同水平 / 79

[例3]　你最喜欢哪种方法 / 81

[例4]　从自然数的角度认识分数 / 83

[例5]　"认识负数"的教学 / 87

[例6]　"倍数关系"与"几分之几"的统一 / 91

[例7]　"运算的不守恒性" / 92

[例8]　"加法交换律"的教学 / 94

[例9]　关于小学数学教学的一项中美比较研究 / 100

[例10]　"多位数除以一位数"与"机械教学" / 101

[例11]　关于小学"算理教学"的若干想法 / 105

[例12]　关于学生运算能力的一项调查 / 106

[例13]　"小数乘整数"的教学 / 106

[例14]　帮助学生学会"说理"的若干建议 / 110

[例15]　"方程的意义"教学实录 / 121

第3章　小学几何内容的教学与数学思维

[例1]　"三角形和四边形"的教学 / 138

[例2]　"超立方体"的研究 / 154

[例3]　类比与"角的度量"的教学 / 158

[例4]　"度量意识"指导下的"认识'面积'"的教学 / 160

[例5]　长方形的面积计算 / 163

[例6]　一道练习题：从圆柱到圆锥 / 165

[例7]　"三角形的分类"的教学 / 168

[例8]　由三角形到四边形 / 174

[例9]　平面图形面积公式的整理和应用 / 176

[例10]　圆的面积的求取 / 179

[例11]　三角形与棱锥的类比 / 179

[例12]　由"圆的面积"到"球的体积" / 180

[例13]　平面分割空间的问题 / 182

[例14]　由"全等形"到"相似形"和"等积形" / 186

[例15]　"三角形内角平分线的性质"的证明 / 187

[例16]　"体积的问题"的教学 / 189

[例17]　充分展现儿童对于数学的"创造性解释" / 190

[例18]　由正方形边长的变化所想到的 / 191

[例19]　学生混淆"周长"与"面积"的根源 / 194

[例20]　"解题过程"的几何图示 / 197

[例21]　"存在无穷多个质数"逻辑证明的心理图像 / 199

第4章　"数学思维专门教学"之审思

[例1]　"植树问题"的教学 / 208

[例2]　"找次品问题"的教学设计 / 213

[例3]　"打电话问题"的教学 / 219

[例4]　"抽屉原理"的两个教学设计 / 226

[例5]　"一一列举"与分类 / 232

[例6]　"鸡兔同笼"的教学 / 236

[例7]　对于"解决问题的策略——一一列举"引入问题的再调整 / 240

[例8]　"解决问题的策略——列表"的教学(1) / 242

[例9]　"解决问题的策略——列表"的教学(2) / 244

[例10]　"解决问题的策略——画图"的教学 / 245

[例11]　"解决问题的策略——从条件想起"的教学 / 252

[例12]　以"船长有多大"导引解决问题策略的教学 / 256

[例13]　"解决问题的策略——替换法"的教学 / 259

[例14]　"润'数'于'形',架'转化'之桥" / 262

第5章　为学生思维发展而教

[例1]　"'语文核心素养'实践性解读"的两个实例 / 290

[例2]　实际动手摸一次球与"可能性"的认识 / 304

[例3]　"拍球比赛"与"平均数"的教学 / 304

[例4]　用小棒围一下与"三角形边的关系"的教学 / 305

［例 5］ "角的初步认识"教学中的"三次动手"与"三次提问" / 306

［例 6］ 多种形式拉长学生思考的时间 / 312

［例 7］ "图形的放大与缩小"的教学 / 314

［例 8］ 不应提倡的数学考核 / 317

［例 9］ 数学教学中是否应当教这样的"速算法" / 318

［例 10］ 主体性反思的实施途径和策略 / 323

［例 11］ 关于知识表述与交流的要求 / 325

［例 12］ "化错教学"的若干经验 / 327

［例 13］ "问题链"与"确定位置"的教学 / 331

［例 14］ "问题链"与"归一法"的教学 / 331

［例 15］ 漫谈计算教学中蕴含的教育思想 / 337

第 6 章　数学教育的两个基本道理

［例 1］ 女儿为什么变笨了 / 361

［例 2］ 阿拉伯数字与"两步计算题"的书写方式 / 363

［例 3］ 数量关系"标准分析"之再思考 / 363

［例 4］ "非标准做法"的正确性 / 365

［例 5］ "找规律"教学实践与思考 / 366

［例 6］ 这样的"找规律"要不得 / 368

［例 7］ "除非它们都能站起来" / 370

［例 8］ 教师不应成为少数学生的尾巴 / 371

［例 9］ 越演越烈的"两极分化" / 372

［例 10］ 再谈"鸡兔同笼"的教学 / 374

［例 11］ "数学,你是个坏蛋!" / 378

［例 12］ 儿童的先天能力 / 379

［例 13］ 让数学教师笑不起来的"笑话" / 382

［例 14］ 这样的点评是否还缺了点什么 / 382

［例 15］ 教学中的"错位现象" / 384

［例 16］ "珍珠鸟"的教学 / 385

[例17] "刻骨铭心的国耻" / 386

[例18] 各具特色的语文教师 / 387

[例19] "圆的认识"与"由外向内的华丽转身" / 390

[例20] "给母亲买花"和"数学的情感、态度与价值观" / 392

[例21] 工厂要建造污水处理系统吗 / 392

[例22] 小孩眼中的"辩论" / 394

第7章 数学教学方法的改革与研究

[例1] 这个学生缺的究竟是什么 / 397

[例2] 南瓜饼与"分数的认识" / 399

[例3] 鸡蛋的个数 / 400

[例4] 用硬纸构造盒子 / 400

[例5] "老师,这是真的吗?" / 401

[例6] 面积公式的应用 / 401

[例7] 现实中的餐费结算 / 402

[例8] "找规律"的教学 / 405

[例9] "解决行程问题的策略"的教学 / 406

[例10] "七桥问题"的研究 / 407

[例11] 教室中的课桌应当如何排列 / 412

[例12] 教学中的问题是否一定要来自学生 / 412

[例13] "大老师"与"小老师" / 414

[例14] 数学课堂用语的必要改进 / 415

[例15] "用眼睛看或用头脑看?"——由"观察物体"引发的思考 / 418

[例16] "十进制计数块"与自然数的认识 / 420

[例17] 让"动手"更好地服务于"思考" / 421

[例18] 关于获得数学活动经验的三点认识 / 427

[例19] 学具的使用与加减运算 / 428

[例20] 少年高斯是如何进行计算的 / 433

[例21] "鸡兔同笼"问题的"奇妙解法" / 434

［例22］ 关于"圆周率"的两个教学设计 / 437

［例23］ "3 的倍数的特征"的教学 / 438

［例24］ "2、3、5 的倍数的特征"教学纪实 / 440

［例25］ "你知道吗"——"2、3、5 倍数的特征"的教学 / 441

［例26］ "先学后教"中的形式主义倾向 / 448

［例27］ 数学课程改革中值得注意的几个方面 / 450

［例28］ "先学后教"应当认真解决的一些问题 / 451

［例29］ "常识的迷失！" / 452

［例30］ 为什么小学语文教学总患"多动症""浮肿症" / 453

［例31］ 一线教师的"两难处境" / 455

［例32］ 独立思考的土壤 / 455

［例33］ 教育变革的最终力量 / 456

［例34］ 一堂经典教学课 / 456

［例35］ 新西兰的阳光 / 458

［例36］ 关于中国数学教育的特色——与国际上相应概念的对照 / 459

第 8 章　数学教师的三项"基本功"及其发展

［例1］ "负数的认识"与"范例教学法" / 465

［例2］ 变式理论与"认识分数" / 468

［例3］ "提出问题"与中美学生的比较 / 475

［例4］ 一场改变学校命运的课堂教学革命——河南省濮阳市第四中学教学改革纪实 / 476

［例5］ "异分母分数加减法"教学实例 / 479

［例6］ "百分数的意义"教学实例 / 480

［例7］ "数字与信息"的教学 / 480

［例8］ 重建课堂——广东省佛山市第九小学教学变革侧记 / 481

［例9］ "为了学生一生的健康发展"——辽宁省调兵山市教育内涵发展纪实 / 482

［例10］ 小数乘法的很好掌握 / 484

　　[例 11]　一堂几何课中的提问 / 486

　　[例 12]　提问与"从众" / 487

　　[例 13]　"除数是整数的小数除法"与"问题驱动" / 489

　　[例 14]　"线段、直线、射线"教学实践及思考 / 490

　　[例 15]　由实际制作圆柱而自然生成的两个问题 / 497

　　[例 16]　教学中是否应当让尽可能多的学生展示自己的成果 / 502

　　[例 17]　"小估"与"大估" / 504

　　[例 18]　"千米和吨"的教学 / 509

　　[例 19]　复习研究 / 510

　　[例 20]　数学课堂交流的四个水平 / 512

　　[例 21]　数学课堂教学交流现状分析与策略探寻 / 514

　　[例 22]　数学交流：流淌在课堂教学中的曼妙交响曲 / 515

第 9 章　"课例研究"：教师专业成长的重要途径

　　[例 1]　"圆的认识"的第 5 次教学设计 / 528

　　[例 2]　走向"为学生的设计" / 530

　　[例 3]　追本溯源，感悟概念本质——"圆的认识"教学实录与评析 / 548

　　[例 4]　"圆的认识"与动手实践 / 549

　　[例 5]　"圆的认识"的教学 / 550

　　[例 6]　"多位数的减法"在英国 / 557

　　[例 7]　关于"多位数退位减法"的一项调查 / 558

　　[例 8]　口算两位数加两位数 / 562

　　[例 9]　不妨请"外行"来听听数学课 / 566

　　[例 10]　"长方形与正方形特性"的教学 / 570

　　[例 11]　正方形的认识 / 571

　　[例 12]　由"圆的定义"到"圆的基本性质" / 571

　　[例 13]　"认识比"的教学 / 576

　　[例 14]　"阿凡提的智慧"与"比"的应用 / 578

　　[例 15]　"三角形任意两边的和大于第三边"的教学 / 579

［例16］ "认识方程"的教学 / 581

［例17］ "面积和面积单位"教学实录 / 585

［例18］ "运算律"的教学 / 596

［例19］ "加法运算律"的教学 / 597

［例20］ "植树问题"与找规律 / 600

后 记

　　笔者1986年以来共撰写了30多本著作,本书可以说花费了最多的时间与精力,尽管在这一方面已经有了一定的基础:从2001年开始笔者就已将工作的重心转向了小学数学教育,更对实际的教学活动给予了较大关注,并已发表了众多的相关论文和著作,还曾通过实际参与各种类型的教师培训在这方面积累起了一定的经验(这也是笔者这些年来一直坚持的一个做法,即每年作一个不同的报告。详见[附件二])。

　　出现上述情况当然有多方面的原因,其中十分重要的一点就是因为笔者将这一著作的写作看成一个重新学习的机会,也即希望能够更深入、更有针对性地去开展思考和研究。简言之,希望这一著作与先前的相关工作相比能够达到一个更高的水准,特别是,能更好地体现理论研究与教学实践之间的辩证关系,从而也就能够对于促进我国小学数学教育的深入发展发挥更积极的作用。

　　笔者在此表示对于广大一线教师与各级教研员,特别是对书中所采用的众多课例([附件三])的作者的衷心感谢,还要感谢各个出版部门,包括诸多数学教育教学类刊物多年来所一贯给予的大力支持!笔者清楚地知道:如果没有大家的支持,自己是绝无可能在数学教育这一道路上一直行走到今天的!([附件一])

　　让我们一起努力,走得更远,更好!

郑毓信

2017年6月于南京